THE
GREAT
ACHIEVEMENTS

A Study on the Development Path of the Guangxi Investment Group

大跨越

广投集团发展之路研究

黄群慧　冯柳江◎等著

经济管理出版社

ECONOMY & MANAGEMENT PUBLISHING HOUSE

图书在版编目（CIP）数据

大跨越：广投集团发展之路研究/黄群慧，冯柳江等著. —北京：经济管理出版社，2016.11

ISBN 978-7-5096-4710-3

Ⅰ.①大… Ⅱ.①黄… ②冯… Ⅲ.①投资公司—概况—广西 Ⅳ.①F832.39

中国版本图书馆 CIP 数据核字（2016）第 270842 号

组稿编辑：陈　力
责任编辑：陈　力　钱雨荷　周晓东
责任印制：黄章平
责任校对：王淑卿

出版发行：经济管理出版社
　　　　　（北京市海淀区北蜂窝 8 号中雅大厦 A 座 11 层　100038）
网　　　址：www.E-mp.com.cn
电　　　话：(010) 51915602
印　　　刷：三河市延风印装有限公司
经　　　销：新华书店
开　　　本：720mm×1000mm/16
印　　　张：34.25
字　　　数：543 千字
版　　　次：2016 年 11 月第 1 版　2016 年 11 月第 1 次印刷
书　　　号：ISBN 978-7-5096-4710-3
定　　　价：98.00 元

课题组组长：

黄群慧　中国社会科学院工业经济研究所所长、研究员、博士生导师

冯柳江　广西投资集团有限公司党委书记、董事长、研究员

课题组副组长：

容贤标　广西投资集团有限公司总裁、副董事长、党委副书记

余　菁　中国社会科学院工业经济研究所企业制度研究室主任、研究员、博士生导师

郭　敏　广西投资集团有限公司副总裁

郭朝先　中国社会科学院工业经济研究所产业组织研究室副主任、研究员

课题组成员：

中国社会科学院工业经济研究所：王　涛、张航燕、孙承平、常　蕊、李芳芳

中国社会科学院研究生院：刘艳红、石　颖、杨晓琰

广西投资集团有限公司：莫小明、王　坤、冯旭波、李　娟、何卫红、周保林、陈　晞

课题参与人：

广西投资集团有限公司：黄中良、杨　伟、焦　明、崔薇薇、陈晓风、李静丹、何　志、唐少瀛、陈海波、潘江泓、庞　华、李启鹏、欧素芬、林　琳、周　滨、胡　松、陈宇东、李小强、冯志耕

精神成就典范

在我国的西南边陲广西，有这样一家公司，28 年前从 1500 万元起步，发展到今天，已经成长为资产总额达到 2492 亿元，净资产 511.7 亿元，年营业收入超 852 亿元，利润总额超 50 亿元，产品和服务涵盖金融、能源、铝业、医药医疗健康、文化旅游和国际业务六个板块的产融控股型企业集团，2016 年排名中国企业 500 强第 166 位，是地方国有企业的典范代表，被称为"广西第一国企"。

这家公司就是广西投资集团有限公司。

广西投资集团是中国第一批成立的地方国有投资公司，是创立中国投资协会的主要发起者之一。作为中国投资行业的一位老人，我见证了广西投资集团发展的全过程，为它取得的成就感到欣慰与自豪。广西投资集团是一家有着独特企业文化的公司，可以说是独特的公司精神成就了今天的广西投资集团。

广西投资集团富有学习精神。1988 年我国开始投融资体制改革，一些省、自治区、直辖市政府相继成立了地方国有投资公司。这一批国有投资公司都是具有政府出资人身份的授权投资者，是相同的命运共同体，彼此学习共同发展有着扎实的基础。中国投资协会是一个学习与共享的平台，每一个会员都可以平等地享受其他会员的经验与进步，同时又将自己的先进经验分享出来，以供其他会员学习借鉴，将个别公司的进步转化为行业的整体进步。在这个共享平台之上，广西投资集团是一个优秀的学习代表，学以致用，消化吸收他人先进经验，形成了自己的知识体系。

广西投资集团富有创新精神。国有投资公司是公司制企业的一种特殊类型，具有鲜明的中国特色。它的生存环境与发展模式缺少可借鉴的经验。国有投资公司发展之路是在摸索中前行，每一步都是在创新。国有投资公司的企业形态是投资控股公司；产品是股权；经营理念是阶段性持股；经营方式是资产经营和资本经营相结合，产业资本与金融资本双轮驱动。这些具有中国鲜明特色的创新理论认识与实践探索，丰富了社会主义市场经济的内涵。广西投资集团对凝聚了行业共同智慧的理论与实践进行创新发展，在公司的产业格局、战略导向、管控模式等方面形成了自己独有的广西特色。

广西投资集团富有担当精神。地方国有投资公司成立初期，扮演的是投资主体和政府出资人的角色。随着市场经济体制改革的推进，国有投资公司的定位确定为政府投资主体、资本经营主体和市场竞争主体。广西投资集团自觉地"想地方政府之所想，急地方政府之所急"，将服务广西经济社会发展作为自己必须担当的政治使命；坚持以市场为导向配置资源，按照经济规律开展规范经营，担当公司的经济使命。广西投资集团很好地把握了政策性与市场化之间的平衡。

毛主席教导我们，"人是要有点精神的"。人有精神，则自信、自立、自强；公司有精神，则充满活力、百折不挠、健康壮大。在革命战争时期，革命精神成就了战争胜利；在经济建设时期，公司精神成就了国企典范。今天的广西投资集团已经是中国国有投资公司的佼佼者，是一些会员制定"十三五"规划时的对标公司。中国社会科学院工业经济研究所和广西投资集团开展的课题研究很合时宜，通过解剖"麻雀"，借助广西投资集团这个典型范本，梳理了国企改革发展历程，剖析国企的优势和发展中的问题，描绘出国有企业"大而图强"的路径，为审视国企发展之路开辟出一片崭新的天地。

广西投资集团董事长冯柳江先生是我的老朋友，相知多年，惺惺相惜。他是一个充满激情的人，其对公司有很深的个人感情，将工作当成事业，作为人生不断追求的目标。广西投资集团历任七届主要领导人的更迭，都很好地保持了在传承中创新，在创新中发展的优良传统。我相信广西投资集团的传承创新精神，一定会在历史中沉淀，成为公司打造百年老店，基业长青的基石。

今天，中国经济正面临转型升级与结构调整的关键时期，需要我们打起精神，迎接这场具有历史意义的挑战。让我们以昂扬向上的精神面貌，在新的起点上，不负时代赋予国企的使命！

中国投资协会国有投资公司专业委员会会长

国家开发投资公司董事长、党组书记　王会生

二〇一六年十月八日

地方国有投资公司的创新发展样本

国有企业的改革、创新与发展是当今中国经济中的重要历史命题之一。国有投资公司是一种独具特色的国有企业组织形式，一直在中国经济中承担着重要的角色和任务。

广西投资集团有限公司（以下简称"广投集团"）是广西的一家地方国有投资公司，自1988年成立以来先后经历了"创业维艰、稳步发展、改革创新、乘风破浪"四个历史阶段，实现了"从无到有、从小到大、从弱到强"的跨越式发展，无论是经济体量，还是增长质量，都在不断地提升和增强。2015年，广投集团的资产总额、营业收入、利润总额、净利润、上缴税费等主要指标居于广西地方国企第一，2016年排名中国企业500强第166位，已经成为广西地区重要的投融资主体和国有资产经营实体，完成了从一个普通地方国企向广西第一国企的转变。

广投集团的发展历程既是中国国有企业改革、创新和发展的现实写照，也是国有投资公司的典型样本。是什么因素推动并实现了广投集团的跨越式发展？在广投集团的成长过程中具有哪些先进的经验？其他的国有企业又能从中学到什么？这些一直是本书希望去深入研究和探讨的核心问题。在广投集团的大力协助下，中国社会科学院工业经济研究所课题组对广投集团进行了较为详细的案例剖析，试图回答以上问题。经过我们的认真调研、沉淀和思索，我认为广投集团作为一家卓有成效的地方国有投资公司在以下方面的经验是值得去总结和学习的：

第一，具有企业家精神的领导团队。具有企业家精神的领导团队是国有企业实现改革、创新和发展的灵魂所在。在广投集团28年的发展历程中，先后产生了从孔宪基到冯柳江等七届领导集体。从这群具有企业家精神的国有企业领导团队身上我们可以看到，广投集团之所以能够实现改革、创新和发展的根本，也在于优秀的企业家团队。正是在历届具有企业家精神的领导班子的带领下，广投人艰辛创业、奋发图强、持续创新、爱岗敬业、勇当重责，为广投集团的跨越发展做出了突出的贡献，促使企业从创业发展走向创新发展，再走向跨越发展，最终走出一条适合广投集团的发展道路。同时，广投集团的领导团队有别于其他企业的一个显著特点就是都怀有强烈的"做好企业，回报国家"的思想，具有很强的传承性。虽然广投集团的每一届领导团队都在发生变化，但是又能够保持一定的稳定性，使得关于企业发展的思路清晰且持续，能够做到一步一个脚印，把每一步都踩踏实。

第二，具有高屋建瓴的企业战略引领。"听党的话，跟政府走，按市场规律办"的战略发展模式是广投集团实现跨越发展的重要指导思想。在企业实践运行中，广投集团将党对经济和社会发展规律的科学总结内化为基本遵循原则，确保企业"走得正，不迷失方向"；与各级地方政府密切合作，将地方经济发展、转型升级需求与广投集团经营实践相结合；同时，坚持以市场为导向配置资源，按照经济规律，作为市场主体来从事管理活动。这也使得广投集团在每次经济体制改革和战略调整中都能踩准节奏，先后形成了推动广投集团跨越发展的两大战略：资源优势转化为经济优势战略和"产融结合，双轮驱动"战略。根据前一个战略，广投集团始终围绕广西地方发展将丰富资源转化为产业优势和发展优势；结合后一个战略，广投集团稳步推进"三大结合"——"产产结合"、"融融结合"、"产融结合"，做到实体产业和金融并进。

第三，能够根据时代发展布局产业发展。根据时代发展来推动产业布局调整展现了广投集团持续改革的发展思路。在产业布局上，广投集团以国家产业政策和市场为导向，坚持以"产业链延伸、相关多元"为产业发展方向，提出不断"强化业务创新，调整资产结构"是产业发展的基本特征。广投集团在宏观层面上，通过"加减乘除"来调整产业结构和转型升级发展，着重提高要素配置效率，打造以"金融为引擎、能源为基础、铝业为支撑、文化旅游地产为增长点、国际业务为重要补充、医药健康产业等战略性新兴产业为战略储备"的新业态结构。在微观层面上，努力打通集团内部业务板块间的堡垒，推动产业间实现协同，形成独特而有效的商业模式，先后提出了铝业"品牌联盟"的一体化产业发展模式、来宾"国家环保服务业试点"的循环经济产业链等优秀发展经验，增强了企业核心竞争力，促进了集团可持续发展。

第四，能够结合企业实践推动管理创新。创新是衡量一个国有企业健康、持续发展的重要指标。针对以往管理中的不足，广投集团结合国家政策要求，全面推进集团自身的改革，通过完善以管资本为主的国有资产管理体制，发挥国有资本运营平台的作用，推动公司股份制改革，实现企业股权多元化，提高国有资产市场化、资本化、证券化水平，在发展混合所有制、组建国有资本投资运营公司等方面进行了有益的探索。在内部管理上，广投集团加快建立现代企业制度，完善管理制度体系建设，优化母子公司管控，引入要素管理，开展三项制度改革，健全公司法人结构、完善董事会治理、建立激励约束机制，在集团管控模式、职业经理人、企业文化建设等方面取得了先进经验，全面激发企业发展活力，提升管理效率、投资效率和企业效益，为跨越发展提供了保障。

中共十八届三中全会中提出，"组建和改组国有资本投资公司和国有资本运营公司，完善我国国有资产管理体制，引导国有资本投资运营更好地服务国家战略目标"，为广投集团今后的发展提供了很好的方向指引。广投集团作为广西地区的龙头企业，在服务广西经济社会发展中起到了很好的示范带头作用，已经成为服务和推动广西经济社会发展的重要支撑。我相信广投集团一定会在广西地区党委和政府的"四个标杆"要求下，进一步加大改革工作力度，实施新举措，形成新突破，踏上新途径，在"十三五"期间实现"一百双千"，进入世界500强的战略目标，为中国国有企业的改革、创新与发展提供更多的宝贵经验和现实借鉴。

中国社会科学院工业经济研究所所长　黄群慧

二〇一六年十月八日

我的广投人生

——写在前面的话

　　2016 年 2 月 5 日，应该在广投集团 28 年发展历程中予以铭记。这天下午，广西壮族自治区党委书记、自治区人大常委会主任彭清华，专门在百忙之中拨冗专题听取广投集团工作汇报。我和贤标同志就集团公司"十二五"、2015 年工作情况和"十三五"发展思路、目标及 2016 年工作打算做了详细汇报。彭书记听取汇报后，充分肯定集团发展成就并对集团发展寄予厚望。彭书记指出，广投集团业绩非常辉煌，自治区党委对广投集团的工作是满意的，自治区党委全力支持广投集团改组为广西首家国有资本投资运营公司、全力支持将广投集团打造成广西首家世界 500 强企业，彭书记要求广投集团要勇担我区"两个建成"重任，肩负起广西战略发展重任，要做广西四个方面发展的标杆：一是要做广西国企改革的标杆；二是要做广西创新发展的标杆；三是要做服务广西经济社会发展的标杆；四是要做广西国企党风廉政建设、企业文化建设的标杆。

　　"四个标杆"定位前所未有，可见自治区党委政府对广投集团的重视前所未有、对公司发展的信心前所未有。正如彭书记所强调的，广西发展到当前，有信心、有能力培育广西首家本土世界 500 强企业。当时我的心情十分激动，深切感受到广投集团迎来了非常良好的政治环境和非常重大的发展契机，深切感受到广投集团的改革和发展与自治区的战略、改革发展、整体形象紧密地联系在了一起，深切感受到公司的发展模式、路径、成绩，在一定程度上，代表了广西经济社会发展的一面镜子和一面旗帜。

作为一家广西地方国有企业，贯彻落实自治区党委政府战略意图，保值增值国有资产，是她的天然使命。自治区党委政府和彭书记赋予广投集团的新历史使命，一方面充分体现了自治区党委政府和彭书记对广投集团的关心关爱，对广投集团工作的肯定认可，对广投集团新的期望要求；另一方面也充分证明了广投集团三年来在打造新发展战略方面已经取得了阶段性重大成果，圆满完成了保值增值国有资产的历史性使命。过去三年来广投集团在宏观经济形势异常复杂的大背景下，坚决贯彻执行新的发展理念，坚决贯彻落实自治区党委政府战略意图，以转型升级为抓手成功实现大发展大跨越的历程。联想到三年前外界还在质疑广投集团"是不是在走下坡路"，我不禁感慨万千。谁能想到一家连续几年效益大幅下滑的企业通过发展战略的大转型，主要经济指标位列自治区国企第一位，产业结构优化升级，在经济不景气的大环境下创造了更加辉煌的业绩。

广投集团的大转型始于2013年下半年，当年5月我正式被任命为广投集团党委书记、董事长，林冠同志任广投集团副董事长、总经理、党委副书记。那一年，依托广投集团历届领导班子和近千名老广投人所打下的坚实基础，在自治区党委、政府的坚强领导下，在自治区国资委的正确指导下，在自治区党委政府办公厅、金融办、发改委、工信委、财政厅、环保厅、卫计委、旅发委等相关部门的帮助下，在2万多名广投人锐意进取、改革创新、顽强拼搏、克难攻坚推进战略大转型大调整的全面突围下，我和集团新一届领导班子对过去25年来集团发挥优势的战略进行了全面审视，在习近平总书记提出实现中华民族伟大复兴的"中国梦"的感召下，因势利导提出了"一百双千"的广投梦，围绕这个目标，在2013年下半年提出了"产融结合、双轮驱动"创新战略。实施战略转型三年来，广投集团发展迅猛、结构调整转型升级成效显著，集团资产增长了3.03倍，年均增速比自治区国资委企业高出36个百分点，占全区比重由5.60%提高到11.96%；营业收入增长了1.01倍，占全区比重从11.31%提高到17.10%；利润增长了5.11倍，占全区比重从7.77%提高到32.71%；营业收入在全国国有投资公司系统排名升至第2位、资产位列第 5 位、利润位列第 6 位；参股控股电力装机占全区的 1/3，成为广西地方最大发电企业；铝业位居全国第 5 位，形成广西本土铝产业全链条整体竞争力；打造广西区内首家全牌照金融混业平台，先后控股北部湾银行、广西天然气管网、中恒集团等有实力的大公司、大企业。三年来，广投集团的综合竞争力不断提升，已经在规模、体量、效益、辐射力和带动力上，成为广西国企中的王牌军、主力军。目前，集团上下正凝心聚力，力争"十三五"时期再攀高峰，成为广西本土第一家世界 500 强企业。

站在新起点上，回首自己与广投集团共同走过、成长、发展的二十多年风雨路，特别是三年多来带领广投集团谋转型、争跨越的光荣历程，我不禁心潮澎湃，思绪万千。几十年来领导的关心、班子的奋斗、员工的拼搏，几十年来的改革与创新、转型与发展、艰难与荣耀，广投人凭借着负责任、勇担当、思进取、有包容的精神风貌所取得的光辉业绩……一幕幕的画卷、一桩桩的往事，一一闪现，历历在目，记忆犹新，令人难忘和感动。我想感谢的太多：自治区领导的关心指导、自治区国资委的大力领导、各有关部门的热心帮助、各家金融机构的鼎力支持、全体广投员工的拼搏努力、业务伙伴的真诚合作……应《大跨越：广投集团发展之路研究》课题组的要求，我想以"我的广投人生——写在前面的话"为题，用笔墨和自己的亲身感受记下广投集团波澜壮阔、大刀阔斧的改革创新、实现跨越发展的历程；记下自治区党委政府，自治区国资委、发改委、工信委、财政厅、金融办和各级地市党委政府等对广投集团跨越发展、改革创新的关心、支持和悉心指导；记下国投集团、云南城投、香港观澜湖、澳大利亚威秀、法国电力、国家电投、中国燃气、华为、三诺等十多家国内外知名企业以及复旦大学等高校和工、农、中、建、交等十多家金融机构与广投集团优势互补、真诚合作、共谋发展的路径；记下历届老领导的卓越领导、新老广投人的辛勤付出，特别要记下三年多来广投集团在公司党委的正确领导和带领下，2 万多名广投人如何转型升级、如何改革创新、如何成功突破重围实现大跨越、如何再创辉煌的历程……这些让我激动、让我感慨、让我心中有千言万语要喷薄而出，让我很想借此契机，与大家分享广投集团大跨越大发展的感人故事。

从 1988 年作为广西计委工作人员带队筹备广投集团前身广西建设投资开发公司，1993 年正式到广西建设投资开发公司工作算起，我在广投集团已经工作了 23 年。历任副总经理、党委副书记、总裁、党委书记、董事长，我跟着广投一起成长，有幸经历了她发展的每一个阶段，走过的每一步。由于 2008 年国际金融危机的波及，集团面临的困境我也非常清楚，当我正式成为这家员工近两万名集团的负责人时，我深感责任重大，担子沉重。

成立于 1988 年的广投集团是广西第一批成立的地方国有投资公司，长期履历辉煌：成功做强广西电力产业，拥有总权益装机容量超过 1000 万千瓦，是广西地方最大的电源企业。20 世纪 80 年代末我们投资建成单机 12.5 万千瓦的来宾电厂，就成为广西首家突破 10 万千瓦的火电厂；到 90 年代中期，柳电两台 20 万千瓦机组投产，成为当时广西第一家单机容量突破 20 万千瓦的火电厂；2000 年的时候，黔桂公司五台机组全部投入运营，是西南地区首座百万千瓦电厂；采用 BOT 模式，引进法国资金和技术，2000 年投产的来宾电厂 B 厂是新中国成立以来广西最大的利用外资项目；集团还先后参与投资了广西红水河 10 个梯级水电站中的 9 个；再到 2010 年，跟中广核共同投资建设西部首座核电站防城港核电等；携手国投集团等央企建成装机容量 60 万千瓦的北海电厂和 120 万千瓦的钦州电厂超临界燃煤发电机组；与神华集团筹划建设全球最大的北海能源基地，入股中石油、中石化天然气产业等，通过积极发展多元化能源格局，形成火电、水电、核电、天然气等多种类能源并存的能源形态。

20 世纪 90 年代初期，自治区把大力开发利用铝土矿资源，加快发展铝产业，作为广西"兴桂富民"的重要举措。按照自治区的战略意图，集团开始涉足铝产业。在中国铝业公司还未组建、进入广西之前，集团就着手平果铝的前期开发工作，但由于技术、资金等诸多原因，后来平果铝的开发权让渡给中铝了，集团的铝产业一度规模很小。到了 2000 年，在"抓大放小"战略的指引下，集团公司决定将铝产业作为主导产业，承担起将广西丰富的铝土矿资源转化为产业优势、经济优势的重任。集团从 2000 年起开发铝产业，着力打造从铝土矿到铝加工的完整产业链。

集团公司在打造实业的同时，积极追逐金融资本。集团最早涉足金融业始于 1994 年 3 月 13 日，自治区人民政府批复同意自治区计委上报的《关于组建广西信托投资公司的请示》（桂政函〔1994〕16 号），组建广西开发信托投资有限公司，该公司属广西建设投资开发公司的全资子公司。2001 年 7 月，集团公司出资 2 亿元增资扩股广西证券公司,成为国海证券第一大股东。集团公司按照现代企业制度,全力推动国海证券业务拓展,并于 2011 年 8 月 9 日顺利实现借壳上市,成为资本市场的弄潮儿,并率先成为集团公司实践混合所有制经济的企业。2008 年,集团出资 2.5 亿元入股北部湾银行,为以后集团成为北部湾银行第一大股东奠定了坚实基础。2009 年还成立建设实业公司作为进军文化旅游地产业的平台,并延伸至文化旅游地产业务发展,积极谋划构建高端国际旅游度假区;组建桂发财务公司、印度尼西亚桂华资源有限公司为广投集团"走出去"埋下伏笔。这些辉煌的战绩都为公司日后的转型升级打下了坚实的基础。

魏征在《谏太宗十思疏》中写道:"有善始者实繁,能克终者盖寡。岂取之易而守之难乎?"此时,广投集团对守业难有着切身的体会,而转型已经刻不容缓。变幻莫测是市场最大的特点。正当公司发展蒸蒸日上之时,2008 年出现的国际金融危机,让公司经受了前所未有的冲击,成为公司发展的一个重要分水岭。从 2008 年至 2012 年,此前以"实力、稳健、成功"形象傲居广西经济建设领域航空母舰的风光不再,我深深地感觉到公司发展喜忧参半、隐患重重。喜的是:广投集团底子好,基础扎实。这一时期做成了不少事情,包括龙滩水电站 7 台机组全部投产发电;华银氧化铝 200 万吨生产线相继投产;桥巩水电站 8 台机组并网发电;国海证券成功上市;作为参股方分别与中石油、中石化投资建设广西省级支线天然气管网、北海 LNG 项目及其配套管网,开始涉足天然气业务、参股银行业等,为广投集团发展注入了新活力。从 2008 年至 2012 年底,广投集团资产总额从 446.89 亿元上升到 601.87 亿元,营业收入从 133.11 亿元上升到 423.29 亿元,利税总额从 16.58 亿元上升到 20.57 亿元,在中国企业 500 强的排名也从第 473 位跃升至第 303 位。忧的是:经济效益持续亏损、负债不断攀升、新建项目盈利能力弱,有部分新建项目甚至出现"投产之日,即是亏损之时"的怪圈。那几年日子非常难过,尤其在 2012 年的时候,由于效益下滑、目标无法完成,我们不得不对集团全体员工实行不同幅度的降薪。社会上越来越多的人认为,广投集团在走下坡路。2013 年 9 月,集团公司决定成立小额贷款公司的时候,我们派人去兄弟单位调研,人家直接问我们去调研的同志:你们投资公司还有钱成立小贷公司?当时,我们同志反馈这个信息的时候,我内心感到非常痛苦。

在这一艰难的时期，广投集团面临一系列问题：第一，发展面临三大主要挑战。一是增长质量存在隐忧，盈利水平对比行业标杆企业存在差距，大量资产沉淀在回报率较低的业务板块，资产周转率与净资产在较低的水平徘徊，负债水平逐渐升高，集团公司资产负债率已经连续几年突破70%的红线。我当时给大家作出一个判断，如果集团公司资产负债率再继续增加，严重的话可能造成资金链断裂，使集团陷入发展困境、逼近绝境。二是增长点单一，可持续性不强，缺乏稳定抗周期的健康现金流。当时，比较依赖国海和水电略显单一的增长机会。支撑集团公司体量规模的电解铝由于亏损面临关闭产能的巨大困境，火电厂效益不佳等。三是亏损企业户数及亏损额呈逐年上升趋势，利润增长的速度低于资产规模的增长速度。其中，由于受产能过剩铝价持续下跌影响，铝板块是集团公司亏损大户。集团公司传统的主导产业经济效益持续下滑，而且面对这种下滑的势头，我们当时还拿不出实际管用的措施。当时，作为集团公司最主要的主导产业，铝产业和电力产业未来预期盈利能力仍很弱。那几年，集团连续在开年一季度出现大幅亏损的局面，2012年亏损6亿元，2013年亏损1.2亿元。从2011年至2013年，集团公司连续几年没有尝到"时间过半、任务过半"的喜悦，大幅亏损使集团公司上下忧心忡忡。这种情形倒逼着我们不得不采取非常手段、非常办法去咬牙完成年度任务，负重前行，很不轻松。

第二，产业结构不合理，产业缺乏核心竞争力。优秀的集团发展战略被不合理的产业结构所累，导致项目盈利不佳，可持续发展能力弱。当时新建项目能实现盈利的非常之少，甚至可以说是屈指可数：前几年做的来宾电厂扩建、银海发电、来宾铝材、广银项目、来宾铝等。当时我翻看集团的财务报表，发现我们陷入了一个怪圈：作为主角的行业几乎不赚钱，赚钱的行业我们都是配角，没有发言权。几大产业还没有真正形成突出的核心竞争力，产业结构不尽合理，主要体现在产品缺乏高端技术含量、生产运营成本结构不具备明显优势、技术研发的能力不足等。能源产业水电盈利火电亏损；金融产业靠国海一枝独秀、靠股市行情吃饭；铝板块靠氧化铝、靠市场行情吃饭，品牌没有形成；几大业务板块中的控股参股企业缺乏真正的行业领先技术或缺乏成为行业龙头潜力的优质资产等。当时我就在想，集团公司当务之急就是解决结构调整这个核心问题以及利润低下、负债率高的问题，防止发生系统性风险。

第三，体制机制存在三方面的突出问题。一是在市场化机制方面，人才培养和用人机制还不够科学，尚未形成系统的人才培养规划，内部人才的培育缺乏针对性，人才选拔尚未实现市场化。同时，对人才的激励幅度、激励方式和手段有限，仍然存在"大锅饭"的情况，有些地方人浮于事，要编制、要机构、要权力，但真正干成事、干大事的人不多，企业缺乏活力。二是管理方面，要素管理、精细化管理没有完全落实到每个岗位和环节，特别是执行力不强、落实不力，管理粗放，内部管理效率较低，要素管理落地执行存在"瓶颈"。全面从严治党机制与经营管理机制还没有有效融合。三是管控方面，总部和平台的职能职责界定还不够清晰，各二级平台的机构设置、人员能力还不能完全满足现有的发展需求，职能从总部至平台再到三级企业协同的连续性不强，机制不健全，许多常规性的内部部门间协同仍需要经过多层对接，降低了内部协作的效率和速度，总部和企业一些干部还存在不良的机关"衙门作风"，处理问题敷衍了事、上交矛盾，办事效率低下，造成工作延误。

第四，核心中后台能力有四点不足。一是思想观念不适应形势发展变化。一些干部学习时认识很高，做起事来南辕北辙，质量效益意识不强，规模扩张冲动依然强烈，改革创新精神不够，甚至"官本位"思想很重，不想干事，只想做官。二是人才能力不足。综合管理人才如国际化金融管理人才、高层次贸易管理人才、投资人才等均不足。高层次设计研发等技术人才也不能满足发展需要。三是创新能力不足。主动创新的能力匮乏，没有科学系统的技术创新、产品创新和模式创新的体系。四是信息化能力不足。信息化、互联网技术与产业的结合还不深入，信息化技术的应用广度和深度均较落后，未能充分发挥信息化系统对于决策的辅助支持作用。

总体来看，那个时候的广投集团，历史矛盾和现实问题相互交织，不利影响和积极变化同时显现。在严峻的形势和现实面前，我很清楚，集团公司正在面临严峻的挑战和残酷的危机，如果不进行战略层面的大调整，按原有产业和方式发展下去，集团公司的发展空间将越来越窄，全体广投人的日子将会越来越难过。在刚刚任党委书记、董事长的那些日子里，由于角色的转变和经济大环境的错综复杂，我时常感到压力巨大，当时我就在问自己：有一天会不会我们面临比这更严峻的局面？别说是降薪，我们会不会有一天发不出工资？我们的职工会不会面临下岗失业？会不会有一天广投集团破产消失？我一直在思考这些问题，思考的答案是完全有可能出现这样的局面。我甚至在想，在我年轻的时候投资公司在我手上起步，到了60岁接近退休年龄了别在我手上破产了，我清楚地记得，那个时候经常彻夜未眠，苦苦思考投资公司的转型出路在哪里，突破口和切入点在哪里。

我是个喜欢较劲的人。对我来说穷则思变，变则通，我一直在思索集团产业发展的出路。集团公司传统火电放在今天已经变成落后产能，今后将何去何从？过去曾经辉煌的铝业，如今却逐渐变成了过剩产能、高耗能产业，铝价持续低迷使集团公司日益负重前行，铝业的出路在哪里？金融产业始终国海证券一枝独秀，金融业未来还向哪些业态布局发展延伸？发展文化旅游地产由于缺乏经验，走了很多弯路，没有打出地产品牌，文化旅游产业还要继续发展吗？当时，我与经营班子深入剖析集团公司当时效益连续下滑、负债率高企、增长单一、火电机组小、竞争力逐渐减弱、铝行业全线亏损、主导产业产品量价齐跌等一系列困局。我们也已经认识到集团公司面临巨大的系统性风险，但我们以为这是经济危机下集团产业竞争力弱、产业之间协同少、没有建立风险对冲机制导致的，直到中央后来提出经济新常态的概念，我们才深刻意识到集团公司的种种困难、问题也是经济进入新常态导致的一系列新情况。在这种新常态下，原有的产业结构无法支撑集团公司继续健康前行。基于这样的分析和判断，2013年下半年开始，集团在战略层面开始进行大调整、大转型，确立了"产融结合、双轮驱动"创新总战略与"混业经营金融、清洁能源、铝业品牌联盟、品牌扎堆文旅产业、开放合作国际化"等产业子战略互动的战略发展新格局，并开启了坚定不移推动集团战略转型的新征程。

之所以做出这样的调整，是因为我们认识到一家企业的战略是对企业方向性的、全局性的和长期性的谋划，关系到企业结构的构建和未来的发展。正确的战略解决如何"做正确的事"，有了正确的战略才能确保我们"正确地做事"。面对公司发展的困境，我意识到是时候重新调整投资集团发展战略，重新定位投资集团的发展道路了。当时我做了两件事：一是对内寻找改革调整的历史脉络，二是对外寻找改革调整的具体方向。

在对内认真审视、重新积淀的过程中，我们发现纵观 28 年发展历程，集团公司从无到有、从小到大、从弱到强、从单一产业到多元化的企业集团，正是得益于七届集团领导集体准确把握每一个时期的时代脉搏，带领全体广投人同心同德、艰苦奋斗，不断改革、调整、实践，一代代薪火相传，一届届继承积累的结果：其中，以孔宪基为总经理的第一届领导班子组建公司，回收"拨改贷"资金，成立电力基金，为公司发展奠定了资本基础。以我本人为法人代表的第二届领导班子抓公司电力项目落地，抓现代企业制度落地，为公司发展奠定了实业基础。以刘军为董事长的第三届领导班子，规范公司管理，理顺产权关系，做好资金回收，管好用好政策性资金，为公司健康发展奠定了产业基础、人才基础、制度基础。以黄名汉为董事长的第四届领导班子，确立企业市场竞争主体，开创铝产业、证券业，扩大电力产业，确立了公司电力、铝业、证券三大主导产业。以吴集成为董事长的第五届领导班子，担负起了巩固、扩大电力、铝业、证券三大主导产业，扩大营业收入，向中国企业 500 强进军的重任。以管跃庆为董事长的公司第六届领导班子，调整能源结构、延伸铝产业链，拓展金融业，做大做强主导产业，努力推动集团跨越式发展。管跃庆董事长（现自治区国资委主任）是做工业出身的，运营管理经验丰富，很有战略眼光，带领我们走向转型之路。可以说在管董事长任职期间，集团公司为后期大力发展金融产业、天然气产业和做工业局域网等埋下了伏笔。随后，以我为董事长的第七届领导班子，要担负起调整优化产业结构，促进企业转型升级，创"千亿元强企"、向世界 500 强企业进军的重任。

从 2013 年下半年到 2014 年年中，通过多次会议沟通，我们上下明确了一定要变革的决心，明确了我们必须结合省级国企的特点、结合集团自身的产业现状、结合经济发展趋势，走出一条符合广西区情、立足广西国有控股公司产业实际的发展道路。但是怎样变革，具体路径又在哪里？在认真研究诸多国有企业发展案例以及国际上大型企业集团运营模式后，我们结合集团公司当时的产业现状，确定了"产融结合、双轮驱动"的新战略。

这一选择具有必然性。从理论来看，产融结合主要源于交易费用理论。根据交易费用理论，企业和市场是两种可以相互替代的资源配置机制，由于信息不对称等众多约束条件使得纯粹的市场交易费用高昂，为节约交易费用，企业作为代替市场的新型交易形式应运而生，企业内部采取不同的组织方式最终目的是为了节约交易费用，提高经济效益。产融结合是产业资本发展到一定程度、拥有一定实力后追求资本投资优化的必然要求，产融结合实质上是降低交易费用的一种商业经营模式，通过产业组织和金融组织的结合，有效实现产业组织金融支出的内部化，提升企业整体的综合效益，并通过两种产业间不断融合以相互扶持。对于我们投资公司而言，诞生于20世纪80年代后期的投融资体制改革，成立之初，就承担起发展地方优势产业和基础产业的重任，奠定了产业基础、实业基础，当产业资本发展到一定程度，寻求经营多元化、资本虚拟化，从而提升资本运营档次成为投资公司发展的必然趋势。在现代经济中，那种单纯依靠改善经营管理，保持持续成本领先来获得竞争优势的效果已不再明显，甚至出现了收益停滞不前或收益递减的趋势。发达国家市场经济发展的实践表明，产业资本和金融资本发展到一定阶段，必然会有一个融合的过程，这是社会资源达到最优配置的客观要求。

从集团内部看，一方面，经过多年的发展，集团参控股企业达到上百家，经营范围涵盖能源、铝业、金融、地产等领域的多元化企业集团，实施这一新战略具有基础可能性。但另一方面，我们集团经过多年的发展，目前可以说遭遇了"瓶颈"、遇到了困境，我们做大了，但我们的负债率随之不断攀升，我们的产品竞争力和盈利能力持续下降，我们的影响力也在下降，我们参与的自治区重点项目也越来越少，实施这一新战略具有现实迫切性。

集团公司发展所遇到的困局，既有经济大环境不景气的原因，也有我们集团发展不足的原因，例如，集团作为以资源型产业起家的企业，由于没有央企可以借助国家力量抢占资源低洼地的优势，导致我们先后错失了平果铝、沿海大型火电厂、大部分红水河梯级水电站控股权的机会，导致我们目前家底较薄、优质资产少。但我想更主要的原因是我们集团自身产业结构不合理，传统实体产业比例过大，作为盈利大户的金融产业比重过低，导致集团抵御市场风险的能力较弱；同时，长期以来，我们各产业各自为政，不能实现优势互补，内部协调效应没有得到充分发挥，集团多元化产业优势没有得到充分发挥。

在这样的情形下，要实现集团的转型升级和持续健康发展，就必须及时扭转集团实体产业竞争力弱、产业结构不合理的不利局面，就要求充分发挥集团自身已经具备的较为雄厚的多元化产业基础优势，紧紧跟随国内外大型企业集团转型升级的发展趋势，优先发展金融产业，并通过集团内部的"产融结合"降低实体产业的融资成本、提高资金利用效率、降低经营风险。可以说，在我们国家经济发展到新阶段的背景下，根据集团自身产业特点，我们要转型升级、要实现可持续发展，就必须推进"产融结合、双轮驱动"战略。我们只有做好产融结合，才能够真正建立起具有差异化的、有竞争力的经营模式。

金融属于第三产业，是处于产业价值链高端的现代服务业。服务于实体经济，实现合作共赢，并分享企业价值，是金融的内在逻辑，是金融与实体产业结合的切入点和落脚点。

事实表明，我们走对了路。还记得 2013 年 9 月 9 日，集团在国海召开金融研讨会，集团公司的领导和国海证券高管齐聚一堂，交流探讨集团金融产业未来发展的方向。会议之所以选在国海证券总部而不是集团总部召开，一方面是集团公司在党的群众路线教育实践活动中深入基层企业调查研究、查找问题、解决问题的具体体现；另一方面是对国海证券这些年来为集团发展做出重要贡献的肯定，更重要的是集团需要在国海证券这个最市场化和最贴近金融产业前沿的主战场来一场头脑风暴，为集团谋划发展壮大金融产业，推动产融结合指明发展道路、提供信息支撑。会上大家积极踊跃，畅所欲言，为集团金融产业的发展建言献策。这次研讨会是一个学习会，也是一个动员会，更是一个思想统一会，并且释放出了一个信号，就是集团公司把金融产业作为下一步改革发展的重点，吹响了做强做大金融产业的号角。

也就是在这次会议上我们首次提出了"产融结合、双轮驱动"的新概念，并基本确定了下一步调整结构的方向和重点。其后，以金融为优先发展产业的"产融结合、双轮驱动"的全新战略得以确定并加速落地。在短短半年多时间里，新战略显示的强大生机令人欣喜若狂。在当年异常艰难的经营形势下，集团公司不仅有效化解了面临的种种困难，还在增加产能的同时，保持了效益增长并有效控制了负债率，集团转型升级结出了有增长、有质量、有效益的硕果。一方面，在"产融结合、双轮驱动"新战略的引领下，初步构建了金融、能源、文化旅游地产、铝业、海外资源开发五大产业并举的产业格局，并取得了初步成效。2013 年，在电解铝企业巨额亏损的不利局面下，金融板块贡献利润 5 亿元，为集团顺利完成 2013 年国资委年度考核目标做出了巨大的贡献。而在这之前集团每年都在为完成考核目标任务大伤脑筋。另一方面，对集团组织架构和职能分工进行了优化调整，构建了"总部—平台—企业"的新管控模式，大力推行集团化、专业化、差异化管理，致力于提升各大板块的核心竞争力。同时，通过成功控股北部湾银行，集团金融资产比重大幅提升，集团的产业结构发生了根本性转变，而随着 2015 年获得广西天然气管网项目的控股权和经营权，我们的天然气业务获得重大突破，能源板块也发生根本性的变化，竞争力获得重大提升。应该说，新战略的实施引领广投集团重新走上发展快车道，让全体广投人再次对集团美好的未来充满信心。

"转型"是简单的两个字，却凝聚了许许多多广投人的辛勤汗水，饱含了丰富的幕后故事。我还记得在明确将金融板块作为下一步改革转型、跨越发展的重点后，集团公司紧抓国家实施金融综合改革试点的战略机遇，以广西作为沿边金融综合改革试验区试点和打造中国—东盟自贸区升级版为契机，以"多元化、多特点"为路径，紧贴市场脉搏，狠抓战略落地。2013 年 10 月 23 日，南宁市广源小额贷款有限责任公司挂牌开业，打响了集团公司"抓改革、促转型、增效益"、优化产业布局、推动金融创新发展的第一枪。作为集团公司金融板块打基础的排头兵，小贷公司不断学习先进经营模式，创新经营理念，在市场历练中增强应变能力和竞争力，自成立至今，已经累计为集团公司贡献了近 1 亿元利润，可谓旗开得胜。小贷公司的成立是集团推动"产融结合、双轮驱动"发展战略的重大举措，对加快集团公司推进金融产业布局、反哺传统产业，具有十分重要的意义。

有了小贷公司还不够。在当今中国，银行业总资产已达 212 万亿元，占整个金融总资产近 90% 的比例，可以说没有商业银行，就算不上真正的金融。所以我们很早就谋篇布局，先后入股北部湾银行、柳州银行、南宁市区农村信用社，以及通过下属公司入股贵州六盘水商业银行，银行业累计投资达 6.1 亿元。同时还积极筹划组建控股商业银行，本来我们的标的是东兴银行，工作推进也已经进入到实质性阶段，结果 2014 年 3 月集团公司迎来了一位客人，广西北部湾银行（简称"湾行"）董事长罗军，给我们带来了一个新的选择。

受三峡全通破产影响，湾行2013年不良贷款率大幅提升，各项经营指标均出现下滑，面临自2008年成立以来的一次重大考验。在这样的背景下，春节刚过罗军董事长便顶着凛冽的寒风到访集团，体现了对我们老股东的信任，诚意十足。罗军董事长介绍，湾行启动了增资扩股工作，并真诚希望集团公司参与。其实当时我是犹豫的，甚至是拒绝的，毕竟几十亿的窟窿不好填，同时湾行大幅下降的资产、收入、利润指标以及千疮百孔的风控体系也很难让我看好它的未来。会谈时我开门见山地表达了自己的顾虑，罗军董事长也表示理解，同时指出湾行此次增资扩股正是为了化解经营风险，增强风险抵御能力，提升运营管理水平，如果顺利渡过这次难关，湾行必将化茧成蝶。会谈后我立即召集集团领导班子认真研究参与湾行增资扩股的可行性，会上我们从集团公司金融产业的发展大局出发，综合研判，作为自治区属国有企业，参与此次增资扩股，既是响应党委政府号召，保持国有股东对湾行的控制力，体现集团公司作为国有企业的使命感、责任感，同时也有利于推进集团公司"产融结合、双轮驱动"发展战略落地，完善金融业务布局，并借此推动湾行进一步优化法人治理结构，提升管理水平和经营效率，可谓一举多得，在做好风控的前提下，这次增资扩股对集团来说很可能不是一个烫手的山芋，而是一次难得的机遇。但集团公司想要参与增资扩股，十分不易，还有很多阻碍和风险摆在面前。一是其他股东特别是非国有企业也有增持的意愿，我们面临的竞争压力不小；二是集团公司作为地方政府融资平台，曾被银监会列为"平台管理类"，后虽然"退出为一般公司类"，但公司经营仍受银监部门监控，直接增资会受到影响；三是增资后财务并表会拉高集团的资产负债率至83%，从而影响集团的财务指标和融资能力；四是随着利率市场化进一步压缩银行利差、监管机构对银行资本监管力度进一步加大，以及不良贷款率大幅上升，湾行的效益持续承压。这些问题如果解决不了，那我们接过来的可能就又成了烫手的山芋。在自治区党委政府和国资委、金融办、银监局等的指导、协调和帮助下，我们的经营班子群策群力，多次召开会议研究问题、思索对策、调整方案，最终确定由集团下属银海铝业和建设实业两家公司作为出资人参与此次增资扩股，为达到股东资格条件，集团对两家公司进行增资。然而至此尘埃仍未落定，湾行的协议规定新股东不能分享该行2013年利润分红，按此条款集团公司将损失2000多万元的分红，经过与湾行沟通协商，虽然在分红问题上确实考虑不周，但为保证增发方案顺利获批，双方决定暂时搁置条款争议，本次分红损失待日后通过贷款利息补偿等方式进行处理。经过多方不懈努力，2014 年 6 月 30 日，中国银监会批复同意方案，集团公司顺利完成湾行增资扩股手续，合计持股 17.08%，成为湾行第一大股东，至此我们仅用 4 个月时间就成功控股了一家有影响力的区域性商业银行，可谓兵贵神速。

2014 年以来，北部湾银行以服务和助推广西经济社会发展为宗旨，"立足广西、立足中小、立足社区"，深耕细作本地市场，培养本地核心客户，加大对区内重点产业项目、小微企业、"三农"和民生等领域的支持力度，自 2015 年并表集团至今，资产总额达到 1159 亿元，累计实现营业收入 80 亿元，累计实现利润总额 6.94 亿元，累计上缴利税 6.15 亿元。增资扩股后不良贷款率由 2014 年的 4.92% 降到 2015 年的 2.57%，降低了 2.35 个百分点，已成为集团公司金融板块的重要基石。控股湾行是集团公司实施"产融结合、双轮驱动"发展战略最重要的一项举措，完成了集团金融板块最核心的一块拼图，标志着集团公司初步实现了由实体经济为主的产业结构向金融控股型为主的企业集团转变，奠定了集团公司"产融结合、双轮驱动"发展战略的坚实基础，揭开了集团发展的新篇章。

为了继续优化产业布局，夯实金融产业基础，推动"产融结合、双轮驱动"发展战略落地，我们马不停蹄，在紧锣密鼓推进湾行增资扩股工作的同时于 2014 年 5 月再下一城，成立了融资担保公司。融通四海，资纳五洲，经过我们的不懈努力，融资担保公司成立仅 100 天就积极谋求对外合作，主动探索业务创新，先后获得建设银行、交通银行、北部湾银行、华夏银行、中信银行、招商银行批复的授信准入近 60 亿元担保额度，并与南宁市中小企业服务中心、广东太平资产管理公司、国海证券、北部湾产权交易所等多家机构建立了业务合作关系，实现累计担保额度 1.24 亿元，用亮丽的成绩为集团公司继续扩大金融产业版图增添了信心。融资担保公司的成立是我们优先发展金融产业战略的重大举措，标志着集团公司 "产融结合、双轮驱动"的发展战略又迈出了坚实的一步，对集团公司金融板块整体推进具有十分重要的意义。

在已经拥有北部湾银行、国海证券、融资担保、小额贷款、创新基金、产权交易、融资租赁等金融业态的基础上，2015 年 5 月，自治区人民政府批准由广投集团牵头筹建广西首家人寿保险公司——国富人寿。当得知这个消息时，我激动万分，集团公司正处在爬坡过坎、转型升级的关键时期，非常需要国富人寿这一针强心剂，这意味着我们在金融产业链上再添重要一环，向着打造"全牌照"金融集团的目标更近了一步。当然，我也清醒地认识到，获准筹建只是万里长征的第一步，后续还有很多工作要做，还有很多困难要一一克服，自治区党委、政府在这个过程中给予了集团公司极大的支持，2015 年彭清华书记、陈武主席、唐仁健常务副主席都曾率队专程拜访保监会领导，协调推进国富人寿的批筹工作。也正是在自治区党委、政府的关心关怀下，在自治区国资委、金融办、广西保监局等各级政府机关单位的鼎力支持下，在全体广投人全力以赴的拼搏和努力下，筹建工作才能在短时间内取得一次次突破性进展。现在，我们已经看到了胜利的曙光，我也万分期待国富人寿能够在实现自治区法人寿险机构零的突破的同时，进一步完善广西地方金融体系，构筑集团公司产业转型新的战略支点，为集团公司的"全牌照"金融服务平台提供强有力支撑，为深入实施集团公司"产融结合、双轮驱动"发展战略提供新抓手。

2015 年 10 月，我们又引入专业团队，经自治区政府特批，成立了唯一一家以"广西"冠名的国有控股中外合资融资租赁公司，抢占了广西租赁行业制高点，集团公司大金融板块再添新军。

深耕产业几十年的经验告诉我，在大规模扩张的同时，管理一定要跟上，不能落后。集团公司的金融业态已经非常丰富，我们开始认真思考对金融资产管理架构进行专业化改革、提高运营效率、切实管控风险的必要性。通过成立金融控股公司，可以打造集团公司金融资产投融资新平台、树立集团金融投资品牌；可以培育金融资产专业运作管理平台，发挥专业化管控优势，提高运营效率，培育新的利润增长点；同时还可以实现金融风险的有效隔离，适应金融市场产业化经营的需要。认识到这些，我们认为成立金融控股公司时机成熟了。2015 年 6 月 19 日，广投集团金融控股有限公司获自治区政府批复设立，肩负着管理集团公司金融资产、实施金融战略重要使命的广西首家金融控股公司破茧而出，这也标志着集团公司金融产业的发展翻开了崭新的一页。金融控股公司定位为"扎根广西，服务全国，面向东盟，以银行、证券和保险为核心，小贷、担保、租赁、互联网金融、基金管理等业态为特色，产融高度融合，服务体系完善，具有较强核心竞争力的区域性国际化金融控股公司"，着力完善金融业态、提升金融服务能力和资本运作水平，推动产融结合和融融结合的业务发展，截至 2016 年年中，经过短短一年时间，金融控股公司资产总额达到 31.24 亿元，实现营业收入 1 亿元，实现利润 0.81 亿元，上缴税收 0.18 亿元，实现多笔集团内产融、融融协同业务，为集团公司转型升级和持续健康发展提供了源源不断的强大动力。金控公司的成立，对全面整合集团公司的金融资源，扩大市场影响力，对于壮大广西金融实力、完善金融机构体系、打响广西金融品牌、推动沿边金融综合改革试验区建设等具有重要的战略意义。

在集团金融板块日新月异发展的进程中，有一件事令我印象深刻，那就是广西小微金融交易服务平台，即 P2P 公司的筹建。在 2014 年集团公司党政联席会审议关于筹建 P2P 公司的议案时，集团领导班子决策以来第一次对项目有了不同意见，甚至在会上起了争执。支持的认为当今互联网技术日新月异、互联网商业模式取得了巨大成功，互联网金融行业高速发展，P2P 平台作为"金融脱媒"的核心金融模式之一，代表了当代金融服务业发展方向，在市场中必将扮演越来越重要的角色；广西区内已有的 P2P 平台公司市场份额较小，影响力不强，区域 P2P 网贷行业市场仍然处于一个相对空白的状态，正是集团公司全力抢滩广西、占据战略制高点的机遇；筹建 P2P 公司，符合集团公司"优先发展金融产业，积极完善金融产业链，大力推进产融结合、融融结合协同发展"的发展战略，可以作为集团拥抱互联网的一次尝试。也有领导认为虽然 P2P 行业发展势头迅猛，但按照筹备计划，公司头两年是亏损的，而且集团公司直接出面成立 P2P 公司，缺少"防火墙"隔离风险，可能会有不稳定因素，万一交易双方出现问题，投资者闹事会给集团公司带来不可控的冲击和影响；集团公司缺少这方面的专业人才，在项目贡献收入不高、利润不多的情况下，需要衡量是否有必要冒这个风险，不如先发展好现有的业态，稳步推进，在做好法律风险防范和落实专业人才条件成熟之后再启动项目。决策会议上出现不同的声音，说明拥抱互联网确实需要一定的创新和勇气，否定一件事情容易，但是要创新确实很难，迈出一步也很难。对于国企，面对潜在的风险，要迈开创新的步伐尤其难。大家一致通过的不一定是好事，有分歧的也不一定是坏事。后来我定了个调子，大家对项目有不同的声音是很正常的事情，为什么要把P2P平台设计成一个我们占少部分股份的形式，原因在于要通过市场力量来推动，最大限度地避免风险，在当今互联网世界中去做一些基础性的探索。

这件事在我们研究的同时，自治区金融办也在研究，所以慢慢就有了一个想法：目前广西还没有同类公司，我们要做就做第一家，从这个意义来讲，创新也好，保守也好，就是怎么突破的问题。既然金融事业部提出了这个建议，董事会战略投资委员会研究后也觉得可以鼓励，那么我觉得就不妨去试一试，也值得去试一试。越是初期的东西，成本往往越低，这是集团公司拥抱互联网的一个机会、一次尝试，后续铝和其他业务板块也要尝试在互联网领域有所突破、有所创新，到时候P2P公司就会有很好的借鉴和示范意义。我希望集团公司在互联网领域有所突破，有所创新，所以从董事长、法定代表人的角度来说，我认为这件事要支持，值得去冒这个风险。经过热烈充分的讨论，最终大家达成共识，认可P2P公司的发展机遇，同时也强调风控措施一定要到位，人才队伍一定要选好，管理机制一定要贴近市场。P2P公司自2015年7月注册成立一年多以来，效益逐渐体现，2016年1~7月为集团贡献了累计营业收入268万元及68.4万元的利润，这说明我们在全新领域跨出去的这一步是成功的。P2P公司的成立，是集团公司深入实施"产融结合、双轮驱动"发展战略的重要实践，是集团公司全面深化改革、拥抱互联网、积极布局"互联网+金融"的重要成果，也是集团公司在转型升级关键期的重要举措，意义深远。

产融结合，产业为本。在大力发展金融业的同时，集团公司在能源、铝业等传统产业转型升级上也下足了力气。2006年集团公司与中广核签署合作框架协议，出资建设广西第一座核电站——防城港核电项目，成为我们进军清洁能源领域的又一个里程碑，现在项目一期已经并网发电，开始为集团贡献利润。截至2016年年中，集团公司已投产和在建项目的总权益装机容量已经达到1043.05万千瓦，占广西所有装机容量的1/3，可以说圆满完成了自治区交给我们的重要使命。

任何行业的发展都不可能是一帆风顺的。2011年因为煤价上涨，所有火电企业都陷入严重亏损，集团公司也不例外。为了降低亏损，区内很多机组停发，与此同时，广西又遭遇了罕见的红水河干旱，导致水电机组也自顾不暇。火电停发，水电又顶不上来，在这种异常严峻的形势下，集团公司站了出来，大家勒紧腰带、咬紧牙关，上下一心，克服火电机组小、煤耗高等重重困难，承受巨大亏损，保证了自治区电源供应不受影响，充分体现了作为国企的责任感和使命感，也正是从那时起，我们痛定思痛，开始主动寻求转型升级。对火电机组实施上大压小、热电联产和脱硫技术改造。来宾电厂关停两台 12.5 万千瓦机组，利用其所处的来宾工业园区的产业集聚效应发展热电联产，成立专业的供热公司，向园区周边的用热企业供热，成为集发电、供热于一体的火电企业。经过不懈努力，我们以热电联产、循环经济促传统火电转型的转型升级思路为集团带来了丰厚的投资回报。截至 2016 年年中，来宾电厂供热累计为集团贡献了 6 亿元的营业收入和 1.2 亿元的利润，同时获得了自治区党委和政府的高度认可，无论对于节能减排，还是提升工业园区水平都做出了巨大贡献，开启了清洁生产的循环经济绿色发展新篇章。

天然气是集团公司发展清洁能源的主战场。随着国内主要天然气管道的建成，广西在工业、交通、民生等多个领域开始广泛使用天然气。为推动广西"县县通"天然气这一重要的民生工程早日完工，2011 年，我们作为参股方分别与中石油、中石化投资建设广西省级支线天然气管网、北海 LNG 项目及其配套管网，开始涉足天然气业务。在这种合作中，我们本来是配角，但中石油在 2012 年、2013 年的一系列人事变故和公司变更，导致其在广西天然气中下游市场没有太多实际进展，我从中敏锐地察觉到了一丝近水楼台、由配角变成主角的机遇。说干就干，虽然我们在天然气领域是新人，缺乏投资运营管理的经验，但我们有一支能打硬仗、敢啃硬骨头的员工队伍，我们积极跨省跨区域寻求合作，创新打造多元经济体合作模式，于 2014 年 4 月与中燃公司、瑞川公司签署天然气项目合作框架协议，成功实现了在天然气领域的高位嫁接，通过发挥各自优势实现合作共赢，此次合作有幸得到了自治区陈武主席、张晓钦副主席的见证和祝贺，为实现广西能源结构的战略性转型、加快落实自治区确定的"县县通"天然气目标和广西经济社会发展、维护广西"碧水蓝天"做出了积极贡献。

在此基础上，凭借"控制中游+市场多元化下游"相结合的独具特色的创新运营模式，集团公司于 2014 年 3 月正式参与广西天然气管网公司股权转让工作，2014年5月，在自治区党委政府领导的大力支持和指导下，在包括中国华润燃气在内的众多竞争对手当中，我们抢得先机、赢得市场竞争力，成功从中石油集团手中取得了广西天然气管网项目控股权和经营权，并确定2014年6月30日为广西天然气管网项目资产转让基准日，拉开了广西天然气管网重组的序幕。随后的近一年多时间里，集团公司上下夙夜在公、日夜奋战，举全公司之力、以改革创新精神，全力推动中国首例省级管网项目重组工作，积极面对复杂多变的形势，解决了前进道路上一个又一个难题和困难，与中石油公司密切配合，在先后完成了资产审计评估、股权转让协议书签订，双方上报上级主管部门批准等一系列流程后，终于促成中石油公司向国务院国资委上报《关于中国石油天然气股份有限公司协议转让广西中石油天然气管网有限公司股权的请示》，并最终于2015年3月28日获得国务院国资委批复，标志着广西真正将天然气这一重要的民生资源掌握在了自己手中，标志着集团公司清洁能源产业迈出了历史性的重要一步。

拿下天然气管网的同时，2015年3月，中共中央、国务院印发了《关于进一步深化电力体制改革的若干意见》，也就是俗称的"电改9号文"，这个文件让我眼前一亮，集团公司上下都察觉到，解决困扰集团多年的"铝电结合"问题的机会来了，这一次绝不能再错失。自治区长期以来对铝产业健康发展、电力体制改革工作高度重视，自治区主席陈武亲自主持召开自治区铝工业二次创业会议，对广西纳入国家电力体制改革试点工作不遗余力，为我们企业大胆开拓、创新推进工作指出了正确的方向，树立了必胜的信念。2015年11月，集团公司响应自治区政府号召，主导成立广西广投乾丰售电有限责任公司，积极搭建广西售电公司平台，开启了对混合经济体发展配电业务的重要探索，同时开始与来宾市政府联合推进来宾区域电网建设；2016年3月，来宾市大工业区域电网项目喜获来宾市发改委核准；同年5月，来宾市大工业区域电网项目顺利起航，我们十多年来孜孜以求的"铝电结合"夙愿即将实现，项目建成后，将使集团的传统电、铝产业重新焕发活力，同时区域电网项目让我们在电力体制改革的大潮中抢占了先机，也是集团由传统工业向现代服务业转型的有力尝试。2016年7月28日，陈武主席亲率由自治区有关领导，自治区有关部门及各地市领导150余人组成的考察团对来宾区域电网项目进行了调研，对我们推进来宾区域电网建设、加快广西电力体制改革试点和肩负广西铝产业二次振兴充满了信心。陈武主席看了现场后指出，广西正在实施铝产业二次创业，铝产业是广西产业转型攻坚战的重大项目，也是我们推进供给侧改革实现优产能的重要领域，是发挥广西资源优势，实现当前稳增长目标乃至整个"十三五"经济持续健康发展的关键。通过来宾大工业区域电网的建设实现真正的"铝电结合"，为实现广西铝产业二次创业的"10年内要力争做到广西生产的氧化铝80%在区内形成电解铝、电解铝80%在区内进行深加工"战略目标奠定了坚实的基础。陈武主席表示，广投集团为广西铝工业发展做出了不懈努力，彰显了广西国企的担当和使命，用实际行动践行了习总书记关于"理直气壮做强做优做大国企，不断增强活力、影响力、抗风险能力，实现国有资产保值增值"的重要指示精神。

如果说能源是集团公司28年来基业长青的基石，那么铝业就是集团公司不断发展壮大的支柱。广西探明铝土矿远景储量达10亿吨，占全国总储量的1/4以上，为了发展自治区优势资源产业，2000年集团公司出资成立年产20万吨电解铝的广西百色银海铝业有限责任公司，以此为起点，迈开了发展铝产业的步伐；2003年，我们与五矿、中国铝业携手组建广西华银铝业有限公司，开发铝土矿资源，发展氧化铝；2006年启动来宾银海铝业一期工程25万吨原铝及铝板带配套项目，进一步扩大铝产业的规模；2009年成立广西柳州银海铝业股份有限公司，切入生产高端、高附加值产品的铝加工环节，进一步延伸铝产业链；2010年突破性地与民企合作，成立了首家铝业混合所有制经济体——广西广银铝业有限公司，在全国范围迅速布局铝工业园区建设；2012年2月，专注于铝产品贸易业务的广银商务公司成立，标志着集团铝业在铝加工的基础上，开始发挥产业优势，进军铝产品贸易领域。通过几代广投人的努力，集团公司用十多年时间打造了一条完整的铝产业链，拥有氧化铝产能200万吨，电解铝产能45万吨，阳极碳素产能72.5万吨，铝加工产能219.8万吨，2015年，集团公司铝业板块资产总额291.66亿元，实现营业收入607.53亿元，跻身全国铝产业十强企业，排名第5位。

日中则昃，盛极而衰。经历了21世纪初的爆发式增长后，铝行业进入了艰难的调整期。近年来电解铝和氧化铝等产品的价格一路下行，集团铝产业陷入了严重的亏损困境，部分公司资产负债率一度超过100%，濒临破产。一面是陷入市场沼泽不断失血的经营困境和整个行业产能严重过剩、发展前景极度悲观的低迷形势，一面是发展自治区优势资源产业的责任使命和党委政府的鼎力支持、殷殷期望，我们在两难困境中主动寻求突破，走出了具有广投集团特色的第三条路——"品牌联盟"之路。其实面对这样的局面，我也曾犹豫过、动摇过，我们的铝产业犹如在漆黑的隧道中穿行，不知何时才是尽头，到底还要不要坚持？该怎么坚持？铝产业自 20 世纪诞生至今，尚处于快速发展阶段，纵观世界工业发展历史，铝产业还是一个年轻、朝阳的产业，虽然现在暂时陷入低谷，但否极泰来，我们坚定看好铝产业的未来。2015 年11 月，自治区政府印发《广西铝产业二次创业中长期方案》，再次为集团公司铝产业的结构调整和转型升级指明了方向。我们铝产业的基础已经很牢靠、很扎实，既有完整的铝产业链，又有丰富的管理经验，现在大而不强的最大问题是缺少市场认可的品牌，我们只能卖铝锭、铝棒这些附加值极低的产品。从问题出发思考出路，将亚铝等国际知名品牌引入，以品牌赢得市场，就可以发挥集团公司在全国布局的工业园区的优势，迅速以品牌来打开市场，盘活我们的存量资产。打响第一枪以后，如果进一步整合国内铝行业知名品牌，也许是一招妙棋、一次思想大解放的布局，也许将会引发中国铝行业甚至世界铝行业的连锁反应。如果取得最终的成功，集团铝产业的市场化水平和企业经营效益，都将有望迈上一个新的台阶，进而推动铝产业由当前的"重资产、轻管理、低效益"经营管理模式向"轻资产、重管理、高效益"转型，把集团铝产业打造成发挥广西优势资源产业的主力军，成为全国铝工业电商服务的运营商，这就是集团公司铝产业的"品牌联盟"战略。

"品牌联盟"战略实施至今，虽然时间不长，但成效显著。2016 年年中，集团公司铝业板块成功扭亏为盈，实现利润 0.73 亿元，各项指标均有所突破。"品牌联盟"战略的实施标志着集团公司将逐步摆脱过去"高投入、低产出、大亏损"的路子，是铝产业涅槃重生、蓄势腾飞的关键一步，必将有力地支撑起宏伟的"广投梦"。

仅靠传统产业转型升级，是无法支撑起广投集团"十三五"实现"一百双千"进军世界 500 强的宏伟目标的，所以我们开始积极探索、布局新产业新业态，打造新的增长极。随着十八届五中全会提出"健康中国"概念，健康产业第一次上升为国家战略。作为国有企业，集团公司结合广西丰富的中医药产业资源、政策推动和区位优势，以及自身的雄厚资本和政府资源，通过认真科学研判，也非常认可发展健康产业的必要性和可行性，缺少的只是一个契机。谁也没想到这个契机很快就出现了。外界一直认为我们控股梧州中恒集团是有上级领导的指示收购，但实际上这完全是偶然抓住的机遇。

2015年9月底，中恒实业为偿还一笔到期的3.7亿元股权质押借款寻求集团金控公司提供短期过桥项目资金支持，当时正值中秋，第二天借款就要逾期，中恒可以说是十分焦虑地抱着最后一丝希望找到我们。经过综合评估，我们认为可以提供资金支持，我们的同事也的确很给力，主动放弃了中秋节全家团圆的机会，赶在到期之前帮助中恒渡过了难关。通过这次合作，中恒被我们深深地感动了，双方建立起了良好的互信关系。因为前董事长被立案侦查，实际上当时中恒的业务已经处于停滞状态，后续还有合计超过13亿元的多笔债务陆续到期，中恒压力很大。随后，中恒主动表达了欢迎集团公司受让其所持A股上市公司股权、让出控股地位的意向，获知这个消息我非常兴奋。这种控股上市公司平台的机遇是可遇不可求的，于是我马上召集班子进行深入讨论研究，大家一致认为中恒集团标的资产优良，收购中恒集团后对促进集团产业转型升级、资产证券化具有十分重要的战略意义：一是可以把民族医药产业作为一面旗帜，充分利用"一带一路"等政策红利，促进集团新一轮发展；二是可将中医药元素注入集团文化旅游产业，创新产业结合点，充实养老养生健康产业发展新战略；三是中恒集团具备较强盈利能力，并购后有利于扩大集团资产规模，培育新的利润增长点；四是获得A股上市公司资源，有利于进一步推进集团资产证券化工作，打造全新的资产运作平台。决策之后就是执行，集团公司立即成立专门工作组，全力以赴抓住这个非常难得的重大机遇，力争并购成功。虽然当时有很多家企业都有意向，而且出价要比我们高不少，但中恒从9月29日起即筹划股权出售事宜，到最终选中我们作为受让对象只花了一天时间，这和我们前期的努力和付出是分不开的。最终，经过四个多月的拼搏奋斗和紧张谈判，2016年1月25日集团公司以远低于其他竞争者的价格成功控股中恒集团，实现了我们实业板块上市公司零的突破，并顺利切入医药医疗健康产业，成功打造支撑集团公司未来增长的新一极，为集团公司"十三五"战略发展规划开了一个完美的好头。

以控股中恒为契机，集团公司顺势而为，从战略层面以"医养结合"的战略思路统筹谋划医药医疗健康板块发展，于2016年4月成立医药医疗健康事业部，加大整合广西中医药产业和新医药产品研发力度，并积极布局医院、医疗、养生、养老等医药医疗健康产业，强化对医药板块的开发运营效率和风险控制能力，加强资本运作和专业化、市场化、规范化管理，实现医药医疗健康产业的快速发展。我深知集团在医药医疗健康领域没有积累、没有人才，所以我把目光放宽放远，在全国范围内寻找高端专业人才来带领我们医药医疗健康板块的团队，用市场化的机制保证新产业、新业态的发展活力。同时经过科学研判，下一步我们将继续深入实施"产融结合、双轮驱动"发展战略，开拓发展思路，积极参加医改，通过设立国富创新健康医疗基金，提升对广西区内医疗机构的收购和整合能力，再将资产注入中恒实现证券化，盘活资产，进而构建具备强大规模效应的医疗集团。通过资本的力量迅速提升医院的综合实力，提升自治区医疗服务水平，提高广西医药在国内的地位和整体创新水平、产业化水平，造福于民，充分体现集团公司作为国企的社会责任和担当。

文化旅游产业是集团公司力图打造的另一个增长极。经济新常态下，大力发展文化旅游产业，是产业转方式调结构的主要手段，是贯彻落实供给侧改革的重要抓手，也是促进消费升级的关键所在。桂林山水甲天下，广西丰富多样的自然旅游资源名冠天下，然而近些年在旅游资源开发和打造旅游目的地方面却落在了后面，集团紧紧抓住广西打造我国西南、中南开放发展新的战略支点和中国—东盟开拓"钻石十年"的契机，结合自身优势，瞄准了高端旅游、现代文化旅游产业。转型升级正能量，奋进发展新篇章，2013年11月，集团公司与香港观澜湖集团、云南城投集团正式签订战略合作协议，三方本着强强联手、优势互补、互利共赢的原则，共同开发广西的文化旅游、休闲度假产业。本次合作得到了自治区党委、政府的极大重视，上升到了自治区层面的战略高度，自治区党委书记、自治区人大常委会主任彭清华和自治区主席陈武分别会见三方代表并祝贺三方签约。彭清华书记对集团公司"以商招商"、跨省跨区域联合、创新多元经济体合作模式的做法给予充分肯定，认为集团公司与观澜湖集团的合作是深入贯彻十八届三中全会精神、大力发展混合所有制经济、促进珠江流域发展、加强桂港合作的重要实践，这既是对我们过往努力奋斗和开拓思路的肯定和鼓励，更是对集团公司文化旅游产业美好未来的寄望和期许。

要发展好文化旅游产业，闭门造车肯定是行不通的，要多走多看、虚心学习、扎实调研，才能找到适合我们的转型发展之路。2015年11月，我利用周末休息的时间，率队前往深圳观澜湖进行实地调研，行进在深圳这片改革开放的沃土上，看了人家的观澜湖新城、新濠天地Hard Rock酒店、生态体育园和乡村俱乐部，我心中感慨万千，这才是国内休闲产业领航者的风范啊！我下定决心一定要给集团的文化旅游产业做好顶层设计和发展战略。尽管之前在推进龙象谷项目中，由于国家产业政策而被迫调整，但在项目推进中，我们还是深刻感受到世界知名品牌对文化旅游产业的巨大影响力。在之前工作积累的基础上，再加上一系列战略性、长期性、全局性的深入探讨、研判和分析，"品牌扎堆"发展战略应运而生：通过优势互补、合作成立品牌运营公司，整合国内外不同的文化旅游产业品牌来广西落地、来广西经营。通过引进品牌、购买服务、发挥品牌优势等手段，提高文化旅游项目的品质和影响力，从而做大做强文化旅游产业。为了更好更快推动"品牌扎堆"战略落地，2016年4月，我利用广西民俗节日"三月三"假期和周末时间，再次率队横跨大洋，来到了澳大利亚威秀集团进行实地考察调研。我惊叹于世界顶级主题乐园的魅力，利用考察间隙，我们与澳大利亚威秀公司、香港观澜湖集团和广西名都公司共同签署了关于在南宁市联手打造主题公园项目的合作意向书。以此为标志，集团开辟了发展文化旅游产业的新历史起点。

　　对集团文化旅游产业来说，2015年12月28日是个不平凡的日子，为整体推进文化旅游产业发展，提升文化旅游板块的资源整合和项目开发运营能力，更好更快地走出专业化、市场化道路，经过前期筹备，广西广投文化旅游投资有限公司在这一天正式揭牌开业。

　　广投文旅公司以"品牌扎堆"为发展战略，坚持走高端路线，通过与国内外知名企业强强合作，建设一批有潜力的文化旅游项目，打造广西乃至中国—东盟的区域文化旅游新地标。广投文旅公司目前正在积极规划南宁市国际文化旅游休闲产业集聚区——亚洲国际公园项目，集团和广投文旅公司正扎实推进项目前期各项工作。与此同时，广投文旅公司以大旅游的视野积极整合优势资源，在集团内部探索"铝旅结合、医旅结合、旅融结合"的创新发展之路，同时也在谋划发展旅游地产，打造精品项目，开发建设"龙象"系列旅游地产精品。

国家"一带一路"战略的实施，必将促进文化旅游产业跨区域融合，带来全新的发展机遇。我们的广投文旅公司必须要抢抓机遇，乘着国家大力促进旅游投资和消费的春风，创新旅游投资和旅游消费，充分发挥区域优势和资源优势，发挥"品牌扎堆"效应，加快广西文化旅游产业大发展，努力打造文化旅游广西品牌以及面向全国和东盟的文化旅游战略高地，为创新发展集团文化旅游产业谱写华彩篇章，为广西经济社会发展和产业结构优化升级做出积极贡献。

广西最大的优势在区位，最根本的出路在开放。为了深化拓展与粤港澳及东盟开放合作、实施"走出去"战略，集团公司积极拓展国际业务，做强做优做大海外贸易，关注海外投资机会，做好集团公司海外融资工作。其实"走出去"的思路早已有之，在2008年我们便与越南安圆集团保持接触，双方多次互访，积累了多年的深厚友谊。2013年，双方合作开始进入实质性阶段，我们针对越南北部陶粒砂项目和钛矿项目的合作模式和合作步骤进行了深入研究、探讨、沟通和努力，虽然因为客观因素最终未能达成合作，但这些工作为后续集团公司开拓国际业务提供了宝贵的经验。经过我们的多年布局、细心呵护，终于在2012年1月结出了果实，印度尼西亚桂华资源有限公司在印度尼西亚雅加达开业，成为集团公司在国外组建的第一个合资经营法人实体，主要业务为开发印度尼西亚煤炭资源，发展煤炭国际贸易，由此迈出了集团"走出去"的第一步。同年3月，我们在境外的第一个能源投资项目印度尼西亚东加里曼丹玛利瑙煤矿AMNK矿区露天矿项目获得自治区国资委和商务厅核准；6月，桂华资源有限公司的第一船印度尼西亚煤炭运抵中国广东华润电厂，我们的国际贸易业务取得突破。2013年11月，在能源业务合作的基础上，我们又在铝业板块再度加码，与印度尼西亚国家矿业公司（ANTAM）在印度尼西亚首都雅加达签订了《印度尼西亚氧化铝项目合作框架协议》，共同投资、开发、建设印度尼西亚西加里曼丹省氧化铝项目。虽然这些合作项目因为客观原因未能最终落地，但为集团公司发展国际业务打下了坚实的基础，也更坚定了我们"走出去"的信念和决心。

为了更充分地挖掘释放集团公司开放合作潜力，构建集团公司"走出去"拥抱东盟、走向世界的重要通道，2014年8月28日，广投集团国际有限公司在香港美丽的维港之畔揭牌，香港中联办副秘书长施纪明到场祝贺并致辞，广投国际在香港开业，离不开彭清华书记的引导和鼓励，也与香港中联办有着一段姻缘。广投国际主营业务包括国际贸易，国际资源、能源、有色金属项目投资、建设与经营管理，仓储物流运输，工业园区及商业地产投资开发与经营。公司成立当天便与中国工商银行、中国建设银行、中国银行、汇丰银行分别签署总额达 12.2 亿元的贷款或授信协议，与陆海集团签署 200 万吨的动力煤销售合同，喜迎开门红。作为集团公司在境外融资和战略开发的平台，广投国际充分挖掘释放集团开放合作潜力，发挥集团境外"窗口和纽带"的作用，通过资本运营、国际贸易和资源开发推进境内、境外两地资源、资本、市场、信息、人才、机制等深入融合、优势互补、双向互动，成为集团优质资产通向国际资本市场实现证券化，以及集团相关产业向海外资源富集地区拓展的桥梁，构建集团战略转型新格局，进而为广西实施开放开发新的国家战略定位做出积极贡献。

2016 年，集团公司的国际业务又取得了突破性进展，3 月我们与中马钦州产业园区管委会、河北欣意电缆签订合作协议，共同推进稀土高铁铝合金国际产能合作基地项目在中马钦州产业园落地。6 月的第二届马中"两国双园"联合推介会上，在自治区张晓钦副主席和马来西亚国际贸易与工业部第二部长黄家泉、马来西亚总理对华事务特使黄家定的见证下，我们又与马来西亚东海岸经济特区发展理事会签署了马来西亚关丹 10 万吨铝加工项目协议，项目将落户马中关丹产业园，并与在马来西亚股交所主板工业组上市的铝加工企业 P.A Resources Bhd.（专业资源有限公司）进行深入交流，达成立足东盟、面向全球在马来西亚发展铝工业的重要共识。与马来西亚的合作，正在书写集团公司国际业务新的、更华美的篇章。

在不断推进传统产业转型升级的同时，集团公司还紧跟时代步伐，加大探索战略性新兴产业的力度，加快布局新产业、新业态。作为承担自治区战略发展要务的重要载体，一直以来，我们都牢牢遵循"五大发展理念"，按照"补短板"的思路，把握战略性新兴产业的发展趋势，积极探索潜在投资机会，为集团公司发展提供新的有效产业供给，并建立系统化的新产业孵化体系。2015 年 12 月 22 日，广西投资引导基金运营有限公司正式运营，自治区党委常委、常务副主席唐仁健莅临见证，引导基金由自治区政府委托集团公司组建基金运营公司承担具体投资运营工作，开展专业化运作管理业务，旨在充分发挥财政资金的杠杆作用和放大效应，加快推进自治区经济结构调整和产业升级，引导金融机构、社会资本、地方政府以及国有企业参与新设、增资各类子基金，重点投资战略性新兴产业、高新技术产业、先进制造业、生态环保产业、现代服务业等。引导基金运营公司的成立对我们推进战略性新兴产业发展、深入实施"产融结合、双轮驱动"战略具有里程碑式的意义。

2016年以来，我们加快战略性新兴产业布局，积极响应国家和自治区高度重视创新产业发展的号召，于4月与深圳市三诺集团签署战略合作框架协议，双方本着"优势互补、平等互利、共谋发展、实现双赢"的原则，拟在金融、创新创业产业、智慧产业等领域开展全方位合作，开创战略性新兴产业新格局。5月开始，我们为贯彻落实自治区人民政府石墨烯产业发展战略，加快推进石墨烯技术成果的应用转化，有力促进石墨烯战略新兴产业项目在广西落地，与江南石墨烯研究院、深圳市石墨烯协会、广西大学石墨烯研究团队等多次互访考察调研，探讨合作事宜。同时，作为自治区与复旦大学战略合作协议的重要对接、落地单位，集团公司于5月9日在自治区主席陈武和复旦大学校长许宁生的共同见证下，与复旦大学签署了合作共建"复旦广投研究中心"的合作框架协议，双方将在宏观经济、金融、能源、铝产业、文化旅游、东盟政策、国有企业改革、医疗养老等领域开展全方位研究合作，形成有政策价值和社会影响的研究成果，为广西有关决策与监管部门提供智库支持，为集团公司发展战略提供科学依据。

在稳步推进金融和实体产业转型升级的基础上，我们把优势、能力、经验转化为新的动能，致力于不断提升运营能力和管理水平，实现在中后台组织管控和能力保障方面的跨越式发展，为建成广西国企四个标杆服务，为广西升级发展服务，发挥带动全区经济发展的国企极核效应。

首先是以改革创新引领集团战略发展，增强核心竞争力。改革创新是企业提升核心竞争力，推动战略发展的动力源泉。落实创新发展理念不能停留在口头上，而是要结合实际采取扎实有效的举措，在不断推动六大板块产业和战略性新兴产业创新发展、转型升级上着力、用力、发力。①大力推进发展模式创新。纵观集团28年的发展，主要还是按照政府产业布局，做大做强已有产业，像华润等优秀企业采取并购重组实现跨越式成长的发展模式，我们还比较陌生。到"十三五"末集团要进入世界500强，按照目前已有产业达到最理想的经营目标测算，我们还有 400 亿~600 亿元的缺口要通过并购重组来实现，更何况目前集团旧业态正承受经济发展新常态、结构性改革等多重压力。而文化旅游、天然气、战略新兴产业等还处于长期培育期，所以我们高度重视并形成"产业资本＋金融资本＋产业基金"相结合、通过兼并重组实现跨越式成长的发展模式，运用资本的手段，加快资产证券化进程，辅以产业基金的手段，提升整体运营能力，将集团以及每一个广投人打造成为"产融资本运营管理专家"。②加快推进经营模式创新。2015 年，麦肯锡公司在给我们做"十三五"规划时，提出通过提质增效，集团公司在运营成本上有 2 亿~5 亿元的提升空间，这给了我很大的触动。虽然他们的评估依据不一定完全准确，但大家都清楚我们在精细化运营方面颗粒度不够，有很大进步空间。在统一认识的基础上，各部门、各企业对运营管理现状进行了全面评估，收集整理重要指标和工作流程，找准关键要素和短板，去掉效率低下的运营模式，创新效率提升的方式方法。在商业模式创新上，我们尝试推进"互联网＋"创新，打造盈利新模式；推进工业与服务业融合创新，打造面向市场的商业新模式。例如，我们的白糖贸易，把电商模式、期货模式、传统买卖模式融入了金融的概念和网络的概念，创新商业服务，成为广西白糖贸易市场的主力军。下一步，只要我们充分发挥金融优势和地缘优势，不断提升白糖贸易水平，就能够打造糖期货中心、价格形成中心，使广西成为中国糖交易中心。③大力推进改革创新。我们根据集团发展需求，坚持以供给侧改革思维，对管控模式、治理结构、组织结构等要素进行优化调整，满足集团经营管理的需要。一方面，抓紧抓好自治区改革试点的契机，大力推进外部改革创新，借鉴国内的成功经验，大胆向自治区提出广投集团的改革建议，将集团打造成广西的淡马锡。另一方面，加快实施内部改革，核心是解决市场化和如何加强党的领导的问题。要按照管资本的要求，大胆提供新的组织结构供给，满足集团事业发展的需求；建立流程为主的管理模式，提升管理有效供给，降低管理成本，补齐管理短板，实现"一降一补"的任务目标；加快市场改革，消除制约集团发展的各种体制机制障碍，增加制度有效供给，降低制度成本，实现集团由较低制度供需平衡跃升至更高水平制度供需平衡。同时，我们还加快推进发展以混合所有制为核心的市场化改革力度，形成相适应的体制机制；以改革创新精神加强和改进国有企业的党建工作；建立与业绩、风险和责任紧密挂钩的中长期激励机制，最大限度地调动员工积极性。④人才管理创新。随着集团产业的快速发展，配套的国际化金融管理、高层次贸易管理、投资管理等领域人才渐显不足，高层次研发人才也存在巨大缺口。我们对人力资源要素供给重新优化配置，能力突出的要培养提拔，能力不足的要培训提升，能力难以跟上发展需求的要以"去产能"思维腾笼换鸟。同时持续深入推进劳动用工、人事和分配制度改革，进一步建立健全"管理人员能上能下、员工能进能出、收入能增能减"的市场化用人机制，使人力资源要素跟上国企改革职业化、市场化的需要，补齐人力资源的短板。

其次是抓好筹措资金管理，为集团公司投资运营提供保障。①突出抓效益提升，保证集团公司业绩持续增长态势。通过降本增效，建立以效益为导向的考核机制，近年来集团公司各项经济指标均呈稳定增长态势，特别是2013年以来，我们的资产总额年均增长59.1%、净资产年均增长41.8%、利润年均增长82.8%、上缴资本收益年均增长93.6%，充分证明"产融结合、双轮驱动"创新战略旺盛的生命力，体现了集团公司作为广西国企主力军的责任担当。在千方百计抓效益的工作中有一件事非常有代表性，就是2015年春节前夕，我们成功实现龙滩电力股权注入A股上市公司桂冠电力，完成龙滩资产证券化。其实这并不是我们的第一次努力和尝试，早在2013年，我们就曾策划过龙滩资产证券化，但是最终因为方案被上市公司股东大会否决而搁浅，两年之后我们终于了却了夙愿，这次资产证券化为集团公司带来了30亿元的利润，新增桂冠电力股份11.35亿股，效益非常可观。还有一项工作也值得一提，那就是来宾电厂B厂的回收。2015年9月3日零时，我国首个经国家批准的BOT试点项目来宾电厂B厂结束特许经营期，如期移交广西政府。集团公司作为代表广西政府的权益和义务执行机构，与法方真诚合作、携手运营18年后，成功接收该项目成立广投集团来宾发电公司并实现并网发电。这一项目作为BOT探路者的成功破题与完美收官，为当前我国推进PPP模式提供了重要借鉴。其实在来宾电厂B厂的18年运营期里，外界对其高利润、高电价的不同声音从未中断过。我们用一组最新测算的数据有力回应了相关质疑：从投资收益看，项目总投资51.3亿元，法方获净利润约45亿元，而广西从上缴各类税费及BOT专项资金等方面获益达93亿元。此次成功移交后，我们还收获了净值约为12亿元的72万千瓦机组火电厂，至少还能运营15年。从社会贡献看，按照电量每千瓦时拉动 GDP 增长 10 元计，项目累计 566.99 亿千瓦时的上网电量拉动了广西 GDP 增长共计 5669.9 亿元。2016 年上半年，回归后的来宾电厂 B 厂继续发力，在全区火电企业均陷入亏损困境的严峻形势下，逆势实现利润 1.48 亿元，为集团公司的效益增长和全区的经济发展做出了重大贡献。②严格控制资产负债率，增加净资产。前几年，集团公司的资产负债率一度触及 80% 的红线，严重影响了我们的融资，有的银行都要亮红灯了，一旦不加以控制达到 90% 的话，银行就根本不会给我们放贷了。意识到问题的严重性后，我们多措并举，通过资本运作以及创新融资渠道，增加净资产，优化公司债务结构。"十二五"期间，经过我们的不懈努力，国海成功借壳上市，成为广西市值最大和唯一进入沪深 300 指数股及深成 100 指数股的上市公司，并成功完成 80 亿元定向增发。2015 年，国海证券再次完成新一轮融资，定向增发 50 亿元，净资本规模行业排名从 2014 年底第 39 名一跃至 2015 年底第 20 名，同时推动了集团资本良性增长。2016 年 6 月，国海证券继续开展新一轮资本运作，策划通过配股募集资金不超过 50 亿元，继续提升资本实力，进而优化集团公司的资产结构，有效增加了净资产，降低了资产负债率。③积极推进新增非公开定向工具、短期融资券、超短期融资券、长期限含权中期票据等债券品种的注册额度工作，根据集团公司的资金需求情况择机发行，票面利率低于银行贷款市场平均利率 20% 以上，有效地满足了集团发展资金需要，较好地控制集团的资金成本，为集团转型升级提供了强有力的资金支持。2014 年 11 月集团公司成功发行 10 亿元短期融资券，期限一年，票面利率 4.4%，为集团公司节约资金成本约 1700 万元；2015 年 5 月成功发行 5 亿元超短期融资券，期限 270 天，票面利率 4.1%，为集团公司节约资金成本约 375 万元，同时再一次刷新了集团境内融资成本的最低纪录。2015 年 6 月 26 日，集团公司迎来重大喜讯，中诚信国际信用评级有限公司发布集团公司最新一期主体信用跟踪评级报告，调升集团公司主体信用等级为 AAA，评级展望为稳定，集团公司成为当时广西区内第一家拥有 AAA 主体信用评级的公司。这次主体信用评级的调升可谓实至名归，对集团公司有着重大的战略意义，其一，提升了企业形象，有助于扩大我们在全国的影响力；其二，降低了融资成本，我们获得 AAA 级信用评级后，发行各类债券的成本将比 AA+ 低 50bp（基点）左右，若按 100 亿元发行规模计算，可以为集团公司每年节省融资成本 5000 万元；其三，增强了企业信用，AAA 级信用评级进一步提升了我们在金融市场的知名度与美誉度，使集团的信用度可以比肩央企，提升了我们在直接市场上的融资能力，也为将来集团在海外资本市场的发展打下良好基础。主体信用等级调升的效果可谓立竿见影，2015 年 7 月，我们抓住债券市场回暖的有利时机，成功发行 5 亿元超短期融资券，期限 270 天，票面利率仅为 3.72%，成为集团公司首次取得单笔 4% 以下利率的融资业务，为集团公司节约资金成本约 386 万元。2015 年 10 月，我们再次成功发行 10 亿元短期融资券，期限一年，票面利率低至 3.40%，融资成本不断降低，为集团公司节约资金成本约 1000 万元。2016 年 7 月，集团再迎喜讯，国内两家权威专业信用评级机构——中诚信国际信用评级有限责任公司和大公国际资信评估有限公司同日发布跟踪评级公告，确定集团公司主体信用等级为 AAA，评级展望为稳定。集团公司在 2015 年成为区内首家 AAA 主体信用评级企业后，2016 年再现亮点，成为区内唯一一家同时获两家评级机构认可的双 AAA 主体信用评级企业，为实现"十三五"、"一百双千"、进军世界 500 强企业战略目标开展融资创新，进一步拓宽融资渠道、降低融资成本创造了更有利的条件。

2016 年 5 月 13 日上午 9 时，由集团公司发行、国海证券承销的 2016 年公司债券（第一期）（品种一）在深圳证券交易所举行了债券上市挂牌仪式，本期债券为深圳证券交易所首例、广西首例、全国第五例、地方国企首个面向公众投资者公开发行的公司债券，债券票面利率为 3.40%，较同期限银行贷款基准利率低 150bp（基点）、较同期限银行间市场定价中枢低 60bp（基点），为集团节省财务成本 1190 万元。这是我们发展历程中的一个重要里程碑，也是一个新起点、新动力，不仅有效开拓了低成本融资新渠道、进一步优化了公司债务结构，同时也为广西企业积极利用资本市场创新工具壮大经营起到示范和带头作用，为自治区在全国金融市场内的声誉及地位进行了进一步宣传和提升。2016 年 8 月 16 日，我们再接再厉，抓住市场利率下行的有利时机，成功发行集团公司 2016 年第二期面向公众投资者公开发行的公司债券（大公募）。本期债券发行规模 10 亿元，期限 5+2 年，票面利率 3.21%，创造了集团公司中长期融资历史最低利率水平，体现了投资者对集团公司的高度认可。同时进一步优化了我们的债务结构，节约了财务成本，与当前同期限银行借款基准利率相比，本期债券可节约费用 1.18 亿元。

最后是企业文化，在集团公司各项经济指标屡创新高、产业转型升级阔步迈进的同时，我们的文化软实力也经历了从探索到融合再到创新提升的发展阶段。企业文化是企业的灵魂、精神支柱和行动指南，是企业生命的体现，是企业的基因，是推动企业可持续发展的真正内因所在。"文化强企"已经成为集团公司发展战略的重要组成部分和全体员工的共识。从成立初期以"制度化、规范化、科学化"和"高素质的队伍、高科学的管理、高效率的运作、高效益的回收"为思想理念，到 2004 年提出"积聚财富、服务广西"、"实力、稳健、成功"等具有广投特色的企业理念和精神，再到 2011 年通过对公司文化底蕴进行挖掘、梳理、整合，提炼出与已有企业文化一脉相承的，以"体面工作、体面生活"的幸福观为特色的广投文化，确立了"创造价值、服务社会、成就员工"的企业使命、"行业领先、基业长青"的企业愿景，"专于心、敏于行、立于信、成于德"的企业精神，我们的企业文化一直伴随着集团公司和全体广投人共同成长、发展。

"世界上最宽广的是海洋，比海洋更宽广的是天空，比天空更宽广的是人的胸怀。"进入"十三五"，我们对原有文化体系进行了整合提升，结合新时期广西开发开放的发展主题和广西沿海沿江的独特地域特色，吸收广西作为海上丝绸之路的起点的深厚历史底蕴，集团选择了"海"作为广投文化的特色。"海文化"作为广投集团的行为准则，既是对集团公司近 30 年文化精髓的总结凝练，同时蕴藏着集团公司的宏伟蓝图，象征着广投人的精神品格，是广投人行动一致、团结奋进、克难攻坚、改革创新的"指南针"，具有鲜明的时代特征和广投印记，充分展示了集团公司的底蕴、底气和胸怀。"海文化"的核心是"责任、担当、进取、包容"的广投精神，如果说企业是一个生命个体，那么广投精神就是广投集团的基因，"责任、担当、进取、包容"就是基因序列，决定了我们广投人的每一个细胞单元，她已经深入我们的骨髓，融入广投集团发展的每一步，是广投集团有别于任何其他企业的鲜明特色，是全体广投人共同具有的、彼此共鸣的思想境界、精神风貌和基因密码，激励广大干部职工砥砺前行、改革创新，是广投集团跨越发展的内在动力和根本所在。责任，是指做分内应做的事情，承担应当承担的任务，是广投精神的核心；担当，是指承担并担负任务、责任等，体现魄力、勇气，是广投精神的保障；进取，是指努力上进，力图有所作为，是广投精神的动力；包容，是指容纳，宽容大度，是广投精神的境界和胸怀。责任义务的完成与履行需要我们具备担当意识，增强担当意识需要进取精神，积极进取需要包容胸怀，允许容错纠错，这四者互相联系，构成了广投精神的有机整体。"一枝独秀不是春，百花齐放春满园"、"海纳百川，有容乃大"。集团公司成立以来，特别是实施"产融结合、双轮驱动"战略以来，我们取得的一切成绩和进步，是全体干部职工团结一致，坚持以"责任、担当、进取、包容"的广投精神不断奋发努力的结果。

责任——一直以来，集团听党指挥，履行国企职责，实现国有资产保值增值，打造民族品牌，服务地方发展。这包含了对党和国家的责任、对社会的责任和对员工的责任。对党和国家的责任，体现在集团从成立之初就作为自治区政府的投融资主体和国有资产经营实体明确了自身的角色定位，始终围绕不同阶段的战略部署，先后完成了缓解广西改革开放初期用电矛盾、发展电力产业，以及将广西的铝土矿资源转化为产业优势、经济优势，出资控股国海证券，推进广西金融产业发展等责任和使命，而集团也通过履行国企的经济发展责任，实现了快速发展。对社会的责任，在于广投集团在推进产业发展、增强实力的同时，通过科技创新、安全环保，构建绿色友好型企业，积极融入"美丽广西、清洁乡村"活动，持续开展扶贫、助学活动，积极促进就业，对社会的贡献不断增大。我们以"保民生、保增长、保稳定、促和谐"为己任，深得政府和社会高度赞赏。2014 年，我们在大力推行节能减排和绿色生产过程中投入资金 3.9 亿元，对生产过程中产生的三废进行综合利用或循环利用，降低污染物排放，氮氧化物排放同比下降 34.97%，累计实现节能 20.6 万吨。为推动中国—东盟自贸区建设，共创 21 世纪海上丝绸之路，我们连续 12 年赞助中国—东盟博览会，截至 2014 年累计赞助资金达到 33200 万元，2016 年更是成为东盟博览会首家钻石战略合作伙伴，赞助资金达 1000 万元。对员工的责任，在于集团努力为员工提供优质的物质基础和人文环境，营造干事创业、实现自我的发展平台。近些年，我们先后两次实施"人事、劳动、分配"三项制度改革，创新性地引入了管理职系岗位与专业职系岗位职业发展"双通道"模式，建立职工成长多元化平台，促进职工立足岗位成才，实现人力资本保值增值，与企业共同发展。

担当——跟政府走，诚信经营，勇担经济发展重任，推进社会文明进步。

长期以来，我们始终强调诚信经营和依法治企的理念。诚信经营突出表现在，集团在成立初期是以承接国家电力体制改革实施的拨改贷发展起来，从诞生开始就是政府一个重要的投融资平台和国有资产经营实体，在陆续承担并完成使命的过程中，形成了金融、能源、铝业、医药医疗健康、文化旅游、国际业务六大业务板块，集团的发展壮大又反哺了地方经济社会发展，使政府在新一轮的经济体制改革机遇下，将集团作为广西国有资本运营公司试点，承担国资国企改革新的使命。依法治企突出表现在，集团通过合规经营、廉洁从业、民主管理、风险控制等方式推进依法治企，使企业从投资决策、项目建设到选人用人，都在法律法规的监督下执行，并切实保障企业合法权益，使企业的发展在国家深化国企改革的方向上不跑偏，用法治的力量来化解改革过程中的矛盾、问题，促进企业健康发展。同时，全体广投人坚持履职尽责，勤奋敬业，用心做好每件事，用一言一行诠释担当的内涵。桥巩水电站是自治区重点工程及实施"西电东送"电源建设的重大项目，同时也是集团公司依托资源优势、调整产业结构、发展循环经济、推行"铝电结合"战略的重要支撑点。建设电站的责任落在我们身上，这是一次风险极大的挑战，因为我们从来没有独立承担过大型水电站的建设，毫无经验可言。而另一个风险则是机组设计制造，当时我们面对的是单机容量达到57兆瓦的灯泡贯流式超大型机组，国内前所未有，设计和制造工艺技术难度均达到世界之最，且没有成功的经验可以借鉴，这让当时的不少专家都捏了一把汗。但是，困难面前决不退缩！因为对我们来说，这是责任，更是担当，桥巩水电站是广西"十五"规划新增开工、实施"西电东送"电源建设工程的重大项目，利国利民，必须上马。广投人体现出了敢为人先、勇于担当的精神，建设团队披星戴月，战风斗雨，将工程建设快速向前推进。2005年3月开工建设，11月土建工程开工；2006年3月主体土建进入混凝土浇筑施工；2007年5月实现电站下闸挡水；2007年11月桥巩水电站大江截流取得圆满成功；至2008年7月27日凌晨，桥巩水电站第一台机组顺利通过72小时试运行，成功并网发电。这不仅创造了从设计到发电仅用三年时间的"水电神话"，更标志着桥巩水电站工程建设取得了重大的阶段性成果，即将发挥效益，对促进广西经济又好又快发展，具有极其重要的意义。

　　进取——我们要履行责任、担当重任，就必须发挥敢于创新、敢于突破的进取精神，按市场规律办事，牢牢掌握发展的主动权，塑造乐观向上、积极进取、充满活力的国企新形象。在经济全球化的当今时代，一切经济活动都要围绕着市场的规律进行。当前，国家鼓励发展混合所有制经济、股权多元化等经济发展方式，鼓励实施职业经理人以及市场化的用人机制和激励约束机制，这些都是按照市场客观规律办事的具体体现。国企要实现发展不仅要遵循这一规律，更要在市场化改革中发挥引领带头的作用，向专业化、国际化、市场化的方向发展。国企要与时俱进，融入时代发展的潮流、科技的创新，改变过去人们对国企僵化、沉闷的印象，将国企塑造成为充满活力、积极进取的国企新形象。我们虽然是国企，但从未脱离市场发展，而是不断地按照市场的变化来调整集团的战略，特别是集团选择"产融结合、双轮驱动"战略，充分发挥了实体资本和金融资本的优势，在开发广西资源优势的基础上，大力发展金融业，并顺利向以金融高端服务业为主、产业资本和金融资本高度融合的"产融一体化"金融控股企业集团转型；在推进集团市场化改革过程中，打造了"国海模式"等具有混合所有制特色的发展模式；在国家深化经济体制改革的机遇下，顺利获得广西天然气管网项目的控股权和经营权，推进"铝电结合"政策的落地，积极打造铝业"品牌联盟"，成立广投金融控股公司，大力发展金融业，引进国际知名品牌打造高端文化旅游项目，成立广投国际打开境外资源开发和融资新平台等。这些举措一方面得益于国家推进经济体制市场化改革的不断深化；另一方面依靠广投人不断求索、敢于创新、勇于争先的开拓进取的精神。2015年9月16日晚8点整，集团旗下P2P公司的"易金融"平台首期产品"易保宝"500万元项目成功上线，次日上午11：40，上线仅半天时间即获满标，首期产品刚上线即取得了开门红。随后，"易金融"平台二、三期产品"易保宝"、"易贷宝"陆续上线。产品上线后，得到了广大投资人的欢迎，平台客户注册活跃，上线短短一个多月，平台交易额突破1亿元大关，在广西互联网金融行业创造了全新的"广西速度"和"天量"。这背后的建设者是P2P公司"易金融"团队，这是一支只有区区12个人的充满朝气和活力的年轻团队，"易金融"团队努力克服人手不足的困难，每天加班加点，"5+2"、"白加黑"，经过300多个日夜的持续努力以及80多个软件工程师的勤奋工作，"易金融"平台终于破茧而出，正式上线运营！广投人这种只争朝夕、积极进取的心态，追求卓越、精益求精的热情和日新日进、不畏困难的斗志，正是对进取精神的最好诠释。

包容——国企要履行责任、担当重任，要有进取争先的精神，更要有包容的精神，要有一种海纳百川的宽广胸怀，在发展中能够尊重规律，在探索中能容错改进，在培养员工中能以人为本，才能成为一家受人尊重的企业。"泰山不让土壤，故能成其大；河海不择细流，故能就其深"。包容是一种气度、一种境界、一种资源、一种财富，是中国传统文化的精华。国企作为企业公民，既要承担经济发展的重任，还要承担促进社会和谐的重任和对员工的责任，必须要有一种海纳百川、雍容大度的器量和胸襟，有博采众长、兼容并包的思维方式和精神境界。包容是广投集团独有的特色，也是和广投集团发展相辅相成的。我们依靠电力起家，俗话讲水火不相容，但我们的水电和火电共同撑起了能源板块的发展，我们的金融产业和铝产业、文化旅游产业等各有不同。而我们的职工也来自五湖四海、各行各业，有不同的文化背景，讲不同的地区方言，来自不同的行业，既有央企的人，也有民企的人，但是大家进入集团后，都能在同一种文化平台下工作成长，开放包容，和谐奋进，都是"一家人"。只有包容，我们才能在坚持处理发展、改革和稳定、和谐的道路上，走得更稳健、更踏实，才能不断增强企业发展的凝聚力和向心力，从而实现更大的跨越。

对于广投集团能够在短短三年时间内通过改革创新推进产融结合、实现转型升级，实现大跨越大发展，有以下四点做法值得分享、应该铭记：

一是要适时调整发展战略。对于企业，没有什么事情比其生存和发展更为重要。战略是企业发展的总纲，战略是一种对企业方向性的、全局性的和长期性的谋划，关系到企业的未来发展。正确的战略解决如何"做正确的事"的问题，有了正确的战略才能确保我们"正确地做事"。投资公司广投集团之所以对金融追求得这么强烈，还是缘于金融风暴的冲击，当时我们就在思考转型升级，我们开始加快推动集团调结构转方式步伐，特别是2013年下半年以来，我有幸受托主持整个集团工作后，提出"产融结合、双轮驱动"创新战略。对于确立"产融结合、双轮驱动"战略，集团上下不遗余力，我本人大会、小会经常讲，首先在观念上做出重大变革，让集团上下统一认识、统一思想，并清晰地制定出路线图、时间表。在战略上，由于投资公司集团产业结构的绝大部分一开始是实业为主，就必然要将金融产业放在优先发展、加快发展的位置。2014 年我们增资北部湾银行，成为湾行的第一大股东；整合对地方金融要素市场的投入，参股北部湾产交所和地方四板——北部湾股权交易所；新成立了小贷公司和担保公司等灵活性高、便于服务金融行业主体板块的功能性平台，进一步提高金融板块自身的资源共享和业务协同能力；2015 年，我们筹建了广西首家为中小企业融资服务的互联网金融公司（P2P），设立了广西首家金融控股公司，积极争取地方性人寿保险公司——国富人寿，同时成立旨在充分利用境外低成本资金的外商投资融资租赁公司，搭建集团专业化金融投融资管理平台，打造以寿险、银行、证券为核心的金融"全牌照"企业，将广投金融做大做强。

在这一战略布局下，2015 年集团实现营业收入 851.61 亿元，同比增长 30.37%；实现利润总额 50.63 亿元，同比增长 246.22%；上缴税费 26.82 亿元，同比增长 61.31%；2015 年末，资产总额 2422.82 亿元、增长 163.79%，其中近 70% 是金融资产，主要经济指标增长速度位列广西国企前列，集团营业收入、资产总额、利润总额、上缴税收稳居广西区国企第一，"十二五"期间再造三个新广投，在中国企业 500 强的排名由 2010 年的第 343 位提升至 2015 年的第 199 位，上升了 144 位；2016 年第一季度，整个金融板块实现利润总额 4.17 亿元、增长 11.33%，继续担当起集团利润的"领头羊"；2016 年 1~7 月，集团累计实现营业收入 586.46 亿元，同比增加 145.51 亿元，增长了 33%，继续保持较快增长；向领导汇报成为改革标杆，由于发展业绩好、产融效益好、产业基础扎实，自治区党委明确我们要做广西四个方面的标杆，即做广西国企改革的标杆、广西创新发展的标杆、服务广西经济社会发展的标杆和广西国企党风廉政建设、企业文化建设的标杆，"十三五"末营业收入突破 2000 亿元、利润突破 100 亿元，力争成为广西首家进入世界 500 强的企业集团。2016 年，我们的经营目标是完成营业收入力争达到 1029 亿元、增长 20.8%，成为广西首家营业收入达千亿元的国有企业，利润总额 22 亿元，力争达到 25 亿元、可比口径增长 21.2%，实现"十三五"良好开局。

二是要重点抓好突破口，把金融产业作为突破口，金融能做起来就会有质的飞跃。从整个经济结构上看，一方面，我们绝大多数企业要依靠投资，投资公司是实业起家；另一方面，金融央企、金融专业机构在发展金融产业方面不仅体量大，占领市场能力很强大，也占据经济收益的相当大一部分。

因此，我们要抓产融结合，要将集团的金融资产做大做强做优。但在把金融产业放在更加突出的位置的同时，我们还必须一开始就要探索差异化的、有区域竞争力的金融业态发展新路，不能简单照搬照抄传统金融产业发展的老路。我们的体会就是要抓住当前地方政府发展金融产业的迫切需求和政策优势，按照"全牌照"布局金融产业，快速拿到证券、保险、银行等核心牌照，同时布局基金、小贷、担保、租赁、信托、资产管理等众多牌照并积极探索国有资本+民间资本、资金资本+人力资本、境内+境外、"互联网+金融"等的新模式、新路径、新方式，通过不断创新，率先探索创出集团公司金融业混业经营的金融新发展战略。在2013年6月之前，我们集团只有国海证券一家控股金融企业，参股两家城商行，金融产业在整个集团资产中仅占1/4，提出"产融结合、双轮驱动"战略后，仅2013年我们就拿到了担保、小贷牌照，2014年通过并购重组拿到了城商行牌照，2015年发起成立了广西省级融资租赁公司，广西首家互联网P2P公司，广西首家产业引导基金，启动国富人寿批筹，在短短两年半时间，基本上拥有了"全牌照"，金融资产占比提升到70%以上，集团资产一年也实现了翻番式增长，打造了广西首家金融控股公司。我们的目标是通过创新异化的产融结合新路径，将广投金融打造成为立足广西、面向全国、走进东盟、放眼世界，与能在区域中特别是有国家赋予广西的战略新定位相匹配的，当中在国内外区域性混业发挥作用，尤其是在广西—东盟地区有影响力的区域性金融混业经营龙头企业，混差异化的产融结合，成为金融控股企业新制度供给和新服务供给的提供者。

三是要在抓金融的同时，不能削弱甚至丢弃实业，还必须更加夯实实业基础，更加突出抓好传统产业转型提质增效。广投集团在提出优先、重点发展金融产业的同时，不但没有放弃传统实体产业，反而通过创新，不断夯实和壮大实体产业。我们将五大发展理念和供给侧结构性改革贯穿到传统实业转型升级中，不断提高市场竞争力。比如电力、火电已经不再发展控股型企业，水电始终是我们的重点，广西最著名的红水河10个梯级9个水电站我们都有股份，100%控股第九级桥巩水电站。同时这两年我们还抓住机会从中石油手上拿到了具有自然垄断性的天然气管网控股权，具备了为集团打造广西天然气一张网的可能性。自治区党委政府要求我们落实"县县通"天然气，经过我们一年多的努力，广西主要地市、主要区域都实现了通气；中石化原来也有一个"北海天上来"的天然气管网，之前中石化66%控股，目前正在推动股权转让广投集团的工作，将来我们控股51%，这样广投集团将实现真正对广西天然气一张网的控制。另外，广投集团还积极参与核电开发，占广西防城港核电的39%。目前，集团正在加快推动广西来宾大工业区域电网项目建设，把集团在来宾区域的9台水电、4台火电从大网转到局域网，这一设想目前已列入国家电力改革方案，已获得批准，集团共计182.5万千瓦的电源成为全国拥有带配电权的三家售电公司之一。这一工程已经正式开工建设，2017年要投入运营。这一新的区域电网的用电机制形成后，我们火电的利用小时数将从现在的2000小时提高到5000小时，同时，我们的电解铝用电价格下降到0.3元/度以下。这个电价一方面将使集团电解铝产业形成具有中国竞争力的成本优势，而且成倍提升发电能力；另一方面也将成倍提升集团发电产业的能力、救活集团火电企业，同时相比大网也将为每个用户降低0.1元/度以上的电价，将大幅降低整个区域的企业生产用电成本，可谓一举多得。

在铝产业上，一方面，我们推动局域网建设解决电解铝电价高、成本高的根本性的"瓶颈"问题；另一方面，发挥集团掌握铝行业上游丰富资源的优势，依托"亚铝"在品牌形象、市场渠道、专业人才等方面的优势互补，大力实施和推进品牌联盟战略，正在通过发挥集团掌握铝行业上游丰富资源优势，打造一个全亚洲最强大的全产业链的铝工业平台，由目前的建筑铝为主的销售模式转型升级为铝建筑成品、铝家居制品、铝制造工艺品、交通通信和航空航天高端铝材等领域，全面进军铝制品终端市场，通过"品牌和服务"提升集团铝工业的市场竞争力。总之，只有实业基础夯实了，才能积极引入集团内部各类金融业态服务于实体产业的升级发展，高度黏附各类金融产品，实现产融的结合。

四是实施产融结合必须要有体制机制创新。创新既是企业发展永恒的主题，同时也是中国进入新常态后树立的五大发展理念之首，引起国内外的高度重视。这些年，广投集团突出抓战略创新、模式创新、业态创新、产品创新、管控模式创新和制度创新，已经把握了国家创新发展的主脉搏。在发展产融结合的具体实践中，尤其要突出体制机制创新，不然发展金融产业将是一句空话，产业和金融也不会很好地融合发展。众所周知，金融行业是典型的人才尤其是高端人才密集型产业，没有好的机制、体制，就引不来人才尤其是高端人才，即使一时引来了，也发挥不了作用，最终留不住人才。尤其是像我们广西这样的西部省份，一方面现代金融业相对落后，另一方面又具有可以集中资源重点发展现代金融服务产业、推进产融结合、实现弯道超车的后发优势，但这一潜在优势能否得到发挥，根本在于体制机制的创新。

在这几年的改革创新实践中，还有一个较深刻的体会，就是在集团层面要积极引导好产融结合的统一部署，加强内外部协同。为此，我们在确立"产融结合"战略的时候，就成立了集团层面的协同发展和资产证券化委员会，集团不定期召开集团层面的产融协同发展研讨会，年初制订每年产融协同工作计划，层层抓落实。就充分发挥集团内部协同效应而言，金融板块产业要始终以服务实体经济板块为己任，充分发挥综合金融服务商的资本中介桥梁作用，着力为集团的实体企业提供定制化融资服务，与实体企业共成长、同进步，不能"脱实就虚"；从驱动力方面看，必须坚持以创新驱动助推转型发展，以实体板块的创新需求牵引金融板块的创新，以金融板块的创新资本和创新手段助力实体板块的创新发展，形成在变中求新、新中求进、进中突破的全新动力格局，推动集团内各企业的发展不断迈向新台阶，为集团经济的稳定持续增长提供强有力的实业基础和金融支撑。

集团积极实施以"产融结合、双轮驱动"为路径的发展战略，在抓好集团传统产业能源和铝业的发展基础上，稳步推进金融业务板块的建设，经过近两年的调整，特别是收购北部湾银行后，集团逐步形成了以"水电、核电、管网、稀缺金融牌照"等为主的"利润稳定器"，集团的经济运行进入了快速健康发展的新阶段，整体实力得到了全面提升，为2015年集团信用评级调升至AAA、2016年升至双AAA奠定了坚实基础。

任何事物的发展和成功都要经历逐步的量变积累到产生质的飞跃的变化过程，广投集团过去24年的成功经验和所积累的产业基础为后3年多的转型升级奠定了坚实的基础。回首征程，有以下五个方面的经验值得认真总结和长期坚持：第一，必须始终坚持贯彻党委政府的意图。我们坚持听党的话、跟政府走，勇担国企政治、经济和社会责任，发挥投资引领作用，将广西丰富的水电资源、铝土矿资源转化为产业优势、经济优势，努力开拓金融、文化旅游等现代服务业，完成党委政府交给我们的重要使命，为广西经济社会发展做出积极贡献，因此自治区、地方党委政府给予了我们很大的关心和支持，帮助我们顺利发展。第二，必须始终牢记发展才是硬道理，始终坚持按市场规律办事。我们坚持遵循市场规律，顺应大势，找准定位，打造形成自己的竞争优势。这几年集团发展得很好，最关键的还是我们积极探索市场规律，迎接市场挑战，进行市场化改革，使我们不断保持竞争活力，立于强企之林。第三，必须始终坚持改革创新和正确战略引领。积极主动认识新常态，以供给侧改革、五大发展理念统领集团公司发展战略和发展路径，以党中央全新的理念指引我们逐步发展，超前谋划、研判大势，结合广投业务具体特点主动调整战略，抢先改革创新，抢占企业发展的制高点，真正做到适应新常态、把握新常态、引领新常态。第四，必须始终坚持全面从严治党。只有时刻牢记"国企姓党"，自觉向党中央看齐，强化底线思维和红线意识，严格遵守法纪法规，才能始终保持正确的政治立场，保持公司长治久安。第五，必须始终坚持全心全意依靠职工办企业的理念。我们尊重职工的主体地位和首创精神，在充分调动大家的积极性、创造性，汇聚起推动集团公司改革发展的强大正能量的同时，也让职工充分分享集团公司的发展成果和红利，努力做到"共享"和"共赢"发展。

3年转型的成功并不是胜利的彼岸，而是广投集团继续前行的另一个新开端。站在新起点，我们展望"十三五"，制定了打造战略转型升级版的新目标。作为自治区国企的王牌军、主力军，我们要勇担重任、抢抓机遇，按照国家对广西的定位要求，深化改革，把实现"两个建成"目标内化为企业的担当，不断做优做大做强。"十三五"期间，集团公司发展的总体思路是：深入贯彻党的十八大和十八届三中、四中、五中全会精神，按照"五位一体"总体布局、"四个全面"战略布局，深入践行"创新、协调、绿色、开放、共享"五大发展理念，全面加强党的建设，主动适应经济发展新常态，全面深化国企改革，着力推进供给侧结构性改革，以"产融结合、双轮驱动"创新战略为引领，以"强内生"、"优外延"为跨越发展的新动力，坚持党的领导、坚持正确战略引领、坚持深化改革、坚持以人为本，推动发展由规模速度型转向质量效益型，业务由国内为主转向国内、国际并重，坚定不移做大做强做优，如期建成广西地区首家世界500强企业、成为广西乃至全国国企改革的标杆和担当广西战略发展的航母，为自治区"两个建成"目标做出新的突出贡献，将集团公司全面打造成为"实力、成功、稳健、和谐、有中国影响力的"大型金融控股型企业集团、产融资本管理专家，初步建成世界一流企业集团。

总的来说，集团公司"十三五"时期要遵循"12345"发展思路，即坚持"一个核心"、沿着"两条主线"、瞄准"三大定位"、遵循"四个坚持"、践行"五大发展理念"：坚持"一个核心"，就是必须保持"产融结合、双轮驱动"创新战略引领，深耕广西，辐射全国，面向全球。沿着"两条主线"，就是要在现有业务"内生式"增长的基础上，通过新业态、新业务，实现"外延式"跨越发展，以"内生式"为主、"外延式"为辅来做大做强做优。瞄准"三大定位"，就是如期建成打造广西地区首家世界500强企业、成为广西乃至全国国企改革的标杆、担当广西战略发展的航母。遵循"四个坚持"，就是坚持党的领导、坚持战略引领、坚持深化改革、坚持以人为本。践行"五大发展理念"，就是坚持创新、协调、绿色、开放、共享发展。

与时俱进是一门必修课。回首广投集团28年的发展，以往我们的发展模式比较单一，集中在"做加法、做减法"即内生式发展各平台业务和适当削减部分落后业务，缺乏"做乘法、做除法"的运营手段，即通过资本运作、兼并重组快速扩张和通过精益运营提高效率。未来，我们会创新发展模式，变专做加法为"优做加法，善做减法，巧做乘法，常做除法"四法并举。

优做加法。大力发展金融、能源、铝、文化旅游、国际五大核心业务和成长业务，借力合作拓展机会业务。主营业务沿产业链的上下游拓展，发展与主营业务相邻的相关产业，有选择地布局战略新兴产业，发展与广西区位优势相关的产业。通过优做加法促进内生式增长，实现集团公司规模和效益的不断提升。具体到各业务，证券要将国海打造成为特色鲜明的综合金融服务商；湾行要化解经营风险，完善法人治理结构，通过兼并建设一个大型区域性银行；保险业以"业务价值与资产双轮驱动"为定位，从无到有，打好基础；融资租赁、基金、P2P等其他业态继续扩张规模，做大做强；能源板块积极发展天然气、核电、水电等清洁能源；铝业要加快打造"轻资产、重管理、高效益"的铝全产业链综合服务商，以品牌联盟为核心，盘活存量资产，拓展高端市场。文化旅游要以武鸣项目为基础，延伸发展多业态机会，树立广投文化旅游品牌，结合中恒并购，积极探索康养旅游机会。在国际板块，将煤炭贸易业务做大做精做强，并适时扩展贸易品类。同时，积极关注海外投资机会，明确项目筛选方法、出海模式和相关能力建设，择机择时谨慎投资。

善做减法。2015 年以来，中央提出供给侧改革，从广投集团的角度看，就是既要优做加法，也要善做减法。其中对于市场下行压力较大，中长期难以实现盈利，又不具备战略发展的业务，我们勇做减法，"壮士断腕"，止血退出。由于煤电因受用电强度不断下降、成本和环保因素挤压，发展前景不容乐观，未来应以"不再扩张，谋求转型，适当退出"为主。铝产业方面，对于没有办法实现成本优化的电解铝产业主动寻求退出。这里要跟大家强调做减法，集团公司也会对相关人员进行妥善安置，担当国企的社会责任。

巧做乘法。通过上市融资、兼并收购、国企整合、资产证券化等方式，利用资本市场的杠杆效应，实现乘数效应。具体而言，一是要根据集团公司业务发展战略，到"十三五"末打造 4~5 个上市平台、1~2 家市值超千亿元的上市公司，包括金融的金控平台、铝板块的广银亚铝、能源板块的天然气产业、文化旅游板块的房车产业等。二是要通过兼并收购实现业务的快速扩张，例如，国海证券可考虑通过并购相关金融资产发展成为具有特色的综合金融服务商。借助并购中恒集团的机遇，整合广西医药产业等。三是要借助相关资源，通过国企整合重组实现快速发展。四是要增强市场化资本运作水平，促进集团公司优质资产的证券化，发挥金融资本对产业的杠杆撬动作用，实现产融协同，提高优化升级和价值创造的能力，成为产融资本运营管理专家。

常做除法。一方面，提升内部管理效率，加强协同；另一方面，挖掘各运营环节的改善潜力。加强精益化运营，向内挖潜增效，对铝、火电、煤焦化等生产运营型企业进行内部运营优化提升，并通过以点带面的方式，从试点的区域、分厂向集团公司内部所有同类型企业推广，并促进协同，实现降本增效。

目前，各项举措正在有条不紊地推进中。站在新的起点上，集团公司党委作出以"供给侧结构性改革思维，打造集团战略转型升级版，推动集团实现新跨越、新提升"的战略决策。未来 3~5 年，我们将坚定"产融结合、双轮驱动"创新战略方向不动摇，遵循"实施新战略、打造新业态、开创新格局、形成新常态"的发展大逻辑，将"创新、协调、绿色、开发、共享"的五大发展理念贯穿到未来 3~5 年的各项工作。我们将按照供给侧结构性改革思维，进一步推动金融混业经营打造差异化竞争力，进一步夯实实业基础，加快集团由管资产向管资本的国有资本投资公司转型，加快集团由产融控股型企业集团向产融资本服务型企业集团转型，加快集团由区域性集团向国际化集团转型。我们将通过打造集团战略转型升级版，将集团公司全面打造成为"实力、成功、稳健、和谐、有中国影响力的" 世界500强大型产融资本投资运营公司，使集团在新的历史条件下肩负起建成我区国企四个标杆的新使命，在全区国企服务广西供给侧结构性改革、"两个建成"中发挥好辐射带动作用。一是要在2016年坚决完成"跨千亿"任务目标，确保集团四项主要经营指标继续保持广西国企第一。保持定力，继续保持昂扬的发展激情，巩固住强劲的发展势头，确保2016年完成营业收入超过930亿元，力争达1029亿元，增长20.8%，成为广西首家营业收入达千亿元的国有企业，确保完成利润总额22亿元，力争达到25亿元，增长21.2%。二是以"五大发展理念"，深入推进集团战略转型升级发展。下一步，金融业将由混业经营商模式的探索阶段向金融混业服务商模式全面转型，未来成为提供证券、保险、银行、不良资产经营、资产经营管理、租赁、投资、担保、小贷等"全牌照"、多功能、一揽子综合金融服务商；能源要从电力生产经营商向电力运营服务商转型，从天然气"县县通"项目建设者向天然气综合服务商转型；铝业板块要顺应国家供给侧改革大势，抓住广西铝工业二次振业机遇，积极转型升级，要从生产商向品牌服务商转型；医药医疗要创新发展模式，加大药品、医院等并购重组工作力度，做大规模，做强板块，做优服务能力，通过创新发展，打造具有中国影响力和竞争力的医药医疗健康品牌；文化旅游要聚焦文化旅游主产业，把与之无关的产业进行剥离或重组，真正实现文化旅游产业发展的突破；国际公司要积极探索发展海外投资、海外融资业务，真正形成集团国际业务发展的三驾马车，加快集团公司"国际化"进程；新业务要按照"补短板"的思路，牢牢把握战略新兴产业的发展趋势，积极探索潜在投资机会，为集团发展提供新的有效产业供给，并建立系统化的新产业孵化体系。要突出抓好铝合金电缆项目、石墨烯项目，同时，积极探索集团产业如何与"互联网+"等产业相结合，积极关注机器人、电子信息、智慧产业等战略新兴产业发展动向，通过创新发展模式，与国内知名企业或研究机构共同探索发展；产业引导基金要在孵化自治区和集团战略新兴产业方面提供更多金融支持，同时也扩大自身业务领域。三是大力推进发展模式创新。加快形成"产业资本+金融资本+产业基金"相结合、通过兼并重组实现跨越式成长的发展模式，使之与企业内涵式发展模式相融合。同时，还要运用资本的手段，加快资产证券化进程，辅以产业基金的手段，提升整体运营能力。争取五年以后每个板块都有一个上市公司。通过上市公司，真正实现从管资产升级为管资本。到那个时候，我们的产业形成产业上市平台，加上实力雄厚的产业基金，真正的管资本就到位了，最后达到产业为本、融通天下的自由王国。四是以供给侧结构性改革思维促进协调发展，增强集团战略发展稳定性。加快推进"产产结合、融融结合、产融结合"协调发展，提升集团公司软硬实力的协调发展，积极建设具有中国乃至世界影响力的广投品牌，进而带动、辐射一批广西企业共同树立广西国企优质形象，立足本地，影响全国，走向世界，在更大范围内促进广西乃至周边地区社会经济发展。五是以供给侧结构性改革思维促绿色发展，增强集团战略发展定力。大力推进广西天然气网、桂中区域电网、热网三网构建工作，形成绿色发展竞争力，引领广西绿色发展。六是以供给侧结构性改革思维促进开放发展，增强集团战略发展活力。紧抓广西"四维支撑，四沿联动"开放发展的天赐良机，立足当前、着眼长远，向国内外开放，"走出去、引进来"，提升集团开放水平，成为真正的市场性企业，形成区内、国内乃至国际产业合理布局，联动发展，加大北部湾经济区开放开发布局，真正实现集团"深耕广西，辐射全国，面向全球"的战略布局。七是以改组广西国有资本投资公司为契机，构筑集团新的发展格局。改组组建国有资本投资、运营公司，是国资国企告别旧的发展模式、走向新发展道路的关键一招。集团成为广西首家国有资本投资公司，是集团改革历史上的里程碑事件，将对集团未来发展带来深远的影响，推动和实现经营资产向经营资本转变。充分考虑集团承接国资委出资人职责授权以及集团内部管控模式的特点，进一步优化公司组织结构和职能部门设置，清晰界定工作职责，规范各项业务流程。八是以供给侧结构性改革思维促进共享发展，增强集团战略发展向心力。坚持"以人为本"，倡导共享工作理念，共同把企业管理好、发展好，最终达到公司与职工共同发展、共同进步的双赢；要努力作为，勇于担当，主动承担国家和自治区的战略任务，在实现国家和自治区战略意图中实现集团做强做优做大；要努力创建广西国企"四个标杆"，按照

"五位一体"总体布局和"四个全面"战略布局，牢固树立和贯彻落实创新、协调、绿色、开放、共享的发展理念，紧紧围绕广西"三大定位"，深入贯彻广西"四大战略"，积极服务广西"三大攻坚战"，坚持创新驱动为发展第一动力，坚持全面深化国企改革，坚持服务广西经济社会发展，坚持全面从严治党、国企党风廉政和企业文化建设，全面促进广西国企转型升级、提质增效、防控风险，切实增强广西国有经济的活力、控制力和影响力，到"十三五"末实现广投集团具有中国影响力，未来实现广投集团具有世界影响力的品牌效应，形成引领经济新常态下广西国企改革发展的新机制新模式，带动广西国企全面转型升级、提质增效，为广西如期实现"两个建成"目标做出积极贡献；提升集团精准扶贫层次，打造广西扶贫高地和样本项目；积极拥抱和发展共享经济，通过与"互联网+"、大数据、信息化的不断融合，推动集团转变资源利用方式，促进成本的降低和盈利的提升。金融板块按照金融混业经营的要求，搭建"消费者+金融共享平台+金融资源供应商"的平台；能源板块按照能源资源互联网的思路，打造供电网络、供热网络、供气网络；铝板块把关注点多放在"品牌联盟"发展战略，利用"互联网+"，构建以全产业链生态系统为目标的电商平台；医药医疗要以中恒平台为依托，整合医药、医疗、休闲健康养生等方面资源，构建大健康平台。

28年弹指一挥间。在这28年中广投集团从无到有、从小到大，从弱到强，而我也从三十而立迈入了花甲之年。这28年与广投集团息息相关的是我的大半青春，我毕生的事业所在。我清楚地记得广投集团发展的每个重要节点，从业务定位到探索发展模式再到研究和实践转型升级的全过程，酸甜苦辣全在心头。我深知事物发展都有自身的生命周期，作为创立者之一，我也曾彷徨投资公司会不会在我的手里走向倒闭。幸好，经过不懈的实干巧干勤干，一系列重大项目的铺陈，在一代又一代广投人打下的基础上，集团公司仍然充满青春朝气，前路上遍地是黄金，发展前景光明。可以说，从业28年来，我始终秉持一名共产党员的党性原则立身、立业、立言、立德，以"责任、担当、进取、包容"的广投精神不断塑造自己。年岁虽渐长，但从未有过丝毫松懈，坚持学习探索实践、改革创新、拼搏进取、勤奋敬业、克己奉公。我无愧于党和政府交给我的重任，自认为对广投集团的发展兢兢业业。广投集团能取得今天的成绩，既有赖于对党和政府的方针政策坚定不移地执行，遵循市场规律办成事做好事，也离不开党委政府以及国资委等上级主管单位对我们实实在在的关心支持、两万多名员工的努力付出、我们领导班子的团结进取、老一辈广投人打下的坚实基础以及这个风云激荡却机会遍地的大好时代。正是多重利好因素的叠加，才能让我们在新常态下，成功采取新战略，全力推动新业态，形成新的发展格局。十分感谢所有人的付出，没有大家的努力就没有广投集团今天出版的《大跨越：广投集团发展之路研究》这本书。正是在这个重要的历史节点，这本书总结记录下广投集团大转型大跨越的一些故事、经验，是为了纪念，更是为了给他人提供可以研究借鉴的样本。

长风破浪会有时，直挂云帆济沧海。集团公司的发展已经走到一个奋发图强、励精图治的关键时刻，集团公司"十三五"改革发展的蓝图已经绘就，在以习近平同志为总书记的党中央领导集体正确带领下，中国供给侧结构性改革的创新发展大幕已经拉开，按照党中央、政府的精神引领、政策指引，我相信广投集团未来的发展必将更加光明。有自治区党委政府的亲切关怀，有国资委等上级单位的正确领导，有社会各界的鼎力支持，有全体员工的拼搏和努力，我相信广投集团一定能够为国家、为地方、为客户、为员工创造更大的价值，服务好地方社会经济的发展。站在新的起点上，我们要继续发扬"责任、担当、进取、包容"的企业精神，勇担广西发展战略重任，将集团公司全面建设成"四个标杆"企业，使集团公司成为"实力、成功、稳健、和谐，有中国影响力的"大型国有资本投资运营型企业集团，我们将为把集团公司全面建成世界500强企业而努力奋斗。

广投集团的未来必将更加光明辉煌！广西投资集团的故事将会更加精彩、美好！

广西投资集团党委书记、董事长　冯柳江

二〇一六年十月八日于南宁

数字广投

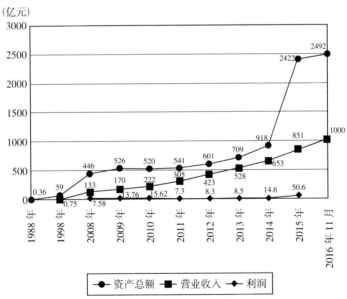

（亿元）

图1　广投集团成立以来主要经营指标变化趋势

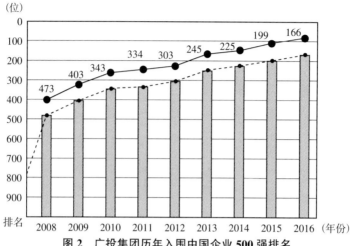

图 2　广投集团历年入围中国企业 500 强排名

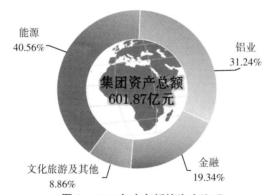

能源
40.56%

铝业
31.24%

集团资产总额
601.87亿元

文化旅游及其他
8.86%

金融
19.34%

图 3　2012 年末各板块资产比重

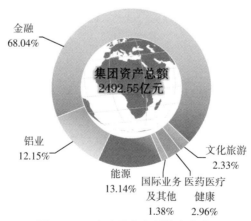

金融
68.04%

集团资产总额
2492.55亿元

铝业
12.15%

能源
13.14%

国际业务
及其他
1.38%

医药医疗
健康
2.96%

文化旅游
2.33%

图 4　2016 年上半年各板块资产比重

目　录

第一章　企业家精神

> ➤ 广投集团之所以能够持续地跨越发展，离不开广投人的努力和奉献，更离不开历届广投集团领导团队的卓越领导。一批又一批的优秀管理团队及其所体现的企业家精神带领着广投集团从创业发展走向创新发展，再走向跨越发展，走出了适合广投集团的发展道路。

> ➤ 广投集团领导团队的企业家精神通过一代代领导团队的继承、坚守和丰富，指导广投集团面对困境推动变革，面对成绩再创辉煌，让广投集团在发展中不断创新，在创新中不断发展。

> ➤ 广投集团七代领导团队的企业家精神在广投集团发展路程上打下了深深的烙印。其内在所蕴含的"创业精神、创新精神、敬业精神和担当精神"不断地引导、激励广投人从一个成功走向另一个成功，推动着广投集团从无到有、从小到大、从弱到强的跨越发展。

> ➤ 在卓越的领导团队带领下，广投集团完成了公司制改制，推动了国有企业改革，启动了战略布局，创新了业务体系，强化了组织建设，服务广西地区经济发展，践行"一带一路"国家战略，并为打造广西国企"四个标杆"而继续努力。

　　广西投资集团有限公司（以下简称"广投集团"）是广西壮族自治区（以下简称"广西"）最重要的投融资主体和国有资产经营实体之一，也是广西资产总量最大的地方国有企业。2015年，集团实现营业收入851.6亿元，实现利润 50.6 亿元，截至 2016 年上半年，集团资产总额达到 2492 亿元，排名中国企业 500 强第 166 位。这一连串的数据显示，作为地方国有企业的典范代表，广投集团走出了一条适合自己的发展道路，并取得了成功。

广投集团之所以能够取得如此业绩，可以归结为多种因素共同作用的结果：天时——国家推行对外开放政策，良好的社会经济发展环境等；地利——广西丰富的自然资源，天然的对外发展平台和窗口等；人和——一群具有企业家精神的领导团队，以及齐心协力谋发展的广投人。其中，前两个因素属于企业外部条件，后一个则属于企业内部基因。在广投集团的发展历程中，也先后经历了多轮国家经济周期波动，面对市场压力变大，竞争环境加剧等多种不利条件，特别是面对当前的经济新常态，广投集团依然取得了较好的经营成绩，可以说领导团队的卓越领导力起到了相当重要的作用。

领导团队是企业的核心人员，他们既是创业、创新、改革和发展等诸多活动的策划者和决策者，也是企业实现持续成长和发展的重要推动者。广投集团是在改革开放浪潮中逐渐成长和发展起来的地方国有企业，它的创建、运作、发展和壮大离不开一群具有企业家精神的领导团队的付出和奉献。在广投集团 28 年的发展历程中，先后产生了孔宪基、冯柳江、刘军、黄名汉、吴集成、管跃庆、冯柳江七届领导集体。在历届领导班子的带领下，广投人艰苦创业，奋发图强，为广投集团的跨越发展做出了突出的贡献。从静态来看，广西党委和政府为广投集团配置的每一届领导团队都是精兵强将；从动态来看，广投集团的领导团队又能保持人员稳定，思想稳定，后任顺着前任走，一步一个脚印，每步都踩硬，都踩踏实，才有了今天的广投集团。虽然国有企业会存在领导体制的变化，但在这个变化中又有一定的稳定性，这对企业的持续发展和传承是有益的。例如，现在广投集团党委书记、董事长——冯柳江，从广投集团成立一直到现在，先后承担着不同的角色和使命。回顾广投集团的每个发展阶段，可以看到在一群具有企业家精神的领导团队的带领下艰辛创业，持续创新，爱岗敬业，勇当重责，推动着广投集团从无到有、从小到大、从弱到强的跨越发展。

正是在具有创业精神、创新精神、敬业精神和担当责任的领导团队带领下，广投集团不仅经历了艰难创业的关键阶段，还实现了跨越发展，先后完成了公司制改制——建立和完善国有企业现代企业制度；开创了首个国家级地方利用外资的 BOT 试点项目——来宾电厂 B 厂的全过程；推动了新一轮地方国有企业的改革发展——打造多种形式的混合所有制模式；启动了面向未来的战略布局——创新业务体系并提出"产融结合"的发展思路；强化了国有企业党风组织廉政建设——"一体双翼"协同发展模式；立足广西，服务广西——勇担"三项责任"和践行"一带一路"国家战略，成为广西第一家国有资本运营公司。面对未来，广投集团制定了新的发展目标，瞄准"一百双千"、世界 500 强企业的战略目标，打造广西国企"四个标杆"（国企改革标杆；创新发展标杆；服务广西经济社会发展标杆；党风廉政建设、企业文化建设标杆），努力实现"广投梦"。

一、企业家精神助推国有企业发展

俗话说，"火车跑得快，全靠车头带"。决定一个企业是否能够取得成功的因素有很多，但是其中最为重要的因素就是企业领导团队，尤其是企业家的个人精神和素质具有显著的影响。在一些成功企业的案例中也可以看到，企业家个人和团队在日常的企业经营管理活动中会将自己的意识、行为和风格等深深地烙印在企业的成长历程中，并表现为企业家精神。特别是一些企业领导从企业创业开始，一直伴随着企业的每一步发展，与企业一起经历了波谷和高峰，实现了个人价值与企业价值的统一，例如，华为的任正非、阿里巴巴的马云、新希望的刘永好等。然而在传统的观念中，一般认为企业家是市场经济中的产物，因此企业家精神只存在于民营企业中。这主要是由于大部分民营企业的企业家一般都是创业者，对企业拥有更强的主导性和控制力，相对国有企业也具有更强的市场敏感性和更灵活的组织结构，使得企业家精神的烙印更容易被彰显出来。

国有企业在我国国民经济中，具有特殊的使命和任务，是我国国家经济发展的主要支撑，在促进社会进步、保障民生和提高国际市场竞争力等方面发挥着重要作用。关于企业家精神是否能存在于国有企业，或者国有企业土壤中能否孕育企业家精神一直是存在争议、试图回答又难以准确回答的一个现实难题。对这个问题的回答需要强调两个方面：What（有或没有的问题）

和 How（两者间关系的问题）。在当今的社会中，针对国有企业领导一直存在一些批评，例如，国有企业是基于其对优势资源的垄断来获得经济租，国有企业领导的"旋转门"会导致身份和角色模糊等，都是一些社会性热点话题。然而不可否认，在现实中还是有相当一部分国有企业领导的身上蕴含着企业家精神。他们具有很强烈的个人抱负，对企业具有很深的个人感情，怀有强烈的"做好企业，回报国家"的思想，除了经济利益之外，更愿意去关心国家、社会、环境和民生，强调国有企业必须兼具政治责任、经济责任和社会责任，实现企业利益与国家利益的高度统一。从两者的关系来看，国有企业为企业家精神的培育和发展提供了丰富的土壤，企业家又通过自己的能力和智慧努力推动国有企业的创新变革发展。可以说，具有企业家精神的国有企业领导会带领国有企业走向新的辉煌，国有企业又会为拥有企业家精神的领导提供可以发挥个人能力的空间。因此，国有企业与企业家精神并不存在冲突，而是属于一枚硬币的两面，不可分离。

（一）国有企业改革创新需要企业家精神

国有企业改革一直是我国经济体制改革的中心环节和重要内容。自从我国实行改革开放以来，特别是建立社会主义市场经济以来，国有企业取得了令世界瞩目的发展成绩。例如，在 20 世纪 90 年代，我国启动了以建立现代企业制度为核心的国有企业改革，国有企业在体制、机制和结构等方面都取得了较大进展，推动了国有经济的合理布局调整，形成了有效的国有资产管理体制，增强了国有企业的市场竞争力和控制力。虽然也有一些国有企业由于种种问题，导致经营不善而面临困境，但还是要看到，一些优秀的国有企业通过自身努力，进入了跨越发展阶段，实现了自我转型、升级和提升。通过对这些成功的国有企业发展历程进行分析，针对其中的关键要素和重要经验进行归纳和总结，可以帮助指导更多的国有企业实现改革创新发展。

国有企业是市场经济深化改革的参与主体之一，同时也是国有资产的重要载体，其改革创新的核心目的是推进市场化和激发企业的竞争活力（宋政谦，2014）。其中最重要的任务是实现公有制与市场经济的有机结合，形成适应市场经济要求的国有企业管理体制和经营机制。然而关于人的因素一直是国有企业改革创新的重点和难点所在，近年来我国国有企业在改革创新过程中在这些方面暴露出许多新的问题。例如，一些国有企业领导人同时承担"企业家"角色和"党政官员"角色，容易引发相关的问题和冲突。企业领导人在决策过程中存在内心价值冲突，"企业家"的角色要求他们必须追求企业价值最大化，但是作为"党政官员"，他们又必须遵循行政官僚体系运行逻辑。这就使得他们会左右摇摆于两种价值体系之间，无法专心经营管理企业，同时这种制度设计还进一步引发了社会价值冲突（黄群慧，2014）。

针对国有企业在新的时代不断面临的各种问题和困难，需要通过不断地改革创新来加以解决。在国家层面也先后出台了一系列的相关政策文件来鼓励国有企业引入新的措施，推动国有企业的改革创新发展。党的十八届三中全会提出市场机制在资源配置中起"决定性作用"的改革基调的同时，也提出需要进一步推动国有企业深化改革，其中包含三个方面的重点内容：一是推进混合所有制；二是完善公司治理结构；三是促进高层管理者市场化运作。国有企业要想很好地完成三项政策任务目标，同时实现企业利润的最大化，就需要利用市场机制来促进优胜劣汰。例如，在国有企业改革的创新机制建设中，限制政府对国有企业管理者的行政任命（汤吉军、年海石，2013）。通过公开招聘、竞争上岗等市场化方式来打破单一行政配置方式，合理增加市场化选聘比例，采取公开竞争的原则，形成具备国际水准的职业经理人制度（邵挺，2015）。所有这些工作的核心也是为了在国有企业内部培养具有企业家精神的管理者和领导团队。同时，当前的社会公众对国有企业培养出合格、优秀的企业家寄予了很大希望。特别是在当前的社会中已经形成尊重企业家、认同企业家、支持企业家的氛围。可以看到，从国家到政府，再到社会，都希望国有企业能够涌现出一批具有企业家精神的国有企业领导团队，期望他们能够破除堡垒，创新机制，推动国有企业继续深化改革，加快国有企业向现代企业制度的方向改制，提升国有企业的市场经营和管理效率，使国有企业成为能够带领实现中国梦的强力推动器。

（二）企业家精神引领国有企业深化改革

经过改革开放后近40年的发展，国有企业已经在管理体制、企业制度和经营机制上发生了深刻变化、取得了重大发展，为我国社会、经济的发展和稳定做出了重要贡献，但国有企业改革的任务还没有完成，还存在不少困难和问题，尤其是企业的内部创新还需要在未来进一步强化（简新华，2012）。在党的十八届三中全会决议的指导下，国有企业改革开始进入了一个新的历史阶段，为了实现国有企业的健康、可持续发展，迫切需要探索和创新更有效的制度体系来引导和规范国有企业经营管理活动，在真正意义上实现国有企业的市场化运作。从改革实施的具体方向、任务和措施等方面来看，需要在微观层面推进国有企业彻底的系统性变革，包括公司治理的建立与完善、规范内部治理机构运行、实现组织结构合理化、加快培育外部竞争环境等。所有这些变革活动都需要国有企业领导具有企业家精神，能够面对困难、迎难而上、勇担重责。

企业家精神的培育和发展与国有企业改革存在紧密的关联，孕育在国有企业创新发展的土壤中。正如德鲁克所提到的，企业家精神的创造性破坏是一切创新活动的重要来源，而只有创新才是推动经济发展的根本动力。在国有企业深化改革的进程中，国有企业领导人的决定性作用表现在对改革整体活动的把握和控制程度。作为企业战略活动中的主要推动力量，他们不仅需要全面了解企业的未来发展方向，还要制定相关的战略规划和决策，调整组织结构，控制生产和经营系统等活动。在具有企业家精神的国有企业领导带领下，国有企业可以更好地面对未来制定战略措施，真正认识到市场经济机制在企业发展中的重要性，采取符合市场需求的运行机制，做到与市场接轨来促进企业的持续变革发展。具有企业家精神的国有企业领导能够更清晰地认识到自身的角色和任务，并在企业发展的不同阶段以不同的形式参与到其中，为国有企业的发展创造出全新且与众不同的，具有差异化的竞争力，使之成为推动国有企业持续改革创新的重要源泉，引导企业以不断的创新来实现自我突破，获得持续发展。

二、创业精神

作为支撑广投集团发展的内核，创业精神一直推动着广投集团的创业发展，为广投集团的稳健成长提供了重要保障。从广投集团的发展史来看，创业精神一直伴随着企业的创业成长。特别是在具有开创性的思想、观念、个性、意志、作风和品质的企业领导团队的带领下，更是赋予了广投集团创业发展更强的时代意义和内涵。回顾过去的发展历程，广西政府成立多个投资公司，但是广投集团是唯一能够经历各种外部环境变革之后，依然能够实现稳定发展的公司。其中最为关键的因素之一就是广投集团在历届领导人团队创业精神下，一次次抓住时代发展的机遇，实现公司又好又快又稳的发展。

（一）广西建设投资开发公司的成立

我国国有投资公司的设立既是国家投融资体制改革的产物，也是国有企业第一轮改革的试点成果。20 世纪 80 年代后期，在国家投融资体制改革的大背景下，国有投资公司应运而生。为了适应国家经济体制改革的推进，当时在国家层面成立了六大投资公司，包括能源、交通、原料、农业等。面对改革发展的历史机遇，地处祖国边陲的广西不甘落后，闻风而动，开始推动地方国有投资公司的创建工作。1988 年冯柳江还是广西政府计划委员会（以下简称"广西计委"）的国家公职人员。受广西政府和广西计委的委托，他带领原广西计委副处长梁斌（后来任自治区环保厅厅长）以及后来成为公司副总经理的王法振、邓恕存两位同志到北京进行考察调研，为在广西成立国有投资公司进行前期准备工作。

经过调研之后，广西政府关心的问题是什么是投资公司？如何进行定位？怎么进行管理和运营？根据前期调研工作，调研团队撰写了关于成立"广西建设开发公司"（广投集团前身）的请示文件并上报自治区政府，建议将该公司建设成为一个综合性投资公司，不纳税，不上缴利润，为自治区投资积累资金，承担作为自治区政府投融资平台所赋予的责任与使命，肩负着"积聚财富、服务广西"的使命。1988 年 3 月 3 日，广西计委根据国务院即将出台的《关于投资管理体制近期改革方案》文件精神，上报自治区人民政府成立"广西建设投资开发公司"（以下简称"广西建投"）。1988 年 6 月 24 日，广西政府批准成立广西建投开发投资公司、广西国际信托投资公司、广西信托投资公司、广西国际合作投资公司和广西桂江公司（以下简称"广西五大公司"），成为广西政府的"长子"和首批投融资主体。其中，广西建设投资开发公司委托自治区计委代管。

（二）从政府办企业到独立市场主体的转型

从国有体制角度来看，1988 年到 1995 年的广西建投是广西政府委托、广西计委管理的双重管理时期。此时的广西建投带有明显的政府经营色彩，这也是由当时的体制条件所决定的。在公司成立初期，实到资本只有 1500 万元，计委调配工作人员 8 名，兼职 1 人。创业团队的首任带头人孔宪基是由广西计委领导兼任公司总经理，并由广西政府来委任，其余的经营管理人员则是由广西计委来委派。在成立之初，广西建投的首要任务是把框架搭建起来，从政府供血向自我造血转变，成为一个独立的经营主体。在孔宪基等老一辈创业团队的争取下，广西建投获得了电力建设基金、经营性基金这两个企业发展的造血器。1990 年，广西政府发布《关于广西电力开发投资公司并入广西建设投资开发公司的通知》，电力建设基金收回，重归广西建投经营管理，征收数额最高年份接近 4 亿元。1993 年，广西政府把经营性基金（广西历年"拨改贷"资金）由建设银行代管移交给广西建投经营管理。依靠电力建设基金和经营性基金，广西建投参与投资建设自治区一批重点项目，为广西建投的稳步发展奠定了基础。这个时期，公司根据自治区建设的需要，为自治区基建工程广泛筹措国内外资金；用好、管好自治区的各项建设投资；参与自治区投资项目的管理；开展经营性、开发性和商业贸易各项业务，为自治区建设工程积累资金。

如何从政府办企业向市场办企业转变是当时广西建投需要解决的一个现实问题，其中最为核心的是人的问题，即如何卸下政府领导的身份，完全成为一个企业经营管理者。由于成立之初，不同层面的公司职工大都是从政府过来的，那个时候孔宪基就特别强调，国企要按照市场化定位，来了国企就不能有级别。这个理念，从一开始就为公司注入了市场化的基因，日后的广投集团，就遵循市场化办企业、做项目的理念，为广投集团稳健发展打下坚实的基础，也成为广投集团老国企焕发活力的内因所在。同时，孔宪基强调要把投资公司办成多元化企业。

从那个时候开始，公司上下通过强化基金征收和投资回收工作，采取定点、定人、定任务的办法，派人进驻企业（项目）催债、讨债，千方百计催缴、追收应缴应收资金，为广西地区的经济发展筹集建设资金，使广西建投的资本增长到 50 多亿元，成为广西地区最大的企业。这期间，公司投资的重点项目有来宾电厂、柳州电厂（柳电公司的前身）、贵州盘县电厂（黔桂公司的前身）、天生桥一级电站、岩滩水电站、梧州长洲岛机场、南防铁路、钦北铁路、邕江二桥、贺县纸浆厂（贺达纸业的前身）、南宁造纸厂（凤凰纸业的前身）、桂林啤酒厂、高峰锡矿、北山铅锌矿、柳州水泥厂、平果铝业公司、鹿寨化肥厂 24 万吨磷铵工程、南宁国际大酒店等。这些项目的开发建设，为公司日后多元化发展奠定了基础，投资公司就是要担负起发展广西相关产业的重任，因此从某种意义上说，从一开始，多元化就同市场化一样，注入了广投集团的基因中。1995 年，广西党委、政府决定把广西计委主管的广西建设投资公司改组为广西开发投资有限责任公司（以下简称"广西开投"），由自治区政府直接管理。

（三）根据《中华人民共和国公司法》建立现代企业制度

1994 年 7 月 1 日，《中华人民共和国公司法》（以下简称《公司法》）正式在全国范围内实施。在《公司法》中明确要求：明晰企业产权，建立有效的法人治理结构。以冯柳江为法人的广投集团第二代领导团队提出，要推动广西建投的持续稳定发展，首要任务就是必须立即着手进行改制工作。随后，在广西党委调研室的指导下，向国有企业公司制改革做得比较好的城市学习，公司提出了广西政府需要出台一个关于电力体制改革的文件来推动广西建投进行公司化改造工作。后来，该项建议得到了广西政府的高度重视和支持，并于 1995 年 9 月 20 日由广西政府印发《关于我区电力投资和管理体制的暂行规定》（桂政发〔1995〕65 号），其中明确规定：自治区投资电力项目拥有的产权一律由广西政府授权广西建投为产权代表，这是全国首个省级政府专门为一家省属企业出台的文件。这个文件的出台对当时的投资行业影响很大，因为这是全国省级第一个以政府名义出台的文件，为后续的改制工作扫清了体制机制上的弊端。这也是广投集团能够长期保持稳健发展的保障所在，广投集团 20 世纪 90 年代就抢抓国家《公司法》颁布的历史机遇，明晰产权，为日后公司适应市场经济、建立和健全现代企业制度，灵活安排具体产权运行方式，使公司能够发挥最大的积极性和创造性，最大限度地挖掘资产的经济效益和社会效益奠定坚实基础。而到今天为止，很多省属公司还在为产权的不清晰所苦恼。

"建章立制"作为办好公司的基础，建立和完善现代企业制度是公司管理活动的根本。在广西政府的支持下，广西开投逐步把投资的电力企业、化工企业等分别成立有限责任公司。通过公司改制工作的有序开展，广西开投开始完全走向市场化经营，企业法人治理结构也为广西建投的规范化运作提供了重要保障。根据《公司法》的相关条文规定，广西开投开始筹建董事会、监事会、经营班子，形成了比较完善的法人治理结构。例如，广西政府委派顾问王蓉贞担任监事会主席，广西政府的计委、经贸委、财政厅、审计厅各委派一名领导以及一名公司职工监事组成监事会，依法对公司的国有资产实施监督管理。

1996年4月29日，广西开投在以刘军为首的第三届领导团队的组织下召开第一届董事会第一次会议，审议通过了《董事会工作制度》等七项工作制度。刘军也成为广西开投开启公司化改造之后的首任党委书记兼董事长。在这次制度改革中，除了制定公司的章程外，广西开投还分别制定了人事管理（含对派出人员的管理）、财务管理、企业管理、控股公司和参股公司的管理等20多个有关文件。例如，1996年10月4日，广西开投下发《关于成立广西开发投资有限责任公司专业技术职务工程系列初、中评审委员会的通知》，使得职称评定工作走上了正常化、规范化管理轨道，保障了人员队伍的稳定。1996年11月20日，广西开投印发了《关于干部轮岗制度》文件，为提高干部队伍的业务素质、增强企业活力提供了制度保证。1997年8月6日，广西开投印发了《关于直属企业联营控股公司人事管理暂行规定》，使得直属企业、联营控股公司人事管理逐步走上了规范化管理的轨道。在刘军的带领下，广投集团的第三届领导团队通过这一系列的建章立制工作，严格按照"制度化、规范化、科学化"和"高素质人才、高科学管理、高效率运转、高效益回收"的"三化四高"进行运作，开始了公司制的正式化、规范化和制度化发展，扎实地搞好产业基础、人才基础、管理基础，使广西开投的发展迈上了一个新台阶。以管跃庆为首的第六届领导团队，将完善公司治理作为企业管理的重要举措，2011年，集团引入两名外部董事（分别来自中国华能集团、中国五矿集团，原任副总裁），借助外部董事的专业能力，有效提高了公司决策的民主性、科学性和准确度；出台《进一步明确母子公司管理权责的若干意见》、

《派任董事监事管理考核暂行办法》、《外派人员管理暂行办法》、《委派财务经理管理办法（试行）》等制度，推进集团在法人治理结构中的规范化、制度化、流程化管理；建立监事会工作联系机构，通过内设外派形式向集团控股的30家企业中的22家派出兼职监事，促进集团规范管理和健康发展；推行委派财务经理制度，分别向7家所属企业委派财务经理，有效控制所属企业财务风险。

（四）启动引资入桂的国家外资利用试点：来宾电厂 BOT 项目

"八五"后期，我国在推动市场经济体制改革方面已经取得了较大的进展，然而在全国范围依然存在基建资金紧张、外债负担偏重等矛盾问题日益突出的情况。特别是作为边远、少数民族地区的基础设施建设更是存在严重不足和落后的问题。为了解决这些现实问题，在国家层面开始提出需要创新发展思路，探索外资利用新模式，并针对当时国际流行的 BOT 模式进行调研。随后，国家计划委员会（以下简称"国家计委"）决定在全国范围内选择合适的项目进行试点，为后续更大范围内的推行提供经验。作为一种全新的引资方式，BOT 包括三个环节"建设（Built）—经营（Operation）—转让（Transfer）"。在具体实施中，政府将拟建的基础设施项目交给境外的投资者进行投资、建设和运营，到约定时间以后，无偿地移交给政府。由于经营方已经不再是政府及其主管的国有企业，项目所需资金只能由外商通过有限追索或无限追索的项目融资解决，所以 BOT 引资所形成的债务不属于国家主权债务。以 BOT 方式吸引外资，在基础设施项目中试办外商投资特许权经营，已经成了"九五"计划期间我国对外开放的重要新举措之一。虽然 BOT 模式在国际社会已经很流行，但是对我国来说还是一个新鲜事物，如何制定方案，设定程序，推动实施依然是一个难题。

从当时的广西开投发展现实来看，在成立伊始正值广西改革开放、经济起步的关键时期，全区面临严重的电力不足状况。广西建投的重要任务就是推动广西电力基础设施建设，保障广西经济、社会用电需要，为此广西建投几乎承担起所有电力骨干项目——多渠道筹集资金，用于柳州电厂、岩滩电站、来宾电厂等项目建设；跨省投资建设贵州黔桂发电公司；在广西红水河的10级水电站中，广投集团参与投资的项目达到9个。然而在推动项目建设的过程中，广西建投依然存在资金紧张的问题。例如，来宾电厂 A 厂通过自有资金完成了建设和发电运营，但是 B 厂由于资金紧张，在完成规划立项多年之后依然停滞不前。此时，完全依靠广西建投自身的资金积累难以解决广西地区缺电的局面，为此必须借助外力，利用外来资金。BOT 作为一种利用外资的合适项目开始摆在广西建投的桌面上。采用 BOT 这种模式对广西的确是存在好处的：第一，可以引进外国资金，解决广西缺钱、缺电的问题。第二，不是通过一对一的谈判来确定回报问题，而是按照市场的规则来确定回报率，符合市场经济的规律。经过广西政府的积极努力，在国家计委的支持下，来宾电厂 B 厂项目成为首例经国家批准的 BOT 试点。

对于以电力为主业的广西开投来说，推动来宾电厂 BOT 项目是一个尝试，也是一个挑战。在国家计委和广西政府的支持下，广西政府授权广西开投作为中方执行单位参与其中，并成为移交后的实际经营主体。在刘军派出冯柳江作为中方 BOT 项目管理负责人，在冯柳江的带领下，来宾电厂 BOT 项目得到了有序推进，先后完成了前期准备工作，包括选择合适的中介服务机构，完成国际招标、评标和谈判工作。最后广西政府选择引进法国资金和技术建设来宾电厂 B 厂，项目总投资 6.16 亿美元，折合人民币约 50 亿元，是第一个列入国家计划的 BOT 项目，也是新中国成立以来广西最大的利用外资项目。

通过来宾电厂 BOT 项目的实施，我国电力设计融合了苏联模式和欧美西方模式，提升了市场竞争力。BOT 项目不仅引入了国外资本，也是国外先进管理经验、设计理念的引进。来宾电厂 BOT 项目在 2015 年 9 月 3 日顺利结束并取得了圆满的成功，为广西政府地方经济发展提供了重要支持。回顾过去 20 年 BOT 项目的实施，广投集团的领导团队也完成了多次更替，从第三届的刘军团队到第七届的冯柳江团队，但是广投集团领导团队的契约精神一直支持着来宾电厂 BOT 项目的实施。通过 BOT 项目的实施，广西开投作为国有企业也完成了历史改革，开始作为独立的市场主体来参与国际项目合作，提升了管理经验，获得了先进技术，锻炼了经营队伍，提升了企业实力。依据来宾电厂 BOT 模式的实践，国家为 BOT 项目出台了相应的法规，使我国 BOT 模式做到有章可循、有法可依，这不能不说是国有企业领导的创业精神结出来的硕果。

三、创新精神

从 1988 年到 2000 年，经过 12 年的发展，广投集团已经有了较好的基础，形成了较大规模的资产，在资产管理和项目投资方面已经积累许多经验。从 2000 年 6 月开始，广西政府不再给公司安排财政性资金（基本建设基金）和政策性资金（电力基金），要求广西开投进入市场，成为真正的自主经营、自负盈亏、自我积累、自我发展的经济实体。可以说，作为广投集团第四届领导班子核心的黄名汉一上任就开始面临重要的公司存亡历史关口，出现了"公司还能不能生存下去"，"开投（公司）红旗还能打多久"的担忧。黄名汉董事长提出，创新是企业适应形势变化、适应市场竞争的关键武器，是创造核心竞争力的主要路径。

面对国内经济增速放缓的现实背景，广西开投开始推动"深化企业改革、建立现代企业制度，转换经营机制，提高企业管理水平，使公司真正成为在市场经济条件下，具有竞争能力的经济实体"的公司治理主线。在具体的战略实施中，广西开投通过不断的变革创新，完善并提高各组织系统的功能，不断改变和调整企业资产结构或资本结构，实施战略转移，完成了对广西地区水、铝等资源价值的挖掘，促进了企业价值的飞跃式提升。这种创新变革思路也一直延伸到现在，第七届广投集团领导班子在 2013 年提出要"以思路创新、机制创新、管理创新、技术创新推动广投集团更快发展，着力培育企业核心竞争力，努力打造百年老店，确保基业长青"。特别是面对经济新常态，需要适应新常态、引领新常态，破解新常态下各种困难、问题和风险，根本出路在于全面深化改革。通过将广投集团打造成广西国企改革标杆，形成有利于广西国企加快发展、转型升级、提质增效的体制机制，聚集国企发展新动能，催生广西国企发展新动力，实现广西国企新发展。

（一）优化产业结构布局

国有投资公司的核心任务是通过投资经营来实现"调结构，调节奏"的目的，而合理的投资布局则可使投资企业具有良好的外部协作条件，有利于将现有的产业发展的触角延伸至更广阔、更先进的区域，降低生产成本，提高经济效益。从 2001 年 8 月开始，广投集团提出推进"调整优化战略"，重点是经营模式、产业结构、投资结构和组织结构，目标是提升资产质量。在黄名汉的带领下，当时的广投集团战略主要是贯彻"有进有退，有所为有所不为"的原则，强调收缩投资业务范围，突出主导产业，确保重点投资项目的资金需要；着手整合存量资产，对资产进行清产核资，同时依据国家经营性基金转资本金政策核销不良资产，改善公司资产质量。在这一阶段广投集团的主要工作包括：一是通过政府授权经营，取得自主决策、自主经营的职权，加快向市场经济主体转变，同时以以实业投资为主逐步过渡到实业投资与资本运营并重；二是着重加大对电力、有色金属和证券等优势项目的投资力度，对不符合公司产业方向又没有发展潜力的项目，则坚决退出；三是严格控制新建项目，形成长、中、短期投资项目合理比例，采取投资多元化形式。

随后的历届广投集团领导班子都将优化业务板块结构作为集团战略的重中之重。2002 年，广投集团开创铝产业和证券业，扩大电力产业发展规模，确立了电力、铝业和证券三大主导产业。当时之所以选择进入铝产业，主要基于两方面的考虑。一是广西具有丰富的铝土矿资源，但由于资金、技术的原因，铝土矿资源开发利用程度很低，产业规模很小，对广西经济社会发展的贡献不大。二是公司进入铝产业一个很重要的因素是自身发展的需要。从 2006 年开始，在广投集团第五任领导吴集成董事长的带领下，广西开投重点推动来宾铝业的建设，并使其成为集团的一个发展战略。如今的广投集团铝产业越做越大，已成为公司的支柱产业，成为广西最大的铝生产企业，为广西铝工业发展做出了积极的贡献。

创新一直贯穿于广投集团发展的全部过程。面对国际金融危机的影响，以管跃庆为领头人的广投集团第六任领导团队提出广投集团必须不断适应市场的变化，调整发展的思路，"我们只有主动地求变，才能够适应市场，否则企业就停滞不前。调结构是永恒的过程，包括产品结构、产业结构、人力资源结构等。通过调结构，能够使产品跟得上市场的变化，增强竞争力；通过调结构，能够使人员素质跟得上市场的节拍，管理不掉链。这几年，公司通过铝电结合，打造铝产业链，实业经营和金融产业相互促进、相互推动、互为动力"。随后广投集团提出"调整能源产业结构，延伸铝产业链，拓展金融业，做大做强主导产业"的发展思路。

2013年，广投集团第七届领导团队开始思考"未来的广投集团发展道路怎么走"的现实问题。根据广投集团的现有基础，结合国外产业政策导向，领导班子一致认为广投集团应该继续调整优化产业结构，推进相关企业的重组整合，由国有资本投资公司对授权范围内的国有资本履行出资人职责。通过清理退出一批、重组整合一批、创新发展一批，加快推进资源整合和产业集聚，推动国有资源向重点领域、优势企业聚集，优化广西国有资本布局。

在领导团队的大力推动下，广投集团在产业优化布局中重新确定了各产业的重点发展方向，为形成极具竞争力的产业新业态，努力实现"一百双千"的战略目标提供了重要的指引。

（1）调整和优化能源结构。对存量火电采取淘汰小火电机组，实施"热电联产"改造，发展循环经济等方式增强市场竞争力；在增量方面重点发展水电、核电、天然气和"港口、坑口"大型先进火电机组，积极培育能源基地，建设供气管网，增强能源产业发展后劲。

（2）加快构建铝产业链。以"广银模式"在资源富集区规划布局铝加工工业园，建设柳州银海铝业，发展高端铝加工项目，收购强强碳素，发展铝配套产业，推进崇左铝项目、印度尼西亚煤电铝一体化项目，抢占铝土矿资源，构建由资源到产品的一体化铝产业链。

（3）大力发展金融产业。紧紧抓住金融改革重大机遇，整合广西金融资源，打造"全牌照"金融产业，培育广西最具实力和影响力的金融服务集群，为广西打造经济强省（区）提供有力的金融支持，打造成为广西面向东盟、具有中国影响力的金融综合服务平台和资本运营平台。

（4）构建文化旅游板块。合理利用广西丰富的文化旅游资源，创新发展文化旅游业态，短期以孵化培育为主，将文化旅游产业打造成为广西文化旅游产业资源端改革的领航者、文化旅游产业资本运营的开拓者、文化旅游产业品牌创造和推广者，引领广西现代文化旅游产业的发展。

（5）并购整合医疗健康产业。以中恒集团为平台，采取兼并重组区内医院和中医药企业、与医学院校和科研机构推进产学研结合、医养结合发展健康产业等方式，打造国内一流的医药医疗健康集团，发展广西特色的中医药产业体系。

（6）着力布局海外资源产业。借助"一带一路"国家战略，把握海外投资机会做大做强海外贸易，通过股权、债权和信用证等融资方式做好海外融资工作，为广西拓展多样化、低成本的融资渠道，成为广西对外开放的战略支点和重要平台。

（7）培育战略性新兴产业。贯彻落实中央、自治区的战略意图，结合区位优势、资源优势和行业基础，建立系统的产业孵化器，培育本期和今后广投集团发展的支柱业务，努力成为广西战略性新兴产业发展的引领者和产业转型发展的推动者。

（二）创新业态经营模式

自 2008 年金融危机以来，在传统的"高投入、低产出、低收入"发展模式下，广投集团的盈利能力和发展能力越来越弱，企业的负债率越来越高。如何通过业务创新来继续保持广投集团的市场竞争力，是一个需要解决的现实问题。管跃庆认识到，广投集团虽然已经取得了很大的发展，并在 2008 年首次进入中国企业 500 强第 473 位，但是在现阶段依然存在一些不足，例如，产业结构不合理，实体产业比例过大，作为盈利大户的金融企业比重过低，导致集团抵御市场风险能力较弱；同时，各产业各自为政，不能实现优势互补，使得集团多元化产业优势没有得到充分发挥。严峻的形势逼迫广投集团走一条"投入相对比较少、产出比较大、效益比较好"的发展道路，这也开启了广投集团业态经营模式调整的序幕，为后续的跨越发展奠定了坚实的基础。

1. 产融结合

在现代经济中，单纯依靠改善经营管理，保持持续成本领先来获得竞争优势的效果已不再明显，甚至出现了收益停滞不前或收益递减的趋势。发达国家市场经济发展的实践表明，产业资本和金融资本发展到一定阶段，必然会有一个融合的过程，这是社会资源达到最优配置的客观要求。产融结合是产业资本发展到一定程度，寻求经营多元化、资本虚拟化，从而提升资本运营档次的一种趋势。集团 2008 年出资 2.5 亿元入股北部湾银行（2.5%），2011年出资 3.3 亿元入股柳州银行（9.67%），下属黔桂公司也出资 2800 万元入股贵州六盘水商业银行（4.69%），集团银行业累计投资达 6.1 亿元，为集团带来了稳定的股权投资回报。针对创投、产权交易等新产业整体投资收益率较高、发展前景较好的情况，集团出资参股了国投创新（北京）投资基金有限公司和北京国投协力股权投资基金（有限合伙）等基金产业，投资入股了北部湾产权交易所（20%），还参与了北部湾产业投资基金公司的创建，筹划与中国银行组建财务公司，筹建集团小额贷款公司。金融产业结构的丰富完善，为集团多元化发展带来了积极的回报。这些举措拓展了集团产融结合的领域，为弥补集团资本市场短板、实现两条腿走路打下了坚实基础。

在广投集团 2014 年 1 月的年度工作会上，提出实施"产融结合、双轮驱动"的创新战略，稳步推进"三结合"产业协同发展方式，并指出"要实现集团的转型升级和持续健康发展，就要求我们必须及时扭转当前实体产业竞争力弱、集团产业结构不合理的不利局面，就要求我们要充分发挥我们自身具备的较为雄厚的多元化产业基础优势，紧紧跟随当前大型企业集团转型升级发展趋势，优先发展金融产业，并通过集团内部的'产融结合'降低企业融资成本、提高资金利用效率、降低经营风险"。

广投集团的"产融结合、双轮驱动"创新发展战略是以深化国企改革为引领，以结构调整为突破口，充分挖潜释放实体产业雄厚的基础优势、充分挖潜释放具备产融结合的多元化产业集群优势，充分挖潜释放具备的较为完善的金融产业链优势，充分挖潜释放作为政府投融资平台的优势，抓住国企改革和广西大发展的有利时机，顺利化危机为时机，最终实现集团的华丽转型。在"产融结合"的实施中，将集团公司实体产业与金融产业实现无缝对接，以实体产业及其上下游客户为服务对象，打破行业藩篱，将信息不对称降到最低，通过多种形式的银企合作实现互利共赢。

2. 循环经济园区

广投集团依靠电力起家，能源板块也是广投集团的核心业务板块之一。然而广投集团的现有部分火电厂存在机组容量小、煤耗高、负债率高及运营成本高等问题，盈利能力弱，单靠发电难以为继。为解决以来宾电厂为代表的部分火电厂的生存及发展问题，以管跃庆为首的第六届领导团队开始设想依托火电厂的热电联产，提出了一个新的发展战略，即打造一个国家级、高标准的热电联产循环经济生态工业示范园区，通过基地建设，实现来宾电厂从单一的发电厂转型发展成为一个集发电、供热（供冷）和建材生产以及从事园区基础设施建设的综合性企业，使其成为集团能源产业新的效益增长点。在循环经济园区模式中，以火电企业发展热电联产为总抓手，通过集中供热供气促进循环经济发展，提高资源综合利用水平，初步形成能源主导型热电联产循环经济发展模式，取得良好的经济效益、环境效益和社会效益。

来宾循环经济示范园区是其中的典范。来宾电厂结合自身的特点及周边环境的影响，走以产业集群化、效益规模化为方向，将来宾电力、制糖、造纸及能源物流等主要工业支柱产业有机结合的道路。通过利用电厂生产过程中的废弃物和副产品如粉煤灰、脱硫石膏，来建设年产 120 万吨的水泥粉磨生产线，吸引用热企业如制糖厂、造纸厂、餐具消毒中心等，进驻附近的河南工业园区，向区域内的企业实现集中供热。随后，这种模式在百色地区得到很好的复制。结合百色地区铝资源丰富、铝加工工业比较集中的特点，广投集团开始大力发展和附近铝加工企业的合作，积极开拓用热市场。通过推进建设相应的供热管网项目，以实现向附近的新山工业园和红岭坡工业园进行供热，从而引进了烁城纸业、红岭坡华美纸业、百色福龙公司等企业的入驻和投资，形成了独具特色的发展热电联产和循环经济的模式。

3. 品牌联盟

铝业板块是广投集团的重要板块之一。为了实现铝业板块的扭亏转盈，广投集团在完成肇庆亚洲铝业（以下简称"亚铝"）从股权多元变成国有控股以后，就以"品牌联盟"为战略推动广投铝板块向高端铝加工业发展。在以往的业态经营模式中，广投银海铝的下属企业广西广银铝业有限公司（以下简称"广银"）负责向亚铝集团有限公司提供原材料。作为国内数一数二的高端铝加工企业的亚铝虽然品牌很好，市场认可度高，但是在中国整个经济下行的压力下，亚铝经营也陷入了困境，导致广银利益受到严重的影响。如果亚铝存活不下来，则广银的 8 亿元应收账款就完全收不回了。

为了保全资产，广投银海铝和亚铝实施资源互补，亚铝出品牌与广银合资成立新的公司——广银亚铝铝业有限公司（以下简称"广银亚铝"），广银占51%，亚铝把专利、品牌过到新公司名下，厂房变成加工厂。在这种经营模式中，广银作为原材料供应商，亚铝作为原材料加工商，实现了优势互补。这种品牌联盟模式在广银亚铝成立当年就产生了利润，不仅可以还清欠广银的债款，还帮助亚铝偿还银行贷款。

（三）完善企业制度建设

建立和完善现代企业制度一直是广投集团管理者的重点工作。只有做到以制度推动企业发展，以制度保障组织成长，才能真正实现企业持续发展。企业制度体系不是一成不变的，而是具有特殊的时代性和情境性，需要根据当时的社会环境、企业自身的实际等情况来进行创新变革。

从 2008 年开始，管跃庆董事长开始提出实施"大战略、大财务、大人事和大风险管控"的经营模式，形成"集团化、专业化、差异化"的管理理念，引入要素管理，优化母子公司管控模式。从 2009 年开始，广投集团连续三次开展三项制度改革工作，进一步推动了人才培养、人才流动，建立了合适的人才成长通道，为跨越发展提供了重要的人力资源保障。2013 年，广投集团开始在健全公司法人结构、完善董事会治理、建立激励约束机制、职业经理人和市场化机制建立等方面进行探索和实践。在优秀的领导团队的努力推动下，广投集团通过多年的创新变革实践，逐步构建起一个具有广投特色的现代企业制度，为广西地区的其他国有企业改革提供了对标样本。

1. 构建战略型管控模式

虽然从 2008 年开始，广投集团资产规模、经营业绩都得到了较大的提升，但是依然存在组织结构庞杂、组织层次过多等问题。如果不解决这些问题，会导致广投集团在跨越发展转型中出现尾大不掉、政令不达的情况。随后，管跃庆力主推动组织结构变革调整，控股及参股企业共 140 家，其中四级及以上的企业 50 家，对最大层级 8 级的组织结构进行大幅精简。除黔桂公司和银海铝业因管理及属地需要存在部分四级子公司外，其余所有公司管理层级基本在三级以内。通过这次组织结构变革，为广投集团的管理理念从运营管理型、战略实施型的管控模式向战略指导以及财务管理型转变提供了重要保障。

2014 年，广投集团开始按照"集团化、专业化、差异化"的原则，逐步打造小总部大产业管控模式，完成从事业部制向"集团—平台—企业"三级管理模式转变，并构建起"国有资本投资公司—产业集团—投资企业"三级管控体系，进一步强化了国有资本投资公司总部的战略管控职能。在广投集团的管控机制中，按照母子公司制，重点明确集团总部的职责，强化总部的制定发展计划，投资决策，实行财务管理，权益监管维护、人力资源开发职能，保证集团总部能够集中财力实现战略目标。在具体的管理实施中，主要是通过委派董事、监事、财务总监及加强审计监督等手段来实现对子公司的权益监管和维护，淡化对下属企业的经营管理职能。

2. 创新人力资源制度体系

人力资源是广投集团实现持续发展的重要推动力。为了进一步适应市场发展的需要，广投集团领导班子从 2008 年就开始引入管理职系岗位与专业职系岗位职业发展"双通道"模式，进一步拓展职工职业发展的空间。通过多次的三项制度改革，广投集团逐步形成"能者上、平者让、庸者下"的竞争格局，进一步优化了人力资源配置。改进了集团总部部门目标管理机制，以制度建设工作固化已有的成功经验模式和优秀管理方法，促进了集团工作有序高效开展。2012 年，广投集团开始在部分下属企业实施市场化的用人机制和分配激励机制，采取职业经理人制度，对外聘请专业管理人员，委托其经营企业，打破了传统的企业委派领导的做法，从专业化、效益化的角度，降低了对企业的约束，有效提升了企业的经营效果。董事会要按市场化方式选聘和管理职业经理人，需要实行选任制、委任制、聘任制等不同选人用人方式，畅通现有经营管理者与职业经理人身份转换通道，对经理层成员实行任期制和契约化管理，明确责任、权利、义务，严格实行任期管理和目标考核。其中，优选高级管理人员，并建立起对其的考核、薪酬等激励与约束机制；管理公司薪酬总额，完善既有激励又有约束、既讲效率又讲公平、既符合企业一般规律又体现国有企业特点的分配机制。

广投集团的人力资源制度改革在国海证券试点实践中获得了很好的效果，综合实力及营业收入、净利润、各项业务排名等都实现了稳步提升。国海证券在人才引进上，构建了能力素质模型和岗位任职资格条件，明确用人标准和用人需求，根据业务发展需要多渠道、多途径进行人才猎取，保证引进人才的质量和匹配性。在考核上实行"一年一考核"，对员工的考核包括绩效、能力、工作作风（针对管理人员）等方面，考核结果与员工职务发展、奖金分配、薪资调整等紧密挂钩。在职务发展上实行"一年一聘任"，考核结果优异、贡献度大、能力强且符合相关职务配置要求的予以晋升，考核结果及能力达标的予以续聘，考核不达标的予以降职降薪。在薪酬管理上，根据公司战略、业务及人才策略匹配相应的市场薪酬定位，每年参与行业薪酬调研，确保公司薪酬的市场竞争力，根据员工的绩效、能力及贡献度匹配相应的薪酬水平，体现员工价值，促进员工与组织的共同发展，有效提升了员工的专业水平和综合素质，以满足业务发展需要。

3. 完善公司法人治理结构

从以刘军为首的广投集团第三代领导团队就开始推动公司化改造工作，但是公司化改造是一个持续创新的过程，尤其是对于国有企业来说，更是一个需要不断深化的目标。长期以来，广投集团按照现代企业制度要求，完善董事会、监事会、经营管理层治理结构，建立健全权责明确、协调运转、有效制衡的法人治理结构。紧紧围绕作为广西国有资本投资公司的定位和特点，广投集团重点推进董事会建设，把董事会建成企业治理核心、决策中枢和责任主体，形成具有示范效应的广西地方国企治理体系，为广西开展国有资本出资人授权经营试点奠定坚实基础。特别是所有的混合所有制公司都要求严格按照《公司法》的规定成立股东会、董事会及监事会，要求董事会、监事会、经营班子各司其职，互相配合，依法理顺产权关系，建立完善的现代企业管理流程，做到权责分配更加明确，工作流程更加清晰，经营工作有章可循。

2015 年，广投集团开始重新梳理并完善集团公司法人治理结构。在健全规范股东大会、董事会、监事会和经理管理层的职责、职权、议事规则和表决流程方面，根据《公司法》对公司章程进行梳理，明确股东、董事会、经理层和监事会的各自权责，将企业的所有权、决策权、经营权和监督权分离开来，形成相互制约、相互促进的决策机构。一方面，增加了以现场会议表决方式召开的董事会会议次数，优化决策程序，提高决策效率；另一方面，对集团公司现行的会议制度进行修订，完善董事会、党委会、领导办公会的决策机制。为了实现"一百双千"的战略目标，广投集团的目标是到 2017 年，广投集团要基本完成国有资本投资运营公司的改组工作，完善现代企业制度，充分发挥党组织的政治核心作用，建立企业党组织与法人治理结构有效融合的运转机制，引领产业转型升级，成为广西国企改革标杆。

（四）推动混合所有制改革

推动所有制改革是国有企业的一个新命题，也是当前广投集团的一个重要任务。党的十八届三中全会《中共中央关于全面深化改革若干重大问题的决定》提出，"国有资本、集体资本、非公有资本等交叉持股、相互融合的混合所有制经济，是基本经济制度的重要实现形式，有利于国有资本放大功能、保值增值、提高竞争力，有利于各种所有制资本取长补短、相互促进、共同发展"。发展混合所有制不仅可以扩大国有企业的市场控制力和影响力，同时还能让民营企业、外资企业等主体通过合资合作建设新项目、组建新公司等形式来参与国有企业改革，以及让个体劳动者以持股的方式享受国企发展和改革所带来的红利。混合所有制发展是让不同的产权主体通过多元投资、互相渗透和融合所形成的新产权配置结构和经济形式。我国也在通过大力组建和发展企业产权交易市场来加速国有资产重组和国有资本结构的优化，并先后建有多个大型产权交易所。2013 年，广西国有资产监督管理委员会（以下简称"广西国资委"）开始推进国有资产进入产权交易平台进行交易，共挂牌成交项目 68 宗，成交金额 11.04 亿元，交易增值 4.06 亿元，增值率达 58.17%。

广投集团在跨越发展阶段中的一个重点任务是推动国有企业深化改革，走出一条符合广投集团实际的混合所有制发展道路。根据国家政策引导，立足广西区情，结合广投集团现实，广投集团认为，越是竞争性领域，越要走混合所有制经济道路；越是靠近市场的行业企业，越需要这种优化资源配置的机制。只有"国"、"民"融合，才能创造更大的发展红利。广投集团的混合所有制综合了国有企业的政治优势和强大实力、民营企业敏锐灵活的市场嗅觉和经营机制以及外资企业重视规则和法治的精神，实现多种优势融合和互补，探索出一条相对控股型均衡股权架构的实践模式。广投集团也根据自身经验，创新性地提出国有企业推进混合所有制的"四位一体"运作模式：产权是核心，机制是支撑，制度是保障，竞争力是目标。

产权：混合所有制改革的关键在于严格遵照现代企业制度明确产权，这样同时保障了国有资本和民营资本的权益。在实践操作中，广投集团也是重点推进发展混合所有制配套服务设施，参与全区统一的产权市场和区域股权市场建设，为全区国有资产交易和国企混合所有制改革提供市场化定价机制，实现各类市场主体公开公平交易。在产权市场中，通过市场机制盘活国有资产来产生更多的收益，加快存量资产在市场中的自由流动，引导资源重组，实现资源由效益低下和竞争力弱的资产流向效益较好和竞争力较强的资产，进而促进社会资源在不同地区之间、不同行业之间、不同企业之间进行流动，以实现国有资产存量的结构优化。

机制：为满足广投集团结构调整的内在需要，在集团层面成立了以党委书记、董事长为组长，总裁、常务副总裁、党委副书记为副组长，其他领导班子成员为组员的"深化改革领导小组"。领导小组下设四个专业组，分别负责研究探索国有资本投资公司试点、股权激励和员工持股，职业经理人试点，国有资本和集体资本以及非公有资本等交叉持股、相互融合的混合所有制经济。在广投集团内选取若干个企业作为市场化改革试点单位，重点推进试点单位推进混合所有制改革、市场化选聘高级管理人员和建立灵活的激励约束机制及适时试点经理层等核心员工持股等改革内容，为今后广西国企的市场化改革积累了丰富的经验，形成以点带面的广西国企改革示范效果。

制度：混合所有制是在产权多元化基础上，逐步建立规范的现代企业制度和市场化运作机制，为此，广投集团需要逐渐引入外部的新理念、新运营模式来修正、完善现有国有企业的公司治理结构和内部运行模式。随后，广投集团从人才引进、薪酬机制、法人治理结构、企业监督管理、内控建设等方面完善混合所有制企业的管理制度。同时，在企业类型、出资入股方式、定价机制、动态调整机制、股权管理方式、持股方式等方面进行探索，形成积极有效、公开透明的可推广、可复制的制度体系，不断探索、实践与民营企业合作的契合点。

竞争力：国有资本的作用并非体现在绝对控股上，而是体现在带动力和竞争力上。广投集团推动混合所有制的目的是通过加快市场化改革力度，完善集团公司的现代企业制度，充分发挥国企的实力和资源优势，结合民营企业灵活的体制和管理优势，打造广投集团独特的核心竞争力，从而有效提升国有企业的市场竞争力，使得国有企业的控制力、市场活力得到进一步增强。

在发展混合所有制方面，广投集团进行了多年的有益探索，形成了具有可复制、可推广的"国海证券模式"、"华银铝业模式"、"强强碳素模式"等多种成熟模式。每种模式都各具特色："国海模式"是金融产业发展混合所有制经济的成功典型；"广银模式"是铝业板块改革发展转型的有效路径；"华银模式"是基于地方企业与中央企业合作，探索出来的公司治理有效模式；"强强炭素模式"是构建完整铝产业链、介入上游原材料供应的关键手段。

四、敬业精神

在广投集团历届领导团队的领导下，广投集团的管理团队现在越来越能够适应市场的变化，能够根据党和政府赋予的使命，根据市场的变化、结合产业政策变化和行业特点来做好自己的工作。广投集团的领导团队不仅是一个经营团队，也是一个坚实的党组织。根据从严治党的要求，广投集团的历任党委书记充分发挥党组织的政治核心作用，把加强党的领导和完善公司治理统一起来，把党建工作总体要求纳入公司章程，明确党委会和法人治理结构决策的程序和机制，落实"三重一大"集体决策制度。集团党委切实负起监管责任，坚持"一岗双责"，将经营工作与党风廉政建设工作"同时部署、同时落实"；切实提高党委领导班子决策的民主性、科学性，加强企业领导班子建设，督促班子成员严格落实规章制度，较好地发挥了各级党组织和广大党员的作用，有力促进了广投集团的持续、健康、快速发展。为了强化广投人的敬业精神培育，广投集团全面构建"一体双翼"运行模式，即以"强化党委书记带头责任"为主体，形成"党建纪检体系化运行机制"与"企业文化建设和品牌建设大格局"齐步发展的运行机制，共同致力于提升企业软实力，切实贯彻"听党的话、跟政府走、按市场规律办"的广投集团经营理念，当好广西国企党风廉政建设和企业文化建设的标杆，为服务广西经济社会发展、打造广西国企新形象发挥保驾护航的积极作用。

（一）强化党委书记责任主体作用

国有企业的首要任务是在市场中坚持党的领导。广投集团的管理体系实现了"三结合"：董事会行使职权与发挥党组织的政治核心作用相结合，董事会依法选聘高级管理人员与党管干部原则相结合，董事会重大决策与党组织参与重大问题决策相结合。广投集团实行党委书记兼任董事长，切实做到领导落实、力量落实、责任落实，推动党建纪检体系化运行机制以及企业文化建设和品牌建设大格局工作的顺利开展。

1. 严格律己树立表率

从 2011 年开始，在以管跃庆为党委书记的第六届领导团队的带领下，广投集团始终把党的组织建设放在首位，强化基层"堡垒工程"，按照"四好班子"要求，着力加强企业领导班子建设；深化创先争优活动，以"争当科学发展先锋，争做干事创业楷模"为主题，突出活动特色。通过党建工作的顺利开展，不断提高党员的思想政治素质和岗位业务水平，进一步激发了各级党组织和广大党员干事创业的热情，加强了企业的生产经营管理。从 2013 年开始，广投集团进一步突出党委书记的带头作用。在日常工作中，广投集团党委书记严格按照上级党委、纪委有关"三重一大"事项集体决策的规定，对涉及"三重一大"事项都进行集体决策，对涉及党风廉政建设的关键环节都严格跟踪监察，确保权力运行规范，接受群众监督。2015 年，广投集团共召开党委会 18 次、领导办公会 21 次、经济分析会 3 次、项目评审会 12 次、资金调度会 12 次，确保了民主决策和科学决策，在决策中没有出现重大的决策失误。为了强化监督检查，确保权利运行规范的梳理推进，广投集团"坚持以审计、招标监督作为效能监察的主要手段，针对企业经营目标完成情况、企业主要负责人任期经济责任审计、企业财务收支情况以及重大工程建设、重大资产处理、大宗货物采购等招标活动进行效能监察，确保企业稳健经营"。

党的制度建设必须贯穿于反腐倡廉工作的各个环节，建立"不能腐"的防范机制。根据集团党委的意见，广投集团制定并实行了《建立健全惩治和预防腐败体系 2013~2017 年实施办法》、《党委专项巡查工作制度》、《纪委约谈制度》等制度，打造全覆盖的党建纪检制度体系；制定《案件检查工作制度》等纪委工作制度，加大案件检查工作力度，强化监督执纪问责的力度；针对大批量物资采购和服务咨询采购管理存在不足的情况，先后制定了《大宗物资和服务集中采购管理办法（试行）》和《总部物资及服务采购管理办法（试行）》，把大宗物资和服务项目采购招投标工作作为监察工作重点，规定了纪检、审计、风控法律等监督部门的职责和各自监督重点。

2. 建立谈话保障机制

与群众保持良好的沟通交流既是确保党的决议能够在基层得到落实的重要手段，也是从群众听取意见来进一步提升党的工作的重要方式。为了加强与群众交流工作的开展和落实，广投集团党委建立了经常性谈心活动的保障机制，并制定了广投集团谈心制度，明确了领导班子成员之间、公司领导与中层领导之间、中层领导与职工之间三个层面的谈心内容、谈心次数、谈心方式和有关要求。每年民主生活会前，党委书记与班子成员进行谈心谈话的规定活动，就既有业务工作意见进行交换，增进班子团结，促进工作推进。党委班子成员也实事求是地评价班子目前的运行情况，提出改进意见，并对集团的未来发展提出建设性的意见和设想。经过深入谈心谈话，广投集团在领导层研究了当前面临的发展难题，探讨了未来发展的思路、对策和方向，提出了"围绕'一百双千'发展目标，打造集团核心竞争力，抓好五篇文章，推动集团实现华丽转型"的战略思路。通过谈话保障机制的建设和执行，既增进了班子成员间的沟通交流和团结协作，又促进了具体难题的破解，促进工作取得实效。为了获得更多对广投集团发展的建议，领导班子成员还经常利用到分管企业和部门调研、检查工作等机会，与下级干部职工谈心谈话，了解工作开展情况和广大干部群众切实需要解决的现实问题。

3. 加强组织学习活动

围绕打造"中心组示范工程"的目标，广投集团党委按照"学理论、议大事、转观念、出思路、建班子"的思路，全面强化了对中心组理论学习的组织领导，形成了党委书记亲自抓，分管领导具体抓，党务部门协助抓，一级抓一级、层层抓落实的领导责任制和工作机制。在学习过程中，中心组成员按照每年确定的必读书目、选读书目及学习进度的要求，认真做好自学，做到"突出主题重点学，重点内容深入学，重大观点反复学，抓住实质透彻学"，确保真正发挥中心组学习在领导班子建设中的思想先行作用、理论支撑作用和作风保障作用。每次中心组学习都由党委书记主持，严格确保学习时间，中心组集中学习研讨每季度不少于1次，每次不少于半天，每年至少要举办1期脱产学习班，每期不少于5天。集团领导每年都带头上主题党课，做课件、当教员，反听为讲，带动中心组成员到分管领域讲党课，讲深讲透理论热点和重点内涵，具体结合生产经营实际进行专门辅导，提出具体措施，在自身做到"党的方针政策经常学、理想信念经常讲、经济形势经常看、廉洁法规经常念"的同时，不断提升领导班子驾驭大局、分析和解决问题的能力。广投集团党委还利用务虚会、战略规划会、年度纪检工作会等会议，研讨经济形势和企业战略，不断开拓管理人员的思路。

（二）加强党建纪检体系化运行

作为广西国企党建纪检工作的"省级样板"，广投集团党建工作开始建立监督机制，形成了体系化运行，有效发挥对全区国企的示范作用，系统影响和提升了广西国企党建、纪检工作的系统性、规范性和科学性。广投集团党建纪检体系化运行机制的核心任务是突出发挥体系对企业各项行为规范约束的"刹车"作用，以体系化和标准化的方式推进党建、纪检工作，全力打造一套具有鲜明广投集团特色、系统完备的广西国企首个党建纪检体系化工作机制，并严格落地运行。

1. 党建纪检体系运行基本原则

为全面落实作风建设各项责任，结合贯彻落实中央和自治区关于落实党风廉政建设党委主体责任和纪委监督责任的要求，广投集团制定了《贯彻落实党风廉政建设党委主体责任和纪委监督责任实施办法》，将作风建设纳入"两个责任"范畴，并详细划清了党委主体责任和纪委监督责任的职责范围和责任分解，建立了"两个责任"清单，将责任分解到每个领导班子成员，逐级分解到下一级企业的党委和纪委，构建横向到边、纵向到底的责任分工体系，做到人人肩上担责，事事抓好落实。具体运行原则包括：

——坚持党对国有企业的领导。始终与党中央和自治区党委保持高度一致，认真执行党的路线方针政策，坚持社会主义办企方向。把加强党的领导和完善公司治理统一起来，注重顶层策划、横向协调、上下联动、整体推进。

——坚持全面从严治党。坚持思想教育从严、干部管理从严、作风要求从严、组织建设从严、制度执行从严，统筹推进党的建设各项任务。通过坚持不懈的努力，推动制度治党管党提高到一个新的水平，营造政治上的绿水青山。

——坚持党的建设与企业改革发展深度融合。坚持将党的建设与企业改革发展"两手抓、两促进"，把抓党建和党风廉政建设作为集团"最大的政绩"和抓发展作为"第一要务"有机统一起来，最终体现在提高集团发展的质量和效益上。

2. 落实党风廉政建设

广投集团党委书记切实履行好党风廉政建设第一责任人的职责。在具体工作中，广投集团党委制定了落实"两个责任"的实施办法和责任清单，明确了集团党委对党风廉政建设和反腐倡廉工作进行领导，对有关重大问题进行研究、决策和部署的主体责任。落实党风廉政建设的关键在于"主要领导亲自抓，班子成员共同抓，各部门、各单位负责人具体抓"的齐抓共管责任要求。例如，广投党委书记将自己作为党风廉政建设第一责任人，与每位班子成员签订了《党风廉政建设责任状》，每季度组织学习一次反腐倡廉理论和有关制度、规章和规定，对重要工作亲自部署；定期听取各级党委和纪委的工作汇报，研究解决突出问题，对重大问题亲自过问；注重通过谈心谈话、到企业调研等方式，带头加强对班子成员及下一级党组织主要负责人的管理，对重大环节亲自协调。

3. 以制度建设推动"精准量化型"党建纪检工作

广投集团党委目前已建立了《中共广西投资集团有限公司委员会工作制度》、《广西投资集团有限公司领导班子议事规则》等多达 27 项党建纪检制度来推动"精准量化型"党建纪检工作体系，重点打造三大支撑工程："强基工程"——以"基本组织、基本队伍、基本活动、基本制度、基本保障"为内容的"五基工程"；"活力党建"工程——以"政治引领力、发展推动力、服务创新力、文化引领力、和谐保障力"为内核的"五力措施"；"智慧党建"工程——以大数据和云计算等互联网思维推进党建工作智慧化，实现党建宣传、党员教育、党员管理、党员活动、党员服务的智慧化，切实提高党建工作科学化水平，使全体党员干部学习的积极性和主动性明显提高，队伍的整体素质全面增强，核心价值观和责任意识得到进一步强化，模范作用进一步发挥。

（三）打造企业文化建设和品牌建设大格局

文化是企业的灵魂，文化是企业的软实力，也是生产力、核心竞争力。企业文化建设和品牌建设大格局的核心任务是突出发挥体系对广投集团各项创先争优行为的推动作用，凝聚正能量，激发新作为、创造新业绩，在彰显广投集团国企新形象的同时，弘扬"责任、担当、进取、包容"的广投精神。

1. 坚持文化引领发展

文化引领的重点在于提升企业凝聚力，使文化成为"广投人"的思想共识和自觉行动，促使"广投人"干事创业的激情和动力持续增长，共同营造全体干部职工"想干事、能干事、干成事、不出事"的浓厚文化氛围。通过企业文化建设来提升广投集团知名度、美誉度和社会影响力，辐射传播广投集团的发展理念，反哺提升企业各项工作水平和质量，促进良性互动，长远发展，共同塑造企业凝聚力和影响力。

广投集团自 1988 年成立以来，在责任中坚守，在担当中成长，在进取中壮大，在包容中凝聚，经过几代广投人的不懈努力与传承发展，从成立之初"积聚财富，服务广西"，全力服务广西社会经济建设发展，到构建"体面工作，体面生活"以人为本的和谐发展氛围，再到新常态下，实施新战略，打造新业态，构建"产业为本、融通天下"的发展新格局，经过数次总结与提升，逐步形成了今天集团特有的"海文化"体系。

具有广投集团特色的企业文化开始成为推动广投集团发展的精神动力，在良好的企业文化的促进下，广投集团围绕"创造价值、服务社会、成就员工"理念，塑造全集团、全员上下的一种责任感。在倡导"体面工作、体面生活"的共享理念的同时，广投集团也保证员工参与民主管理，注重员工的健康发展，不断改善生产工作环境，不断提高员工的生活水平，让员工共享企业发展成果。在日常工作中，广投集团坚持开展各类评先选优，如"杰出青年"、劳动模范评选等各类评选，加强典型宣传，扩大企业文化对员工的影响力，建设员工网上家园，内强素质，凝聚人心，充分发挥企业文化推动企业战略目标实现的积极作用。

2015 年，集团立足新常态、实施新战略，打造新业态、构建新格局，全面超额完成年度工作任务目标。"十二五"末，集团实现五年再造了三个广投，全面创广投发展历史新高、全面完成"十二五"发展目标、四项主要经营指标全面创广西国企第一、全面树立广投新形象"四个全面"目标，成功奠定广西王牌军、主力军的地位。

站在"十三五"的新起点上，广投集团为加快成为广西本土首家世界 500 强企业努力奋进。

2. 以体系化管理促进企业文化全面落地

  建立体系化的企业文化的关键在于建设组织机构、基础指标体系、管理体系、传播工具和平台载体，强化目标考核，推行量化管理，使企业文化建设各项工作有章可循，成为进一步加速企业文化从倡导、渗透到认可，并逐步变成员工自觉行动过程的有效载体。为了让体系化理念落地生根，广投集团在各项工作的细节中都应体现出标准的严格执行和高效运作，做到实际效果"看得见、摸得着"，促进广投集团的管理水平提升到一个新的高度，真正使管理提升、企业受益，并始终处于不断创新、螺旋上升的动态管理之中。为了突出行为文化建设，强化执行力，统一行为遵循，广投集团对标全国企业文化建设示范基地，不断创新载体，重点强化行为文化建设，高标准推进集团"责任、担当、进取、包容"的企业文化理念体系，促进企业内部形成统一思想、凝聚共识，打造全体广投人的基本思想遵循和行为遵循，并始终处于不断创新、螺旋上升的动态管理之中。

五、担当精神

  在广投集团领导团队的带领下，广投人坚定地履行三项责任——政治责任、社会责任和经济责任。广投集团立志于发展关系广西国计民生的基础产业、实施广西基础设施建设的重点项目、履行广西地区投融资平台的职能，在参与广西经济社会发展的公益项目等方面，发挥了国有企业的标杆作用，也奠定了广投集团产业发展处于行业前列、经济规模和市场影响领先广西国企的坚实基础。

（一）政治责任

  听党的话是政治责任。"听党的话"，就是自觉地将党对经济和社会发展规律的科学总结内化为广投集团的基本遵循原则，确保企业"走得正，不迷失方向"。习近平总书记也多次强调：国有企业是我国经济发展的重要力量，也是我们党和国家事业发展的重要物质基础，国有企业要在国家稳增长和经济提质增效转型升级中发挥排头兵作用，必须搞好。我国经济发展进入新常态，做强做优做大国有企业，对于增强我国经济实力、国防实力、国家竞争力和民族凝聚力，极为关键。广投集团作为自治区国有企业的"长子"，必须肩负起历史的使命，必须肩负起重大政治责任。在服务广西社会经济发展方面，广投集团也始终坚持贯彻广西党委和政府的意图，始终坚持履行国企担当责任，并将这些成功经验用在打造服务广西经济社会标杆企业的实践中，自觉地将广西经济发展、转型升级需求与集团改革发展相结合，"想地方政府所想，急地方政府所急"，将服务广西经济社会发展看作自己必须担当的政治使命。

为了贯彻中央关于国企改革的政策，广投集团积极探索广西国资国企改革发展新路子，先后推动了混合所有制改革，试点职业经理人制度，开展国企管理者分类管理等一系列措施，真正地将党的决议落到实处。同时，在金融、铝业、地产三个板块上积极探索市场化试点工作，加快开展改组为广西国有资本投资公司的工作。根据国家"一带一路"战略，广投集团也全面实施"国际化"战略，成为利用国内外资源服务广西发展的表率。结合广西构建我国"国际大通道、战略支点、重要门户"的三大使命，作为广西第一国企，广投集团也肩负广西实施好"一带一路"战略的政治使命，并按照自治区推动广西企业"走出去"的要求，落实金融产业"走出去"的措施和突破口，充分利用沿边金融改革外汇新政策，搭建境外资金回流渠道，研究设立跨境外汇双向资金池，开展海外发债前期调研工作，为实现境外融资做好准备。"目标明确了，就必须以大战略、大思维、大气魄，从错综复杂的利益格局中杀出一条血路，从针锋相对的各种博弈中赢得自己的发展空间。这些都不是一蹴而就的，需要我们拿出功成不必在我的境界、拿出舍我其谁的担当、拿出逆水行舟不进则退的紧迫感，脚踏实地地推进各项工作落到实处"，在担当政治责任时，更显国有企业领导人的企业家精神。

（二）社会责任

跟政府走是社会责任。"跟政府走"，就是要与各级地方政府密切合作，自觉地将地方经济发展、转型升级需求与广投集团经营实践相结合。铝产业和能源产业都是"十二五"期间广西地区重点打造的"千亿元产业"，广西政府面对当前的资源环境容量和经济发展现状，提出了"适度发展氧化铝、铝电结合发展电解铝，积极发展铝深加工"的方针，为广西地区发展铝工业指明了方向。这与国家提出的产业结构调整、转型、升级的重大战略是一脉相承的。为了完成这项重任，在广西政府的大力支持下，广投集团把铝业作为支柱产业、优势产业发展。2000 年 12 月，集团投资建设广西百色银海铝业有限责任公司 20 万吨/年百色电解铝项目，以此为起点，集团以高起点、高标准、高要求来发展铝工业，先后投资建设了华银铝业、来宾铝业、柳州铝业、广银铝业等项目，打造了从铝土矿到铝加工的完整产业链。2015 年，面对国内经济持续下行的压力和艰巨繁重的任务，广投集团领导团队立足新常态，围绕"稳增长、调结构、增效益、促改革、防风险"，开展了一系列卓有成效的工作，开创了各项工作的新局面。认真贯彻落实广西政府稳增长的工作部署，将稳增长政策与集团生产经营、转型升级工作紧密结合，通过稳步推进重大项目建设，多渠道提高企业生产规模，全年完成投资 70 多亿元，为自治区稳增长做出贡献。

服务社会一直是广投集团秉持的发展理念。广投集团以"保民生、保增长、保稳定、促和谐"为己任，深得政府和社会高度赞赏。2011 年，在广西遭遇近 20 年来最严重缺电的当口，广投集团的火电企业在亏损的重压下坚持多发电。2014 年，广投集团在大力推行节能减排和绿色生产过程中投入资金 3.9 亿元，对生产过程中产生的"三废"进行综合利用或循环利用，降低污染物排放，氮氧化物排放同比下降 34.97%，累计实现节能 20.6 万吨。火电企业烟气脱硫装置同步投运率达到 96% 以上，脱硫效率达到 95% 以上，为推动中国—东盟自贸区的建设，共创 21 世纪海上丝绸之路，广投集团成为连续 13 年赞助中国—东盟博览会的战略合作伙伴，截至 2016 年累计赞助资金达到 4800 万元。同时，广投集团还积极参与社会公益事业，认真开展扶贫助困、捐资助学、抗震救灾等公益活动，累计捐资 1400 多万元。

（三）经济责任

按市场规律办事是经济责任。"按市场规律办事"，就是坚持以市场为导向配置资源，按照经济规律和"利润可获，风险可控，市场化可持续"、"以利润论英雄、以风险论成败、以质量论高低、以贡献论报酬"等理念开展日常经营活动。做好企业就是履行经济责任，广投集团立足广西，发展东盟市场，在支持广西经济发展中觅得商机，担当起广西经济发展的航母。通过统筹利用国际国内两种资源、两个市场，加快集团由以国内业务为主逐步向国内、国际业务并重的国际化转型，同时开展国际产能合作，做好海外铝加工项目的布局和实施。广投集团在铝加工、铝贸易、金融担保以及文化旅游地产等方面，与一些行业比较强优的民营企业开展了合作，并取得了很好的效果。

为了实现跨越发展，广投集团加快结构调整、促进新业态落地，推进广西产业健康发展。在金融板块，成立广西首家金融控股公司、广西首家国企控股的互联网小微服务公司，产品上线 1 个多月交易额突破 1 亿元；牵头组建广西政府产业投资引导母基金管理公司，运营管理自治区政府 100 亿元母基金，形成了混业经营的"全牌照"金融业务平台。在能源板块，全面推进广西天然气"县县通"工程建设，为广西清洁能源产业发展增添新动力；在铝板块，通过实施"品牌联盟"战略，建设全系列、全领域、全球领先的铝高端产品平台，全面提升广西铝工业核心竞争力；在文化旅游板块，通过引进知名品牌建立混合所有制经济体制机制，促成文化旅游项目高起点创新发展，丰富广西旅游产业业态。

三项责任是广投集团在市场生存的基本规则，也确保了广投集团"走得准、走得远、走得稳，不进入死胡同"。不可否认，三项责任在一定情况下有时候是相互矛盾的。广投集团的领导团队则很好地找到了三者之间的平衡点，既贯彻党和政府的意志，也按照市场规律办事。政府要求做的事情，按照市场规律把党的决议和政府意图融进去，有机结合起来，创造性地解决问题。

第二章 创业维艰（1988~1995年）

➤ 在国家基本建设领域逐步实行"拨改贷"的大背景下，广西建设投资开发公司（广西投资集团的前身，以下简称"广西建投"）应运而生。1988年到1995年广西建投走过了八年的创业之路，在这一时期，公司不仅肩负着"拨改贷"资金的管理和回收重任，还负责为广西基建工程广泛筹措国内外资金，并用好管好广西各项建设投资。电力基金、经营性基金成为当时公司起步发展的生命钱。

➤ 创业期，广西建投是政府职能的延伸，其以电力起家，来宾电厂和柳州电厂成为公司最先涉入管理的两个电厂，公司同时多点布局，并形成了"点多线长"式的投资模式，在不断的摸索中力求寻找适合公司发展的支柱产业，并借此打牢业务基础。但在这一时期，公司并不是投资主体，也不是资产的所有者，如何保障自身的投资权益成为公司一直在探究的另一难题。

➤ 随着业务的不断充实，公司由小变大，管理水平也不断跟进。在这一时期，公司拥有领导班子、办公室、综合计划部、投资一部、投资二部、投资三部、经济开发部、财务部等部门，并着力推进规章制度建设，先后建立健全了各项规章和制度，使管理工作更加规范，员工行为有章可循。

➤ 创业期，公司在自治区建设中扮演了重要角色，但投资公司作为新生事物，其发展的道路是相当曲折的。回顾广西建投的创业历程，坚持党和政府的领导、坚持投融资体制改革的方向、坚持领导班子建设、坚持多渠道获得充足的资金来源、坚持科学和多元发展是公司顺利走完艰苦创业之路的五大法宝。

改革开放以前，我国的基建投资实行财政无偿拨款，投资资金安排和项目审批由计划部门负责，资金由财政部门掌握和核销，在当时，这种投资模式对于一些新兴工业部门和一大批工业企业从无到有的建立起到了重要的作用。但随着我国经济体制改革序幕的拉开，因其只管投入不管收益，财政无偿拨款模式逐渐暴露出诸多弊端，如投资效益低下、企业对国家过度依赖等，为了有偿使用国家财政资金，增加基础建设投资的效益，1984 年 12 月 14 日，国家计委、财政部、建行总行颁布《关于国家预算内基本建设投资全部由拨款改为贷款的暂行规定》，在基本建设领域逐步实行"拨改贷"，而原来的"国家预算直接安排的投资"渠道相应被取消。"拨改贷"是国家基本建设投融资体制改革的第一个阶段，这种投融资模式力图使资金使用者通过贷款的还本付息责任建立起投资资金的成本和增值等概念，使企业能够进行独立核算且自负盈亏。在这样的背景下，国有投资公司作为该时期投融资体制改革最重要的产物而迅速崛起，国务院成立了国家开发投资公司等六大专业投资公司，随后各省、直辖市、自治区也相继成立国有投资公司，它们都是地方重要的投融资主体和国有资产经营主体，在这一时期承担着"拨改贷"资金管理回收、统贷统还银行贷款的重要任务，与此同时，广西建设投资开发公司（广西投资集团的前身）也应运而生。

一、攻坚克难，夯实基础

（一）广西建设投资开发公司的开业

在广西建投成立之初，明确其性质为全民所有制企业单位，为具有法人资格、独立核算、自负盈亏的经济实体，启动资金 1500 万元，定编 30 人，十几名职工挤在星湖路经济信息中心二楼办公，其中计委调配工作人员 8 名，兼职1人。1989年9月22日，国务院下发了《关于进一步清理整顿金融性公司的通知》，规定各级政府、计委、财政、人民银行和其他党、政、群部门不得办信托投资公司、投资公司和其他金融机构。已办的，绝大部分应予以撤销，少数符合社会需要，确实办得好的，经中国人民银行审核报国务院批准，可以保留，此时广西建投面临撤并的危机。然而出于综合需要的考虑，广西政府提出保留广西建投并将广西电力开发投资公司并入广西建投，1990年8月2日，中国人民银行同意保留广西建投。广西建投于1991年2月8日又重新办理了工商注册登记，注册资金为3亿元人民币，并换发营业执照。1992年公司办公地点转至广西计划经协大厦，职工也增加到30多人，分设投资一部（电力）、投资二部（工业）、投资三部（农业）、财务部、办公室几个主要部门。从公司成立开始，以电力起家逐步向自主发展转变，经过了八年的创业期，在这一时期，公司归自治区计委管理，是政府经济职能的延伸物，沿用事业制管理，基本依照政府指令行事，负责落实上级的决策指令，并经政府授权和委托，负责各项基础设施资产的投资和经营活动，承担自治区资产优化配置责任。八年的创业期，使广西建投完成了资本的原始积累，其发展的基础逐渐稳固，树立了政府投资主体的社会定位。

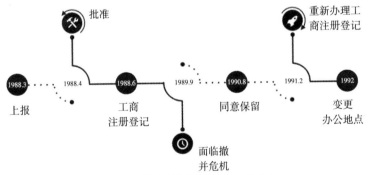

图2-1　广西建设投资开发公司成立

（二）计划与市场并重，公司努力发挥广西政府的投融资主体功能

在这一时期，作为广西人民政府的投融资主体，广西建投以参与广西基础设施、基础产业重点项目建设，促进广西经济发展为首要任务，一方面贯彻国家或自治区的产业政策，实现政府的投资意图；另一方面按市场规律办事，使得各项经营和投资能够达到良好的经济效益和社会效益。公司创业期

间的经营宗旨为：根据国家或自治区制定的发展战略、产业政策、行业规划和国家、自治区年度计划，从事固定资产投资、开发、经营管理，信守合同，讲求投资效益（包括社会效益），使资金保值、增值，为振兴广西经济服务。1991 年首次提出把"团结、奋进、廉洁、服务"作为公司的宗旨。

其具体任务和职能包括：

（1）"筹"，即根据广西建设的需要，为自治区基建工程广泛筹措国内外资金，补充自治区建设资金的不足。在当时，广西城市基础设施建设、重大政府投资项目基本都是依靠自治区地方财政收入，而随着广西经济高速发展的要求，投资需求也飞速增长，地方财政难以承担。广西建投的建立，使其利用单位法人承接银行、信托或多种融资渠道的资金来实现政府性投融资活动成了理所当然。同时广西建投还坚决贯彻执行自治区党委、政府的经济发展意图，及时签订借款合同并拨付款项，保证资金顺利流入到广西基础设施建设重大项目中去。

（2）"收"，即用好、管好广西的各项建设投资。由于管理体制的问题，电力基金由电力局随电费或新增用户的报装费用一并征收，而电力项目的建设也完全由电力局掌控，广西建投成立之后，一直努力争取电力基金的管控权，试图打破电力投资建设运营一体化管理的体制。1990 年 11 月 22 日，自治区人民政府根据中国人民银行的批复，决定电力建设基金的管理和使用由广西建投具体负责，广西电力建设基金投资经营业务从 1991 年 1 月 1 日起，正式移交给广西建投，具体工作由投资一部承办。因此经营管理基本建设基金成为这一时期广西建投的主要职责之一；而在"拨改贷"政策的背景下，广西建投另一项重要的职责就是加强资金回收工作，即向债务单位回收逾期到期广西经营性基本建设基金投资本息，使资金保值增值。受计划经济和传统观念的长期影响，"拨改贷"资金的回收异常困难，截至 1994 年底全区累计贷款本息余额为 76592.07 万元，其中逾期本金 18054.8 万元，按合同应归还本金 4217.8 万元，挂息余额 10561.7 万元。广西建投为此花费了大量的人力、物力来开展资金回收工作，采取定点、定人、定任务的办法，派人进驻企业（项目）催债、讨债，运用各种经济和法律手段，并适当借助行政部门的行政手段，千方百计催缴、追收应缴应收资金，也因此留下了很多催债、讨债的故事。

（3）"管"，即广西建投是管理广西国有资产产权的组织载体，参与自治区投资项目的管理，推行新管理模式。作为广西人民政府最重要的投融资主体，广西建投被赋予了国有资产经营管理的重要职能，不仅承担基础设施、基础产业和支柱产业投资管理，保证稳定的、长期的资金来源，并促使产业结构合理化，同时还承担一些不以盈利为目的的政策性投资管理。

（4）"办"，即代表广西政府对国有资产行使配置权利，改变传统投资方式，试办参股、合资项目，探索公有制股份公司和控股公司的路子，在此基础上，通过市场化的运作，开展经营性、开发性和商业贸易各项业务，为自治区建设工程积累资金，实现资金的保值增值和滚动发展。同时，对于自治区划给公司一定额度的资金自主安排的预算内投资和公司自行筹措资金（包括银行贷款、利用外资、引进区外资金等）建设的小型项目，公司可以根据自治区经济发展战略、行业规划，自主审定安排。

（三）多渠道筹措资金，公司起步获得各种资金支持

广西建投不断发展壮大，充足的资金支持是最关键的要素，因为任何性质的投资都是用金钱来落实的，这是由市场经济化的本质所决定的。电力基金、经营性基金是广西建投在创业期发展的生命钱、看家钱，这两大基金的投入和支持，对公司的起步产生了巨大的影响。

具体来讲，这一时期的资金主要来源于以下几个方面：

（1）每年国家预算内地方统筹和广西机动财力自筹投资。

（2）广西本级各种政策性基金及收回部分。①地方电力基金。如1988年开始征收的电力建设专项基金、电源建设基金及出售用电权，移交广西建投征收后，在自治区人民政府和自治区计委的领导下，仅一年就征收这三项收入12834.74万元。再如1992年开征的机关团体和城乡集资办电费，1993年开征的龙滩水电站建设专项资金等。据统计，1992年全年，广西共征收电力建设基金18095万元，减退款646.8万元，实收17448.3万元，比上年同期增长35.96%，1993年电力建设基金征收工作上了一个大台阶，全年征收电力建设基金3.74亿元，比1992年增收108%，另加来宾电厂还贷资金及其他电力项目还贷资金等，共达4.35亿元。电力建设基金的划入，为广西建投的生存和发展奠定了更加稳固的基础，同时保证了广西电力建设的需要。②经营性基

本建设基金。1992年2月20日，广西人民政府决定，自治区本级基本建设"拨改贷"投资转为经营性基本建设基金，1992年4月28日，广西人民政府批准自治区计委建立"自治区基本建设基金制"，并委托广西建投进行经营管理，1992年自治区财政安排经营性基建基金11622万元，"拨改贷"回收投资700万元，全部资金到位广西建投。

（3）国内外银行贷款。在管理"拨改贷"资金时期，广西建投并不满足于对地方电力基金和经营性基金的简单管理，还积极寻求发展的上升通道，通过引进国际商业贷款以及大量国内信贷资金，1991~1995年共筹集32.6亿元资金，其中在1993年3月31日，自治区计委给公司下达3000万美元国际商业贷款指标，由公司统借统还，用于柳州火电厂、盘县火电厂和岩滩水电站等项目的建设，所借贷款由广西建投承担还款责任。

（4）其他融资方式。广西建投积极拓展融资渠道，探索新的融资模式，1993年10月，广西建投委托大连国际信托投资公司在日本东京市场发行1000万美元债券，并委托中国人民建设银行筹措3000万美元外债，初步打开了利用国际商业贷款的局面。

在职责范围内，广西建投利用这些资金开展各项建设投资。到1995年底，公司管理的项目多达600多个，涉及能源、交通、有色金属、机械、轻工、建材、农业、林业、渔业、服务等各个行业，资产总额从1988年的0.36亿元增长到1995年的47.45亿元，净资产从1988年的零元增长到1995年的30.30亿元（如图2-2所示），1995年公司利润总额为1.64亿元，全面完成投资总额86583万元，其中电力投资75747万元。公司先后投资建设岩滩电站、百龙滩水电站、天生桥一级水电站等大型水电站以及左江、浮石、大埔、京南、叶茂等一批中型水电站，贵州盘县电厂、来宾电厂、柳州电厂、平果铝、南宁造纸厂（1992年筹建，1999年建成投产，凤凰纸业前身）、贺县纸浆厂（贺达纸业前身）、梧州长洲水利枢纽、南防铁路、钦北铁路、邕江二桥、桂林啤酒厂、高峰锡矿、北山铅锌矿、柳州水泥厂、鹿寨化肥厂24万吨磷铵工程、南宁国际大酒店等项目，实现了资本的迅速积累。但综合来看，广西建投所持有的项目，有的项目资产达到几亿元，也有的项目资产只有几千元，项目众多、资产分散、点多线长是这一时期经营业务的主要特点。

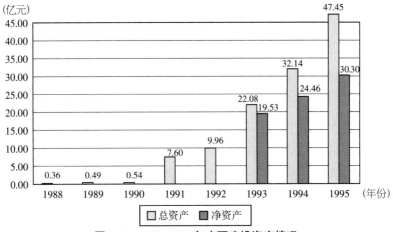

图 2-2　1988~1995 年广西建投资产情况

二、电力起家，多点布局

（一）总体布局：点多线长，打牢公司业务基础

广西建投在创业起步阶段，尚没有"战略"的概念，也没有对公司的中长期发展的目标、市场定位等作专门的研究，当时使用的概念是"发展方针"、"发展重点"等一类的表述，今天看来，在一定意义上，这些概念也包含了"战略"的成分，它们同战略一样，是公司在某个阶段发展的总纲，是对企业方向性和全局性的谋划，关系到企业的未来发展，正确的"发展方针"或"战略"解决的都是如何"做正确的事"的问题。在这一时期，广西建投作为政府职能的延伸，坚持"依据自治区制定的国民经济和社会发展目标以及产业政策，坚持市场导向与政策取向相结合，参与、吸收并自我发展"的发展方针。除了将完善基金制特别是抓好电力基金征收管理作为工作重点之外，还特别强调通过市场化的运作，开展各种经营性、开发性和商业贸易等业务，为公司的发展打牢基础，为振兴广西经济做贡献。在实践中，公司作为地方国企，充分发挥国有经济的影响力和带动力，根据国家和广西的产业政策，依托强大的资金来源，积极探索公有制股份公司和控股公司的路子，通过引资入桂、引企入桂，与国投集团、大唐集团、国家能源投资公司、国

家农业投资公司、国家机电轻纺投资公司等国家专业投资公司以参股、合资等方式联办企业，打造了一批实力强劲、发展前景广阔的自治区级重点工程项目，涉猎项目数量巨多，据统计，到1995年底，广西建投管理的项目达600多个，涉及行业较广，所投项目覆盖电力、交通、有色金属、机械、轻工、农林等众多行业，通过这种"点多线长"式的投资模式，打牢企业发展的基础，并不断摸索适合企业发展的核心支柱产业。创业期广西建投投资的主要企业和项目如表2-1和表2-2所示。

表2-1 广西建投创业期主要企业名录

时间	行业类别	初始名称	公司类型	合作伙伴	相应股份	备注
1992年4月	工程	广西建设开发公司	全资	1991年5月与广西宾阳县第二水泥厂合资，但1992年3月底解除联营合同，4月起独资经营	100%	原广西宾阳县机械施工队
1992年7月	贸易	东兴中联建设贸易总公司	参股	国家农业投资公司等八家公司	20%	—
1992年8月	水电	广西桂冠电力股份有限公司	参股	广西电力工业局、中国工商银行广西区分行信托投资公司、交通银行南宁分行	15.4%	负责开发建设经营广西红水河百龙滩水电站、岩滩水电站
1992年12月	水电	广西桂能电力股份有限公司	参股	国家能源投资公司、梧州地区电业公司、广西龙水金矿、广西水利电力实业开发公司、广西建设信托投资有限公司	9%	负责开发建设经营梧州昭平水电站
1993年2月	贸易、房地产、旅游、项目总承包等	广西恒龙实业股份有限公司	参股	广西社会保险经纪发展公司、广西国际信托投资公司、建行南宁铁道支行、广西区建筑总公司	10%	首期注册资本5000万元，第二期发展到1亿元
1993年6月	交通	广西玉梧铁路股份有限公司	参股	其他10位股东	—	—

时间	行业类别	初始名称	公司类型	合作伙伴	相应股份	备注
1993 年 7 月	火电	广西桂发电力股份有限公司	参股	广西电力局、广西建设信托投资有限公司	—	首期投资柳州火电厂的建设
1993 年 7 月	服务	华超市场开发（集团）股份有限公司	参股	其他股东	入股 200 万元	—
1993 年 12 月	开发和经营水电及配套工程等产品和服务	广西能达实业开发联营公司	联营	国家能源投资公司中型水电实业开发公司	—	—
1993 年 12 月	独资、合资、参股开发机电、纺织等项目	广西桂达实业开发公司	联营	国家机电轻纺投资公司	—	—
1995 年 2 月	投资	中国高通投资开发有限公司	参股	其他股东	入股 1000 万元	—
1995 年 2 月	水电	广西桂冠电力股份有限公司	参股	广西电力工业局、中国工商银行广西区分行信托投资公司、交通银行南宁分行	23.13%	股权结构调整，接受广投集团以偿还大化水电站基建债务形成的资产入股
1995 年 3 月	塑料彩印	中外合资广西汇鑫塑料彩印有限公司	控股	广西桂达实业开发公司	—	—
1995 年 3 月	铝业	广西铝业开发投资股份有限公司	参股	自治区建行、南宁市投资开发公司、平果铝业公司	37.5%	—
1995 年 4 月	农林	广西中桂农林有限责任公司	全资	—	100%	—

资料来源：笔者整理。

表 2-2 广西建投创业期主要项目名单

时间	行业类别	项目名称	合作类型	合作伙伴	地点	备注
1988 年 1 月	交通	南防铁路	参与投资和管理	—	南宁	1986 年 12 月建成临运，1990 年 12 月广西和铁道部合资组建广西南防铁路公司
1988 年 1 月	化工	鹿寨化肥厂 24 万吨磷铵工程	参与投资和管理	—	鹿寨县	1988 年立项，1996 年 8 月正式动工
1989 年 3 月	火电	来宾电厂	参与投资和管理	—	来宾县	两机组分别于 1989 年 3 月和 1990 年 1 月投产发电
1991 年 6 月	水电	天生桥一级水电站	参股 (20%)	广东省粤电集团有限公司、中国大唐集团公司、贵州基本建设投资公司	红水河梯级电站第一级	开工建设阶段
1991 年 6 月	火电	贵州盘县火电厂	合资	自治区、贵州省、国家能源投资公司	贵州盘县	1993 年 12 月第一台机组运行，贵州黔桂发电公司前身
1991 年 8 月	火电	柳州电厂	合资 (80%)	国家能源投资公司	柳州市	扩建规模为两台 200MW 超高压中间再热式汽轮发电机组
1991 年 9 月	机械	柳州微电机厂二分厂	投资 200 万元	—	柳州市	—
1992 年 8 月	服务	东兴百汇大酒店	联营	防城县药材公司	防城县东兴镇	利润对半分成
1992 年 8 月	水电	百龙滩水电站	参股企业所属	广西电力工业局、中国工商银行广西区分行信托投资公司、交通银行南宁分行	红水河梯级电站第七级	隶属广西桂冠电力股份有限公司
1992 年 9 月	水电	岩滩水电站	参与投资和管理	广西电力工业局	红水河梯级电站第五级	两台机组于 1992 年 9 月和 1993 年 8 月投产发电，一期 1995 年全部投产
1994 年 1 月	造纸	南宁造纸厂	参与投资和管理	—	南宁市	1994 年开工建设，1996 年 6 月改制，凤凰纸业前身
1995 年 4 月	有色金属	高峰锡矿	参与投资和管理	中色总公司	广西大厂镇	1995 年 4 月 12 日股份制改造第二次商谈会决定中色总公司和广西股比 51：49

资料来源：笔者整理。

43

广西建投和广西中桂农林有限责任公司是这一时期广西建投仅有的两家全资子公司，其中广西建投原为广西宾阳县机械施工队，1993 年 4 月之前，由广西建投与广西宾阳县第二水泥厂联营，但由于广西宾阳县第二水泥厂资金困难，未能按合同要求落实投资，1993 年 4 月之后由广西建投独资经营；广西中桂农林有限责任公司于 1995 年 4 月正式挂牌运转。

（二）业务选择

1. 电力：撬动企业发展的支点

广西建投以电力起家。火电项目是公司探索发展电力产业的先遣军，在发展过程中，广西建投通过创新，不断提升、完善管理水平，率先引进了一系列先进的投资和管理模式，使公司在广西电力产业中的地位不断提升。来宾电厂和柳州电厂是公司最先涉入管理的两个电厂，这两个电厂的成长发展过程在广西电力发展史上都具有里程碑式的意义。

多渠道自筹资金，来宾电厂两台机组建成投产使广西火电机组单机容量迈上新台阶。1987 年在广西电力严重短缺、经济受"瓶颈"制约的背景下，来宾电厂成立。来宾电厂位于广西中部的来宾市，距工业重镇柳州市约 80 公里，紧毗红水河和柳南高速公路，并有 12 公里的专用铁路线与湘桂线相连，交通方便。在创业期，来宾电厂由广西人民政府委托电力工业局代管，广西建投作为政府的投融资主体，参与投资和管理，这一时期主要完成的是一期工程 2×12.5 万千瓦机组的建立，该工程于 1987 年 1 月 6 日正式开工，1989 年 3 月 5 日一期工程一号机组投产发电，1990 年 1 月 14 日一期工程二号机组投产发电。由于当时广西境内的火电机组单机容量均在 10 万千瓦时以下，两台机组的建成投产使广西火电机组单机容量迈上了一个新的台阶。来宾电厂的建设资金开创了广西电力建设史上"多渠道办电"的先河，在此之前大型的电力项目建设，资金全部是由国家投资，在投资体制改革的推动下，来宾电厂的建设过程中，发挥了地方投资的积极性，投资全部由广西政府多渠道筹集而来，没有使用中央投资。来宾电厂的建立，为广西建投之后电力的发展奠定了坚实的基础。

充分利用电力基金，柳州电厂扩建后成为广西电网的主力火电厂。柳州电厂位于广西中部的柳州市，该市是中南、西南五省区交通枢纽，湘桂、黔桂、焦柳铁路在此交会。柳州电厂第一期建设项目 3×12000 千瓦机组工程建设可以追溯到 1958 年"国家第二个五年经济建设计划"开始之时，是当时柳州十大建设项目之一，一期工程三台机组分别于 1959 年 12 月 31 日、1960 年 11 月和 1969 年 5 月建成投产发电。1987 年 12 月，同样在广西电力严重短缺的背景下，为解决广西电网枯水期的用电需要，国家计委批复同意广西柳州电厂扩建工程项目建设，扩建规模为两台 200 兆瓦超高压中间再热式汽轮发电机组。1991 年 8 月国家计委以计能委〔1999〕第 1240 号文批复广西柳州电厂扩建工程设计任务书，同意该工程由广西和国家能源投资公司合资建设，投资比例分别为 73% 和 27%。正是这次扩建，把柳州电厂的发展与广西建投紧密联系在一起，当时广西地方电力基金归广西建投经营管理，这个电力基金就是当时广西投资建设广西柳州电厂扩建项目的资本金来源，是柳州电厂的第一颗生命火种。1992 年 12 月 15 日扩建项目正式开工建设。1993 年 3 月 1 日，经广西电力局批准，服役了 30 余年，为柳州电力事业做出突出贡献的柳州电厂三台 12000 千瓦机组光荣退役。1993 年 7 月，广西建投与广西电力局、广西建设信托投资有限公司三家作为发起人，正式组建广西桂发电力股份有限公司，公司股本金总额为人民币 6 亿元，首期便主要负责投资柳州火电厂的建设。1994 年 12 月 25 日、1995 年 11 月 13 日扩建的 1 号、2 号机组分别投产发电，柳州电厂当时是国家大型二类火电生产企业，并成为广西电网火电单机容量最大的火电企业及广西电网的主力火电厂。

积极对外，贵州盘县发电厂成为广西建投在外省投资的第一个电力项目。广西是贫煤省区，长距离运输会导致火电成本较高，广西建投看到了坑口电厂在成本上的优势，大胆提出"在别人菜园子里种菜"的思路，按照"优势互补、互惠互利、共谋发展"的原则，与贵州省投资公司、国家能源投资公司共同出资建设贵州盘县发电厂。1991 年 6 月盘县电厂合资经管理事会成立，1993 年 12 月 30 日，贵州盘县火电厂经过三年的建设，第一台机组（20 万千瓦）正式运行，并移交投产，这是广西与外省联营的第一个电力项目，机组投产后向广西输送 50% 的电量，对缓解广西枯水期缺电起到一定的作用。1995 年 5 月，广西建投筹措 700 万元商业贷款，用于盘县火电厂的送出工程建设。贵州盘县发电厂的建设比国家提出的"西电东送"理念整整早了 6 年。

水火电并举，多项水电项目投资实现公司电力产业全面并可持续发展。

火电易受煤炭、环保的制约，而水电则具有可持续性。对于广西来讲，其是缺煤地区，发展火电必然会在很大程度上受到资源的限制，由此也会产生高煤价及环保要求不断提高所对应的高运行成本，因此完全发展火电并不可取，相比之下，广西虽然拥有丰富的水力资源，但水电项目却又有着峰枯水期水情处理悬殊的特点，因此完全发展水电也不可取，这使水火电协同发展、互为补充成为广西电网的装机配置和电力产业发展的必由之路，如此一来，火电可以弥补枯水期水电的不足，水电可以缓冲火电对煤炭的高度需求，广西建投深谙其中的规律。正因为广西水力资源丰富，水电开发具有先天优势及较早的历史，广西建投则因成立相对较晚未能对水电开发形成主导，但其依据"参与、吸收并自我发展"的发展策略，注重有效利用他人的资源、技术和管理优势并为我所用，积极对水电项目进行参股投资建设，力争通过水火电并举，实现公司电力产业全面并可持续发展。

红水河位于广西西北部，是珠江流域西江水系的中上游河段，横跨滇、黔、桂三省区，河流上游称南盘江，发源于云南省沾益县马雄山，流经黔、桂边界的蔗香村与北盘江汇合后称红水河。红水河河长638公里，水量大，落差集中，水力资源特别丰富，以其得天独厚的天然条件被誉为"水电富矿"，是我国十二个水电基地之一，它的梯级开发于1981年10月通过国家计委的审批并被列为国家重点开发项目。其中天生桥一级水电站是红水河梯级电站第一级，1991年6月开工建设，由广西建投（参股20%）与广东省粤电集团有限公司、中国大唐集团公司、贵州基本建设投资公司共同出资，电站装机容量120万千瓦（4×300兆瓦）；岩滩水电站是红水河上梯级开发的第五座水电站，位于广西大化县岩滩镇，是一座以发电为主，兼有航运等综合效益的大型水电站。岩滩水电站的建设，主要是为了满足广西平果铝业建成投产后的用电问题及部分解决广西工业重镇柳州市的工业用电问题，在电量还有富余的情况下，通过"西电东送"线路向广东省输送电量。作为广西人民政府的主要投融资主体，广西建投在这一时期参与投资及管理岩滩水电站。岩滩水电站初步设计于1983年通过国家主管部门的审定，1984年被列为国家重点建设项目，该电站主体工程于1985年动工兴建，1992年3月较规划设计提前一年下闸蓄水，装机容量为4×30.25万千瓦，占广西主电网的9.27%，1995年6月四台机组全部正式并网发电，是广西第一座超百万千瓦的大型水电站；百龙滩水电站是红水河梯级电站第七级，位于广西都安、马山两县交界处的红水河中游，电站以发电为主，利用水库回水发展航运，电站厂房安装单机容量 3.2 万千瓦的灯泡贯流式水轮发电机 6 台，总装机容量 19.2 万千瓦。1992 年 8 月广西建投作为发起单位之一，与广西电力工业局、中国工商银行广西区分行信托投资公司、交通银行南宁分行共同创立"广西桂冠电力股份有限公司"来集资建设和管理百龙滩水电站，起初广西建投集团占股比 15.38%，多位领导被选为公司董事，1995 年 2 月桂冠电力公司接收广西建投以偿还大化水电站基建债务所形成的资产，并进行股权结构调整，调整后广西建投占股比 23.13%。百龙滩水电站工程施工于 1993 年 2 月 18 日进行，设计总工期为 4 年零 8 个月（包括准备工期），第一台机组发电工期 3 年，对于弥补广西电力不足同样做出巨大贡献。

广西建投以缓解电荒、为广西经济发展提供电源供应为重任创立，并以电力为创业基础，因此在创业期，公司电力的发展呈现"一枝独秀"的格局。虽然广西建投主要以广西政府的名义参与水火电项目的投资与管理，广西政府对这些电力项目拥有产权，但这却为改制后的广西建投继续发展电力产业奠定了坚实的基础，成为撬动广西建投逐步发展壮大的支点。1995 年底，随着《自治区人民政府关于我区电力投资和管理体制的暂行规定》（桂政发〔1995〕65 号）一文的发布，广西所投资且拥有产权的所有电力项目均授予广西开发投资有限责任公司（改制之后的广西建投）为产权代表，这些项目构成了广西开发投资有限责任公司电力产业继续发展的强有力支撑。柳州电厂、来宾电厂、贵州盘县火电厂、天生桥一级电站等自治区拥有产权的电厂相继移交产权，广西开发投资有限责任公司开始由投资型企业向投资管理型企业转变。

2. 其他产业：摸索前进中不断积蓄的力量

尽管广西有着丰富的铝土矿资源，但是广西的铝工业却起步较晚，在 20 世纪 50 年代广西首次发现铝土矿后，1990 年电解铝产量也仅为 0.64 万吨，直到 1991 年，中国铝业投资建设了平果铝业公司，广西的铝工业才开始规模化生产，但此时铝土矿资源依然没有得到充分的利用。作为自治区人民政府重要的投融资主体和国有资产经营实体，广西建投肩负着参与自治区重点项目建设、培育发展资源优势产业，壮大国有资本的使命，为此，开发优势资源即铝土矿资源的重任便落到了广西建投的身上。但在创业期，公司主要依照政府的指令行事，并将发展的重点落在电力方面，直到1995年3月，广西建投（出资1500万元）与自治区建行（出资1000万元）、南宁市投资开发公司（出资1000万元）、平果铝业公司（出资500万元）合资成立了广西铝业开发投资股份有限公司，其中广西建投所占股比为37.5%，公司才开始将投资的目光聚焦于铝土矿，铝业发展初露端倪；除此之外，广西建投还注重多领域的实业投资，以实现资本的迅速积累，如在轻工业方面，公司的投资重点在于机电轻纺、塑料彩印、纸业等行业，并基本以参股或合资成立公司的形式来进行项目投资，1991年9月召开项目研究会确定机电轻纺投资项目，并以200万元自有资金投资柳州微电机厂二分厂。1993年12月与国家机电轻纺投资公司合作，并合资组建广西桂达实业开发公司，该公司以独资、合资或参股等多种形式开发机电、纺织等项目。1994年1月，公司参与南宁造纸厂的投资和管理，造纸厂于1994年开工建设，1996年6月改制为凤凰纸业。1995年3月，公司又和桂达实业有限责任公司参股广西汇鑫塑料彩印有限公司，并改名为"中外合资广西汇鑫塑料彩印有限公司"；在交通方面，1993年6月，广西建投参股广西玉梧铁路股份有限公司，并参与梧州长洲岛机场、南防铁路、钦北铁路、邕江二桥等项目的投资和建设；在农业方面，公司参与了1988年立项的鹿寨化肥厂24万吨磷铵工程的投资和管理，1992年7月广西建投与国家农业投资公司等八家公司共同成立"东兴中联建设贸易总公司"。1995年4月公司全资成立广西中桂农林有限责任公司，进行农、林、渔等项目的投资；同时，公司还注重参股综合性的实业公司，如1993年2月，广投集团与广西社会保险经纪发展公司、广西国际信托投资公司、建行南宁铁道支行、广西区建筑总公司等单位发起创立广西恒龙实业股份有限公司。该公司主要从事边贸、内贸、房地产经营、旅游服务、饭店、租赁和高新技术开发、建设项目总承包，首期注册资本为5000万元，广投集团参股1000万元。1993年12月，由国家能源投资公司中型水电实业开发公司与广西建设投资开发公司联营的广西能达实业开发联营公司成立。该公司旨在充分发挥联营双方的资金和技术实力，加速开发广西能源及其他自然资源，以开发中小型水电及配套工程为主，进行多方位的实业开发。广西建投在摸索中不断前进，这些实业投资都为公司资本的积累和能量的积蓄、积淀贡献了巨大的力量。

总体来看，广西建投由征收集资办电资金起家，从公司成立到 1995 年，是公司资本原始积累的阶段，在这一阶段的主要经营方式是基金管理模式，并按照"滚动发展"的原则，代表政府投资各种项目。其所投资行业从结构来看，呈现出如下特点：一是行业规模有巨大的悬殊性，在创业期，广西建投呈现出电力"一枝独秀"的发展格局，并对众多项目进行投资尝试，点多线长，大的项目资产在几亿元，小的项目资产只有几千元；二是投资领域分布广阔，所投项目覆盖电力、交通、有色金属、机械、轻工、农林等众多行业；三是资产分布区域主要以本地为重点，采用引资或引企入桂发展模式，外省或全国性投资项目较少，贵州盘县发电厂成为公司这一时期在外省投资的第一个项目也是唯一的大项目；四是产权关系不清晰，出资人不明确，公司既不是投资主体，也不是资产的所有者，只是政府的"总账房"，投资权益无法保障。

三、制度建设，加强管理

（一）组织架构

在成立之初，广西建投定编 30 人，当时只有十几名职工，其中计委调配工作人员 8 名，兼职 1 人，公司内设办公室、投资部、贸易部、财务部等部门。1991 年 1 月 28 日，广西建投向广西计委呈报了《广西建设投资开发公司章程》，2 月 6 日得到了自治区计委的同意及印发通知。1991 年 2 月 21 日，广西计委同意广西建投设立综合计划部，同意贸易部更名为经营开发部。1991 年 3 月 16 日，自治区计委又同意公司在原定企业编制 30 名的基础上增加 30 名，增加后广西建投总编制为 60 名，到 1991 年底，公司总人数达 49 人，其中大专以上文化程度的 32 人，党员 21 人，有专业技术职称的 29 人，其中高级职称 3 人，中级职称 15 人，公司共有领导班子（总经理、副总经理、总工程师、总经济师、总会计师）、办公室、综合计划部、投资一部、投资二部、投资三部、经济开发部、财务部等部门，相应的组织架构如图 2-3 所示。

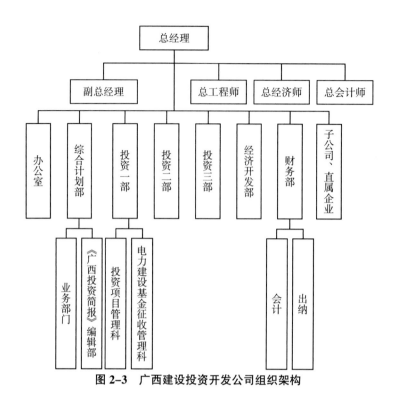

图 2-3 广西建设投资开发公司组织架构

（1）领导班子。在创业期，公司实行总经理负责制。总经理、副总经理由广西人民政府任命。设总经理一人，副总经理若干人，总工程师、总经济师、总会计师各一人，协助总经理工作。总经理是公司的法人代表，负责企业经营管理工作。副总经理协助总经理处理分工范围内的事项及日常工作，在总经理缺席时，行使总经理职权。广西建投在创业期共经历了两届领导班子，一是以孔宪基为总经理的第一届领导班子。1988 年 6 月 12 日，自治区人民政府任命孔宪基（时任自治区计委副书记）兼任广西建投总经理，王法振、邓恕存任副总经理，组成公司第一届领导班子，担负起组建公司，回收"拨改贷"资金的重任，为公司发展奠定了资本基础。二是以冯柳江为法人代表的第二届领导班子。1993 年 8 月 3 日，自治区人民政府决定孔宪基同志离休，不再担任公司总经理，10 月，王法振、邓恕存副总经理退休。1993 年 8 月 31 日，广西计委党组任命冯柳江为广西建投副总经理（法人代表）主持日常工作，此后又任命张景哲、王勖华为公司副总经理，李少民任公司总经济师，组成公司第二届领导班子，担负起开创公司电力产业的重任，为公司可持续发展奠定了实业基础。自成立以来，广西建投非常重视加强领导班子建设，通过定期组织领导班子学习，使领导班子坚持自省自律和严格遵守民主集中制原则，公司班子内部紧密团结，各成员顾全大局，形成了讲原则、讲风格、分工合作、积极配合的好作风，富有战斗力。在廉政建设方面，领导班子也带头遵纪守法，以身作则，以做好表率。

（2）办公室。办公室主要负责广西建投各部门综合协调工作，组织公司的政治学习；负责制定完善和督促检查各项工作制度的落实；负责重大活动和重要会议的组织，文秘、机要保密文件和档案的管理、信访、对外宣传与联络等工作；负责集团公司后勤服务保障工作；负责集团公司信息管理工作等。此外，1991年1月25日，广西建投印发了《广西建设投资开发公司费用开支审批办法（试行）》规定，从1991年2月起，日常行政事务的费用开支划归办公室管理（原由财务部管理），办公室也设立会计、出纳各一人，办理公司的企业费用开支核算工作。

（3）综合计划部。综合计划部是对广西建投投资项目进行总体规划的部门，其主要负责组织起草公司的发展重点、发展规划，编制季度/月度工作计划并监督实施，根据公司下达的年度经营目标来起草年度计划，协调公司整体投资计划；负责各投资部门投资和重大合同的审核；负责与计委等政府部门的沟通，协调财厅、银行等外部事务；负责子公司或直属企业的监督和管理等。同时，公司自1991年3月20日起，开始发行《广西投资简报》，该报的编辑室也设在了综合计划部。

（4）投资部。广西建投根据投资行业的类别，分为投资一部、投资二部、投资三部，其中投资一部主要负责电力行业投资的具体实施，包括预算、可行性分析、谈判、实施、监管等。为了加强电力建设基金的征收和管理，1993年6月9日，公司在投资一部设立了电力建设基金征收管理科和投资项目管理科，两个科室分别承担电力基金的管理和使用；投资二部主要负责轻纺、轻工业等行业投资的具体实施；投资三部则主要负责农、林、牧、渔业等行业投资的具体实施。

（5）经济开发部。主要负责收集、组织国家宏观经济政策、各行业发展动态等信息或定期进行市场调研和考察，形成专题研究报告上报公司领导，并协同投资部对特定项目的可行性进行论证和分析；负责政府、公司或领导下达的对特定项目的可行性论证和分析，并编制开发项目组织总设计方案；负责组织有关部门（综合计划部、投资部等）及公司领导对项目组织总设计方案进行论证；同时还负责子公司或直属企业的运作状况监测和指导。

（6）财务部。组织公司的财务管理、成本管理、预算管理、会计核算、会计监督、审计监察等方面的工作，加强公司的经济管理，确保公司投资经济效益的实现；参与公司各项投资项目、重要经营活动的决策和方案制定，参与重大经济合同或协议的研究和审查；参与制定公司年度总预算，汇总、审核各个投资部门预算；负责公司涉税事务管理；负责子公司和直属企业财务的审查、监督、核算工作；配合相关部门进行公司固定资产管理及审计工作等。财务部门分为会计和出纳两个部分，在创业期，公司还没有设立单独的审计部门。

这些职能部门实行部门经理负责制，各部设经理一人，副经理若干人。部门经理负责本部门全面业务工作，对总经理负责，副总经理协助经理的工作，公司人员工资、办公和业务活动经费等，从基本建设基金中安排。

（二）子公司或项目管理

在创业期，公司按照经济规律办事，对各项资金实行基金制管理，按项目投资。在项目管理方面，公司不断规范投资、贷款项目审查和批准程序，并进行严格把关。在自治区计委等部门的支持下，逐步介入到了重大项目的评估论证工作。加强了项目投贷前、投贷中和投贷后的管理，通过建立项目资料、项目台账、专人管理、经常追踪、检查分析等办法把项目的投贷、管理和资金回收等联系起来，提高管理质量和效果。对一些投资控股项目，公司也尝试了直接派人管理，大大提高了公司对项目的可控程度，增进了投资效益。

但在这一时期，公司涉猎的项目众多，子公司的类型也较多，因此公司各子公司、直属企业之间相对独立，各自为政，在日常经营管理工作方面，不仅不同类型的子公司或企业开展的降本增效办法、技改创新存在内容不一致、效用无对比、口径不统一的问题，业务类型相似的子公司或企业开展这些活动的时间也不一致，技术水平也存在差异。以电力企业为例，在电力检修工作方面，广西建投所管电力企业各自组织完成，这在一方面会导致一些电厂内部在没有大修时造成电力检修资源浪费，有大修时电厂忙不过来做不了项目外包而增加检修费用；另一方面会导致公司电厂相互间电力检修资源和技术能力在有电力检修工作时不能相互充分利用。再如，在燃煤采购方面，影响火电企业生产成本的最主要的因素是煤炭采购工作，由于不成体系，各自为政往往造成公司系统内企业的恶性竞争，使电煤采购成本增加，并且由于采购规模小，数量少，燃煤供应往往得不到良好的保障；而在财产保险方面，由于公司各企业分散投保，往往存在不同程度的保险费率不平衡、保障不全面、服务不到位、理赔不及时等问题，造成公司保险费用偏高等。这种各自为政的状况也造成了公司管理、分析的困难，使公司对子公司和直属企业的管理没有条理。

(三) 规章制度建设

在创业期，广西建投非常注重规章制度的建设，公司先后制定了《公司费用开支审批办法》、《公司财务管理暂行办法》、《公司固定资产项目管理试行办法》、《投资项目前期工作制度》、《经济合同报关制度》、《经济合同管理制度》、《行政管理有关规定》、《关于保持干部职工廉洁的规定》、《法律咨询制度》以及通信工具使用规定、印章使用管理规定、医药费开支的补充规定等多项规章制度和规定，这些规章制度使管理工作更加规范，使公司全体员工行为（尤其是领导、财务、行政等）能够做到有规可依，工作有动力，考核有标准，奖惩有依据；同时公司还先后建立健全了以下制度：

（1）会议制度。在创业期，广西建投每年会召开多次总经理或部门经理办公会议，研究人员调整、确定投资项目、分析项目效益、加强职工思想政治工作等问题，做到民主协商、重大问题都经过公司讨论研究决定。

（2）学习制度。坚持定期学习制度，使学习既有计划安排，又有专人负责抓落实，上下逐步形成了比较浓厚的学习氛围。在国家投资体制改革初步进行的背景之下，公司很多员工对投资知识并不是很了解，为此公司购买了《项目评估使用手册》、《农业投资项目文件汇编》、《经济合同法》等书籍发给员工进行定期学习，并组织员工参加有关部门举办的"项目评估研讨班"、"农业投资项目培训班"、"世行贷款学习班"等进行培训，同时采取以老带新、内行带外行的方法，去项目单位考察学习，检查项目建设情况，熟悉项目建设的一些程序和工作方法，让他们在实践中锻炼和提高业务能力。此外，还多次派人参加国家专业投资公司举办的研讨会，到江西、湖北等省市投资公司考察，学习兄弟省市的投资经验。1994年3月12日，公司印发《关于公司职工参加业余学习有关问题的通知》，支持和鼓励职工利用业余时间进行学习，总的原则是统筹安排、分批进行、专业对口、坚持业余学习、不影响工作。参加学习的职工所需费用均先由个人垫支，学习结束后凭毕业证书一次性报销学费，这是广西建投出台的第一个关于职工参加业余学习的成文制度安排。学习制度的建立，强化了员工的理论知识素养和实践能力，更好地为公司的投资业务出谋划策、贡献力量。

（3）管理制度。广西建投各部室都建立了岗位责任制，能够做到分工负责，一级抓一级，层层抓落实，针对少数同志在工作中出现的松散苗头，严格执行规章制度，公司领导以身作则，带头遵守。因此，公司在请假、按时上下班等方面都比较正规。这些制度的建立，使公司全体人员做到了有章可循，尤其在公司一度撤留未定的情况下，保证了干部职工思想不松、干劲不减、纪律不散、工作不懈，逐步养成了自觉遵守规章制度的习惯。

四、"五坚持"，助力创业

在创业期，广西建投以继承和发扬艰苦朴素优良传统为企业精神，艰苦奋斗、自力更生，肩负起帮助自治区政府筹措资金、参与自治区建设、开展经营性业务的历史性使命。广西建投的建立，大大缓解了财政资金不足、建设资金短缺的各种困难，也带动了各个行业的投资，使市场活跃起来，给城市建设和基础设施建设注入了强大的动力。公司不断加强自身建设，通过参股、合资形式吸收新的成员企业，不断扩大经营范围，在很多领域实现了规模经营和国有资产的保值增值，达成了无形的社会效益和有形的经济效益"双赢"的目标。可以说，在创业期，广西建投无论是在改革计划经济条件下城市建设资金的运行模式、多渠道筹集城市建设资金、管好用好城市建设资金，还是在促进城市建设投资良性循环机制的形成、推动城市建设资金的合理配置和流动增值、加快城市基础设施建设步伐等方面都发挥了应有的作用。

回顾广西建投创业期之路，有多种因素成就了这一阶段的成功。

（一）坚持党和政府的领导，争取政府各部门支持

坚持党的基本路线，以经济建设为中心，加快经济建设步伐，把经济建设搞上去，是当时全国各族人民的根本任务。广西建投一直以党为中心，按照区党委、区人民政府的指导思想和区计委制定的计划任务，积极组织建设资金，保证重点建设资金供应，这是公司工作任务和重点，公司紧紧抓好了这个重点，在加强电力基金征收工作中，在经营性基金管理方面，开发各项事业，增加资金积累，各项工作中都突出了这个重点。公司运用各种政策措施、行政措施、经济措施乃至法律措施，充分调动各方积极因素，带动公司工作全面开展；广西建投是政策性投资公司，光靠自身的内力作用远远不足以完成所承担的投资计划任务，争取外部支持对公司广为筹措资金、更好地开展业务有直接帮助，广西建投的发展壮大离不开广西人民政府各部门的支持。如政府在确立了公司投融资主体地位之后，强化了公司的职能，并缩小了广西电力局等部门的管理职能，将许多管理权下放，并给予公司更多的自主经营项目的权利；为了更好地筹集建设基金，政府同意从 1991 年起电力基金加收两分钱，一年公司就可以增收 1 亿多元；计委同意公司在地市计委设立联络处，这给基金回收工作带来了很大的帮助；外管局为公司引线搭桥，帮助公司引进外资。党和政府的领导和支持成为广西建投创业起步的坚强后盾。

（二）始终坚持投资体制改革的方向，勇于开拓、真抓实干

投资公司的创立和发展是投资体制改革中出现的新生事物，新生事物发展的总方向、总趋势是前进的、上升的，而它的发展道路却是迂回的、曲折的，它的发展经历了一个从不完善到完善，人们不认识到认识的过程。在这个过程中，一些员工产生质疑是不可避免的，尤其是 1990 年 9 月以前，在公司撤留未定的情况下，一些同志对改革的信心不足，为此，在领导带头作用下，公司多次组织大家学习贯彻国务院国发〔1988〕45 号、〔1989〕59 号文件，用上级的指示精神统一大家的认识，坚定对投资体制改革的信心，使大家逐渐认识到：在社会主义初级阶段，政府投资实行企业化经营，是在投资

领域里计划经济与市场调节相结合的重大实践措施，是解决过去敞开口子花钱，责、权、利脱节，不管经济效益的有效办法。投资公司是投资体制改革的产物，它以政府资金为导向，最终实现国家资金的良性循环。由于员工明确了体制改革的方向，所以在很长的一段时间内，虽然遇到了一些曲折和公司生存的考验，但公司领导和员工对改革充满了信心，公司的全体同志密切协作，顾全大局，以积极的态度探索投资改革的路子。在创业期实践工作过程中，不断解放思想，勇于开拓，努力冲破各种旧的观念和框框，在工作中真抓实干，对工作高标准、严要求，勇攀高峰，努力做出突出成绩，尤其在公司1991年接办经营性基建基金过程中，在发展国家公司关系、引进投资项目过程中，在兴办联营企业过程中都是靠真抓实干，使工作处于良性循环状态，努力发展大好形势。同时，公司领导带头，身体力行组织各项收入工作，各业务部领导也随之跟进，各个部室也以高度的责任感做好本职工作，投资一部征收、回收一起抓；投资二部欠款大户集中，但他们勇于攻堡垒、啃硬骨头；投资三部项目小且分散，许多场站经济效益不好，资金回收的难度很大，同时还要承担国家农业投资公司投资项目的许多管理工作；财务部面对新中国成立以来最深刻的会计改革，认真领会，边学边干；综合计划部为公司领导出谋划策，沟通计委，协调财厅、银行，经办许多其他部室未能顾及的事务和跨部室的事务，办公室做好各方面的服务工作，努力为提高公司的工作效率创造条件；经营开发部为公司参股项目和子公司的运作做出了积极贡献。

（三）坚持领导班子建设，充分发挥带头作用

企业领导既是企业改革发展的策划者、决策者、推动者，也是企业前进的灯塔，指引前进的方向，照亮前进的道路，尤其在创业期，公司要实现发展速度的加快、管理水平的提升，好的企业领导力和决策力在组织中显得更为重要，广西建投在这一时期坚持领导班子建设，重视三个"加强"，充分发挥他们的带头作用。一是加强自身的学习，不断拓宽知识面，公司的逐渐发展壮大的过程也是领导投资和管理知识不断完善的过程，公司领导不但重视公司的学习安排，而且十分注重抓自身的学习，如副总经理邓恕存同志，从柳州工商银行调来担任投资业务的领导工作，带头钻研业务，认真取长补短，

工作适应较快，由于领导在学习上带了好头，公司上下钻研业务蔚然成风，自身的不断充实和完善使历届领导班子都拥有把公司办好的信心和决心。二是加强同群众的联系，立党为公，廉洁自律，处处以身作则，公司领导凡是要求下面做到的，自己首先做到，在福利待遇方面，领导和公司职工一个样，不搞特殊照顾，领导经常注意联系群众，关心群众，经常找员工们交流工作，交换意见，不摆架子。三是加强民主建设，重大问题都经过集体讨论，并虚心听取群众意见，疑难问题反复研究，集思广益后再做决策。由于公司每走一步都十分慎重，因而没有发生大的决策上的失误，这对于创业初期的公司来讲极其重要。

(四) 坚持多渠道获得充足的资金来源，进行合理利用

稳定和充足的资金来源是创业企业在初期阶段发展的基础和首要条件。为充分发挥广西政府的投融资主体功能，广西建投采取了向内部挖潜、向境外突破、向市场吸收、向中央争取相结合的办法，不断加大筹融资力度，维持自身的发展并全力支持自治区重点项目建设。电力基金、经营性基金是公司发展的生命钱、看家钱，在电力基金方面，公司不断加强与电力部门的联系，定期组织人员深入各地市检查电力基金的征收情况，督促清缴，同时，采取奖励办法，调动电力部门征收、上缴电力基金的积极性，这些基金，都按计划及时地投入到了重点电力项目建设中；在经营性基金方面，公司想建设项目之所想，急建设项目之所急，经常向财政部门反映项目建设和资金需求情况，尽快请领当年安排的基金，与此同时，公司采取有效办法，不断加大资金回收力度，加强电厂资金回收的督促检查，设法为电厂解决政策性问题，促进电厂资金回收，加强到期逾期经营性基金的催收工作。同时还主动与广西各委、厅、局以及地、市、县联系，一方面在区内为公司做宣传，让更多的机关和企业了解投资公司的性质和职能，提高公司的知名度；另一方面物色一批投资项目，为公司自有资金的投入和争取国家投资公司投资做准备。在努力完成计委下达的投资任务和征收、回收任务之余，积极面向市场，依托这些项目，广西建投大力争取国家和自治区银行的支持，积极拓展多种融资渠道，确保项目运作的资金充足，变政策筹资为政策筹资与市场筹资并举。而无论是政策性资金，还是国家专业性投资公司的建设项目，或是自有

资金的利用，公司都能做到精心组织、合理利用、做细做实，保持了较好的经济效益，为公司今后的发展奠定了物质基础。可以说，在保障公司项目运作和发展壮大方面，公司并没有只盯着行政性筹资和只满足于完成区计委下达的计划任务，而是以此为基础，为基本起点，利用市场经济的新机制，去搏击风雨，实现资金的滚动发展，做更大的文章。

（五）坚持科学、多元发展，服务广西

　　作为政府的投融资主体和国有资产经营主体，广西建投在创业期能够很好地把自身的发展壮大与为自治区经济长远发展服务结合起来，在项目选择上能够做到：一方面，资本的投资运营服务于国家或自治区发展战略目标，更多投向关系国家或自治区安全、国民经济命脉的重要行业和关键领域，重点提供公共服务，发展重要前瞻性战略性产业和优势产业；另一方面，能够在对政治、经济、宏观趋势做出正确的判断和预测基础上，深入实地调研，积极寻找新的发展机遇，把握好经济发展变化的规律并遵循市场法则，按客观规律办事，顺势而为，充分发挥和利用自身优势，自主做出项目投资科学决策，更多地投向具有巨大经济发展潜力的项目和产业。同时，公司在市场竞争中，坚持实行"一业为主、多种经营"的多元化发展模式。在市场竞争中，既做到了以电力这种具有核心竞争力的产业作为基础，又能够不断拓展多个领域，对相关的多元产业进行补充和协同，紧紧围绕"突出主业、适度多元"的原则，努力提高资产运营效率，在资产有效运作方面进行积极主动的探索和尝试，保持公司正确并可控的发展方向。

第三章　稳步发展（1995~2008年）

> 随着我国经济的不断发展，"拨改贷"暴露出诸多问题，国家提出要继续深化投资体制改革，并于1994年出台了《中华人民共和国公司法》。在这样的背景下，广西建投（广投集团前身）进入了现代企业制度建立阶段，并逐渐走向集团化发展之路。在这一时期，理顺并明晰产权，维护自身的合法投资权益是首要任务，同时在公司改组基础上，探索新的投资模式、产业发展模式和公司管理模式，公司发展资金逐渐来源于市场。

> 在现代企业制度建立时期，公司开始注重战略管理，先后实施了"抓大放小"战略和"调整优化"战略。在战略指导下，公司逐渐精简业务，致力于做大做强主业；电力产业得到进一步扩张，火电项目持续跟进，水电项目也厚积薄发，并初入核电，探索多元化的能源结构；将投资的目光聚焦于铝土矿，实现以铝为主的有色金属产业跨越式发展；同时大力推进金融发展，力图实现资本运营。

> 随着现代企业制度的建立，与之相配套的管理制度也开始完善。在这一时期，公司先后进行了三次组织结构变革，逐渐向现代企业制度下的法人治理结构转变；并建立起集团总部—子公司—生产企业三个层次管理模式；进一步加强规章制度建设；财务管理信息化也崭露头角；2002年公司首次实施人事、劳动、分配三项制度改革，人才队伍活力实现第一次有效激发。

> 回顾公司的现代企业制度建立历程，顺应市场发展规律来深化改革、顺

应发展规律而不断调整发展战略、顺应产业发展规律以使业务协同、顺应投资公司职能定位着眼培养资本市场、顺应企业管理发展规律而创新管理思路是这一时期得以实现跨越发展的重要原因。

国有投资公司以管理"拨改贷"项目和资金开始运营，实现了资本的原始积累，然而随着经济全球化的发展以及文化、制度、市场等方面逐步与国际接轨，国有投资公司的创新行为和发展方式极大地被外界所影响着，其竞争环境也发生着根本性的改变，这使"拨改贷"暴露出很多问题，"拨改贷"的投资贷款名为贷款，建设单位使用该项资金需要偿付本息，实质上仅仅是计划管理的一种手段，所用资金仍属于财政资金，只不过是给财政拨款披上了信用形式的外衣。其症结在于"拨改贷"带来的产权关系混乱，主要表现在：一是虽然一些投资公司可以对部分小型项目的投资拥有决策权，但总体来说，投资主体仍然是各级政府或相关部门，项目建设、经营、管理的决策权仍然在政府或各级部门的控制之下，企业甚至看不到项目运行的有关报表；二是在"拨改贷"制度下，虽然一些投资公司具有一定的融资能力，但企业资金大部分还是来自于政府，利润也全部上交政府，企业日常支出须经政府部门批准，即"统收统支"，在企业足额还本付息之后，对企业固定资产及其增值部分的产权归属的划分也很模糊，企业对资产的支配权及其派生的经营权都十分有限，企业的投资权益没有保障；三是投资形成的市政设施具有垄断性，政府独家经营，既无竞争，也无效率，而且缺乏融资、投资和运营的有效办法，难以实现城建投资资金的有效循环。

在这样的背景之下，1993年国家提出需要继续深化投资体制改革，顺应市场经济的发展规律，实现政企分开、投融资分离的改革策略，在国家投融资改革政策的引导下，各省、自治区、直辖市政府都相继成立了约200家投资控股公司。[①] 1994年7月1日，我国经济体制改革史上具有重要意义的《中华人民共和国公司法》（以下简称《公司法》）在全国实施，《公司法》要求明晰企业产权，建立有效的法人治理结构。国有投资公司由行政事业氛围浓厚的企业逐步走向独立的市场竞争主体，广西建投自1995年也同样沿革了这一发

---

① 黄群慧、余菁：《国家开发投资公司考察》，经济管理出版社2013年版。

展轨迹，到 2008 年基本建立起现代企业制度。

一、明晰产权，建立现代企业制度

（一）公司制改造

随着《公司法》开始施行，为了进一步增强广西建投的经济实力，增强其对外融资职能，1995 年 7 月 11 日，广西人民政府决定，将广西建设投资开发公司改组为广西开发投资有限责任公司（以下简称"广西开投"），同时划拨香港桂江财务公司归广西开投管理，作为公司对外融资的窗口。1995 年 9 月 20 日，广西人民政府印发《关于我区电力投资和管理体制的暂行规定》，明确规定广西投资电力项目拥有的产权一律由广西人民政府授权广西开投为产权代表，这是全国首次以自治区人民政府名义出台文件明确产权代表。

1996 年 3 月 8 日，广西开投注册成立，注册资本 18.46 亿元和 1000 万美元。改组后的广西开投是直属广西人民政府的国有独资企业，是广西国有资产投资和经营公司，是广西人民政府的投融资主体，代表广西人民政府对广西重点工程建设项目进行投资和经营，随后广西开投经广西人民政府授权持有原广西建投历年投资项目的相应产权，同时授权公司在国家计划指导下运用广西本级财政预算内统筹的基建投资中的经营性投资和广西人民政府委托管理的电力建设基金，以及其他各项基金对自治区建设项目进行投资，并享有出资者权利，公司具有独立的法人资格，实行自主经营、独立核算、自负盈亏、自我发展和自我约束。广西开投抓住这个机会，逐步把投资的电力企业、化工企业等，分别成立有限责任公司，进行公司制改造。1997 年 8 月 13 日，公司正式提出了集团化发展的初步设想。

（二）市场竞争主体的确立

改组后，广西人民政府突出了广西开投的自治区国有资产投资和经营主体地位，并且从领导体制上加以调整，2001 年 4 月 2 日，广西人民政府正式明确广西开投等 30 家企业作为广西的直属企业。2001 年 12 月 28 日，自治区人民政府决定，对所属公司实行国有资产授权经营。2002 年 4 月 22 日，根据集团化发展的设想，广西开发投资有限责任公司更名为广西投资（集团）有限公司，2004 年广西国有资产监督管理委员会成立，2004 年 3 月 15 日广西投资（集团）有限公司正式更名为广西投资集团有限公司（以下简称集团公司），注册资本金 41.97 亿元。2004 年 9 月 5 日，集团公司成为首批自治区国资委履行出资人职责的 19 家企业之一。按照《国有资产监督管理条例》，集团公司经营班子、党建、经营业绩考核等移交自治区国资委管理，直到 2008 年公司初步建立起现代企业制度。

在进行公司制改造的同时，广投集团进一步规范企业的经营管理，建立董事会、监事会、经营班子等法人治理结构，派员参加投资企业的经营管理，理顺产权关系，成立电力投资部、企业管理部、资产管理部、人力资源部等专业部门，强化企业管理，面向社会公开招聘专业人才，充实管理力量，通过一系列改革，明确发展重点，公司从一个资金管理平台逐步转变为实业投资和资本运行相结合的市场竞争主体。

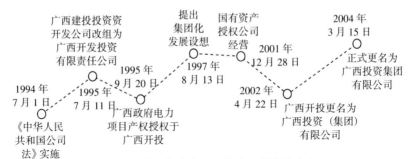

图 3-1　广西投资集团现代企业制度的建立

（三）主要任务

在广西开投现代企业制度建立的进程中，理顺并明晰产权，维护自身的合法投资权益是这一时期的首要任务，但产权明晰、公司制改造之后，并不意味着广西开投能够自然而然地实现其自身职能和提高其运作效率，在计划经济向市场经济转轨的过渡时期，企业要想生存并求得发展，宛若逆水行舟，不进则退，出路便在于改革，这就在客观和主观、外部和内部均需要改组后的公司抓住改组乃至国家投融资体制改革深化的契机，解放思想，深化改革，在公司改组基础上，探索新的投资模式、产业发展模式和公司管理模式，以新的竞争力、新的姿态和适应形势变化的手段，做好每一项工作。

其具体的任务和做法主要包括：

（1）"理"，即在进行公司制改造之前，首先要依法开展产权界定工作，理顺产权关系，并明确产权归属。在开展产权登记和清产核资的基础上，公司根据有关规定，紧紧依靠政府和有关部门，大力推进产权界定和项目公司制改造工作，先后解决了柳州电厂、盘县火电厂、高峰锡矿、贺县纸浆厂、南宁造纸厂等重大项目的产权界定和企业改制问题，明确了各方股东权益，按照《公司法》规定建立了完善的法人治理结构，公司按股权比例依法进入了项目的董事会、监事会，从体制上解决了投资者被项目架空、自治区投资权益不落实的问题，公司对所投资项目的管理和监控大大加强。

（2）"管"，这种管理不仅包括对资金的管理，还包括对企业和项目的管理。在政府将其所拥有的产权授予公司之后，同时授权公司在国家计划指导下运用广西本级财政预算内统筹的基建投资中的经营性投资和广西政府委托管理的电力建设基金，因此这一时期的一大重要任务是用好、管好广西政府授权管理的各项基金以及负债经营资金；在公司制改造之后，逐步建立法人治理结构，使政府依法对公司的国有资产实施监督管理，同时把制度化和规范化管理提高到战略高度，通过一系列规章制度的建立，加强和细化公司内部管理，而此时公司下属企业和项目众多，如何对其进行有效管理成为接下来要考虑的重大问题，公司针对所投资项目，根据全资、控股、参股的不同情况，实行分类和不同程度的管理，并全面推行经营目标责任制考核，以适应广西国资委业绩考核的要求，在公司确定集团化发展之后，又积极探索母子公司管理模式，使集团下属公司和项目能够在集团的管理和带领下有条不紊地运作和经营。

（3）"调"，即针对公司在创业期经营业务"项目众多、资产分散、点多线长"的特点，不断制定公司的发展战略，先是本着"培育主导产业、发展高效项目、稳住资产大户"的原则，实施"抓大放小"战略，对于资产量不大、效益差的弱势企业，采取多种方式加快调整退出步伐，缩短管理战线，改善资产结构。在公司制建立之后又按照"调整产业结构、资产结构，优化投资结构"工作思路，对产业、资产、投资进行调整优化，进入金融产业，并最终确立了实业投资与资本运营相结合的发展道路。

（4）"筹"，即进一步加大筹融资力度，发挥投融资主体功能，为自治区重点工程建设广泛筹措国内外资金。前期项目规模的扩大和后期政策性、财政性资金的停拨，造成了建设资金不足等问题，给公司的项目运作带来了严峻的挑战，公司的运作被完全推向了市场，开始探索利用多种途径和方式来筹集建设资金，其自身定位也有了更为丰富的补充，在资本运作和资产运营方面，积累了大量的成功经验，逐步发展为具备参与市场竞争能力的集团公司。

（5）"办"，即开展经营性、开发性和商贸等各项业务仍然是这一时期公司发展的重点，通过收取投资项目的收益和借贷资金的回收，最大限度地提高资金回报率，同时改革投资模式，采取合资、合营等模式大规模进行实业投资，先后建设了龙滩水电站、来宾电厂扩建、桥巩水电站、乐滩水电站、国投北部湾电厂、国投钦州电厂、百色铝、来宾铝、华银铝、银海发电等项目。

（四）资金来源

2000 年以前，广西人民政府给公司注入的政策性资金、财政性资金每年3 亿~5 亿元，从 1995 年末至 2000 年末，在公司的净资产中，政府政策性、财政性资金以及整建制企业划拨等所增加的净资产占 93.30%。公司经营积累所增加的净资产占 6.7%（主要为投资收益）。可以看出公司的资本积累基本上靠政府的财政经营性和政策性资金注入。但从 2001 年开始，广西停收地方电力基金，停拨经营性基金，这给一向政策性资金占资金来源比重较高的集团公司带来了严重的挑战，集团公司被彻底推向了市场，参与市场竞争，接受市场的检验，公司的资金来源转为依靠投资回报、经营利润和银行贷款。而此时正是集团公司发展的历史性转折期，为了应对资金严重短缺的困难，公司采取了一系列措施，如：①强化以资金为中心的财务管理，实行全面预算管理。严格控制收支，确保财务与收支平衡。精心运作资金，合理配置资金。加强负债管理，严控债务风险。②大力挖潜，狠抓资金回收，重点抓欠款大户、大额债权的资金回收，通过与电力部门协商，清理电力专项还贷资金、岩滩电力债券、岩滩电站和柳州电厂送出工程投资回报等问题，电力项目实现回收本息 5 亿多元，非电力资金也回收了 2 亿多元，这些资金的回收大大改善了公司的现金流。③主动与金融机构接触沟通，密切银企关系，扩大融资规模，开辟新的融资渠道。④贯彻"有进有退、有所为有所不为"的原则，收缩投资业务范围，突出主导产业，确保重点投资项目的资金需要，同时着手整合存量资产，对资产进行清产核资。⑤深化企业改革，加强企业管理，转换经营新机制，以培养公司在市场经济条件下的竞争力和盈利能力。

通过以上措施，公司利润和资产总量逐年增加，投资规模也不断扩大，保障了企业运行和项目建设所需的资金。

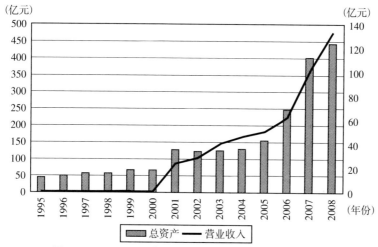

图 3-2　1995~2008 年集团公司总资产和营业收入情况

二、战略布局，明确企业发展定位

发展战略是公司在某个阶段发展的总纲，是对企业方向性和全局性的谋划，公司根据自治区不同阶段的战略部署，结合企业实际，及时调整发展战略和发展目标，在发展中破解难题，在发展中赢得主动，使企业发展目标始终与自治区的发展战略相吻合、相适应。1995 年 6 月下旬，公司召开了第一次"公司发展战略务虚会"，为之后的战略管理做好准备。

（一）战略布局

1. 实施"抓大放小"战略，重在做强

1996年广西开投实行公司改制，这一年是集团公司发展历程中的"战略管理起点"，从1992年到1995年，广西累计将自治区本级基本建设项目划拨广西建投管理项目数量达600多个，大的上亿元，小的只有几万元，涉及的行业多达十几个，这使管理战线拉长，管理力量分散，建设资金严重短缺，每年的利润也不过4000万~5000万元，严重制约了公司的发展。对此，从1996年开始，广西开投进入资产数量调整时期，在这一时期，遵循与市场协调、与自身协调、与国家和广西产业发展政策协调的原则，广西开投实施"抓大放小"战略，提出要按照"培育主导产业、发展高效项目、稳住资产大户"的原则，本着"有进有退、有所为有所不为"的观念，实行"突出重点，缩短战线，抓好大的，搞活小的，撤并差的，培养有后劲的"项目管理与发展思路，并采取申请核销、无偿划拨、有偿转让、债转股、法律诉讼等多种方式，来清理管理项目，收缩管理战线，先后退出了交通、机械、轻工、建材、农业、林业、服务等行业，同时在政府的支持下，核销了296个"拨改贷"项目，1997年提出了"调整结构、盘活资产、加强管理、提高效益"16字工作方针，强化这一时期的主要任务，到1998年，公司管理的企业和项目从600多个压缩到200多个，直接管理的企业和项目压缩到40多个，这使公司卸掉了沉重的包袱，改善了资产结构，盘活了存量资本，并得以集中力量管好重点项目。

2. 实施"调整优化"战略，重在做优

在进行资产数量调整的同时，公司投资建设了水、电、路等一批基础设施项目和重点项目，但随之而来的是投资比例不合理、产业方向不明朗、主体不突出等问题，这些问题困扰着集团公司的进一步发展。2000年后，随着我国国有资产管理体制改革的不断深化，政府逐渐转变职能，实施政企分开，并开始停止经营性投资，公司的资金来源也相应停止，这迫使集团公司由一个主要依靠政府直接投资和资产划拨来发展自己的资产管理性公司转变为一个主要依靠市场竞争来发展自己的、自主经营、自负盈亏的市场经济主体。而西部大开发战略的实施，以及我国加入世贸组织和中国—东盟自由贸易区

的建立，又使集团公司在更大范围、更广领域和更高层次参与全球化的市场竞争，加之电力体制改革的深入，"厂网分开、竞价上网"的实行，这些都给这一时期的集团公司发展带来了机遇和挑战。在集团自身和外界带来的双重压力下，2001年集团公司进入了产业方向调整时期，在这一时期，公司提出了"调整优化战略"，即"调整产业结构、资产结构、优化投资结构"，对产业、资产和投资进行调整优化。具体来讲，首先，调整经营模式，转变经营方式。通过政府授权经营，取得自主决策、自主经营的职权，加快向市场经济主体转变，在实业投资的同时，加大资本营运力度，发展金融业，开始实行实业投资和资本营运的双轮驱动。其次，调整投资结构。严格控制新建项目，资金主要投向广西重点项目和优势产业。引入战略合作伙伴，对新建大型项目的投资，采取投资多元化形式，以多股东相对控股为主，参股为辅，一般不单独投入的方式，实现以少量投资控制大量资产。按照各50%的比例调整中长期投资结构，以中短期投资支撑长期投资。最后，调整产业结构和发展方向，处置不良资产。退出无资源优势、无市场竞争力的产业，向资源型、效益型产业发展，集中资金和力量做大做强电力、以铝为主的有色金属产业，积极参与资源型项目的建设。对化肥、纸业、铁路等资产量大，经济效益差，实现根本性好转难度大，当时又不可能撒手退出的项目，采取有效措施，使其摆脱困难，然后做强做大，最后退出。通过产业结构的调整，有效提高资产质量。[1]

（二）业务选择

在发展战略的引导下，公司积极选择重点发展的业务类型。1996年，在"抓大放小"战略实施的过程中，广西开投将其发展目标定位为：培育以能源为主导，有色金属、轻化工、金融为辅助的优势产业，积极发展高新技术产业，争取在21世纪把公司建设成为有实力、有信誉、有效益、有良好企业文化、可持续发展的综合型、跨国性投资集团。并借助公司制改造时机，将优势产业和优势项目的产权理顺，按照法人治理结构，实施产权管理，广西开投逐渐走上了依法管理的轨道；2003年，根据自治区党委、政府关于"开发

---

[1] 杨多旺：《调整结构是实现可持续发展目标的关键》，《广西经济》2009年第8期。

利用广西优势资源，推动资源优势转化为产业优势、效益优势"的产业发展战略，集团公司适时调整发展目标，提出"铝电结合、煤电结合、锰电结合，建设两个铝产业基地"的发展思路，集中资金和力量做大做强电力、以铝为主的有色金属产业，大力推进百色、来宾两个铝产业基地建设，打造广西经济领域航空母舰的奋斗目标，力争到 2010 年营业收入达到 100 亿元。一系列改革见证了集团公司从电力、铝业向能源、有色金属、金融板块的逐渐发展并壮大，到 2007 年集团公司构筑了能源、铝业、金融"三足鼎立"的产业格局，营业收入首次突破百亿元大关，2008 年，集团以营业收入 107 亿元，首次入选中国企业 500 强，排名第 473 位。

1. 精简业务，做大做强主业

公司制改造之后，在"抓大放小"战略的引导下，针对巨额资产中有相当部分是由于体制原因造成的不良资产，集团公司及时做出了资不抵债或难以持续经营企业的行业分类排队，以求加快推进公司内部结构调整，即对每一户子企业进行清产核资和认证清理，按照统一要求分类排队，在认真调查研究的基础上，对那些资不抵债、长期亏损且扭亏无望或难以持续经营的企业，采取坚决措施，依法予以合并、撤销、出售或破产，实现国有资本从竞争性领域或非重点企业退出，再投入到国有经济需要进入的重要领域或重点企业，按照国家、广西产业政策，优化国有资本在经济产业领域的布局，集中资源和力量发展优势企业和主业，加快公司内部资产结构的调整，以便从整体上提高公司经营效益。集团公司先后成功退出"东兴中联"、"中环机械"、"汇鑫彩印"等企业，退出贸易、服务、城建等行业（如表 3-1 所示），2005 年 6 月 9 日，集团公司将持有北海银滩投资发展有限公司 49% 的股权划转给北海银滩开发建设有限公司，这标志着集团公司完成城建项目的退出工作。从众多枝枝叶叶的企业和行业退出，使集团的产业更加集中，主业更加突出。

表 3-1　广投集团现代企业制度建立时期先后退出的企业和项目名录

时间	行业类别	初始名称	公司类型	成立时间	所占股比	备注
1997 年	贸易	东兴中联建设贸易总公司	参股	1992 年 7 月	20%	清盘
1997 年	开发和经营水电及配套工程等产品和服务	广西能达实业开发联营公司	联营	1993 年 12 月	—	撤并

时间	行业类别	初始名称	公司类型	相应股份	所占股比	备注
1997 年	独资、合资、参股开发机电、纺织等项目	广西桂达实业开发公司	联营	1993 年 12 月	—	撤并
1997 年	投资	中国高通投资开发有限公司	参股	1995 年 2 月	1000 万元	转让股权
2001 年 7 月	服务	广西八桂国旅行社有限责任公司	全资	1999 年 8 月	100%	承包经营
2002 年 6 月	铝业	广西铝业开发投资有限责任公司	控股	—	—	注销
2002 年 12 月	水电	广西桂柳水电有限责任公司	参股	—	9.52%	转让股权
2003 年 9 月	纸业	广西南宁凤凰纸业有限责任公司	参股	1999 年 9 月	40%	转让给南宁市政府
2003 年 9 月	水电	来宾冷却水发电有限责任公司	控股	1999 年 1 月	65%	转让股权
2004 年 2 月	火电	广西开投电力公司	全资	2001 年 12 月	100%	撤销
2005 年 6 月	城建	北海银滩投资发展有限公司	参股	2003 年 3 月	49%	转让股权

资料来源：笔者整理。

2. 提高电力产业竞争力，探索多元化能源结构

集团公司以电力起家，在现代化企业制度建立的进程中，电力产业实现了快速扩张。一方面公司积极推进火电和水电原有项目的公司制改造，明确出资人和项目的关系，在保障股东权益的基础上，建立起符合现代企业制度要求的治理结构，使出资人和项目法人关系得以改善，随之而来的便是已改制企业相应各项工作的完善。另一方面公司积极探索新的融资模式，拓展火电、水电新项目，先后建设了北海电厂、钦州电厂、田阳电厂、叶茂水电站、龙滩水电站、乐滩水电站和桥巩水电站等项目（如表 3-2 所示），使集团电力产业在不断自我创新发展中真正成为主导产业，提升集团在广西电力产业中的地位。

积极推进公司制改造，全资或控股、参股电力公司纷纷成立。公司在创业期，先后投资和参与管理了来宾电厂、贵州盘县火电厂、柳州电厂、百龙滩水电站、岩滩水电站等项目，在现代企业制度建立进程中，这些项目均被

表 3-2　广投集团现代企业制度建立时期能源主要企业和项目名录

时间	行业类别	初始名称	公司类型	合作伙伴	所占股比 (%)	备注
企业						
1995 年 12 月	水电	广西桂贸电力有限责任公司	参股	河池水电实业开发公司、国能中水公司、岩滩水电站工程建设公司	12	公司主要建设和经营广西叶茂水电站
1996 年 12 月	火电	广西柳州发电有限责任公司	控股	广西电力工业局	80	由柳州电厂改制而来，后为方元电力股份有限公司全资子公司
1997 年 1 月	火电	广西上林发电有限责任公司	控股	—	—	主要建立和经营上林发电厂
1997 年 7 月	能源	广西开投燃料有限责任公司	全资	—	100	—
1999 年 1 月	水电	来宾冷却水发电有限责任公司	控股	来宾冷却水发电厂	65	—
1999 年 9 月	火电	贵州黔桂发电有限责任公司	控股	贵州省开发投资有限责任公司、贵州电网公司	50	正式挂牌运营
1999 年 12 月	水电	龙滩水电开发有限责任公司	参股	国家电力公司、广西电力公司、贵州省基本建设投资公司	30	经营和管理龙滩水电站，第一次股东大会
2001 年 3 月	水电	桂冠开投电力有限责任公司	参股	广西桂冠电力股份公司	48	经营和管理乐滩水电站扩建工程
2001 年 11 月	电力	国投北部湾发电有限公司	参股	国投、区电力	27	经营和管理北海电厂
2003 年 7 月	火电	方元电力股份有限公司	控股	柳州市投资控股有限公司、广西百色电力有限责任公司、广西桂物燃料有限责任公司	71.77	柳电公司 73% 的股权由广投集团转让给方元公司

70

时间	行业类别	初始名称	公司类型	合作伙伴	所占股比(%)	备注
2006年3月	水电	广西融江美亚水电有限公司	参股	—	18.67	原柳州融江水电开发有限责任公司股份抵债转给广投集团
2007年1月	水电	大唐岩滩水力发电有限责任公司	参股	中国大唐集团公司	30	公司主要建设和经营岩滩水电站
2008年9月	核电	广西防城港核电有限公司	参股	中国广东核电集团有限公司	39	—
项目						
1995年5月	火电	来宾电厂B厂	全资	—	100	BOT方式建设
1995年11月	水电	柳州电厂	合资	广西电力工业局	73	2号机组移交生产
1996年9月	水电	百龙滩水电站	参股企业所属	广西电力工业局、中国工商银行广西区分行信托投资公司、交通银行南宁分行	23.13	3号机组正式投产，隶属广西桂冠电力股份有限公司
1996年10月	火电	盘县发电厂	合资	自治区、贵州省、国家能源投资公司	50	3号机组全部投产发电
1996年12月	火电	北海火电厂	合资	国家开发投资公司、区电力局、北海市	27	四方签订合作协议书，2005年3月全部投产
1997年5月	火电	来宾电厂	全资	—	100	正式由政府移交给公司管理
1998年9月	水电	恶滩水电站	全资	—	100	正式由政府移交给广投集团管理
1998年12月	水电	天生桥一级水电站	参股	广东省粤电集团有限公司、中国大唐集团公司、贵州基本建设投资公司	20	首台机组投产发电
1998年12月	火电	上林电厂	控股	—	—	2号机组移交生产
1999年1月	水电	桂林花园电站	参股	—	55.56	开工，2001年12月一期投产发电

时间	行业类别	初始名称	公司类型	合作伙伴	所占股比（%）	备注
2000 年 6 月	燃气电	钦州天然气电厂	合资	广西电力公司、优尼科远东发展有限公司	10	签订意向书
2001 年 7 月	水电	龙滩水电站	合资	中国大唐集团、贵州省基本建设投资公司	30	由龙滩水电开发有限责任公司建设和管理
2003 年 8 月	火电	钦州电厂"吹沙填海"工程	合资	国投电力公司、广西广能公司	27	标志着钦州电厂项目进入施工准备阶段
2003 年 10 月	煤矿	玉舍矿项目	合资	六枝工矿集团公司、贵州金元电力投资股份有限公司	30	—
2004 年 6 月	电厂脱硫	柳电 2×200MW 机组烟气脱硫工程	全资	—	100	隶属柳电
2005 年 10 月	火电	田阳电厂项目	控股	百色电力有限责任公司	60	
2005 年 12 月	水电	乐滩水电站	参股公司所属	广西桂冠电力股份公司	48	4 号机组成功并网
2008 年 7 月	水电	桥巩水电站	全资	—	100	1 号机组试运行

资料来源：笔者整理。

改制。其中柳州发电厂装机容量为两台 20 万千瓦机组，分别于 1994~1995 年建成投产，1996 年 6 月，柳州电厂改制为柳州发电有限责任公司（以下简称"柳电公司"），这是广西第一个有限责任的发电公司，集团作为政府授权的地方电力基金的管理者，控股 73%管理柳州发电有限责任公司；1999 年 9 月 22 日，广投集团控股 50%的贵州黔桂发电有限责任公司挂牌成立，建设和管理盘县火电厂；1997 年 4 月，为了明晰产权，广西人民政府正式将来宾电厂的管理权授予广西开投，2003 年 7 月，集团公司对所辖的电力资产进行重组，与广西桂东电力股份有限公司、柳州市投资控股有限公司、广西百色电力有限责任公司、广西桂物燃料有限责任公司共同发起成立广西方元电力股份有限公司（以下简称"方元电力公司"），集团公司持股 71.77%，来宾电厂为方元电力公司的全资企业，而经资产置换和股权变更，广西开投将柳电公司73%的股权转让给方元电力公司，另27%的原电网公司持有的股权也在厂网分开后转让给方元电力公司，使1996年成立的柳电公司在2003年成为方元电力公司的全资子公司；2007年1月10日，集团公司参股30%与中国大唐集团公司共同成立的大唐岩滩发电有限责任公司，主要建设和经营岩滩水电站，它的成立标志着岩滩扩建工程项目投资主体已经到位，集团公司对电厂的公司制改造基本完成。

火电项目持续跟进，来宾电厂B厂成为广西第一个最大的利用外资建成的项目。集团创业初期建立的火电项目均在这一时期取得了较大的进展，如1995年11月，柳州电厂2号机组移交生产。为了提高电厂的装备水平，增强企业竞争力，方元电力公司于2004年3月启动来宾电厂改扩建2×300MW机组工程，配套脱硫工程投资1.9亿元。第一台机组于2006年12月底投产发电，第一台机组工程建设取得了锅炉水压一次成功、汽轮机扣盖一次成功、厂用电受电一次成功、锅炉点火一次成功、汽机冲转一次成功、机组并网一次成功的好成绩，第二台机组于2007年4月29日完成试运行并投入试生产，来宾电厂总装机容量达850MW，成为广西电力系统的主要电源点之一；集团公司还新投资了多项火电项目，继续培养火电项目的竞争力，如1996年12月3日，广西开投与国家开发投资公司、区电力局、北海市四方签订了"合资建设北海火电厂"的协议书，北海电厂于2005年3月全部投产。1998年12月，广西开投控股上林电厂。2003年8月钦州电厂"吹沙填海"工程的开工，标志着集团公司以27%的股权参股的钦州电厂项目进入施工准备阶段。2005年10月，集团公司又以60%的股权控股田阳电厂项目。北海电厂和钦州电厂的建立，标志着集团公司在内陆站稳脚跟的前提下，以泛北部湾经济区开放开发为驱动，将电力产业发展的触角延伸至更广阔、更先进的广西沿海地区。

而在所有火电项目中，最值得一提的是来宾电厂B厂项目。20世纪90年代中期，为了解决庞大的基础设施需求与巨大的资金缺口之间的矛盾，广西政府决定大力探索利用外资新形式来进行电力的开发和建设。1995年5月，国家计委批复同意广西来宾电厂B厂采用BOT方式建设，项目装机2台36万千瓦机组，引进法国资金和技术建设，总投资6.16亿美元，该项目成为我国第一个经国家批准的BOT试点项目。1995年10月6日，广西政府与广西建投签署《授权书》，指定广西建投作为广西政府的授权代理人行使有关BOT方式建设来宾电厂B厂经特许权协议确定的政府权力，并相应履行特许权协议规定的政府义务。广西建投成立来宾电厂B厂BOT项目工作小组，到11月底，按计划完成了投标资格预审、标书编制等工作，BOT项目标志着广西建投、广西乃至我国利用外资已有了质的突破，该模式在解决建设资金不足和缺乏电力专业人员方面发挥了巨大的作用。

水电项目厚积薄发，桥巩水电站成为集团公司第一个全资开发并自建、自管的水电项目。在创业期，广西建投因成立相对较晚未能对水电开发形成主导，但其依据"参与、吸收并自我发展"的发展策略，注重有效利用他人的资源、技术和管理优势并为我所用，积极利用控股和参股相结合的投资方式参与水电项目的开发和建设。到现代企业制度建立的阶段，其水电项目发展迅速，厚积薄发。除了其在创业期参股的天生桥一级水电站、岩滩水电站及百龙滩水电站都有进一步进展之外，还进入多个水电项目，如1991年1月广西开投以55.56%的股权参股桂林花园水电站，2001年12月该电站一期投产发电；1995年12月，由河池水电实业开发公司、国能中水公司、岩滩水电站工程建设公司、广西建设投资开发公司四方组建的广西桂茂电力有限责任公司正式成立，主要建设和经营广西叶茂水电站，广投集团参股12%；1993年3月，国家电力公司与自治区人民政府决定，共同投资建设龙滩水电站（红水河十个梯级电站中的第四级），2001年7月广西开投（占股30%）与中国大唐集团、贵州省基本建设投资公司共同成立了龙滩水电开发有限责任公司，建设和管理龙滩水电站。龙滩水电站项目历时9年，于2009年12月投产，7台机组总装机容量630万千瓦，年发电量187亿千瓦时，是全国当时投运的第二大水电站，同时创造了最高碾压混凝土大坝、规模最大地下厂房、提升高度最高的升船机三项世界之最，成为集团公司与央企合作的典范；1995年12月，广西开投与建行签订大化水电站债转股协议，广西开投的参股公司——广西桂冠电力股份有限公司收入大化水电站；集团公司还参股乐滩水电站，乐滩水电站是红水河十个梯级电站中的第八级，2005年12月该电站4号机组成功并网。

在这些水电项目中，最值得一提的是桥巩水电站。桥巩水电站是红水河十个梯级电站中的第九级，是集团公司第一个全资开发并自建、自管的水电项目。该电站8台机组总装机容量为45.6万千瓦，2008年7月第一台机组投产到2009年12月8日8台机组全部投产，桥巩水电站比预期提前9个月完工。在电站设计阶段，集团公司对采取灯泡贯流式机组还是采用其他类型的机组进行了激烈的争论，集团公司针对低水头的实际情况，果断对项目选择了灯泡贯流式水轮发电机组，从而奠定了我国在建设大容量灯泡贯流机组技术领域内的世界先进水平地位，桥巩水电站被誉为"贯流式机组中的'三峡'工程"。在这个电站的建设过程中，投资集团自己培养的施工管理队伍，在科学管理的基础上大胆创新，创出多个第一和先进的施工管理办法。如"橡胶面板石渣坝的施工方法"对土石坝围堰防渗问题的解决、"橡胶坝在围堰挡水中的应用"使边施工边发电成为可能。桥巩水电站的突出成绩充分地显示出集团公司要在水电领域闯出一片天的勇气和应用技术创新来提升核心竞争力的决心。

初入核电，广西防城港核电有限公司成为集团公司进军多元化能源结构的开端。在"调整优化"战略的影响下，集团公司的电力产业发展随之提升到了战略高度，电力产业上升为能源产业，迈开了开辟新战场、开发新能源的步伐。而核电作为一种可以大规模使用、安全清洁、经济可靠的工业能源，成为集团公司能源产业结构调整的首选。2006年7月，集团和中国广东核电集团签署合作框架协议，准备出资建设广西第一座核电站，2008年9月3日，由中国广东核电集团有限公司占股61%和集团公司占股39%组建的广西防城港核电有限公司在广西防城港市正式注册成立（注册资金2亿元人民币），该项目是广西第一个核电项目，规划建设600万千瓦，一期工程采用自主品牌中国改进型压水堆核电技术CPR1000，建设两台单机容量为108万千瓦的核电机组，这是我国西部少数民族地区首座核电站。集团公司在电力项目的投资从传统的火电项目向集清洁能源和高科技于一身的核电转移，标志着集团公司的成熟与发展，在与大型央企合作的过程中，投资集团不断学习新的管理思想，开阔了眼界，拓展了空间，提升了地位，为未来的发展奠定了很好的基础。

3. 创新发展思路，实现以铝为主的有色金属产业跨越式发展

广西虽有着丰富的铝土矿资源，但由于资金和技术原因，其铝业发展起步较晚。创业期广西建投以37.5%的股份参股广西铝业开发投资股份有限公司，才开始将投资的目光聚焦于铝土矿，在广西政府倡导开发利用广西优势资源，推动资源优势转化为产业优势和效益优势的背景下，自治区把大力开发利用铝土矿资源，加快发展铝产业，作为广西"兴桂富民"的重要举措来实施。广西境内其他丰富的有色金属资源，如铟、锑、锡、锰等也进入政府产业发展的视线和规划之内。集团公司积极跟随国家政策和广西政府的战略意图，确定投资铝产业，并在"调整优化"战略的影响下，将铝产业上升为有色金属产业。公司投资有色金属产业还出于自身发展的需要，20世纪90年代末期，电力需求疲软，出现卖电难的局面，公司下属发电厂普遍出力不足，电厂经济效益下滑。为抵御电力市场变化对电厂经济效益的冲击，公司需要投资建设大负荷的项目以消化富余电量，所以选择了有色金属产业，尤其是铝产业（如表3–3所示）。另外，公司选择进入有色金属产业的另一个原因是，贯彻集团公司"铝电结合、锰电结合"的思想，延长电力产业链，提高电力产品附加值，从而增加公司的盈利。

表3–3　广投集团现代企业制度建立时期有色金属主要企业和项目名录

时间	行业类别	初始名称	公司类型	合作伙伴	所占股比（%）	备注
企业						
1997年1月	有色金属	广西高峰矿业有限责任公司	参股	柳州华锡集团有限责任公司、南丹县南星锑业有限责任公司、广西广河金属有限公司	20	原高峰锡矿改制
1999年11月	铝业	平果铝业公司	参股	信达公司、中国铝业集团公司、国家开发银行	7.78	债转股
2000年8月	有色金属	广西北山矿业发展有限责任公司	参股	—	25	—
2000年12月	铝业	广西百色银海铝业有限责任公司	参股	广西桂冠电力公司、广西地质矿产勘查开发局、广西百色电力公司	60.1	建设20万吨/年电解铝生产系统
2001年9月	铝业	中铝股份公司	参股	中铝公司、贵州物资公司	—	—
2002年12月	有色金属	广西锰业公司	参股	大锰锰业公司	51	首期建设项目为无汞碱型电解二氧化锰

续表

时间	行业类别	初始名称	公司类型	合作伙伴	所占股比(%)	备注
2003年2月	铝业	广西桂西华银铝业有限公司	参股	五矿有色金属股份有限公司、中国铝业股份有限公司	34	建设桂西德保氧化铝项目
2003年10月	有色金属	汇元锰业有限公司	参股	广西八一铁合金(集团)有限责任公司	90	建设3万吨电解锰、2万吨电解二氧化锰
2006年12月	铝业	广西来宾银海铝业	全资	——	100	一期25万吨原铝及铝板带配套工程2009年5月投入运行
2007年8月	铝业	皓海(广西)碳素有限公司	参股	香港皓海碳素控股公司、才智数据电子技术(加拿大)有限公司、平果强强碳素公司等	——	签订协议书
2007年11月	铝业	广西银海实业有限公司	独资	——	100	——
项目						
2000年3月	铝业	广西沿海50万吨电解铝	合资	中国矿业国际有限公司	——	签订合营意向书

资料来源：笔者整理。

铝业当先，完整产业链初现雏形，逐渐发展为公司第二大主导产业。继集团公司参股广西铝业开发投资公司之后，1999年11月，平果铝实行债转股，广西开投由原来占股15%调整为7.78%。2000年12月，广西开投与广西桂冠电力公司、广西地质矿产勘查开发局、广西百色电力公司共同出资成立广西百色银海铝业有限责任公司，广西开投占股60.1%，投资建设20万吨/年电解铝生产系统，打造百色铝基地，这是集团依靠自身人才、技术、资金建设的第一个铝业项目，标志着集团公司正式迈开了发展铝产业的步伐。随后集团公司开始寻求铝业完整、闭合产业链的打造，以百色铝为起点，集团公司将铝业发展的触角向上下游延伸。上游占领铝土矿发展氧化铝，如2003年2月，集团公司（占股34%）与五矿有色金属股份有限公司、中国铝业股份有限公司共同出资建设广西桂西华银铝业有限公司，规划建设320万吨氧化铝项目，一期工程于2005年6月正式开工建设，2008年6月，顺利达到年产

160万吨氧化铝的生产规模。在当时，华银铝是我国铝工业发展史上一次性投资最大、一次性建设生产规模最大的氧化铝项目，是集矿山开采、氧化铝生产于一体的现代大型铝工业企业。下游发展铝加工。如2006年12月，集团公司参股广西来宾银海铝业公司，一期工程25万吨原铝及铝板带配套工程于2009年5月投入运行，发展与铝相关的原铝、铝加工、产品交易或物流等产业，打造成为来宾铝基地，并希望根据"铝电结合"的理念，将桥巩水电站和来宾电厂作为来宾铝的自备电厂，以自备电厂供电模式向来宾铝供电。来宾铝对于引进国内外投资者、延伸集团公司铝产业链起到了巨大的作用。横向进入配套碳素产业。碳素预焙阳极是生产电解铝的重要原材料，每生产1吨电解铝需消耗约0.5吨预焙阳极，预焙阳极的稳定供应是整个铝产业链（即氧化铝—电解铝—铝加工）正常运作的很重要一环，集团公司便开始将产业延伸到碳素方面，如2007年8月，集团公司与香港皓海碳素控股公司、才智数据电子技术（加拿大）有限公司、平果强强碳素公司等签订协议书，合资建立皓海（广西）碳素有限公司，至此，铝产业链初具雏形，铝业发展潜力也得到了全面提升，成为继能源之后的第二大主导产业。

兼顾锡业、锰业发展，更大限度地发挥有色金属资源优势。集团公司充分利用广西有色金属资源优势，发展锡业和锰业。如1997年1月，广西开投将原来参与和管理的高峰锡矿进行公司制改造，与柳州华锡集团有限责任公司、南丹县南星锑业有限责任公司、广西广河金属有限公司合资组建广西高峰矿业有限责任公司，广西开投占股20%；2002年12月，以51%的股权参股广西锰业公司，首期建设无汞碱型电解二氧化锰，实现"锰电结合"；2003年10月集团公司（占股90%）控股汇元锰业有限公司，投资建设锰系列产品深加工项目。

4. 大力推进金融发展，实现资本运营

集团公司在创业期，实业投资取得了长足的发展，但资本市场几乎为空白，虽然广西建投在1994年，经广西政府同意，参与组建广西开发信托投资有限公司，1994年初由公司出面，组织广西南宁市开发信用社，1997年又组建了香港桂发财务有限公司，并参与了桂冠电力公司的重组上市，但证券金融资产在总资产中所占的比重极小，这种资产结构与集团作为广西人民政府投融资平台的发展定位不相称，一方面会造成流动性风险，另一方面增加了

项目建设资本金的筹措难度。广西开投对国有大型投资公司进行调研发现，这些公司之所以能够有如此强大的实力，其金融资产会占有一定的比重，有效地进行资本运作，不仅可以加大对企业的支持和发展，还能为大型项目提供债券融资、股票融资等多种支持，打通资本市场和产业资本之间的通道，实现金融和实业的互通。

为此，1998年公司提出"实业投资与资本运作相结合"的战略构想。1999年9月，广西开投成为广西桂联证券有限责任公司的第一大股东。2000年，为了发展壮大广西证券业，促进广西的经济体制改革和经济发展，广西决定组建广西综合类证券公司，2001年7月，广西证券有限公司实行增资扩股后更名为国海证券有限责任公司，广西开投出资两亿元，成为广西证券公司的第一大股东，占股35%，国海证券成为国内首批设立、唯一一家在广西区内注册的全国性综合类证券公司。2004年、2009年公司选择国海证券作为主承销商，共发行了20亿元企业债券，大力支持国海证券债券承销业务的发展。2004年国海证券与美国富兰克林邓普顿基金管理集团旗下的坦伯顿国际股份有限公司共同发起设立了国海富兰克林基金管理有限公司，成为国内第7家获得批准设立中外合资基金公司的证券公司。2006年11月，国海证券把握我国证券市场发展和政策支持证券公司借壳上市的良好机遇，以桂林集琦股权分置改革为契机，正式启动借壳上市工作。在国海证券借壳上市的过程中，

表3-4　广投集团现代企业制度建立时期金融主要企业和项目名录

时间	行业类别	初始名称	公司类型	合作伙伴	所占股比（%）	备注
1995年7月	金融	香港桂江财务公司	全资	—	100	—
1999年9月	金融	广西桂联证券有限责任公司	第一股东	—	—	—
2001年11月	金融	国海证券有限责任公司	第一股东	广西桂东电力股份有限公司、广西梧州索芙特美容保健品有限公司等	35	2003年12月收购世纪光华所持有的股权
2005年11月	金融	国海富兰克林基金管理有限公司	合资	美国富兰克林邓普顿基金管理集团旗下坦伯顿国际股份有限公司	51	—

资料来源：笔者整理。

公司出资出力，对其重组借壳给予全力支持，比如集团借款约 1.09 亿元给国海证券第二大股东广西梧州索芙特美容公司以理顺桂林集琦的债务问题等。在这一时期，国海证券不断扩展自身的业务，积蓄资本实力，寻找并培养自身的核心竞争优势，为集团公司金融业务板块的壮大奠定了坚实基础。

在集团现代企业制度建立进程中，除了以电力为主的能源板块、以铝为主的有色金属板块和金融板块均得到快速发展之外，集团公司还有很多辅助性的项目同样取得了新进展（如表 3-5 所示），这些项目多涉及交通、服务、房地产、贸易、纸业等行业，还有一些为支农或扶贫项目，项目投资方向多根据国家政策和广西人民政府的要求所设立，并以发展潜力和投资或社会收益较好为原则，如以引进国家高新技术项目为宗旨的广西科发保鲜有限责任公司和北京鑫桂源科技发展有限责任公司，以及开发经营公司现有物业为宗旨的广西璧华物业开发有限公司等。可以看出，集团公司在这一时期的项目与原公司"拨改贷"等 600 多个项目相比，着实精简了不少，公司的资产也更加向着重点行业集中，主导产业更加突出。

表 3-5　广投集团现代企业制度建立时期其他企业和项目名录

时间	行业类别	初始名称	公司类型	所占股比（%）/项目地点	备注
企业					
1995 年 8 月	机械	广西中环机械有限责任公司	控股	—	广西开投退出
1997 年 1 月	服务	广西防城港华石扶贫工业物业开发有限责任公司	控股	51	—
1997 年 1 月	农业	广西防城港市饲料开发有限责任公司	参股	—	—
1997 年 4 月	贸易	广西开投贸易有限责任公司	全资	100	原广西建设贸易公司
1997 年 8 月	投资	东兴市投资发展有限公司	分公司控股	60	—
1997 年 8 月	技术服务	广西科发保鲜有限责任公司	子公司控股	55	—
1998 年 10 月	服务	广西璧华物业开发有限公司	全资子公司	100	开发经营公司物业

时间	行业类别	初始名称	公司类型	所占股比（%）/项目地点	备注
1999 年 8 月	房地产等	广西斯壮股份有限责任公司	第一大股东	14.66	原广西八桂实业有限责任公司持有的股份
1999 年 8 月	服务	广西八桂国际旅行社有限责任公司	全资	100	原属于广西八桂实业有限责任公司
1999 年 9 月	纸业	广西南宁凤凰纸业有限责任公司	参股	40	一期工程建成投产，原南宁造纸厂2003 年 9 月退出
1999 年 11 月	工业	广西鹿寨化肥有限责任公司	参股	59.1	广西区农资公司、柳州地区经济发展公司因经济困难转让股权
2001 年 4 月	纸业	贺达纸业有限责任公司	参股	46.81	正式挂牌
2002 年 6 月	交通	广西沿海铁路股份有限公司	参股	20.1	—
2003 年 11 月	房地产等	柳州阳和开发投资有限公司	参股	49	开发阳和工业新区
项目					
1995 年 12 月	造纸	贺县纸浆厂	合资	贺县	贺达纸业前身，1998 年 12 月竣工验收
1998 年 3 月	工业	鹿寨化肥总厂	全资	柳州鹿寨县	由政府划归公司管理
1997 年 7 月	水泥	广西防城港市水泥厂	参股	防城港市	2001 年 12 月转让给柳州鱼峰水泥集团
1997 年 9 月	服务	东兴百汇大酒店	控股	防城县东兴镇	开业
1999 年 10 月	交通	南防铁路	参股	南宁市到防城港市	政府产权划归广投集团管理
2000 年 4 月	工业	广西鹿化 24 万吨磷铵工程	合资	柳州鹿寨县	9 套生产装置投料试车
2000 年 5 月	服务	万花童（广西）少年儿童素质教育中心	合资	南宁	—
2005 年 9 月	工业	麦芽酮糖醇扩建项目	全资公司所属	南宁	—

资料来源：笔者整理。

三、创新管理，融入市场经济体系

现代企业制度的建立，适应了经济市场化的要求，有利于集团公司按照市场法则进行投资活动，但这一转变也从根本上改变了公司的内部结构和管理方式，新的内部结构和管理方式需要与新的企业制度相适应。为此，1995年底公司提出了运作的"三化四高"要求，即"制度化、规范化、科学化"，以及"高素质的干部队伍、高科学的管理、高效率的运转、高效益的回收"，由此形成了清晰的管理思想。但在 2000 年以前，由于是改革初期，广西开投刚进行公司制改造不久，具体的管理模式还处于摸索阶段，公司还处于半行政化半公司化的管理状态。因此，"深化企业改革、建立现代企业制度，转换经营机制，提高企业管理水平，使公司真正成为在市场经济条件下，具有竞争能力的经济实体"成为 2000~2008 年公司治理的主线。围绕这一主线，2000 年广西开投提出"三整三改"，即整顿组织、整顿管理、整顿产品、改革劳动、人事、分配制度；2001 年又提出"四个调整战略"，即调整经营模式、调整投资模式、调整组织结构、调整人才结构；2002 年根据国家有关政策，实施人事、劳动、分配"三项制度"改革。在一步步管理方式创新和改进中，公司逐渐向现代企业制度下的法人治理结构转变，在内部管理上，也逐渐建立起一套与市场经济接轨的管理制度。

（一）组织变革

在集团公司现代企业制度建立阶段，共经历了三次组织结构变革。在1996 年广西开投刚成立时期，公司将原来的 6 部 1 室调整为 12 个部室，原来按行业分工的 3 个投资业务部合并为 2 个，同时增设多个职能部门，加强了三总师层次的工作力量，强化了项目投资、融资与财务管理部门，突出了企管、法规和审计部门，并经自治区党委批准成立了公司党委，使经营管理和党务工作的组织系统线条更清晰，层次更清楚，职责更分明，与公司新的法人治理结构构成了崭新而紧凑的内部治理框架。1997 年 1 月，融资部增挂国际业务部牌子，1997 年 5 月，原定的资本金投资项目由企业部管理，调整为按资金的性质分类管理，电力投资部增设生产经营管理科，第一次组织变革后形成的组织架构如图3-3所示。

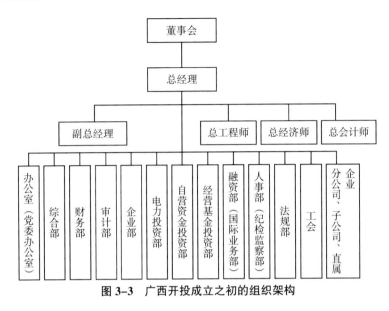

图3-3 广西开投成立之初的组织架构

这一时期，公司经历以刘军为董事长的第三届领导班子。1996年5月，广西开投决定成立广西开投防城港市分公司，公司拥有1个分公司，广西开投贸易有限责任公司、广西建设开发公司、广西中桂农林有限责任公司3个全资子公司和若干控股、参股子公司。

1999年7月1日，广西开投对内部机构及其职责分工进行进一步优化和调整，形成第二次组织变革。将公司原有12个部室调整为9部1室，财务部与审计部合并，成立财务审计部，由党委工作部和工会联合成立党群工作部（对外仍挂工会牌子），综合部与法规部合并，成立综合法规部，BOT办公室、TOT办公室与原国际业务部联合，成立国际业务部，撤销自营资金投资部、经营基金投资部、融资部，分别成立资金经营部、企业发展部、证券部，人事部改为人事教育部，保留公司办公室和电力投资部，这一时期，公司经历以黄名汉为董事长的第四届领导班子。2002年，是广西投资集团的"改革年"。这一年，广西投资集团进一步深化企业劳动、人事、分配三项制度改革和实施组织结构调整，按照精简高效原则设置了总部机构，建立起总部—子公司—生产企业三个层次管理模式。改革后，集团公司的组织结构由原来的9

部 1 室调整为 5 部 1 室 1 中心，2005 年 11 月 22 日，集团公司决定成立广西投资集团有限公司南宁三水铝分公司，此时公司拥有 2 个分公司，广西开投贸易有限责任公司、广西建设开发公司、广西中桂农林有限责任公司、广西开投燃料有限责任公司、广西八桂国旅行社有限责任公司、广西璧华物业开发有限公司 6 个全资子公司和若干控股、参股子公司和企业。第三次组织变革后形成的组织架构如图 3-4 所示。

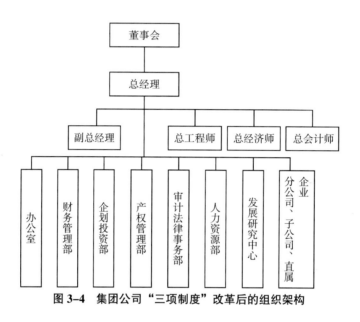

图 3-4　集团公司"三项制度"改革后的组织架构

（二）母子公司管理制

　　广西开投在成立之前，各个子公司或下属企业各自为政，管理矛盾不断凸显，为了降低管理成本，提高管理效率，早在 1998 年广西开投就提出，要以集团化作为自身组织形式的发展方向，在条件成熟时，组建广西投资集团，形成以公司为主，以资本为联结纽带，母子公司为主体的集团组织结构。2002 年 4 月，广西开投更名为广西投资（集团）有限公司，在不断扩大的业务规模、不断多元化的业务发展以及集团对分公司、子公司及下属企业管理难度日益加大的压力下，集团公司开始探索集中管控的管理模式。2002 年集团公司实施第一次三项制度改革，按照精简高效原则和母子公司制，设置了总部机构，建立起集团总部—子公司—生产企业三个层次管理模式（如图 3-5

所示)。

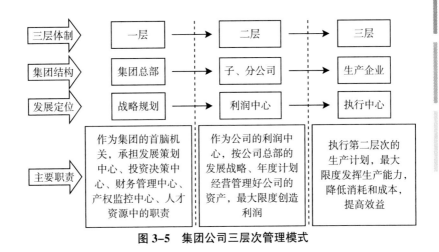

图 3-5　集团公司三层次管理模式

第一层次集团总部作为首脑机关，要集中调控公司的人、财、物资源来实施公司的发展战略目标，把过去大体按行业管理的事业型管理转变为按公司总部经营需要的职能管理，既强化总部的发展计划、投资决策、财务管理、权益监管维护、人力资源开发职能，又淡化总部对下属企业的经营管理职能；第二层次最大的变化是把投资决策权，资金借、贷全部收归总部，以保证总部集中财力实现战略目标，总部通过委派董事、监事、财务总监及加强审计监督等手段来实现对子公司的权益监管和维护；第三层次主要任务是生产经营；同时集团公司还明确，为了避免企业管理失控，禁止发展第四层次公司。

为了加强企业管理和投资项目管理的力度，集团公司在其与分公司、子公司和下属企业之间，推行资产经营目标责任制和项目法人负责制，建立资产责任体系和资产经营机制，根据经营实际需要，集团公司和下属企业签订资产经营责任状，明确经营者的资产经营权利和职责，建立内部约束机制，逐步完善母子公司体制，确保国有资产保值增值。2006 年集团公司针对母子管理制制定了《广西投资集团母子公司管理规定》，从权益管理、股权管理、人事薪酬考核管理、财务管理、投资管理、审计管理等多方面对母公司和子公司的职责进行了明确。经过深化改革和积极调整，集团公司内部管理得到加强，其自我积累、自主投资的能力不断提升。

（三）规章制度建立

在集团现代企业制度建立阶段，仍非常注重规章制度的建设，规章制度建设贯穿企业发展的始终。在 1996 年，公司改制之后，随之而来的是一系列管理制度的制定和发布，在这一年广西开投从 13 个方面建立健全了公司内部管理规章制度，包括董事会工作制度、监事会工作制度、《公司内部机构职责分工暂行规定》、《财务管理暂行规定》、《项目运行管理和业务分工暂行规定》、《派出人员管理工作暂行规定》、《关于规范与子公司、合营公司关系的暂行规定》、《聘用人员管理暂行办法》、职员回避制度等；1997 年公司继续完善内部管理制度建设，夯实公司运作基础，在 1996 年已经出台了的 13 项基本规章制度的基础上，又先后制定和完善了业务费用管理、车辆使用管理、职工业务学习、员工考勤与奖罚、电厂管理、职工聘用管理、投资项目评审、财务电算管理、子公司及控股公司人事管理、驻京办事处管理、资金回收管理 11 项规章制度；1998 年新出台了《直属电厂技术改造项目管理暂行办法》、《境外企业及派驻人员管理暂行规定》、《项目档案管理暂行办法》等 6 项规章制度外，还对以前制定的 24 项规章制度进行了修改和充实，形成了比较完善的内部管理制度体系，使公司各项工作都有章可循。

（四）财务管理信息化发展

企业财务管理目标与企业发展目标是一致的。集团公司的快速发展，需要企业财务管理水平的相应提升，集团公司的财务管理模式经历了从过去的局部、分散管理向远程处理和集中式管理转变的过程，这使财务状况的实时监控成为可能，也可以使集团公司对财务异常情况及时做出反应，控制和回避高速度运营所产生的巨大风险。在 1996 年改制之后，广西开投注重加强以资金为核心的财务管理和监控，不仅设立单独的审计部，对各项目公司经营过程中的财务收支进行监督和审核，还在公司上下全面推进会计电算化，1998 年公司在会计核算上已实现了记账、算账、审核和报表编制等一系列会计工作电算化，1999 年 11 月，广西财政厅同意广西开投从 2000 年 1 月 1 日起用计算机代替手工记账，2002 年子公司、下属企业也基本实现电算化，这为后来企业实施信息化建设奠定了基础。

86

集团公司财务信息工作起步较早，并始终在广西企业中保持"人无我有，人有我强，人强我优"的领先地位。2004 年集团总部编制信息化建设总体规划，并成立信息技术中心，信息化财务管理先行，2004 年 7 月 19 日，财务信息系统项目启动，项目实施小组按照项目建设实施方案开展工作，通过项目建设方案第一阶段的实施，集团公司统一了一级会计科目，统一了主要会计报表，2005 年财务信息系统在集团公司全面实施。集团公司建立和利用财务信息系统，可以对子公司实行数据的远程处理、远程报表、远程报账、远程查询、远程审计等远距离财务监控，从而提高企业经营效益，提高企业竞争力。会计科目、报表的统一和财务信息系统的建立，为今后集团统一执行《企业会计制度》，制定统一的会计政策和核算办法，实现集团集中财务管理打好了基础。

（五）人才管理创新

人才是企业管理的制高点，公司改制改变了由政府统一安排或调配的方式，广西开投开始更加重视职工队伍建设，制定了"激励、用活、引进、充实、培养、提高"的人才开发策略。1996 年 5 月，公司首次面向社会公开招聘专业技术人员 7 人，同时还从机关、电力等部门聘用一些经验丰富的退休专业人员，让他们担任公司的财务顾问和电力项目管理顾问，增强公司的管理力量；鼓励支持和挑选一批业务骨干特别是年轻同志去一线企业任职、挂职；鼓励员工参加专业技术培训，如金融、外语、计算机等，并制定一系列奖励措施，让这些员工学以致用。截至 1997 年 12 月 31 日，公司在职人员 185 人（含招聘人员 12 人），1997 年新增人数 23 人（含招聘人员 3 人）。

人才只有在合理的流动中才能激发出更大的潜能。2002 年集团公司首次实施人事、劳动、分配三项制度改革，人才队伍活力实现第一次有效激发。在这次三项制度改革中，集团公司按照精简高效原则设置了总部机构，建立起了总部—子公司—生产企业三个层次管理模式；按照人尽其才、才尽其用、公平竞争、择优上岗的原则对中层管理人员实施竞聘上岗，在当年中层管理岗位竞聘中，符合竞聘条件的有 117 人，89 人参加竞聘，43 人走上中层管理岗位，其中有 11 人是从原来的非领导岗位中脱颖而出，占到了中层管理人员的 25%；对一般职工实现双向选择，并建立了岗位工资为主的基本工资制度

（岗位工资约占整个职工收入的 60%），按照以岗定薪、岗变薪变的原则，将职工的收入与其岗位职责、工作业绩和公司的经济效益挂钩，初步建立了激励机制、约束机制和竞争机制，职工忧患意识和危机意识明显增强，集团焕发了新的生机和活力。

四、善抓机遇，实现阶段性的跨越

回顾集团公司现代企业制度的建立过程，其所处的时代和政策背景赋予了集团公司太多的机遇和挑战，而也正是因为集团公司能够抓住机遇，顺应时代的变迁和发展规律，不断地开拓创新，突破旧观念和旧体制的束缚，才得以开拓出各项工作的新局面，实现跨越式发展。

（一）顺应市场发展趋势，深化改革，积极完善企业治理结构

国有企业的发展史，是从计划经济主体走向市场经济主体的历史，是企业构建现代企业制度和不断进行产业变革的探索过程，而集团公司的发展是众多国有企业发展的一个缩影，它的改革和发展也同样经历着这样一个探索过程，在这样的过程之中，集团公司能够一步步地顺应市场发展的需要，积极按照《公司法》的规定建立完善的法人治理结构，而为了切实保证投资者的投资回报，协调各方面的利益关系，使公司法人治理结构能够发挥出真实有效的作用，集团公司在健全董事会制度、强化监事会的监督职能、规范法人治理结构的事权划分、制定法人治理结构的工作制度等多方面都进行了相应调整，同时构建与《公司法》相协调的公司内部管理构架，不仅使集团公司部门由原来按照行业分类转变为按照职能分类，而且积极调整集团公司的发展战略，实施母子公司管理制度，全面推行经营目标责任制考核，确保子公司按集团公司的经营发展，不偏移集团公司的轨道，实施适应市场化规律的三项制度改革等。在公司对所投资项目的管理和监控大大加强的压力下，能够及时做出适时的调整去迎接市场的考验，完成从计划经济配角向市场经济主角的转变，通过全方位的改革，逐步构建起具有"广投集团"特色的现代企业制度。

（二）顺应发展规律，转变思路，不断调整完善发展战略

转变企业发展方式的最高形式是从战略上实现转型，集团公司第四届领导黄名汉也说过，对于企业领导，没有什么事情比对企业发展进行战略思考和决策还要重要。1996 年是集团公司"战略管理"的起点，此时的战略管理则具有更高的边际效应，在这一时期，集团公司基于对发展规律的理性认识和对自身发展的准确定位，在发展理念、发展思路上积极探索自身特色的转变路径。在公司制改造阶段，全国的投资公司从成立到这个阶段，制约的因素大都是存在大批不良资产，这是共性的东西，但是集团公司能够适时提出"抓大放小"的战略，在这个战略的指引下，基本完成了不良资产的整顿和处置，产业、资产资源、人才得到有效的整合与集中，这种集中度的提高，不仅可以组织力量与资金发展主业，也在认识上树立了要干就干大产业，而不是去干"花生米"之类的产业的观念；而到了 2001 年之后，公司面临的最紧迫问题已经不是不良资产的问题，而是发展主业的问题或者说是核心竞争力的问题，集团公司着眼长远，适时调整发展战略，将发展的方向指向"产业做优"，通过产业结构、资产结构的调整和投资结构的优化，重点培养以电力为主导的能源产业、以铝业为主导的有色金属产业和积极发展证券业，踏上产融结合的探索之路。公司发展如同爬高坡，越往上越困难，而明确的企业战略是公司得以持续发展的必要保证，也是决定公司成败的关键。

（三）顺应产业发展规律，扬长避短，实现业务之间的协同

推进产业结构调整，既要利用市场萧条时期的倒逼机制果断采取措施，也要在经济形势比较好的时候未雨绸缪，主动做出安排。在这一时期，集团公司在两种情况下都实现了突破，而核心是顺应产业发展的规律，不断强化业务创新。主要体现在：一是优势业务的选取。在创业期，集团公司经过多年的建设积累，本身就具备了数量较多、行业种类较为广泛的子公司、下属企业或项目，这一方面为集团开展多元化经营提供了较为坚实的基础，另一方面也为公司战略转型选择主导产业带来了一些困扰。水力和有色金属是广西的优势资源，集团公司最终脱颖而出的两大主导业务（水电、铝业）的选取也是依据这两大优势资源，这既顺应了国家、广西产业政策的导向，也顺

应了产业发展的规律，实现了优势资源向优势产业的转变。而为了弥补专注水电导致枯水期供电不足的缺陷，集团公司选取火电作为电力发展的有效补充，实施水火电并举，避免了单纯发展水电产业和单纯发展火电产业所带来的弊端。另外，金融产业和高新技术产业等业务的选取，也是顺应产业发展趋势的体现，并极具战略眼光。二是主导业务的协同。集团公司在主导业务选择时，也特别注重业务之间的协同性，比如铝业的选择，电力是发展铝工业的根本保障，集团公司电力的发展，可以将"铝电结合"理念发挥到极致，利用集团自身拥有的电厂来向自身铝产业供电，同时铝业的发展可以帮助消耗一些电力，这样的理念在很大程度上可以将外部成本内部化，提高集团总体效益。再比如铝业产业链的构建，集团公司铝产业立足资源优势上游，加快发展氧化铝，利用铝电结合优化发展电解铝，又依托强大的市场优势大力发展铝加工，同时为了解决电解铝的原材料问题而发展碳素。各业务板块之间的协同效应和产业互动逐渐成了企业发展的内生动力，为集团公司的科学发展提供了强劲的动力。

（四）顺应投资公司职能定位，积极培养资本市场

国有投资公司的职能地位和作用，决定集团公司必须坚持"实业经营"和"资本运营"两条腿走路的经营方针，必须做到两手都要硬，同时资本运营也是投资公司加快发展，实现低成本扩张的需要，通过资本运营可以使投资公司快速筹集资本，为企业迅速壮大提供资金保证。集团公司顺应投资公司的职能定位，以国海证券为突破口，积极培育证券业，扩大经营业务，推动优良资产上市，虽然集团公司因 2008 年国际金融危机的冲击导致筹备五年之久的方元电力上市工作失败，但集团公司不抛弃、不放弃，仍做上市发展的长远规划，积极推动国海证券、黔桂公司等企业上市，通过资本市场引进低成本资金加快企业发展。并采取发行企业债券等多种方式积极融资，筹集更多的建设资金支持重点项目建设，逐渐打通资本市场和产业资本之间的通道，实现金融和实业的互通。

（五）顺应企业管理发展规律，转变管理方式，进一步提高管理水平

企业对资源的占有都是有限的，要在有限的资源中求得最大的效益，就必须加强管理。作为一家投资公司，集团投资的行业和领域较多，治理和管理的难度本来就很大，而这一时期，集团公司又处于现代企业制度建立的关键时期，治理和管理手段处于完全摸索阶段，这使集团公司治理和管理子公司、下属企业或项目的难度更大。如何使集团管理更有效率、更有效果，是集团公司现代企业制度建立之后面临的新问题。集团公司顺应企业管理发展的规律，不断寻求高效的组织管理架构和运行机制。领导核心具有企业家精神和战略管理眼光，是一个团结和谐、经验丰富、精通业务的领导集体，集团经过多年的发展，其多种管理手段处于广西公司或企业中的先进水平，例如，公司制改造后，公司陆续制定出相关的规章制度，加强制度建设和管理；集团化发展战略推出后，实行的母子管理制和经营目标责任制，可以很好地提高子公司和下属企业的经营效益；第一次三项制度改革后逐渐建立起可以吸引人才、具有激励机制的人力资源系统，大大激发了人才活力；集团信息化推进后逐渐建立起来的财务信息管理体系，带来信息归集和处理速度以及质量的大幅度提高等。在管理方式不断创新和转变下，集团公司已初步具备了较强的整合集团上下游之间的资源战略调整能力和构建健康的企业文化及企业变革的能力，也为未来的发展营造了一个有盈利能力和相应的偿债能力的企业发展基础。

第四章 改革创新（2008~2012 年）

➢ 广投集团在面临国际金融危机，国内产业转型升级，地区自然灾害频发，企业产品市场萎缩等不利条件下，提出了"以改革促发展"的战略思路，勇于自我变革，为后续的跨越发展奠定了坚实的基础。

➢ 在战略布局方面，广投集团加快产业结构调整，形成了"四位一体"的产业结构，注重产业板块发展质量，并开始谋求"走出去"战略，将企业的"破局变革"真正落到实处。

➢ 在企业管理方面，广投集团也开展了一系列的管理创新工作，包括适时调整组织结构来适应发展需要，推动三项制度改革来提升人员活力，强化集团管控制度建设等措施，增强了企业的内生增长动力。

➢ 在创新变革过程中，广投集团形成了一系列的具有典型代表的国企改革发展经验，包括铝电结合发展、循环经济产业园、职业双通道建设等，并取得了良好的发展效果，企业营业收入、纳税等不断提高，在国内500强排名中不断前移。

一个优秀的企业具有哪些特征是一个 What 的问题，如何成为一个优秀的企业则是一个 How 的问题。前一个问题是从静态的角度来看，是指一个优秀的企业本身需要具备哪些因素，后一个问题则是从动态的角度来看，是指企业在发展历程中做了什么才能成为一个优秀企业。相比而言，后一个问题比前一个问题更难以回答。关于如何成为一个优秀企业，可能的答案会有很多，但是其中一项最为核心和根本的表征就是能够面对艰难困境，勇于推动创新变革，从逆境中寻求突破，实现"再生"和发展。从广投集团 2008~2012 年的成长历程来看，也是在逆境中通过改革寻求发展，在发展中又不断推动改革，并取得了很好的业绩，成为一家优秀的企业。面对 2008 年全球金融危机后的经济疲软，广投集团提出要从市场中寻找新的发展机会，转变发展思路来进行战略布局，以推动实体经济产业结构调整为主要任务，强化业务板块建设和发展，加大对组织内部管理体制的创新，完成了从上到下的系统性变革。通过梳理广投集团在本阶段中的改革亮点和重要措施，可以进一步认识困境中的企业如何逆势而动、勇于创新，逐渐成长为优秀企业。

一、面对逆境，寻求创新突破

伴随着社会需求的多样性、经济发展的全球化，创新速度的日益加快，产业间的竞争与企业间的竞争开始进入超竞争状态，使得社会、市场环境更具有动态特征，也给企业发展带来更大的不确定性。自 2008 年开始，受国际金融危机的冲击，加上国内产业政策的调整和产业结构升级的推进，以及广西地区频繁的自然灾害等多重因素的叠加影响，国内外市场也发生了深刻的变革，导致整个市场行情不理想，广投集团开始面临系统性风险。

从国际范围来看，虽然国际金融危机属于全球金融领域的系统性风险，但还是对各国的实体经济造成了较大的冲击。特别是由于金融风险所导致的整体市场货币供给出现短缺，银根紧缩等现象严重，实体经济也因信贷紧缩得不到足够的融资而陷入困境，并逐步传导到市场，出现了居民压缩消费、各个市场均开始萎缩等不利条件。从 2008 年开始，广投集团提出通过实行多元化产业格局来化解可能存在的外部系统性风险。然而从当时广投集团的产业结构来看，还是属于以实体经济为主导的结构，金融业务的比重相对较低，抵御市场风险能力偏弱。其中，又以重资产为核心，特别是作为广投集团核心业务的能源产业缺乏控股水电、拥有沿海火电等优质资产，加上各产业之间各自为政，不能实现优势互补，多元化产业优势没有得到充分发挥，造成整个集团的负债率不断攀升、产品竞争力和盈利能力持续下降等现实问题，导致广投集团在市场环境上面临一些困境。

从国家层面来看，国家宏观经济从"十一五"初期的高速发展区间逐步下滑至7%~9%的中速发展区间，国内投资增速放缓、内需不旺，整体市场行情出现了较大波动。在全国范围内，国家开始推动以转变经济增长方式、加快产业结构调整和升级的发展要求，一些原材料行业受到经济增速放缓影响，开始出现产能严重过剩，广投集团的核心板块——铝业受到了较大的市场冲击。国内铝锭价格从2009年的1.9万元/吨一路下跌，一些工厂出现了开工就亏损，不开工损失更大的不利情况。广投集团的一些下属铝厂也出现了多次拉闸停产，给生产经营带来较大的影响。与此同时，在国家层面也开始高度重视节能环保，先后出台了一系列的强制性节能减排环保政策，对高耗能、高污染的资源依赖型企业进行严格限制，给广投集团的铝业和能源产业发展带来了严峻的挑战。特别是以电力企业为主导的能源板块受到了较大的影响和冲击，为了达到国家节能环保减排的政策标准要求，部分火力发电企业需要增添一些脱硫、脱硝等附属设备，在一定程度上也加大了企业的生产经营成本。

从地方区域来看，广西也面临着严峻的现实挑战，发展中的不平衡、不协调、不可持续等问题依然较为突出，例如，产业结构不合理，基础设施不完善，科技支撑能力不强，创新型人才缺乏；加上市场化、国际化程度较低，制约科学发展的体制机制障碍较多，以及经济发展方式仍较粗放，资源环境约束压力加大等情况也较为严重。特别是在此期间，大量央企开始进入广西地区寻求新的战略发展机会，使得广西地区一些优质的水电资源、铝土矿资源等被瓜分殆尽，造成了广投集团的未来发展项目战略储备上出现了严重的资源短缺。同时，一些难以预测的地区自然灾害也给广投集团带来了难以预计的影响，例如2008年，席卷全国的冰雪灾害导致原煤紧张和价格上涨；2011年，西南地区的严重旱灾等导致广西地区出现严重的"煤荒、电荒、水荒"；2012年，持续的严重干旱和煤价高涨双重压力，导致能源业务的生产经营成本上涨；2013年，受国家整体经济增速放缓等诸多因素影响，广西地区的市场出现波动，使得广投集团的电力、纸业、化肥企业生产经营均受到严重影响。

从企业层面来看，受到煤价高涨、经济增长乏力、市场疲软、生产经营状况恶化等影响，广投集团也面临着一些以往没有预料到的危机。其中，能源和铝业两大主导实体产业出现重大经营性亏损，财务危机随时可能爆发，发展资金严重短缺，管理构架亟待完善与优化等问题进一步突出。特别是广投集团的电、铝资源优势不能互补，铝产业链没有形成，产品市场竞争力下降，发展后劲不足。加上投融资能力不足，投资计划与资金短缺的矛盾相当突出，也直接影响着广投集团的发展规模和速度。虽然从整体来看，广投集团在2008~2011年的营业收入还能实现持续增长，但是还是存在企业盈利不佳，利润增速缓慢的不利状况，特别是从2011年第四季度开始甚至出现了连续9个月亏损的不利局面。

面临如此严重的困难，广投集团必须求变，必须具有敢于自我变革的精神，壮士断腕的决心，从诸多不利条件之中"杀出一条血路"。广投集团针对当时存在的诸多不利条件，从多方面寻求破题方案，推动"以改革促发展"的战略变革和业务创新，提出"以打造竞争优势和提高盈利能力为目标，以结构调整促产业优化，以资源整合促进发展后劲，以精细管理促进效益增长，不断创新经营思路"的发展思路。在战略层面，广投集团开始实施以"调结构、转方式"为核心的相关多元化发展战略，积极推动主导产业转型升级，大力培育和发展金融和证券业务，同时加快国际化发展战略，利用"两种资源、两个市场"，通过参股、战略联营等多种方式拓展海外市场。在业务板块内，推进铝产业向上下游延伸，构建"氧化铝—铝水—铝加工"的循环经济产业链，打造生态型工业；在业务板块间，通过推进铝电结合，实行一体化发展模式。在管理层面，优化组织结构，强化集团管控，创新管理体系，推动三项制度改革，实施人才兴企，有效应对了来自外部环境的风险和压力，形成了适合广投集团实际的发展模式。

二、转变思路，推动战略变革

（一）在多层面完成战略布局

经营企业如同下棋，起手落子即为布局。面对不断出现的困境，广投集

95

团并没有急于求成，力求在最短的时间寻求猛药来解决当前的问题，而是强调根据当前和今后的经济发展趋势、市场变动情况、区域资源禀赋，以及企业现实基础等进行综合考虑，力图通过形成整体性的战略布局来推动区域、产业和项目的系统性变革调整。

在区域布局上，广投集团立足广西优势资源，放眼全国和东盟地区，坚持实施"走出去"战略，加强国际合作，开拓国际业务。在战略发展方向上，重点强调基于资源和市场的视角来调整区域经济结构布局，推动相关主导产业的转型升级，着力培育和发展"点、线、面"相结合的区域特色经济，例如，面向中西部地区布局铝加工项目，延伸铝产业链，做大做强铝产业。同时，广投集团还充分发挥国有投资公司的引导作用，通过国有资本投资和带动社会资金进入国家鼓励发展、地方需要发展的经济领域，特别是在关系国计民生的基础性、资源性产业布局和结构调整中发挥作用。在发展区域的选择上，广投集团的重点区域是贵州以及广西的来宾、柳州、百色三大产业片区，以及北部湾新片区，先后形成了贵州盘县、来宾柳州、钦北防、百色等多个产业园区，同时还积极推动相关资源、资金、人才、技术、人口和服务业向产业园区集中，以产业园区来带动当地经济发展，推动城镇化建设，从而在更深层次上发挥投资企业的引领作用。

在产业布局上，广投集团根据发展战略需要，提出不断"强化业务创新，调整资产结构"是今后产业发展的基本特征。从 2008 年开始，广投集团在产业布局的实施过程中，逐渐把发展思路定位在培育发展广西资源优势产业，集中资金和资源做大做强电力和铝产业，积极推进百色、来宾铝工业基地建设，初步形成了以电力、铝土矿资源为依托的产业链，推动形成铝业一体化整合发展模式。2008 年底，广投集团的主业分布为电力 35.71%，有色金属 29.17%，证券 24.40%，其他产业 10.72%。2010 年之后，按照国家和广西政府的发展规划，广投集团紧密结合国家和区域产业政策的指导，以"调结构、转方式"为主线，以经济效益为中心，加快转型升级步伐，通过资源控制、技术创新、市场开拓、资本运作等多项举措，先后编制了《2011~2015 年发展战略规划》，制定了《"十二五"创千亿元企业战略规划》，提出"翻一番"及"再造一个广投集团"的战略目标，形成以铝业为核心、能源为基础、金融为支撑、文化旅游等相关产业协同发展，立足区内优势资源，放眼全国和东盟地区，通过资源控制、技术创新、市场开拓、资本运作等举措，打造"产融一体化"的千亿元企业集团。2013年，广投集团进一步提出，产业布局的重点是立足于增加金融和文化旅游的投资比重，培育新的经济增长点，形成科技引领、产业协同、国内一流的企业集团。

在项目布局上，广投集团一直秉持"有进有退、有所为有所不为"的原则来选择合适的项目。在创业初期，广投集团就着手采取"有进有退、收缩战线"的决策，不断地调整项目选择和投入，优化企业资产结构。进入新的发展时期，面对有限的资金和资源支持，广投集团提出要通过项目调整来完善投资控股公司的功能，使之成为"调结构、转方式、谋发展、做大做强做优"的产业基础。在2008~2012年，广投集团先后退出了数以百计的项目，通过回收资金来推动再投资重点发展的业务领域。在项目选择中，广投集团一直坚持以"产业链延伸、相关多元"为主要导向的产业发展方向，注重项目的发展方式创新与盈利模式创新相结合，要求每一个片区的项目都有相对合理的发展定位，所有项目都必须具有明确的发展思路，使其能够推动产业的整合和延伸，项目的每一个发展阶段都有较为科学的发展方针。

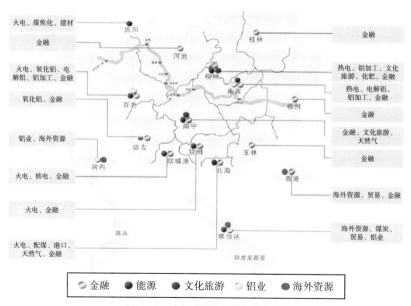

图4-1 广投集团区域产业布局

在具体项目规划上，广投集团要求每个板块都必须通过项目优化来提升竞争力，例如，在能源板块上，强调优化电源结构，淘汰小火电机组，对火电机组进行"热电联产"技术改造，发展循环经济，增强火电企业的竞争力。其中，重点发展水电、核电和"港口、坑口"大型先进火电机组，培育能源基地，增强电力产业的发展后劲。同时，广投集团还致力于发展金融、文化旅游等新型业务，培育金融产业，投资银行、基金等优势项目，推动优质企业实现上市。出于未来持续发展的需要，广投集团也培育了一些潜力项目，使其成未来集团利润的新增长点。例如，2011 年 8 月，国海公司借壳桂林集琦药业股份有限公司登陆 A 股市场，更名为国海证券股份有限公司。此外，广投集团在《2011~2015 年发展战略规划》中提出了一些比较好的业务项目，包括参股大藤峡水利枢纽开工建设，进一步提升了水电权益装机容量；参股防城港核电一、二期项目；重点打造北海能源基地项目；开发黔桂循环经济项目、推进来宾热电联产项目、鹿寨热电联产项目等。这些准备工作，为广投集团今后的持续发展提供了强有力的支撑。

（二）形成"四位一体"的产业构架

广投集团是以电力起家，随后开始依托矿产和市场资源，向产业链上下游延伸，并逐渐推动相关多元化发展。从 2008 年开始，广投集团加大对铝业板块的投入，初步形成了以铝业、电力为主导核心板块的业务模式；2009 年，广投集团提出形成产业结构协调发展模式，通过形成"产融结合"、"水火电搭配"的产业结构优势来弥补铝业和火电的亏损。2010 年，广投集团结合国家政策调整，提出以"调结构、促发展、节能减排、技改创新、循环经济、低碳经济"为重点，围绕资源综合利用，优化产业结构，延长产业链条，培育新经济增长点，并提出要形成以电力、铝业和金融为主导产业的"三足鼎立"业务模式。2012 年，广投集团开始促使电力、铝业、证券等传统主业向具有更丰富内涵的能源、金融、铝加工、文化旅游等领域延伸和拓展，逐渐形成以能源、铝业、金融为主导的产业发展新格局。出于提高发展质量的考虑，广投集团开始积极实施结构调整，提出要逐步形成实业与金融相结合的产业结构，即按照产业发展类型，促进转型升级，构筑以能源、铝业为主轴，金融证券、新兴地产为两翼的"一轴两翼"发展新局面，逐渐从能源、铝业、金融"三足鼎立"的产业结构转向能源、铝业、金融、文化地产"四位一体"的产业结构。

1. 能源

能源板块是广投集团的立业之本，但是随着国家政策和市场环境等外部条件发生变化，广投集团也开始针对能源板块进行有序调整，让"老树发新枝"，焕发新活力。从 2008 年开始，为应对火电产业发展的困难局面，积极扭转经营亏损，提高存量资产市场竞争力，广投集团把循环经济作为存量火电突破发展"瓶颈"的重要措施，果断实施传统火电改造升级，同时推动调整和优化能源结构，提出通过以"上大压小"、热电联产优化存量，以大力发展坑口、港口电厂做大增量，重点项目有：黔桂上大压小 2×66 万千瓦机组、鹿寨热电联产一期 2×35 万千瓦机组、钦州电厂二期 2×100 万千瓦机组等。其中的典型例子有柳电公司、来宾电厂从单一发电模式转化为"热电联产"业务模式，即在积极发电保民生的同时，向周边工业园区集中供热供气，走出了一条新的绿色发展道路。在此模式中，火电企业通过集中供热，不但提高了机组的运行效率，还充分利用国家产业政策解决了机组发电负荷偏低的问题，彻底解决了发电企业、区域工业园区一次性能源利用率偏低的问题。通过热电联产，利用效率高的大锅炉和发电后的低压蒸汽向工业园区集中供热，既减少中小锅炉污染物排放，还开辟能源高效利用新渠道。2012 年，两家电厂共计供热 130 万吨，实现销售收入 1.8 亿元，销售利润 390 万元。

在此期间，广投集团还通过利用区位资源，积极推进能源基地建设，构建"发电、煤化工、建材"等循环经济产业链，其中合作建设北海能源基地、防城港能源基地，总体规模规划分别为：8 台 100 万千瓦超临界火电机组、4 个 10 万吨级码头泊位、5000 万吨/年煤炭储运中心及配套相关项目。此外，为了培育发展新兴产业，广投集团还加快发展天然气、太阳能、核能等新能源，加快建设防城港核电工程，推进中石油、中石化广西管道天然气项目建设；在充分论证、经济可行的前提下，积极规划布局生物质发电、城市垃圾发电和建设太阳能、天然气及相关分布式能源项目，使能源产业发展成为保障广西能源安全的主要支撑。通过这些战略性的业务调整，广投集团也由最初的以水火电为主的能源结构转化为水电、火电、核电、天然气"四足鼎立"的多元化能源体系。

2. 铝业

铝业一直是广投集团实体产业的重要基础。虽然广投集团可以依靠广西区域内的铝土矿资源来形成比较优势，但是铝业依然属于高耗能、高污染的资源依赖型产业，面临相关国家政策的规制和约束。2008年以后，随着国内诸多大型铝厂的投产运营，导致铝业整体呈现严重亏损的局面，甚至有些铝厂出现"投产之日，亏损之时"的尴尬局面。为了推动铝业板块的转型发展，降低运营成本和风险，广投集团采取了一系列战略措施来加以推动。

首先，加大调整铝产业结构力度，进一步整合煤、电、铝等资源，形成"煤、电、热、铝精深加工"一体化的循环生态型铝产业链。例如，以混合所有者经济形式，大力推动"广银模式"在资源富集区规划布局铝加工企业及铝工业园，快速形成了铝加工竞争力；以交通用铝板带材为突破口进入铝精深加工产业，成立了柳州银海铝业；收购强强碳素，发展铝配套产业；推进崇左铝项目、印度尼西亚煤电铝一体化项目等，抢占铝土矿资源，构建由资源到产品的一体化铝产业链。

其次，把握东部产业转移契机，以高端铝加工产品为龙头，以柳州、百色、来宾等铝深加工基地建设为重点，布局轨道交通、汽车、装备用高端铝材等项目。以集约化铝加工基地建设为途径，吸收东部铝加工产业的转移，通过厂房、设备租赁以及污染物统一处理等新型模式，建设铝加工工业园，形成集聚规模。

再次，以基地建设为重点，积极推进强强联合，迅速壮大铝加工产能规模，大力推进以铝加工为主要内容的工业园区建设，开拓一条以国有资本引领、带动更多社会资金参与的新型铝工业投资模式，逐步构筑独具广西特色的跨省区铝工业大产业链，使广投集团成为国际铝行业具有影响力的领跑者和新技术的开拓者。

最后，为了加快广西地区及海外铝土矿资源合作开发，夯实铝产业发展基础，广投集团充分利用广西地区作为东盟区域桥头堡的区位优势，加快实施"走出去"的国际化战略，充分利用国内、国外两种资源和两个市场，加大与印度尼西亚、越南和澳大利亚等铝土矿丰富的国家合作开发铝土矿资源的力度。

3. 金融

发展金融业务不仅可以支持广投集团内部的实体产业发展，推动实体产业不断升级发展壮大，同时还可以通过多元化来化解外部风险，并成为集团未来盈利的一个新的增长点。虽然出现了全球金融危机，但是广投集团认为未来产业板块需要补上金融业务。从2008年开始，广投集团就开始谋划发展金融业务，通过借鉴其他央企大力发展金融业的经验，贯彻落实自治区"引资入桂"战略，壮大证券、控股银行，设立创投基金、小贷公司，大力推进产融结合和企业上市融资，充分发挥金融业资本对实业资本的支撑作用。通过开展金融业务，在很大程度上也提升了广投集团的盈利能力，其中在2008年国海证券的股权收益占集团总收益的20.93%。从2011年开始，面对外部环境中的不利形势，广投集团及时调整战略，一方面抓住金融行业创新发展机遇，大力拓展创新业务；另一方面又充分发挥金融固定收益类业务的传统优势，通过资源优化配置，抓住债券市场投资机会，实现了金融板块内投资收益和公允价值变动同比大幅增加，使得金融业绩得到显著提升。

在推动金融板块的业务发展中，广投集团采取了两条卓有成效的策略：一是壮大证券业。加大资本运作力度，推进资产证券化，重点配合大唐集团做好集团水电资产证券化工作；推动强强碳素、黔桂公司等优质资产上市融资；积极参加国海证券配股计划，支持国海证券壮大资本实力；依托国海证券研发优势，加大资本运作力度；利用资金集中优势，开展战略并购工作。二是大力发展企业多元化金融业务。积极探索组建可降低资金使用成本、提高资金使用效率的集团财务公司；探索小额贷款公司盈利模式并加快组建工作；积极参股有发展潜力的地方商业银行，集中财力控股商业银行，为支持集团实业投资、资本运作服务；准备进入保险业、信托业等金融业务，实现金融多元化发展模式。经过一系列的战略布局和投入，广投集团已经逐步形成了以银行、证券、保险、小贷、担保、基金、融资租赁、互联网金融等为主的较为完整的金融产业集群。

4. 新型地产

广西地区旅游地理优势明显，同时具有深厚的民族文化氛围，从贯彻落实自治区关于加快推进城镇化跨越发展，培育集团新的增长极等多种因素考虑，广投集团提出加快发展文化旅游地产，使其成为集团业务板块中的重要一环，调整结构的重心和新的经济增长点，从而加快从生产型企业向高端服务业的转变。在业务选择中，广投集团主要是推进养生养老地产项目，以"突出特色、打造标杆、创新发展"的指导思想，以养生养老地产和特色医疗服务为切入点，瞄准"对养生养老有较高需求的受众市场"，以小型项目撬动大型项目、以短期收益项目带动中长期项目为投资发展思路。同时做好中高端商业物业，重点是南宁总部基地、柳州龙象城项目、来宾电厂生活区改造等项目的规划和建设工作，同时积极发展黔桂片区有发展前景和盈利能力的房地产业务，形成具有特色的房地产品牌。

总体来看，广投集团在业务调整中能够把握世界经济发展趋势，国家产业政策和节能减排政策方向，在能源板块形成了"水火并举"，积极推动能源转型，开发核电、天然气等清洁能源的多元化能源产业格局；在铝业板块，推动"铝电一体化"发展模式，延伸产业链，推动集团公司由铝产品生产商向综合服务商转变；在金融板块把握国家推进金融领域改革、加快金融制度创新的机遇，大力推进金融板块建设，逐渐向金融控股型集团企业方向转变；在地产板块，充分发挥广西作为西南交通要道的区位优势，尝试发展新兴旅游、文化地产和商业地产，创造出集团各产业板块快速稳定发展的新局面。

（三）实施国际化战略提升企业发展质量

广西地区地处华南经济圈、西南经济圈和东盟经济圈结合部，区位优势得天独厚，市场辐射范围宽广，市场潜力巨大。受益于"中国—东盟自由贸易区"的建立，广西地区也是我国对东盟开放以及泛北部湾经济合作的桥头堡和平台。同时，广西地区还具有丰富的资源优势，包括矿产、水能、农林、药物、海洋、旅游和港口等自然资源，以及劳动力、土地、工业用水等基本生产要素供应充足、价格低廉，具有综合成本比较优势。面对前所未有的发展机遇，广投集团依托国家和自治区的政策扶持，充分利用"两种资源、两个市场"，强化"走出去、引进来"战略落地，实现内外协同发展。通过"引资入桂、引企入桂"，广投集团加强引进投资与合作，与外企合作建设了一批能源、铝业项目，拓展了发展空间，增强了经济实力和发展活力。

广投集团为了适应全球产业化发展，充分利用沿海沿边开放政策、保税港区政策、西部大开发政策、北部湾国家战略政策以及"中国—东盟自由贸易区"优惠政策等政策叠加优势来拓展国际发展空间。在国际化战略中，广投集团积极借鉴国际化企业的成功经验和成功模式，基于做强做大电力、铝业主业的发展思路，以"转方式、调结构"为主线，以产业园区、物流码头建设为载体，战略布局煤、电、铝及相关产业链，加快国际产能合作的力度和深度。国际化战略对广投集团而言属于新的发展方向，为了保障国际化战略的有效实施，并降低潜在的风险和成本，广投集团开始建立境外投资合作制度和风险防控体系，对"走出去"国际投资与合作的项目进行仔细甄选，对运作步骤、人员安排、配套制度等进行详细的规划。从 2008 年开始，先后制定了《广西投资集团有限公司驻印度尼西亚代表处管理暂行办法》、《广西投资集团有限公司对外合作境外突发事件应急预案》、《驻外人员补贴办法》及《广西投资集团有限公司境外投资项目及境外企业管理规定》等制度，明确了在境外投资与合作中的基本原则、指导思想、发展目标，各职能部门的权责范围、决策方式、管理架构、运作模式等使得国际化投资、合作、运营等活动开始走向制度化、专业化和规范化。

三、强化管理，完善制度建设

作为一家大型国有投资公司，广投集团涉及的行业和领域相对较多，导致企业内部的管理活动难度较大，所面临的一个现实问题是如何使管理活动更有效率和更有效果。在实践中，广投集团提出通过创新来解决发展中所遇到的问题，依靠创新来转变思维方式、推动科技自主创新、强化企业管理和优化工作流程等。从 2008 年开始，广投集团着重推动组织内部结构变革来实现组织结构优化，基于"资产、战略、人事和风险监控"来加强集团管控，利用三项制度改革来实践人员流动和人岗匹配。从 2009 年开始，广投集团进一步提出"集团化管控、专业化发展、精细化管理"的发展思路，力图在组织创新、制度创新、投资项目管理创新和技术创新等方面形成突破。同时，积极寻找与国际、国内一流企业的差距，汲取先进企业的管理理念、方法、经验和手段，不断提高企业的生产经营和管理水平，使得管理水平向现代化一流企业迈进。

（一）推动组织变革

2008 年，广投集团在总部实行三级组织结构，其中党委和董事会合一，党委书记兼集团董事长。同时，在二级部门共设置战略投资部、经营管理部、资产管理部、办公室、财务管理部、人力资源部、审计监察部、法律事务部和工会共 9 个部门。在三级部分分设了战略研究室等 21 个单位。

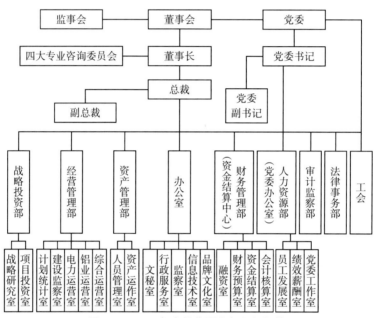

图 4-2　2008 年广投集团总部组织机构

在业务管理上，广投集团从企业的实际业务运行出发，实行二级和三级并存的管理机制。在二级业务中，包括全资子公司、控股公司和参股公司。其中，方元电力股份公司和银海实业有限公司是按照三级构架体制设置的产业管理公司，其余公司暂为二级企业。

为了理顺各部门之间、各部门内部的关系，明晰权责，构建现代集团化的管理模式，使企业的组织架构更加适应发展战略的需要，从 2009 年开始，广投集团通过组织创新，建立并完善以战略为中心的组织体系，配合公司资源整合和业务协同等战略的实施，将原来的 7 部 1 室 1 中心调整为新的 7 部 2室。2011 年，面对新的发展形势和集团"十二五"发展目标，集团优化组织

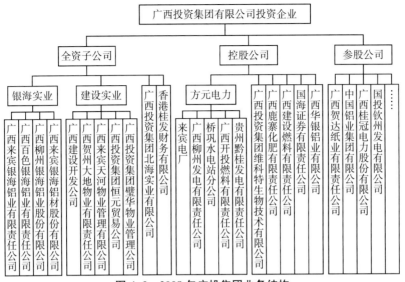

图4-3　2008年广投集团业务结构

结构，丰富管理内容，集中管理权限，从职能单一、企业分散向统筹部署、板块管理方向改进。为此，广投集团开始对总部现有的部门职能进行进一步优化和调整，对各部门工作职责进行重新梳理完善，重点强化了国外投资、安全监察等职能，使集团总部的组织机构更加合理，部门职责更加明晰，也能更适应现代企业管理的要求。特别是针对产业区域、行业布局特点，根据集约化、高效化的发展原则，广投集团大力推进企业管理板块化发展改革，提出一级抓一级，建立资源共享平台，加强优势互补，弥补发展短板，降低生产成本的管理结构模式，有效提升对存量资产的管控水平，实现了企业经营管理的有效监管和指导。

在结构变革中，广投集团重点调整部门职能，健全组织设置架构，对组织架构和职能分工进行优化和调整，构建了"总部—平台—企业"的新管控模式，大力推行"集团化、专业化、差异化"管理，致力于提升各大板块的核心竞争力。通过对集团总部各部门工作职责进行重新梳理完善，将总部的11个职能部门调整为10个部门，设立金融事业部和国际事业部，组建能源、铝业、金融、文化旅游地产、海外资源五大板块大型平台公司，从组织上保证集团战略执行的需要，实现了企业管控体系和企业管理现代化。同时，广投集团还通过构建统一管理平台，包括行政、办公的信息化平台建设，从而提高信息化管理水平，提升管理效率。

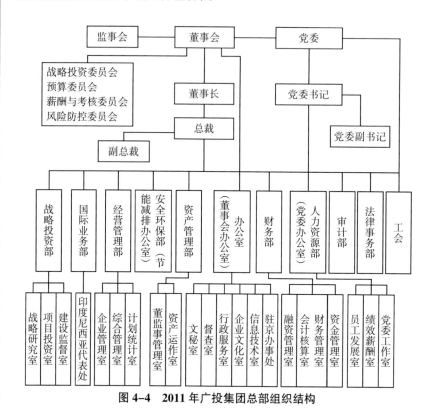

图4-4　2011年广投集团总部组织结构

（二）强化集团管控

广投集团作为投资公司，下属经营单位众多，经营内容差异较大，如何强化总部战略职能和下属经营单位的经营职能成为集团管理工作的重要内容之一。为了发挥集团化管理的优势，整合内外部资源，完善对控股子公司的管理、授权和沟通机制，广投集团不断探索创新，在集团管控方面形成了"总部—平台公司—投资企业"三级管控模式，逐步建立起体制健全、制度完善、流程清晰、责任明确、运转有序的集团化管控体系。广投集团推行的集团管控模式是将总部和下属经营单位视为两个相对独立的层次，分别承担公司的战略性决策和经营性决策功能。其中，总部是决策中心、资金中心、运营监控中心、资本运作中心、共享信息中心，主要职能是对下属经营单位进行战略指导，实施战略管理，在宏观发展层面对企业实施统筹管理，指导产业、企业的全面、协调、可持续发展。下属经营单位根据总部战略方向组织实施其生产经营活动，又存在子企业和投资控股企业的分属，子公司是专业化管理中心、投资机会和业务开拓中心，控股投资企业是成本管理中心、利润中心和对标中心。为了推动集团管控机制建设，广投集团形成了以流程控制为主的投资决策体系，形成了战略指导、分级审批和合理授权为基础的管控机制。

1. 战略指导

广投集团管控体系中的战略制定以总部为主，在统筹兼顾基础上注重整体和长远。同时，根据管理需求，分重点行业（如电力、铝业等）、分重点企业（如黔桂公司等）、分重要专业（如信息化、财务等）等，制定细分战略发展规划，以推动集团的全面、协调发展。通过战略指导，集团总部对二级公司的发展定位、业务范围、业务发展目标、新业务拓展、资本运营规划以及基本发展战略和措施等进行科学、明确的规划，确保适度和合理控制。对行业情况特殊、自主发展能力强的企业，总部适度放宽自主权，由下属企业根据实际情况灵活制定战略，在总部的统筹下做好发展工作，如黔桂片区的经济发展战略和国海证券富有行业特色的发展战略，主要由企业根据自身实际量身打造。

2. 分级审批

广投集团的投资管理采取三级审批机制，在健全完善制度基础上强调严谨高效。总部投资决策主要由战略投资部、战略投资委员会、董事会为主的三级管理机构负责。其中，战略投资部负责集团战略发展规划的制定、宣贯执行、战略调整以及监督实施工作；战略投资决策委员会负责集团战略投资决策方案的二次评估和审核，为董事会决策提出咨询意见；发展规划及投资项目的审批最终则由集团公司经营班子和董事会负责。

3. 合理授权

广投集团的集团管控体系特别注重集权和分权上的科学平衡。总部对投资实行相对集中管理，既按母子公司管控机制适度授予下属企业一定的投资自主权，激发企业的活力与动力，又妥善处理集权与分权的关系，发挥集团统筹配置资源的作用。总部对绝对控股子公司的投资权限和投资领域做出具体安排，以利于进行投资风险控制和战略发展协同，对参股公司按法人治理履行股权管理程序。集团绝大部分投资项目的调研、论证、筛选等活动都集中在总部，控股子公司根据授权主要负责投资项目的具体操作，其中根据具体情况对银海铝业、黔桂公司、国海证券等公司赋予相对较大的投资自主权。

（三）制度体系创新

广投集团原有的业务基础主要是基于政府划转的投资项目资产，这些项目一般都对应着独立的法人实体，并分散在多个行业，在管理上要求采用投资控股公司的组织形式。为了提高管理效率，广投集团在宏观层面推行对标管理理念，将各所属单位及有关部门纳入到制度管理过程中，提升了从集团总部到各所属单位的管理水平。同时，还充分考虑实业、金融业、文化旅游等业务板块的不同特点和发展规律，在集团统一基本管理制度的前提下实施差异化管理，在微观层面推动建立现代企业制度，完善制度管理体系和制度流程，尤其是在用人制度、业绩考核、激励机制等方面采取更加贴近市场化的方法和手段，促进各项资源和要素的优化配置，为未来发展奠定了良好的制度基础。

1. 以对标管理寻找差距

管理创新的重要任务之一是建立对标体系，通过与同业对标日常管理、业务和岗位，进行制度创新。寻找与国际、国内一流企业的差距，汲取先进企业的管理理念、方法、经验和手段，不断提高企业的生产经营和管理水平。自 2008 年以来，广投集团在经营管理上把对标管理作为降本增效的主基调，确定降本增效的突破口，推进企业"全员、全过程、全方位"的成本管理与控制工作。通过对标管理活动的开展，在管理思想上帮助认识开源与节流的关系，同时加强成本控制，以利于节约资金和增加效益，有效防范潜在的运营风险和市场风险。一些下属企业通过对标管理取得了很好的成绩，例如，百色银海铝业公司通过开展对标管理，把全系列电解槽换极周期从行业平均32 天延长至 33 天，取得了明显成效。经核算，单台电解槽每天能节约阳极碳块 0.029 吨，全系列电解槽每年能节约碳块 3000 多吨，全年可节约生产成本1000 多万元，为广投集团完成各项年度经营目标任务做出了重要贡献。

2. 以制度建设强化管理

制度建设是保障广投集团一切经营活动的基本原则和重要任务。投资活动是广投集团的核心业务，面对投资实践中出现的问题和矛盾，广投集团强调通过制度创新，推动制度体系建设，保证制度完整性，减少管理盲区，打通管理堡垒来实现规范化管理。在投资管理决策上，广投集团将投资分为固定资产投资类项目（含基本建设、技术改造）、对外投资（含设立全资子企业、控股参股企业、受让或转让股权、收购兼并、合资合作、对出资企业追加投入等）、金融投资（含证券投资、期货投资、委托理财等）三大类项目，先后制定了《投资项目审批备案管理办法》、《技术改造项目管理办法》、《证券投资运作指引》、《股权投资管理办法》、《项目退出管理暂行规定》等一系列制度，通过投资计划制定、投资资金管控、投资项目建设监管等，实现了对投资方向和重点的把控。在企业内部管理活动中，广投集团加强建立现代企业制度，完善公司治理结构，先后出台《进一步明确母子公司管理权责的若干意见》、《派任董事监事管理考核暂行办法》、《外派人员管理暂行办法》、《委派财务经理管理办法（试行）》等制度，推进集团在法人治理结构上的规范化、制度化、流程化管理。为了促进创新活动的开展，广投集团在2010年出台了《广西投资集团有限公司创新活动管理办法》，针对创新的类别、活动机构、计划编制和实施、日常检查、活动评审、激励机制等进行了详细的规定。

3. 以风险管控优化机制

在国务院国资委《中央企业全面风险管理指引》中明确提出，"风险管理的首要目标就是确保将风险控制在与总体目标相适应并可承受的范围内"。每个企业的性质各不相同，所承受的风险范围也各有特点，加之企业管理模式的差异，使得全面风险管理在不同企业中有不同的表现形式。广投集团作为投资型的资本运营企业，对于风险管控尤为重视，按照国务院国资委《中央企业全面风险管理指引》提出的"提升企业全面风险管理，强化风险管控能力，把风险管理打造成企业的核心竞争力"的工作要求，推进"大风险"管控。在机制建设上，广投集团董事会专门设立了风险防控委员会，成立了由董事长挂帅的全面风险管理工作领导小组，确定了各部门在全面风险管理中的工作职责和范围；建立全面风险管理配套制度文件，从决策、执行、监督三个管理层级上划分相应的风险管理责任，构筑全面风险管理的"三道防线"；针对企业各项业务管理及重要业务流程，开展梳理、优化工作，明确内部管控的流程和职责，完善流程考核评价制度等机制。通过建立动态的自我运行、自我完善、自我提升的管理平台，将全面风险管理理念在企业的日常经营业务中进行推广应用，将风险防控工作融入广投集团的日常管理各流程、各环节中去，促进企业经营治理、管理工作思路发生质的转变，并采取积极有效的风险防控措施，落实相关资源配置，实现与企业整体经营战略相结合的风险防控工作最优化，形成了相应的风险控制方法、措施和程序，有效地确保了集团的投资安全和风险控制。

（四）以人事改革增强活力

广投集团在长期发展中虽然培养了大量管理和技术人才，但是依然存在人才结构不平衡，人才主要集中在能源及铝业板块，专业技术人才难以引进，无法适应岗位的人员又无法进行安置等现实问题。特别是部分业务板块人才储备严重不足，例如，国际商务、金融、旅游等高端人才急缺，导致相关项目难以开展和实施，直接影响新兴业务拓展，以及正在开展的"走出去"步伐。

从 2009 年 3 月开始，广投集团提出深化"人事、劳动、分配"三项制度改革，推动制度创新。2009 年 3 月 5~8 日，《集团公司 2009 年竞聘上岗实施方案》和《集团公司薪酬管理制度》通过了第一届职代会、第二届会员代表第十一次会议审议。3 月 10 日，集团组织结构优化和三项制度改革实施动员大会召开。3 月 11 日至 4 月底，集团公司优化组织结构和三项制度改革工作进入实施阶段，最终改革得以顺利完成。在此次人事制度改革中，广投集团主要对职能部门进行调整，改革薪酬分配制度，建立重实绩、重贡献、向优秀人才和关键岗位倾斜的分配激励机制，并面向集团推行全员竞聘上岗。在此次改革中，重点改善了集团总部职工的年龄结构、学历结构和专业技术职称等级结构，实现了总部和下属企业之间的职工双向交流，初步形成了"能上能下，能出能进"的用人机制，有效地激发了人力资源活力。

2011 年，为更好地应对市场竞争和形势变化的严峻挑战，广投集团实施了新一轮三项制度改革，并通过"自上而下"的方式，将改革的范围推广到整个集团所属的控股企业。在此次制度改革中，总部首次创新性地引入了管理职系岗位与专业职系岗位职业发展"双通道"模式。同时，在薪酬设计上，改变了以往单纯"以岗定薪"的薪酬体系，设立了与"双通道"并行的薪酬分配体系，从而打破了传统薪酬管理中专业岗位的薪酬总是低于管理岗位薪酬的薪酬分配格局，建立职工成长多元化平台，促进职工立足岗位成才，实现人力资本保值增值与企业共同发展。通过人力资源制度创新，广投集团初步形成了"三能（干部的能上能下、职工的能进能出、收入的能高能低）、三力（团队的创造力、执行力、竞争力）、三好（建立一个好的管理组织、形成一个好的用人机制、打造一支好的人才队伍）"的制度格局，促进了人员合理流动，增强了职工履职意识，优化了企业的人力资源配置。在"三项制度"改革的推动下，广投集团还积极推动法人治理变革，引入外部董事等，为实现"创千亿元企业"，"再造一个广投集团"梦想提供了强有力的支撑。

四、稳步发展，再创历史新高

2008 年，广投集团主要全资参控股企业分布为电力 35.71%、有色金属 29.17%、证券 24.40%、其他产业 10.72%，主要集中在广西境内，投资行业为电力、以铝为主的有色金属及以证券为主的金融。拥有全资、控（参）股企业 38 家，其中电力 14 家，铝业及有色金属 10 家，证券、上市公司 3 家，化肥等其他企业 11 家。其中，电力板块在整个集团业务中占有绝对支撑地位，电力股权资产占总股权资产的 67.9%，参与建设的电力装机容量达 1405 万千瓦，电力投资形成的总权益装机容量达 661.15 万千瓦，其中已投产的权益装机容量达 540 万千瓦。虽然从 2008 年开始，广投集团营业总额 133.11 亿元，实现利润 7.58 亿元，其中铝业板块实现营业收入 63.48 亿元，电力板块实现营业收入 36.42 亿元，金融板块实现营业收入 14.37 亿元，其他产业实现营业收入 18.84 亿元。但在四大产业中，包括集团本部、二级、三级公司在内的 19 家公司中，盈利企业仅有 7 家，而亏损企业则达到 12 家，亏损面达到 60%。只有金融板块盈利，其中国海证券实现营业收入 14.37 亿元，净利润 3.88 亿元，净资产收益率 28.35%。铝业、电力、化工等均出现较大亏损，亏损达到 5.02 亿元。

随着战略变革的稳步推进，广投集团不断迈上新台阶，营业收入持续增长。2008~2012 年，广投集团的总资产持续增加，从 2008 年的 446.89 亿元增

加到 2012 年的 601.87 亿元；投资总额从 2008 年的 46.8 亿元增加到 2012 年的
52.86 亿元；营业收入从 2008 年的 133.11 亿元增加到 2012 年的 423.29 亿元。

表 4-1　2008~2012 年广投集团投资与经营情况

单位：亿元

	2008 年	2009 年	2010 年	2011 年	2012 年	小计
投资额	46.8	49.66	52.5	54.16	52.86	335.36
资产规模	446.89	524.06	520.12	541.08	601.87	——
营业收入	133.11	170.75	222.19	305.45	423.29	1254.79
利润总额	7.58	13.76	15.62	7.32	8.29	52.57

通过产业结构调整，电力、铝业、金融资产额占广投集团资产总额的比
例分别从 2008 年的 36.4%、29.2% 和 24.6%，调整到 2009 年的 37%、25.4% 和
25.1%，继续优化到 2010 年的 37.3%、27% 和 26.1%，2011 年的 38.7%、
31.3% 和 21.1%，2012 年的 40.6%、31.2% 和 19.3%。各板块占集团营业收入比
例分别为 2008 年的 27%、48% 和 11%，2009 年的 38%、48% 和 12%，2010 年
的 32%、50% 和 8%，2011 年的 28%、57% 和 5%，2012 年的 23%、65% 和
3%。初步形成了三大主业"齐头并进"的良好发展局面。

表 4-2　2008~2012 年广投集团分业务板块资产总额

单位：亿元

产业	2008 年	2009 年	2010 年	2011 年	2012 年
能源	162.66	194.17	194.06	209.37	244.14
铝业	130.35	132.86	140.42	169.47	188.04
金融	110.06	131.37	135.86	114.29	116.38
化肥	20.67	20.54	18.95	19.51	21.52
其他产业	23.15	45.12	30.83	28.44	31.79

自 2008 年开始广投集团以营业收入超百亿元首次入围中国企业 500 强名
单，排名第 473 位，2013 年上升至第 245 位，实现连续 5 年跻身中国企业 500
强，先后荣获"广西五一劳动奖"、"广西优秀企业"、"广西十佳企业"等称号，
一批参控股企业获得"全国电力标杆企业"、"全国环保护先进企业"、"全国
思想工作先进企业"、"全国模范职工之家"等荣誉称号。

五、回顾发展，创新经验显著

从广投集团 2008~2012 年的发展历程来看，其核心可以归结为一个"变"字，即面对困境，通过创新来推动发展，不仅展示在战略层面，也落实在管理层面，最终取得了较好的业务绩效。在改革的过程中，广投集团在诸多方面都采取了新颖的发展思维，例如，"铝电结合"、"循环经济产业链"和"职业双通道建设"等典型经验都具有前沿思想，且值得其他的国有企业在改革创新活动中进行借鉴和参考。

（一）铝电结合：创新业务模式，形成战略协同

从 2008 年开始，广投集团提出以做大做强做优支柱产业为核心，打造具有核心竞争力的发展模式，实现产业协同滚动发展，是集团未来的发展目标。然而在当时的产业发展中，无论是铝业还是电力板块均属于各自为政、独立发展的形式，未能通过形成板块间的业务协同来破解发展"瓶颈"。通过对外学习先进经验，结合企业实践，广投集团开始因地制宜地挖掘利用现有的资源优势，推动业务发展方式的创新和变革，整合优化发展资源，着重挖掘新的价值。特别是强化集团产业结构调整，实现集团内部产业间的协同创新，通过铝电结合实现产业协同，形成独特而有效的商业模式，实现集团可持续健康发展。

"铝电结合"发展是国际、国内的成功经验。"铝电结合"有两种途径，一种是铝厂自建电厂，实施一体化管理，电厂所发电量直供铝厂；另一种是模拟自备电厂，即电厂与铝厂签订协议电价，所发电量借助电网直供铝厂。"铝电结合"符合国家政策，且技术可行，安全可靠，效益可观。广投集团的"铝电结合"发展模式主要依靠国家建设百色生态型铝产业示范基地的政策支持，以百色新山铝产业示范园区为载体，充分利用自身拥有的铝水和电力资源，以百色经济片区为突破口，以来宾、柳州片区为推广目标，推动铝电产业协同发展。2009 年，自治区政府十届第 62 次常务会决定，桥巩水电站作为来宾铝的自备电源，投产后全部电量供来宾银海铝一期项目，不足电量部分

由大网按照正常的市场价格补充。虽然此模式具有较好的社会经济效益，然而由于涉及各方利益调整，实施难度较大，导致久拖不决，未能完全实施，但是从战略发展的眼光来看，"铝电结合"的业务模式所提出的打通业务板块间堡垒，形成战略协同，对随后的广投集团业务板块协同发展具有较强的现实指导意义。

（二）循环经济产业链：创新发展理念，化解经营风险

打造循环经济是国家今后一段时间内的政策重点。随着国家层面高度重视环境保护，且加强了对高污染、高耗能产业的规制力度，如何实现持续发展已经成为广投集团在现实中需要思考的关键问题。结合国家政策，广投集团在项目经营中一直强调实施循环经济战略，走绿色发展道路。在公司存量资产中，通过开展节能环保的技术改造，减少排放，降低能耗，积极发展循环经济，推进资源综合利用，向资源节约型、环境友好型企业转变。在环境保护方面，广投集团原有的产业结构过于依赖能源消耗的粗放型发展方式，带来的环境污染问题越来越成为集团经济发展的"瓶颈"制约。为此集团转变观念、创新安全生产管理模式，按照以点带面，稳步推进、确保成效以及先试点、后推广的工作思路积极推进，按照企业发展规律，适应市场，加快转方式调结构，推动集团可持续发展，走出了一条地方投资公司的发展道路。

广投集团在产业发展中，以热电联产推动传统火电转型，在有效提高热转换效率、提高经济效益的同时，推动了供热区域的节能减排工作。目前区内所属内陆火电全面完成"热电联产"改造，柳电公司成为广西区内第一家通过认定的热电联产企业。通过打造各具特色循环经济发展模式，使集团火电机组重新找到市场地位和产业发展空间，开创了绿色发展、和谐发展的工业循环经济发展新局面。与此同时，广投集团还积极推进煤、电、化、废弃物综合利用发展战略，向上下游延伸产业链，构筑煤炭、发电、焦化、建材互相衔接的资源综合利用产业链，形成煤、电、水、汽、粉煤灰、脱硫石膏综合利用、绿色发展的循环经济新局面，不断提升负责任的大公司形象，打造好集团品牌，保证集团的基业长青。

（三）双通道建设：创新激励机制，促进人才发展

如何做到"用人所长、人岗匹配、人适其事，位得其人，才尽其用"是企业人力资源管理的核心所在。在广投集团的"劳动、人事、分配"三项制度改革方面，建立了"岗位靠竞争、分配看贡献、收入看业绩"的激励约束机制和职务能上能下、人员能进能出的用人机制，职工队伍的年龄结构、知识结构和专业结构得到了进一步优化，为广投集团的长远发展提供了良好的人才支撑。为了调动广大职工工作积极性，开创集团上下人才活力竞相迸发、聪明才智充分涌流的新局面，广投集团遵循"人才强企"的理念，在如何搭建职工发展通道上，进行了大胆尝试，建立了以市场为导向，以岗位绩效工资制为主，以岗位相对价值和劳动成果为依据的薪酬分配体系，固定工资与效益工资比例拉大差距，薪酬改革向重要、核心的岗位倾斜，实现收入分配与企业效益、岗位价值、个人贡献"三挂钩"。

为了优化薪酬分配制度，发挥绩效的激励作用，广投集团在管理职系通道方面，设立了部门领导助理、部门副职、部门正职等发展路径；在专业职系通道方面，按照集团组织结构设置，划分了12个专业序列，并将专业职系设置为初级专业师、中级专业师、高级专业师、首席专业师四个技术职务级别。同时，在薪酬设计上，改变了以往单纯"以岗定薪"的薪酬体系，设立了与"双通道"并行的薪酬分配体系，实现了"专业技术人员"也能比"管理岗位人员"拿更多薪水，建立职工成长多元化平台，促进职工立足岗位成才，实现人力资本保值增值与企业共同发展。例如，方元检修公司拉大固定工资和绩效浮动工资的比例差距，从原来的5∶5调到了3∶7，真正体现了效益优先、兼顾公平、按劳分配的原则，实现了职工"收入能高能低"，进一步发挥了薪酬的激励杠杆作用。

第五章 转型升级（2013~2015 年）

➤ 广投集团面对国内经济增长放缓的新常态，主动启动企业的转型跨越发展，从认识新常态，到适应新常态，再到引领新常态，不断挖掘市场机会，取得了辉煌的发展成绩。

➤ 广投集团在跨越发展中，强调战略转型，在实行规模扩张的同时，注重发展质量的提升。通过依托自身产业优势和资源优势，进行超前战略布局，高效的资本运作，促进业务板块之间良性互动，协调发展，有效提升了广投集团的竞争力。

➤ 为了实现持续发展，广投集团以国家产业政策和市场为导向，通过"加减乘除"来调整产业结构，提高要素配置效率，打造以"金融为引擎、能源为基础、铝业为支撑、文化旅游地产为增长点、海外资源为重要补充，医药健康产业等战略性新兴产业为战略储备"的新业态结构。

➤ 面对未来，为了实现"一百双千"的发展目标，广投集团开始构建广投集团企业支撑体系，结合市场化机制来探索国企改革的新路，努力转型为国有资本投资运营公司，并建立与之相匹配的现代企业制度、职能部门体系和组织结构等，为其他的国有企业转型跨越发展提供可借鉴的现实经验。

　　"创业难，守业更难"一直是企业管理中的一句经典名言。创业是完成一个"从无到有，从小到大"的发展历程，而守业则是完成一个从"从大到强，

116

"从量到质"的发展阶段。相对而言，后一个发展阶段更为复杂，其中的影响因素也更多，要求企业必须投入更多的资源，拥有更强的能力和具备更广阔的视野来推动才能实现。从 2013 年开始，广投集团就未雨绸缪地提出要推动跨越转型发展，为未来持续发展奠定基础。随后，广投集团紧密结合国家和广西政策导向、经济发展趋势和区域资源禀赋，加大产业结构调整步伐，推动企业开展提质增效的创新活动，形成了实业投资与资本经营相结合的国有投资控股公司发展模式，成为广西唯一一家多元化资本投资运营型集团公司，取得了辉煌的业绩。

面对经济新常态的现实背景，广投集团很难再完全依赖实体产业等传统因素来支撑未来发展，为此必须提升增长质量，完成从粗放式发展到精细化发展的转变，实现由大变强的转型，在转型升级中努力实现跨越发展。2015年，广投集团进一步提出实现"广投集团梦"——打造成为"实力、成功、稳健、和谐"，有中国影响力的大型国有资本投资运营型企业集团，实现"一百双千"（利润达百亿元、营业收入和资产规模达千亿元级），进入世界 500 强的发展目标。按照"调结构、提质量、增效益、防风险、促改革"的指导思想，广投集团提出适应经济增速换挡期、结构调整阵痛期、前期刺激政策消化期的"三期叠加"新常态，实施"产融结合、双轮驱动"的新战略，塑造"六大板块协同发展"的新业态，构建"企业战略转型、强化管理创新、完善支撑体系"的新格局，开创了广投集团发展的历史新篇章。

一、面对新常态，探索转型发展

"十二五"以来，面对国际金融危机和世界经济缓慢回升的国际环境、发达国家重振制造业和发展中国家大力发展劳动密集型产业的挑战，以及国内生产要素价格持续上涨的压力等多重挑战，我国开始步入经济新常态的发展阶段，使得我国企业面临新的困难和机遇。在此情境下，广投集团提出需要完成从认识新常态，到适应新常态，再到引领新常态的转变，走出了一条适合自己的发展道路。

（一）认识新常态，挖掘发展机会

从国际环境来看，受国际金融危机的后续影响，全球经济增速放缓直接导致国际市场需求疲软。2015年世界生产总值仅增长2.3%，贸易增长率一直处于低迷态势，加上国际市场竞争加剧和不确定因素增多，以及欧洲债务危机对世界经济发展所产生的负面影响仍未消除，使得全球经济复苏态势仍然呈现不稳迹象。世界经济出现了一些不同于以往的新常态：一是经济增长速度有所回落，转入低速增长时期；二是新兴经济体作为世界经济增长新引擎的作用受到不同程度的影响；三是发达国家开始推行制造业回归，以及部分制造业从新兴经济体国家转移到其他发展中国家或欠发达国家，导致全球价值链出现动态调整和重新再分工；四是新兴产业得到世界各国的高度重视，并成为争夺产业与技术制高点竞争的焦点。虽然在"十三五"期间包括货币政策、财政政策和结构性改革在内的三大政策走向将帮助全球经济复苏，但从短期来看世界经济大幅回暖的可能性不大，国际需求弱增长的态势难以从根本上改变。

从国内形势来看，经过改革开放30余年的高速增长，我国经济发展的内部条件和外部环境开始发生显著变化。"十二五"时期是我国从工业化中期到后期的阶段转换时期，潜在经济增长率下降，加之金融危机后经济刺激政策的"三期叠加"矛盾突出，使得我国经济发展面临巨大下行压力。我国经济新常态体现为"四个转变"：一是"中高速"，经济发展速度从10%左右的高速增长转向7%左右的中高速增长；二是"转方式"，经济发展方式从规模速度型粗放增长转向质量效率型集约增长；三是"优结构"，经济发展结构正从增量扩能为主转向调整存量、做优增量并存的深度调整；四是"新动力"，经济发展动力正从传统增长点转向新的增长点。"十三五"是我国实现"到2020年工业化基本实现、全面建成小康社会"的关键时期，也是产业转型升级的关键阶段，优化环境、提升质量、培育新优势、整合全球资源将成为推动我国由经济大国迈向经济强国的主要策略。此外，在国家层面逐渐建立以新兴产业和现代服务业为主的现代产业体系，推动从低成本驱动的发展向效率驱动和创新驱动发展的转变。

从区域发展来看，广西地区与国内的其他地区一样都开始进入经济发展新常态。然而由于地区间的发展阶段和发展水平不同，同时又存在西部地区新常态的差异性和特殊性，导致虽然东部沿海地区已经开始由工业化后期进入新常态，而广西地区作为中西部民族地区则是由工业化中期直接进入新常态。进入新常态后，广西地区也开始面临更多的困难，例如，政策红利下降、资源环境、土地供应、财政金融等约束加大，新的增长动力尚未形成，经济结构调整比以往任何时候都更迫切等。这也给广西地区的发展提供了潜在的机遇，要求广西地区必须加快调整区域经济增长方式，从依靠投资、消费、出口"三驾马车"向依靠深化改革、科技进步和人力资本进行转变，改变过去只重投资、不重管理，只重规模、不重效益的发展模式，注重经济发展的质量和效益，推动提质增效转型升级。同时，进一步强化区域协调发展，加速传统产业转型升级，加快产品和对外贸易结构的转变，促进区域内的主导产业向附加值更高的价值链高端跃升。

（二）适应新常态，取得辉煌成绩

在经济新常态的背景下，受到经济增长速度放缓，部分产业产能过剩，国家严格限制火电、有色金属等高耗能产业的发展和控制高污染产业的规模等政策的先后出台，加上市场需求不足、大宗商品价格波动较大等综合影响，广投集团的产业发展面临着严峻考验。广投集团迎难而上，破旧立新，继续保持稳健运行，无论是纳税规模，还是营业收入都达到了历史新高。

2013 年，广投集团实现营业收入 528 亿元，同比增长 24.8%，集团资产总额 709 亿元，同比增长 17.86%；实现利润总额 8.53 亿元，同比增长 2.75%，上缴税金 14.69 亿元，利税总额 23.45 亿元，同比增长 22.4%；完成投资 71.13 亿元，同比增长 31.7%，排名中国企业 500 强第 245 位，较上年上升 58 位。同时，广投集团调整完善了发展战略思路，提出以经济效益为中心，实施"产融结合、双轮驱动"战略，打造能源、铝业、金融、文化旅游地产和海外资源开发五大核心业务板块，在做实做强能源和铝业两大传统产业的基础上，进一步加大新兴业务板块的投资力度。

2014 年，广投集团累计实现营业收入 653.24 亿元，同比增长 23.67%，成为广西第三家收入跨过 600 亿元门槛的地方企业。全年累计实现利润总额 14.62 亿元，同比增长 70.89%；实现利税 34.24 亿元，增长 46.02%；资产总额

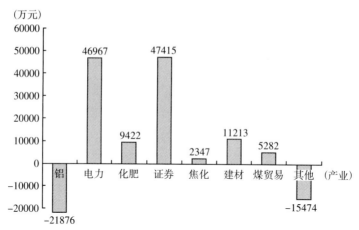

图 5-1　2013 年广投集团分业务板块盈利情况

1753.06 亿元，增至 29.90%；累计债务融资 325 亿元，新增债务融资 46 亿元。其中，能源板块营业收入 106.22 亿元，铝板块营业收入达到 465.69 亿元；金融板块实现营业收入 21.11 亿元。截至 2014 年底，广投集团已初步形成了证券、银行、产权交易、小贷、担保、保险、互联网金融平台等较为完整的金融产业链，金融资产占比 66%，首次超过实业资产，初步转型为金融控股型企业集团。

2015 年，广投集团继续保持稳定发展，实现营业收入 851.61 亿元，同比增长 30.37%；实现利润总额 50.62 亿元，同比增长 246.22%，其中经营性利润 20.62 亿元，同比增长 41.08%；上缴税费 26.82 亿元，同比增长 61.31%；资产总额 2422.82 亿元，净资产 461.33 亿元。其中，能源板块实现营业收入 112.36 亿元，占集团总收入的 13.19%；铝板块实现营业收入 607.53 亿元，占集团总收入的 71.34%；金融板块实现营业收入 112.36 亿元，占集团总收入的 13.19%；文化旅游板块实现营业收入 16.33 亿元，占集团总收入的 1.92%；海外资源板块实现营业收入 6.14 亿元，占集团总收入的 0.72%；化肥板块实现营业收入 14.74 亿元，占集团总收入的 1.73%。集团内产业结构得到进一步调整，金融板块同比增长 48.68%，增长幅度继续领跑集团。如此优秀的成绩可以说交出了一份完美的"十二五"收官答卷。

（三）引领新常态，前途任重道远

完成"十二五"圆满收官之后，广投集团依靠自我发展、滚动发展，以较小的国有资本带动了较大的社会资本的投向，发挥了国有资本的放大作用和带动作用。

然而与全国百强企业、世界 500 强企业相比，广投集团目前依然存在资本规模偏小，带动效应提升空间有限等问题，还需要进一步解决在发展中存在的问题，增强在市场经济条件下的转型、竞争和发展能力。

1. 产业结构仍需调整

从广投集团现有的产业结构来看，还存在自身产业结构不合理、产业协同发展不足、实业类企业的资源配置不合理、产能相对过剩等导致的诸多现实挑战。虽然目前的主要业务板块都还能够保持稳定发展，但是部分业务板块的营业收入与盈利水平出现严重倒挂现象，其中铝业板块的营业收入最高，盈利则较低。2015 年底，全国电解铝产量达到 3111 万吨，运行年产能达到约 3720 万吨，其中新投产产能达到 357 万吨，产能利用率有所回落，全行业亏损进一步加剧。2015 年 10 月，铝价一路急跌到万元以下，比 2014 年同期下降 26.2%，为近 17 年来的历史低点，导致百色银海铝、来宾银海铝不得已采取极端的"限产控亏"措施。

2. 产业缺乏核心竞争力

在现有的主要业务板块中，还存在业务增长模式单一、可持续性不强、对外依赖性较强、内生发展动力不足等问题。例如，能源板块属于"靠天吃饭，枯水期无米之炊"，金融板块属于"靠行情吃饭，股市下跌贡献就少"。由于核心板块受到外部环境的影响较大，还未能在真正意义上形成核心竞争力，导致集团抵御外部市场的风险能力不强。此外，集团下属的控股参股企业缺乏真正的行业领先或具有成为行业龙头的潜力，产品缺乏高端技术含量，一些企业的生产效率较低，运营成本在行业中并不具备明显比较优势，以及科技研发的能力不足等，都是今后需要克服的困难。

3. 板块协同力度不够

经过长期发展，广投集团的业务板块已经具有了一定的基础，但是各产业还属于战略孤岛，各自为政，未能在整体上实现优势互补，多元化产业优势没有得到充分发挥。虽然广投集团具备了一定的金融资产，但产融结合联动方面的主观能动性不够，应有效果依然未能得到充分的显示和发挥。同样，医疗健康产业还未能与地产旅游产业实现整合创新来形成新的盈利增长点。在今后的一段时间内，还需要加大板块间的协同力度，促进产业转型升级，降低企业融资成本、提高资金利用效率和降低经营风险。

4. 运营效率有待提升

广投集团在经济规模总量上有了"量"的突破，但是未能实现"质"的转变，大量资产沉淀在回报率较低的业务板块，资产周转率与净资产在较低的水平徘徊，负债水平有所升高，单个企业的盈利水平对比行业标杆企业依然存在差距，能效、设备和人员效率等方面还有继续提升的潜力和空间。为此，广投集团还需要完成由外延式发展、规模扩张式发展向内涵、质量效益型发展的转变，从主要依靠资源消耗向主要依靠管理、技术创新和劳动者素质提高转变。

广投集团的新常态发展是针对整体经济环境发展趋势进行的适应性变革，是实现集团的转型升级和持续健康发展的根本所在。广投集团的未来发展也是立足于认识、适应和引领新常态，加大调整和优化产融结构，充分发挥多元化产业基础优势，优先发展金融产业，推进"产融结合、双轮驱动"，建立具有差异化竞争力的经营模式，加快由实体经济控股为主的企业向金融控股型为主的企业转型，由生产型企业集团向服务型企业集团转型。这既是新常态下整个经济转轨的方向，也是符合集团产业转型的未来发展趋势。

二、构建新战略，启动变革发展

面对经济新常态，广投集团从 2013 年开始推动集团层面的战略转型，由规模速度型转向质量效益型，由国内为主转向国内、国际并重。随后，广投集团依托自身产业优势和资源优势，通过超前战略布局，高效的资本运作，以"产融结合、双轮驱动"为战略，紧密结合"一带一路"国家战略，立足六大业务板块框架做好"加减乘除"四则运算，以优化完善产业链、推动产业聚集发展、产业价值链向高端转移为方向，促进业务板块之间良性互动，协调发展，实现集团产业全面转型升级和提升竞争力。

（一）产融结合，双轮驱动

从未来的发展来看，基于产融结合的发展路径是国有投资公司的重要战略方向。对照国外控股公司的经验，一些中央企业已经开始向产业和金融结合的方向发展，例如，以中化、五矿、中粮、国电为代表的中央企业通过收购金融企业来打造金融控股平台；以国投为代表的投资公司则进入实体产业，通过"资产+资本"的双轮驱动模式来支撑未来发展，给广投集团提供了很好的战略思路。

1. 产融结合的实施背景

广投集团要实现转型升级和持续健康发展，首先必须及时扭转实体产业竞争力弱、产业结构不合理的不利局面。广投集团紧紧跟随当前大型企业集团转型升级的发展趋势，提出要强化发展质量，实现从追求数量规模向数量规模与质量效益协同创新转变。产融结合作为一种前沿的企业发展趋势，世界500强企业中约有80%的企业在不同程度上实现了产业资本和金融资本的融合。国外大型企业集团发展的历史表明，产融结合不仅是大型企业集团迅速发展壮大的一种成功发展模式，而且也反映了世界经济发展过程中产融结合的必然趋势。例如，GE、三星、西门子等大型企业集团均是通过产融结合实现了快速发展。

产融结合中的"产"是实体产业，"融"是金融资本。产融结合是产业资本发展到一定程度，寻求经营多元化、资本虚拟化，提升资本运营档次的一种趋势。当企业集团规模发展到一定阶段，为了实现跨越式发展，产生规模经济与范围经济，巩固和强化竞争优势，提升国际竞争力，都会积极推进产融结合。可以说，产融结合既是实施"大公司、大集团"战略的一种主要选择模式，也是协调推进国有企业改革和金融体制改革的现实需要，还是提高大型企业集团国际竞争力的一项重要战略举措。在以往的发展中广投集团偏重于实体经济，随后出于降低企业融资成本、提高资金利用效率、降低经营风险等方面的考虑，才开始优先发展金融产业，使其服务于实体经济，推动合作共赢，分享企业价值，实现资本、实业两个市场的协同创新，同时做好科学管理，提升投资企业价值，提高发展的速度和质量，加快推进优质资产上市，推动资产证券化，以支撑实业更好地发展。

2013年，广投集团提出全面实施产融结合的发展战略，其内涵是：以中共十八届三中全会精神为指导，一手抓深化改革，一手抓结构调整，以深化改革为引领，以结构调整为突破口，以"产融结合、双轮驱动"为战略，加快推动集团公司从以实业为主的企业集团，向以金融高端服务业为主、产业资本和金融资本高度融合的"产融一体化"企业集团转型，重点打造金融、能源、文化旅游地产、铝业和海外资源开发五大核心业务板块。优先发展金融产业，努力通过推进产业间的"产产结合"、"融融结合"、"产融结合"，推动五大业务板块之间良性互动，协调发展，推动集团产业全面转型升级，加快集团公司资产全面资本化、证券化进程；发挥双轮驱动效应，承担起将集团公司打造成广西国有资本投资公司或国有资本运营公司新的历史使命，到"十三五"末，实现"一百双千"，即实现100亿元利润，营业收入和资产总额千亿级的"广投集团梦"。

2. 双轮驱动的现实意义

在广投集团现有的业务板块中，以能源、铝业、新型地产与文化旅游、医药医疗健康为主的实体产业与以证券、银行为主的金融产业是集团发展的两大驱动。发挥实业资本和金融资本"双轮驱动"的主要目标是为了彻底扭转产业结构性矛盾。在实施双轮驱动战略的过程中，广投集团努力做到"两手抓，两手都硬"：一手抓实体产业的转型升级，一手抓金融产业的培育发展，做到实体产业和金融产业齐头并进。双轮驱动机制的优势在于不仅要实体产业和金融产业各自发展形成核心竞争力，有效化解集团在未来发展中可能遇到的潜在风险，同时实体产业和金融产业在集团产业结构调整与经济转型的过程中，实现优势互补，互为支撑，协调发展，推动集团整体的又好又快发展，加快"广投集团梦"进程。

广投集团发展实体产业主要是通过加大兼并重组、资本运作力度，按照国家产业政策，实现跨行业、跨地区、跨企业的产业结构调整，优化国有资本在国民经济产业领域的布局、在产业内部的分布、在企业内部的配置，提高资本运行效率，用少量的国有资本控制、影响和带动大量的社会资本，形成国有资本数量、素质和布局的动态优势，在资本流动的过程中实现结构调整的目标。同时，还积极增强集团的筹融资能力和资本运作能力，推动优质企业和板块整体上市，实现资产资本化和资本证券化。例如，在能源产业结构调整过程中，优先发展水电，加快发展核电、天然气等清洁能源，将基础性、资源性以及相关性强的业务作为优质资产来实现整体上市，为做强做大实业板块筹集必要的资金。

发展金融产业既是顺应现代经济发展趋势的必然要求，也是提高广投集团资金利用效率、实现资金与资本的双向增值的有效途径，还是实现企业健康发展的内在需求。通过发展金融产业，可以保障集团资金安全，多渠道、多手段、多措施提升流动性管理水平，充分发挥作为实体产业服务平台的作用，为实体产业的发展提供优质高效的金融支持，同时依托集团的产业优势推动金融产业发展，使其成为集团快速发展的动力引擎和利润增长的重要源泉。这样广投集团才能真正转型为质量更高、化解风险能力更强、业务覆盖范围更广、影响力更大的国有资本投资公司。

3."三大结合"运作机制

提升集团现有产业的发展质量，只有把现有的资产利用创新思维做活，才能使集团具有更强的活力和生命力。虽然广投集团现有的六大主导产业属性不同，但在各个产业之间还是存在相互影响又相互合作的关系，因此提升产业内的发展质量，推动产业间的业务协同，都是促进广投集团未来持续发展的重要方向。"产融结合、双轮驱动"战略实施的核心在于稳步推进"三大结合"——"产产结合"、"融融结合"、"产融结合"，这也是落实集团战略的重要抓手和主要方式。

（1）产产结合。产产结合是构建实体产业间高度融合发展，实现产业间的资源综合利用。为了降低生产成本，提升运用效率，广投集团在2008年就提出在实体产业板块之间形成交叉，建立上下游关系，例如，推动"铝电结合"，实现电力产业和铝产业协同发展。在集团内部形成有效的产业协同机制来降低运营成本，提升效率，有效控制潜在风险，促进传统产业自身转型。

（2）融融结合。融融结合是集团金融板块内的企业通过发挥各类金融机构的制度优势、渠道优势及金融工具特点，最大限度整合现有资源，创新业务品种，开拓新的盈利模式，企业之间形成业务协同，例如，通过借助银行的网点、渠道、客户、资金等优势，快速打开小贷、担保业务，搭建统一的销售平台，向市场提供小贷、担保、证券、银行理财等一揽子金融产品，实现业务的互补、资源共享、利益共享。在国海证券、广投集团担保和北部湾股权交易所之间的业务协同就比较突出（如图5-2所示）。

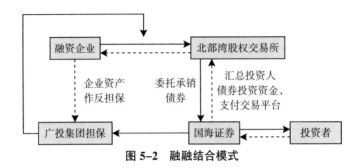

图 5-2　融融结合模式

（3）产融结合。产融结合是实现产业资本和金融资本高度融合，全面实现各产业间的互动协同发展。广投集团在操作中依托金融、能源、铝业、文化旅游等各板块已形成的渠道与客户群体，以内部企业为核心，围绕上下游的客户链条，为实体企业提供多样化的金融和资本运营服务，如融资、兼并收购、资产证券化、上市平台培育等。目前广银园区入园企业"存货质押"的担保融资业务属于产融结合的典范（如图5-3所示）。

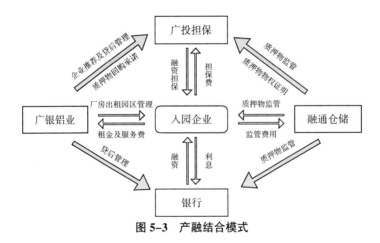

图 5-3　产融结合模式

（二）践行"一带一路"国家战略

为契合大国崛起的现实需要，国家相继推出了以"一带一路"、"亚投行"、"亚太自贸区"为代表的重大战略构想和外交新平台，极大地拓展了中国对外经济、政治、外交的发展空间，塑造地缘影响力、整合全球资源的综合能力显著增强。其中，"一带一路"（One Belt One Road，OBOR）是"新丝绸之路经济带"和"21世纪海上丝绸之路"的统称，2013年9月和10月由中国国家主席习近平分别提出建设"新丝绸之路经济带"和"21世纪海上丝绸之路"的战略构想。"一带一路"战略共涉及包括东南亚、中亚、中东欧等地区的65个国家（中国包括在内），是世界上跨度最长的经济大走廊，也是世界上最具发展潜力的经济合作带。"十三五"时期大力推进"一带一路"战略的实施，对于我国企业转向国际市场发展是一个巨大的机遇。作为广西地区最大的国有投资公司，广投集团需要充分利用国家推动"一带一路"战略相关政策，立足广西，面向东盟，寻求发展机会。

1. 把握"一带一路"带来的发展机遇

"一带一路"沿线国家大多是新兴经济体和发展中国家，总人口约44亿，经济总量约21万亿美元，分别占全球的63%和29%。近年来，我国与沿线国家贸易往来密切，经贸合作水平日益提高，"一带一路"战略将进一步提升沿海地区的国际竞争力，形成"高效"的国土空间。"一带一路"建设不仅将惠及基础设施缺口巨大、市场需求旺盛的广大亚洲发展中国家，而且也将成为国内企业与辐射国家和地区深化产能合作、输出中国已具备国际竞争力的产品和装备的重要契机。从中短期来看，"一带一路"将有助于消化国内部分行业如钢材、水泥、煤炭等的过剩产能，而在中长期内，"一带一路"将推进亚太经济一体化，带动区域间贸易活动增长和更广泛的合作，通过充分利用各经济体的比较优势实现贸易成本最小化，从而促进区域间资源的合理配置。

"一带一路"战略将为我国沿海地区提供更广阔的经济腹地，加快沿海地区的产业转型升级，提升沿海地区的国际竞争力，有助于加快广西等沿海发展相对滞后地区的发展，进一步提升沿海地区的整体发展实力和参与国际竞争的能力，为沿海地区提供新的经济引擎。广西作为面向东盟的结合点，区位优势明显，作为21世纪海上丝绸之路与新丝绸之路经济带有机衔接的重要门户，可以发挥广西与东盟国家陆海相邻的独特优势，构建面向东盟区域的国际通道，打造西南、中南地区开放发展新的战略支点。国家对广西的"三大定位"——"国际大通道、战略支点、重要门户"再次说明了广西要作为"一带一路"国家战略的桥头堡之一。

广西政府根据国家定位，制定了"双核驱动、三区统筹"的发展战略，即打造北部湾经济区、西江经济带两大核心增长极，为广西经济提供了很多发展机遇。加快推进与东盟互联互通，增强服务西南、中南地区开放发展能力，积极拓展与"一带一路"沿线国家和地区的交流合作，提升开放型经济发展水平，发挥产业发展上的比较优势，形成各具特色的区域优势产业；在区域投资企业间形成优势互补、良性互动机制，鼓励区域间投资企业顺应生产要素优化配置的要求，促进劳动力和资本等要素合理流动，促进区域协调发展，加快形成国际竞争新优势，着力构建优势互补、良性互动、协调发展的区域发展新格局。

2. 对接"一带一路"，推进国际化发展

企业国际化是通过利用国际市场和资源推动自身发展的必由之路。改革开放初期，很多国内企业通过嵌入全球价值链，参与全球化分工，使得我国成为"世界工厂"，中国制造开始走向世界。经过 30 多年的发展，我国大部分企业已经具有了相当规模的资本、技术和能力，具备了实施"走出去"、参与全球价值链整合的现实基础。面对世界经济的深度变革，全球产业结构也随之调整，一些发展中国家和经济体为应对危机，先后出台了一些吸引外商投资的政策和措施，这对我国企业的国际化发展是一个重要历史机遇。国际化发展的核心不是将产品卖出去，而是实现产业国际化，在全球范围内实现品牌、生产要素、产权的相互交织和渗透，参与到整个全球价值链的重构与治理。从这个角度来说，国家层面规划"一带一路"国家战略可以指导企业的国际化发展，帮助中国企业"走出去"。

从政治责任来看，广投集团作为广西地区企业的标杆，更应该站在国家打造广西成为"一带一路"重要门户、成为我国"西南中南开放发展的战略支点"、构建面向东盟的国际大通道的"三大战略定位"。在广投集团的"十三五"发展规划中也提出，做好与"一带一路"国家战略对接，统筹利用国际国内两种资源、两个市场，加快集团由以国内业务为主逐步向国内、国际业务并重的国际化转型。从经济责任来看，广投集团作为广西地区最大的国有投资公司，在广西拥有一定的资源优势，但是完全依靠区域资源并不能支撑广投集团实现"一百双千"，进入世界 500 强企业的"广投集团梦"。只有"走出去"，全面参与国际市场竞争，与国际资本、品牌、人才、理念、模式深入互动，学习国际一流企业先进的技术、管理和运营经验，在最短的时间内提升企业实力和市场竞争力，才能实现"广投集团梦"。

广投集团从 2013 年开始，就着重谋划如何充分利用"一带一路"战略机遇，以实现企业国际化为契合点，通过国际贸易、海外资源开发和资本运营，进行结构调整和转型升级。企业国际化不可能一帆风顺，它是一个试错的过程，其中必然存在一些潜在的风险和成本。特别是广投集团主要面对的东南亚地区还存在市场竞争机制不完善、法律制度体系不健全等问题，需要广投集团付出更大的精力，具有更大的耐心来推动"走出去"战略。在开展境外投资业务时，广投集团主要是结合自身产业和业务特点，集中在资源丰富的东盟发展中国家进行市场拓展，在周边新兴经济体和成熟市场之间平衡发展，尽量投向与战略性稀缺资源相关产业，选择贴近集团国内产业优势的行业，发挥自身已有核心竞争力带动海外业务开展。在金融板块，充分利用沿边金融改革外汇新政策，搭建境外资金回流渠道，设立跨境外汇双向资金池，探索以金融服务业为主的轻资产"走出去"战略，尽量减少重资产投资风险。在实业板块，开展国际产能合作，做好海外铝加工项目、电力项目的海外布局和实施。

（三）做好"加减乘除"四则运算

广投集团需要承担调整地区经济结构和拉动经济发展的重任，即需要根据地区经济发展战略、产业结构调整和区域规划等相关政策的要求来对相关项目进行参股、控股投资，进而推进投资体制改革，提高投资效益，确保国有资产的保值增值。基于此，广投集团提出遵循"有所为有所不为、有进有退、有快有慢、有保有压"的原则，基于当前经济需求、利润增长、未来趋势和市场平衡的综合因素来分析项目投资，做好"加减乘除"四则运算。

1. 业务延伸做"加法"

做加法主要是推动"量"的增长，尤其是在一些具有优势资源的产业项目上，推进主营业务沿产业链的上下游拓展，发展与主营业务相邻的相关产业，提前布局符合国家"十三五"规划的新兴产业，借助广西资源优势发展与广西区位优势相关的产业。主要任务包括：进入天然气产业、延伸金融产业链、与中车集团等合作加快高端铝材加工产业发展、推进沿海布局大火电机组、核电等重点能源项目和来宾能源基地项目建设；铝业板块在上游创新大客户直购电模式，下游实施"品牌联盟"，创新发展运营模式，探索供给侧改革。

2. 止血退出做"减法"

虽然广投集团在前些年的发展中，立足于当时的经济形势和市场环境投资了一些项目，但是经过实践之后，有些项目并没有达到预估的绩效。经济新常态引起市场下行压力较大，部分项目可能从中长期看难以实现盈利，且不具备竞争优势；还有一些实体产业开始受到国家相关政策的严格规制，未来发展前景不明确。对于这些项目应该做足具体分析和研究，积极思考退出方式。主要任务包括：抓好退出传统小火电、整合能源资产，包括柳州电厂、田阳电厂等，退出部分长期亏损、盈利无望的铝企业，压缩投资，转变铝板块传统的发展模式。

3. 资本利用做"乘法"

广投集团未来的发展目标是到"十三五"末打造4~5个上市平台来实现跨越式发展，这也是顺应目前国有企业改革政策的发展趋势。广投集团现有的金融板块不仅要拓展融资渠道，获取低成本资金，发现、争取优质的投资项目机会，将其他社会资本导入集团实业板块的优势项目，提升集团的整体品牌和实力，还要发挥好金融服务功能，推动其他的业务板块通过上市融资、资产证券化等方式利用资本市场的杠杆效应，帮助其他业务板块做好、做大和做强，真正形成协同效应。主要任务是：借助金融板块的服务功能，推动能源板块资产重组上市、金融资产全面上市、铝板块上市等工作。

4. 降本增效做"除法"

"既要开源，又要节流"是加强广投集团降本增效的重要内容。针对目前的高投入、低收益的运营问题，广投集团开始采取以点带面的方式，从试点区域向集团内部所有的同类型企业推广，相互学习和借鉴，以降低成本。同时，通过全面提升集团及平台公司的内部管理效率，明确职责划分，清晰梳理管理流程，对铝、火电等生产运营型企业进行内部运营优化提升，向内挖潜增效。主要任务是：在电厂、电解铝厂、煤焦化厂运营提升、供应链管理优化、技术创新、科技成果转化等方面实施降本增效措施，不断提升管理效率，创新管理手段，提高劳动生产率和资本回报率。

三、打造新业态，加快产业升级

　　随着经济发展进入新常态，广投集团根据产业特征和发展状况，提出六大核心业务板块，特别是实体产业，必须以国家产业政策和市场为导向，适应经济转轨的新要求，以提高综合竞争力和经济增长质量效益为目标，提高要素配置效率，利用多种结构调整途径，着力推进产业结构调整。随后，广投集团提出抓住战略实施，稳步推进"三大结合"，通过产业内挖潜、产业链延伸和产业协同来投资布局新的项目，打造以"金融为引擎、能源为基础、铝业为支撑、文化旅游地产为增长点、海外资源为重要补充、医药健康产业等战略性新兴产业为战略储备"的新业态。

（一）以金融为引擎

　　金融产业是推动广投集团可持续发展的强大动力，实体产业的服务平台，经营利润的重要支柱。金融板块是目前广投集团体量最大的资产，是当前和今后一段时间集团优先发展的重点板块。广投集团的金融板块已经初具规模，其中，国海证券是广西区内注册的唯一一家全国性综合类券商，包括证券经纪业务、投资银行业务、证券自营业务、资产管理业务、基金业务、期货业务六大业务板块。在银行业务中，广投集团先后投资控股北部湾银行，参股柳州银行、贵州银行以及南宁城市信用联社三家银行；另外，广投集团还参股了国投公司创新基金和协力基金，以及北部湾产权交易所。

　　为了促进金融板块的加速发展，广投集团提出金融板块发展方向是整合集团现有的金融业态，集中优势资源做大做强金融产业，提升金融服务能力。以金融控股公司为抓手，理顺各金融牌照之间的管理关系，大力培育人寿、小贷、担保以及租赁等金融产业，同时筹建广西面向东盟的人寿保险公司；通过增加资本、引进新的战略投资者、管理模式变革等手段，加快湾行的市场化运营能力；推广国海市场化运营模式，使整个金融板块都能按照这个方向去改革，实现人才、分配的市场化；探索信托公司和基金公司等新业务形态；搭建国内第一家面向全国市场服务的铝交易平台，逐步形成由保险牌照和资金优势来统领整个金融板块的运营格局，使广投集团真正转型为质量更高、化解风险能力更强、业务覆盖范围更广、影响力更大的全金融牌照的金融控股型企业集团。

广投集团金融板块未来发展的另一个任务是不断探索产融结合之路，实现金融资本与产业资本联动发展。充分发挥金融产业作为实体产业服务平台的作用，为实体产业的发展提供优质高效的金融支持，同时依托集团的产业优势推动金融产业发展，使其成为集团快速发展的动力引擎和利润增长的重要源泉。同时，建立起适应集团六大板块协同发展的体制机制，调整优化集团实业和金融的比重，保障集团资金安全，多渠道、多手段、多措施提升流动性管理水平，对冲周期性经营风险，提高集团整体竞争力。

（二）以能源为基础

能源板块是集团资产质量最好、效益最好的板块之一，是集团的基础产业，仍是集团重点发展的产业。在能源产业的未来发展方向上，广投集团提出按照"有进有退"原则，促进传统煤电能源朝着清洁能源的方向转变，清洁高效发展煤电、积极有序发展水电、安全稳健发展核电，探索因地制宜发展太阳能、风能、生物质能等新能源，不断调整优化能源产业结构，做大增量、优化存量，整合水电、核电、天然气管网和资源循环综合利用五大能源形态，使能源产业继续保持广西境内电力权益装机容量第一的地位，实现清洁能源资产重组上市。

在增量提升方面，传统发电企业需要充分利用新电改机遇，按照"管住中间、放开两头"的体制框架，推进输配以外的经营性电价放开、售电业务放开、增量配电业务放开、公益性和调节性以外发供电计划放开，构建服务广西资源优势产业发展的专用局域网和售电公司。同时，根据国家能源发展规划及产业政策，发挥地方国有资本投资运营实体的优势，形成"中游垄断＋下游市场化"相结合的运营模式，重点推进清洁能源发展。通过控股中石油入桂天然气省级管网项目，控股和经营天然气中游产业，全面进入广西天然气下游产业，依托广西地区"县县通"天然气项目建设的顺利推进，打造以天然气为主的清洁能源产业，使天然气产业成为集团能源产业转型升级的突破口、着力点。同时，利用作为广西核电项目唯一参股方的特殊身份，与优秀的企业强强联手，加快区内重点核电项目开发，重新确立广投集团在广西地区能源产业中的主导地位。

在循环经济方面，按国家最新深化电力体制改革的总体思路，以发展热电联产为抓手，通过集中供热途径，促进循环经济发展，提高资源综合利用水平。依托来宾电厂的火电机组，重点打造国家级循环产业园区，实现存量火电资产的可持续发展。在此基础上，加快传统煤电的近零排放技术改造，把集团传统煤电变成准清洁能源，降低企业能源消耗的成本、提高居民生活水平、促进节能减排和环保，在实现良好的社会效益的同时，实现集团能源产业的转型升级。

（三）以铝业为支撑

铝业板块主要是广投集团依靠广西地区丰富的铝矿产资源来做大的业务板块。经过十多年的发展，现有的铝业板块已经具有了一定的基础，形成了从氧化铝、电解铝到铝加工的完整产业链。从当前的产值和营业收入两个数据来看，铝业板块依然在广投集团中占有较大的比重，未来一定时期内仍是集团公司收入规模的支撑，是广投集团重要的板块之一。针对目前铝业板块存在的高耗能、高成本和低收益等问题，广投集团开始尝试充分利用来宾电厂的发电能力，创新电解铝企业的大用户直购电模式，实现风险对冲，彻底解决来宾铝和百色铝用电成本过高的问题。特别是广投集团提出的"铝价联动"政策获广西政府批准，标志着集团坚持了十多年的"铝电结合"发展模式获得重大突破。

铝业板块的发展重点是作为广投集团营收体量的重要支撑，顺应国家供给侧改革大势，继续提升现有业务环节附加值，整体升级产业价值链，力争成为全国产业升级技术革新的先行者。在上游，依托产学研平台，积极发展高端、高附加值的铝产品，积极推动真正创造价值的贸易模式和产业链服务体系升级，成为广西铝工业二次创业的主力军和全国铝产业升级技术革新的先行者；在中游，低端铝加工业务充分发挥"广银模式"的成本优势、环保优势和集聚效应，聚焦未来市场，在生产方向上逐渐向高端、高附加值的新材料、新产品转型，聚焦如汽车用铝材和铝合金电缆等高附加值产品，重点瞄准有特色、有竞争力的铝加工项目，生产出高品质、具有核心竞争力的铝材产品，并引导国内消费者的需求提升，提高整体竞争力；在下游，主动导入亚洲铝业、广东美亚宝等知名品牌，通过整合国内铝行业品牌，把集团铝产业打造成发挥广西优势资源产业的主力军，成为全国铝工业电商服务的优质品牌运营。把铝产业打造成既能发挥广西的资源优势又有著名品牌支撑的全新商业模式，建设全系列、全领域、全球领先的国内铝材、铝合金及高端产品平台，全面盘活工业园资产。在具体实施操作上，以品牌联盟为核心，在与亚铝合作的基础上，寻求5~10个潜在的合作伙伴，提升工业园使用效率和经济性。通过引入战略投资者、打造电商平台等措施，将铝板块打造成为集生产经营、商贸交易、服务、投资管理于一体，具有完整产业链、实现自身可持续发展的铝业集群，整个板块由"重资产、轻管理、低效益"经营管理模式转向"轻资产、重管理、高效益"的可持续、稳定的盈利模式。

（四）以文化旅游地产为增长点

随着房地产企业由单纯居住、购物的住宅地产、商业地产向全面服务供应商转型，广投集团也开始注重文化旅游地产业务的发展。广西地区拥有丰富的历史、文化和民族资源，充分利用广西文旅资源丰富的优势，创新发展主题公园、休闲度假和健康养老等业态，是今后广投集团的一个重要业务板块。广投集团把文化旅游地产作为"十三五"期间重点发展的战略新兴产业，主要是突出把文化旅游、休闲养老同医疗健康结合起来，重点发展休闲度假、健康养老等文旅产业新业态，使广投集团的文化旅游项目成为中国和东盟的旅游度假目的地，形成辐射全国乃至亚洲地区的文化旅游新地标，引领广西地区文化旅游产业发展。广投集团的文化旅游板块未来发展方向是坚持走高端路线，通过积极引进世界知名品牌，提高项目的品质和影响力，尽快形成集团一个新的利润增长点。例如，通过与澳大利亚威秀等世界知名企业的合作，重点打造亚洲国际公园项目，确保项目的品牌效应最大化，形成"玩的品牌"、"吃的品牌"、"购的品牌"品牌集群效应。

（五）以海外资源为重要补充

在国家"一带一路"战略中，明确提出支持和鼓励具有竞争优势的互联网企业联合制造、金融、信息通信等领域企业率先"走出去"，通过海外并购、联合经营、设立分支机构等方式，相互借力，共同开拓国际市场，推进国际产能合作，构建跨境产业链体系，增强全球竞争力。广投集团的海外资源产业目前规模还比较小，也是需要重点培育的产业板块。广投集团发展海外业务的重点是贸易业务、投资业务和融资平台，要打造集团境外战略资源开发和融资的平台，参与国际资本运营，为产业发展提供资源保障和资金支持，支撑集团可持续发展，并成为集团相关产业向海外资源富集地区转移的桥梁。同时，还可以为广投集团的未来发展引入国际战投、国际资本、国际人才、国际先进管理经验的平台，推动集团经营理念、经营模式、管理机制与国际化接轨。在发展战略上，广投集团结合"一带一路"国家战略，以海外贸易和海外投资为主要手段，把握海外投资机会做大做强海外贸易，通过股权、债权和信用证等融资方式做好海外融资工作，为广西拓展多样化、低成本的融资渠道。在发展方向上，重点是扩大国际贸易规模，推进在"一带一路"沿线国家的资源投资与开发，加强境外融资和资本运营合作，实现优质资产资本化、资本证券化，参与实践沿边金融综合改革试验区发展。

（六）以医药健康产业等战略性新兴产业为战略储备

随着新兴产业战略地位的提高和未来发展环境的改善，在"十三五"期间，我国新兴产业的发展将进一步提速，市场规模和技术水平都将得到显著提高。同时，各地区也不同程度地将新能源、信息产业、生物制药、装备制造等产业作为当地重点发展的战略产业。特别是新一代信息技术与制造业的深度融合，将促进制造模式、生产组织方式和产业形态的深刻变革，依托工业互联网和物联网的智能制造将进入快速成长阶段，协同创新、集成创新形成新格局，需要加快推动新一代信息技术与制造技术融合发展，着力发展智能装备和智能产品，推进生产过程智能化，培育新型生产方式，全面提升企业研发、生产、管理和服务的智能化水平。

积极培育壮大新兴产业是广西企业政府推动产业发展的一个重要方向，也是加快广西经济社会发展的新突破。作为广西地区标杆的广投集团需要自觉地将广西经济发展、转型升级需求与集团改革发展相结合，"想地方政府所想，急地方政府所急"，积极推动新兴产业发展，为当地经济结构调整和增长提供支持。同时，就广投集团自身发展而言，出于未来持续发展的考虑，也需要未雨绸缪，储备一些优势项目，使其成为企业未来盈利的增长点。从 2014 年开始，广投集团就提出"三个突破、四个增长、五个提升"发展措施，其中的一个重点就是战略性新兴产业布局有所突破。

在新兴产业领域项目选择和培育中，广投集团紧紧围绕国家、广西党委和政府提出的加快发展战略性新兴产业的发展导向，瞄准关系全局和长远发展的优先领域，前瞻性布局一批重大科技专项和重大科技工程，加大向新能源、新材料、医药健康、智慧产业、机器人、下一代信息技术等战略新兴产业的投入。特别是立足于探索中医药、健康养老、石墨烯、节能建筑和新能源汽车等新兴领域，大力引进一批高水平项目，突破一批关键技术，研发一批有市场竞争力的标志性产品，不断形成集团发展的新动力、新动能，也为经济社会发展增添新活力，成为广西战略性新兴产业发展的引领者。其中，医药产业正处于多产业叠加的发展阶段，广投集团通过以中恒集团为核心推动整合广西中医药产业，提升中医药产品的核心竞争力，使其成为未来业务的新板块；同时，广投集团还根据市场的变化，利用自身的文化旅游板块、中医药板块进行延伸切入健康养老产业，打造大保健产业，形成新的增长极。

四、形成新格局，构建支撑内核

战略能否实施得好，关键在于是否有好的支撑体系来保障。随着广投集团"十三五"战略规划的启动，要成为广西地区"四个标杆"的发展导向，迈入世界 500 强，成为国际一流企业，实现"一百双千"的发展业绩，就必须形成与新常态、新战略、新业态相匹配的新格局。新格局的形成是在原有管理格局的基础上，结合国家政策、地区特点、企业实情，通过不断创新所形成的"管理再造"——管理理念、管理模式、管理机制、管理手段等的"再造"，构建广投集团发展的支撑体系。一方面，广投集团已经开始结合市场化机制来探索国企改革的新路，例如，按照"集团化、专业化、差异化"的指导思想，不断健全完善"平台管理＋要素控制"，形成"横向到边＋纵向到底"的全方位管理体系。另一方面，广投集团还处于刚刚起步或正在完善的阶段，例如，转型为国有资本投资运营公司，以及完善与之相匹配的现代企业制度，职能部门体系和组织结构等。为了实现未来的持续发展，广投集团依然需要继续坚持改革，在企业形态、制度体系、管控模式、基础管理、人力资源管理等方面加强创新，形成具有地方特色的"广投集团模式"。

（一）打造国有资本投资运营平台

2014 年，广投集团抓住国家"以管企业为主，到以管资本为主"的国有资产管理体制改革的机遇，成立了全面深化改革领导小组，重点加快国有企业股权多元化改革，积极发展混合所有制经济，探索职业经理人制度，深化国企管理体制改革等，将集团打造成为广西国有资本投资公司试点单位。根据集团公司战略发展需要，广投集团先后制定了《广西投资集团有限公司2015~2017 年资本运营工作方案》，形成股权转让 14 项、资产重组 8 项、IOP上市计划三个，明确了集团短中期的资本运营思路。此外，广投集团完成了来宾银海铝的股权划转；崇左银海铝、百色银海发电公司、广西建开工程公司、印度尼西亚 AMNK 公司和 MPR 公司 5 家企业转让退出；方元检修公司资产重组、收购强强碳素 17% 股权、北部湾港务债权收购；完成了柳电公司、建燃、开燃、鹿寨化肥 4 家企业重组前的前期资产暂估工作。

广投集团还需要适应新常态、引领新常态，破解新常态下各种困难、问题和风险，全面推进深化改革，努力成为广西国企改革的标杆。重点工作在于着力推进机制体制创新，规范公司法人治理结构，健全市场化经营机制，促进国有资本做大做强做优，并积极履行国有企业社会责任，通过先行先试，以点带面推进改革，当好广西国企改革的排头兵，形成示范带动效应。同时，将广西国有企业重组整合与组建国有资本投资公司相结合，推进集团内部相关企业重组整合，由国有资本投资公司对授权范围内的国有资本履行出资人职责。通过清理退出一批、重组整合一批、创新发展一批，加快推进资源整合和产业集聚，推动自治区层面国有资源向重点领域、优势企业聚集，优化广西国有资本布局。此外，按照现代企业制度要求，完善董事会、监事会、经营管理层治理结构，建立健全权责明确、协调运转、有效制衡的法人治理结构，搭建科学完备的决策体系。紧紧围绕广投集团作为自治区国有资本投资公司的定位和特点，重点推进董事会建设，把董事会建成企业治理核心、决策中枢和责任主体，形成具有示范效应的广西地方国企治理体系，为广西开展国有资本出资人授权经营试点奠定坚实基础，加快提升广西国企的发展实力和市场竞争力。通过加强资本运作，坚持建购并举，利用多层次资本市场谋求资本证券化，实现国有资产的保值增值，并在区域经济发展和企业产业结构调整中发挥出重要的作用，努力成为广西面向东盟、在中国有影响力的资本运营平台。到 2020 年，广投集团要发展成为以积极的组合管理能力、有效的战略管控体系和善用资本市场资源为核心竞争力的国内领先、国际一流的国有资本投资运营公司。

2. 建立和完善企业管理制度体系

为了实现打造国有资本投资运营平台的发展愿景，需要重点推进公司治理层面的改革，在集团公司所有下属企业范围内建立现代企业制度、完善法人治理结构、树立现代治理理念。通过健全而规范的法人治理结构，强化股东会、董事会、监事会的功能，发挥产权代表人的作用，切实贯彻集团公司的经营发展方针和意图，确保子公司按集团公司的经营方式发展，不偏移集团公司的轨道。主要工作包括：进一步规范董事会建设，对各级子公司全面规范董事会建设，落实董事会行使投资决策、选聘经理层、业绩考核、薪酬决策及审批等职权，加强对各级子公司董事会和董事的监督和年度考核、任期考核和重大事项专项考核；构建"责权利"协调统一的企业管理层，逐步建立职业化、专业化的职业经理人制度，合理增加市场化选聘比例，并通过市场化模式选聘职业经理人，推行企业领导人员任期制和契约化管理。

为进一步适应新形势下现代企业集团管控的要求，更好地与新一轮国企改革的监管体系相衔接，广投集团开始建设"集团化、专业化、差异化"管理体系，科学划分集团总部、二级平台公司和下属企业的责、权、利，实现集团内部管理程序与企业法人治理结构的有效结合，激发企业发展的活力。其中，集团化是以公司整体价值最大化为前提，以总部管控为核心、子公司管理为重点，实现资源共享，提升综合竞争优势；专业化是对战略管理、生产经营管理等管理领域进行专业化管理设计，强化子公司的专业化管理职能；差异化是根据各业务板块的行业特点，对五大类业务在组织设置、行业发展规划、考核指标、生产经营管理、财务分析、绩效薪酬、项目经理管理等管理领域进行差异化设计。2014 年，广投集团制定了《广西投资集团有限公司对子公司要素管理办法》，对管理要素进行分类，并进一步厘清各级管理层级边

138

界，规范对子公司的管理。在要素管理实施过程中，广投集团提出重点梳理公司相关管理制度和流程，对子公司经营发展中的重大事项按照决策类管理要素与监管类管理要素实施管理，重点解决"管什么、谁来管、怎么管"的问题。通过实施要素管理，广投集团搭建起了集团制度、流程管理的指导框架，对各级企业的权责有了更加清晰的规定，形成了管理责任与专业化经营相结合的管理体系，确保了各项经营目标的完成。

（三）推进人力资源培育和信息化建设

人才是企业立业之本，人才问题的核心在于"选对人、培养人、留住人，做好人岗匹配"。2014年，广投集团开始了新一轮的三项制度改革，主要是扩大竞聘范围，鼓励人才合理流动。在这次制度改革中，首次把竞聘范围扩大至参股企业，选拔调整干部范围之大、职数之多，在集团公司发展历史上是少有的。经过2014年的全员竞聘，进一步激发了企业活力，建立了一种广纳群贤、人尽其才、才尽其用的用人机制，形成了一种平等、竞争、择优的用人环境，而且树立了一种凭知识、凭能力、凭公认的用人导向，进一步激发了全体干部职工重品行、崇实干、长才干的成长追求。

信息化建设是支撑广投集团运营的重要基础。为了推动信息化建设，建立强有力的信息平台保障，广投集团的工作重点是完善集团业务信息化管控平台，力争建立集团管控一体化的信息平台；同时，针对各业务板块的具体需求，建立定制化的专业应用平台。为了完善信息化工作支撑与保障体系，广投集团也推动了信息化组织架构、人才配置等工作，重点完善软硬件基础设施体系和信息安全体系建设。在具体实施方案中，广投集团提出利用大数据、云计算、移动互联等信息化手段打破信息堡垒、提升业务部门间的信息互通，实现审批数据的实时交换、互联互通和信息共享，构建"横向到边、纵向到底"的信息化建设格局；形成以制度标准、安全体系、服务体系和信息化人才队伍建设为核心要素的信息化管理体系，逐步实现从硬件为主转向连接网络系统建设；从单纯的基础信息系统建设转向服务于业务的综合管理信息系统；从面向流程的信息管理转至面向服务的信息管理等。这一系列转变，为广投集团今后的业务经营体系提供了支撑和保障。

第六章　能源板块

➢ 广投集团能源产业从最初电力基金支撑起家，依靠电力基金进行电力产业的投资活动，实现了电力产业的从无到有，同时广投集团积累了大量投资和管理电厂的经验；凭借前期积累的经验开始独立建设电厂，并将电力产业扩大到核电，实现了从弱到强的转变；在广西火电需求增速放缓、水电项目基本开发完毕的情况下，广投集团开始探索新领域，控股天然气、关注分布式能源，打造多元化能源格局。最终，天道酬勤，广投集团逐渐发展成为广西能源产业的翘楚。

➢ 能源产业是广投集团的基础产业，经过30年的发展，构建了集火电、水电、核电、天然气、煤炭、热电于一体的多元化能源产业格局。广投集团通过方元电力、广投清洁能源公司两大二级平台分别对涉电产业及天然气产业进行管控，统领企业发展。

➢ 广投集团以创新指导实践，引领企业脚踏实地进行产业升级。实施"热电联产"，推动传统火电清洁化发展；营造员工创新氛围，以技术带动企业发展；以"华龙一号"为支撑，打造核电技术新名片；清洁、高效、安全、易控，打造分布式增长点；"宜管则管、宜罐则罐"，致力实现"县县通"工程；争当电改先锋，带动区域协同发展。

➢ 面向未来，广投集团主动适应新常态，按照实施新战略、打造新业态、开创新格局的发展路径，一手抓深化改革，一手抓结构调整，使经济运行转向"产融结合、双轮驱动"的新轨道上。大力进行能源结构调整，推动产业清洁化发展；全面推进天然气管道"县县通"工程建设，以天然气产业为突破口，推动能源产业转型升级；响应国家电力体制改革号召，继续探索大工业区域网建设，推动产业协同化发展。

能源板块是广投集团的基础产业，广投集团能源产业以电力起家，经过近30年的发展，实施水、火、电并举，积极开发核电、天然气等清洁能源，大力推进热电联产、循环经济发展方式，实施清洁能源战略，构建了集火电、水电、核电、天然气、煤炭、热电于一体的多元化能源产业格局。截至2015年，广投集团参与投资建设的电力项目总装机容量为2015万千瓦，权益装机容量为1062.26万千瓦，是广西最大的地方发电企业，同时广投集团拥有广西天然气管网项目的控股权和经营权，统筹全广西的天然气管网规划、建设和运营，全面推进广西天然气管道"县县通"惠民工程建设，是广西最大的天然气管道运营商。未来，在广投集团"产融结合、双轮驱动"的战略指导下，做好"加减乘除"四则运算，优化能源产业结构；以天然气产业为突破口，推动能源板块转型升级；立足区位优势，积极参与核电开发；推进大工业区域网建设，探索"产融结合"、"产产结合"新思路。

一、天道酬勤，从零到翘楚转变

广投集团能源板块的发展大致分为三个阶段，第一阶段从1988年至2000年，这一时期随着国家政策的变化，广西所投资的电力产业逐渐移交给广投集团，并依靠电力基金进行电力产业的投资活动，实现了电力产业的从无到有，同时在这段时间里广投集团积累了大量投资和管理电厂的经验，为后来电力产业的发展奠定了基础；第二阶段从2001年至2009年，这一时期广投集团凭借前期积累的经验开始独立建设电厂，并将电力产业扩大到核电领域，实现了从弱到强的转变；第三阶段从2010年起，在广西火电需求增速放缓、水电项目基本开发完毕的情况下，广投集团开始探索新领域，打造多元化能源格局。

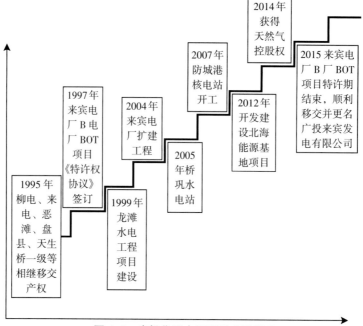

图 6-1　广投集团主要项目建设情况

（一）从无到有：以电力基金为基础，摸索中前进

1988 年，正值广西改革开放、经济起步的关键时期，电荒制约着广西经济的发展。广西根据国家鼓励多渠道集资办电的政策，先后通过征收电力建设专项基金、电源建设基金等方式多渠道筹集办电资金，用于柳州电厂、来宾电厂等项目的建设。1990 年 11 月 22 日，广西人民政府根据中国人民银行的批复，下发《关于广西电力开发投资公司并入广西建设投资开发公司的通知》（桂政函〔1990〕119 号），决定电力建设基金的管理和使用，由广西建设投资开发公司（广西投资集团前身）具体负责，广西电力建设基金投资经营业务从 1991 年 1 月 1 日起，由广西建设投资开发公司负责。电力基金的划入是广投集团电力产业发展的开始，也为广投集团的发展奠定了稳固的基础。

1992 年广西政府决定将基本建设"拨改贷"投资划转为基本建设基金，实行有偿使用，专款专用，回收再贷，滚动发展，并由广投集团接管"拨改贷"项目。随后，广投集团对上市公司实行第一次投资，作为发起人之一，投入股本金 8000 万元，成立广西桂冠电力股份有限公司。

1995年，随着《自治区人民政府关于我区电力投资和管理体制的暂行规定》(桂政发〔1990〕65号) 一文的发布，广西所投资且拥有产权的所有电力项目均将产权授予广西开发投资有限责任公司为产权代表，为广投集团电力产业的发展奠定了基础。柳州电厂、来宾电厂、恶滩电厂、贵州盘县火电厂 (贵州黔桂发电公司的前身)、天生桥一级电站等广西拥有产权的电厂相继移交，广投集团开始由投资型企业向投资管理型企业转变。其中，来宾电厂是广西"七五"期间自筹资金建设的发电厂，一期工程 2×12.5 万千瓦机组于 1987 年 1 月 6 日开工，两台机组分别于 1989 年 3 月和 1990 年 1 月投产发电，成为当年广西最先进的发电机组，也是广投集团进入电力产业并独立管理发电企业的起点。柳州电厂为 1997 年按现代企业管理制度改造的广西第一个有限责任发电公司，广投集团作为政府授权的地方电力基金管理者，控股管理柳州发电有限责任公司，通过选择经营班子考核经营目标的管理模式，开始了所有权和经营权相分离的控制管理模式。2001 年 9 月，黔桂发电公司 5 台机组全部建成投产，总装机容量 5×20 万千瓦，成为贵州首座总装机容量百万千瓦级的火力发电厂。

来宾电厂 B 厂 BOT 项目是我国第一个经原国家计委批准的 BOT 试点项目。1997 年 9 月 3 日，广西政府与项目中标人法国电力国际—通用电气·阿尔斯通联合体组建的项目公司——广西来宾法资发电有限公司共同签署项目《特许权协议》。项目总投资为 6.16 亿美元，建设装机容量为 2×360MW 的燃煤发电厂。来宾电厂 B 厂于 1997 年 9 月 5 日开工，2000 年 11 月 7 日正式投入商业运营。《特许权协议》规定广西电网公司每年购买来宾电厂 B 厂最低净输出电量 (35 亿度/运营年) 及额外净输出电量 (超出 35 亿度部分)，项目特许期 18 年 (包括 3 年建设期)，受广西政府委托，广西投资集团代表政府作为《特许权协议》的执行机构，履行广西政府在协议项下的责任和义务。特许期届满，项目公司将来宾电厂 B 厂的全部资产和权益 (不包括任何债务) 无偿移交给广西人民政府管理。2015 年 9 月 3 日，广投集团已经作为广西人民政府的执行机构圆满接收了来宾电厂 B 厂 BOT 项目，重新注册为广投来宾发电有限责任公司进行电厂运营。

1999 年 3 月，由国家电力公司与自治区人民政府协商决定，共同投资建设龙滩水电工程，广投集团占股 30%，项目历时 9 年，于 2009 年 12 月投产，

7台机组总装机容量630万千瓦，年发电量187亿千瓦时，是广西最大的水电站，也是我国已投产的第三大水电站，同时创造了最高的碾压混凝土大坝、规模最大的地下厂房、提升高度最高的升船机三项世界之最，是广投集团与央企合作的典范。

（二）从弱到强：水火电并举，电力产业快速扩张

以电力基金为基础，经过几年的艰难发展，广投集团电力产业已经初具规模。但是，在已有的电力产业中，广投集团均是通过自治区政府产权授予的方式获得电力产权，缺乏自主投资建设的经验。加之广西省是水电资源大省，火电受煤炭、环保的制约，如何有效地利用资源优势，使水、火、电协同发展，并通过不断努力，集合已有技术、管理优势自主投资建设电厂成为广投集团新的努力方向。

为提升电厂整体实力，2004年2月广投集团启动来宾电厂改扩建2×300MW机组工程，两台机组分别于2006年12月和2007年4月移交生产。为加快构建资源节约型、环境友好型企业，走循环经济发展之路，2009年启动热电联产工程，一期向广西有色金属集团汇元锰业公司供气项目，2010年元月正式供气，在广西率先实现热电联产，成为广西第一家集发电、供热为一体的发电企业。2010年2月，为顺应广投集团深化推进产业结构调整的科学发展战略要求，来宾电厂2×125MW机组正式关停，目前总装机容量600MW。

经过在电力产业内的摸索，广投集团电力产业不断扩大，也积累了大量的管理经验，但投资方式均为控股或参股。直到桥巩水电站项目的建设，才打破了广投集团在水电领域没有全资开发并自建、自管电力项目的历史。桥巩水电站于2005年3月开工建设，2007年11月实现大江截流；2008年7月第一台机组顺利并网发电；2009年12月实现全部八台机组投产发电的目标，比计划提前9个月。桥巩水电站共安装8台单机容量为5.7万千瓦的灯泡贯流式水轮发电机组，总装机容量为45.6万千瓦，电力送出电压等级为220千伏，与广西主电网连接，在同类电站中居全国第一、世界第二。8台全国最大灯泡贯流式机组的相继成功投产发电标志着广投集团已具备进行大型水电站建设的雄厚技术力量和先进管理水平，也标志着中国在超大型灯泡贯流式水轮发电机机组的设计、制造、安装、建设管理领域达到了世界一流水平，为国内

144

以后更大型同类电站的建设积累了宝贵的经验。

（三）从少到多：探索新领域，打造多元化能源格局

能源产业是广投集团成立以来一直重点发展的基础产业，经过多年发展，广西投资集团控股或参股了广西区内大部分水电和火电项目投资，已成长为广西区内最大的地方发电企业。但随着广西火电需求增速放缓、水电项目基本开发完毕，广西投资集团能源板块的发展亟须拓展新的领域。

2010年起，随着来宾电厂2×125MW机组的正式关停，广西投资集团开始探索新领域，打造多元化能源格局。2010年7月15日，由中国广核集团和广西投资集团共同建设的防城港核电项目一期工程经国务院常务会议通过，并由国家发改委正式下发核准文件。2010年7月30日，广西防城港核电站一期工程正式开工，这是我国西部少数民族地区首座核电站。项目规划建设6台百万千瓦级核电机组，其中，一期工程采用自主品牌中国改进型压水堆核电技术CPR1000，建设2台单机容量为108万千瓦的核电机组，设备国产化比例将达到87%。一号机组已于2016年1月1日正式投入商业运行，一期工程2号机组于2015年12月24日开始热态功能实验，二期工程3号机组——华龙一号示范机组也在同一天正式开工建设。作为我国具有自主知识产权的华龙一号（HPR1000）示范机组，采用的是装机容量为118万千瓦的华龙一号技术。核电作为一种清洁、低碳的能源，优势是无污染，几乎零排放，符合能源产业的发展方向。且随着国产"华龙一号"等技术的不断成熟，核电的安全性不断提升，未来，核电建设发展的态势势不可当。核电也将成为广投集团能源板块利润的重要来源，是能源产业新的增长点。

2008年，为了解决广西煤炭供应的问题，响应国家建设北部湾经济区的战略，广投集团成立了北海实业公司，规划在北海铁山港区建设大型煤电一体化能源基地。2011年12月，广投集团与神华集团国华电力公司签订《合作意向协议》，并于2012年合资成立神华国华广投北海发电有限公司，正式携手神华集团，以"清洁高效发展煤电"战略为指引，共同开发北海能源基地项目，将其打造成为亚洲最大的综合煤电一体化能源基地。北海能源基地项目按照"一厂两站"模式，规划建设8×100万千瓦级机组；4个10万吨级码头；年储运配送能力为3000万吨的配煤堆场以及煤炭相关配套产业。

近年来，随着国内主要天然气管道的建成，广西在工业、交通、民生等多个领域开始广泛使用天然气。2011 年，广投集团与中石油天然气集团公司合作，共同出资成立广西中石油天然气管网有限公司（以下简称"管网公司"），开始参与天然气项目的投资建设；2012 年，广投集团携手中国石油化工集团公司，在北海投资建设 LNG 项目陆上管网工程。2014 年，广投集团迎来发展天然气的黄金机会。中石油天然气集团公司因战略调整，计划退出广西天然气管网的建设，并同意把股权转让给广投集团。在广投的积极争取下，在自治区政府主要领导的大力协调和帮助下，中石油集团同意把股权转让给广投集团。经过一年多的艰苦努力，2015 年 4 月 30 日，广投集团顺利取得了天然气省级管网项目的控股权和经营权，并实现了公司生产、经营、项目建设的平稳过渡。广西政府对此也高度重视，决定由广投集团继续主导建设天然气管网，以早日实现广西天然气"县县通"惠民工程。随后，广投天然气管网公司（以下简称"广投管网公司"）按照自治区政府要求，经过统筹安排、周密部署，全面启动广西地级市及重要县城的天然气管道建设前期工作。

2015 年 3 月，中央出台了《关于进一步深化电力体制改革的若干意见》，同年 11 月 30 日，配套的六个电改文件相继出台，这意味着国内新一轮电力改革已正式开启。广西政府决定由广投集团开展售电改革试点工作，为此，广投集团抢抓机遇，旗下的广西方元电力股份有限公司和北京煜邦电力技术股份有限公司友好合作，于 2015 年 12 月 7 日在广西南宁顺利注册成立了广西广投乾丰售电有限责任公司（以下简称"售电公司"）。售电公司作为电量交易平台，主营电力、电量收购、销售交易业务，参与输配电网投资、建设、经营调度管理，从事与电力、电量供应有关的电力生产调度、技术开发、咨询及配电网侧优化与技术改造等业务。2016 年 5 月 20 日，发改委正式批复广西开展电力体制改革综合试点，至此，广投集团开始了能源板块的新探索。

专栏 6-1 争取天然气控股权的故事

　　2014 年 5 月，在得知中石油由于战略调整原因，拟转让广西天然气支线管网项目控股权的消息后，广投集团立刻意识到能源板块转型发展的重大机遇来临了。中石油转让管网公司控股权是广投集团能源产业转型升级的重大历史机遇，但若中石油采用"招拍挂"方式拍卖股权，广投集团要在包括中国华润燃气、中国燃气集团等专注燃气行业重量级竞争对手中胜出难度巨大，且股权价格有可能大幅提高。集团为了抢得先机、赢得市场竞争力，联合瑞川公司紧密跟踪、汇报协商，获得了自治区政府的大力支持。2014年5月30日，自治区政府张晓钦副主席一行，在北京拜会了中石油集团高层，双方就重组广西管网公司、加快全区"县县通"天然气工程建设进行了深入地沟通、交流，初步达成了一致意见。中石油明确表示让渡管网公司控股权，最终同意由广投集团主导项目建设，重组管网公司正式启动。

6月25日，管网公司三方股东高层代表在南宁就管网公司股权转让达成共识，中石油全部退出在管网公司所持股权，三方联合成立了股权转让推进、协调机构，积极推进相关工作，明确了重组过程中管网公司维持稳定运营的管理方案，并确定股权转让评估基准日为6月30日，委托中介机构开展股权转让审计、评估。会后，相关各方按照本次达成的共识积极推进各项工作。

在自治区政府及国资委的帮助下，广投集团及相关各方通过艰苦努力，到11月，国务院国资委初步同意中石油采用协议方式转让管网公司股权；广投集团与瑞川公司达成重组合作协议，瑞川公司正式发函放弃股权优先购买权；中介机构完成了股权转让审计报告、评估报告，各方多轮讨论定稿；广投集团制定了管网公司人员安置方案；中石油完成了股权转让可行性研究报告等上报所需附件。至此，上报国务院国资委请求批准股权转让的条件基本具备。11月底，中石油将股权转让请示初稿报国务院国资委审核。为缩短审核时间，自治区国资委领导亲自带队前往国务院国资委产权局专项汇报，大大缩短了申报材料的审核时间。

12月，国务院国资委产权局经过严格审核，对评估报告提出了39条整改意见，并提出了上报审批的附件清单，共要求17个附件，由于中石油负责具体上报工作的人员对国务院国资委审批要求不熟悉，原上报的初稿材料大部分不符合要求。消息传来，广投集团高度重视，立即组织专人，兵分多路协助完善材料。利用1个月左右的时间，解决了中石油控股管网公司时长期未能解决的问题，完善了评估报告所需的南宁、贵港支线管道工程土地、房产相关审批证明材料；派专人常驻中石油，充当打字员、办事员，积极协调中石油内部部门，用最短的时间完善了附件材料，中间过程可谓争分夺秒。2015年春节前，国务院国资委产权局提出的整改意见基本解决，进入联合会审阶段。

2015年春节后第一个工作日，广投集团即派员工前往国务院国资委了解股权转让联合会审情况，国务院国资委又提出了联合会审后应完善的几个问题，广投集团又高速运转起来，在两天内转战北京—成都—南宁—北京，完善了评估报告、股权转让协议各相关单位的法人亲笔签名等整改要求，期间广投集团领导把餐桌当办公桌的细节，充分体现了广投集团加速推进的强大执行力。后续又协助中石油完善了其他事项，3月13日，国务院国资委传来好消息，除《股权转让维稳报告》需要中石油盖章正式上报外，其他材料已全部齐备，当时，《股权转让维稳报告》正在中石油内部走发文流程，很快就可以完成。3月16日晚，中纪委发布消息，中石油集团总裁廖永远涉嫌严重违纪违法接受组织调查，广投集团又担心上报可能延后。幸好，该事件未对股权转让上报事项造成影响，3月17日，补齐完善了国务院国资委要求的全部材料，国务院国资委产权局发起审批流程。消息传回广西后，自治区国资委领导第二天就带队来到了国务院国资委汇报、协调，希望尽快完成批复。

2015年3月28日，国务院国资委印发《关于广西中石油天然气管网有限公司国有股权协议转让有关问题的批复》（国资产权〔2015〕153号），标志着广投集团从中石油取得管网公司控股权和经营权，标志着广西真正将天然气这一重要的民生资源掌握在自己手中，标志着广西清洁能源利用迈出历史性的重要一步。获得批文后，广投集团立即向自治区各级领导报告了这一喜讯，自治区领导对广投集团表示祝贺，对集团公司领导的辛勤付出表示肯定，并鼓励集团公司继续保持克难攻坚、勇担重任、特别能啃硬骨头的优良作风，以只争朝夕的精神加快广西"县县通"天然气建设步伐，为实现习近平总书记"发挥广西与东盟国家陆海相邻的独特优势，加快北部湾经济区和珠江——西江经济带开放发展，构建面向东盟的国际大通道，打造西南中南地区开放开发新的战略支点，形成我国'一带一路'国家战略有机衔接的重要门户"奠定了坚实基础。

二、全面布局，多引擎引领未来

目前，广投能源板块控股企业 10 家，参股企业 17 家，在建项目 6 个，涉及火电、水电、核电、天然气管网、循环经济资源综合利用等，控股企业主要包括：20 世纪 80 年代广西第一台单机容量最大的火电企业——来宾电厂，20 世纪 90 年代中期广西电网火电单机容量最大的火电企业——柳州发电公司，广西最大的利用外资项目——来宾电厂 B 厂，全国第一单机容量灯泡贯流式水轮发电机组——桥巩水电站，新一轮电力体制改革下具备售电和输配电资质的供售电企业——广西广投乾丰售电有限责任公司和广西广投桂中工业电网有限责任公司，广西第一个省区级天然气管网项目——广西中石油天然气管网有限公司。参股企业主要包括：广西最大的水电项目——龙滩水电站，广西第一个核电项目——防城港核电项目，以及国投钦州发电公司、大唐岩滩水力发电公司、天生桥一级水电开发公司等一批为广西能源产业做出重大贡献的知名电力企业。

（一）两大平台支撑产业发展

广投集团始终坚持不断地自我革新，顺应时代的发展推进改革工作，从 2002 年首次进行三项制度改革开始，至今已进行了四次改革，最后一次改革搭建了清晰的"总部—平台—企业"三级管控机制。2014 年，广投集团对能源板块进行了梳理和重新定位，并对二级管理平台公司——方元电力公司进行了重新组建，并赋予了新的职责和使命：以集团公司"产融结合、双轮驱动"战略为指导方针，对整个能源板块企业进行专业化、差异化的管理。同时提出了促进能源产业转型升级，持续健康发展的最新战略指导思想，"整合资源，打响品牌，扩大融资，转型升级，提高效益"。但是，随着广投集团天然气产业的发展，业务规模不断扩大，为了更好地对能源板块进行管理，2015 年 10 月，广投集团明确了另一个能源板块专业二级平台——广投清洁能源公司，管理广投集团所有与天然气相关的业务。

1. 以方元电力公司为平台，带动涉电产业结构调整

2003 年 7 月 29 日，广西方元电力股份有限公司正式注册成立。方元公司由广投集团、广西桂东电力股份有限公司、柳州市投资控股有限公司、广西百色电力有限责任公司、广西桂物燃料有限责任公司共同发起设立，其中广西投资集团占股 71.7725%。自 2014 年方元电力公司担负起了能源板块二级管控平台这一重要角色，经过资源整合，方元电力公司现拥有子公司 10 家，其中全资子公司 5 家，控股子公司 4 家，见表 6-1。

表 6-1 广投能源板块主要企业（项目）名录

公司名称	公司类型	业务类型	广投股比	备 注
广西方元电力股份有限公司	全资子公司	投资	100%	涉电产业二级管理平台
——广西来宾电厂	全资孙公司	火电	100%	装机规模 2×300MW 机组
——广西柳州发电有限责任公司	全资孙公司	火电	100%	装机规模 2×220MW 机组
——桥巩水电站分公司	全资孙公司	水电	100%	电站共安装 8 台 5.7 万千瓦的中国最大、世界第二的灯泡贯流式水轮发电机组
——贵州黔桂发电有限责任公司	控股孙公司	火电	58.33%	现有装机容量 2×660MW
——广投乾丰售电有限公司	控股孙公司	区域网	70%	负责来宾市大工业区域电网项目建设等
——广西来宾冷却水发电有限责任公司	全资孙公司	水电	100%	一期工程装机容量为 2×1250kW，于 1992 年 12 月开工，1995 年 12 月建成投产；二期工程装机容量为 1×3600kW，于 1999 年 12 月开工，2002 年 12 月建成投产
广投来宾发电有限公司	全资子公司	火电	100%	装机容量 2×360MW 机组
广西百色银海发电有限公司	控股孙公司	火电	60.105%	拥有 2×150MW 机组
神华国华广投（北海）发电有限责任公司	参股子公司	火电	48%	项目规划建设 8×1000MW 超超临界燃煤机组，同时配套建设 4 个 10 万吨级码头，以及煤炭年储运能力 3000 万吨的配煤堆场

公司名称	公司类型	业务类型	广投股比	备 注
神华国华广投（柳州）发电有限责任公司	参股子公司	火电	48%	规划装机容量 2×350MW 超临界热电联产机组、2×660MW 超超临界机组（具备供热能力），工程分两期建设
国投钦州发电有限公司	参股子公司	火电	31%	一期工程 2×600MW 超临界燃煤发电机组已投产，二期工程 2×1000MW 项目获得国家发改委核准
国投北部湾发电有限公司	参股子公司	火电	27%	2×320MW 的燃煤机组
贵州兴义电力发展有限公司	参股子公司	火电	21%	一期 2×600 万兆瓦超临界燃煤发电机组
广西桂冠开投电力有限责任公司	参股子公司	水电	48%	总装机容量 600MW
广西大藤峡水利枢纽开发有限责任公司	参股子公司	水电	34%	电站装机容量 160 万千瓦
大唐岩滩水力发电有限责任公司	参股子公司	水电	30%	一期 121 万千瓦已投产，二期扩建工程正在进行，建成后总装机容量为 181 万千瓦
天生桥一级水电开发有限责任公司	参股子公司	水电	20%	总装机容量 120 万千瓦
广西桂冠电力股份有限公司	参股子公司	水电	25.96%	——
——合山电厂	参股孙公司	火电	11.532%	装机规模 66 万千瓦
——平班水电站	参股孙公司	水电	6.727%	装机规模 40.5 万千瓦
——大化水电站	参股孙公司	水电	19.22%	装机规模 56.6 万千瓦
——百龙滩电站	参股孙公司	水电	19.22%	装机规模 19.2 万千瓦
——天龙湖水电站	参股孙公司	水电	19.22%	装机规模 18 万千瓦
——金龙潭水电站	参股孙公司	水电	19.22%	装机规模 18 万千瓦
——四川川汇水电	参股孙公司	水电	19.22%	装机规模 7.6 万千瓦
广西桂茂电力有限责任公司	参股子公司	水电	12%	——
广西防城港核电有限公司	参股子公司	核电	39%	规划建设 6 台百万千瓦级核电机组，一期 2×108 万千瓦已投产
广投清洁能源有限公司	全资子公司	天然气	51%	天然气二级管理平台
广西天然气管道有限责任公司	参股子公司	天然气	35%	年送气规模可达 40 亿立方米
广西中石油天然气管网有限公司	参股子公司	天然气	24.5%	——

公司名称	公司类型	业务类型	广投股比	备 注
广西广投天然气管网有限公司	参股子公司	天然气	75.5%	年送气规模可达 50 亿立方米
广西广投中燃清洁能源有限公司	控股子公司	天然气	20%	规划建设 5 座 CNG 母站，50 座加气子站
广西核源矿业有限公司	控股子公司	矿产	65%	—
广西百源矿业有限责任公司	参股子公司	矿产	49%	—
贵州玉舍煤业有限公司	参股子公司	煤炭	30%	规划年产原煤 300 万吨，首期工程形成年产原煤 120 万吨

　　作为企业二级管控平台，方元电力公司严格执行集团"做优'三化管理'，继续强化二级平台公司的经营职责，做到管理工作规范化、管理手段专业化、管理流程标准化，既不越位，也不能漏责，二级平台企业的各职能部门，要增强责任感、提升专业管理能力、提高对三级企业的管理水平，主动帮助基层企业解决问题"的要求，充分发挥二级企业各部门的战略管控职能，不断提高管理水平，提高管理效率，带动能源板块结构调整，2015 年集团参股水电效益提升明显，全年投资收益达 14.13 亿元，同比增长 50%，桥巩水电站发电利用小时数历史性突破，达到 6319 小时，实现利润 2.33 亿元，天然气业务也实现收入 4.11 亿元，利润为 785 万元，效益逐步呈现。

图 6-2　广西天然气管网规划

2. 以广投清洁能源公司为平台，统筹建设天然气全区一张网

广西广投清洁能源有限公司成立于 2015 年 10 月，作为广西投资集团有限公司实施专业化经营管理天然气业务的二级平台管理公司，由广投集团全资控股。清洁能源公司主要负责组织实施广西"县县通"天然气工程，统筹推进全区天然气一张网建设，全面布局全区天然气产业的战略发展和转型升级。

公司作为全区天然气管网项目投资、建设、运行的运营主体，不仅负责各地级城市、各县级天然气支线管道，与西气东输二线广南支干线、中缅天然气管道及其支线统一对接，还将承接中石油入桂天然气并统筹下游天然气分销业务。今后，清洁能源公司还将依托中游向下游城市燃气业务、加气站、分布式能源等产业延伸。面对新机遇、新挑战，公司将积极实施集团公司的转型升级战略，大力发展天然气等清洁能源项目，为推动广西节能减排、优化能源结构、保障和改善民生、拉动经济增长做贡献。

（二）能源板块布局

截至 2015 年，广投集团的电力项目主要分布在广西的南宁、来宾、柳州、钦州、防城港、梧州、桂林、崇左、百色以及贵州六盘水 10 个市。其中，作为广投集团稳定收益来源的水电项目，在广西红水河流域的十级水电站中，广投集团参与投资的项目就达 9 个，除桥巩水电站为广投集团全资外，持股比例超过 20% 的就有天生桥一级、龙滩、岩滩、乐滩、大藤峡 5 个项目，作为地方政府的投资代表，广投集团为这些项目的早日建成发挥了不可替代的作用。

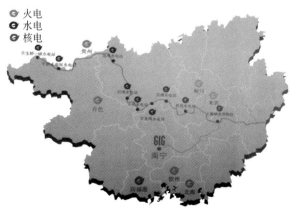

图 6-3 能源板块电力产业布局

天然气管道建设进展迅速，截至 2016 年 1 月，管网公司已完成南宁、桂林、梧州、贵港、玉林、贺州、百色、防城港、钦州 9 个城市专供管道和平果支线管道工程建设，管道总里程约 120 公里，建成 12 座分输站站场，已实现向南宁、桂林、梧州、贵港、玉林、钦州、平果 7 个县市分输管道天然气。并已开工建设柳州、来宾、河池城市专供管道及北流、柳江县级支线管网。

（三）能源板块的业务构成

截至 2015 年底，广投集团参与建设的电力总装机容量为 2621 万千瓦，权益装机容量为 1079 万千瓦。广投集团火电总权益装机容量占比 47.54%，水电总权益装机容量占比 41.3%，核电总权益装机容量占比 7.8%。目前，广投集团控股已建成投产的总装机容量 387 万千瓦。其中，广投集团能源板块拥有火电参控股企业合计 9 家，权益装机容量为 513 万千瓦；水电参控股企业合计 9 家，水电权益装机容量为 445.7 万千瓦；核电参股企业 1 家，权益装机容量为 84.24 万千瓦；风电权益装机容量为 6.1 万千瓦，天然气参控股企业 3 家，其他参控股企业 9 家。表 6-1 列示了广投集团能源板块主要企业（项目）名录及有关情况介绍。

（四）能源板块在广投集团的地位

广投集团能源产业以水、火、电起家，伴随着广投集团的成长开始发展壮大，截至 2015 年，能源板块参控股企业 25 家，在建项目 6 个，构建了集水电、火电、核电、天然气、热电于一体的多元化能源结构，电力总装机容量占全区的 1/3，是广西最大的地方发电企业，拥有广西天然气管网项目的控股权和经营权，推进广西天然气管网 "县县通" 惠民工程建设。能源板块盈利结构趋于优化，2015 年参股水电效益提升明显，全年投资收益达 14.13 亿元，同比增长 50%，桥巩水电站发电利用小时数历史性突破，达到 6319 h，实现利润 2.33 亿元，天然气业务也实现收入 4.11 亿元，利润为 785 万元，效益逐步呈现。截至 2015 年底，广投能源板块（以电力项目为主）营业收入 41.26 亿元，实现毛利润总额 9.31 亿元。2013~2015 年，广投集团能源板块收入保持稳定，受 "市场煤、计划电" 影响，能源板块主营业务收入毛利率变动幅度较大，但该板块近三年业务平均毛利率达 26.40%，仍具有较好的盈利能力。

未来随着天然气业务的不断开展，广投集团能源板块的盈利能力将继续提高。

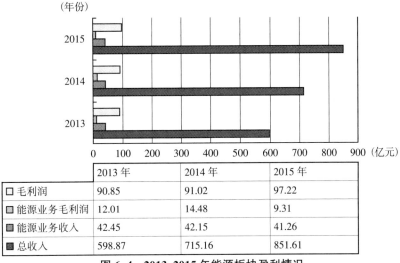

	2013 年	2014 年	2015 年
□ 毛利润	90.85	91.02	97.22
□ 能源业务毛利润	12.01	14.48	9.31
■ 能源业务收入	42.45	42.15	41.26
■ 总收入	598.87	715.16	851.61

图 6-4　2013~2015 年能源板块盈利情况

三、脚踏实地，以创新带动发展

（一）实施"热电联产"，推动传统火电清洁化发展

随着全国水电建设高潮迭起，火电向大容量、高参数方向发展，同时节能减排压力日益严峻。加之受金融危机冲击及资源价格不断上涨的影响，广投集团火电企业面临着新的发展"瓶颈"和越来越严峻的经营形势。若火电企业仍以传统单一的发电模式运行，将来可能会面临无法抵御成本增加带来的市场压力。为应对火电企业发展的困难局面，积极扭转经营亏损，提高存量资产市场竞争力，广投集团开始把循环经济作为存量火电突破发展"瓶颈"的重要措施，果断实施传统火电改造升级，推动"热电联产"，构建"发电、煤化工、建材"等循环经济产业链，取得了前所未有的成功，激发火电企业新能量，焕发新活力。

基于所属火电企业的实际情况，广投集团分别分析生产环节，挖掘价值链条，采取了不同的循环经济建设方式：

一是来宾电厂、柳电公司以供热作为价值链高点，对火电机组实施"热电联产"改造，形成以供热为中心的火电循环经济产业链。通过向工业园区提供清洁能源，降低综合能耗，实现工业区污染物集中治理，通过热能来补贴发电，同时通过成立水泥建材企业消纳火电企业产生的粉煤灰以及脱硫石膏，变废为宝，同时解决场地堆放以及污染问题。

二是黔桂发电公司以煤炭作为价值链关键点，拉伸生产环节，延长产业链，实现产业之间的衔接互补，形成以煤炭价值链为基础的火电循环经济产业模式。成立焦化厂、选煤厂以及水泥公司，选煤厂洗涤后的中泥煤输送到电厂补充发电，发电厂向焦化厂提供"水、电、气"，而焦化厂向发电厂提供煤气等能源动力，发电后的粉煤灰以及脱硫石膏制作水泥，形成从精煤炼焦、泥煤发电、煤气掺烧、污水循环利用，到粉煤灰和脱硫石膏制造水泥、墙材的综合利用产业链。

以来宾电厂为例，其热电联产改造紧紧抓住处于开发建设阶段的河南工业园区管委会合作开发集中供热项目的提议，积极开展市场调研，搜集关于集中供热的新进技术、经验、模式等前沿信息，于 2009 年启动，先后投资 3500 万元进行供热改造及管网建设，并于 2010 年 1 月 29 日实现向汇元锰业公司供热。来宾市河南工业园区实施热电联产，作为气源点的来宾电厂，机组容量为 60 万千瓦，年设计发电能力为 42 亿度，2009 年实施了供热改造，由纯凝发电机组改造成为热电联产机组，设计供热规模为 560 吨/小时，年供热能力为 450 万吨。2013 年 11 月，来宾电厂获得自治区的热电联产认定，现在是广西最大的热电联产企业，也是广西首家实现集发电、供热为一体的火力发电企业。下一步，来宾市将规划对来宾电厂 B 厂的两台 36 万千瓦火电机组实施集中供热改造，改造后将实现"两厂四机联供"效果，将供热能力提高至 1000 吨/小时（年供热能力 800 万吨）。

专栏 6-2　来宾市（广投）热电联产循环经济生态工业园

以科学发展观为指导，依托现有产业，以加快园区载体建设为主线，促进产业结构的调整和经济发展方式的转变；以来宾电厂热电联产、实行集中供热为基础，以制糖造纸产业为核心全面发展循环经济，延长和拓宽园区产业链，完善产业发展配套体系，将园区建设成为广西重要的热电联产能源基地，制糖和造纸工业生产基地；通过建立较为完善的技术创新体系，引进先进技术，采用先进生产方式将园区打造成为产城融合集生产、生态、生活于一体的全国闻名的热电联产循环经济生态工业园。

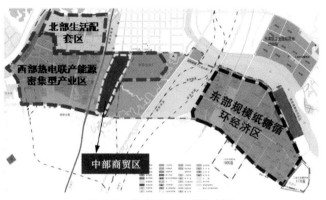

图 6-5 生态工业园产业布局

园区经过多年发展，初步形成了"热电联产"循环经济的产业链基础，主要产业链有：以来宾华锡冶炼有限公司、广西有色金属集团汇元锰业有限公司等企业为重点的有色金属冶炼产业链；以广西电网公司来宾供电局、广西方元电力股份有限公司来宾电厂、广西广投来宾发电有限公司、来宾中科环保电力有限公司、来宾市金石环保科技有限公司等重点企业为主的电力生产、供应及工业固废循环利用产业链；以广西来宾永鑫糖业有限公司、广西丹宝利酵母有限公司、广西一品鲜生物科技有限公司、广西天顺祥药业有限公司、广西金昊生物科技有限公司等重点企业为主的制糖及深加工综合利用的糖—食品—生物科技产业链；以广西来宾永鑫纸业、广西来宾东糖纸业有限公司、华美纸业、天一纸业、来宾市亿源纸塑包装有限公司（澳门新华辉贸易发展公司）等重点企业为主的糖—纸—包装产业链。

未来来宾电厂生态工业园将抓住珠江—西江经济带的国家战略机遇期，以循环经济和工业生态学理论为指导，以热电联产、制糖造纸和纸制品加工、生物科技和节能环保等战略性新兴产业为主导

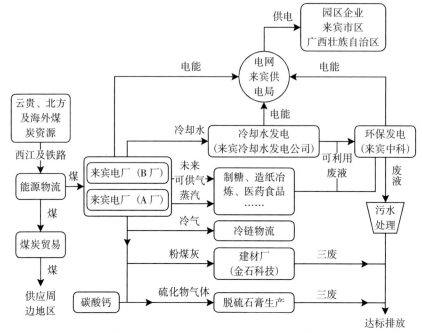

图6-6 生态工业园热电联产能源循环链

产业，用5~10年时间构建以工业共生和物质循环利用为特征的生态工业经济体系；合理进行功能布局，完善现有的物质链、技术链、产品代谢链和废物代谢链，促进区域产业结构优化和升级，提高经济增长质量，增强区域可持续发展能力；从企业、产业集群和社会三个层面，通过结构性减耗、产业链减耗和制度性减耗全面推进节能减排；实现园区的供热/冷循环、水循环、物质循环和能源集成，实现园区内废物、废能和污染排放最小化；将园区提质扩容建设成为环境优美、产业高效、人文和谐、生态宜居的综合类国家生态工业园。

资料来源：《来宾市（广投）热电联产循环经济生态工业园产业规划》。

（二）营造员工创新氛围，以技术带动企业发展

"创新是人类活力的源泉"。广投集团始终把创新摆在集团发展全局的核心位置，高度重视科技创新，以勇于创新的精神、持续改革的魄力、搏击市场的激情，创造了一个个广西乃至全国项目建设之最。广投集团能源产业始

终致力于科技进步，对生产线进行节能技术创新和技术创新，有效推动企业的发展。

1. 桥巩水电站科技支撑发展

桥巩水电站在建设和运营中，采取措施营造创新氛围，充分调动各参建单位工程管理人员的积极性，集思广益，大力推广使用新技术、新方法，加快推进桥巩水电站工程进度。在设计、建立及施工等单位，广泛开展征集工程优化的合理化建议活动，汇集各工程技术人员的智慧，解决施工难题。建设期间就形成3项自主创新发明专利：《多功能全悬臂模板及其浇筑混凝土的方法》、《橡胶面板石渣坝的施工方法》、《闸墩液压调平内爬式滑升模板激起浇筑混凝土的方法》，2项实用新型专利：《浇筑混凝土的多功能全悬臂模板》、《闸墩液压调平内爬式滑升模板》。其中《橡胶面板石渣坝的施工方法》解决了土石坝围堰的防渗问题，极大地节约了投资和缩短了施工时间。"橡胶坝在围堰挡水中的应用"让正处于建设期的桥巩水电站实现了边施工边发电的可能。

桥巩水电站自投产发电以来，根据新机组运行实际情况，在企业经营管理活动中，首先大力开展合理化建议活动和QC小组活动，开展了《天阿机组导水机构导叶安全连杆防脱落》、《东电机组轴流风机运行质量改善》等10多个QC课题研究。作为目前国内单机容量最大的灯泡贯流式水轮发电机组，设备技术含量高，设备检修或系统改造技术要求高，稍有不慎可能引发连带作用。以6号机组为例，每年检修时，都要将集电环拆除外出加工抛光处理，否则会出现打火花的安全隐患；其主轴密封运行时存在漏水的缺陷，若不消除，就可能引起水淹厂房的危险。为了消除这些隐患，桥巩水电站技术人员大胆创新实验，不断统计分析，通过对机组集电环进行技改，控制其运行过程的温升在设计范围内，采用L形密封取代原来的填料密封，消除了安全隐患。凭借不屈不挠、不断创新的精神，桥巩水电站的科研项目《广西桥巩特大型灯泡贯流式水电站建设与管理》荣获中国水力发电工程学会、水力发电科学技术奖励委员会颁发的"2013年度中国水力发电科学技术奖二等奖"，自治区总工会颁发的"劳模创新工作室荣誉称号"。

2. 来宾电厂白泥创新综合利用项目

目前我国造纸工业发展迅速，而造纸原料则以非木材（草类）纤维为主，碱法制浆造纸黑液的处理以碱回收为主，从而导致产生大量的废白泥，造成了环境污染。由于造纸厂处理白泥的成本及技术限制，多数企业将其择地填埋或堆放，给周围的土壤及地下水资源造成严重的二次污染。与此同时，火力发电企业的发电成本不断攀升，如何降低发电成本，提高企业经济效率，成为各电厂不断摸索的课题。2014年6月，来宾电厂启动白泥创新综合利用项目，成功利用造纸白泥废渣完全替代石灰石粉作为脱硫剂，应用到电厂脱硫系统中，各项脱硫技术指标稳定，石膏品质正常。2015年来宾A、B厂白泥综合利用技改项目已经实施完成，已经资源化利用白泥约3.5万吨，降低生产成本约300万元。该项目是白泥作为脱硫剂首次大规模进入了工业生产，未来正常投运每年将利用15万吨白泥，同时把容易造成二次土地污染、水污染的造纸白泥变成替代石粉的脱硫剂，达到以废治废的良好效果，实现了企业、社会与环保的共赢，走出了一条白泥与二氧化硫"以废治废"双向治理和资源综合利用的新路子。

白泥综合利用项目于2015年7月向国家知识产权局提交申请六项专利，其中发明专利3项和实用新型专利3项，截至2015年已获得一项实用新型专利，同时其他专利也获得初审通过，正进行复审程序。2015年12月3日，由来宾电厂自行研究设计、自行建造技改的白泥综合利用项目，正式获得国家知识产权局颁发的《一种白泥制浆管路连接系统》（专利号：201520728900.8）实用新型专利授权通知书。该项目的目的是为了寻找一种具有结构简单、白泥输送便捷、便于检修清理等优点的白泥制浆管路连接系统，来宾电厂技术小组经过半年多的时间，多方讨论，几易其稿，最终形成了一种行之有效的白泥制浆管路连接系统方案，实现了白泥制浆管路根据具体地形情况进行设置的难题。

（三）以"华龙一号"为支撑，打造核电技术新名片

随着电力清洁性需求大于供给需求，清洁能源的发展越来越具有优势，同时，社会的发展带来的电力需求仍将有较大的增长空间，此时，具有清洁、稳定、高效特点的核电，未来有很大的发展空间。核电项目是广投集团在传统火电、水电项目基础上向多元化发展的新的尝试。广西防城港核电项目是广西首座核电站。该电站的建设与运营，不仅可以改善广西能源结构、增强电力保障能力，而且对优化广西经济结构、保持广西经济平稳较快发展，促

进各民族共同发展、共同繁荣，建设资源节约型、环境友好型社会，具有重要的现实与长远意义，是广西能源发展史上的重要里程碑。

防城港核电二期工程采用具有我国自主知识产权的三代核电技术——华龙一号，防城港核电工程的开工建设是积极落实国家"一带一路"、西部大开发以及建设北部湾经济区战略的重要举措。另外，根据 2015 年 10 月，中广核与法国电力集团（EDF）签订的英国新建核电项目投资协议，中广核将要主导建设的英国新建核电项目布拉德韦尔 B 项目也将采用华龙一号核电技术，并把防城港核电二期工程作为其参考电站。防城港核电二期将作为英国布拉德韦尔 B（BRB）核电项目的参考电站，成为我国核电"走出去"战略的桥头堡。

（四）清洁、高效、安全、易控，打造分布式能源增长点

广投集团能源板块虽然有两个二级管控平台，但却有一个集合点——分布式能源。分布式能源是利用天然气为燃料，通过冷热电三联供等方式实现能源的梯级利用，综合能源利用效率在 70% 以上，并在负荷中心就近实现能源供应的现代能源供应方式，是天然气高效利用的重要方式。与传统的集中供能方式相比，天然气分布式能源具有能效高、清洁环保、安全性好、削峰填谷、经济效益好等优点。天然气分布式能源的综合能源利用效率高达 70%~90%，比目前国内单机容量最大的、效率最高的 1000MW 超超临界燃煤纯凝火电机组的效率高 25~45 个百分点，节能效果非常显著；相比燃煤火电机组，天然气分布式能源 SO_2 和固体废弃物的排放几乎为零，CO_2 的排放减少 50% 以上，NO_x 减少 80% 以上，总悬浮颗粒物减少 95%，具有明显的减排效果；天然气分布式能源是布置在用户端的能源系统，在公用电网故障时，可自动与公用电网断开，独立向用户供电，保证了区域供能的安全性，减轻了公用电网大面积故障造成的危害，大大提高了电网的安全性和可靠性；发展天然气分布式能源，能发挥对气网的削峰填谷作用，有效缓解其他方面用气量的波动对气网造成的冲击，增加天然气供应的安全性；天然气分布式能源厂用电率低（小于 2%）、耗水量少（燃煤火电厂的 1/3）、占地面积小（燃煤火电厂的 10%~30%）、建设周期短（12 个月左右）、输配电损耗小，相比燃煤电厂，具有较好的经济效益。

近年来，国家层面及广西政府陆续出台鼓励天然气分布式能源发展的支持政策，电力体制改革进一步深化，天然气供应大幅增加以及油气改革的启动，广投集团拥有广西天然气管网的控股权和运管权，为天然气分布式能源的发展提供了十分利好的条件。加之国家发展清洁能源的需求，为发展天然气分布式能源提供了良好契机。所以，天然气分布式能源是除依靠水电、核电之外，广投集团电力产业转型升级的一个重要方向，也是广投集团能源板块效益的增长点。

（五）"宜管则管、宜罐则罐"，致力实现"县县通"惠民工程

随着我国西气东输二线广南支干线和中缅天然气管道的全线贯通，广西结束了无管道天然气的历史，为有效承接上游管道输送的天然气资源，广投集团作为承接入桂管道天然气的唯一主体，负责建设运营广西各地市县天然气支线输配管网，统筹下游天然气分销业务。

针对天然气"县县通"工程，广西投资集团根据自治区政府相关要求及发展规划，制定了"宜管则管、宜罐则罐"、"全区一张网、分步实施"的工作部署，"宜管则管"是全区一张网，能铺设管道的地方先通管道，"宜罐则罐"则是针对一些比较偏远的地区，先以罐送的形式解决用气问题，同时预留今后通管用地，具备通管条件时再通管。同时为了保证天然气管道输送和使用的安全，广投集团建立制定了完善的安全应急系统——天然气管理中心建设方案，正积极组织实施。该管理中心包括应急指挥中心、维抢中心、中心库房、调控中心。通过高质量的建设要求和完善的管理系统来保障广西天然气使用安全。

广西天然气省级项目规划建设 13 条地级城市天然气专供管道和 51 条县级支线管道，专供管道总长度为 303 公里，县级支线管道总长度为 2594 公里，管道累计长度 2897 公里，配套建设分输站 74 座、CNG 母站 11 座，工程总投资约 58 亿元。根据广西"县县通"天然气战略部署要求，以各地市天然气市场需求为向导，广投集团计划分步气化广西 13 个地级城市和 51 个县区，滚动实施管道项目建设。截至 2015 年底，广投集团管网公司在原中石油控股时期建设管网的基础上，又开工建设了柳州、来宾、钦州、防城港、柳江、北流等 7 条中游管线，开工项目数量相当于中石油控股时期 3 年的总和，"县

县通"天然气工程全面提速。在加快推进中游管网建设的同时，紧紧围绕"保生产、保投产、保安全"中心目标，有序开展经营管理、生产运行、市场开发各项工作。2015 年供应管道天然气共 2.72 亿立方米，比上年同期增长165%，刷新了广投集团管网公司成立以来年度天然气销售纪录。2016 年 1月，随着玉林市天然气专供管道的投产，广投集团管网公司天然气日分输量达 102.56 万立方米。至此，广西五市一县已经通达管道天然气，受益人口逾千万。

（六）争当电改先锋，带动区域协同发展

广投集团在来宾市拥有 13 台水、火电机组，总装机容量为 180 万千瓦（其中方元电力股份有限公司来宾电厂 2×30 万千瓦，广投来宾发电公司 2×36 万千瓦，桥巩水电站 8×5.7 万千瓦 +1×2.4 万千瓦）的电力资产，具有水火互补的独特优势，年发供电能力大于 110 亿千瓦时。同时，广投集团在来宾还拥有 25 万吨铝水产能。结合此现状，广投集团果断借助当前国家正在实施电力体制改革、广西电改方案将来宾河南工业园区列入售电侧改革试点的战略机遇，按照广西铝工业"二次创业"中长期方案的部署安排，依托广投集团在来宾地区已建成的电力、铝业的全部资产，新增建设连接铝厂、电厂及大工业用电企业的线路设施，形成覆盖来宾地区规模以上工业企业的大工业区域电网。

打造来宾大工业区域电网，可以合理利用能源，加强环境保护，同时有利于电力和大工业的发展。通过区域电网的建设，广投集团希望实现三个重要目标：

（1）从根本上改变来宾银海铝一期 25 万吨铝水项目的经营困难局面，推动来宾银海铝二期项目的建设，成为广西铝电结合实践的鲜活样本，服务广西铝工业"二次创业"战略的实施。

（2）降低来宾市大工业企业的用电成本，拉动来宾市大工业用电需求，促进新增工业用电快速增长，有效提高来宾地区大工业企业的经济效益和市场竞争力。

（3）通过区域电网建设，与来宾市正在建设中的供热管网形成战略协同，通过"电网、热网"两张网的建设实现电价成本的降低、热电联产的带动，

为来宾市工业发展创造有利的竞争优势和发展条件。

按照立足于保障来宾铝产业用电为基础，兼顾广西铁合金等来宾市"一区四园"重点工业用户发展的战略部署，2016年大工业区域电网建设已开工建设，并计划在2016年完成区域电网基本构架的搭建工作，2017年投入使用后，再依据项目向来宾铝等用户供电的情况，继续扩展、完善区域电网变电构架，开拓多分类、分等级用电负荷，提高电网运行安全稳定性及供电量，最终提升区域电网项目效益。

四、面向未来，推动产业转型升级

随着我国经济发展步入新常态，进入深度转型和调整期，能源产业也随之呈现增速放缓、结构优化，能源发展从以数量扩张为主转为以结构调整和改善质量为主的新特点。2015年国家深化电力体制改革9号文的颁布，要求在管住中间、放开两头的体制架构下，发展"三放开、一独立、三强化"。能源，尤其是电力，是广投集团创业的基础，更是未来发展最坚固的磐石。能源领域，尤其是电力、新能源、混合所有制和资本上市等领域进行深入研究和改革，是能源产业实现从外延式发展、规模扩张式发展向内涵式、质量效益型发展的转变，由主要依靠资源消耗向主要依靠技术创新和劳动者素质提高转变。面对当前产业发展环境的变化，在当前经济发展全面进入新常态的形势下，广投集团主动适应新常态，按照实施新战略、打造新业态、开创新格局的发展路径，一手抓深化改革，一手抓结构调整，经济运行转向"产融结合、双轮驱动"的新轨道上。提出传统产业要主动适应国家"去产能"的政策要求，积极谋求技术进步、产品升级，实现自身的转型。

（一）能源产业发展环境

2016年3月17日《"十三五"规划纲要》发布，指出深入推进能源革命，着力推动能源生产利用方式变革，优化能源供给结构，提高能源利用效率，建设清洁低碳、安全高效的现代能源体系，维护国家能源安全。通过对比"十一五"规划、"十二五"规划、"十三五"规划中对不同能源品类的阐述顺序可以看出，国家越来越重视清洁能源的开发和利用（如表6-2所示）。可以看出，煤炭开发利用的地位变化最大，而随着技术的不断进步，发电成本不断下降，风电、太阳能、生物质能的地位显著上升。另外，随着"十一五"、"十二五"时期的发展，电力产业迅猛发展，逐渐摆脱了缺电的情况，在这种条件下，能源的清洁性要求就越来越高，水电、风电等清洁能源的需求不断显现。

表6-2　三次规划对不同能源品类的阐述顺序

	不同能源品类阐述顺序
"十一五"规划	①煤炭开发利用—②煤电—③水电—④核电—⑤油气开发—⑥风能、生物质能、太阳能、地热能和海洋能
"十二五"规划	①煤炭开发利用—②油气开发—③煤电—④水电—⑤核电—⑥风电、太阳能、生物质能、地热能等
"十三五"规划	①水电—②风电、光伏、光热—③核电—④生物质能、地热能、潮汐能—⑤煤炭开发利用—⑥煤电—⑦油气开发—⑧成品油升级

总体来看，在未来一段时期，煤炭工业将呈现"控东稳中，发展西部"的特征，加上受清洁能源快速发展的制约和"控煤"政策的影响，煤炭工业发展空间将受挤压；受电力体制改革能源结构调整的推动，水电、核电、风电、生物质能发电等发展空间较大；作为清洁能源，天然气工业拥有较大的发展空间；新能源发展将通过技术进步不断降低新能源发电成本，改变新能源发展靠政府补贴现状，逐渐走市场化发展的道路。

（二）能源板块发展思路

作为广投集团的基础产业，能源产业的调整优化对广投集团的整体发展具有举足轻重的影响。在当前和今后一段时期，能源产业转型升级的着力点主要围绕四个方面来展开。

1. 做好"加减乘除"四则运算，优化能源产业结构

按照"有所为有所不为、有进有退、有快有慢、有保有压"的原则，进行结构调整的四则运算，通过投资的倾斜助力集团能源板块结构调整。"加"的方面，清洁高效发展煤电、积极有序发展水电、安全稳健发展核电，探索因地制宜发展太阳能、风能、生物质能等新能源，同时关注天然气分布式能源业务发展，不断调整优化能源产业结构，做大增量，优化存量，使能源产

业继续保持广西境内电力权益装机第一的地位;"减"的方面，退出传统小火电、整合能源资产，在推动转型升级的过程中，对没有竞争优势、不利于产业优化的项目实行战略退出，凸显强与优的格局;"乘"的方面，推动能源板块资产重组上市;"除"的方面，不断提升管理、提高劳动生产率和资本回报率，通过四则运算优化能源板块产业结构。

此外，以来宾电厂等为重点，加快推进以热电厂为核心的集中供热区建设，积极发展循环经济，实现资源综合利用，引领广投集团所属的区内火电企业转型升级;同时按国家最新深化电力体制改革的总体思路，积极建设来宾市大工业区域电网，促进产业协同发展，使区内控股火电企业顺利度过生存危机，并走向可持续发展之路，为下一步引入战略投资者、推进存量电力资产资本化、证券化，为广投集团新兴产业发展提供资金支持奠定坚实基础。

2. 以天然气产业为突破口，推动能源板块转型升级

广投集团将继续按照"控制中游+市场多元化下游"相结合的运营模式，强力推进中游管网建设，在广西形成中游一张网。寻求突破，拓展燃气下游业务，通过控股中石油入桂天然气省级管网项目，发挥广投集团作为广西地方国有资本投资运营实体的长处，积极开展城市燃气、车船加气站、天然气分布式能源等天然气相关终端服务项目，延伸发展天然气下游产业链，加快培育能源产业新的经济增长点，使天然气产业成为广投集团能源产业转型升级的突破口、着力点，重新确立广投集团能源产业在广西的行业主导地位。同时，按照"远近结合，分步实施"的原则，按照"宜管则管、宜罐则罐"的建设策略，对暂未列入支线管网建设计划的县区，启动天然气储配站项目建设，争取更多市县通达管道天然气，早日实现"县县通"。

关注分布式能源等新兴业务，拓展天然气产业链。由于广西天然气分布式能源处于刚起步阶段，未来发展潜力巨大。广投集团可以借助广投集团天然气控股权优势，拓展分布式能源建设，合理布局，增加能源板块业务内容，为广投集团能源板块提供新的增长点。

3. 立足区位优势，积极参与核电开发

"在确保安全的基础上高效发展核电"是当前我国能源建设和核工业发展的一项重要政策。发展核电对保障能源供应与安全，保护环境，实现电力工业结构优化和可持续发展，提升我国综合经济实力、工业技术水平和国际地位，都具有十分重要的意义。发展核电是我国满足电力需求、优化能源结构、保障能源安全，促进经济持续发展的重大战略举措；是减少环境污染，实现经济和生态环境协调发展的有效途径；是寓军于民、促进核科技工业发展，保持和提高国家核威慑能力的主要手段；是促进我国装备制造产业升级的重要措施。

未来，广投集团将加大核电权益装机在集团能源产业中的比重，积累资质和经验，在做好现有项目的基础上，探索开拓海外核电市场，以更广阔的空间进行产业结构调整和资源优化配置，力争成为广西境内与央企合作建设核电项目不可替代的参与方，争取在未来有更多的机会分享核电快速发展的盛宴。

4. 推进大工业区域电网建设，探索"产融结合"、"产产结合"新思路

继续推进来宾市大工业区域电网项目建设，尽快实现区域电网向"一区四园"工业用户，尤其是铝业用户供电，保障来宾铝产业用电，实现大用户直供电后新的"产产结合"方式，降低用电成本，充分发挥来宾电厂、来宾发电公司、桥巩水电站发电能力，实现产业协同发展。

同时，在广投集团的大力推动下，探索能源板块产业和金融合作方式，将金融作为发动机，为能源产业发展提供动力。利用金融可以实现广投集团业务的互补，降低企业风险的特点，增加能源产业的收益、资本积累的速率，最大限度地利用社会资源，将产融结合所带来的利润回报产业发展，提高能源产业的竞争优势。整合广投集团能源资产，把现有包括火电、水电、核电、天然气管网和资源循环综合利用五大能源形态的 10 家控股企业、17 家参股企业和 6 个在建项目进行整合，尤其是水电、核电、天然气等清洁能源资产的整合，为能源板块上市作积极准备。

第七章　铝业板块

➤ 广投集团铝产业的发展使广西的资源优势快速转化成产业优势。在广西铝业三强（广投银海铝、中铝广西分公司、信发铝电公司）中，广投集团铝产业规模最大、产业链也最完整。赢得数个广西乃至全国铝行业第一：广西最大的铝生产企业、广西第一个生态铝工业园区、广西一次性投资最大的氧化铝项目、广西最大电解铝项目、广西第一个大型高精度、高性能铝板带材加工项目、全国最大的铝用阳极生产企业。

➤ 作为广投集团管理铝业板块的二级平台公司——广投银海铝构筑了一个覆盖资源产品全产业链，集生产、销售、物流、园区经营、投融资和电子商务为一体的铝产业发展平台。目前，广投银海铝原铝产能达 45 万吨、铝用碳素产能达 72.5 万吨、铝加工产能达 250 万吨、拥有三个占地面积近6000 亩的铝加工工业园。2015 年广投银海铝居"中国铝行业百强"第 5 位。

➤ 以钟掘院士领衔的"院士工作站"为代表，广投集团铝产业发挥"产学研用"联合攻关优势，取得多项具有标志性的研究成果，不断推进铝产品高端化、铝生产工艺先进化，促进铝企业生产向智能化方向发展。

➤ 广投集团携手先进民企，开创"广银模式"，提出了将国有企业的资源、资金优势与民营企业的技术、市场优势进行强强联合，在全国布局发展铝深加工基地和铝产业项目的新思路，探索了一条"小投入—大产出—高效益"的发展模式。"广银模式"促使广投集团铝产业实现从"区内发展"到"全国布局"、从"单兵突进"到"借力腾飞"、从"分散布点"

到"产业集聚"的三大转变。

➤ 在新常态下，未能有效采取"铝电结合"的电解铝企业将处于被淘汰出局的危险境地。近年来广投集团"铝电结合"尝试以"直购电"方式进行，进展并不顺利，使得广投集团铝业板块整体上处于比较艰难的状态。未来，期待通过大工业区域电网的建设，打造"铝电结合"升级版，真正促进整个集团的铝电互补、协调发展。

➤ 新常态下广投集团铝业新发展思路是：推进"铝电结合"，继续完善铝业全产业链建设；坚持创新发展，推进"产学研用"协同创新；引入战略投资者，发展混合所有制经济；推进"品牌联盟"，致力于打造中国铝行业最具影响力的品牌集群；借助"互联网+"，打造铝业电商平台，推进商业模式创新，推动铝业板块从当前的"重资产、轻管理、低效益"模式向"轻资产、重管理、高效益"模式转型。

➤ 到"十三五"期末，广投集团铝产业将形成电解铝产能70万吨，148万吨铝棒产能全部释放，铝型材产能90万吨左右的生产能力。预计到2020年，铝业板块可为集团贡献营业收入1000亿元，利润约21亿元，将成为广西铝工业"二次创业"的主力军和拥有世界级铝品牌的行业先锋。

广西是我国铝土矿资源富集的少数省份之一，作为西部大开发的重要门户，广西的地理位置得天独厚，而这些蕴藏在崇山峻岭之间的宝藏，如何成为广西工业制造业新的经济增长点，成为广西的产业优势、经济优势？当年邓小平一句"广西平果铝要搞"掷地有声的话，开启了广西铝土矿开发的征程，成为柳州钢铁产业后广西又一个重要的工业支柱产业。广投集团作为广西第一批成立的国有投资公司，在推进广西铝工业发展的过程中，发挥了重要的引领和带动作用，虽然广投铝产业起步较晚，但作为后起之秀，广投集团始终以高起点、高标准、高要求来发展铝工业，在短短的15年时间里完成了铝产业的规模化、现代化生产，打造了从铝土矿、氧化铝、铝冶炼、铝加工到铝产品贸易、工业园运营、投融资管理、铝产品服务的完整产业链，在探索广西铝工业持续、健康发展的道路上孜孜不倦、开拓创新，为广投集团实现跨越式发展，打造"千亿元铝产业"插上腾飞的翅膀。

一、做大铝产业，资源优势转化为产业优势

（一）参与平果铝建设，涉足广西铝土矿开发利用

1986年，邓小平同志一句"广西平果铝要搞"，牵起了广投与铝工业发展20多年的情缘。

广投集团与铝的结缘与百色这片革命老区息息相关。中央在广西投资建设平果铝项目，广西党委政府鼓励地方企业积极参与进来。广投集团作为广西政府成立的第一批地方投资公司，积极履行地方国企的职责和使命，以37.5%的股份参股广西铝业开发投资股份有限公司，开发建设平果铝业项目，开始涉足铝产业。1999年11月，平果铝实行债转股，广投集团由原来占股15%调整为7.78%。随后，平果铝装入中国铝业实现整体上市，广投集团成为中国铝业的股东之一。

广西拥有丰富的铝土矿资源，已探明的铝土矿储量约7亿吨，居全国前列，远景储量达10亿吨，占全国总储量的1/4以上，是全国四大铝土矿基地之一，尽管有着其他省份无可比拟的铝土矿资源优势，但是广西的铝土矿开发利用起步却比较晚，在20世纪50年代广西首次发现铝土矿后，1990年电解铝产量也仅为0.64万吨，直到1991年，中国铝业投资建设的平果铝业公司顺利投产后，广西的铝工业才开始规模化生产，但铝土矿优势依然没有得到充分的利用，此时的广西铝工业正处在嗷嗷待哺的起步阶段。利用广投集团自身丰富的电力资源，广投集团肩负起了开发利用广西铝土矿资源的重任，投资的目光首先聚焦在了铝土矿品位高、埋藏浅、易开采的百色地区。

（二）自主投资建设铝业项目，为铝产业规模化发展奠定基础

广西铝土矿主要分布于桂西、桂中及桂西南地区。古风化壳型铝土矿和堆积型铝土矿，主要分布于桂西平果、田东、田阳、德保、靖西、那坡等县境内。2000年12月26日，广投集团与广西桂冠电力股份有限公司、广西地质矿产勘查开发局、广西百色电力有限责任公司在百色革命老区共同出资成

立广西百色银海铝业有限责任公司（以下简称"百色银海铝"），注册资本8.45亿元，广投集团占股60%，投资建设了20万吨/年电解铝生产系统，主要产品有重熔用铝锭、重型铝母线和铝合金棒，"银华牌"商标被认定为广西著名商标。这是广投集团依靠自身的人才、技术、资金建设的第一个铝业项目，标志着广投集团正式迈开了发展铝产业的步伐。

以百色银海铝为起点，广投集团铝产业的触角开始向上中下游全面延伸。2003年2月20日，广投集团与五矿铝业、中国铝业共同出资建设广西华银铝业有限公司（以下简称"华银铝"），规划建设320万吨氧化铝项目，其中，一期项目获国家发改委核准后于2005年6月正式开工建设，2008年6月，顺利达到年产160万吨氧化铝的生产规模。在当时，华银铝是我国铝工业发展史上一次性投资最大、一次性建设生产规模最大的氧化铝项目，是新中国成立以来广西获国家批准建设的最大工业项目，是集矿山开采、氧化铝生产于一体的现代大型铝工业企业。项目不仅使广投集团顺利进入氧化铝生产领域，同时使广投集团获得了丰富的铝土矿资源。为充分利用一期工程的富余能力，2009年2月，华银铝启动40万吨氧化铝扩建项目，2010年10月投产，至此，华银铝氧化铝产能达到200万吨，拥有铝土矿资源1.5亿吨，为广投集团进一步做大做强铝产业、拉长铝产业链打下坚实基础。

随着桥巩水电站和来宾电厂扩建项目的陆续建成，广投集团按照"铝电结合"发展模式，在桂中地区布局新的铝业项目，2006年12月，广西来宾银海铝业有限公司（以下简称"来宾银海铝"）应运而生，注册资本4.2亿元，它是广投集团按照广西铝工业"十一五"专项规划，打造"铝工业强省"在来宾市布局建设的重点项目，一期工程25万吨原铝及配套工程，于2009年5月正式投入运行，主要产品是铝水、铝锭，其中，"Al99.70重熔用铝锭"荣获广西"全区用户满意产品"称号。广投集团布局来宾铝不只是单纯追求产能扩大进行的投资，而是以来宾铝为核心，引进国内外投资者，承接中国东部产业转移，延伸铝产业链，进一步培育专业分工和资源互补的铝产业集群，发展与铝相关的原铝、铝加工、技术研发、产品交易和物流等产业，直至形成规划的年产50万吨电解铝的铝产业链簇群，在桂中打造一个广西乃至中国具有鲜明特色的综合性铝工业基地。

碳素预焙阳极是生产电解铝的重要原材料，每生产1吨电解铝需消耗约

0.5 吨预焙阳极。广投集团年产 45 万吨电解铝，每年需要采购约 22 万吨碳素预焙阳极。预焙阳极的稳定供应是整个氧化铝—电解铝—铝加工一体化产业链正常运作的重要一环。为此，广投集团拟通过入股拥有专利技术生产碳素预焙阳极的强强碳素公司，解决铝水企业原材料问题，降低生产成本。2010年 6 月，广投集团入股强强碳素，其生产的电解铝用"强强牌预焙阳极"产能为 72.5 万吨。2015 年，强强碳素与广投银海铝实现并表，2016 年，广投银海铝进一步完成控股强强碳素工作。目前，强强碳素公司是我国生产规模最大的电解铝用预焙阳极生产企业，质量达到国际先进水平。

百色银海铝、来宾银海铝和华银铝的投产运营，加上强强碳素的强有力补充，广投集团形成了 45 万吨铝水、200 万吨氧化铝、72.5 万吨预焙阳极的产能，铝业发展潜力得到全面提升，成为继能源之后的第二大产业，铝产业也由此进入跨越式扩张阶段，铝资源优势加快向产业优势、经济优势转化。

（三）发展铝加工业，拓展铝贸易，不断延伸铝产业链

从 2000 年投资建设百色银海铝项目以来，广投集团的铝产业长期徘徊在中上游产业，并且呈现出资源和产品自给自足、自我消化的内部循环的现状，铝水企业也是供给固定的铝棒、铝型材加工企业，不需要进行市场开发和营销，在 2008 年金融危机以前的经济环境下，广投集团铝板块的企业能够每年坐享上亿元的利润。然而，随着金融危机对全球经济的巨大影响，随着国家节能环保政策的日益深化，随着电解铝产能过剩的情况日益凸显，随着我国经济逐步进入新常态的调整阶段，广投的铝板块经营上的缺口已经越来越大，效益下滑情况越来越严重。

在商业化和市场完全竞争的今天，只有不断根据市场要求进行适应性变革调整的企业，才可能真正赚钱。事实上，铝产业链中，直接面向市场、面向消费者的产业在铝加工，铝土矿、氧化铝、电解铝都是作为原材料服务于铝加工业，这些原材料的价格并不像铝加工产品那样具有市场的弹性，利润空间狭窄。此时的广投集团已经开始意识到铝板块的短板，但也发现了集团自身在铝产业中上游的优势，为何不能依托铝水企业坚实的基础，拓展下游铝加工产业？

2010 年，在与铝材加工民营企业——广亚铝业合作铝棒项目初见成效的

基础上，广投集团顺势而为，2010 年成立了集团铝产业首家混合所有制经济体——广西广银铝业有限公司，注册资本 12 亿元，广投银海铝占股 88.25%、广亚铝业有限公司占股 5.875%、佛山市南海区和喜金属材料有限公司占股 5.875%，主要产品有铝棒、铝坯料、型材、板材生产及销售，现有 178 万吨（铝棒 148 万吨、铝工业园 30 万吨）铝加工能力。广银铝业公司以"广银模式"，将广投集团铝产业链逐步延伸至铝棒、铝板带材、铝型材等下游铝加工业，发展版图也跳出广西迈向全国，逐渐形成以铝棒、铝型材生产为基础，以铝工业园区开发建设为核心，生产基地与销售网络覆盖全国的经营格局，广投集团的铝产业链开始向附加值更高、影响力更大的下游加工产业进军。

到 2015 年底，广银铝业在全国范围内分别在广西、宁夏、甘肃、内蒙古、四川等省区建设了 5 家铝棒生产基地，形成了年产铝棒 148 万吨，年产铸扎卷 10 万吨的产能；在广西百色、江西抚州、安徽合肥分别建设了百色新山生态型铝产业示范项目、江西广银铝业有限公司、安徽广银铝业有限公司 3 家工业园，每个园区占地为 2000~3000 亩，园区内建设有标准化钢结构厂房、大型立式氧化/喷涂表面处理线、大型污水处理厂、铝棒熔铸车间、挤压车间等铝加工专业配置，以及相应的物流、仓储、生活、商业等配套设施。广投集团既通过与外省铝水企业的合作，控制了上游优质的铝水资源，又通过产业集群开发模式，集约布局铝产业及配套项目，往铝工业"万象城"的方向进行了积极尝试，为广投集团的铝板块涉足下游铝加工产业蹚出了一条新的发展路子。

在加快铝加工布局的同时，广投集团还积极推进铝加工产业向高端、高附加值的方向进军。2009 年 7 月 1 日，由广投银海铝（51%）和柳州市产业投资有限公司（49%）投资成立广西柳州银海铝业股份有限公司，注册资本 7.794 亿元，规划建设铝板带材产能 35 万吨，目前一期 20 万吨生产线已投产，并拥有中国首条具有自主知识产权"1+4"热连轧生产线。柳州银海铝利用首条国内自主研发、设计、制造集成的具有自主知识产权、辊面最宽（3300mm×2850mm）的"1+4"热连轧生产线生产出幅宽最宽 2900mm 的热轧板，幅宽最宽 2630mm 的冷轧卷等超宽铝板带材，产品质量达到国际先进水平，广泛应用于铁路运煤敞车、罐车车厢、集装箱、冷藏车厢等交通运输用铝及建筑安装、电子电器等用铝板带材。

2012 年 2 月，专注于铝产品贸易业务的广银商务公司成立，广投银海铝占股 55%，广亚铝业有限公司占股 45%，注册资本 5000 万元，通过打造一个专业的商贸平台，进一步整合大银海系统的铝产品贸易资源，扩大广投银海铝产品的市场份额和市场占有率。同时，广银商务乘着"互联网+铝"的发展趋势，创新金属现货电子交易平台，建设广银有色金属商情网（www.gynmm.com），为广银铝业开发、维护和运行铝金属大宗交易平台，以公开透明的定价方式、直观明了的产品界面、方便快捷的交易流程成为中国最大的铝锭现货电子交易平台。

2014 年，借助上海自贸区成立的机遇，一个新的贸易运作平台上海广投国贸公司在上海成立，注册资本 5000 万元，公司将借助和发挥互联网优势，整合线下资源，着力将上海广投国贸打造成集产业链、供应链、金融链于一体的大商务平台。自此，广投银海铝的贸易业务，开始在华东、华南的铝贸易市场纵横捭阖，举足轻重，银海铝作为集团铝产业的品牌，影响力也日益扩大。

（四）开创广西铝业发展多个第一

放眼广西，广投集团、中铝广西分公司、信发铝电公司是广西铝产业体系较完善的三家铝企业，但是在三者当中，广投集团的铝产业链最为完整，规模也是广西最大的。目前，广投集团铝业板块获得数个广西乃至全国铝行业第一：

——广西最大的铝生产企业。2016 年上半年，广投集团氧化铝、电解铝、铝加工、碳素生产能力分别达到 200 万吨、45 万吨、250 万吨（铝棒厂 148 万吨、柳铝 20 万吨、铝工业园 30 万吨、广银美亚宝 10 万吨、广银亚铝 40 万吨）、72.5 万吨，形成了比较完整的铝产业链。

——广西第一个生态铝工业园区（百色新山铝工业园）。该园占地面积 13.68 平方公里，计划总投资 250 亿元，项目完成后，年工业产值达 270 亿元，年税收达 21 亿元，新增就业岗位 6500 个。

——广西一次性投资最大的氧化铝项目（广西华银铝业有限公司）。该项目由广投集团、中铝集团、中国五矿共同投资建设，2008 年 6 月 18 日投产，产能为 200 万吨/年，总投资 95 亿元。这是我国一次性投资最大、一次性建设规模最大的铝工业项目。

——广西最大电解铝项目（来宾银海铝业公司）。该项目由广投集团独立建设，2009 年 5 月 12 日，一期工程正式投产，产能为 25 万吨/年，是目前广西最大的电解铝项目。

——广西第一个大型高精度、高性能铝板带材加工项目（广西柳州银海铝业股份有限公司）。该项目由广投集团与柳州市共同建设，主要生产高精度、高性能铝及铝合金热轧板、带材产品，主导产品为高档宽幅交通运输材料，设计产能为 35 万吨，年产值达 100 亿元。

——全国最大的铝用阳极生产企业（广西强强碳素股份有限责任公司）。该公司主要产品为铝电解用预焙阳极碳素和石墨化碳素，产能为 72.5 万吨，产品除满足国内市场需求外，还远销亚洲及欧美等国家。广投集团作为该公司的战略合作伙伴，通过入股该公司获得了稳定的铝用碳素阳极产品供应，保障铝水企业原材料的稳定供应。

广投集团主要铝企业（截至 2015 年底）

广西华银铝业有限公司（占股 34%）

广西百色银海铝业有限责任公司（占股 60.105%）

广西来宾银海铝业有限责任公司（占股 100%）

广西广银铝业有限公司（占股 88.25%），下属全资及控股子公司：

——宁夏广银铝业有限公司

——内蒙古广银铝业有限公司

——江西广银铝业有限公司

——安徽广银铝业有限公司

——四川广银铝业有限公司

——甘肃广银铝业有限公司

——广银铝业田阳分公司

——广银铝业百色分公司

——广西来宾广银三英铝业有限公司

——广东广银亚铝有限公司（占股 51%）

——佛山广银三英铝业有限公司（占股 51%）

广西柳州银海铝业股份有限公司（占股 51%）

广西广银商务有限公司（占股 55%）

上海广投国际贸易有限公司（占股 100%）

广西强强碳素股份有限公司（占股 43.355%）

广西广银美亚宝铝业有限公司（占股 51%）

百色新铝电力有限公司（占股 8%）

二、责任与担当，在逆境中坚守广西铝工业发展使命

2008 年，全球性的金融危机席卷了各个产业，而且其影响几乎一直持续到现在。包括铝产业在内的诸多实体产业，至今仍然未能完全缓过劲儿来。加上各种宏观政策的调整，广投集团电解铝之前短暂的风光日子也在 2008 年戛然而止，进入了十分艰难甚至是煎熬的发展阶段。铝产业要不要继续搞？如何搞？这一问题困扰着所有的铝企业。但作为自治区政府国企的"长子"，广投集团没有过多犹豫，秉持责任与担当的国企精神，在坚决贯彻政府各项宏观调控政策的同时，牢牢扎稳马步，始终将广西铝工业发展的使命扛在肩上，勇敢地踏上逆势突围的道路。

（一）停产启槽，为广西经济稳增长做出积极贡献

从 2008 年以来，广投的铝水企业遭遇了金融危机以来市场持续低迷导致的发展步履维艰以及国家节能减排被迫多次停槽减产的严峻形势，在这期间，广投充分发挥了自治区政府国企"长子"的职责，秉持责任与担当的国企精神，积极履行自治区稳增长的重任。

从 2007 年开始，由于电价不断上涨，加上 2008 年的冰雪灾害、金融危机、2010 年的节能减排限产以及 2011 年的电荒，铝水企业经营环境急剧恶化，亏损面越来越大。从 2008 年到 2010 年，百色银海铝和来宾银海铝两家铝水企业累计亏损已经高达 6.7 亿元。按照当时的电价和铝价，百色银海铝和来宾银海铝的完全成本将分别达到 17800 元/吨、19000 元/吨，意味着企业每生产一吨铝水将亏损 2000~3000 元，两家铝水企业的资产负债率已经逼近了警

戒线，原铝企业四次被迫大规模停产限产，主体设备一再重复更换，直接经济损失巨大。一方面，由于黔桂公司一期的小机组陆续关停，从贵州供给百色银海铝的低价电量被迫中断；另一方面，以桥巩水电站作为来宾银海铝的模拟自备电厂政策也暂停执行，在电价不断上涨，铝价始终维持低位的状态下，来宾银海铝亏损越来越大，面临停产的严峻形势。随着新疆、内蒙古等西部廉价电力省区电解铝产能的大量投产，在当前国内外经济复杂多变的环境下，整个"十二五"期间，广西原铝企业的经营形势都十分严峻。

原铝企业停产减产不仅是对广投铝板块的严峻挑战，更对整个广西铝工业的持续发展和社会产生不利影响。在正常情况下，广投的铝水企业每年可实现约 64 亿元的营业收入，年上缴税收约 1.2 亿元，中下游的铝加工和碳素企业每年可以实现 111.6 亿元的营业收入，年上缴税收 2 亿多元。铝水企业的停产减产，氧化铝和碳素制品无法就地消纳，铝加工企业没有原料，"十一五"期间，刚刚建成投产的来宾银海铝材、兴和铝业、宏锐铝业、三英铝业等十余家铝加工企业都将全部停工，停产后，铝水企业和上下游企业损失总计将减少当地工业产值 175 亿元，按百色市和来宾市 2011 年合计工业总产值 1397 亿元初步计算，损失金额百分比高达 12.5%，财政税收减少 2.99 亿元，严重影响地方经济增长。同时，相关辅助和配套企业如百矿公司、海棠机械配件制造有限公司、银海物流公司、百色服装厂以及广西铝产品检测研发中心等企业和单位也会不同程度受到影响。

广投集团的铝水企业经过多年产业结构调整，早已脱离了传统意义上的电解铝范畴，不能简单、笼统地将其归结为"高耗能"企业，作为铝产业链中不可或缺的重要一环，铝水企业不仅承担着消纳上游氧化铝，实现资源就地经济转化的职能，而且为下游铝加工企业提供铝水来源，为清洁生产和循环经济产业提供保障。面对严峻的宏观经济形势和外部市场挑战，铝水企业克服了停产减产带来的众多困难，积极部署，排除各种困难启槽复产，进一步避免了以氧化铝为主的初级资源品大量流失自治区外，以及碳素、氟化盐、铝棒、铝线杆以及铝板带等一系列相关企业的停产减产，以及技术人才流失、生产设备和厂房等固定设施闲置情况的发生。仅 2013 年，广投集团所属铝水企业启槽复产拉动了自治区用电负荷的迅速上升，带动广西增加产值达 13.2 亿元，带动下游产业附加值 15 亿元，有力地拉动了广西的经济发展。在减产期间，两家铝水企业积极做好人员安置和维稳工作，特别是对百色革命老区和刚刚发展起来的来宾工业园区的社会和谐与稳定做出了积极的努力，同时，也对广投在建和投产的工业园区大量达产项目的顺利生产和招商引资项目的顺利到位做出了积极的贡献。

（二）构建铝电结合长效机制，推进广西铝工业科学发展

电解铝行业是高耗能行业，在电解铝生产企业中，能源成本几乎占一半。如果能通过煤电铝一体化、自备电厂或者直供电（直购电）等形式"铝电结合"则能显著降低电解铝企业的生产成本，提高其市场竞争力，否则，在竞争日益激烈的电解铝行业，未能有效采取"铝电结合"的电解铝企业将处于被淘汰出局的危险境地。广投集团铝业板块"铝电结合"试点主要在来宾银海铝推行，但铝电结合模式在广西尚没有形成有效的长效机制，使得来宾银海铝自备电厂方式变得不可行，经过比较曲折的过程后，目前来宾银海铝"铝电结合"以"直购电"方式进行。

1. 项目建设阶段的"铝电结合"规划

为实现集团内部资源的有效整合，降低电解铝用电成本，来宾银海铝一开始按照"铝电结合"模式进行规划设计。自备电厂的"铝电结合"模式在当时也得到了自治区党委、自治区人民政府以及自治区发改委等有关部门的支持。

2007年3月27日，自治区人民政府通过了《广西投资集团铝产业发展规划》提出的桥巩水电站与来宾铝项目"铝电联营"方案（即用广西投资集团投资建设的桥巩水电站的全部电量供给来宾银海铝业公司"原铝及铝板带项目"，不足部分由广西电网公司提供，有效降低项目用电电价），并明确：在实现"铝电联营"之前的过渡期内，原则同意来宾铝一期电解铝项目和银海铝二期电解铝项目执行平果铝二期电解铝项目优惠价，所产生的电费差额在项目投产后所形成的税费中弥补。

2008年10月24日，自治区经委就来宾铝项目投产的供电政策问题专题请示自治区人民政府。很快，自治区经委、自治区物价局就公司供电问题提出的"将桥巩水电站作为来宾铝项目的自备电厂，其电量全部供应来宾铝项目"的建议于2008年12月16日获自治区人民政府批复同意。

2009 年 4 月 17 日，为解决来宾银海铝供电问题，自治区经委组织自治区发改委、物价局、来宾市政府、广投集团、广西电网公司、来宾铝业公司等召开协调会议，并形成《纪要》报自治区人民政府审批，进一步明确：一是桥巩水电站作为来宾铝项目自备电厂有关手续未完备前，按照边办理边实施原则，同意桥巩水电站按模拟自备电厂模式，采取代购代销的方式向来宾铝厂供电，不足部分由广西电网补充，电价按目前临时峰谷分时电价规定执行；二是系统备用费和代购代销费由自治区物价局测算审定；三是在自治区人民政府对此未批示之前，广投集团与广西电网公司按会议所达成的共识实施。

2. 项目建成后的"铝电结合"实施

2009 年 9 月 1 日和 2010 年 3 月 29 日自治区物价局明确了来宾银海铝项目的供电收费问题：桥巩水电站向来宾银海铝电解铝供应的电量，核定系统备用电量为 28 万千伏安，供电费用由系统备用费和代购代销费两部分构成，系统备用费每千瓦时为 0.0223 元，代购代销费与铝价格联动，在 0.0197~0.0497 元范围内浮动；电量不足部分由广西电网公司提供，价格按自治区物价局有关规定执行。以上政策从 2009 年 7 月 1 日起执行。

由于用电价格政策的巨大变化，使得接下来几年时间来宾银海铝出现"四停五启"。在自治区政府、来宾市政府、广投集团的全力支持下，2014 年 7 月 1 日，《关于完善广西投资集团来宾银海铝直购电方案有关问题的请示》获正式批准实施，来宾银海铝于 2014 年 7 月 6 日开始复产，于当年 10 月完成全部产能恢复工作。

自 2009 年 5 月 12 日投产以来，受金融危机和宏观经济影响，铝价持续低迷并逐年走低，而来宾银海铝"铝电结合"试点进展缓慢，企业用电价格长期处于高位，致使公司成本倒挂，陷入连年巨额亏损。

3. 推进直购电模式促进企业走出困局

铝工业是广西仅有的少数几个优势产业。电解铝在铝工业氧化铝、电解铝、铝加工三大环节中，具有承上启下的关键作用，对上消化氧化铝，对下为铝加工企业提供原材料。没有电解铝，就搞不好循环经济的铝工业。

广投集团是广西区内最大的发电企业，同时又是最大的铝产业企业，具备铝电结合发展的天然优势。下一步，对于广投集团企业铝业板块，需要抓住电力体制改革的历史性机遇，加快推进"铝电结合"试点工作，大力推进电解铝生产企业与电力企业签订长期直购电合同，从根本上解决电解铝生产的成本倒挂问题。

2015年3月，中共中央、国务院发布了《关于进一步深化电力体制改革的若干意见》；2015年11月，国家发展改革委、国家能源局发布了《关于推进输配电价改革的实施意见》、《关于推进电力市场建设的实施意见》、《关于电力交易机构组建和规范运行的实施意见》、《关于有序放开发用电计划的实施意见》、《关于推进售电侧改革的实施意见》、《关于加强和规范燃煤自备电厂监督管理的指导意见》6个电力体制改革配套文件，为我国电力体制改革制定了可操作的"路线图"。电力体制改革的目标就是要建立有效竞争的电力市场化机制，形成合理的电价机制。降低电力成本，更好地服务实体经济是电力体制改革的重要内容。有条件的电力用户与发电企业直接交易、自愿协商确定电价的做法将得到允许和鼓励。《国务院关于化解产能严重过剩矛盾的指导意见》则明确提出，支持电解铝企业与电力企业签订直购电长期合同。电力体制改革对于耗电量大的电解铝企业是一个重大利好。

经过协商，当时来宾银海铝直购电的操作方法是：利用广投集团内的四家发电企业，通过提高发电利用小时，以成本价向来宾银海铝供电，目标是维持来宾银海铝的简单再生产，从而实现下游铝加工产业的复产和复工。具体是将来宾银海铝每年35亿千瓦时的用电量，由桥巩水电站供应20亿千瓦时，另外15亿千瓦时由来宾电厂、柳州发电公司和银海发电公司三家火电企业来代发。合计让利3亿多元，其中桥巩水电站让利9100万元，三家火电企业让利20900万元。对火电企业来说，通过超发电量，分摊了固定费用降低了发电成本。对来宾银海铝来说，通过电厂直接让利，减轻了用电负担，恢复了铝水生产。这种铝电结合的方式带来的好处是，既救活了电厂又救活了铝厂，更重要的是维系了下游铝加工企业群的正常开工，打通了上中下游铝产业链，为加快铝电产业结构调整、发展循环经济产业链创造了条件。

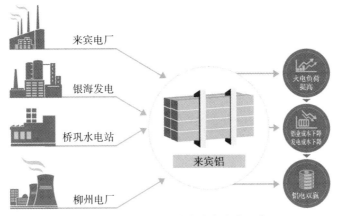

图 7-1　来宾银海铝的直购电方案示意

（三）打造统一管理平台，专业化推动铝产业发展

在氧化铝、电解铝、铝加工、工业园营运、铝贸易等铝产业链各环节都已经完成战略布局的情况下，广投集团铝产业由单兵突进的分散状态转换为军团作战的整体优势就显得日益重要。而且，作为多元化经营的广投集团，要想以"小总部管大产业"的思路来对刚刚全面铺开的铝产业进行管控，几乎是不可能的。此时，唯有打造专业化的管控平台，才可能为铝产业的做大、做强、做久提供保障。在这样的背景下，广投集团决定将原来实行部门化管理的铝产业统购统销平台——广西银海实业有限公司做实，逐步打造成广投集团铝板块的专业化管控平台。

平台打造的第一步是将银海实业与百色银海铝、来宾银海铝两家铝水企业进行人力和流程的整合，建立"本部—生产基地"的管理模式，三个独立的法人企业以同一套管理架构进行一体化管理。也就是说，一套机构的职能部门，根据实际需要分设在南宁、百色、来宾三个地方，但均在同一个信息管理系统上进行办公。这一创新的管理模式虽然并没有持续很久，但无论从当时来看还是现在评估，却都是快速组织、调动、整合各方面资源，以最低的成本做实一体化铝产业平台最有效、最高效的举措。经过方案制定、讨论、报批、部署，2011 年 4 月，一体化改革正式实施，相关人员全部配置到位，各项工作逐步得到理顺。2011 年 6 月，平台公司正式更名为广西投资集团银海铝业有限公司。2012 年初，铝产业专业化平台进一步扩大。柳州银海铝、广银铝业、来宾银海铝材也纳入了广投银海铝以"大银海"方式进行统一管理。至此，广投银海铝的管控范围基本贯通了整个铝产业链，管控幅度从区内延伸到全国，还从国资扩展到了混合所有制企业。同时，相关的管控权限由广投集团以要素管理方式进行明确和下放，使广投银海铝完全具备了铝产业专业化管控平台的形式和实质。

为了匹配不断扩大的管理范围、幅度和权限，根据广投集团统一的三项制度改革部署，广投银海铝在 2012 年初实施了一体化管控以来的第一次三项制度改革工作。这次改革总结了一体化改革以来机构运行的基本情况，结合广投银海铝新的专业化管理平台使命，对平台总部和两个铝水生产基地实行了统一的三项制度改革。将总部定位为经营管理中心，设置 10 个管理部门；百铝、来铝两个生产基地定位为成本控制中心，统一设置 6 个管理职能部门、8 个生产车间。

2016 年，广投银海铝进行组织结构优化和竞聘上岗改革工作，总部部门由原来的 10 个部门调整为 11 个部门，并顺利完成了组织架构优化、职工竞聘工作，进一步优化和理顺银海铝的管控模式和业务流程，使企业形成更为强劲持久的发展动力，改革还对广银铝业实施虚化治理改革，业务流程和管理流程得到进一步优化，"扁平化"管理的实施切实解决了结构冗杂、业务流程长、岗位职责不清等问题，进一步提高了管理效率，实现信息共享。如果说一体化改革解决了广投集团铝水生产企业管理资源配置重复和调度权分散等问题的话，那么之后基于铝产业规模和区域扩张而相应推进的机构优化、权限承接，就是广投集团为切实履行发展广西铝产业使命、探索铝产业走向专业化、市场化的关键性步伐。铝产业专业化平台，是广投集团打造的第一个主业板块专业化平台。这一平台做实之后，在行业内迅速形成影响力。2014 年广投银海铝居"中国铝行业百强"第 11 位，2015 年进一步提升到"中国铝行业百强"第 5 位。截至 2015 年底，大银海合并总资产 217 亿元，营业收入 579 亿元。公司旗下参控股企业 26 家职工 4000 多人，拥有原铝产能 45 万吨、铝加工能力 250 万吨。

三、调整＋转型，不断探索铝产业可持续发展道路

长期以来，中国铝工业发展普遍存在以下问题：缺乏强有力的统一规划，造成产业布局不合理，大量无效物流损耗与重熔损耗；各省独自建设、各自为政，无论是否具备必要的资源、市场、产业条件，均在省内寻求铝工业的"大而全"，使铝工业无序扩张、产能过剩、利润水平低下。广西的电解铝产企业面临全面亏损的困难，企业在"小而全"的模式下，生产、环保、工艺、质量、利润等指标处于较低水平。针对广西铝产业用电成本较高、铝加工能力较弱、铝产业链协同不到位的状况，依靠自身小区域、小领域单打独斗已经难以实现规模化铝产业，广投集团试图探索一种新的商业模式，来推进铝产业的发展，进一步提出了"立足广西，布局全国，放眼世界"，全面延伸产业链，走"投入少、资产轻、产出大、效益高"的新型铝产业发展道路，才能实现铝产业的结构调整和创新发展。为此，"广银模式"为广投集团在发展铝工业的道路上开辟了一条新的路径，尽管这条路磕磕碰碰并不顺利，却敲开了一扇新领域的大门。

（一）发展混合所有制经济，探索铝板块商业模式创新

作为一家国内知名铝型材生产商，广亚铝业有限公司早在 2009 年前后便意识到铝棒替代铝锭的趋势和前景，并积极在国内铝水资源富集地寻找铝水合作企业，承接铝水就地生产铝棒。

作为广投集团第一家自主探索铸棒生产及销售的公司，百色华胜铝业自 2005 年 3 月投产后，由于设备落后、缺乏市场渠道、管理不善等原因，产量一直保持在 2 万~3 万吨，生产成本高、盈利水平低，至 2009 年、2010 年已经持续两年亏损。在这一背景下，2010 年 4 月，广投集团与广亚铝业签署了战略合作框架协议，就双方优势互补共同开发建设广西铝工业达成共识。2010 年 7 月，广投集团联合广亚铝业公司、佛山市和喜金属公司合资成立广银铝业公司，广投银海铝占股 40%，另外两家民企分别占股 30%。

广投集团探索将国有企业的资源、资金优势与民营企业的技术、市场优势

进行强强组合，在全国布局发展铝深加工基地和铝产业项目，实现各地铝产业资源的优化组合，实现区域优势分工，打造全国大产业链；通过创新铝加工工业园的统一规划、统一建设、统一服务的方式，集约工业园所在省份的铝型材加工生产，从而将全省的铝型材加工工艺、环保水平与节能减排指标提高到先进水平。经过设备改造、优化管理，到2010年底广银铝业就已经实现了10万吨铝棒产能，2011年15万吨、2013年达20万吨，吨铝加工利润在100元以上。

以此为平台，广投集团提出了创新铝产业商业模式的新思路"广银模式"。所谓"广银模式"，即以市场经济为导向，以调结构、转方式为发展方针，依托广西的氧化铝资源和我国西部铝水资源，在电解铝资源所在地将铝水直接转化初加工产品，在市场资源所在地建设铝加工工业园，实现区域优势分工与全国资源整合，打造跨区域、跨工序的大产业链，大幅降低物流成本与重熔损耗。同时，在铝加工工业园中引入大型先进设备、一流生产工艺与流程，以集约化生产与精细化管理，大幅节省铝加工环节各项成本，提高铝加工产品质量，并实现显著的节能减排与环保生产效果，吸引下游铝加工企业进驻各工业园，促进大宗商品贸易、仓储物流、生活基地、金融服务及配套产业（化工辅料等）等一系列衍生关联业务的长效发展，实现从第二产业到第三产业的深度延伸覆盖。

中国铝工业问题	广银公司创新商业模式解决问题新思路
● 缺乏强有力的统一规划，造成产业布局不合理，大力无效物流损耗与重熔损耗	● 通过省属大型国企与一流铝加工民企的创新合作模式，实现资源、资金与工艺、市场的强势融合，为广银公司铝产业的科学发展、跨越发展夯实了基础
● 各省独自建设、各自为政，无论是否具备必要的资源、市场、产业条件，均在省内寻求铝工业的"大而全"，造成了铝工业的无序扩张、产能过剩与利润水平低下等问题。广西的电解铝产能就是这一背景下的产物，现面临全面亏损	● 以创新商业模式打破旧格局，跳出一省一地的陈旧思维定式，在全国范围内布局铝产业，实现各地铝产业资源的优化组合，实现区域优势分工，打造全国大产业链
● 企业平均产能规模小，在"小而全"的模式下生产、环保、工艺、质量、利润等指标处于较低水平	● 通过创新铝加工工业园的统一规划、统一建设、统一服务的方式，集约工业园所在省份的铝型材加工生产，从而将全省的铝型材加工工艺、环保水平与节能减排指标提高到先进水平

图 7-2　广银模式：一个解决中国铝工业发展问题的思路

表 7-1　广银公司创新铝加工工业园发展模式

先进工艺集约生产	广银公司通过统一设计、统一建设的方式建设厂房、配置生产线，将广东先进的铝型材加工技术与管理引入工业园，使工业园的铝加工工艺、产品质量、整体生产效率方面直接达到国内一流生平，避免了大量的重复投资与低水平建设。同时通过集中建设、集约使用大型表面氧化电泳处理设备和其他辅助工序设施，降低铝加工序列环节的成本
精细管理降本提质	通过招商入园，将“车间变企业、企业变车间”，由入园企业承担车间职能，解决大规模生产的管理“瓶颈”，达到精细化管理目的，并可发挥入园企业与销售市场深度接轨的“小、快、灵”优势
节能减排环保生产	通过集中投资大型环保设备，达到中国铝加工业环保生产的先进水平；其中，园区内工业污水将实现“百分之百循环利用”的“零排放”模式，同时，通过厂房屋顶的太阳能发电实现“新能源工业园模式”
区域覆盖物流节约	通过工业园铝材直接覆盖周边地区的“区域经济新模式”，避免现有的铝材跨省远途运输。同时，通过统一集约安排入园企业的物流运输，进一步降低铝材销售的本地运输成本。按年产 300 万吨铝型材计算，每年节省运费 15 亿元
市场集群全产品线	入园企业的相当一部分，是由经营中的铝型材企业进行投资的，进入工业园后即可将其铝材品种与客户群体带入工业园。首先，这些有经验的入园企业将带来市场集群效应，在工业园成立初期借助原有客户规模迅速扩大工业园市场份额；其次，各入园企业所生产的不同铝型材产品，将极大丰富工业园的产品线，进一步提高工业园的市场影响力

园区外企业（孤军奋战）		园区内企业（集约发展、协调发展）
● 中小型铝型材加工企业如果需要实现环保达标、生产工艺达到中等偏上的水准，1 万吨产能铝型材加工厂需投资 1 亿元	⟺	● 工业园区 1 万吨铝型材加工建设成本为 6000 万元，降低了 40%。如企业采取“全租赁模式”入园，1 万吨产能只需投入 500 万元流动资金，投资门槛降低 95%以上
● 需要独立解决环保问题、原材料采购、产品销售渠道建设、物流运输、银行融资、人才招聘与培训等一系列问题，在“小而全”模式下提高了生产经营成本。且采用卧式氧化电泳线，生产成本较高	⟺	● 入园企业可享受工业园区提供的大型环保设备以及原材料供应、辅料统一采购、融资担保、销售合作、统一运输、人才培训、套期保值等一系列服务，且可使用园区的立式氧化电泳线进行铝型材表面处理，铝型材生产成本降低 30%以上
● 因规模、工艺等一系列问题，产品质量较差	⟺	● 通过广东铝型材加工领军企业的一流工艺入园、集约生产、规模化经营，产品质量直接达到国内先进水平

图 7-3　广银模式经济社会效益和资源环境效益比较

(二)“广银模式”激活广投铝产业发展动力

广银铝业在发展混合所有制经济过程中形成的广银模式，对广投集团的贡献是非常显著的，体现在五方面的经验上。

1. 广投集团铝板块从"区内发展"向"全国布局"转变

过去，广投集团发展铝产业，视野基本上局限在广西区内，更多的是总想着在区内布局一个完整的铝产业链。广银模式使广投集团形成了新的跨省区的大产业链布局：氧化铝在广西生产，与能源价格较低的西部其他省份铝水生产企业合作，通过向其配供氧化铝承接其铝水生产铝合金棒（或板锭），生产的粗加工铝产品运回广西进行深加工，形成以"广西控制两端，区外负责中端"的产业链分工模式。这种模式将使广西由氧化铝资源输出大省转变为面向泛珠区域、辐射东盟地区的铝加工强省，既能获得铝水资源，同时又能掌控铝材销售市场，将大大提高整个广西铝工业的竞争力，使广西铝工业的单位 GDP 能耗大幅下降；同时，改变中国铝行业"北锭南运、南材北调"局面，减少重熔和运输成本，为中国铝行业实现节能减排、转变发展方式做贡献。以目前广西每年输出 400 万吨氧化铝，区外产出 200 万吨铝水测算，广西每年可减少电力消耗近 300 亿千瓦时，相当于每年减少近 1500 万吨的煤炭消耗。

2. 扩大了广投集团铝产业规模、增强了行业影响力

广投集团铝产业经历了 15 年的发展，但前 10 年几乎都是在利用资源发展上游铝产业，尚未在行业中形成真正的影响力。自从与行业知名的铝型材民营企业进行混合所有制经营，成立广银铝业以来，在全国落子布局，先后建设 5 家铝棒厂和 3 个铝工业园，累计已投产的铝棒产能达 148 万吨，铝工业园面积约 6000 亩，通过对铝水资源的控制、铝棒产量的扩张，铝加工产业产值从起初不到 10 亿元迅速增长到 100 多亿元，在较短的时间内形成了行业的一股新生力量，逐渐形成以铝锭、铝棒生产为基础，以铝工业园区开发建设为核心，以仓储、物流与贸易为承接，以全产业链为抓手，生产基地与销售网络覆盖全国的经营格局。而且通过广银铝业与地方政府的合作，广投集团乃至广西政府与各省市地方政府建立了项目跨省经济合作，铝产业实现了从地方向全国的布局扩张。

3. 改善了铝产业结构，使铝产业真正开始走向市场

广银铝业的成立，使广投集团铝产业开始从铸锭工序向下游延伸，实现了直接从铝水到铝棒的生产，减少了铝锭的重熔成本。同时，通过工业园配套铝型材加工产能，引进铝型材加工企业并进行管理，使铝产业逐步具备了自主向铝材加工环节迈进的条件。另外，无论是在进行铝棒销售还是在对工业园铝材加工企业的管理过程中，广投集团的铝产业都向市场迈进了一大步，感受到了市场竞争的激烈性以及市场形势对企业经营的直接影响，与此同时，加深了对市场的理解和认识，为铝产业更好地参与市场竞争、实现做强做优打下了较好的基础。

4. 探索了一种新的发展模式，真正迈出了产业经营的步伐

通过发展混合所有制，利用民营企业超前的市场意识和行业判断力，以广银铝业为平台，广投集团铝产业探索并实践了一种新的发展模式，即到能源低洼地去抢占铝水资源并就地加工成铝棒，通过控制铝棒这种原材料进而获得市场话语权。与此同时，借助国家东部产业升级、产业转移的机遇，通过建立配套铝生态工业园，致力于成为铝产业综合服务商。这一思路，在大方向上是符合宏观经济发展形势和铝产业发展规律的。

而且就广投集团自身的铝产业而言，这一模式第一次系统地实践了铝产业内部的资源整合、协同发展，使集团铝产业迈出了产业经营的步伐，不再是单纯地生产、销售、贸易。与此同时，广银铝业当前已经形成的发展格局和产业布局，也将是集团铝产业通过强强联合、优势互补参与行业新一轮洗牌和竞争的基础和前提，成为集团公司继续推进实现"千亿元企业"及"千亿元铝产业"目标的关键"战场"。

5. 锻炼了职业化队伍，学到了市场化经验

在与民营企业合作发展混合所有制经济体的 5 年里，有效地锻炼和充实了广投集团铝产业的职业化人才队伍。在产业规模扩张的同时，不断从传统铝水企业向广银铝业各项目点输送管理人才，通过灵活的用人机制，使这些铝水企业的中层干部成为项目带头人，使基层有为职工成为中层管理骨干。通过在实践中干，管理中学，在市场化经营中积累经验，转变观念，主动挑重担，谋发展，加上汲取民营企业高效的管理风格，这些干部队伍迅速成长，敢想敢干，进一步丰富了广投集团铝产业人才的专业素质，为继续推进铝产业转型升级、提质增效储备了人才。

（三）"广银模式"发展中存在的问题解析

"广银模式"虽然为广投集团铝板块注入了新的思维和活力，但也暴露出一定的局限性，广银铝业规模不断扩大的同时，出现了"有产能无产出，有产出无市场，有厂房难招商"、运营模式不够清晰、企业尚未找准盈利点等问题，至今仍没能按照预期进入良性发展。尽管其中有宏观经济形势不好、市场行情低迷、上游铝水企业减产停产等外在客观原因，但归根结底还在于集团对广银铝业这一混合所有制经济体的战略定位不科学、经营管控不到位所致。只有客观地正视这些问题，才能使广投集团更好地继续通过混合所有制经济促进铝产业甚至其他产业的更好发展。

战略定位与实际不够匹配。战略定位方面，到能源低洼地掌控铝水资源、铝棒资源，并以市场为导向在消费市场周边建立工业园，引进铝加工企业消化铝棒产品。整体的设计思路还是具有一定的前瞻性的，但是由于工业园的定位及盈利模式过于理想，加上投入大、同时推进 3 个工业园建设资金压力大等原因，工业园没能按预期投产运营。这样一来，突然剧增的大量铝棒的销路以及由此产生的物流运输等一系列问题使铝棒板块也受到了极大的影响，进而导致整个广银铝业被工业园的巨大投入拖入了当前进退两难的状态。

战略调整不够及时到位。在战略实施及调整应对方面，集团未能及时把握问题的本质，过于依赖民营股东，导致集团陷入被动局面。当工业园未能如期投入运营，铝棒需要寻找销路的时候，由于集团缺乏市场经验、缺乏自己的销售网络和团队，单一依赖民营股东方的销售策略，广银铝业出现了与民营股东方的应收账款，同时在"北棒南运"的过程中建立的物流体系也并不是非常成功，铝棒挤压占用资金的情况时有发生而且量都比较大。合作各方在一定程度上都存在求快、求大的心理，导致项目建设步伐太快，最终超出了所能承受的范围。

合作机制不够健全科学。在合作的过程中，没有注重建立健全企业法人治理机制，导致大股东的监管缺位，企业内部决策及经营管理不规范。而广银铝业内部，管理层的重心都在扩张和追求速度上，内部规范化管理制度、经营流程缺失，在项目管理、销售管理、资金管理等方面不够规范和科学。

（四）发展混合所有制经济的实践经验

从理论上讲，发展混合所有制经济至少能产生三方面成效：一是发展混合所有制经济可以克服国企弊端；二是发展混合所有制经济可以实现国民共进；三是发展混合所有制经济可以实现优势互补。但上述作用的发挥，需要在具体实践中进行系统的设计、控制和引导，否则即便股权混合了，要么机制就还是有国企僵化的痕迹，要么行为还是有民企随性的风格。总结广银铝业所取得的成绩，国企、民企的优势互补还是起到了非常重要作用的。

一方面，广投集团通过利用自身国企背景和较好的银行关系，为广银铝业的发展提供了较为充足的资金支持，而且各地方政府也正是基于对广投集团国资背景及发展实力的认同和信任，才积极推进了与广银铝业的合作，各项目的建设几乎都获得了特事特批的高效推进。民营企业也借助品牌影响力大、市场占有率高、有核心技术、市场反应快速灵活的优势，创造了铝棒企业建厂、投产、运营的"神话速度"；工业园特别是新山工业园也在短时间内迅速形成声势，并成功吸引多家铝材加工企业的入园生产。

另一方面，在企业决策、内部管理方面，尽管广银铝业在比较长的时间里有一些偏向民企风格的极端，但也让广投集团看到了民企高效决策、精简管理利好的一面以及其在鼓舞团队士气、激发团队创业激情方面的成效。同时，国企的规范化管理体系和思维，尽管没能最大化地发挥作用，但也在一定程度上规范了广银铝业的内部运行，使其及时"刹住了车"，没有出现失控局面。

但广银铝业存在的问题，也警示广投集团应该吸取一些经验教训。特别是未来继续发展混合所有制经济的过程中，一整套闭合的合作机制设计必不可少。

第一，需要科学地进行合作定位，充分评估合作各方的优势及其对达成合作目标的贡献度，确保公平合作。

从企业的本质来讲，国企、民企合作都不可能是简单的"混合"经营，都有各自想要达到的目标，并且会评估彼此能够为达到目标提供的资源和优势。在与民营企业合作组建广银铝业的过程中，广投集团对于合作的定位一直不够清晰，对双方需要提供的合作资源缺乏明确的约定和量化的评估。现在回头看，一开始定位的"小投入、大产出"控制铝棒资源、延长铝产业链的定位还是比较清晰、符合实际的，投入也在可以承受的范围内。但接着同步推进3个工业园的建设，并没有充分地论证其可行性，到底需要多大的投入、多久能收回投资也评估不足。而且在合作初期，虽然双方明确了要优势互补、资源共享，但从实际的合作效果看，广投集团的资金优势和国资背景对混合经济体的作用显然要比民企方面的技术、品牌、市场等优势发挥得更加充分，投入也更大。因此，未来与民企的合作，一定要注重如何有效地控制其技术、品牌、市场等无形资产，确保其在合作中能真正发挥作用，实现互利共赢。

第二，要充分地扬长避短、取长补短，在保证效率的前提下对合作项目进行充分的论证和评估，及时控制好合作推进过程中的目标偏离度。

在混合经济体中，民企产权明晰的特点使其作为产权主体，高度关注财产的增值，重视追求利益最大化，内生性的发展动力比较足；但与此同时，决策多半靠一把手的个人经验和判断，风险评估不足、决策效果不一定科学。而国企相比于民企，在发展上有一整套比较规范的投资决策流程和风险防控机制，但由于离市场较远、求稳心理较重，容易错失机遇。因此，在合作过程中，双方需要注意扬长避短、趋利避害，充分调动利益各方的主观能动性，努力在高效决策和科学决策中取得应有的平衡。如果国企在合作中决策效率低下、不愿承担任何风险，错失发展时机，可能让合作搁浅或者让民企方陷入另一种极端，就是不愿意沟通。

当然，发挥好自己优势的同时，要注重在合作中弥补国企方面存在的不足和短板。例如，在市场培育、销售网络、团队培养、企业经营管理等方面，要逐步介入而不能一味地依赖民企，甚至放任其主导。要通过在合作中取长补短，增强对市场的敏感度和对合作进度的理性判断，及时发现问题、解决问题，确保合作目标不至于偏离。

第三，在合作初期要重视规范性制度、流程的建立，尽快建成一套双方共同遵守的合作规则。

广银铝业的发展经验，体现了在推进混合所有制经济的初期，一定要注重制度先行、规则先行。通过协商，尽量把涉及合作目标实现的重要业务环节的决策机制制度化、流程化；同时，做好合作过程中重大事项决策机制和流程实施的监控和评估，在互信互利中畅通沟通机制。这一点，国企的三重一大决策机制必须有效地在混合所有制企业中施行。

此外，作为国企派出的管理人员，在制度和流程方面，应当坚持原则和立场，注重向民企方面施压，确保双方能确立一个良好的合作基础。国企方面，对派出的董监事要加强责任考核，督促其以高度的责任感履行好职责、承担好义务，切实维护好派出股东的利益。

第四，对混合所有制企业的监管问题，不能放任自由，要有一套行之有效的激励约束机制和常态化的监管约束工具，通俗地说，就是"胡萝卜加大棒"的政策，根据经营好坏实施奖惩处罚，甚至重奖重罚。企业经营得好，就要敢于突破常规给予重奖；企业经营出了大问题，就要通过法人治理机制启动对经营班子的追责甚至罢免程序，而不是让监管形同虚设。

第五，明确约定好退出机制，合作过程中加强监管和动态评估，如退出事项达成，则提前做好相关准备工作，掌握主动。

在合作初期，各方明确约定好退出机制对合作而言非常有必要，这不仅能有效保护合作各方的利益（及时兑现收益或者及时制止亏损），也能在很大程度上约束经营主导方的行为，避免被"绑架"，进退两难。

在混合所有制企业运营的过程中，要重视阶段性的评估工作，及时总结成绩和经验，反思问题和不足。比如企业活力和竞争力提升情况、国有资产保值增值情况、企业经营效益提升情况等。阶段性评估可以采取的方式有财务评估、业务评估、财务审计、管理审计甚至离任审计等方式，可以是企业内部评估，也可以是聘请外部专业机构进行的客观评估。评估发现问题，要及时提请各方股东正视并责令经营班子限期整改。如出现退出事由，国企方面要及时做好相关退出准备工作，维护国有资本的合法权益，避免被"绑架"，扩大损失。

发展混合所有制仍是改革的潮流和方向，广投集团仍然在积极地探索，"广银模式"则为广投集团铝板块在今后与民营企业合作搭建新的混合所有制运营平台方面，奠定了丰富而有效的实践基础。

四、品牌联盟，打造高附加值铝加工业

在以"工业互联网"、"工业4.0"、"中国制造2025"等为概念的第四次工业革命中，作为现代经济和高新技术发展支柱性原材料的铝将迎来全面革新的时代。在国家"一带一路"战略和"十三五"规划的不断推进中，代表着智能化、轻量化的铝成为现代制造业的方向之一。以铝代钢、以铝代铜、以铝代铁、以铝代木等工艺技术日趋成为节能、环保、绿色发展的"香馍馍"，这为广投铝产业向高附加值、高端铝加工产品发展创造了条件。在"广银模式"的基础上，广投集团铝产业向铝加工领域的延伸和探索的脚步始终没有停下，在不断地学习、积累、实践中孕育出了一个新的战略课题——品牌联盟。

（一）品牌联盟：供给侧改革下，国企实力＋民企活力＝铝企业市场竞争力

在铝价跌破一万元大关的铝工业灰色时期，80%的电解铝企业开始出现大幅亏损，下游铝加工行业也是"风萧萧兮易水寒"，出现了兼并倒闭潮。当前，中国铝行业发展的形势依然严峻，而近年来，广投银海铝的铝产业在失血的过程中艰难探索，被形容为"处在寻找光明的隧道中"。为彻底扭转铝板块发展的被动局面，广投银海铝希望利用自身完善的中上游铝产业实力和国企的资本实力，推进与市场直接对接、更具效益的下游铝加工业的发展。广投银海铝母公司——广投集团控股广西华银铝业有限公司，拥有 1.5 亿吨铝土矿资源和 200 万吨氧化铝产能，借助母公司的优势，广投银海铝成为国内少有的拥有从铝土矿到铝产品贸易的全产业链企业，特别是在铝前端的氧化铝、铝水冶炼方面已经拥有了 10 多年的丰富经验，并通过实施直购电政策使铝水企业获得了低成本优势。2014 年务虚会，广投集团在铝板块发展思路上首次提出了"品牌联盟"战略，其内涵就是：国企实力＋民企活力＝铝企业市场竞争力。铝业是广投集团的基础产业，是集团跨上营业收入"千亿元"强企的关键，进一步推动附加值较高的铝精深加工发展，打好铝产品的"高端牌"，是实现铝产业转型和可持续发展的重要方向。2015 年，广西出台《广西铝产业二次创业中长期方案》，着重强调广西铝工业在未来 5~10 年是广西本土最具优势的产业的定位，方案明确提出，10 年内要做到广西生产的氧化铝 80%在区内电解、广西生产的电解铝 80%在区内进行深加工；到 2025 年，全区铝产业总产值 2000 亿元，工业增加值 720 亿元。"品牌联盟"战略推进铝产业发展的思路符合广西政府发展铝工业的战略意图，为广投银海铝迎来了大发展的时代和大跨越的好时机。顺应国家供给侧改革大势和广西铝工业二次创业的机遇，广投银海铝转型升级的方向，就是要从生产商向品牌服务商转型，产品必须要走高端路线，将"品牌"牢牢把握在自己手里，打造企业"硬实

力"；配套的生产性服务体系要完善、升级，打造企业"软实力"。国务院发布的《关于加快发展生产性服务业促进产业结构调整升级的指导意见》指出："生产性服务业具有专业性强、创新活跃、产业融合度高、带动作用显著等特点，是全球产业竞争的战略制高点。"广投银海铝已经积累的以及正在推进建设的铝产品规模化生产，相关配套的生产性服务业将大有可为，优质配套的生产性服务体系将是创收、创效的新来源。

（二）顺应供给侧结构性改革，扩大铝产品应用领域

交通运输、建筑、电力是目前最主要的三大铝消费领域。广投银海铝在考虑未来铝产业发展思路时，已经开始摆脱传统的氧化铝、电解铝环节，以供给侧结构性改革为指导向铝产业下游应用全面进军。当前铝价处于低位，正是扩大铝在交通行业"以铝代钢"、电力行业"以铝节铜"、建筑领域"以铝节木"等应用的最佳时期。与河北欣意电缆联合打造稀土铝合金国际产能合作基地，推进我国以铝代铜电缆产业转型升级。为服务国家"一带一路"战略，大力推动"以铝代铜"创新发展，实现我国电缆产业转型升级，推进广西铝产业"二次创业"，广投集团、中马钦州产业园区管委会、河北欣意电缆公司合作，建设稀土高铁铝合金电缆国际产能合作基地。项目占地 2000 亩，总投资 200 亿元，年产值千亿元。其中一期工程占地 600 余亩，投资 50 亿元，年产值 200 亿元。项目包括厂房建设、国际研发中心、院士工作站、产品展厅、试验中心及其他附属设施，预计 2017 年投产。项目的主要产品是稀土铝合金电缆，未来还将生产高压和特高压电缆、核电缆、矿用电缆、汽车线束、漆包线等产品。河北欣意电缆有限公司是目前全球四大铝合金电缆制造商中唯一的中资企业，是中国铝合金电缆国家标准的缔造者，已形成集电缆研发、设计、制造、销售于一体的国际化铝合金电缆生产企业，先后与国网电力科学研究院、中国机械工业北京电工技术经济研究院、清华大学、青岛科技大学、河北科技大学签署战略合作协议，在新型铝合金材料、铝合金电缆新品种等多个领域展开联合研发，成为国家电网、中国华电、中核集团、中冶集团、中铁建、中国风电、中石化等多家企业的合格供应商。欣意牌稀土铝合金电力电缆为具有完全自主知识产权的专利产品，是唯一通过美国 UL 认证的民族品牌，被国家发改委列入《战略新兴产业重点产品和服务指

导目录》，该产品的问世，打破了欧美国家40多年在铝合金电力电缆技术和市场的垄断局面，填补了国内空白，被称为一场有色金属材料的革命。该产品与铜电缆相比，有着优异的抗蠕变性能、抗拉伸强度、延伸性能及耐腐蚀性。由于在性能及安全、成本、资源、环保等方面有诸多优势，完全可以替代价格昂贵的铜电缆。与深圳同力德金属制品有限公司合作，拓展建筑领域铝模板市场。2016年6月28日，广投银海铝与同力德公司签订合作框架协议，利用广投集团的铝产业链优势及3家工业园、5大棒厂战略布局，实现其全国铝模租赁服务市场的覆盖，突破企业发展的资金资源"瓶颈"，巩固铝模板行业龙头企业的地位，促进广投集团铝加工产业的多元化转型。深圳同力德金属制品公司是集研发、设计、制造、销售、租赁为一体的建筑模板高新技术企业，中国最大的铝模板体系设计加工制造商，拥有8条标准的生产线和功能齐全的系统模板科研楼，铝模板年产量可达50万平方米，同力德铝模板具有质量轻、拆装灵活、刚度高、使用寿命长、板面大、拼缝少、精度高、浇筑的水泥平整光洁、施工对机械依赖程度低、能降低人工和材料成本、应用范围广、维护费用低、施工效率高、回收价值高等特点，各项性能均优于传统模板，其产品业务遍及海内外。目前，同力德公司已被确定为华润置地建设事业部2016~2018年唯一铝模集中采购中标单位，华润置地建设事业部项目需要的所有铝模板采购工程涵盖黑龙江、辽宁、北京、山东、山西、四川、重庆、贵州、湖南、广东、广西、海南、江苏、上海等多个省市。以广西柳州银海铝为平台加快交通运输用铝研发设计。广西柳州银海铝业有限公司以建设生产交通运输用铝为核心，建设年产35万吨高精度、高性能铝及铝合金板带材项目，目前拥有一期铝板带材产能20万吨，拥有中国首条具有自主知识产权"1+4"热连轧生产线，生产出幅宽最宽2900mm的热轧板，幅宽最宽2630mm的冷轧卷等超宽铝板带材，产品质量达到国际先进水平，广泛应用于铁路运煤敞车、罐车车厢、集装箱、冷藏车厢等交通运输用铝及建筑安装、电子电器等用铝板带材。引入亚铝开发出建筑用铝；依据市场发展趋势，研发出电子电气用铝、高附加值冷轧带材、高附加值合金扁锭、拉环、罐盖用铝板等符合市场需求的产品，初步形成"以交通运输用铝为核心、电子电气用铝、建筑安装用铝及高附加值宽幅冷轧带材等相互结合"的产品结构。

（三）强化资本运作，优化产品结构

广投银海铝借助行业重新洗牌的契机，充分发挥国有资本在政策、资金方面的优势，利用现有产业链优势积极寻找进军下游铝产业、实现铝产业转型升级的突破口，逐步确立了与行业知名品牌合作、通过"品牌联盟"实现集团铝产业华丽转身、二次创业的重要战略，进一步加大兼并重组力度，以较低的资金成本和时间成本，控股各大铝消费领域的高端品牌，迅速扩大产业规模、升级产品结构。与肇庆亚洲铝业合作建设全系列、全领域、全球领先的国内铝材、铝制品及高端产品平台。广东广银亚铝有限公司是广投银海铝与肇庆亚铝合作成立的高端铝型材产品企业，目前拥有铝型材产能40万吨，推出铝游家系列铝屋，包括铝别墅、铝移动屋等。亚铝是国内跻身全球前五名的高技术铝型材制造商，是中国铝下游加工企业的成功典范，其产品涉及多个领域并遍布世界各地，亚铝先进及现代化的厂房和设备，以及资历丰富的优秀管理团队使其拥有强大的国际竞争力。广投银海铝与亚铝各自在中国铝产业链上游与下游的出色表现，组成强强联手的铝行业平台——广银亚铝公司，将进一步打造形成具备铝加工产量达130万吨的全亚洲最大的上、下游产业整合链平台，产品将从现在以建筑铝型材为主的销售模式，升级为铝建筑成品、铝家居制品、铝制造工艺品、航空航天及汽车轻量化等各领域，建设全系列、全领域、全球领先的国内铝材、铝制品及高端产品平台，目前，中国国家大剧院、北京奥运鸟巢、水立方、迪拜哈利法塔等著名建筑均采用双方成立的铝产业合作平台的产品。由广西广银铝业有限公司和清远美亚宝铝业有限公司合作成立广西广银美亚宝铝业有限公司，采取"品牌销售公司+生产加工基地"的运营模式进行铝型材的销售。广东美亚宝入驻广西百色田阳工业园成立"广西美亚宝"生产加工基地，产能达到10万吨，通过销售平台及加工基地的产销协同，实现合作共赢。

（四）实施"走出去"战略，布局海外铝加工业开展国际产能合作

当前，中国政府大力倡议"一带一路"合作，打造中国与世界各国的互利共赢的"利益共同体"和共同发展繁荣的"命运共同体"。广西作为面向东

盟的国际大通道、西南中南地区开放发展新战略支点、"一带一路"有机衔接的重要门户，正加速融入这一国际发展与合作中。越来越多的中国企业走出国门在东盟国家开展国际产能合作和装备制造业投资，随着东盟国家工业化、城镇化进程不断加快，参与东盟国家资源开发与产能合作成为广投银海铝海外战略的一个重要方向，也为广投银海铝的铝产业走向世界创造了新的机遇，使"品牌联盟"战略拓展到国际领域。广投银海铝打造了"铝水冶炼—铝加工—铝工业园—铝产品贸易"的全产业链产业结构，居中国铝业百强第 5 位，中国铝型材十强，是广投银海铝与东盟地区开展国际产能合作、拓展铝加工等装备制造业发展最好的切入点与合作点。一方面，广投银海铝推进实施的品牌联盟战略，已经成功建立起多个面向全系列、全领域、全球领先的铝材、铝制品、铝合金电缆、铝模板及高端铝产品平台，研发设计的建筑型材、工业型材、交通用铝板带材、铝屋、建筑铝模板、铝合金电缆，可广泛用于工程建筑门窗、装饰家居幕墙、船舶制造、集装箱、交通运输、电力等领域，产品远销欧美、日本等地。另一方面，广投银海铝的电解铝企业具有每吨 0.3 元以下的具有国际竞争力的电价，在推进以铝代钢、以铝节铜、以铝代木等技术研发方面，拥有 9 家自治区级企业研发中心，1 家院士工作站，与中国 10 多所著名大学和科研机构建立了产学研用一体化科技创新研发体系，拥有多项发明专利，并参与多项国家级和国际行业标准的制定，成为中国铝产业升级技术革新的先行者。这些良好的基础使广投银海铝能够以卓越的品牌和优质的服务参与铝产业的国际产能合作中。目前，广投银海铝分别携手亚铝在越南与美亚宝在马来西亚合作建设铝加工项目，开展国际产能合作装备制造业投资，拓展东南亚铝产品市场，在马来西亚国家级经济特区和马中"两国双园"国家级园区——马中关丹产业园，投资建设年产 10 万吨的铝型材加工项目，建设挤压车间、氧化车间、喷涂生产线以及相关配套设施，产品以建筑挤压型材为主，包括铝型材门窗料、幕墙料、铝房屋等，总投资约 1.49 亿美元（人民币 9.7 亿元），为融入"一带一路"建设做出积极的贡献。

到 2016 年上半年，以"品牌联盟"为基础的铝加工合作项目已经逐步落户广投的铝工业园区，三大工业园 10 万吨铝型材填平补齐项目已通过立项，各工业园生产加工基地建设、品牌销售公司设立等工作正在抓紧推进。2016 年第一季度，广投银海铝实现 5 年来首次生产经营开门红，特别是铝加工板块效益提升显著，显示出品牌联盟战略的强大活力，铝板块的发展质量和整体实力得到了全面提升，为 2016 年实现铝板块扭亏增盈打下坚实基础。随着未来 2~3 年"品牌联盟"战略的深入实施，广投银海铝整体将新增铝型材产品加工 60 万吨/年，营业收入 120 亿元/年，利润 6 亿元/年，为打造广西千亿元铝产业、实现广西铝产业"二次创业"做出新的贡献。

五、创新驱动，顺应时代推动铝工业技术新革命

随着国家"一带一路"战略和"十三五"规划的稳步实施，中国经济在提高发展质量的新常态下将获得源源不断的动力，作为现代经济和高新技术发展支柱性原材料的铝材需求有望得到全面拓展，以铝代钢、以铝代铜、以铝代铁等工艺技术加快投入市场开发和应用领域，催生新产品、新工艺、新用途的铝材加工将不断出现，为广投铝产业的科技创新和技术进步创造了健康发展的条件。广投集团铝产业多年来坚持创新发展，树立"生存即竞争，发展即创新"的理念，把科技创新放在更加突出的位置上。科技创新让铝产业真正绝地逢生，加快驶出隧道走向光明，并让广投集团这片"银色的海洋"在阳光的照耀下越发熠熠生辉。

（一）整合资源构建铝产业研发体系

近年来，围绕企业生产工艺、产品技术、产品质量、降本增效等方面的需求，广投银海铝作为承接广投集团铝板块全面发展的二级平台，积极利用社会科技资源，探索建立新型研发体系的技术创新战略联盟，坚持自主创新与引进吸收相结合，不断加大研发投入和加强研发能力建设，逐步形成独占优势，大银海研发体系逐步成熟，铝产业的核心竞争力大幅提升。

自主创新方面，目前广投银海铝拥有自治区级研发机构和技术中心 8 个。除与百色市、东北大学合作建立广西第一家自治区级铝工业技术研究中心——广西铝加工工程技术研究中心，以及强强碳素拥有的"铝研发中心"、"广西碳素技术研究中心"两个研究中心外，2014 年，百色银海铝完成了"企业研发中心"和自治区产学研用一体化企业的认定，分别建立了"广西百色

银海铝业有限责任公司技术中心"和"广西百色银海铝业有限责任公司研发中心"。

2015年，来宾银海铝建立了"广西来宾银海铝业有限责任公司技术中心"，柳州银海铝也通过了自治区有关认定，成立了"广西柳州银海铝业股份有限公司技术中心"和"广西柳州银海铝业股份有限公司研发中心"。此外，内蒙古广银试点内部成立了技术研发中心，集中力量进行铝棒技术攻关。

引进合作方面，除与中南大学建立柳州银海铝"院士工作站"外，广投银海铝继续与中国科学技术大学先进技术研究院、合肥工业大学智能制造技术研究院达成合作开发项目意向，共建联合实验室。重点推进全铝产业链创新研发中心及相关科技孵化项目，逐步搭建更加适应银海铝战略发展需要的前沿创新科技体系，以先进制造技术、高端科技产品为载体，满足当前银海铝全产业链发展的铝产业升级需要，拓展高附加值产品、创新科技成果等利润突破点，未来将创新成果与品牌联盟战略项目等系列优质资产进行整合，实现资产证券化。

品牌联盟方面，广投银海铝作为统筹推进"品牌联盟"战略的平台，以加强对柳州银海铝交通运输铝合金板带材的研发，与深圳同力德金属制品有限公司在铝模板技术领域开展深度合作。引用"铝代铜"技术与国际化铝合金电缆生产企业河北欣意公司合作，打造千亿元级的稀土高铁铝合金电力电缆产业等方式，创造优质产品，加快高端铝型材的研发推广。

随着一系列科研平台的搭建，以广投银海铝为统筹、企业落地实施的大银海技术研发中心格局初步形成，以企业为主体实现产学研用的密切合作、以产业联盟为平台进行技术标准制定、以项目合作与技术开发促进科技成果产业化的银海研发体系逐步完善，从而进一步提升集团在铝工业方面的技术实力，促进人才培养、技术创新和成果转化。

（二）"产学研用"相结合助推科技创新

"产学研用"可以有效减少企业技术创新的盲目性，缩短新产品从研究开发到进入市场的周期，降低技术创新的风险和成本，培养自主研发的人才队伍。当这些来自大专院校和科研机构的科学家和科技人才与面向市场不断创新的广投银海铝相结合，必将在未来碰撞出更加璀璨的智慧火花，为推进广西铝工业的健康发展做出巨大的贡献，为广投集团铝产业加速进入轻量化、节能、环保、绿色的新时代铺就光明之路。

2014年，以特聘专家东北大学冯乃祥教授为首的特聘专家团队主要开展了异形阴极节能技术开发、交叉配置异形阴极技术推广与应用、石墨化柱形凸起阴极电解槽节能技术研究、二次启动节能技术推广应用等节能技术的开发，取得了实实在在的节能效果。

2014年4月，西南大学教授、国内铝及铝合金加工行业技术权威专家蒋显全正式签约柳州银海铝，受聘至今参与了"十二五"国家科技支撑计划项目"交通运输用超大规格热连轧铝板带的开发"，以及新产品开发过程中合金、工艺、产品的改善优化，使柳州银海铝超大规格铝板带产品实现了厚度精度高、板形优良、性能稳定均匀等优越性能，并对科研人才的培养给予了极大的帮助。

以八桂学者邓运来教授为领头人，多名技术人员为成员的八桂学者科研创新团队，参与了"运煤敞车用5083-H321铝合金中厚板"、"油罐车用5182-O/H111铝合金中厚板"、"油罐车用5454-O/H111铝合金中厚板"等大型项目开发，并通过传帮带作用，开展对科技人员的广泛培训，培养了一大批中青年科技创新人员，形成了广投银海铝的核心技术团队。

2016年1月30日，以中国工程院钟掘院士及其科研团队为基础的"中国工程院钟掘院士工作站"正式入驻柳州银海铝。院士工作站的成立将发挥"产学研用"一体化联合攻关优势，不断提升柳铝宽幅铝板带材产品的品质和质量，为集团公司铝业板块进军中国铝企业前三名奠定良好的质量基础。院士工作站将发展成为集技术研发与生产制造于一体的创新平台，从而将广投集团铝业板块角色从生产的制造者转变为方案的解决者。

（三）科技创新成效显著硕果累累

"十二五"期间，广投银海铝及其所属企业共获得专利授权43项，其中发明专利9项，实用新型专利33项，外观专利1项，参与了2项国家科技计划支撑项目，参与了2项国家和自治区级行业标准的制定，在集团2015年科技进步奖评选中，铝板块的科技创新奖占整个集团系统的30%，为企业的研发创新工作打下了坚实的基础。

1. 自主技术研发

近年来，广投银海铝坚持以科技创新带动企业的发展，尤其注重以生产成本控制和环境保护为导向的科技创新，代表性的自主研发技术主要有：

（1）新型阳极保护环技术。阳极保护环是为了防止电解质液侵蚀阳极钢爪头而安装在阳极钢爪上的一种保护环。目前国内原铝企业大多数都是采用碳素阳极保护环，该方式安装较为繁琐，需安排专门的人员进行安装，且成本较为昂贵，来宾银海铝每组阳极的费用高达 91 元；另外，保护环在使用过程中若被电解质液侵蚀，碳环中的部分炭渣会被带入电解质中，影响铝电解的效率和品质。为降低生产成本，提高电解铝品质，来宾银海铝积极探索解决办法。2014 年 12 月 5 日，经过两个月的使用观察，由来宾银海铝自主研发创新的阳极纸皮模具保护环性能稳定，保护阳极钢爪效果良好，降本增效效果明显，年节约生产成本 530 万元。

（2）异形阴极电解槽双层介质焙烧技术。随着异形阴极技术电解槽的逐步推广，配套的焙烧方法也随之出现，目前国内的异形阴极电解槽普遍采用火焰—铝液两段焙烧技术和焦粒焙烧技术，不同的焙烧技术对电解槽阴极、电解槽内衬都会产生不同的影响。银海铝业针对这两种焙烧技术在实践中存在的问题，根据现场实际进行了改进，在异形阴极电解槽焙烧采用焦粒—电解质块双层介质焙烧技术，操作方法简单，可以解决火焰—铝液二段焙烧技术易发生铝液渗漏和阴极凸台断裂剥落的难题，同时通过填充了电解质，焦粒的使用量减少，不仅降低了劳动成本（每台槽节约成本约 1.7 万元），还减轻了职工的工作强度和改善了启槽期间的工作环境。

（3）宽幅大扁锭铸造技术。柳州银海铝针对生产幅宽 2400mm 以上的高性能铝板带材只能利用横轧完成，造成成品率和生产效率都较低的实际情况，在原有 50 吨扁锭铸造机铸造平台的基础上，通过改造增加 2520mm 的结晶器及其控制系统，攻克大规格铸锭的铸造工艺技术，成功试制出国内首批宽度达 2500mm 以上的宽幅大扁锭（620mm × 2520mm × 6500mm），并形成企业技术标准和工艺规程，解决了宽幅铝合金板带材只能利用横轧完成的难题。

（4）宽幅板材热连轧技术。柳州银海铝从 2013 年 8 月 22 日热轧成功带料试车成功至今，在生产调试期间成功制备出宽度达 2950mm 的 5083 铝合金热轧板，成功制备出宽度达 2500mm 的 5052 热连轧板，成功制备出抗拉强度达

280~350MPa、屈服强度>125MPa、延伸率>26%的5182-O/H111板材。

在试生产期间，柳州银海铝成功开发了5083H321煤车板、5182-O油罐车等多个新产品并实现产品销售，标志着我公司产品正式进入了宽幅交通运输铝材高端市场。在国内首次实现6~8mm厚、宽幅5083mm板材的热连轧法生产，减少了传统的低温退火工艺，缩短了工艺流程，提高了生产效率，降低了生产成本，完成了铸锭的成分与组织均匀性的多场调控铸锭技术及多级加热溶析均匀化工艺技术研究；兼具强度、耐蚀性、成形性与焊接性能的煤车用铝合金板的成分优化设计；板材热连轧组织控制技术及工艺智能控制技术的研究，并建立和固化了宽幅运煤车用铝合金板材的热连轧法高效生产技术体系，形成了内控工艺标准和产品技术标准。产品已实现批量销售，表面质量、板型、力学性能等各方面指标良好，该产品有较高的附加值，目前我国仅有少数企业能生产宽幅煤车铝板。

（5）铝棒锯切装置技术。内蒙古广银铝业通过自主设计，成功开发铝棒圆盘锯切技术，有效地提高工作效率，降低公司生产成本。通过技术研发后，每台锯床可节约3名操作工，按企业现有3台锯床算，每年可节约54万元。该技术已获"铝棒锯切装置"实用新型专利授权。

（6）高端铝合金棒和手机背板生产技术。甘肃广银通过优化合金成分设计，以及电磁搅拌、在线除气和双级过滤技术的应用，对精炼、细化和铸造工艺参数进行优化，解决了高强度铝合金生产中易出现的成分偏析、晶粒粗大、杂质含量高和铸锭凝固中易出现裂纹的技术难题，产品符合熔体含氢量小于0.2ml/100g、晶粒度一级、无肉眼可见夹渣的质量标准，提高了技术含量和产品附加值，满足三星、比亚迪等高端客户的订单要求。使用以上技术生产的高端铝合金棒，甘肃广银的挤压车间通过优化挤压温度、挤压速度、淬火温度等工艺参数，成功生产出手机和平板电脑的铝合金背板型材，产品强度、硬度、表面质量均符合客户要求，已经为多家知名IT设备生产企业供货。

2. 先进技术应用

进入21世纪以来，以发展预焙槽及扩大槽型为主要研究内容的创新阶段已基本结束。而随着国内电解铝产能过剩，电力价格高企，绝大部分原铝企业都采取一系列技术革新试图降低生产电耗指标，现阶段主要是通过改变槽型结构进一步降低运行电压实现低电耗生产。银海铝业积极引进新技术应用，并在生产实践中结合自身实际情况不断优化，取得了较好的成效。百色银海铝"新型阴极结构铝电解槽重大节能技术的开发应用"项目主要完成单位获得 2014 年国家科学技术进步二等奖。

（1）异形阴极电解槽技术。该技术是在 2009 年引进吸收东北大学冯乃祥教授的"一种异形阴极碳块结构铝电解槽"专利技术的基础上，通过对原有的大型预焙槽的阴极结构改造，在生产过程中不断对新型阴极结构电解槽高效节能铝电解技术进行升级和完善，使其节能效果逐步提高，取得显著的成效。该技术主要是在电解槽大修时对电阴极进行改造，在筑炉时使用异形阴极替代了传统的平面阴极，利用其阴极凸台减缓电解槽内熔体的扰动和减少阴阳之间的极距原理来进行生产，从而使得生产电压较普通槽大幅降低。

（2）交叉配置异形阴极电解槽技术。交叉配置异形阴极电解槽是在异形阴极电解槽技术基础上创新，由银海铝业自主研发，目的是改善新型阴极结构电解槽在运行过程中电解质流动性差、电解质发黏、极距压缩等现象，达到了低耗、高效的目的。

（3）二次启动节能技术。该项目由银海铝业与强强碳素公司共同研发，项目主要是对已停产的电解槽内衬进行节能技术改造，在电解槽小修过程中在阴极炭块上按照一定的尺寸凿开凹槽，然后将石墨质异形块镶嵌在内，并用糊料将缝隙进行封补固定。使用石墨质凸形阴极替代了传统的平面型阴极，利用减少炉内熔液的扰动和减少阴阳极之间的极距原理来进行生产，从而使得生产电压较普通槽大幅降低，具有明显的节能效果。通过在阴极表面镶嵌阻流块，实现二次启动电解槽的低电压生产，降低二次启动槽生产能耗。

（4）大修平底阴极镶嵌阻流块节能技术。大修阻流块槽试验项目是针对新型阴极结构电解槽在电解过程中对氧化铝的熔解速度慢、浓度不均匀影响电流效率和电解槽的稳定性等缺点，与强强碳素公司共同自主研发、创新的技术项目。

（5）铝电解槽异形侧部炭块技术。传统的侧部炭块为普通石墨材料，需要人工扎固周围糊，劳动强度较大，且周围糊与侧部炭块材料不同，生产过程中易发生周围糊剥层、脱落现象，而出现早期破损，影响到电解槽的寿命。该技术是采用高钠质异形侧部炭块代替原来的周围糊扎固结构，异形侧部炭块是由无烟煤、冶金焦煤沥青等原料经模压一次性成型高温焙烧而成，项目改造后可降低工人的劳动强度，延长电解槽寿命 300 天左右。通过大力推广新型阴极结构电解槽，银海铝业原铝企业的电耗指标得到了进一步提升，2014 年百色银海铝和来宾银海铝的电解铝液交流电耗分别为 13214kW·h/t-Al 和 13339kW·h/t-Al，槽龄超过 2000 天的电解槽仍能高效平稳运行。

（四）科技创新获得多重效益

通过全体生产技术人员在实践中不断探索，新技术不断转化为现实生产力，取得了良好经济社会效益和环境效益，在这个过程中，企业科技创新能力得到显著提升。

一方面，企业的生产系统和工艺流程逐步优化，产业技术创新能力和技术装备水平不断提高，降本增效成效显著，经济效益得到大幅提升。如百色银海铝技术研发中心在冯乃祥教授引进的异形阴极结构电解槽节能技术基础上，自主研发的"交叉配置异形阴极电解槽节能技术试验"取得良好的经济技术指标，并陆续推广运用，来宾银海铝在复产期间，交叉配置异形阴极电解槽 194 台运用该技术，占到了全部槽型的 69%，原铝直流电耗 12527kW·h/t-AL，运行电压 3.88V，节能效果明显；基于异形阴极电解槽技术节能原理，百色银海铝技术研发中心成功开发了"二次启动电解槽技术应用"，达到异形阴极的技术指标，大大降低了启动成本，项目经鉴定为国内领先水平；"新型铝电解开槽碳阳极技术"，单台电解槽每天可节约阳极炭块 29 千克，每年可节约炭块 7000 吨，节约生产成本 3000 多万元；"新型节能铝电解用阴极石墨化阻流块技术"，可使生产吨铝节电 1000 千瓦时左右，电流效率达到 94% 以上。

在铝加工环节，柳州银海铝先后针对运输罐车用、煤车板用、船舶用热轧铝合金板、集装箱用超大规格铝合金板带材等方向进行了立项开发，成功研发了国内首批宽幅大扁锭，完成煤车板产品在内的 10 个新产品及 17 个合金的开发；内蒙古广银铝业是广投银海铝全国布局的重要铝棒生产基地之一，其自主设计并成功研发出铝棒圆盘锯切技术，"铝棒锯切装置"获得国家实用新型专利授权，相较过去，目前每台锯床可节约 3 名操作工，按企业现有 3 台锯床算，每年可节约成本 54 万元。

另一方面，企业技术研究和产品开发水平得到显著提升，形成了一批在国内国际上较为先进的技术储备，逐步确立铝行业领跑者的地位。如柳州银海铝热连轧生产线成为我国首条具有自主知识产权的"1+4"热连轧生产线，其承担的国家科技支撑计划项目"交通运输用超大规格热连轧铝板带生产集成技术的开发与应用"也因此顺利通过专家组验收，柳州银海铝的工艺技术成果被纳入国家标准《轨道交通用铝合金板材》中，随着工艺技术的成熟，柳州银海铝成功开发出 5083H321 和 5083-O 煤车板，完成了来自神华集团的近 3000 吨煤车板用铝合同，成为目前我国少数能生产煤车铝板的企业之一。此外，百色银海铝在铝电解的生产工艺、控制技术等方面形成了一套较为完整的高效节能技术体系，先后开发出与新型阴极结构电解槽配套的双层介质焙烧等 6 项新技术，申报国家专利 6 项。

自建研发机构：

广西铝加工工程技术研究中心

广西百色银海铝业有限责任公司技术中心

广西百色银海铝业有限责任公司研发中心

广西来宾银海铝业有限责任公司技术中心

广西柳州银海铝业股份有限公司技术中心

广西柳州银海铝业股份有限公司研发中心

广西柳州银海铝业股份有限公司院士工作站

广西铝合金宽幅板带材工程技术研究中心

广西强强碳素股份有限公司铝研发中心

广西碳素技术研发中心

合作机构院校：

中南大学

中国科学技术大学先进技术研究院

合肥工业大学智能制造技术研究院

东北大学

西南大学

重庆大学

北京科技大学

贵阳铝镁设计研究院

广西大学

广西科技大学

特聘专家学者：

钟掘：中国工程院院士、中南大学教授、博士生导师、《国家重点基础研究发展规划》项目"提高铝材质量基础研究"首席科学家，与柳州银海铝主攻交通运输用铝合金板材制造行业发展，引领传统铝加工行业实现中国制造2025智能化、绿色化的国家发展战略。

冯乃祥：东北大学，"高能耗铝冶炼行业节能专家"。特聘专家之一，受聘于广投银海铝，主要开展了异形阴极节能技术开发、交叉配置异形阴极技术推广与应用、石墨化柱形凸起阴极电解槽节能技术研究、二次启动节能技术推广应用等节能技术的开发。

蒋显全：西南大学教授、博士生导师，国内铝及铝合金加工行业技术权威专家。特聘专家之一，参与了"十二五"支撑计划项目《交通运输用超大规格热连轧铝板带》的开发，以及新产品开发过程中合金、工艺、产品的改善优化，使柳州银海铝超大规格铝板带产品实现了厚度精度高、板形优良、性能稳定均匀等优越性能。

邓运来：中南大学优秀班导师。"八桂学者"之一，参与了柳州银海铝《运煤敞车用5083–H321铝合金中厚板》、《油罐车用5182–O/H111铝合金中厚板》、《油罐车用5454–O/H111铝合金中厚板》等大型项目开发。

顾问：

松村英夫：日本技术专家，2014年4月至今担任柳州银海铝总经理特别助理职务。主要负责柳铝设备技术的工作，针对公司生产、工艺、技术、设备等运行状况进行诊断评估并提出有效解决方案，持续改进工艺和设备性能。为冷轧精整厂2800mm重卷机切边装置的改造、2800mm和2300mm冷轧机出口侧空气吹扫改造、热轧厂乳液加热系统的改造等项目提供了很好的技术指导。

六、展望铝业未来，向生产服务型的现代制造业转型

广投集团在铝产业做强做大的道路上进行了积极的尝试和创新，但当前铝企业的生产经营仍然步履维艰，特别是在经济增速放缓的大环境下，铝行业产能过剩、铝价低迷、需求不旺的状况依然延续。尽管如此，广投集团仍未放弃对铝产业发展的探索，依然给予更多的支持，推动铝业发展成集团未来产业格局中具有核心竞争力的产业之一。根据麦肯锡公司为广投集团编制的"十三五"战略规划，"十三五"期末，广投集团铝产业确定的目标是：营业收入1000亿元，利润约21亿元。

（一）新常态下铝业板块亏损问题反思

从地区环境看，广西发展铝业明显输在"起跑线"上。从整个地区环境看，广西有丰富的铝矿资源，但铝电资源不配套、配置不合理，导致铝产业发展受限。从现实情况看，广西电价水平整体偏高，而电价占铝成本的40%以上，这始终成为扼住铝业板块发展"咽喉"的问题，直接导致铝业板块在上游环节的竞争力上不去，无论后天如何努力，与新疆、内蒙古、山东等地方的同行企业相比，广西的铝业明显输在了"起跑线"上。

从自身情况看，一些深层次的问题或者说发展特点制约了铝业板块的发展：一是在战略上，对发展铝产业的定位不够清晰，导致铝产业发展的资源配置严重失衡。曾经在很长一段时间里，重视抢占资源，而不重视抢占市场，导致铝产业发展的机制、体制，甚至人才方面的配置都没能跟市场接轨。以至于当前，虽然硬件上实现了所谓的"全铝产业链"，但链条上的每个环节所对应的市场、技术、品牌、人才、机制等都没能系统优化地建立健全，硬件和软件严重脱节。特别是人才方面，只要稍微往下游走一步，就发现专业人才过于单一，队伍跟不上。二是在战术上，缺乏对铝产业链上价值链的深刻理解，导致铝产业发展质量上落后行业标杆一大截。广投银海铝在铝产业上游环节，也就是氧化铝、电解铝环节滞留的时间长达10年，这个时间对竞争性较高的铝行业而言过于漫长。广投集团铝业板块对延伸铝产业链的探索起

步比较晚，以至于在深加工、高附加值、高品牌价值产品的打造方面，与中国有色系统倡导的魏桥集团、创新集团这些行业标杆的发展模式相比，已经落后了不止一点点。

（二）今后一段时期铝业发展环境分析

（1）未来一段时期有色金属产业很可能持续低迷。根据"中经有色金属产业景气指数报告"，"十二五"以来有色金属产业景气指数总体呈下降态势，2011年第四季度进入了"偏冷"阶段，2015年第三季度则进一步滑入"过冷"阶段。

到2015年底，在构成有色金属产业景气指数的12个指标中，位于"正常"区间的有4个指标，包括十种有色金属产量、M1、商品房销售面积、汽车产量；位于"偏冷"区间的有4个指标，包括家电产量、有色金属进口额、利润总额和发电量；位于"过冷"区间的4个指标分别是LMEX指数、有色金属固定资产月投资额、主营业务收入和有色金属出口额。

2015年，有色金属价格一度降到2009年世界金融危机以来的最低点，主要品种的价格已接近或跌破国内生产企业的成本线。截至2015年11月底，铝现货平均价为10187元/吨，同比下降25.9%。由于价格跳水，电解铝行业深陷亏损困境。

预计未来一段时期电解铝价格仍将在低位运行，价格回升的概率很低。主要原因有：一是在全球经济弱复苏的大背景下，有色金属需求疲弱、供应过剩问题仍难以改观。二是美元走强主导全球金融市场走势，债券收益率上涨，大宗商品价格依旧低迷，进一步打压了以美元计价的有色金属价格。三是国内房地产、电线电缆、家电等下游行业对有色金属需求依然疲软。预计未来2~3年，有色金属产业整体上很可能持续低迷。

（2）向产业链下游延伸发展具有广阔空间。当前电解铝产能过剩，拓展铝应用领域，扩大铝消费，在交通运输领域"以铝代钢"、建筑领域"以铝节木"、电力领域"以铝节铜"等是化解产能过剩的有效途径之一。在传统消费领域中，铝应用产品新的增长点在不断出现，当前扩大铝应用的重点领域包括交通运输如全铝挂车、铝合金敞篷运煤车、轿车高精铝合金薄板等；建筑结构如铝合金建筑模板、铝合金围护板等；电力领域如铝合金电缆、铜铝复

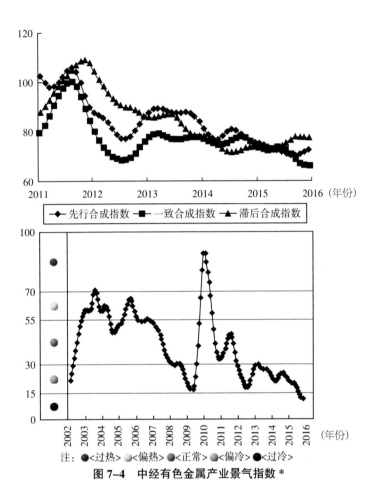

图 7-4 中经有色金属产业景气指数 *

———————

　　* 注：1. 综合景气指数由 12 项指标构成，即先行指数和一致指数的构成指标。综合景气指数反映当前有色金属产业发展景气程度。景气灯号图把产业经济运行状态分为 5 个级别，"红灯"表示经济过热，"黄灯"表示经济偏热，"绿灯"表示经济运行正常，"浅蓝灯"表示经济偏冷，"蓝灯"表示经济过冷。

　　2. 先行合成指数用于判断有色金属产业经济运行的近期变化趋势。该指数由以下 7 项指标构成：LMEX 指数、M1、家电产量、汽车产量、商品房销售面积、有色金属产业固定资产月投资额、有色金属产品进口额。

　　3. 一致合成指数反映当前有色金属产业经济的运行状况。该指数由以下 5 项指标构成：十种有色金属产量、发电量、规模以上有色金属企业主营业务收入、规模以上有色金属企业利润总额、有色金属产品出口额。

　　4. 滞后合成指数与一致指数一起主要用来监测经济变动的趋势，起到事后验证的作用。由以下 3 项指标构成：规模以上有色金属企业职工人数、规模以上有色金属企业产成品资金（期末占用额）、规模以上有色金属企业流动资产平均余额。

指标名称	2015 年											
	1 月	2 月	3 月	4 月	5 月	6 月	7 月	8 月	9 月	10 月	11 月	12 月
1 LMEX 指数	●	●	●	●	●	●	●	●	●	●	●	●
2 M1	●	●	●	●	●	●	●	●	●	●	●	●
3 汽车产量	●	●	●	●	●	●	●	●	●	●	●	●
4 商品房销售面积	●	●	●	●	●	●	●	●	●	●	●	●
5 家电产量	●	●	●	●	●	●	●	●	●	●	●	●
6 有色金属固定资产月投资额	●	●	●	●	●	●	●	●	●	●	●	●
7 有色金属进口额	●	●	●	●	●	●	●	●	●	●	●	●
8 十种有色金属产量	●	●	●	●	●	●	●	●	●	●	●	●
9 发电量	●	●	●	●	●	●	●	●	●	●	●	●
10 主营业务收入	●	●	●	●	●	●	●	●	●	●	●	●
11 利润总额	●	●	●	●	●	●	●	●	●	●	●	●
12 有色金属出口额	●	●	●	●	●	●	●	●	●	●	●	●
景气指数	●	●	●	●	●	●	●	●	●	●	●	●

图 7-5　2015 年中经有色金属产业景气灯号

注：●<过热> ●<偏热> ●<正常> ●<偏冷> ●<过冷>

合导体等。此外，还包括铝合金托盘、铝合金防洪设施、铝合金桥梁、铝箔包装等其他产品及领域。

而在高性能铝合金应用领域，运载工具及机械设备（主承力结构、液压系统）、汽车轻量化（如奇瑞新能源年产 6 万辆铝合金骨架车身纯电动乘用车项目已启动）、城市立体交通、通信和网络设备、清洁能源（光、风、海洋）、军事、航空航天等，则有广泛的用途。

目前，在电缆领域，我国仍以铜电缆为主，铝电缆的比例仅为 2% 左右。但是，以铝为主体的复合材料电缆正呈现较快的增长趋势。铜铝复合导体由铝芯和铜包覆层组成，利用电流的"集肤效应"，用铝代替导体中间部分的铜。通过扩大导体截面积弥补对导电率的影响，从而达到相同导电性能。因此，兼具铜的导电性能优异、耐腐蚀性能好以及铝的成本低、重量轻等优点，是一类高性能的复合导体。此外，国内已研制出钢（不锈钢）铝复合、钛铝复合、铝铝复合的板、带、箔、排材的系列产品，被应用于电力、电子、通信、散热、建筑等行业。

（3）商业模式创新是提升市场竞争力的重要手段。在当前有色金属产业行情低迷、产能过剩的情况下，一些企业加大了商业模式创新的力度，取得初步成效，说明商业模式创新正日益成为有色金属产业降低成本、挖掘新的利润增长点和提升市场竞争力的重要手段。例如，山东魏桥创业集团继续实施"铝电网一体化，上下游一体化"。该公司特殊条件下形成的自主发电、孤网运行，使得魏桥铝业电费始终低于同业的 1/3，使其占有极大的成本竞争优势。有不少企业实行煤电铝一体化（自备电）模式。例如，广西信发铝电有限公司探索煤电铝一体化，目前正重点推进 5 个煤电铝一体化项目建设，大力建设自备电厂，在规划建设 212 万吨电解铝的同时，上马装机容量为 520 万千瓦的自备电厂。

商业模式创新不限于在上游的电力环节上做文章，更重要的是在下游销售运行上做文章。广投银海铝可积极在下游产品销售环节上进行创新商业模式，挖掘新的利润增长点，有效克服南方电解铝生产成本劣势。一是与有实力、有品牌的民营铝加工企业合作，解决产品品牌和销售渠道问题；二是与一些地方政府、工业园区合作建立铝产业加工园，解决产品用途问题；三是建立或合作建立铝产品销售平台，通过打造电商平台，提供信息交流、产品交易服务，促进产品销售。

（三）新常态下的广投铝业的发展思路

广西作为铝土矿资源大省，致力于打造千亿元铝产业的目标，并根据铝工业发展的趋势，提出了《广西铝产业二次创业中长期方案》，为把广西打造成为三大战略新支点服务。广投集团作为广西最大的铝生产企业和地方国企，要坚决贯彻和执行广西壮族自治区党委、政府的方针政策和战略部署，坚决承担起打造广西千亿元铝产业，实现广西铝产业"二次创业"，服务中国铝工业健康发展的历史使命，积极打造成为国际一流的生产服务型铝企业，做中国铝市场的服务者和铝产业的领军者，为广西的经济社会发展、服务中国铝工业的健康发展做出应有的贡献。

麦肯锡咨询公司为广投集团编制的"十三五"战略规划中判断，行业产能持续过剩，未来 5 年内中国的电解铝需求增长将显著放缓，产能过剩的局面和整体压力将持续存在。中上游氧化铝、电解铝等行业企业处于成本竞争格局，应持续精益运营降本增效。下游铝加工市场呈二分结构，品牌销售与高端产品是关键。与此同时，受中国和发展中国家建设、交通、工程行业拉动，预计全球各细分市场用铝需求将保持稳健增长。一方面，到 2020 年，中国是全球最大用铝市场，市场份额接近总需求的一半，其中，中国交通运输和工程建设是最为关键的两大需求，超过市场总需求的一半，且年复合增长率高于 5%。除中国外，其他发展中国家市场如印度等也呈现出类似的特征，以交通运输和工程建设为用铝需求的主要驱动力。麦肯锡公司对广投集团铝板块进行了定位：铝业作为广投集团营业收入体量的重要支撑，顺应国家供给侧改革大势、力争成为未来 5 年全国产业升级和技术革新的先行者。

新常态下，广投集团铝业板块总体上，应顺应国家供给侧改革大势，抓住广西铝工业二次创业的机遇，立足全产业链优势，做强做实现有的铝产业基础；通过实施品牌联盟战略，推进铝产业链向高端铝加工业方向发展；大力推动"互联网＋铝"、大数据、云计算、电子商务技术应用，推进铝产业由大规模流水线生产转向定制化的规模生产，产业形态由生产型制造业向全生命周期的生产服务型制造业转变；加大科技创新力度，构筑产、学、研、用一体化建设；利用多层次资本市场和国家股票发行注册制改革的契机，大力推进铝产业优质资产证券化和公司权益资本融资，发挥资本运作乘数效应，积极培育铝板块龙头企业，推进铝板块上市融资；以市场化为目标推进国企改革，通过科学有效的管理推进企业稳健经营。

——实施"品牌联盟"，向高端铝加工新产品、新材料、新领域方向发展。一是要巩固存量开拓合作，继续夯实与亚铝等品牌联盟企业的合作，在此基础上继续寻求 5~10 个潜在的战略合作伙伴。争取在品牌联盟的合作模式上，释放现有工业园产能，提升工业园使用效率和经济性。二是在生产方向上逐渐向高端铝材制品转化，探索汽车用铝和铝合金电缆等产品，并考虑与上游电解铝企业成立合资公司或将部分股权转让。三是积极贯彻"产产结合、产融结合"产业协同发展模式，实现产业链的融合，在横向上，铝板块与广投集团金融、能源、文化旅游、国际业务板块加大产业资源整合和协作力度，利用新一轮电力体制改革的契机，推进铝电结合政策长效机制的建立；利用集团文化旅游等相关产业发展的机遇，扩大铝产业在相关产业链的推广和应用，如铝模板、铝幕墙、铝别墅、房车项目等产品的市场推广运用；与国际公司合作推动海外铝加工产业的布局和发展，积极开拓广阔的海外铝加工市场。

——加快企业转型步伐，建立健全完善、优质的生产服务体系，打造全铝产业链的生产性服务产业。一是实施运营优化改善，实现降本增效提高竞争力。对电解铝厂进行系统诊断，确定如综合电耗和综合碳耗等关键优化杠杆，形成具体行动方案并落实实施，长期形成固化的运营提升方法，在总部层面建立标准化的推广和最佳实践经验分享，实现内部持续的运营提升。二是随着移动互联网、大数据和云计算技术的到来，制造业已经由大规模的流水线生产转向定制化的规模生产，产业形态从生产制造业向全生命周期的服务型制造业转变，围绕广投集团铝全产业链的整合优化，要重点推进电子商务、研发设计、融资租赁、信息技术服务、节能环保服务、检验检测认证等服务体系的建立健全和优化升级，服务内部各生产环节，并以"共享"的发展理念逐步走向市场、向行业提供服务，为企业创造直接经济收益。三是积极推进"互联网＋铝"平台建设，核心策略是"以撮合为入口，以自营创效益"，围绕在线业务，健全仓储、物流、加工、金融等全产业服务，实现一站式交易；以上海广投国贸为平台，搭建铝金属大宗电子交易的垂直综合商务平台，集中铝产业的交易，通过电商平台，进一步促进铝产业链的综合整合及交易，实现线下、线上的集中和互动，增强市场定价权。

——深化企业改革，促进企业的高效稳健科学经营和管理。2014 年，广投集团批复了《广投银海铝各主要投资企业改革改制纲要》和《广西广银铝业有限公司改革重组纲要》，2016 年，广投银海铝顺利完成了三项制度改革，标志着新常态下的铝板块企业改革发展进入新的实施阶段。一方面，广投银海铝将按照现代企业管理制度设计和搭建体制机制，灵活运用国有企业管理体制和市场化管理机制的优势，尤其是运用好混合所有制的强大活力，以市场化、职业化理念推进银海的改革工作，加快推进大银海的各项改革，推进职位职务、职业培训、绩效管理、薪酬分配四大体系建设，在柳铝市场化改革经验基础上，以上海广投国贸为试点稳步推进贸易企业市场化机制改革，加快在市场化企业中率先试行职业经理人、管理层激励、员工持股计划等创新机制，真正建立起面向市场的管控模式。通过建立财务共享中心、实施全面预算管理、建立安健环风险管理体系等，推进企业的科学化、现代化管理，提高企业的管理水平。另一方面，全面实施要素管理制度，根据银海铝各层级企业不同的专业属性和定位，将银海铝所属企业分为集团要素管理企业（百铝、来铝）、市场化管理企业（柳铝、广银各棒厂及工业园、佛山广银融通仓、来宾广银三英）、混合所有制管理企业（强强碳素、品牌联盟企业）三大类。各类企业管理要素分为决策类要素、监管类要素，对实施市场化管理和混合所有制管理企业，根据具体管理要素，分为广投集团决策、银海铝决策或监管、企业股东会或董事会决策。通过要素管理进一步推进银海铝平台化、专业化、差异化管理，完善银海铝对所属企业的管控模式，规范、高效地对所属企业进行管理。

——全面推进"铝电结合"长效机制建立。铝产业发展至今，铝水企业之间的竞争，实际上就是生产成本的竞争，谁的成本更低，谁就能存活，电力成本，更是铝水企业生产成本中的重中之重。广西既有铝矿资源，又靠近终端市场，这是先天优势，而技术优势则是后天可以弥补的。只要解决了铝产业链中间的电解铝电价过高的问题，向上即可支撑氧化铝产业，向下可拉动铝加工业发展，进而通过区位和市场优势实现铝产品的大量输出，如此整个产业链都可以发展起来。2014 年 7 月 1 日起，来宾银海铝享受到了直购电优惠，并恢复生产。下一步，广投集团积极谋求通过利用来宾大工业区域电网规划建设、百色铝产业专用电网建设以及售电公司筹建等有利机遇和大用户直购电等产业扶持政策，推进百铝 10 万吨铝水复产，来铝二期 25 万吨铝水项目建设，统筹规划好未来铝电联营工作。

——加大核心技术的科技创新力度，积极参与产品标准制定工作，引领行业发展方向。目前，广投集团与众多大学和科研机构建立了合作伙伴关系，广投的铝产业要进一步加大科研力度，不断加大产学研用科研体系建设，建设国家级产业和产品研究院，与国内外一流科研机构合作开发新技术，一方面解决内部技术、研发问题；另一方面共同开展技术研发并向市场推广技术、实现成果转化。要围绕铝产业链部署创新链，选准关系全局和长远发展的优先领域，前瞻性布局一批重大专项科技项目，积极整合现有铝产业研发资源构建大银海研发管理体系，加强信息化建设和产学研平台合作建设，重点推进银海铝与中科大、合肥工业大学的全铝产业链创新研发中心及相关科技孵化项目；加强对柳铝交通运输铝合金板带材、亚铝高端铝型材产品以及高附加值铝产品的研发和应用；通过与河北欣意电缆合作建设稀土铝合金电缆项目，积极参与稀土铝合金电缆国家标准的制定，与深圳同力德合作铝模板项目，参与相关铝模板国家标准的制定，以及品牌联盟企业中更多的行业产品国家标准的制定。同时，要研究如何以低成本的方式将技术转换为产品，通过推进商业模式创新形成具有铝业自身特色和竞争力的商业模式。

——加快"走出去"步伐，以资本和品牌扩大国际产能合作。广投集团目前已成为广西资产总量最大的地方国企，是国内为数不多的金融资产与实体资产高度结合的"产融一体化"金融控股型企业集团，具有强大的资产实力，产业基础扎实，具有国家级的最高信用评级——AAA 信用评级，在国际上与中国铝业、中广核、神华集团等中国 500 强企业，以及法国电力公司、美国铝业、美国六旗集团等世界级企业广泛开展合作，具备良好的国际合作基础。同时，广投铝产业具有从铝土矿到铝加工的全产业链布局，高精深铝加工产品具备较强的国际竞争力，居中国铝业百强第 5 位，中国铝型材十强。未来，广投集团将面向东盟、面向国际实现资本输出、品牌输出，以强大的资本和产业实力参与国际商业合作，扩大国际产能合作，其中，铝板块是广投集团与东盟地区开展国际产能合作、拓展铝加工等装备制造业发展最好的切入点与合作点，依托目前开展的马来西亚马中关丹产业园建设铝加工和深圳同力德铝模板项目，衍生公司积极寻求国际投资合作，进一步落实携手亚铝在越南、美亚宝在马来西亚合作建设铝加工项目事宜，重点布局 3~5 个海外铝加工点，拓展国外市场，逐步实现"走出去"的发展战略。

——深入实施"产融结合"战略，谋求资本证券化，建立公司跨越式发展、创建高效低成本的融资平台。将以广银亚铝、上海广投国贸、强强碳素、深圳同力德等铝板块龙头企业为重点，以未来 3~5 年上市为目标，积极培育铝产业上市平台公司。通过基金进行债权债务重组，盘活相关资产，提高整体资产质量和资金使用效率。即将引入广西铝产业股权投资基金，开展肇庆亚铝、广亚铝业、欣意电缆、同力德等业内铝加工高端标杆的资产重组工作，以打造多个全球领先的高端铝材、铝制品应用平台，加快集团公司由传统实体产业向现代综合金融控股型服务产业转型。

展望未来，在以"工业互联网"、"工业 4.0"、"中国制造 2025"等为概念的第四次工业革命中，作为现代经济和高新技术发展支柱性原材料的铝将迎来全面革新的时代。在国家"一带一路"战略和"十三五"规划的不断推进中，代表着智能化、轻量化的铝成为现代制造业的方向之一。在广投集团"十三五"战略前进的号角中，作为集团体量最大的实业，广投集团铝产业将为中国铝工业的加快发展做出积极的贡献！

第八章 金融板块

➤ 广投集团金融板块经历了起步、发展和转型三个阶段。金融板块经营中亮点纷呈，"融、全、快、稳、新"是其最突出的特征。

➤ 作为广投集团金融板块统一管控总部，广西投资集团金融控股有限公司（以下简称"广投金控"）按照集团公司对金融板块的发展定位，坚持"产融结合、双轮驱动"战略，在加快金融产业布局的同时，通过建立和完善法人治理结构实现高效管控，取得了傲人业绩。

➤ 未来，广投集团金融板块应紧跟国家战略，通过进一步深化集团产业协同、完善管控模式、树立品牌努力打造成为卓越一流的金融综合服务运营商。

广投集团金融板块经历了起步、发展和转型三个阶段。作为广投集团金融板块统一管控总部，广投金控按照集团公司对金融板块的发展定位，坚持"产融结合、双轮驱动"战略，在加快金融产业布局的同时，通过建立和完善法人治理结构实现高效管控，取得了傲人业绩。广投集团金融板块经营中亮点纷呈，"融、全、快、稳、新"则是最突出的特征。未来，广投集团金融板块应紧跟国家战略，通过进一步深化集团产业协同、完善管控模式、树立品牌努力打造成为卓越一流的金融综合服务运营商。随着实业板块持续转型升级，实力不断增强，各类金融业态之间协同发展的不断深入，广投集团产融结合的基础将不断夯实，"产融结合、双轮驱动"将为广投集团注入源源不断的动力，为广投集团驶入发展的快车道提速，再提速！

截至 2015 年底，广投集团金融资产占总资产比例超过 70%，并发展形成了以证券、银行、保险为核心，融资租赁、融资担保、小额贷款、互联网小微金融服务、产权交易所、股权交易所、黄金投资、基金管理等混业经营的金融业务平台，集团成功向产业多元化的金融控股型企业集团转型。

一、从产融割裂，到跨界融合发展

广投集团金融板块经历了起步发展、加快发展和转型发展三个阶段，实现了从产融割裂到"产融结合、融融结合"的跨界创新发展。

（一）起步发展阶段（2000 年以前）

广投集团在创业初期，就意识到了金融对实业的重要性，积极探索金融领域。早在 1994 年，广投集团便成立了信托公司筹备组及信用社筹备组，后因国家金融监管政策的变化，该工作告一段落。这个波折未能影响广投集团进入金融领域发展的决心。1997 年，广投集团成功组建了香港桂发财务有限公司，并参与了桂冠电力公司的重组上市。虽在金融行业初有成果，但广投集团的金融资产占总资产的比重仍然很小，整体合计不到 10%。这种资产结构与广投集团作为自治区政府投融资平台的发展定位极不相称，资产结构不合理也产生了一定的负面影响：一是容易造成流动性风险，由于投资集中于实业，与金融资产相比，实业投资的资金流动性较弱，实业资产比例过高，容易造成资产固化，企业遇到经济低谷期时，固定资产与金融资产比例的不协调，易形成流动性风险。二是广投集团缺少控股的上市企业，增加了项目建设资本金的筹措难度，增加了项目融资成本。

有效地运作资本，不仅可以加大对企业的支持和发展，还能为大型项目提供债券融资、股票融资等多种支持，打通资本市场与产业资本之间的通道，实现金融与实业的互通，为广投集团发展提供良好的投融资平台。资本市场以其"较低成本实现产业扩张"的特性打开了广投集团决策者的思路，1998年，广投集团提出走"实业投资与资本运作相结合"的发展道路：通过集团系统内部下属企业股权资产重组，优化资源配置，提升资产效率；通过资本运作加大对金融产业的投资，促进金融产业对集团实业发展的资金支持；通过下属企业上市，增强集团整体资本实力，更好地抵御市场风险。可以看出，广投集团在起步阶段发展金融板块理念已从借力资本市场增强融资能力、降低融资成本转向实业投资与资本运作相结合。

（二）加快发展阶段（2000~2012 年）

进入 21 世纪，中国的资本市场呈现出蓬勃发展的趋势。特别是在"十一五"期间，广投集团积极谋求资本市场、实体经济两个市场、两条腿走路，大力拓展金融服务领域，抢抓机遇积极介入银行、基金等优质金融资产，丰富金融产业结构。

1. 做实做强国海证券

2000 年，广西证券有限责任公司实施增资扩股，扩大资本规模，提升为广西唯一能从事各种证券业务的综合类证券公司。在自治区的大力推动和支持下，2001 年 7 月，广投集团出资 2 亿元参股广西证券有限责任公司，并成为第一大股东，促成了广西区内注册的唯一一家全国性综合类证券公司——国海证券有限责任公司正式成立。

2001~2005 年，由于证券市场低迷，国海证券连续 5 年微利甚至出现亏损。对于唯一一家由广投集团控股的金融企业，广投集团给予了国海证券公司万般呵护与支持。广投集团分别在 2004 年和 2009 年，选择国海证券作为主承销商，共发行了 20 亿元的企业债券，为国海证券债券承销业务的发展给予支持；为支持国海证券取得综合类券商相关增值业务的资格，广投集团购买了国海证券 5 亿元的次级债。在国海证券借壳上市的过程中，广投集团出资出力，帮助广西梧州索芙特美容公司理顺桂林集琦的债务问题，最终促成国海证券在 2011 年成功实现借壳上市，站稳了脚跟。

成功上市后的国海证券严格执行市场化运作机制，不断地完善股东会、董事会、监事会等治理结构，规范企业管理机制，提高风险防范，积极拓展业务，开展业务创新等，综合实力持续增强，拥有证券经纪、自营、投资银行、资产管理、期货 IB 等牌照，并控股国海富兰克林基金管理有限公司（51%）、国海良时期货有限公司（83.84%），从只有单一经纪业务的券商，发展成为涵盖证券、基金、期货、直投、区域性股权市场等多元业务体系的全国上市综合金融服务企业。

上市 5 年来，国海证券资本实力、盈利能力和股东权益均实现跨越增长。目前已是一家拥有 4 家子公司、11 家分公司、91 家营业部，营业机构遍布全国主要城市，业务涵盖证券、基金、期货、直投、区域性股权市场等多个体系的全国性综合金融服务企业。至 2016 年 6 月，国海证券总资产达 501.43 亿元，较上市当年增长 3.5 倍，净资产 138.91 亿元，增长 3.7 倍。从总资产、净资产指标来看，5 年时间相当于再造了近 4 个国海。

国海证券上市，有效改善了广投集团资产结构，有效拓宽集团融资渠道、提高融资额度、加强融资谈判能力、降低融资成本，进一步增加广投集团资产流动性，有利于防范流动性风险。同时，对于国海证券自身，有利于筹集资本金，完善管理机制，为企业持续快速发展奠定良好的基础，并吸引更多人才加入，为更多的广西企业提供多方位、优质的服务。

2. 丰富完善金融产业结构

2008 年，广投集团出资 2.5 亿元入股北部湾银行（占股比 2.5%）；2011 年，出资 3.3 亿元入股柳州银行（占股比 9.67%）；2012 年，出资 0.3 亿元入股南宁市农村信用社；下属企业黔桂公司也出资 2800 万元入股贵州六盘水商业银行（占股比 4.69%），集团银行业累计投资达 6.1 亿元，为集团带来了稳定的股权投资回报。针对创投、产权交易等新产业整体投资收益率较高、发展前景较好的情况，广投集团出资参股了国投创新（北京）投资基金有限公司和北京国投协力股权投资基金等基金产业。2011 年 2 月，国投创新基金投资的星宇股份在上海证券交易所挂牌上市，标志着基金运作取得突破性进展。投资入股了北部湾产权交易所（占股比 20%）；参与北部湾产业投资基金公司的创建等，金融产业结构不断丰富完善，为广投集团多元化发展带来了显著的回报。

这一阶段广投集团发展金融板块的一个重要思路是通过谋求上市来推动资产证券化，进而支撑实业发展。由于国海证券成功上市给广投集团带来了丰硕成果，广投集团在总结成功经验的基础上，通过加快推进优质资产上市，推动资产证券化，进一步支撑实业发展。

广投集团一直在探索实体企业与资本市场的有效结合。广投集团下属公司强强碳素公司是一家拥有专利技术生产碳素预焙阳极的企业，预焙阳极年产能为 72.5 万吨，是目前国内生产规模最大的电解铝用预焙阳极生产企业，同时也是集团发展铝产业的重要一环。黔桂公司是广投集团打造循环经济产业链的示范企业，形成了以发电、煤焦化、建材为主导产业的循环经济发展经营模式。强强碳素公司和黔桂公司都是具有一定优势的实体企业，广投集团通过加快推进强强碳素公司申请上市和黔桂公司重组上市，通过拓宽融资渠道，建立资本市场融资平台，对业务和资产进行有效整合，进一步支撑实业发展。

（三）转型发展阶段（2013 年至今）

尽管广投集团有着不错的金融基础，但对于实体产业起家的集团，金融产业对集团依然是一个新兴的领域，对如何发展金融产业思路一直未能清晰，而且集团实体产业和金融产业的发展基本处于割裂的状态，单打独斗，难以形成合力和发挥集团产业优势。2013 年 9 月，广投集团召开了金融研讨会，会议明确了做强金融板块、加快集团产融结合、打造集团的金融品牌和培育新的利润增长点的方向。冯柳江董事长在会议总结中明确提出坚持在实业基础上发展金融产业，确立打造多元化金融平台，产融联动和金融平台间联动发展思路。这是集团做大金融产业发出的最强烈的信号，此次会议成为广投集团金融产业发展里程碑式的会议。

2014 年初，广投集团确立了"产融结合、双轮驱动"[①]创新战略，重点打造金融、能源、铝业、文化旅游和海外资源开发五大核心业务板块，优先发展金融产业，努力通过推进"三结合"（即产业间的"产产结合"、"融融结合"、"产融结合"），实现各产业协同发展，产融结合思路越发清晰。同年 4 月，金融事业部成立，对集团金融板块管理予以专业化支持。

2014 年 6 月，广投集团抓住机遇，出资 15 亿元认购北部湾银行 5 亿股，股比提升至 17.08%，成为北部湾银行第一大股东，成为广投集团金融板块发

---

① 其核心思想就是以金融的思维推进集团的产业结合，以结合为纽带，实现产业资本和金融资本的高度融合，将实体产业与金融产业实现无缝对接，以实体产业及其上下游客户为服务对象，打破行业藩篱，将信息不对称降到最低，通过多种形式的产融合作实现双赢。

展史上的标志性事件，成为落实集团"产融结合、双轮驱动"战略的重要支点。2015年，广投集团继续借助北部湾配股机会增持北部湾银行，持股比例提高到19.99%，进一步强化了对北部湾银行的管控能力。集团成功控股北部湾银行后，积极履行第一大股东义务，稳步推进北部湾银行市场化改革及新一届董监事换届工作，通过市场化改革提高北部湾银行风险抵御能力，促进北部湾银行各项业务稳健发展，支持北部湾银行做大、做强。

2015年6月，为深入实施"产融结合、双轮驱动"发展战略，广西投资集团金融控股有限公司应运而生。广投金控是广西人民政府批复同意成立的广西首家金融控股公司，是集团实施"产融结合、双轮驱动"战略中予以优先发展的主体，肩负着管理广投集团金融资产、实施金融战略的神圣使命。广投金控正式成立，成为集团金融产业发展的重要里程碑事件，标志集团金融产业进入专业化、规范化统一运作阶段。

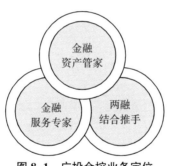

图8-1　广投金控业务定位

广投金控业务聚焦为金融服务的专家、金融资产的管家、两融结合的推手。依托金融混业经营模式，广投金控积极贯彻落实广西金融发展战略和广投集团"产融结合、双轮驱动"战略，致力于构建"全牌照"金融业务平台，打造综合性金融集团服务旗舰品牌。广投金控跨界创新"产融结合、融融结合"产业发展模式，不断增强金融的抗风险能力，是发展金融产业的核心竞争力，为实体产业提供优质的金融支持。

二、延展产业链，打造效益新引擎

作为广投集团投资与管理金融板块的二级平台，广投金控按照集团公司对金融板块的发展定位，坚持"产融结合、双轮驱动"战略，在加快金融产业布局的同时，通过建立和完善法人治理结构实现高效管控，取得了傲人业绩。

（一）加快产业布局，完善治理体系

作为广投集团金融板块统一管控总部，广投金控在加快金融产业布局的同时，通过建立和完善组织架构实现高效管控。

广投金控拥有较为完善的法人治理结构（如图 8-2 所示）。受集团委托管理的国海证券和北部湾银行不但拥有完善的法人治理结构，用人机制和分配激励机制更加趋向市场化，为广投金控奠定了良好的制度基础、管理基础和人才基础。

广投金控加快布局各种金融业态，有些在广西甚至在全国金融细分市场都发挥着重要作用。

国海证券股份有限公司是广西市值最大的上市公司，是广西唯一一家入选"深证 100 指数"的上市公司，并成功跻身于有证券市场整体走势"晴雨表"之称的"沪深 300 指数"，成为涵盖证券、基金、期货、直投、区域性股权市场等多元业务体系的金融服务企业。

北部湾银行围绕"立足广西、立足中小、立足社区"的战略定位，把推进自身发展与支持北部湾经济区开放开发、西江经济带建设、南宁区域化国际中心城市建设和沿边金融综合改革试验区建设结合起来，将自身建设成为中国—东盟自贸区的"好而精"的最具成长性的中小银行，不断提升对广西经济社会发展的契合度和贡献度。

国富人寿保险股份有限公司（筹）经广西人民政府授权同意，由广西投资集团联合区内外知名企业发起筹建，将打造成为一家立足广西、辐射全国的综合性人寿保险公司。公司的成立将有效贯彻落实自治区加快促进广西养

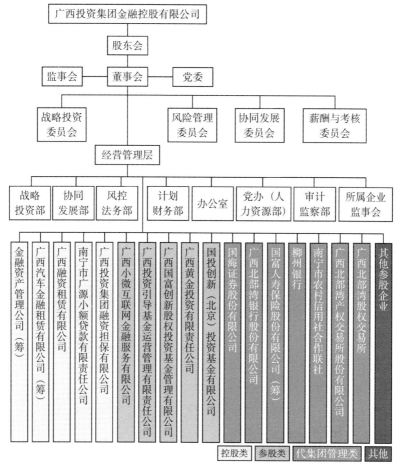

图8-2 广西投资集团金融控股有限公司组织结构

老服务发展的要求，对促进广西社会事业改革发展，实现险资反哺地方经济具有重大战略意义。

广西融资租赁有限公司是广西首家国有控股外商投资融资租赁公司，公司依靠租赁产品专业化、差异化，融资手段多元化、创新化的发展策略，建立稳定的客户群，不断优化资产结构，做大做强品牌，打造业内领先的区域性融资租赁公司。

广西投资集团融资担保有限公司是国有控股担保公司，目前是区内注册资本第三大的融资性担保公司。

南宁市广源小额贷款有限责任公司将依托广投集团品牌优势和资金保证，

致力于将公司打造成声誉卓越的小额金融服务专家。

广西小微互联网金融服务有限公司是广西第一家国企控股的 P2P 小微金融公司，坚持创新，打造互联网金融新业态。

广西黄金投资有限责任公司致力于为投资者打造一个包括贵金属交易、投资、实物产品以及专业投资咨询在内的综合性运营服务与投资管理公司。

广西北部湾产权交易所将逐步发展成为立足广西、面向东盟、连接周边省份、连接各类资本进退的基础性资源配置平台。

广西北部湾股权交易所，是经广西政府批准设立的唯一自治区级股权交易所，将立足广西，面向东盟，建设具有区域特色的股权交易市场。

国投创新（北京）投资基金有限公司以产业升级、企业创新发展相关的成长性企业，包括新能源、节能环保等为基金投向。

广西投资引导基金运营有限责任公司受广西政府投资引导基金委托，为发挥财政资金的引导作用和放大效应，加快广西经济结构调整和产业升级组建成立。

广西国富创新股权投资基金管理有限公司作为广西国富创新医疗健康产业基金的管理人，推动广西中医药大健康产业的跨越式发展。

（二）顺势而为，勇挑"效益引擎"重任

2015 年广西金控正式成立运营，广投金控按照集团公司对金融板块的发展定位，坚持"产融结合、双轮驱动"战略，不断完善公司治理体系，勇挑金融板块"效益引擎"重任。2015 年，金融板块克服实体经济下行压力加大、

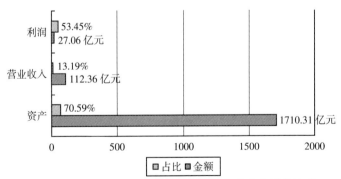

图 8-3 2015 年金融板块主要财务指标及占集团的比重

股市震荡等多重不利因素，超额完成全年利润目标，利润总额创历史新高。截至 2015 年 12 月 31 日，金融板块资产总额和净资产总额分别达到 1710.31 亿元和 281.38 亿元，同比 2014 年分别增长 453.53% 和 184.62%，2015 年金融板块实现营业收入、利润和净利润分别为 112.36 亿元、27.06 亿元和 21.75 亿元，同比 2014 年分别增长 377.32%、216.12% 和 285.64%。2015 年，金融板块资产、营业收入和利润占广投集团资产、营业收入和利润比重分别为 70.59%、13.19% 和 53.45%，比 2012 年分别提高了 51.68 个、10.08 个和 25.04 个百分点。

（三）积极进取，助力集团介入大健康产业

2015 年 9 月中旬，广西境内医药上市公司——广西梧州中恒集团股份有限公司出现流动性危机，急需大额过桥资金支持。广投金控敏锐捕捉到这一信息，第一时间全面深入评估中恒集团情况，了解到中恒集团主营的医药业务板块在行业内具有较强的竞争力，具备较强的盈利能力，现金流充裕，短期内只是受大股东影响出现资金危机，在 A 股市场上是难得的优良收购标的。广投集团高层一致认为这是集团进军医药产业的重大商机，果断制定先支持后收购的战略思路，调动集团资源以质押股权形式为中恒提供资金支持。经过 4 个多月的艰苦努力，最终完成了对中恒集团的并购。成功并购中恒集团，广投集团的产业版图不但增添了一个优质板块，而且也具备了整合广西中医药、医疗产业资源的平台，为未来积极布局做大做好医药医疗健康产业奠定了重要基础。为实现医药板块的快速和健康发展，2016 年 7 月成立广西国富创新医疗健康产业基金，该基金首期 60 亿元人民币，将主要投向医疗、大健康、中医药行业，以产业并购重组为主。

三、发力"全牌照"，践行双轮驱动

经过多年的发展，广投集团金融板块经营中亮点纷呈，"融、全、快、稳、新"则是最突出的特征。

（一）融——发挥协同效应

广投集团充分发挥金融为实业"补血"，实业为金融"输氧"，集团协同效应显著。一是满足集团产业金融服务需求，实现外部利润内部化。集团产业板块拥有相对完整的产业链和规模庞大的利益相关者，各产业环节的生产经营活动存在巨大的金融服务需求，包括融资需求、财险和寿险需求、企业年金等专项基金的资金管理需求、产业兼并收购中的顾问式需求等。通过金融与实体板块内外协同战略可以将一部分"体外循环"的资金变成"体内循环"，将外部金融机构获得的利润转移至产业集团内部，从而增加产业集团整体的内部利润。二是借助集团产业整体资源降低融资成本，提高利润。通过内外协同战略，充分利用产业集团的市场声誉，提升金融产业的信用级别，从而达到降低融资成本的目的。此外，利用产业集团丰富的产业经验、稳定而巨大的外部利益相关者市场等优势资源，大力发展相关金融业务，提高产业集团整体收入。三是加强产业集团管控的战略性安排。在遵循金融监管原则的前提下，通过产融结合形成企业集团总部对下属企业的金融资本控制关系，并通过金融纽带监控集团成员资金往来情况，及时发现和控制财务风险，以资金价值和货币指标为对象的价值管理模式替代传统的实物管理模式。

"融融结合"以客户为中心，满足客户对资金的多样性需求，以控股北部湾银行和国海证券加快发展为切入点，利用商业银行信用中介、支付中介、信用创造、金融服务等功能，通过借助银行的网点、渠道、客户、资金等优势，快速打开小贷、担保业务，搭建统一的销售平台，设立基金管理公司和基金、人寿保险公司、资产管理公司、租赁公司等企业，向市场提供一揽子金融产品和服务，实现客户、渠道、产品和风险共享，协同提高金融产业竞争力。在"融融结合"实践中，一是广投集团担保与北部湾产交所合作成功操作广西首笔小贷公司信贷资产证券化业务500万元，为解决小贷公司资金来源提供成功经验；二是由广投担保协同北部湾银行、北部湾股权交易所设立受托资产管理计划解决了柳化控股公司2亿元融资需求，多机构协同合作为集团"融融结合"打开新通道；三是金融板块企业合作呈深入化、多样化趋势，达到多方共赢的目的；四是担保公司积极与国海证券、北部湾股交所积极探索中小企业私募债的发行模式。

在"产融结合"方面，主要依托广投集团在金融、能源、铝业、文化旅游、医药医疗等各板块已形成的渠道与客户群体，以内部企业为核心，围绕上下游的客户链条，通过完善集团金融产业链，设立基金管理公司和基金、人寿保险公司、资产管理公司、租赁公司等，为集团实体企业提供多样化的筹融资服务和资本运作等。如基金可以为实体企业解决部分股权筹资，通过基金的股权合作到实体企业的业务合作，金融企业为实体企业提供业务信息和挖掘市场，降低实体企业交易成本和减少交易风险；人寿保险公司筹措的资金投资集团的实业；资产管理公司可以受托专业化管理集团所属企业的金融资产，盘活沉淀资金，提升资产收益；租赁公司通过设备租赁形式为实体企业提供资金，解决筹融资问题；利用金融平台谋求通过 IPO、借壳上市（控股、参股）等方式，推进集团资产资本化、证券化，拓展融资渠道，支持实业发展。如针对广银园区入园企业"存货质押"的担保融资业务，为下一步开辟工业园区客户打下基础。此外，小贷和股交所为来宾电厂生活片区旧城综合改造资管计划"广晓一号"筹资理财产品 6000 万元等。

小微互联网金融公司与广银亚铝签署合作协议推出广西首个互联网金融商票产品。通过互联网金融平台，依托广投集团实体产业优势，服务产业体系上下游，实现"互联网＋金融＋实业"的创新发展，打造产融结合的新模式。广银亚铝是广西投资集团的控股企业，是亚洲地区规模最大的铝型材制造商。"易票宝"产品的推出，为广投集团上下游提供方便、快捷、安全的创新融资渠道，有效缩短企业及其上下游供应商的融资时间，降低融资成本，有效解决企业中短期的融资需求，助力企业发展。

随着金融业态逐步丰富，广投集团积极探索产融结合实践。2015 年，集团"产融结合"和"融融结合"落地放款项目总计 38 个，总金额 7.61 亿元。

（二）全——构建"全牌照"金融业务平台

围绕建设混业经营的"全牌照"金融业务平台建设，广投金控着力"产融结合"和"融融结合"，加快筹建各个新业态，完善金融服务体系，进一步打响集团公司金融品牌。

当前，由于客户对于金融需求的多元化，以及行业竞争的加剧，金融机构加速综合化经营。金融混业经营是银行、保险、证券、信托机构等相互进入对方业务领域甚至非金融领域，进行多业务、多品种、多方式的交叉经营。金融混业经营是世界金融发展的大趋势，也是中国金融改革的最终目标之一。作为广投集团金融板块统一管控总部，广投金控旗下业态包括证券、银行、融资租赁、融资担保、小额贷款、基金、互联网小微金融服务、产权交易所、股权交易所、黄金投资等，金融资产管理公司、汽车金融租赁公司正在积极筹建。广投集团牵头筹建的人寿保险公司已上报中国保监会，为打造"全牌照"混业经营的综合金融服务商奠定了坚实的基础。广投金控将依托金融混业经营模式，构建"全牌照"金融业务平台和循环互动金融生态圈，打造综合性金融集团服务旗舰品牌。

2015 年，广投金控认真贯彻集团公司金融战略，快速布局金融业态，排除万难，开疆拓土，获得政府特批四个"广西首家"及金融业态企业搭建，为实现金融"全牌照"迈出坚实的一步。2015 年，广投集团金控投资和管理的资产已经超过 1500 亿元，实现利润总额 29.84 亿元。

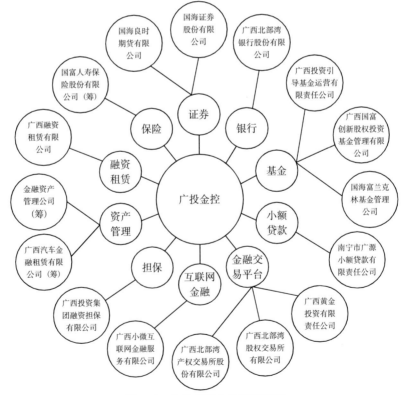

图 8-4 立体式综合金融服务网

（三）快——全力布局新业态

广投集团出资 2 亿元参股广西证券有限责任公司，并成为第一大股东，促成国海证券公司正式成立，这是集团公司进入金融领域的标志。广投集团充分认识到"产融结合"带来的协同效应，加快布局金融新业态。2008~2012年，广投集团先后入股北部湾银行、柳州银行、南宁市区农村信用社，下属企业黔桂公司出资 2800 万元入股贵州六盘水商业银行（占股比 4.69%），集团银行业累计投资达 6.1 亿元。同时，广投集团出资参股了国投创新（北京）投资基金有限公司和北京国投协力股权投资基金（有限合伙）等基金产业，投资入股北部湾产权交易所。

自设金融企业，试水金融行业。2013 年 9 月，广投集团全资的小额贷款公司成立；2014 年 4 月，广投集团控股的融资担保公司成立，两个企业的设立，标志着广投集团积极主动加入金融行业，探索金融企业市场化发展道路的开始。

2014 年 6 月，广投集团抓住机遇成功增持北部湾银行成为第一大股东，占比 17.08%，成为集团金融事业发展史上的标志性事件；2014 年 8 月，国海证券作为主要发起人设立了广西区域性股权交易市场——广西北部湾股权交

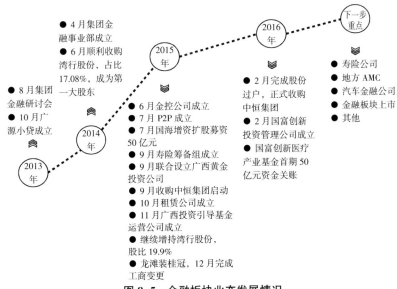

图 8-5 金融板块业态发展情况

易所股份有限公司，为区内中小微企业提供挂牌及后续的定增、私募债发行等全方位金融服务，为解决区内中小企业融资难问题和我国多层资本市场的建设贡献力量。特别是2015年6月广投金控成立以后，围绕融资租赁、黄金投资、小微互联网、基金管理布局，工作有条不紊、扎扎实实地推进，实现了"一月一业态、一月一格局"的量变和质变的发展。

（四）稳——筑牢风险防火墙

从一定意义上说，全球金融危机是美国金融企业外部监管和内控、风险管理同时失范、失灵、失效的危机，金融业是高风险行业。为了实现稳健经营的目标，必须重点加强内部控制和风险防范与管理，进而实现企业的"安全性、流动性、效益性"。广投金控加强日常管理建设工作，尤其是"管控好风险"，追求经营和发展的平衡，注重质量与速度的平衡，效益与规模的平衡。

首先，强化制度建设，做到有章可循，不断建立健全金融控股集团母公司的法人治理结构。积极开展公司制度建设，2015年完成《业务咨询委员会管理办法》配套的咨询事项范围及额度文件、委员名单文件以及《股权投资企业要素管理办法》的编制和修订等工作。通过广投金控层面有效的法人治理结构，为下属公司的法人治理结构提供借鉴和榜样，形成良性的、真正体现市场经济条件下投资人要求的风险偏好，有利于下属公司的创新和发展。利用健全的法人治理结构增强广投金控系统各类防火墙的可信度，从而优化整个集团的风险管理资源。

其次，开展风控体系建设，建立一套行之有效的风险管理体系。一是充分发挥风险控制委员会在制定决策中的主导作用，通过风险政策的制定和发布，统一广投金控风险偏好和风险容忍度，统一对下属各业务板块的风险管理要求；二是在广投金控设立专门的风控法务部，负责对风险政策的监督和落实，对整个集团风险的监测、计量和报告；三是在各子公司层面逐步推广以经风险调整后的收益率为核心的绩效考核体系，激励各下属公司将自身业务活动的风险内部化。此外，聘请毕马威会计师事务所提供上市前健康检查与全面风险管理规划服务，按照体检报告和全面风险管理实施路线图改进风控体系，并修改完善《全面风险管理办法》、《风控委员会工作规则》和《风险管理报告制度》。

最后，重视风险管理人才的培养和风险文化的培育。通过不断加强培训向全体员工灌输风险的理念，在绩效考核体系中体现风险发现能力高低所带来的不同价值。通过经济的显性激励手段和文化的隐性激励手段来推动广投金控风险管理水平的提升。

（五）新——谋篇"互联网+金融"

互联网金融是指依托互联网、移动通信和大数据处理等技术手段的新兴金融模式，包括第三方支付、移动支付、P2P网络信贷、众筹融资、金融产品网络销售、电商金融等新兴金融服务领域以及银行、证券、保险等传统金融机构设立的创新型网络金融业态。

广投集团加快实施"互联网+金融"战略，联合浙江浙大网新集团与国海证券，联合设立广西小微互联网金融服务有限公司，是广西地方国企控股的首家大型互联网金融平台。通过区属国企、大型上市软件科技集团和上市券商的股东组合，将国企政府资源、软件科技实力与金融专业能力进行有效整合，打造广西最专业高效的互联网金融平台，为广西小微企业提供更为优质和便捷的金融服务，切实解决小微企业融资难的问题，也为南宁市民提供安全优质的投资通道，为南宁市打造区域性互联网金融中心充实中坚力量。

"易票宝"产品是易金融平台（www.yjrzx.com）推出的以借款人持有优质企业签发并承兑的电子商业承兑汇票为还款保障的金融产品。广东广银亚铝铝业有限公司通过易金融平台进行融资，并以下游企业向广东广银亚铝铝业有限公司开具的电子商业承兑汇票质押承兑，在具体业务模式上实现了广投集团产融结合的新突破。产品的最大特点是借款人签约放款时，投资人一次性获得整个存续期的利息。"易票宝"产品是广西首个互联网金融商票产品，并且在广西首次采用电子商票的形式，开创了广西互联网金融P2P行业的先河。

未来，广投金控还将在保险、融资租赁、基金、股权众筹等方面积极进行"互联网+"的尝试，实现金融板块与互联网的深度融合，打造互联网金融新业态。

四、向卓越一流的金融综合服务运营商转型

今后广投集团应紧跟国家战略，通过进一步深化集团产业协同、完善管控模式、启动品牌识别战略、扩张金融版图，努力打造成为卓越一流的金融综合服务运营商。

（一）紧跟国家战略，打造卓越一流的金融服务商

2013年，国家提出把广西打造成我国西南中南地区开放发展新的战略支点的战略定位，打造中国—东盟钻石十年的战略目标，建设沿边金融综合改革试验区成为重要的战略支撑体系，以广西的先行先试为我国深入推进金融改革开放、进一步健全金融体系、完善金融市场提供经验借鉴。"一带一路"上升为国家战略，将构建我国对外开放新格局、助推区域大合作。目前，广西已初步建立与中国—东盟自由贸易区升级版建设相适应的多元化现代金融体系，金融创新能力、金融开放水平、金融市场体系、金融生态环境、金融支持沿边经贸发展的广度和深度、金融服务实体经济能力都将得到进一步提升。未来，广投集团应在"一带一路"国家政策引导下，牢牢把握中国—东盟自贸区、北部湾经济区以及广西金融改革试验区开发合作的机遇，按照自治区党委、政府的金融发展战略和广投集团"产融结合、双轮驱动"战略部署，着力把广投金控打造成为"扎根广西，服务全国，面向东盟，走向世界"、金融混业经营、"产融、融融"高度融合，服务体系完善，具有较强核心竞争力的区域性国际化广投金控和一流的金融服务商。

（二）延展金融产业链，深化集团内部协同

当前，广投集团产融结合仍处于起步和探索阶段，在集团良好的产业支撑下，广投集团下一步推进产融结合应该主要从以下方面努力：

一是继续完善集团金融业产业链，提升金融服务能力。进一步完善金融服务体系，在已确定推进人寿保险、金融资产管理公司、汽车金融租赁公司的基础上，积极介入支付、征信等领域，择机进入信托领域，打造"全牌照"

广投金控，在目前分业监管的政策环境下，通过不同金融业态的整合，提升金融板块服务能力，释放内部协同效应的潜力。

二是立足集团内部企业，大力挖掘协同业务机会。继续加强与金融板块各企业的互动，创新更多合作产品，如积极联系开拓"大医药、大健康"产业基金，文化旅游公司项目施工企业，开投燃料煤炭供应商、鹿寨化肥的上游硫铁矿供应商和下游农业企业，广银铝业工业园入园企业等集团企业产业链上的相关客户，为其提供临时性的资金支持等，初步实现产品交叉销售、渠道共享的目标。梳理集团公司所属企业上下游产业链客户资金付款和发货特点，根据不同行业、不同企业、不同业务类型，结合集团金融类企业情况，对接集团金融资源产品，支持集团各类实体企业的发展，促进销售，加快回款，提高资金整体效益。努力扩大"产融结合"的实施领域，由金融板块企业向实业板块企业提供投融资业务的咨询、方案设计、解决筹融资问题等服务；通过基金、人寿保险、融资租赁等企业，为实体企业提供成本低廉的筹融资服务等。

三是加强协同业务研究，力抓落实。产融结合的内部协同设计涉及金融产业和实体产业的跨界融合，行业特点不同，业态结合的方式不一样，不具体深入了解内部企业情况就无法掌握客户需求，难以设计合理的商业模式进行复制推广，金融板块各企业针对具体情况特殊分析，对具体实施方案进行系统化策划，设计具体业务模式，确保内部协同工作的落实。否则，产融结合只是空中楼阁和海市蜃楼，难以发挥其协同综合效益。

四是营造产融协同的良好氛围。产融结合的内部协同是集团整体发展战略，主要由集团总部大力推动，集团成立协同发展和资产证券化委员会，广投金控承担集团公司产融结合与资产证券化工作委员会办公室的日常工作职责，在集团层面推动"产融结合"、"融融结合"工作。通过成立协同委员会、出台产融指导意见、制定"产融结合"激励和保障机制等措施，确保产融结合工作切实落地。在大的战略框架内，金融板块企业和实业板块企业需全力配合，大力参与，方能根据实际情况创新出更多的结合模式，使业务协同工作切实落地，发挥协同效应。

五是做好内部协同风险的防控。内部协同的业务大多基于内部企业信用的设计，如果对内部企业过度信任，可能出现风控放松和尺度不严的情况，一旦内部企业出现风险，可能波及金融板块业务，导致不良率或代偿率等风控指标上升，从而拉低金融板块盈利能力，波及集团整体效益。因此，应针对不同内部协同业务特点设计不同的风险管控手段，设定交易规模限额和风险控制措施，应对协同风险。

（三）顶层设计、突出特色，完善管控体系

充分借鉴平安集团"集团控股，分业经营，整体上市"管控模式对广投金控进行管理。

一是结合集团金融企业实际情况实施特色的管控手段。集团在不同金融企业股权和控制力各不相同，需因地制宜在管控上进行安排。如子金融企业的董事长或总经理又是母公司的董事或高层管理者，以便参与制定并准确理解集团公司的发展战略和重大决策，并有效贯彻到金融子公司的决策和经营管理中，同时由广投金控对下属金融企业派出董事、监事、财务总监等高层管理人员，使广投金控及时掌握金融企业的经营动态。通过派出的高层管理人员在公司治理中作用的发挥，保障集团作为出资人的利益。通过这种制度安排使得控股母公司与旗下子企业形成股东大会、董事会、监事会之间的相互促进和制衡机制。

二是完善控制体系。为了有效防范集团风险。建立健全集团内部控制制度，集团公司从战略规划、股权管理、财务管理、资本运作、风险管理等方面加强广投金控顶层设计，明确管理界限和业务交易规模，提出风险控制措施；广投金控内控制度包括管理层的监督与控制、风险辨识与评估、控制活动与职务分工、信息与沟通、监督活动与纠正措施等，并有相应的组织规程、相关业务规范及处理手册；统一公司内部审计稽核资源。其金融企业根据业务需要，调动各子公司的稽核人员办理金融企业的内部稽核工作，做到实时和事后监控，并对保持适当有效的内部稽核负有最终责任。

三是完善内部风险控制机制。在积极实施产融结合的同时，要合规适度从内部金融机构进行融资规模，内部交易风险，控制风险内部扩散。坚持"混业管理，分业经营"的原则，不触碰政策红线。

（四）启动品牌识别战略，进一步扩张金融版图

一是扩张金融版图。华润集团通过收购珠海商业银行为基础建立金融控股公司，中信集团通过中信证券、中信银行上市和收购香港嘉华银行、香港华人银行等扩张金融版图。平安集团通过换股方式将深圳发展银行兼并收购，强化了平安集团的金融业务体系和金融产品销售网络，为实现融融结合发展奠定基础。广投集团可以更多运用企业上市、兼并收购等资本运作方式进一步扩张金融版图。通过资本运作，增强广投金控的资本实力，在合适的阶段广投金控进行股份制改革，引入战略投资者，优化广投金控治理结构，谋求上市。

二是立品牌、树形象。统一的金融品牌有利于增强市场认知度，扩大市场影响力，提高业务协同机会。如"中信"系、"平安"系、"华润"系等，均冠以统一字号，市场辨识度高。未来，广投集团应打出自己的金融品牌，展示良好的市场形象。尽快启动金融板块的品牌识别战略，既要融合在集团的大家庭中，又要反映不同业态的特色。通过品牌的战略整合，打造集团金融控股的品牌，形成凝聚力，将有效提高协同作战能力，增强市场核心竞争力。

三是加大人才引进培养力度。金融行业的竞争是人才的竞争，金融人才的培养至关重要，集团业态丰富，而且有产融结合的特色，如何培养一支既懂金融，又懂产业的复合型管理队伍需加以重点关注。在广投金控成立的初期，金融专业人才主要依靠引进。今后广投金控需要制定具有市场竞争力的激励约束机制，才能吸引到真正的专业人才。同时，需要加强对集团现有非金融行业人员的培养，可以在不增加金融企业经营成本的情况下，提升企业的盈利能力，稳定集团公司的员工队伍。

第九章　医药医疗健康板块

➤ 医药医疗健康板块是广投集团最新产生的板块。2016 年 1 月，广投集团成功收购了中恒集团 20.52% 的股份并控股，正式进军医疗健康产业，将医疗健康产业确定为广投集团未来重点发展的主要业务板块之一。

➤ 2015 年 10 月，中共十八届五中全会将建设"健康中国"上升为国家战略，国家"十三五"规划中，将医疗信息化、高端医疗器械和生物制药确定为重点突破领域，未来大健康产业将蓬勃发展，成为重要的经济增长点。

➤ 广投集团成功并购中恒集团，实现了实业板块上市公司零的突破，对加快产业转型升级、实现"十三五"战略目标具有重大意义。

➤ 未来，广投集团医药医疗健康板块将围绕"制药、医疗服务、医养结合、医疗器械、医药物流"五大重点业务方向开展战略布局、资源整合以及项目拓展与落地，着力打造成为具有全国影响力的医药医疗健康产业集团。

2015 年 10 月，中共十八届五中全会将建设"健康中国"上升为国家战略，国家"十三五"规划中，将医疗信息化、高端医疗器械和生物制药确定为重点突破领域，未来大健康产业将进入蓬勃发展时期，成为重要的经济增长点。中恒集团于 2000 年在上海证券交易所首次挂牌上市，经历多年发展，中恒集团已成为广西百强企业，国家级高新技术企业，医药、食品两大主营业务板块在行业内具有较强的竞争力。2016 年 1 月，广投集团成功并购了中恒集团，将医疗健康产业确定为广投集团未来重点发展的主要业务板块之一。广投集团积极布局大健康产业，发展制药、医疗服务、医养结合、医疗器械、医药物流等产业，培育和打造新的业务增长点。未来广投集团医药医疗健康板块将立足广西、拓展全国、放眼世界，优先整合广西区内医疗服务、制药及健康产业资源，以投资带动产业发展，深耕广西，壮大实力，逐步向全国拓展，同时引入海外先进的制药、医疗服务、医养结合等优势资源，打造具有全国影响力的"大医药、大健康"产业集团。

一、医药医疗健康产业，大健康时代新蓝海

2015 年 10 月，中共十八届五中全会将建设"健康中国"上升为国家战略，国家"十三五"规划中，将医疗信息化、高端医疗器械和生物制药确定为重点突破领域，未来大健康产业将进入蓬勃发展时期，成为重要的经济增长点。

（一）大健康产业蓬勃发展

1. 健康产业已成为全球新经济焦点

健康产业已成为全球热点，继蒸汽机引发"机械化时代"以及后来的"电气化时代"、"计算机时代"和"信息网络时代"之后，当前已经到来的是"健康保健时代"，而健康产业也将成为继 IT 产业之后的全球新经济焦点。作为一种具有巨大潜力的新兴产业，大健康产业是指维护健康、修复健康、促进健康的产品生产、服务提供及信息传播等活动的总和。包括医疗服务、医药保健产品、营养保健产品、医疗保健器械、休闲保健服务、健康咨询管理等多个与人类健康紧密相关的生产和服务领域。

作为全球最大的产业之一，全球医疗健康年支出总额占 GDP 总额的 9% 左右，是全球经济发展的新引擎。进入 21 世纪后，医疗健康开始进入快速增长阶段，新一轮增长主要来自于中低收入国家和中高收入国家人口增长，人均健康需求的持续释放，以及科技进步带来的新一轮产业升级为发达国家的

健康产业发展带来的增长动力。全球医疗健康支出总额从 1995 年的 2.20 万亿美元增长到 2013 年的 6.62 万亿美元，年复合增长率为 6.3%。按照 2014~2020 年健康支出仍以 6.3% 的速率增长，预计 2020 年全球健康支出总额将达到 10.16 万亿美元。统计数据显示，美国的健康产业占 GDP 比重超过 15%，加拿大、日本等国健康产业占 GDP 比重超过 10%。美国健康产业是仅次于制造业、服务业、金融保险业、房地产的第五大产业，也是近十年来增速最快的产业。

综观产业发展趋势，健康产业及其相关产业将会继续保持较为高速的增长。同时，伴随着产业融合、产业形态交织，将会为健康产业发展提供强大发展支撑。健康产业发展呈现三大趋势：一是产品形态的多样化、多元化。传统的健康产业仅仅是给病患提供诊疗、护理等服务，而未来的健康产业不只限于此，有着更为广阔的发展空间；二是新的产业形态正在不断培育和发展。代表未来发展方向的新业态如养老、保健和中高端医疗器械等将聚集足够强而大的产业技术力量和资本力量；三是新一代技术的出现将推动大健康产业的快速转型和发展，升级产业及产品形态。新一代技术为大健康产业战略发展提供有力保障，包括云计算、物联网、移动互联网等。

2. 三大引擎支撑我国大健康行业高速发展

人口老龄化加速、环境污染提高健康产业潜在需求。老龄化与环境污染成为大健康产业发展的内在因素。2015 年我国 65 岁以上老年人口占比达 10.5%，2010 年我国居民平均预期寿命为 74.83 岁，展望未来，人口的加速老龄化与寿命的延长将是大趋势。在此背景下，养老、慢性病等健康问题将受到广泛的关注。同时，日益恶化的环境状况对居民的身体健康具有较大负面影响，这也提高了人们对健康的重视。

健康意识提升扩大消费支出。我国居民收入的提升为大健康产业发展奠定了购买力基础。国际发展经验显示当人均 GDP 超过 6000 美元时，进入典型的消费升级周期，非生活必需品消费将成为主流。2011 年以来，我国人均 GDP 超过 6000 美元，居民可支配收入持续增长，从 2008 年的 15780 元增加到 2014 年的 29381 元。伴随收入增加，居民医疗消费支出保持较高速增长，2011~2014 年，城镇居民医疗保健类支出年均增长率为 10.66%，高于居民消费性支出 10.35% 的增速，且近年来呈现明显上升趋势，2014 年医疗保健类支出增速为 14.91%，大幅高于 8.01%的消费性支出增速与 8.98%的居民可支配收入增速。

我国大健康产业发展面临良好的政策环境。国家重视以人为本，提出了切实可行的新医改方案和"健康中国 2020"的健康发展战略。"健康中国 2020"战略明确提出到 2020 年我国主要健康指标基本达到中等发展中国家的水平，人均预期寿命将从 2005 年的 73 岁增加到 2020 年的 77 岁，卫生总费用占 GDP 的比重要增加到 6.5%~7%，提高两个百分点。除此之外，国务院于 2013 年 9 月发布了《关于促进健康服务业发展的若干意见》，提出到 2020 年，基本建立覆盖全生命周期的健康服务业体系，健康服务业总规模达到 8 万亿元以上。2015 年 3 月，国务院办公厅印发了《全国医疗卫生服务体系规划纲要（2015~2020）》，彰显国家优化医疗资源供给分布，全面促进分级诊疗、医养结合、医疗数据融通的决心。同时商业健康保险、健康管理有望显著受益于数据平台的全面建立。2016 年 8 月，国务院印发了《"十三五"国家科技创新规划》30 多次提及生物医药，指出通过持续攻克新药创制、传染病防治等关键核心技术，加强重大传染病防治，加快中医药服务现代化和大健康产业发展，加快推进数字诊疗装备国产化、高端化、品牌化，建设高水平科技创新基地。

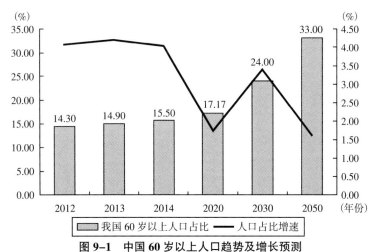

图 9-1　中国 60 岁以上人口趋势及增长预测
资料来源：《2016~2022 年中国大健康市场运行态势及投资战略研究报告》。

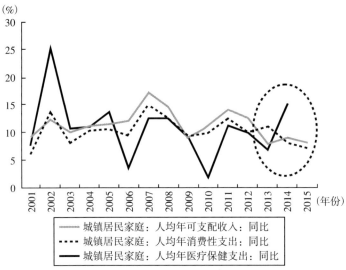

图 9-2　2001 年以来中国城镇居民家庭人均年可支配收入、
年消费性支出、医疗保健支出

资料来源：《2016~2022 年中国大健康市场运行态势及投资战略研究报告》。

3. 大健康产业将成为我国重要的经济增长点

　　和美国相比，中国的大健康产业仍处于初创期，在产业细分以及结构合理化方面需要更大的提升和完善。我国健康产业由医疗性健康服务和非医疗性健康服务两大部分构成，已形成了四大基本产业群体：以医疗服务机构为主体的医疗产业，以药品、医疗器械以及其他医疗耗材产销为主体的医药产业，以保健食品、健康产品产销为主体的保健品产业，以个性化健康检测评估、咨询服务、调理康复、保障促进等为主体的健康管理服务产业。与此同时，我国健康产业的产业链已经逐步完善，新兴业态正在不断涌现，健康领域新兴产业包括养老产业、生态旅游、营养保健产品研发制造、高端医疗器械研发制造等。在发达国家，健康产业占 GDP 比重超过 10%，而在我国，仅占国民生产总值的 4%~5%，低于许多发展中国家。有研究预测，"十三五"期间，围绕大健康、大卫生和大医学的医疗健康产业有望突破 10 万亿元市场规模。为开辟大健康产业的商业蓝海，国内企业纷纷提出了"再创业"战略，这轮创业是顺应全球经济的发展潮流，依托大健康行业，实现提速增量、跨界融合、创新发展。

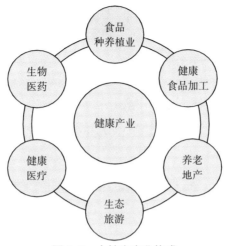

图9-3 大健康产业构成

在"健康中国"背景下，与"大健康"相关的产业有望进入快速发展期，成为未来重要的经济增长点。实施国民健康战略不仅会带动药品与医疗器械生产研发企业、医疗服务业、健康保险业、养老产业及互联网医疗等行业的兴起，也在涉及环保、食品安全等与健康生活息息相关的领域孕育了新的市场机会。特别是自主研发药品、医用耗材、医疗器械和大型医疗仪器等新兴战略性支柱产业，以及与健康生活方式和老年护理相关的健康服务业。根据此前卫生部发布的《"健康中国2020"战略研究报告》提出的发展健康产业行动计划目标，到2020年，我国各级医疗卫生机构中所购买的药品中，民族企业要占80%以上；耗材和器械中，民族企业占50%以上。随着药品价格市场化改革，以及医保对药品价格的引导和监督加强，医疗市场运营效率的提升，医药行业未来将保持稳定增长。此外，鼓励社会力量兴办健康服务业，推进非营利性民营医院和公立医院同等待遇，将有助于加强医疗服务业发展，实现包括医养结合、健康保险等在内的全生命周期的医疗健康服务。

（二）广西医疗健康产业前景广阔

1. 现状

2015年，全区户籍总人口5518万人，年末常住人口4796万人，其中城镇人口2257万人，农村人口2539万人，人口自然增长率7.90‰，高于全国平均值（4.96‰）。地区生产总值 16803.12 亿元，比上年增长 8.1%，增速高于全国平均水平（6.9%）1.2 个百分点。按常住人口计算，人均地区生产总值 35190 元，比全国平均水平少 14161 元。财政收入 2332.96 亿元，比上年增长 7.9%。公共财政预算收入 1515.08 亿元，增长 6.5%，增速高于全国平均水平 0.7 个百分点，公共财政预算支出 4076.40 亿元，增长 17.1%。城乡居民收入继续增加，全年全区居民人均可支配收入 16873 元，比上年增长 8.5%，但比全国平均水平少 5093 元。

表 9-1　2015 年广西主要人口和经济社会发展指标

	广西	全国
人口自然增长率（‰）	7.90	4.96
地区生产总值增速（%）	8.1	6.9
人均地区生产总值（元）	35190	49351
公共预算收入增速（%）	6.5	5.8
居民人均可支配收入（元）	16873	21966

资料来源：《2015 年广西国民经济和社会发展统计公报》、《2015 年国民经济和社会发展统计公报》。

　　全区已建立了由医院、公共卫生机构、基层医疗卫生机构等组成，覆盖城乡的医疗卫生服务体系。2015 年底，全区共有医疗卫生机构 34440 个，其中包括医院 527 所，基层医疗卫生机构 32216 所，专业公共卫生机构 1658 所，其他机构 39 所；卫生人员 37.56 万名，其中卫生技术人员 27.49 万名；实有床位 21.45 万张；每千常住人口医疗卫生机构床位数 4.47 张，执业（助理）医师 1.92 名，注册护士 2.36 名。2010~2015 年，全区医疗卫生机构总诊疗人次由 19588.82 万人次增加到 25197.48 万人次，增长了 28.63%，住院人数由 590.20 万人增加到 831.15 万人，增长了 40.83%。

　　截至 2015 年底，全区共有药品生产企业 243 家、药品经营企业 15926 家。通过新修订药品 GMP、GSP 认证的药品生产、经营企业分别为 121 家、7755 家。符合 GMP、GSP 要求的药品生产、经营企业均达到 100% 的目标全面实现。制剂类药品在生产、流通环节实现全品种电子监管。按生产类别分类，原料药和制剂生产企业 146 家，生产化学药企业 108 家，生产中药企业 127 家，生产中药饮片企业 52 家，生产医用气体企业 30 家，生产药用辅料企业 17 家，生产空心胶囊企业 2 家，生产特殊药品企业 8 家。全区有 4261 个文号的注册品种，其中，化药1511个，中药2534个，生物制品5个，医疗机构制剂211个，药用辅料0个。全区持有《药品经营许可证》的企业共有15972家，其中法人批发企业331家、非法人批发企业55家；零售连锁企业199家，零售连锁企业门店9217家；零售单体药店6170家。2015年，共新增822家，减少（含吊销、注销、撤销、失效）952家。全区有医疗器械生产企业204家。其中，只生产Ⅰ类医疗器械的企业有52家，Ⅱ类（含Ⅰ类）生产企业153家，Ⅲ类（含Ⅰ、Ⅱ类）生产企业19家。

2. 主要问题

卫生资源不足。2015年底，每千常住人口医疗卫生机构床位数仅为4.47张，低于全国5.11的平均水平；每千常住人口执业（助理）医师数和注册护士数分别为1.92人和2.36人，每万常住人口全科医生数1.12人。广西除每千常住人口注册护士数达到全国平均水平外，每千常住人口执业（助理）医师数和每万常住人口全科医生数均低于全国平均水平。

表9-2　2015年广西医疗卫生资源统计指标

	广西	全国
每千常住人口医疗卫生机构床位数（张）	4.47	5.11
每千常住人口执业（助理）医师数（人）	1.92	2.21
每千常住人口注册护士数（人）	2.36	2.36
每万常住人口全科医生数（人）	1.12	1.38

资料来源：《2015年广西卫生和计划生育事业发展情况简报》、《2015年卫生和计划生育事业发展统计公报》。

医疗卫生资源结构不合理。部分地区医疗卫生资源质量较低，中西医发展不协调，中医药特色优势未得到充分发挥。公共卫生服务体系发展相对滞后。社会办医明显滞后，每千常住人口社会办医床位数仅为0.15张，仅占全区每千常住人口医疗卫生机构床位数的3.36%。专科医院发展相对较慢，儿科、精神卫生、康复、老年护理等领域明显薄弱。

医疗卫生机构分工协作机制不健全。公共卫生机构、医疗机构分工协作机制不健全、缺乏信息联通共享。分级诊疗体系尚未建立，基层医疗机构人才缺乏，服务能力和水平不高，价格和医保支付机制对分级诊疗的引导作用不强。

公立医院改革不到位。县级公立医院综合改革进展不平衡。城市公立医院改革有待更多试点突破，部分医疗机构仍存在追求床位规模、购置大型医疗设备、忽视医院内部机制建设等粗放式发展问题。医务人员激励机制有待完善。

3. 发展机遇

支持社会办医。到 2020 年，按照每千常住人口社会办医床位数不低于 0.72 张的标准，为社会办医院预留规划空间，同步预留诊疗科目设置和大型医用设备配置空间。放宽举办主体要求，引导社会办医院向高水平、规模化方向发展，发展专业性医院管理集团。完善配套支持政策，支持社会办医院纳入医保定点范围，完善规划布局和用地保障，优化投融资引导政策，鼓励政府购买社会办医院提供的服务。

鼓励多元发展。加强社会办医疗机构与公立医疗卫生机构的协同发展，提高医疗卫生资源的整体效率。社会力量可以直接投向资源稀缺及满足多元需求的服务领域。鼓励公立医院与社会力量合资合作，满足群众多层次医疗服务需求。鼓励社会力量举办中医类专科医院、康复医院、护理院以及口腔疾病、老年病和慢性病等诊疗机构。支持社会办医疗机构加强重点专科建设，引进和培养人才，提升学术地位。

加快医养结合。推进医疗机构与养老机构等加强合作。推动中医药壮瑶医药与养老结合，充分发挥中医药"治未病"和养生保健优势。支持有条件的医疗机构设置养老床位。推动二级以上医院与老年病医院、老年护理院、康复疗养机构、养老机构内设医疗机构等之间的转诊与合作。支持有条件的养老机构设置医疗机构，发展社区健康养老服务，鼓励医疗机构将护理服务延伸至居民家庭，推动开展远程服务和移动医疗。

二、并购中恒集团，全力布局新板块

2016 年 1 月，广投集团成功收购了中恒集团 20.52% 的股份并控股，正式进军医疗健康产业，将医疗健康产业确定为广投集团未来重点发展的主要业务板块之一。广投集团成功并购中恒集团，实现了实业板块上市公司零的突破，对加快产业转型升级、实现"十三五"战略目标具有重大意义。

（一）添主业，助力新一轮发展

1. 促进结构调整

近年国家频繁出台大力扶持中医药产业的政策意见，自治区"十三五"战略部署提出了发挥广西独特的中医药产业资源优势，推进广西中医药产业跨越式发展。广投集团成功并购中恒集团，进入医药健康产业，将以发展民族医药产业为旗帜，借助广西位于区域合作机制和"一带一路"版图的地缘优势，争取政策优惠或政策红利，进一步提升民族医疗、保健、健康旅游、服务贸易等服务能力，提高民族医药及相关产品研发、制造能力，带动医药医疗健康产业利用区位优势获取新一轮的发展优势。

同时，广投集团产业版图增添了一个优质板块，具备了整合广西中医药、医疗产业资源的平台，为未来积极布局做大做好医药医疗健康产业奠定了重要基础，为广投集团自身结构调整迈出了重要一步。实现了广投集团实业板块上市公司零的突破，为广投集团"十三五"末进入世界 500 强打下了坚实的基础。

2. 创造新的产业结合点

广投集团原五大产业板块中文化旅游产业板块的战略发展包含发展养老养生健康产业，中恒集团以集中力量做大做强制药，同时将把保健食品业发展为主要辅业。广投集团将中恒集团极具优势的医药、保健食品产业与自身的养老养生产业结合，创造新的产业结合点；将中医药元素注入文化旅游产业，融汇发展成为养老养生健康产业新战略，壮大集团服务业的规模，提升服务业的竞争力，有利于广投集团产业结构调整和转型升级。

3. 推进集团整体资产证券化

打造全新的资产运作平台。中恒集团是广西为数不多的上市公司之一，且经营基本面良好。通过并购中恒集团，为广投集团进军 A 股市场找到优质壳资源，增加了资本融资渠道，为后续通过资产注入或重组等多种方式做强做大该上市平台，对降低广投集团资产负债率水平、释放广投集团资产潜在价值、加快实施"产融结合"和"产产结合"、进一步推进广投集团整体资产证券化工作具有重要意义。

（二）架构合理，运作规范

中恒集团于 2000 年在上海证券交易所首次挂牌上市。经过十多年的发展，中恒集团已成为广西百强企业，国家级高新技术企业，并成为广西梧州市第一纳税大户。

中恒集团作为一家上市公司，按照"三会分设、三权分开、有效制约、协调发展"的标准，拥有完善的由股东大会、董事会及各专门委员会、监事会和高级管理人员组成的治理架构，形成有权力机构、决策机构、监督机构和管理层之间的相互协调和相互制衡机制。中恒集团实行董事会领导下的总裁负责制，治理结构严谨。

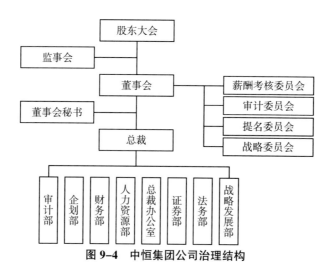

图 9-4　中恒集团公司治理结构

中恒集团严格按照现代企业管理制度建立起较为完善的企业人员架构。高层管理人员具有多年的企业经营管理经验，领导层具有良好的团队合作精神，在该行业中有一定的经验，有较高的责任感。人员结构合理。围绕董事会及下属专门委员会，已建立了较为完善的内部控制体系，保证了公司各项业务活动的规范运行，对各下属子公司起到了有效控制经营风险的目的，增强了公司运营管理能力与市场竞争力。

中恒集团的财务管理部门结构完整，人员配置完善，从业人员素质较高；财务制度健全，财务核算规范，实现了财务信息管理的 IT 化，对财务风险控制力较强。

(三）主业突出，市场占有率高

中恒集团是以医药、食品等板块为核心的跨产业企业集团，医药、食品两大主营业务板块在行业内具有较强的竞争力。

1. 制药业

制药业是中恒集团的主导核心产业，在公司产业格局中成了重点提升发展的产业，拥有了 11 大类剂型 217 个品种，309 个批准文号，独家生产品种 21 个，中药保护品种 11 个，专利产品 4 个，产品治疗范围涵盖了跌打、心脑血管、妇科、泌尿系统等领域，市场前景广阔。"中华"和"中恒"牌成为两大知名商标品牌。截至 2015 年 12 月 31 日，制药行业占中恒集团收入比例达 91.3%。

2014 年，中恒集团下属的广西梧州制药（集团）股份有限公司（以下简称"梧州制药"）在中国医药工业百强榜排名第 65 位，在医药行业内有比较高的知名度和实力。在中成药市场，特别是中药注射剂市场地位领先。梧州制药是血栓通的原研单位，同时是国家标准的制定企业；注射血栓通系列于 2003 年上市，是国家医保甲类品种，享受发改委优质优价政策，是第一批进入国家基本药物目录的中药注射剂，其成分单一明确，有效成分纯度高，疗效显著，有效药物含量高达 95%，明显高于竞争者（《中国药典》规定含量为 85%），近年来公司在血栓通市场占有率高达 85%~90%。公司 2009 年 1 月 28 日获得发明专利（20 年），独家享有血栓通冻干粉针剂型。目前，梧州制药注射用血栓通产品覆盖了大部分中高端医院，近年来在基层医院市场也逐渐放量，并且增速较快。根据南方医药经济研究所米内网公布的 2014 年抽样统计的数据，注射用血栓通在城市公立医院中成药用药占据 3% 的市场份额，排名第一。疾病用药市场细分上，注射用血栓通在城市公立医院中成药用药市场心脑血管疾病用药排名第一，占 8.02% 的市场份额。公司主打产品注射用血栓通与主要竞争产品保持有较大优势。梧州制药除在心脑血管领域的产品有较大的优势外，在跌打科、妇科、儿科等领域也比较有特色，如中华跌打丸、妇炎净胶囊等，均为细分领域知名度较高的产品。

2. 食品业

食品业主要由广西梧州双钱实业有限公司经营,该公司是专业从事龟苓膏、龟苓宝、罐装食品生产和销售的老牌企业,公司拥有成套中药材提取生产线、易拉罐高速罐装生产线、碗装龟苓膏生产线等一批国内、外先进设备,技术实力雄厚,拥有年产即食易拉罐罐装 1 亿罐、碗装龟苓膏 1 亿碗、龟苓宝 1 亿罐、龟苓膏粉 1000 吨的生产能力,产销量居行业龙头位置。"双钱"具有较强的品牌号召力,十多年来一直保持"广西名牌产品"称号,是"广西消费者信得过商品"、"国家地理标志保护产品",并被认定为"广西著名商标"。产品畅销国内大部分地区,并出口海外。

正是由于中恒集团主业突出,在细分市场占有率高,即使是在 2015 年公司管理层经历多次变动,公司控股权变更;行业政策上,部分省市在医药招标过程中对前期用量较大的部分药品实行限量、限价措施,中恒集团营业收入仍达到 13.4 亿元,实现利润 6.5 亿元。

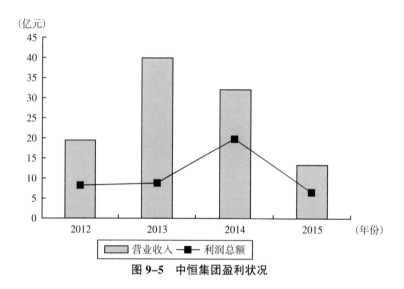

图 9-5 中恒集团盈利状况

专栏 用进取精神抓住机遇,开启大健康产业新格局

——回顾四个月控股中恒集团的精彩案例

健康产业是未来产业。随着我国经济社会发展水平的提高,大健康产业蕴含着巨大的发展商机。广西投资集团紧跟自治区"十三五"发展战略,着眼未来发展、服务民生需求迫切需要,布局大健

康产业。

2015年9月中旬，机会来了，广西境内医药上市公司——广西梧州中恒集团股份有限公司（以下简称"中恒集团"）原控股股东广西梧州中恒实业有限公司（以下简称"中恒实业"）出现流动性危机，急需大额过桥资金支持。广投金控公司敏锐捕捉到这一信息，第一时间全面深入评估中恒集团情况，了解到中恒集团在行业内具有较强的竞争力，具备较强的盈利能力，现金流充裕，在A股市场上是难得的优良收购标的。集团高层一致认为这是集团进军医药产业的重大商机，果断制定先支持后收购的战略思路，调动集团资源以质押股权形式为原控股股东中恒实业提供资金支持。集团领导以及谈判组立即进场，与中恒实业方面反复沟通，仅用两周时间就为中恒解决了短期资金困难。

广投人的真诚、高效、实力、战略视野和拼搏精神打动了中恒实业，他们主动提出希望广投集团收购他们的控股上市企业——广西梧州中恒集团股份有限公司。收购中恒集团的过程，处处体现出广投人善于主动寻找突破性创新机会并努力推动实现的精神。9月25日周五收盘后，中恒集团突然公告，大股东无力偿还中融信托3.7亿元股权质押借款，是A股市场首例大股东宣布即将信用违约的公告。得知此消息，广投金控领导迅疾向集团公司领导报告。集团公司领导审慎决策后，当机立断，同意由广投金控按自身的风控标准完备程序，接手银行成为中恒实业信托计划的资金提供方。时间紧急，事项重大，但仍有回旋余地，机会仍在，广投金控全力转向中恒实业，在银行的配合下，终于在9月27日中秋节的傍晚迎来了从广州和梧州赶来的签约谈判组，广投金控在集团领导的现场领导与支持下，协调多方会谈，于当晚10点半与银行和中恒实业达成了一致方案，并分别签署了正式协议，避免了中恒集团股票被处置的危机。9月28日，集团领导带队与梧州政府、工信委和中恒集团的高层沟通，仅仅用时2天，即9月29日双方就签署了《股份转让意向书》。

机遇就在眼前，对于广投金控、财务部、法律部等组成的并购工作组而言，国庆节假期不是假期，而是以分秒计算的黄金准备期，他们用 7 天时间完成了尽职调查审计、资产评估、法律等中介服务机构的选聘工作，在 10 月 8 日上班第一天就赶赴梧州开展尽调，11 月即先出具报告展开谈判，12 月双方就价格达成一致，2016 年 1 月全面达成一致，最后又马不停蹄仅用 10 个工作日打了一个漂亮的履行手续攻坚战，2 月 4 日抢在春节之前成功完成对中恒的收购。

经过 4 个多月的努力工作，广投集团成功收购了中恒集团 20.52% 的股份并控股。从此，集团大家庭有了医药医疗健康板块，有了实体企业的第一家上市公司，开启了广投大健康产业的战略布局。

三、打造全国性医药医疗健康产业集团

医药医疗健康板块是集团的新兴产业。集团通过控股医药上市企业中恒集团，积极布局大健康业务，发展制药、医疗服务、医养结合、医疗器械、医药物流等产业，打造集团新的业务增长点。广投医药医疗健康板块未来将立足广西、拓展全国、放眼世界，优先整合广西区内医疗服务、制药及健康产业资源，以投资带动产业发展，深耕广西，壮大实力，逐步向全国拓展，同时引入海外先进的制药、医疗服务、医养结合等优势资源，努力打造具有全国影响力的"大医药、大健康"产业集团。

（一）发展思路

1. 制定"深耕广西→拓展全国→放眼全球"的发展策略

广投集团成功控股中恒集团后，战略性地进入健康产业领域。鉴于广投集团过往没有健康产业投资与运营基础，应采取区内发展优先，立足广西，深耕广西，整合区内医药医疗健康产业资源，再逐步向国内其他省份发展和国际发展的整体策略。积极参与具有支持发展策略的域外投资项目的投资。同时，在资源共享、优势互补、共同发展的原则指导之下，与具有价值的医疗机构和企业建立多元的合作关系，实现广投集团在健康产业的近远期发展规划。

2. 挖掘资源，坚持以投带产的发展路径

广投集团在充分挖掘各类资源的基础上，坚持以投资/并购带动健康产业板块的快速健康发展；通过对健康产业的核心业务板块进行系统持续的投资，建立规模优势，培养各平台（产业结构、人才、资金、国际化）整合能力。

充分利用广投集团在区内政府、产业、金融、信用等方面政策资源优势，建立非对称性的竞争优势，迅速获得广西优质资源，搭建具有行业堡垒性的护城河。充分利用广投集团作为中恒集团大股东的特殊地位，发挥上市公司在资本市场对接、营销渠道、产业能力、研发能力、品牌等方面的现实或潜在能力，帮助广投集团健康产业板块的快速发展。在时机和条件成熟时，建立多个具有竞争优势的上市平台。在兼顾资本的基本属性前提之下，充分发挥现有健康产业基金在投资和行业领域的优势，协助广投集团在并购、整合、资产证券化等方面发挥作用。在时机适当、条件成熟时，设立若干具有行业和目标专注度的专业化基金，使这一业态的优势得到充分发挥。

广投集团受自治区政府的委托，目前负责运营管理自治区政府 100 亿元母基金，依托这个母基金，广投集团已成立健康产业子基金，首期规模为 60 亿元，专注健康产业的细分领域；同时还将成立医疗并购子基金，基金近期规模 50 亿元，远期规模 100 亿元。一方面，我们将依托中恒集团上市公司平台，利用这些基金兼并收购一些企业，从医院、制药企业、医疗器械等方面布局大健康产业链。另一方面，通过基金的投资引领作用，将可带动社会资本投资数十亿元，共同促进广西的卫生医疗、制药、养生产业的大发展。

（二）目标与实施

通过并购具有潜在平台作用的项目作为出发点，实现各产业板块的稳步扩张，有计划有步骤地实现各种产业平台公司发展壮大。

1. 做大做强中恒集团

增强中恒集团医药产品的核心竞争力。围绕中恒集团的核心品种开展新剂型的开发，从注射剂扩展到口服制剂，在实现中药现代化和标准化的基础上，开展国际市场的推广，逐步实现出口至亚洲和欧美。在国内收购具有竞争力的中药品种，逐步丰富中药产品线。中恒集团在做强中药的同时，逐步向小分子仿制药、创新药、生物药、医疗器械等领域拓展。药品品种的选择上重点考虑心脑血管、抗肿瘤、代谢性疾病和自身免疫学疾病的大病种/慢性病。在规模、产品线逐步丰富和市场基础站稳后，加强自主研发能力。医疗服务板块的发展也将助推中恒集团新药的研发，特别是发挥医院集团内中西医结合医院在中药新药开发过程中的强大推动力，形成产业发展合力，提升板块发展速度。

2. 打造医院集团

围绕南宁周边地区具有潜力的综合和专科医院进行系统分析与接触，通过股权投资的方式控股医院，并实现医院集团化运营。其中包括新建合作医院、积极参与公立医院改制、企业医院改制、军队医院改制等。

3. 构建医药集团

充分发挥广西作为植物药生产和物流大省的优势，深挖中药产业潜力，在传统中药和现代中药领域实现快速发展。利用我国在仿制药领域规范市场和未来药品专利断崖的历史性机遇，迅速进入仿制药领域，搭建化学药产业平台，为长期发展和创新药引进，建立坚实基础。择机进入生物制药领域，在特殊疾病、特殊治疗等尖端领域实现突破。

4. 培育医疗器械集团

重点进入以耗材为特征、以特殊诊断/治疗为特点的医疗器械领域，充分利用医疗服务板块发展的契机，结合跨境并购活动，助力医疗器械业务板块的发展。

（三）配套与保障

1. 以中恒集团为核心，延伸医药、医疗健康产业链

在依托中恒集团做大做强医药产业的基础上，通过收购、控股、合作等方式整合区内优质的医疗机构，以新建专科医院等方式进军医院产业。同时，结合国家医疗卫生改革中将分级诊疗纳入医改重点的机遇，通过介入医院产业参与医改。此外，依托医院这个传统医疗服务实体，不断扩大医药产业上下游产业链，进一步渗透"健康+互联网"、"健康+金融"、"健康+旅游等领域"，打造"传统+新兴"，"线上+线下"纵向整合的大健康产业重度服务闭环，完善中恒集团相关产业链的布局。

2. 依托文化旅游地产，发展健康养生养老产业

结合广投集团自身产业特点，利用自身文化旅游板块、中医药板块进行延伸切入健康养老产业，通过打造大型文化旅游地产项目、房车营地项目等，充分发挥中恒集团强大的医疗医药产业研发实力，把广西好的资源跟养老养生结合起来，开发养生 SPA 会所、养生公寓、养生度假村、养生旅游社区或产业聚集区等，大力发展广西健康养老养生产业。

3. 医养结合，积极探索新型养老模式

医养结合是将医疗资源与养老资源相结合，集医疗、康复、养生、养老为一体，实现社会资源利用的最大化。医，包括医疗诊治、健康咨询、健康检查、临终关怀等服务；养，包括生活照护、精神心理、文化活动等服务。养是中心、是根本；医是手段、是工具。医养结合就是把医院和养老院有机地合二为一，做到"有病治病、无病疗养"，让老年人在养老的同时，得到充分的医疗保障。未来，广投集团将把人寿保险、健康保险导入医养结合当中，相互促进，协调发展，实现医药板块与金融板块的"产融结合"，真正把医养结合办出特色，办出品牌。

4. 瞄准高精尖和特需医疗服务，满足不同层次人群的多种需求

广投集团通过国内的中山大学、暨南大学，国外的英国剑桥大学、伯明翰大学，以及美国哈佛大学麻省总医院等在国内、国际上与顶尖的医学高等院校建立战略合作关系，积极推进国内国际医疗合作，整合区内医疗资源，打造开放合作办医的平台对接优势资源，充分用好国内领先及世界一流的医疗技术资源，开展全方位的合作，重点瞄准辅助生殖、基因治疗、干细胞治疗、精准用药、精准医疗等领域发展高端医疗和特需医疗服务，力争使广西高精尖医疗技术的发展走在全国前列，满足不同层次人群的多种需求。

第十章 文化旅游板块

➤ 为整合文化旅游板块资源，强化风险管控能力，提高文化旅游项目的开发运营效率，2015年11月11日，广投集团印发《关于组建广西投资集团文化旅游投资有限公司的通知》（桂投发〔2015〕295号），明确指出：为强化广投集团公司对文化旅游板块的风险管控能力，从集团层面统筹考虑文化旅游板块的战略发展，强化并提高文化旅游项目的开发运营效率，走专业化、市场化、差异化的管理道路，广投集团公司决定组建广西投资集团文化旅游投资有限公司，对文化旅游板块相关资源进行整合。

➤ 目前，公司开展的项目主要有亚洲国际公园项目、海口水世界项目、南宁"广投集团·龙象府"项目、柳州"广投集团·龙象城"项目、防城港"广投集团·龙象湾"项目、来宾"广投集团·红河"项目等，通过项目开展延伸业务领域，勾勒出了文旅产业的发展蓝图。

➤ 截至2015年，广投文旅（包含龙象谷公司，下同）资产总额516332.04万元，负债总额159681.9万元，资产负债率30.93%。自成立以来，累计实现营业收入573481.2万元，利润总额21262.37万元，文化旅游业的发展已成为广投集团新的潜在增长点。在业态领域涉及上，重点推进了广西亚洲国际公园项目建设，投资发展文化旅游、养生养老、商业物业等相关产业，形成了多业态推进的格局。

➤ 广西壮族自治区旅游业发展模式的转型必须依靠文化旅游产业，广投集团紧抓这一转型机遇期，拓展新领域，开拓新未来，创造新辉煌；由旅游产业发展到文化旅游产业是产业升级的必然要求，广投集团发展文旅产业是契合产业升级、结构转型、培育新经济点的战略要求；文化旅游创意产业有助于实现广投集团在经济新常态下的跨越式发展；文化旅游产业促进广投集团产产结合、产融发展。

➢ 依托中国—东盟自贸区、北部湾经济区和珠江—西江经济带的特殊区位优势、政策优势，以亚洲国际公园项目为龙头，以地产龙头企业为标杆，以构建可持续发展的、有竞争力的盈利模式、发展模式为方向，灵活运用"土地一级开发＋混合所有制"的经济模式，将房地产与文化旅游、教育、休闲养老等稀缺服务业结合起来，创新发展新兴文化旅游地产，打造综合特色服务提供商。在短期主要以孵化培育为主，中期作为广投集团未来的潜在新增长点，定位于成为文旅产业资源端改革的领航者、文旅产业资本运营的开拓者、文旅产业优质品牌引入的推广者。

➢ 通过打造"广投集团·龙象"地产品牌，推动地产业务发展，逐步形成一个重点发展核心、三个重点发展区域、五大业务分支的产业发展格局。其中，一个重点发展核心是指以亚洲国际公园为核心，形成文化旅游休闲产业集群对外辐射；三个重点发展区域是指南宁片区、柳州来宾桂林片区及北钦防等北部湾中心城市区域；五大业务分支是指地产开发涉及的文化、旅游休闲、商业、住宅等五大业务。

　　文化旅游产业是世界许多国家优先发展的"绿色朝阳产业"，中国也将文化旅游产业作为政策大力扶持发展的现代服务业，文化旅游业迎来了大发展的新机遇。广投集团敏锐地认识并把握了中国经济进入新常态后的这一大趋势，从站在集团未来发展的战略高度，将进入文化旅游产业作为集团转型升级的重要抓手，从零开始走上了艰难的发展文化旅游产业的探索之路。

一、整合资源，构造文旅板块

（一）整合基础设施服务业，进军新业态领域

协调推进城镇化是中国实现现代化的重大战略选择，广投集团顺应这一趋势，开始进入在城镇化战略实施过程中居于重要地位的基础设施服务业，于 2009 年整合集团建筑、安装等业务，组建了广西投资集团建设实业有限公司（以下简称建设实业公司），迈出了进军基础设施服务业的第一步。

在摸索中，广投集团的这一新业务板块取得了积极的发展，广投红河、广投银海等房地产项目先后建成，为职工提供了体面生活的基础；防城港针鱼岭大桥暨西湾环海大道等基础设施项目的建设，践行了广投集团服务广西发展的社会责任；柳州金融中心项目、南宁总部基地项目（现"GIG 国际金融资本中心"项目）以及近千亩土地资源的储备，为广投集团新产业发展储备了优质土地资源和项目。

另外，建设实业公司也开始探索房地产业与旅游的融合发展之路，开发建设了"龙象"系列旅游地产精品。在龙城柳州开发建设"广投·龙象城"项目，构筑雅士文化城邦和大型居住社区；在首府南宁开发建设"广投·龙象府"项目，采用现代简约园林庭院+"空中花园"+多层次的景观规划体系，实现高品质生活梦想；在北部湾中心城市防城港开发建设"广投·龙象湾"项目，定位以休闲生态居住为主，集休闲养生会所、商业于一体的中高端生态养生居住小区。

以上项目分别由南宁广投置业有限公司、柳州广投置业有限公司以及防城港广投置业有限公司负责推进建设。

（二）转型发展，向高端服务产业攀登

随着中国文化休闲消费进入"爆发式增长"新阶段，文化旅游产业开始纳入广投集团发展的蓝图，成为广投集团转方式、调结构的重要着力点。2010 年底，在自治区和南宁市的大力支持下，广投集团主动牵头，与广西北

部湾投资集团有限公司、广西宏桂资产运营（集团）有限责任公司、南宁城市建设投资集团有限责任公司等地方强优企业强强联合打造龙象谷国际休闲旅游度假区，项目计划总投资逾亿元。

2011 年 10 月 18 日，四大集团合资的广西龙象谷投资有限公司（以下简称龙象谷公司）成立。该公司的定位是：以打造中国—东盟国际区域经济合作新高地，建设生态卫星城和文化旅游城，提升首府南宁的城市品质和形象，推进广西北部湾经济区一体化的形成为己任，致力于填补南宁市大型综合文化旅游项目的空白并打造中国最美丽的国际旅游度假区，全力以赴做好广西龙象谷国际旅游度假区项目的开发建设。可以说，龙象谷公司的成立，反映了广投集团大力发展文化旅游产业的信心和打造文化旅游板块的决心。

龙象谷项目，不仅是广投集团转方式、调结构的战略性举措，更是贯彻落实自治区《关于加快推进我区城镇化跨越发展的决定》及落实南宁城市向南发展城镇化战略的重要措施，对于广投集团加快从生产型企业向高端服务型企业的转变具有重要的意义。

（三）成立平台公司，整合文化旅游资源和打造自有品牌

为整合文化旅游板块资源，强化风险管控能力，提高文化旅游项目的开发运营效率，2015 年 11 月 11 日，广投集团印发《关于组建广西投资集团文化旅游投资有限公司的通知》（以下简称《通知》）（桂投发〔2015〕295 号），《通知》明确指出，为强化广投集团公司对文化旅游板块的风险管控能力，从集团层面统筹文化旅游板块的战略发展，强化并提高文化旅游项目的开发运营效率，走专业化、市场化、差异化的管理道路，广投集团公司决定组建广西投资集团文化旅游投资有限公司，对文化旅游板块相关资源进行整合。

《通知》还明确，将广西投资集团建设实业有限公司更名为广西投资集团文化旅游投资有限公司（暂定名），并改组为广投集团管理文化旅游板块的二级平台公司，原建设实业公司的组织结构管理体系全部撤销。

2015 年 12 月底，广西广投文化旅游投资有限公司（以下简称"公司"），正式挂牌成立。公司注册资本金 16.38 亿元人民币，为独立的法人实体，具有完整的法人治理结构。公司作为广西投资集团文化旅游资产管理的平台，负责制定广投集团文化旅游板块业务的发展战略、投资计划、投资决策以及基

建招投标等工作，实施文化旅游板块的资本运作和资产重组工作，负责广西投资集团参控股文化旅游项目的股权管理、债权管理、董监事管理，授权对广西投资集团文化旅游板块相关企业进行市场化经营和专业化管理。

目前，公司授权和负责管理的企业有：广西龙象谷投资有限公司、柳州广投置业有限公司、南宁广投置业有限公司、防城港广投置业有限公司等。开展的项目主要有广西完（玩）美世界项目、海口水世界项目、南宁"广投·龙象府"项目、柳州"广投·龙象城"项目、防城港"广投·龙象湾"项目等，通过项目开拓文旅+地产业务领域，勾勒出了集团文旅产业与房地产业协同发展的蓝图。

根据集团"十三五"战略规划，公司定位于以下角色：①文旅产业资源端改革的领航者。具体内容是：深耕广西，以广西地区丰富旅游资源改革作为"十三五"切入点，整合符合全国消费者需求的高品质、多元化的旅游资源，领导文旅产业的跨界创新。②文旅产业资本运营的开拓者。具体内容是：辐射全国，顺应国家对旅游产业市场化、规范化号召，通过资本运营的方式跨越式发展；通过资本上市、兼并收购的方式，整合广西境内稀缺文化旅游资源。③文旅优质品牌引入的推广者。具体内容是：放眼世界，顺应国际化趋势通过与海外知名品牌合作，形成品牌扎堆效应。

公司将按照集团"十三五"战略规划的指引，不忘初心，继续探索前行。

二、借力造势，开拓多业态的格局

截至 2015 年，公司（包含龙象谷公司，下同）资产总额 516332.04 万元，负债总额 159681.9 万元，资产负债率 30.93%。自成立以来，累计实现营业收入 573481.2 万元，利润总额 21262.37 万元。为将文化旅游业打造成为集团新的潜在增长点和重要板块，公司将重点推进广西完（玩）美世界项目，投资发展文化旅游、养生养老、商业物业等相关产业，开拓多业态推进的格局。

（一）广西完（玩）美世界

随着中国旅游经济的不断深入，人们对旅游休闲产品需求的不断升级，主题公园作为集观赏、运动、教育、娱乐、休闲等多种功能于一体的文化旅游产品，必然受到更多重视和关注。主题公园以其独特的创意、大规模投资的发展方式，打破了传统主要依托自然资源的基础型旅游发展模式，在提高地区知名度，促进经济增长中具有极其重要的意义。

根据 AECOM 2015 年报告，2015 年全球主题公园呈稳定增长趋势，全球排名前十的主题公园集团共接待游客 4.20 亿人次，同比增长 9.80%。其中，迪士尼集团以接待 1.38 亿游客人次位列榜首，同比小幅增长 2.7%；默林娱乐集团排名第二，游客数 6290 万人次，同比增长 0.2%；环球影城娱乐集团以 4488.4 万的接待人次排名第三，同比大幅增长 11.8%。2015 年在排名前十的主题公园集团中，所有主题公园集团保持了正增长，尤其是中国品牌的主题公园表现突出，其中，华强方特的增长率排名第一，增长率高达 77.4%，其次为宋城集团的 53.4%，之后是长隆集团的 26.4%。

此外，中国品牌的主题公园中，以华侨城和万达为代表，形成了"旅游+地产"的特色和商业模式。这一模式以土地成片综合开发为主要标志，在解决主题公园投资"瓶颈"、拉动土地快速增值中，受到地方政府的高度偏爱和开发商的追捧，吸引了政府、国有和民营及海外资本的大量介入。

在此背景下，广西完（玩）美世界主题公园项目的推进，将以其独有的文化内涵、高端的科技含量和强大的娱乐功能，把越来越多大众的目光吸引过去。相比于传统的主要依托自然资源的基础型旅游发展，广西完（玩）美世界主题公园在主题选择、项目策划、区位选址、发展模式等方面不断创新，既源于自然，又"无中生有"，创造打破传统资源依赖的发展模式。

1. 借势造势，开拓合作新路径

广西完（玩）美世界项目在推进初期，将借助澳大利亚威秀公司在影视业内的口碑和品牌，在完（玩）美世界主题公园园区打造影视类的主题项目，并重点突出其技术的前沿性和高端性（由威秀公司参与制作出品的电影《疯狂的麦克斯》在 2016 年的第 88 届奥斯卡颁奖典礼上斩获了包括最佳剪辑、最佳艺术指导、最佳服装设计、最佳化妆与发型设计、最佳音响效果、最佳音效剪辑等多项大奖，成为本届奥斯卡一大亮点）。此外，在推出影视类别的主题项目时，也将注重互动的趣味性，满足游客参与到游戏、演出中，体验快乐，寻找刺激的需求，从原来的单一独立景点演化成为大规模的旅游综合体和城市产业群落，极大地增强项目的综合吸引力和竞争力。

2. 乘势而起，打造多样化主题产业群

坚持打造多样化的主题类型，通过产业集聚与集群的方式拓展盈利渠道。以"广西完（玩）美世界项目"为例，除了借力优秀品牌自带的优势打造相关类型的主题项目外，还需要结合项目所在地的地缘优势、区位优势、历史人文优势等，打造其他类别的主题项目，以多样化的产品支撑 1~2 日游的线路组合和创造游客过夜需求，避免传统大众旅游"多日、多目的地、车船劳顿的观光游"的诟病。例如，打造电影主题公园、海洋主题公园、室内外水世界、动物冒险主题公园、过山车主题公园等主题公园群等。

3. 顺势而为，形成可复制的发展模式

广西完（玩）美世界项目要致力于打造成世界级主题公园群，关键是要形成可复制的发展模式。目前国内外做得最成功的主题公园，大多具有可复制性。"广西完（玩）美世界"项目也将采取这种开发理念和发展思路，以更高目标、更宽视野，打造特色化、多样化、高认可度的游乐型主题项目，力争把它创新打造成为有别于迪士尼公园、环球影城的新型世界级主题公园群，形成具有国际影响力的第三种主题公园模式，并为今后将这种新的模式复制、推广到其他地区，实现"完（玩）美世界"的规模化连锁发展奠定基础。

（二）养生养老地产项目

以"突出特色、打造标杆、创新发展"的指导思想，以养生养老地产和特色医疗服务为切入点，瞄准"对养生养老有较高需求的受众市场"，以中小型项目撬动大型项目、以短期收益项目带动中长期项目、以轻资产项目匹配重资产项目为投资发展策略，将公司房地产业务与集团医疗事业板块协同发展，将文化旅游产业与养生养老产业融合发展。第一阶段，通过 3~5 年的努力，将公司打造成为广西养生养老产业的龙头和标杆企业；第二阶段，建成国内具有相当竞争力和品牌影响力的养生养老产业集群，同时实现在中小企业板上市，成为广投集团新兴地产的重要增长点。

（三）中高端商业物业

根据房地产市场情况，实施土地资源战略储备，重点做好 GIG 国际金融资本中心、南宁"广投·龙象府"项目、柳州"广投·龙象城"项目、来宾电厂生活区改造等项目的规划和建设工作。积极发展黔桂片区有发展前景和盈利能力的房地产业务，形成具有特色的房地产品牌。

专栏 广西广投文化旅游投资有限公司重点项目介绍

项目1：海口水世界项目

本项目占地约75亩，主要建设内容有响尾蛇、疾驰竞赛、4人线性滑道组合、水上过山车、大水寨、儿童滑道、漂流河等水上设施，总投资为45434万元，2016年计划投资20541万元。预计2017年3月试运营，5月正式开园。

项目2：广西完（玩）美世界项目

本项目位于武鸣东盟经开区内的旅游度假片区和武鸣区范围内。整个项目规划范围约27平方公里，总投资约1000亿元人民币，首期投资约200亿元人民币。

项目3：柳州"广投·龙象城"项目

本项目位于柳东新区的门户，三门江桥头东侧，规划用地约4667亩，总建筑面积约300万平方米，项目包括占地约1500亩的国际标准27洞高尔夫球场。目前，项目已取得用地170亩，项目一期总建筑面积约为46.84万平方米，停车位3924个（地上348个/地下3576个），共2110户，容积率2.88，建筑密度29.44%。开工时间为2014年12月，竣工时间为2019年12月。

项目4：南宁"广投·龙象府"项目

本项目总建筑面积114282.63平方米。地上总建筑面积82479.61平方米，停车位746个（地上32个/地下714个），共364户，容积率5.49，绿地率35%，建筑密度34.20%。开工时间为2015年2月，竣工时间为2018年8月。

项目5：防城港"广投·龙象湾"项目

本项目位于防城港市西湾滨海区西湾环海大道旁，三面环海；地块一占地约171亩，地块二占地约109亩，首先开发的地块二总建筑面积149816.38平方米，容积率2，绿地率32.10%，

261

建筑密度 24.21%。项目一期于 2010 年 9 月开工建设，2012 年底主体完工，其他暂未开工建设。

项目 6：来宾"广投·红河"项目

本项目位于来宾市华侨投资区来华路南侧，规划总用地面积 100 亩（即 66667.00 平方米），总建筑面积 342690 平方米，容积率 4.22，绿地率 35.2%，建筑密度 20.60%。项目分两期开发，目前项目一期已竣工交付使用，二期暂未开发。

项目 7：来宾"盛苑·新街城"项目

本项目总建筑用地约 298.92 亩，总建筑面积 1050523 平方米，容积率 4.39，绿地率 30.6%，建筑密度 35%。开工时间为 2015 年 12 月，竣工时间预计为 2023 年 12 月。目前已经获得建设用地规划许可证、土地证，正在办理施工许可证。

项目 8：百色"广投·银海"项目

本项目位于百色市田阳县城西新城区、敢壮大道与花园大道交汇处，临右江的 A18-2 地块，宗地面积为 23578.96 平方米，总建筑面积 51548.87 平方米（包括商铺和架空层车位面积），建筑密度 28.12%，容积率 2.20，绿地率 30.83%。项目于 2011 年 6 月 10 日开工，2013 年 3 月 27 日全部竣工。

项目 9：西湾环海大道工程

本项目路线全长 9.437 公里，起点是针鱼岭大桥西岸，终点是西湾跨海大桥南侧；西湾环海大道 1 标段已竣工验收。

项目 10：针鱼岭大桥工程

本工程北起防城港行政中心区西侧，上跨防城江至对岸，终于与西湾环海大道 T 形平面交叉口，并顺接针鱼岭至李子潭城市道路。本项目路线长 1.46 公里。道路长度为 635.5 米，主线桥长度为 824.5 米。主线道路机动车道为双向 4 车道，两侧另加非机动车道和人行道。大型桥梁一座：针鱼岭大桥，主线桥长度为 824.5 米，桥型为拱形独塔斜拉桥。目前，针鱼岭大桥工程除部分工程未完成外，其他已竣工验收。

三、顺势而为，加紧谋篇布局

（一）发展趋势与态势

随着国民生活水平的不断提高，在生存性消费得到满足之后，作为享受型消费的旅游需求，正在持续释放中。在政策层面的大力支持下，近年来国内旅游市场日趋红火。即便是在发展环境严峻、经济下行压力持续加大的2015年，国内旅游市场也是逆势上扬：国内游突破40亿人次、出境游破1.2亿人次大关、旅游总收入超过4万亿元，中国国内旅游、出境旅游人次和国内旅游消费、境外旅游消费均列世界第一。国家旅游数据中心测算数据则显示，我国旅游就业人数占总就业人数的10.2%。据世界旅游业理事会的分析，中国旅游产业对GDP综合贡献达到了10.1%，超过了教育、银行、汽车产业。在众多行业爬坡过坎、攻坚克难之时，旅游业却是万绿丛中一点红。

文化旅游产业越来越成为我国现代服务业的一个重要组成部分并呈现出三个发展趋势：一是文化旅游产业将朝着综合性的方向发展，跨行业、跨领域、跨区域整合文化旅游相关资源，将成为一种趋势；二是文化旅游产业将朝着品牌化的方向发展，在国家越来越重视文化旅游产业的重要前提下，我国文化旅游产业必将朝着国际化的方向发展，打造在国际上有影响力的自主"国际品牌"，将成为我国文化旅游产业的重要发展趋势；三是文化旅游产业将朝着信息化的方向发展，随着电子商务、大数据、云存储等现代信息技术的快速发展，文化旅游产业与信息技术的融合度将不断提高，信息化、便利性、低成本将成为未来我国文化旅游产业的重要发展趋势。

1. 旅游业正转型升级，大型文化旅游集团加紧谋篇布局

当前，中国的旅游业正在面临转型，文化与旅游结合的需求越来越明显。全国各地文化旅游业发展如火如荼：湖北省大力整合省内旅游资源，打造"鄂西生态文化旅游圈"，并出台了"2009~2020年鄂西生态文化旅游圈发展规划"；四川在地震后为复苏旅游业，把文化旅游作为其发展方向；2010年、2011年湖南省和云南省相继设立了文化旅游产业发展基金。2013年大型文化

旅游产业集团扩张步伐加快，华侨城集团、万达集团、金典集团、宋城集团、灵山集团运营文化旅游项目全国布局明晰化。转型中存机遇，广投集团以战略眼光紧抓机遇，依托广西特有资源，进军文旅产业，与大型文旅集团共谋发展路线。

2. 文化旅游产业市场进一步细分

目前来看，文化旅游产业的发展已经告别了粗放式的大杂烩发展路线，转而开始进一步细化。目前，各地区依据本地区的优势推出的旅游文化产业主要有主题公园、红色旅游、影视旅游、民族文化旅游等。目前国内建成和在建的主题公园约有33座；大部分集中在长三角和珠三角的一线城市，如上海、南京、青岛等；这实际反映了产业细化的一个趋势，即在沿海一线城市大力发展主题公园项目。

在文化旅游资源中，红色旅游资源也占相当大的比重，红色旅游文化主要集中在江西、湖南和湖北等地，这些地区有丰富的红色文化资源，借助资源的优势大力发展红色旅游文化是这些地区的普遍做法。休闲度假旅游也将得到进一步发展。在未来城乡规划中将会不断统筹考虑国民休闲度假需求。设施建设将会加强，服务功能不断完善，布局将会合理优化，将会营造居民休闲度假空间。体育旅游、竞赛表演、健身休闲与旅游活动将会融合发展。整形整容、内外科等先进医疗资源面向国内外提供医疗旅游服务将会得到推进。依托我国中医药优势，将形成一批中医药健康旅游服务产品。规范服务流程和服务标准，发展特色医疗、疗养康复、美容保健等医疗旅游。未来我国将建立旅居全挂车营地和露营地建设标准，完善旅居全挂车上路通行的政策措施，不断推出具有市场吸引力的铁路旅游产品。森林旅游、海洋旅游、邮轮游艇旅游、低空飞行旅游将不断得到发展。

乡村旅游将继续得到发展。依托各地区位条件、资源特色和市场需求，不断挖掘文化内涵，发挥生态优势，突出乡村特点，将会不断开发一批形式多样、特色鲜明的乡村旅游产品。乡村旅游与新型城镇化将有机结合，合理利用民族村寨、古村古镇，发展有历史记忆、地域特色、民族特点的旅游小镇，将会建设一批特色景观旅游名镇名村。

老年旅游将得到重视和发展。结合我国养老服务业、健康服务业发展特点，将会开发出多层次、多样化的老年人休闲养生度假产品。

随着文化旅游产业市场的细分化程度的加大，某种程度上倒逼广投集团在产业定位、项目选择及文旅产业体系打造等多方面要慎之又慎。

3. 文化旅游产业向现代化和市场化方向发展

2014 年 9 月 25 日，国家旅游局发布通知，公布了入选《2014 全国优选旅游项目名录》的 135 个旅游项目名单，该名录是根据《关于做好全国优选旅游项目推荐工作的函》相关要求，由国家旅游局与国家开发银行共同组织专家遴选了 135 个市场前景好、投资回报高、符合旅游发展新趋势、能带动旅游业转型升级的全国优选旅游项目确定而成的。

在此份名录中，文化旅游资源占比超过 80%；在中国最为发达的北京、上海等地，这个比率几乎占到 100%。以天津为例，大家所熟知的五大道、西开教堂这种传统的文化旅游产业已经没有再出现在名录之上，取而代之的是方特主题公园和东方环球影城；上海的情况和天津类似，这反映了我国的文化旅游产业资源挖掘已经不再局限于现有的文化资源，转而开始重视人工创造、制造文化旅游资源。相比现有的文化资源，这些新兴的人工创造的文化旅游资源科技含量更高，文化更加多元化，更容易吸引人们的眼球。在《2014 全国优选旅游项目名录》中，各地文化旅游所占项目比例很高，一方面说明全国的文化旅游市场已经兴起，另一方面也说明各地的推进发展文化旅游产业的竞争已经进入白热化阶段。

4. 旅游投入逐年加大，"投桃报李"作用凸显

在旅游产业投入方面，广西旅游投资呈现出持续快速增长趋势。2011 年广西旅游总投资资金约 590 亿元，2012 年广西实现旅游总投资 630 多亿元。广西计划在 2013~2017 年投资 13406.55 亿元，建设 600 项自治区重点旅游项目。近年来，广西旅游产业的经济效益也呈快速增长态势。2011 年国际旅游外汇收入 10.52 亿美元，国内旅游收入 1209.46 亿元，全年旅游总收入 1277.81 亿元；2012 年国际旅游（外汇）收入 12.79 亿美元，国内旅游收入 1578.94 亿元，旅游总收入 1659.72 亿元；2014 年广西国际旅游（外汇）收入 15.47 亿美元，国内旅游收入 1961.32 亿元，旅游总收入 2057.14 亿元。2014 年、2015 年广西旅游总收入分别实现 2602 亿元和 3252 亿元。自 2011 年，旅游产业就已成为广西国民经济的重要支柱产业之一。

5. 文化旅游产业发展的社会环境在不断完善

广西发展文化旅游产业的整体环境比较完善，为广投集团切入这一行业奠定了较好的基础。广西发展文化旅游产业的整体环境主要包括政策环境、经济环境、基础设施环境、旅游形象等内容。第一，政策环境。广西重视对旅游产业的政策支持，特别是着重扶持文化资源与旅游业融合的旅游项目，适时出台了《关于加快旅游业跨越发展的决定》和《关于加快旅游业跨越发展的若干政策》。第二，经济环境。从1999年开始设立了自治区旅游发展专项资金，截至2016年该专项资金累计安排超过26.4亿元。尤其是近年来，广西不断加大旅游发展专项资金规模，2014年安排自治区旅游发展专项资金5亿元，2015年安排6亿元，比2014年增长20%，远远高于同期财力的增长速度。2016年继续安排自治区旅游发展专项资金6亿元。广西经济的发展呈稳定增长态势。2013年，广西的生产总值年均增长10.2%。第三，基础设施环境。广西从2013年起每年安排旅游发展专项资金上亿元用于扶持旅游公共服务设施建设。广西专门安排旅游发展资金2600多万元，用于扶持提升旅游景区公共卫生基础设施建设和管理水平。第四，旅游形象。广西旅游有着较好的社会形象。广西编制了《广西旅游宣传推广总体规划》，在中央电视台和广西卫视等主流电视媒体播放以"天下风景，美在广西"、"遍行天下，心仪广西"为主题的旅游形象宣传片。

6. 旅游项目繁多，文化旅游节庆活动成亮点

广西文化旅游项目类别包括文化旅游精品开发、文化旅游节庆活动开展等。广西已成功开发、运作了《印象·刘三姐》、《大地飞歌》等文化旅游精品项目。文化旅游节庆活动是当下广西文化旅游产业中较大的亮点，各种节庆活动此起彼伏，如三月三歌节、凭祥边关风情及北海珍珠节、梧州国际宝石节、桂林恭城月柿节、桂林永福福寿节、崇左宁明花山文化旅游节等。这些节庆活动极大地丰富了广西文化旅游产业的内容。未来发展中要善于开发利用各种文化资源，满足人们对旅游产品和服务中的文化需求，在深度挖掘旅游文化内涵的过程中，建立产业良性的内部运行机制和外部发展关系，从而提升产业素质，获得可持续发展。文化旅游是一项充满憧憬、创意的文化活动，必须以观念创新推动文化旅游产品的开发。在文化旅游产品开发中，要按照全面创新的战略要求，用新的思维认识、开发和管理文化旅游产品。

（二）文旅板块在广投集团发展中的必要性与重要意义

文旅产业作为一种特殊的综合性产业，因其关联度高、涉及面广、辐射力强、带动性大而成为广投集团培育新兴产业的必然选择。

1. 文旅产业是旅游业与文化创意产业的融合发展，是新兴产业发展的必然方向

随着我国经济水平的不断提高，人们对旅游的消费转向了体验旅游、文化旅游、创意旅游等。文化为旅游丰富内涵，旅游为文化带来市场。旅游产业和文化产业融合，可以获得相互依存、相得益彰、共同繁荣的效果。因此，应将旅游产业置于文化产业的框架下发展，大力发展文化旅游创意产业，旅游产业的发展将得到一个全面的提升过程。文化旅游产业引领着社会经济和文化发展的潮流；与传统旅游产业相比，文化旅游产业具有更高的文化创意附加值与更大的利润空间，有利于提升传统旅游产业的影响力、带动力和竞争力，增强传统旅游产品的丰富度和吸引力。由传统旅游产业发展到文化旅游产业是产业升级的必然要求，广投集团发展文旅产业是契合产业升级、结构转型、培育新经济点的战略要求。

2. 广西旅游业发展模式的转型必须依靠文化旅游产业，广投集团紧抓这一转型机遇期，拓展新领域，开拓新未来，创造新辉煌

广西有着丰富的文化旅游资源，这些宝贵的文化旅游资源给广西的旅游业带来了巨大的财富，但开发中也有很多不足：其一，开发力度和深度不够；其二，在资源开发方面缺乏创意；其三，旅游活动的参与性不强，不能满足现代旅游者越来越强的体验需求和参与热情。文化旅游产业的产品具有较高的体验性和参与性。文旅产业更加注重探究旅游者的潜在需求与深层次需求，进一步提升旅游活动和产品的体验性，为旅游者提供更为明显和强烈的感官刺激。因此，广西的旅游业要想改变目前较为单一的观光型旅游模式，顺应休闲旅游、体验旅游的大趋势，就必须依靠大力发展文化旅游产业。广投集团在广西旅游产业新格局形成期紧抓新机遇，拓展新领域，开拓新未来，创造新辉煌。

3. 文化旅游创意产业有助于实现广投集团在经济新常态下的跨越式发展

旅游地的生命周期规律表明，要想始终保持旅游地的生机与活力，必须依靠旅游产品的不断创新。文化旅游产业科技含量高，文化附加值大，将是旅游业未来的支柱之一。以文化旅游创意为动力，将各种文化资源与科技、创新、旅游规划相结合，实现文化创意产业与旅游的互动发展，才能实现广投集团在经济新常态下的跨越式发展。

4. 文化旅游产业促进广投集团产产结合、产融发展

文化旅游产业可以催生出许多新业态、新产品和新服务，从而扩大产业市场需求；同时，文化旅游产业与集团的传统产业铝业、新兴产业金融业融合发展会催生出新的产业价值链；与其他产业融合发展可以促使集团业态触角延伸至国际性娱乐、高端酒店商业、休闲体育产业、国际健康产业等，进而带动广投集团介入新的业态、新的增长点，而这些相关产业反之又会促进广投集团文旅产业的创新和提升。

（三）发展优势

文旅产业特别强调"创造一种文化符号，然后销售这种文化和文化符号"，并强调文化旅游的"文化"是一种生活形态，"产业"是一种生产行销模式，两者的连接点就是"创意"。因此，文化旅游可以理解为"蕴含人为因素创造的生活文化的创意产业"。这一产业的要素支撑有别于集团传统产业的需求，支撑要素要求创意性、独特性与前瞻性。广投集团在长期的发展中，已为这一产业的发展奠定了厚实的基础。

1. 特殊的交通区位优势

广西沿边、沿海，面向东南亚，背靠大西南，东连粤港澳，北接华中华北，腹地广阔，是中国大陆与中南半岛各国的交往和西南地区与国外交往的汇聚之地，其首府南宁，作为大西南出海通道的枢纽城市，拥有航空、铁路、公路、水路四通八达的立体交通网运输网络，南宁作为北部湾经济区的中心城市，具备国际化大都市的发展定位的交通区位优势。据统计，2004 年至今，南宁已成功举办了十三届中国—东盟博览会，这将是文旅产业走向国内外市场的先天优势。

2. 独有的旅游资源优势

广西拥有超过 100 家 4A 级及以上高质量景区，桂林山水和广西民俗文化拥有良好的口碑和品牌号召力。广西拥有山水文化、历史文化、民族文化、宗教文化、饮食文化、都市文化、红色文化、节庆文化、福寿文化、海洋文化等十几类文化旅游资源。这些丰富的民族民间传统文化旅游资源为发展文化旅游产业提供了"血液"保障，是其发展文化旅游产业的优势所在。

3. 前瞻性的创意与创新思维

运用文化符号创造出"无中生有"的文化吸引物是当代文化旅游产业发展的又一个显著特点。今天的文化旅游不仅与历史古迹相联系，而更多的是通过文化创意来实现的，好的创意本身就可能成为文化吸引物。例如，没有任何旅游资源的迪拜与阿布扎比可以每年吸引众多游客的秘籍就在于好的创意，它们通过全新理念设计的现代超豪华购物中心、七星级的金帆船酒店、超豪华的文化广场、超豪华的清真寺等现代建筑和创意产品吸引游客从世界各地聚集于迪拜与阿布扎比，带动了阿拉伯联合酋长国文化旅游产业的大发展。广投集团在发展文旅产业时聘请专业文化策划团队开展文化策划工作，组建文化产业公司推进龙象文化的产业化发展，现已完成《广西龙象谷国际旅游休闲度假区文化产业研究报告》、《中国—东盟博览会和中国—东盟商务与投资峰会发展趋势与龙象谷发展会展旅游业的机遇和挑战研究》、《龙象谷项目开发扶持政策体系研究》等研究成果，提出以吉祥寓意为礼品文化创意、佛文化创意、东盟文化创意等概念，通过文化产业建设为核心和切入点，借助文化创意特色为项目注入灵魂，来指导项目整体的发展规划和开发运营，最终实现文化的融合和输出。

4. 创新合作模式，引入专业团队

与广投集团传统产业发展模式相比，在文化旅游产业发展过程中要以合作为核心推进产业发展。2014 年以来，广投集团先后与云南城投集团、香港观澜湖集团、山水文园集团、澳大利亚威秀集团合作，共同谋划打造一个以国际交往、体育休闲、娱乐体验、文化旅游为主题的综合旅游休闲文化圣地——广西完（玩）美世界项目。项目前期工作有序、稳步推进，概念性规划和市场调研第一阶段工作已经完成。广投集团公司、香港观澜湖集团、澳大利亚威秀集团将密切合作，推动项目前期工作继续深化。

5. 集团具备文化旅游产业融合发展的强大掌控力

传统旅游产业发展受限于"小"、"弱"、"散"等问题，难以发展壮大，而企业在追求范围经济和持久竞争力的过程中，将技术、资源等要素融入旅游业中，客观上完成了旅游产业融合。广投集团在长期发展中，把握市场脉

搏，融合出符合市场需求的产品与业态，从资金、人才等方面成为融合操作者。

四、打造品牌，完善产业体系

（一）发展思路

依托中国—东盟自贸区、北部湾经济区和珠江—西江经济带的特殊区位优势、政策优势，以广西完（玩）美世界项目为龙头，以地产龙头企业为标杆，以构建可持续发展的、有竞争力的盈利模式、发展模式为方向，灵活运用"土地一级开发+混合所有制"的经济模式，将房地产与文化旅游、娱乐休闲、教育培训、养生养老等服务业结合起来，创新发展新兴文化旅游地产，打造独具特色的综合服务提供商。短期主要以项目孵化培育为主，中期作为集团未来潜在的新增长点，成为集团重要的产业板块之一。

（二）发展方向

1. 整合资源构建地产开发平台

广投集团将整合资源，突出重点，逐步将新兴文化旅游地产业务归集于一个产业平台公司，充分发挥资源高度整合、资金集中调度、人力资源共享等集中优势，产生规模效应，推动产业进一步做强做大做优。通过"地产+旅游"深度捆绑开发，以地产开发平台的构建为文旅产业发展奠定坚实基础。

2. 创新合作模式，做实"优秀品牌"引进者的身份

集团"十三五"战略规划中对文旅板块的定位，强调了"品牌扎堆"，就是要以国际化的大视野，引进国内外知名品牌，实现强强结合，合作共赢。

公司以"品牌扎堆"为发展战略，坚持走高端路线，通过与国内外知名企业合作，打造一批有潜力的文化旅游项目。与观澜湖集团、澳大利亚威秀集团联袂在武鸣打造广西完（玩）美世界项目；"十三五"期间，文旅公司还将扩大范围、更大力度地引进国内外优秀品牌，夯实强强合作基础，致力于把开发运营的每一个项目打造成当地的旅游精品、文化地标、城市名片。

3. 明确定位，突出重点谋发展

"十三五"期间，针对文旅产业延伸的领域，要明确定位，突出重点，通过深度开发与创新，挖掘和衍生出一系列的新产品，成为发展中的标杆。

——国内外"优秀品牌"的引进者

与行业翘楚联姻，快速进入文化旅游市场，借力发力，发展壮大。携手中国休闲产业的领导者观澜湖集团和国际顶级娱乐引领者澳大利亚威秀集团，在武鸣打造"完（玩）美世界"项目，通过形成可复制的发展模式，打造"世界级主题公园群"。

——"医养结合"养生养老休闲旅游的领航者

集团正在大力打造"大健康产业"，应充分释放自身持有稀缺优质的医药卫生资源活力，紧扣时代发展和民生关切，积极探索发展"医养结合"的养生养老休闲旅游业，重点整合桂林、阳朔、巴马、金秀等地的旅游资源，以"医养结合"为切入点发展养生养老休闲旅游产业，为打造文化旅游创新发展标杆创造有利条件。

——广西文化创新发展的先锋者

一是用互联网思维积极发展"互联网+旅游"产业，打造智慧文化旅游项目，带动文化旅游产业上规模、上档次。二是利用特有的故事题材丰富广西的影视文化。先期可以BOT项目为素材，打造优秀影视文化作品。后期可深度挖掘壮乡文化，打造广西特色旅游文化品牌。

——广西精准扶贫的"美丽使者"

在打造休闲旅游项目时，可引进具有乡土特色、能吸引当地农民参与其中的休闲旅游农庄，实现企业与农民间的包容性发展，促进农民"美丽致富"、"勤劳创收"。

4. 构建模式形成文化旅游产业体系

一是借鉴国际先进文化和旅游产业的发展思路、管理理念与运营模式，构建适合广投集团文化旅游产业发展的运营管理模式，尤其是水主题欢乐园、旅游度假酒店等休闲旅游项目要建立完善的服务体系、管理体系、成本控制体系，努力形成稳定的营业收入和运营效益。二是积极打造以龙象谷为主的酒店、餐饮、地产以及相关产品品牌，树立龙象谷高端品牌形象。三是坚持高端产品与大众产品同步开发的思路，针对不同的目标客源市场和客源层次开发多层次的休闲旅游产品。

5. 因地制宜积极发展养老地产

随着中国老龄化社会的来临，养老地产日益显现出巨大的发展潜力，国内万科、绿城等知名房企纷纷高调进入养老地产。根据行业发展动向和市场发展情况，广投集团将在借鉴知名房企成功经验的基础上，积极摸索"地产+养老"发展模式，立足区域中心城市建设全产业链条养老基地，依托优势资源建设特色养生养老基地，在广西具备条件的重点地方，逐步试点布局养老项目，有步骤、有计划地尝试介入养老产业。

6. 审慎稳妥开展持有型商业物业的开发经营

在摸索建立商业物业运营管理模式的基础上，集团将根据开发地产的地段优势和商业发展状况，对发展前景好、持有回报佳的商业物业，在确保回收投资本金基础上，探索通过长期持有商业物业收取租赁回报、增值回报的经营模式。重点考虑在柳州广投·龙象城项目上推进试点。

第十一章 国际业务板块

➤ 国际业务是广投集团实施"走出去"战略重点发展的板块，也是广投集团积极利用国内外两个市场、两种资源的重要举措。随着"走出去"战略的深入推进，为了高效开展境外投资、合理规避投资风险，广投集团于2014年6月在香港注册成立广西投资集团国际有限公司（简称"广投国际"），注册资本金3500万美元。

➤ 截至2014年底，国际业务以贸易融资的方式，累计完成国际煤炭贸易118.8万吨，实现营业收入4.84亿元人民币；在香港实现融资7650万美元（折合人民币4.7亿元）融资，年化综合资金成本较同期境内融资成本（6.6%）大幅度降低；2015年，广投集团国际累计完成煤炭贸易量160.28万吨，累计实现营业收入57186.47万元，累计实现利润1071.98万元，全年新增贸易融资5960万美元，融资成本2.3%。广投国际将这部分低成本资金通过国际贸易的形式回流至境内，由广投集团内部进行归集和统一调配使用，降低广投集团融资资金成本超过千万元人民币，跨境贸易融资成效显著，实现了广投集团总体效益最大化，有力地支持了广投集团广西境内重大项目的投资和建设。

➤ 广投国际进行的境外投资考察项目主要包括越南高平铝土矿资源综合利用项目、印度尼西亚2×100MW燃煤发电BOT项目、印度尼西亚东加里曼丹马利瑙AMNK露天煤矿项目、印度尼西亚西加里曼丹年产160万吨氧化铝项目，这些项目考察调研为下一步的国际投资实践奠定了坚实的基础。

- 利用广西边境贸易发展优势和优惠政策，发挥集团采矿、冶炼、加工、物流及存储的全产业链优势，在资源贸易、资源投资、资源并购交易三大业务领域中积极拓展，努力形成在大宗商品第三方贸易市场上较强的控制力。

- 沿产业链拓展海外业务、发挥一体化优势，是广投集团增强综合竞争力、扩大国际影响力的重要选择。除煤炭资源国际投资与贸易外，广投集团还紧密结合东盟国家矿业政策的变化，谋划开展铝产业链实业投资与合作，与合作国家实现双赢，实现国际资源投资可持续发展。

- 探索行之有效的投资模式。设计以香港子公司作为集团海外出资人，隔离风险。根据近几年我国企业收购海外资源的一些经验和教训，广投集团经过研究，采取了以香港子公司作为出资人投资、运作海外项目公司的操作模式，降低了国别敏感性，避免国有企业直接并购海外资源引发的政治经济风险，并考虑和设计了将来集团境外资产整合上市、开展资本运作、税务规划及外汇管制等因素，确保商业模式可行，风险可控，各种优惠措施均享，未来资本运作空间广阔。

- 广投集团未来将大力推进国际贸易；推进在东盟国家的资源投资与开发；加强金融产业发展，实践沿边金融综合改革试验区发展；加强境外融资和资本运营合作，实现集团优质资产证券化。

国际板块是广投集团实施"走出去"战略重点发展的板块，也是广投集团积极利用国内外两个市场、两种资源的重要举措。随着"走出去"战略的深入推进，为了高效开展境外投资、合理规避投资风险，广投集团于2014年6月在香港注册成立广西投资集团国际有限公司（以下简称"国际公司"），注册资本金3500万美元。作为广西投资集团有限公司的全资二级子公司，国际公司负责统筹管理广投集团的海外资源开发业务，主要从事境外投资、贸易、管理、咨询、物流及工程承包业务，致力于推动境内外两种资源、两种市场联动发展，打通资金、信息、人才等双向互动渠道，实现资源与资本的战略整合，力图通过深度参与境外资源开发与合作，为广投集团创造新的经济增长点。

一、开拓发展空间，实现境内外联动

广投集团自 2004 年提出"走出去"战略以来，经历了"走出去"的初步尝试、"走出去"正式启动和深入开展、"走出去"的反思和逐渐成熟三个阶段。在每一阶段，广投集团采取不同的国际化作业方式，来应对国内外市场的激烈竞争及变化，优化集团资源配置，提升国际化水平。目前，广投集团在境外拥有广西投资集团国际有限公司、香港桂发财务有限公司、印度尼西亚桂华资源有限公司、印度尼西亚代表处四个境外经营管理实体机构，持有超过 2 亿元人民币的境外资产。

（一）"走出去"战略的提出和初步尝试（2004~2009 年）

随着中国逐步兑现对 WTO 的承诺和改革开放的不断深入，中国经济发展取得举世瞩目的成就，大批国际公司涌入中国，抢占市场，国内市场竞争日益激烈；中国政府长期以来强劲的投资促进政策，致使许多行业特别是能源、资源行业在面临能源、资源发展"瓶颈"的同时也出现了严重的产能过剩；由于中国—东盟自贸区建设步伐加快，特别是中央政府将每年一届的"中国—东盟博览会"举办地选在南宁，使得南宁成为直接对接东盟国家的区域性国际大都市，这也是中央对广西"走出去"提出的更高要求。在这种大环境下，作为广西政府长子的广投集团、作为以能源和资源产业为核心业务的集团公司，需要也有责任"走出去"开拓发展空间。2004 年广投集团提出"走出去"战略，并指定由当时的"企划投资部"（后更名为"战略投资部"）推进"走出去"的工作。

在这一阶段，资源性投资是广投集团海外投资的主要战略目标。获取与广投集团主业相关联或者制约广投集团发展的生产性资源是广投集团海外投资必须考虑的投资重点。由于是初次尝试，在目标市场的选择上也是谨慎地进入与广西较为接近的东盟各国。

2004~2009 年，企划投资部围绕上述两大目标开展了大量的调查研究工作。包括 2004 年越南广宁省锦普市北部的娥海煤矿项目；2004 年柬埔寨金寨水电项目；2004 年柬埔寨奥多棉吉省德罗边布拉萨县城勘查区煤炭资源项目；2005 年马来西亚斯兰提克煤矿项目；2005 年越南广宁省锦普市北部的溪占煤矿Ⅱ号井项目；2008~2011 年越南高平省铝土矿、铅锌矿资源开发项目；2009 年越南宁顺省风电项目；2009 年印度尼西亚斯兰岛镍镁矿项目；柬埔寨贡布省 2×200MW 燃煤发电厂项目；2009 年印度尼西亚东加里曼丹 CFK2×2.5MW 千瓦燃煤火电厂收购项目；2009 年柬埔寨王国柴阿润水电站 BOT 项目以及 2009 年柬埔寨贡布省 300MW 火力发电厂项目等。

虽然开展了大量的前期调研工作，但由于东道国政治经济环境不稳定、基础设施不完备，广投集团"走出去"人才储备缺乏和"走出去"基础不扎实等众多因素，广投集团的"走出去"始终停留在尝试阶段，没有实质性突破，还不是严格意义上的跨国经营，但这些尝试与前期研究工作却为广投集团向跨国经营迈进了一步。

（二）"走出去"的正式启动和深入开展（2010~2014 年）

东盟十国人口数量大、市场潜力大；广西邻近东盟诸国，有着得天独厚的区位优势和文化习俗趋同优势；举办地在南宁的中国—东盟博览会发展迅速。基于上述原因，广投集团决定将"走出去"的目标市场定位于"东盟"，并于 2010 年初调配相关人员成立东盟业务部（后更名为"国际业务部"、"国际事业部"），专注推进"走出去"工作。期间，广投集团还在印度尼西亚雅加达设立印度尼西亚代表处；并以香港全资子公司为出资平台，与印度尼西亚华泰能源有限公司合资设立印度尼西亚桂华资源有限公司。广投集团基于这些境外投资管理实体机构，深入研究和开展了以下境外投资项目：

1. 越南高平铝土矿资源综合利用项目、印度尼西亚 2×100MW 燃煤发电 BOT 项目

自 2010 年起，广投集团组织专家团队耗时两年就越南高平铝土矿项目开展了大量考察、可行性研究和谈判工作，完成了项目可行性研究报告的专家评审。但在最后阶段的合作谈判中，越南合作方不同意我方提出的重要商务条件，外加当时越南社会反华情绪高涨，广投集团决定终止项目合作。

对印度尼西亚 2×100MW 燃煤发电 BOT 项目，广投集团联合印度尼西亚合作伙伴参加了项目投标资格预审并通过审查。为准备正式的投标工作，广投集团组织了大批电力相关专业的专家先后 4 次深入项目现场开展选址工作，考察了项目地用电市场需求、电厂煤炭供应渠道、煤炭及大件运输、电厂建设条件、出线走廊等条件。广投集团与各方充分研讨投标策略和方案，提出电价报价的备选方案，编制了齐全完备、符合招标委员会要求的整套投标文件。但在参与投标的过程中我方发现该项目有被潜在投标人操纵的迹象，投标环境和建设条件都存在较大的风险，故广投集团决定停止该项目投标的工作。

2. 印度尼西亚东加里曼丹马利瑙 AMNK 露天煤矿项目

2011 年初，广投集团以全资子公司——香港桂发财务有限公司作为出资平台，与印度尼西亚华泰能源有限公司在印度尼西亚首都雅加达合资成立印度尼西亚桂华资源有限公司，注册资本金 875.5 万美元。香港桂发财务有限公司出资 446.5 万美元，占股 51%；华泰能源有限公司出资 429 万美元，占股 49%。2011 年合资公司控股收购印度尼西亚东加里曼丹省 Malinau 县的 AMNK 和 MPR 煤炭公司后，一方面积极筹备煤炭公司矿权证项下 AMNK 露天煤矿的开采运营工作；另一方面利用这两家公司煤炭特许权证开展印度尼西亚煤炭贸易业务。

印度尼西亚东加里曼丹马利瑙 AMNK 露天煤矿的煤炭，特低灰、特低硫、高发热量，是优质的动力用煤，矿区煤炭远景资源量为 1 亿多吨，项目具有较好的经济价值。规划的首采区资源量 520 多万吨，设计年产煤炭 100 万吨，总投资 2409 万美元。在我方做好煤矿开采运营各项准备工作后，国际煤炭市场价格暴跌并始终低迷，致使煤炭开采成本与销售成本倒挂，外加其他因素，煤矿始终处于待开采状态。

3. 印度尼西亚西加里曼丹年产 160 万吨氧化铝项目

2012 年 4 月国际业务部代表广投集团与广西地矿局、广西第六地质调查队、广西地质勘查总院等共同组成项目考察团赴印度尼西亚实地考察铝土矿项目资源情况；经调查研究，广投集团决定"按照煤电铝思路，寻找合作伙伴，共同开展前期工作"。在多方协助下，广投集团最终与印度尼西亚国家矿业公司达成合作意向，同意就印度尼西亚西加里曼丹年产 160 万吨氧化铝项目开展合作。

为推进项目可行性研究，广投集团委托了中铝国际贵阳分公司、东北大学研究院有限公司等五家顾问单位开展项目可行性调查和研究工作，同时广投集团还成立了印度尼西亚氧化铝项目工作领导小组及项目筹备办公室，负责统筹和推进项目筹建工作。为争取到政府对该项目的支持，更好地推进项目合作，广投集团先后向广西彭清华书记、商务厅做了项目专题汇报，获得了彭书记对该项目的重要批示，还通过自治区商务厅将该项目汇报至国家商务部，积极争取各项优惠政策。到 2014 年初，项目可行性研究工作基本完成。

在这一阶段，广投集团的跨国经营行为有了实质性的碰撞，项目聚焦，目标明确，在海外投资合作伙伴识别、海外资源投资并购交易谈判、海外资源项目投资考察和操作实践、资源国际贸易、跨国投资经营管理人才培养和调配等方面，积累了丰富的经验，为下一步的国际投资实践奠定了坚实的基础。

（三）"走出去"的反思和稳步经营（2014 年至今）

随着"走出去"接触面的扩大和境外事务的增多，广投集团逐渐认识到境外投资不确定因素更多，风险难以控制；自身"走出去"基础薄弱，业务开展难度大；广投集团尚处于转型升级和改革攻坚阶段，需要稳定的发展环境。鉴于上述原因，2014 年广投集团做出三项决定：

1. 退出印度尼西亚东加里曼丹马利瑙 AMNK 露天煤矿项目

鉴于国际煤炭市场长期低迷和广投集团战略调整需要，2014 年广投集团决定处置项目股权，退出项目。在测算各种项目推进方式，得出尽快退出项目符合集团利益的结论后，经广西国资委对项目股权转让行为和项目评估方案的审核批准，在国有资产保值的前提下，广投集团于 2015 年 12 月成功退出该项目。

2. 终止印度尼西亚西加里曼丹年产 160 万吨氧化铝项目

广投集团和各委托方对印度尼西亚西加里曼丹年产 160 万吨氧化铝项目进行了一系列可行性研究，完成了氧化铝厂可研、矿山可研、工业园区可研、氧化铝厂厂址岩土工程勘探及市场研究报告。对项目投资的技术、经济及环境可行性以及印度尼西亚的投资法律和社会环境等要素做了较为充分的分析和论证。

随着项目的深入谈判，印度尼西亚国家矿业公司提出了我方不能接受的合作要求，另外因项目投资规模偏大、项目内部收益率过低、项目不确定性因素太多等原因，项目前期工作一度中止，进而于 2014 年 8 月印度尼西亚方单方决定终止项目合作。后因项目条件的改变，印度尼西亚方又提议广投集团重启项目谈判，并向广投集团发来正式邀标函和招标文件。经研究，广投集团于 2015 年 8 月 28 日正式复函印度尼西亚方，表示不参与应标工作，正式终止与该项目合作。

3. 成立广西投资集团国际有限公司，稳妥推进广投集团国际化

2014 年 8 月，广投集团在香港成立全资子公司——广西投资集团国际有限公司（以下简称"国际公司"），注册资本金 3500 万美元。作为广投集团的全资二级子公司，广投集团国际负责统筹管理广投集团的国际化业务，自成立以来，广投集团国际运用"内保外贷"及境外短期融资工具开展跨境贸易融资。2014 年 8 月底，广投集团国际与香港的建行（亚洲）、工行（亚洲）及汇丰银行等金融机构签订了总额为 2.18 亿美元（折合人民币 13.4 亿元）的融资授信协议；与陆海集团签订了 230 万吨动力煤国际贸易合同。

截至 2014 年底，广投集团国际以贸易融资的方式，累计完成国际煤炭贸易 118.8 万吨，实现营业收入 4.84 亿元人民币；在香港实现融资 7650 万美元（折合人民币 4.7 亿元）融资，年化综合资金成本较同期境内融资成本（6.6%）大幅度降低；2015 年广投集团国际累计完成煤炭贸易量 160.28 万吨，累计实现营业收入 57186.47 万元，累计实现利润 1071.98 万元，全年新增贸易融资 5960 万美元，融资成本 2.3%。广投集团国际将这部分低成本资金通过国际贸易的形式回流至境内，由广投集团内部进行归集和统一调配使用，降低广投集团融资资金成本超过千万元人民币，跨境贸易融资成效显著，实现了广投集团总体效益最大化，有力地支持了广投集团广西境内重大项目的投资和建设。

在经历各类或大或小的境外投资项目工作后，广投集团决定进一步夯实"走出去"基础，在风险可控的前提下，以国际贸易起步，从能发挥自身优势的中小项目做起，务实稳步地推进国际化。在起步阶段，国际公司聚焦于大宗商品国际贸易业务。2016 年国际公司拟引进各类高级人才，借助国际金融工具开展煤炭、石油等大宗商品的国际贸易；同时，为抓住"一带一路"战略与"全球海洋支点"战略深入对接的机遇，基于广投集团自身产业优势，计划在东盟国家投资产能 10 万吨的高端铝型材加工项目，借此将广投集团铝产业拓展至东盟国家，占领一定份额的东盟铝加工产品终端消费市场。

截至 2013 年底，广投集团在境外形成和开办的有香港桂发财务有限公司、印度尼西亚桂华资源有限公司和广投集团印度尼西亚代表处三个实体机构，其中香港桂发财务公司为投资集团全资子公司，印度尼西亚桂华资源有限公司为香港桂发财务有限公司出资的控股子公司，广投集团印度尼西亚代表处直接受集团总部管理。注册地分别为中国香港和印度尼西亚雅加达。

1. 香港桂发财务有限公司的经营与发展

香港桂发财务有限公司（英文名 GUANGXI FINANCE COM-PANY LTD.）的前身"广西财务有限公司"于 1988 年经广西人民政府批准在香港注册成立。1996 年自治区人民政府办公厅批复同意将其划拨广西开发投资有限责任公司管辖，作为其下属全资子公司（广西开发投资有限责任公司是广西投资集团有限公司前身）。后广西投资集团按照注册地的法律要求，办理股东变更和名称变更等相关工作。2013 年底香港桂发财务公司注册资本金 1000 万港元，实收资本 1000 万港元，由广西投资集团有限公司 100% 拥有。截至 2013 年底，香港桂发财务公司总资产 10927.3 万元，总负债 3495.6 万元，所有者权益 7431.7 万元；2013 年公司各项业务收入 163.08 万元，实现利润总额 110.67 万元。

香港桂发财务有限公司的主要业务领域范围有：贷款及代开证金融业务、贸易、投资、资信调查、房屋出租、为广投集团服务等。作为广西投资集团有限公司对外融资"窗口"，桂发财务主要从事开拓境外筹资、融资渠道，利用其功能直接介入国际资本市场，多形式开拓筹融资渠道、开展投融资业务，为母公司和自治区重点工程建设服务。

2. 印度尼西亚桂华资源有限公司的经营与发展

为贯彻广西政府意图，开发利用境外资源保障广西能源安全，同时也为未来可持续发展打下良好基础，2011年11月广投集团以香港桂发财务公司为出资平台与印度尼西亚华泰能源公司合资，在印度尼西亚首都雅加达注册登记设立桂华资源有限公司（英文名 GIG CHOICE PLUS RESOURCES），注册资本金875.5万美元（折合人民币5600万元），香港桂发财务有限公司认购51%的股权，应出并已经实缴资本金446.5万美元（折合人民币2850万元）；印度尼西亚华泰能源公司认购49%的股份，实际出资429万美元。

桂华资源有限公司开展的业务包括但不限于收购目标公司股份、在印度尼西亚获取矿业服务许可证和煤炭开采及贸易。桂华资源有限公司于2011年控股收购了位于印度尼西亚东加里曼丹省Malinau县的AMNK和MPR煤炭公司，计划使用这两家公司煤炭特许权证开采旗下煤矿并开展相关煤炭贸易活动。但由于市场因素，桂华资源有限公司已经决定并推进这两家煤炭项目的股权退出工作。

3. 广投集团印度尼西亚代表处的基本情况

为了便于开展境外投资项目的前期工作，经自治区国资委批准，广投集团于2011年3月在印度尼西亚首都雅加达设立印度尼西亚代表处，外派人员按期到位并开展日常工作。印度尼西亚代表处属于广投集团的服务性部门，主要任务为研究国外投资、贸易、税收、环保、劳工等相关法律法规，为控制境外投资风险提供保障，并提升广投集团境外资金的使用效率；开展境外项目的外联和接待工作，加强与中国驻印度尼西亚大使馆经济商务处、中国驻印度尼西亚银行、印度尼西亚工商界、中资企业以及印度尼西亚合作伙伴的沟通交流，扩大项目选择范围，加深对境外市场、环境的了解，为广投集团在印度尼西亚片区投资贸易快速发展提供服务和支持等。

目前印度尼西亚代表处运营正常，年度主要参与了桂华资源有限公司的管理，加强了与各类公司及政府机构的沟通和信息交流，为广投集团在印度尼西亚开展业务提供各类服务。

二、立足综合优势，发力三业务领域

广投集团进入国外市场的能力与其累积的有形、无形资源储备有着直接联系，这些资源储备是广投国际展开的基础。具体来看：

（一）发展基础

1. 政策支持

企业跨国经营的初期阶段，政府的鼓励支持和优惠政策、为企业提供信息服务的机构、为企业提供金融服务的体系等均是影响进行企业跨国经营的重要因素。广投集团进行跨国经营也与我国的政策支持分不开。2013 年是中国—东盟建立面向和平与繁荣的战略伙伴关系黄金十周年。10 年间中国连续 4 年成为东盟第一大贸易伙伴，东盟也成为中国第三大贸易伙伴，第四大出口市场和第二大进口来源地。面对这种优势，各级政府明确提出了要在"黄金十年"的基础上"将广西打造成为我国西南和中南部新的战略支点"、打造中国—东盟自贸区的"升级版"，再创辉煌的中国—东盟"钻石十年"的中国与东盟外交战略构想和定位。中国—东盟"钻石十年"的目标是争取到 2020 年双边贸易额达到 10000 亿美元，今后 8 年新增双向投资 1500 亿美元。通过经济手段积极地推动双边合作，拓展新的合作领域和利益共同点，实现中国发展战略与周边各国发展目标的对接，扎实构建共享和平繁荣的命运共同体。因此，未来中国和东盟经济合作上升空间更加广阔，广西正处于核心战略地位。

2. 区位与平台优势

广西与东盟具有地理相邻、文化相通、血脉相亲、利益相融的得天独厚的区位优势。利用这种独特的区位优势，近年来，广西通过打造多项专业平台，促进中国与东盟的经贸合作，积极探索中国—东盟自由贸易区"升级版"的可行发展模式，包括中国—东盟博览会会展服务平台、中国—东盟自贸区最权威、影响力最大的信息合作平台、以地区人民币结算中心为主的金融服务平台、以陆地保税和跨境经济区为中心的边境合作服务平台、以口岸经济为主的商贸物流服务平台以及开创"两国双园"的园区国际合作新平台的"中马钦州产业园"和"马中关丹产业园",开创"一区多园"以矿产加工制造为主的"中国—印度尼西亚综合产业园区"等,极大地促进了广西与东盟各国的经济联系和发展。未来,中国—东盟自贸区建设是中国发展外向型经济的三大法宝之一,广西作为打造中国—东盟"钻石十年"的资源集大成者,融入东盟市场的路径更多、空间更大、方式更灵活,广西在将自身打造成为区域性国际经济中心方面,将大有作为。

3. 企业基础条件成熟

广投集团作为广西政府最重要的投融资平台,投融资实力雄厚、企业形象和商业信誉良好;作为国内资源、能源产业开发建设的排头兵,产业链齐全,技术设备先进,全产业开发经营管理经验丰富,与矿产资源富集的东盟国家存在良性的产业互补优势;作为广西第一批实施"走出去"战略的大型企业,投资东盟实践操作思路清晰、经验丰富,人才队伍培养和调配机制成熟。在中国—东盟"钻石十年"的新机遇、新形势下,广西投资集团已经做好了充分准备,有能力充分利用广西作为中国—东盟自贸区桥头堡和中国西南出海口的综合优势,发挥自身采矿、冶炼、加工、物流及存储的全产业链优势,通过资源贸易、资源投资、资源并购交易等方式,积极参与中国—东盟产业对接,实现广投集团的产业转型升级和国际转移。

4. 产业优势互补

近年来,广投集团经过快速发展,其持续增长迫切需要在全球优化能源、矿物和其他原材料的配置,从自身发展需要,企业需要"走出去"进行境外投资,在更大的范围和更广的领域合理配置资源,从而确保资源的基础保障。东盟各国虽然矿产资源丰富,但是开发程度低,迫切需要通过引进技术、资金和管理来提高矿产资源的附加值。广投集团在矿石勘探、开采、加工等方面具有整套成熟的产业链优势,与东盟各国的优势资源存在良好的优势互补关系。作为政府委托人,经济技术实力雄厚的广投集团设立专业独立的境外投资法人实体,通过投资建设示范性工程,积极参与东盟国家的建设开发,为广投集团培育新的增长点。

5. 多层面沟通与调研

广投集团保持与自治区国资委、发改委、商务厅、驻外使领馆和经参处、印度尼西亚投资协调委员会、印度尼西亚法律及人权委员会等部门机构的密切沟通和汇报，对当地政策法律、经济环境、投资途径、风险、经济发展意图和当地发展规划、人文习惯、环保要求进行了充分调研。与驻印度尼西亚的中外金融机构、各类中资企业建立良好交流渠道，了解风险防范重点，多方面深度了解投资环境，以预防政治和政策风险，做好项目研判和投资决策。在确定当地合作伙伴方面，合作双方充分了解沟通，双方高层领导多次互访，亲自率队就合作领域和具体项目进行沟通，对双方资产状况、经营状况、人力资源情况及合作远景进行充分沟通，互相认同投资管理理念。

6. 引入专业机构，强化风险控制

在海外资源投资与并购方面，广投集团委托印度尼西亚、中国和中国香港三地有实力的律师、会计师机构设计最佳的商业运作模式，认真调查合作双方资信情况，设计股权并购方案，充分研讨和评估需要境内外批复的要件。特别针对印度尼西亚投资出现问题较多的土地所有权、矿业开采权等各类权属文件的真实性、合法性、可取得性、法律效力，以及合作方履约诚信度、劳工素质、工作习惯、当地人文环境问题等进行了充分评估。有别于国内的普通项目，海外项目的运作，除了注重项目本身效益外，各种法律、财务风险的防控措施也都做得较为扎实。

7. 设计以香港子公司作为集团海外出资人，隔离风险

根据近几年我国企业收购海外资源的一些经验和教训，广投集团经过研究，采取了以香港子公司作为出资人投资、运作海外项目公司的操作模式，降低了国别敏感性，避免国有企业直接并购海外资源引发的政治经济风险，并考虑和设计了将来集团境外资产整合上市、开展资本运作、税务规划及外汇管制等因素，确保商业模式可行，风险可控，各种优惠措施均享，未来资本运作空间广阔。

8. 国际化经营复合型人才的储备和充足财务预算

为适应国际化投资合作的新形势，广投集团设立国际业务部，专门负责境外投资与运作，该部成员均是从战略投资部、经营管理部、法律财务、重点直属企业等部门和单位抽调的业务骨干，学历水平高，有留学背景和国外工作经验，语言和专业能力都很强，又有丰富的项目前期组织和经营管理经验，做事果断干练，创新能力强，外加系统内充足的各类人才储备以及灵活的人才调配制度，保证了项目推进和运营的高效科学；同时，每年度都安排了充足的投资预算，保证了海外项目前期和运作的投入。

（二）资源贸易、资源投资、资源并购交易三大重点业务领域

广投国际把握中国—东盟自贸区蓬勃发展、国际产业转移不断加快的历史机遇，认真贯彻国家"贴边发展、互联互通"的发展战略，利用广西边境贸易发展优势和优惠政策，发挥广投集团采矿、冶炼、加工、物流及存储的全产业链优势，在资源贸易、资源投资、资源并购交易三大业务领域中积极拓展，努力形成在大宗商品第三方贸易市场上较强的控制力，不断提高集团的资源保障能力，扎实推动集团境外资产的保值增值。

1. 资源贸易板块

资源贸易能够推动广投集团海外业务形成稳健的现金流和巨额的销售收入。海外业务经营将在国内、国际范围内以国际贸易和边境贸易两种形式，覆盖金属及矿石、能源产品和农产品三类大宗商品的生产、采购、加工、冶炼、运输、储存、融资和销售等环节。广投集团将努力学习和掌握成熟的全球营运经验和营销网络，形成在大宗商品第三方贸易市场上较强的控制力。发挥广投集团采矿、冶炼、精炼及加工、物流及存储的全产业链优势，利用贸易和仓储实体在全球范围内供应商品。依托广西边境贸易发展优势和优惠政策，在中国—东盟自由贸易区框架下，先行先试，大胆探索，参与和壮大边境贸易。重点是：

（1）积极探索并开展煤炭、油气、农产品等大宗商品国际贸易。积极探索并开展煤炭、油气、农产品等大宗商品国际贸易，在风险可控的前提下，力争于2020年实现年贸易额200亿~300亿元的规模。

（2）推动中越边境贸易转型升级，建设一个集内外贸于一体化的大型边贸市场。积极参与中越凭祥—同登、龙邦—茶岭跨境经济合作区建设，在中越边境地区利用越南资源发展加工业，加快形成沿边产业聚集带。

2. 产业投资板块

世界经济周期性下行导致全球矿业的低谷，全球大宗商品价格普遍大幅下跌。以金属矿石、能源、森林农产品等珍贵自然资源为核心，构筑起最安全的财富体系。这些资源既是重要的原料，又是最强势和值得信任的货币。

企业未来拥有的资源越多，财富就越多；资源越稀缺，财富持续升值的能力就越强。海外资源投资对集团发展至关重要，决定了集团发展的后劲和可持续能力，广投国际将把自然类资源产品当作国际投资首选并长期持有。为抓住"一带一路"战略与"全球海洋支点"战略深入对接的机遇，广投集团基于自身产业优势，计划在东盟国家投资产能5万~10万吨的高端铝型材加工项目，借此将广投集团铝产业拓展至东盟国家，占领一定份额的东盟铝加工产品终端消费市场。

3. 审慎开展资源并购交易

以获取生产资料和战略性资源为基本动机，通过资本运作跨国购买拥有优质资源企业的股权或资产，并对股权阶段性持有和择机退出，可实现股权资产的增值套现。广投国际将通过参股、控股、收购或联合开发等形式，充分利用境外专业资源投资基金开展资本项目股权并购运作，参与国外矿产资源开发，推动集团在产业结构调整和资源保障等方面实现新突破。

三、负重致远，化解多方面风险因素

在境外开展投资和经营活动的过程中，广投集团也遇到了其他企业普遍遇到的国际竞争压力大、陷阱多的问题，在项目执行过程中，屡屡遇到影响和阻滞项目推进的各种风险因素。

（一）项目没有获得当地政府的有效支持，沟通协调成本高

广投集团国外投资经营项目在一个"人生地不熟"的社会环境中开展，在处理与项目地政府、社区、当地百姓以及附近公司的关系方面，缺乏现实的人际关系网络和人际关系处理经验，项目不能得到社会相关方面的积极配合，项目靠投资者一己之力推进，过程非常艰难。公司在协调和解决中又遇到当地村民教育程度低，语言沟通不便利的困难；当地政府总体上虽然对项目是支持的，但政府的主要职能是社会管理，对项目的关注强度和协调力度无法跟国内相比，政府职能部门效率比较低，沟通协调成本高。

专栏 11-2 　征收 AMNK 煤炭项目用地的艰难过程

　　2012 年，为避免分期补偿土地带来的价格上涨风险，桂华公司工作组历时 9 个月，完成了 1 勘探区共计 221.58 公顷土地的权属辨识、测量、划界、协商和土地补偿。该区域赔付单价 3750 印度尼西亚卢比/平方米，赔付总金额 83.09 亿卢比（约 86.5 万美元），已基本完成对资源量最大的 1 勘探区的租地赔付工作，平息了矿山开采用地农民提价等方面的项目风险。

　　由于涉及众多不同背景、文化的佃户及其家庭成员之间不同意见，除对国内整村、逐户做工作外，还发生了许多国内少见的问题。

　　1. 农民没有明确的土地地块坐标

　　土地赔付工作涉及明确的坐标、面积和价格，所有权必须明确。当地农民文化程度较低，除了自己开发的地块外，主要是根据祖辈传统遗留和部落族长分配确定土地权属，家庭内部有时也要明确各兄弟姐妹分配的面积，还有部分不明确权属地块。在没有发生土地赔付前，桂华公司都很难料到会发生这么多的矛盾，村村之间、户户之间、兄弟姐妹之间，很多问题就浮出水面，需要一步步解决。桂华公司工作组在土地测量、确认权属、商定价格方面历尽艰难，耗尽心血。

　　此外，只有合法有效的土地权属证明才能依此开展征地补偿。农民大多没听说过这类文件，只能由桂华公司在取得明确地块坐标、面积后分批组织到当地政府、公证处办理。

　　2. 只接受现金赔付方式

　　在赔付方式上，桂华公司计划采用转账的方式，但当地农民基本不用银行，根本没有账户，不相信银行保管的安全。经多次协商未果，桂华公司工作组雇用了当地警察，制定严密的安保措施，从银行开门营业就清点了合 80 多万美元的印度尼西亚卢比，装进 4 个 28 寸的大行李箱，在 1 辆前导警戒车的带领下，另外 4 辆皮卡包围保护经过 80 多公里重卡运煤山路，在傍晚抵达矿区临时基地，搬入独立里间做好封存，我方人员在里间彻夜警戒并做好周边安保巡逻警戒工作，第二天同样车队护送到村礼堂进行现场签约赔付。如果遭遇外方人员内外勾结，路上运煤卡车撞车堵截等意外，后果将极其严重。整个过程风险较高，但最终顺利完成。

3. 赔付仍有纠纷

由于土地种植作物类型不同等原因，一部分农民初期没有接受青苗补偿价格。根据桂华公司管理层限期解决土地赔偿问题的要求，赔付工作分阶段进行；另一部分农民在得知后期补偿价格较高时，到营地围堵车辆和人员，由于农民文化程度较低，一度造成紧张局面，人员比较激动。矿区地处加里曼丹偏远山区，为森林地貌并有不少野生动物，当地农民有携带自制猎枪和大型砍刀的传统，给桂华公司现场人员带来了极大的压力。

（二）人力资源问题一直困扰公司对项目的推进

项目当地员工专业素质较低，工作积极主动性、组织纪律性、忠诚度、理解能力、办事习惯、主动汇报沟通意识、思维扩散性、问题敏感性等与国内人员差距明显，同时还有招聘困难、人员流动大等问题。而项目又不具备从集团系统内大量抽调有工程技术和企业管理经验的人才到现场工作的条件。国内大量外派人员受印度尼西亚劳工政策限制，项目合作双方工作团队受社会文化和工作习惯差异的影响，整体协作能力较低，对项目的推进造成极大的影响。

（三）项目所在国工业基础薄弱，条件差，基础资料缺乏

广投集团目前主要投资东盟国家，由于历史原因，这些国家工业基础大多薄弱，经济发展非常落后，公路、桥梁和码头运输基础设施差，工程建设没有任何社会资源可以利用，工程所需之设备材料大部分不能在当地得到解决。同时，项目地社会配套职能和服务能力基本为零，当地政府相关机构没有建设环境基础信息，全部靠投资者自己解决，给投资者造成极大的投资压力。

四、积淀经验，提升管控和运营能力

拓展国际业务是广投集团做强做优的必然选择。随着国际市场竞争加剧和国际业务规模扩大，国际业务板块在管控能力、海外资产运营能力方面不断提升，其管控模式、业务布局、融资方式、风险防范等进行了积极实践，并且积累了一定经验，这将对中国企业发展国际业务提供了有益参考。

（一）沿产业链拓展海外业务、发挥一体化优势，是广投集团增强综合竞争力、扩大国际影响力的重要选择

除煤炭资源国际投资与贸易外，广投集团还紧密结合东盟国家矿业政策的变化，谋划开展铝产业链实业投资与合作，与当地国家实现双赢，实现国际资源投资可持续发展。中国铝土矿资源也逐渐匮乏，目前对外的依存度高达60%。因此走出国门，寻求海外资源和市场是中国氧化铝生产的必然趋势。

广投集团是广西最大的铝工业企业，同时也是广西最大的地方发电集团。广投集团计划利用广西区位优势，使用几内亚、澳大利亚广阔的铝土矿资源，澳大利亚和东南亚丰富的煤炭资源，加大掌控海外战略矿业资源权益的力度，以投资换资源，充分利用"两种资源、两个市场"实现广西与东盟的开放合作，在沿海布局大型铝产业链项目中，进一步增强集团铝产业竞争实力。发展壮大广投集团铝产业，实现产业结构的战略性调整和转型升级。

（二）逐步建立完善的国际业务风险防范组织体系和管理流程，提高国际业务风险识别、评估、预警与信息化保障水平，从根源上防范国际业务风险

广投集团提出"走出去"虽然已有10年时间，也不断考察研究境外项目和接触境外客商，但当时广投集团无论在人力资源和公司实力上对切实完成"走出去"都有较大差距。经过长时间准备，广投集团对"走出去"国际投资与合作的项目进行甄选，对运作步骤、人员安排、配套制度等一系列问题做了详尽认真的研究，近年来分别制定了《广西投资集团有限公司驻印度尼西亚

代表处管理暂行办法》、《广西投资集团有限公司对外合作境外突发事件应急预案》、《驻外人员补贴办法》及《广西投资集团有限公司境外投资项目及境外企业管理规定》等制度，明确了在境外投资与合作中的基本原则、指导思想、发展目标，各职能部门的权责范围、决策方式、管理架构、运作模式等，初步建立了与国际投资合作活动相配套的制度管控体系。

广投集团还建立了境外投资国基本情况数据库，形成了比较完备的投资国政策、环境等一系列法律、经济资料，同时集中学习了国内企业国际投资失败、重大事故和人身危害的案例，加强了风险管控学习；法律风险管理在国际投资与合作中处于重要地位并贯穿于整个过程，分为立项决策、谈判签约和运营管理三个阶段。根据法律风险的重要程度，划分为核心风险、重要风险和一般风险。针对法律风险所处的不同阶段和不同等级，采取不同的措施进行全方位、全过程的识别和防范，时时刻刻把风险管控贯穿于国际投资与合作过程中，构建了坚实的风险防控制度保障。

专栏 11-3　大型跨国集团海外业务风险控制比较

——中石油将海外业务风险分为决策风险和运营风险两大类，分别制定了不同的风险防范措施，通过提升投资和预算审查委员会在投资决策中的权限防范决策风险，通过构建事前、事中和事后相结合的嵌入式"三道防线"防范运营风险；中石油海外风险管理信息平台覆盖国际化业务的不同层面和地域，通过海外业务风险管理信息系统确保风险管理各项措施的实施。

——德国意昂集团构建完备的风险防范体系，通过严格的内部控制程序保证风险管理制度的落实；通过信息系统对海外风险进行识别，利用定性和定量方法对各类信息进行评估，并对潜在的风险制定应急预案，及时进行预警。

——中水电通过严密的组织体系、规范的防范流程和完善的管理制度确保海外业务风险的可控。具体风险防范措施包括实行"三级三层"制风险管理组织体系，即总部、区域业务总部和驻外机构三级管控，项目开发跟踪阶段、项目与投标谈判阶段和项目实施阶段三层管控。坚持"三控三强一确保"的综合性风险防范措施，即"严控资产负债率超常上升，严控规模超能力无效增长，严控现金流异常现象；强化集团风险管控，强化精益化项目管理，强化非水利水电基础设施项目承包业务的市场营销；确保集团持续稳步发展"。

（三）抢抓机遇在东盟部分国家实现国际业务突破，随着投资经验和国际知名度的提升逐步实现全球布局，分散业务风险

21世纪是经济全球化的世纪，即在全球化状态下，使得企业的生产要素在全球状态下配置成为可能。广西毗邻东盟，区位优势得天独厚，受益于中国—东盟自由贸易区的建立，作为中国对东盟开放以及泛北部湾经济合作的桥头堡和平台，广西面临着前所未有的发展机遇。

广西的能源、资源结构为"缺煤少油无气"，能源保障堪忧；同时，广西虽然拥有探明铝土矿储量7.08亿吨，远景储量超过10亿吨的铝土矿资源，但配属集团的铝土矿资源仅为1.75亿吨，严重制约了公司铝产业的发展。资源是产业生存和发展的关键要素，调结构，转方式，掌控主业发展所需更多的煤炭、铝土矿、资源，着力解决资源短缺难题，必须提高到战略高度来把握和落实。集团作为广西大型国有骨干企业，着眼于在全球进行生产要素配置，走出国门在更高层面参与国际商品、技术、产业、资本的竞争与合作势在必行。广投集团近年来牢牢把握做强做大电力、铝业主业的发展思路，抢抓机遇，扎实推进实施"走出去"国际投资与合作。广投集团立足长远和把握全局，始终把掌控与电力和铝业主业相关的煤炭和铝土矿等有色金属资源提到公司的战略层面。投资市场化相对较高的国家和地区的矿业资源，规避非市场地区不可预见的非市场成本和风险。通过参股或控股并购所在国公司股权迅速进入东盟国家矿业开发市场。

（四）探索行之有效的投资模式

广投集团以香港桂发财务公司作为出资人，与印度尼西亚华泰能源有限公司共同出资在印度尼西亚成立符合印度尼西亚法律的合资公司"桂华资源有限公司"，合资公司实收注册资本金800万美元，香港桂发财务公司和印度尼西亚华泰能源有限公司各持股51%和49%。桂华资源有限公司并购拥有印

度尼西亚煤炭开采许可证（IUP）的印度尼西亚 AMNK 煤矿公司 80%的股权和 MPR 煤矿公司 75%的股权，以此获得印度尼西亚煤矿开发权，控制煤炭资源远景储量超过 2 亿吨，在印度尼西亚从事煤炭开采、煤炭贸易及相关服务业务。马利瑙露天煤矿项目已获得广西国资委、发改委和商务厅的核准和审批，桂华资源有限公司也通过了印度尼西亚相关政府部门的审批，获得了在印度尼西亚合法经营的全部手续。中国进出口银行给予 1500 万美元优惠贷款。

选择以香港的全资子公司作为出资人，一方面可以降低国际资源投资中东盟国家政府对中国国别的敏感性，起到"挡火墙"的缓冲作用，避免潜在的国际法律诉讼危及集团母公司；另一方面还可以充分利用香港作为国际自由港的优势享有更优惠的税收政策，方便国际资金的自由流动。

通过并购印度尼西亚本土公司股权快速获取矿业开发权。外资如果按照印度尼西亚当地矿业法申请获取煤炭等资源开采权，会面临诸多管制和不确定性因素，耗时很长。通过在增资扩股，实施跨国并购目标公司，取得 AMNK 和 MPR 两个拥有煤炭开采权公司的控股权。从并购合约安排上，印度尼西亚矿权公司的股东名义上拥有剩下少数公司股权，但不再参与项目产出所获得的利润分配，同时放弃在股东会和董事会的表决权；除获得股权出让金之外，项目每出产 1 吨煤炭还可以获取一定金额的权利金。该股权并购安排避免了项目经过整体评估潜在的巨额并购成本，同时绑定原矿权人作为利益共同体，风险同担，利益共享。

（五）持续建立和加深与东盟国家的政治和经济联系

抱团出海，广交朋友，扩大知名度。广投集团连续 10 年成为中国—东盟博览会的战略合作伙伴，累计赞助金额达 3200 万元人民币。充分利用广西每年举办一届的中国—东盟博览会、中国—东盟投资峰会和东盟矿业投资论坛等有影响力的盛会，以及通过国内公司和朋友，促进与东盟国家有名望、有实力的公司的了解和认识，特别是一批在当地有影响、有实力、有合作意愿的企业家，东盟国家的国有大型上市公司和中国在东盟国家投资的民营企业，致力于实现强强合作、互利共赢。不但迅速融入主流社会，持续建立和加深了中国和东盟双边的政治和经济联系，还从战略高度上规划了正确的投资方向，避免了投资风险和误区。

五、开拓前行，打造开放的业务平台

（一）发展方向与思路

广投国际将充分发挥国家对广西新的战略定位的优势，打造成广投集团境外的"窗口和纽带"，面向国内和国际两个市场配置资源，成为广投集团走向世界，世界走入广西、走进广投集团的重要"通道"；通过参与全球资源配置，拓展市场、引入资源、提升技术和输出品牌，推动境内、境外两种资源、两种市场联动发展，实现资金、信息、人才等双向互动、双向流动；通过积极发展混合所有制经济，加快股份制改革，提高国有企业活力和整体竞争力，加快广投集团优质资产资本化、证券化进程，实现整体或核心业务资产在香港资本市场上市。

1. 大力开拓国际贸易

广投国际将通过与世界 500 强合作，在境内外金融机构联动和大力支持下，充分利用境外较低成本的贸易金融服务，重点开展以煤炭、油气、农产品、矿石资源等大宗商品国际贸易，向境内引入资源，服务和保障中国实体产业发展的资源需求，力争到 2020 年实现国际贸易销售收入达 200 亿~300 亿元。

2. 积极谋求合作推进在东盟国家的资源投资与开发

充分利用香港国际金融中心的优势，积极谋求通过"银企"、"企企"合作推进在东盟国家的资源投资与开发。以获取和控制资源为目标，引领和带动有中国竞争力的铝工业和发电产业向东盟资源与能源富集地区转移，打造全产业链，创造更高价值。目前来看，广投集团对外投资大部分是以单个项目为基础的个体行为，没有发挥出产业链和企业集群的优势，没有形成规模化的合力。可以通过采取相关手段争取产业链的上下游企业和相关产业抱团联合"走出去"，与这些企业在海外共同建立经贸合作区，产生规模经济效益，提高效率，并能避免企业的单打独斗和恶性竞争。

3. 加强金融产业发展，实践沿边金融综合改革试验区发展

通过以广投国际为平台，与香港各大金融机构加强金融产业合作，引入香港丰富的金融产品。高端的金融人才和先进的金融管理经验，为广投集团控股的广西北部湾银行等集团的多个金融企业引进在国际金融界具有影响力的股东及战略投资者，参与实践广西沿边金融综合改革试验区政策，创新金融改革新的运营模式，争取在人民币跨境携带、结算、兑换等领域有所突破，打通集团在中国境内外的人民币双向流通渠道，将广投集团打造成具有国际竞争力和影响力的企业集团。

4. 加强境外融资和资本运营合作，实现集团优质资产证券化

广投集团将积极创造条件，充分发挥香港的国际资本市场作用，把广投国际打造成为广投集团六大板块之一的海外资源贸易、投资开发等大型投融资平台，稳步推进"产融结合、双轮驱动"创新战略，融通六大业务板块，加快广投集团资产资本化、证券化进程。这既是广投集团产业转型升级、结构调整的需要，也是为广西全面深化改革，实现战略转型做出应有的贡献。

目前，广投集团正整合现有水电、火电等能源优良资产，争取到 2016 年底、2017 年初在香港资本市场上市，上市前账面净资产超过 40 亿元，上市后市值预计将超过 120 亿元，争取首次募集资金超过 60 亿元。然后，将核电、天然气等资产逐步装入能源板块上市公司，争取市值达 600 亿元，募集资金超过 200 亿元；同时，积极筹划银行等金融资产实现在香港资本上市，力争到"十三五"期末，广投集团整体在香港上市，将广投集团打造成为在香港有影响力的恒生指数股。力争成为广西国有资本投资公司的先行试点单位，充分发挥广投国际在香港的大型投融资平台作用，为推动广西全面深化改革实现跨越发展做出更大贡献。

（二）措施与建议

1. 加强沟通，掌握信息

企业在国外经营管理，与多年打拼的欧美大型公司相比没有资金和管理优势，与土生土长的本地家族相比没有人脉和资源的沉淀，作为初入市场的新手面临各种机遇、挑战、风险和陷阱。在这种情况下，对信息的收集、过滤和把握就成为相当重要的课题，应在充分了解掌握市场环境、法律税务环

境、管理运作惯例、人文工作习惯的前提下，结合公司国内相应管理制度、习惯和要求，以及稳健经营的工作方针，小心谨慎地开展日常经营。在涉及境外重大投资、经营问题上，应在吃透问题的情况下，咨询知名的专业咨询机构、大使馆经济商务参赞处、印度尼西亚中资公司等，力争更全面、深入地查找问题和恰当的解决途径，争取在境外差异化投资环境中实现国有资产的保值、增值。

2. 积极响应政府号召，组团推进大型海外基地建设

在发展中国家经营项目，在投资服务、协调和政府效率方面远比不上在国内的成熟体系，项目缺乏双方政府的关注和支持，依靠自身和有限的渠道单打独斗往往事倍功倍。为此，同时应注重结合利用境外的中国产业园优势，如中国印度尼西亚经贸产业园，马中关丹产业园的优势，以顺利推进境外项目投资。同时积极做好项目前期的可行性研究，认真论证，控制投资风险。

3. 严格重大事项汇报审批制度

鉴于境外公司与母公司地域距离大，应在项目所在国和项目所在地把建立通畅的汇报沟通和信息交换渠道作为优先工作，按照不同级别和业务联系建立和执行定期汇报沟通制度，便于广投集团领导和各业务部门指导和管理。此外，母公司应对境外公司经营产生重大影响的经营方针、经营范围、名称、章程、注册资本变更，企业股东、法定代表人、董监事、高级管理人员变更，重大问题决策、重大投资行为严格限制和监控，重要合同订立、重大资产处置实行母公司审批制度。

4. 完善组织架构，建立境外公司各项管理制度

境外公司建立后，应建立相应的组织架构，指导设立董事会、监事会等机构对境外公司进行监管。严格要求境外公司制定并建立健全各项日常经营管理制度，加强公司的规范化管理，并注重严格各制度的监督和执行。

5. 完善境外公司财务内控制度，加强境外资金管理

在境外项目资金的使用上，应严格按照母公司资金审批制度要求对境外公司的资金调度实行统一管理，明确界定资金调度与使用权限与责任，加强日常资金收支监控，明确决策程序，授权权限和操作流程，监督境外公司各项资金的使用情况，保证国有资金安全。

6. 发挥人力资源优势，推进境外公司岗位责任制

在境外公司人力资源的配置上，应本着"属地化管理"原则，对境外资产负责的态度，挑选品德良好，素质高、认真负责的人员负责各重要岗位。向母公司财务部申请派驻相关财务管理人员，对境外公司的经营情况进行监管。建立外派经营管理人员管理制度，明确岗位职责、工作纪律、工资薪酬等规定，建立外派境外企业经营管理人员的定期述职和履职评估制度。

7. 加强境外公司预算管理，合理规避财务风险

督促境外公司坚持预算管理，严格执行经股东会、董事会及公司章程规定的相关权力机构审议通过的年度预算方案，加强成本费用管理，严格控制预算外支出。按照属地原则建立和完善会计核算制度，会计账簿和财务报告应当真实、完整、及时地反映企业经营成果、财务状况和资金收支情况。定期通过法律程序聘请有资质的外部审计机构对年度财务报告进行审计，规避财务风险。

第十二章　集团管控

➤ 21世纪以来，为顺应企业资产规模迅速扩张和业务结构多元化的发展趋势，以及配合新时期企业发展战略调整的需要，广投集团在组织架构和管控体制方面进行了两次以"分级管控"为特征、以"板块化管控"为导向的重大变革和调整。

➤ 为适应"产融结合、双轮驱动"的发展新战略，广投集团着力构建以"平台管理"、"管控分层"为主要特征的"总部—平台—企业"三级组织架构与管控体制。通过"平台管理"，突出平台公司在集团管控中承上启下的枢纽作用，充分发挥其在各业务板块中的资源整合与专业化管理优势。通过"管控分层"，实现集团总部对平台公司的战略型管控，以及平台公司对三级企业的经营型管控。为充分发挥三级组织在新的集团管控体制中的功能定位与特有优势，广投集团以"做强集团总部、做实二级平台、做优三级企业"为目标，对各层组织在组织结构、职能分工、用人机制与薪酬激励制度等方面进行了全面的改革与调整。

➤ 作为新一轮国有资产管理体制改革的先行军和"领头羊"，广投集团先行部署的以平台公司为重要支撑的三级管控体制，将为打造更高水平的"国有资本投资公司—产业集团—投资企业"三级组织架构以及"小总部、大产业"的管控模式提供十分重要的体制基础。

➤ 要素管理是一种适用于投资控股公司的集团管控方式。2014年，为适应产业多元化快速发展下加强集团管控和实现子公司专业化管理的需要，广投集团开始实施要素管理。经过每半年一次的调研分析和完善，要素管理制度逐步健全并且取得了积极的成效。要素管理为实现"集团化、专业化和差异化"的管理目标以及推进广投集团的转型升级提供了良好的管理基础。

➢ 风险控制和法律事务部的成立是广投集团管理变革和发展转型在风控和法务工作上的一个历史性转变，着重体现在风控工作由辅助服务型向战略支撑型转变，由被动应对型向主动管理型转变，由事后救济型为主向事前防范与事中控制型转变。

一、组织管控

（一）构建"集团—平台—企业"三级管控体制

与一般企业相比，大型企业集团往往资产规模庞大，业务结构复杂，如何将这些多元的资产和业务组织化，形成高效率的组织结构，同时如何在集团与众多下属企业之间构建一个科学的管控体系，在保持下属企业经营活力的同时，确保其在发展战略、投资决策、利润分配等方面不出现偏差，是大型企业或企业集团在组织管理与控制方面所面临的独特而极其重要的任务。随着集团规模的不断扩大、资产结构日益多元以及业务范围日趋复杂，现代企业集团越来越趋向于采取事业部+母子公司或直线职能+母子公司等混合的组织形态；而与组织结构的调整变迁相适应，其管控模式也表现出从传统的官僚式向市场式和团队式转变。现代企业集团的管控模式依据管控重点的不同，可以区分为财务管控、战略管控和经营管控等类型。作为通常在多业务领域开展实业投资和资本运营的投资集团，越来越多的集团企业开始实施控股公司制下的"板块化"管控模式，通过搭建产业发展平台，实行专业化分类管理、推进板块内资源整合和业务协同；同时通过集团总部功能定位的战略转型，使总部摆脱产业运营管理相关的日常性事务，更多聚焦于企业发展与重大投资等战略性问题，实现集团组织结构和权责配置更加合理化。

随着企业规模不断扩大、经营范围日益多元，特别是下属企业数量的不断增加（截至 2015 年底，广投集团下属的参控股企业已达 150 余家），广投集团和所有大型企业集团一样面临着如何建立一个科学有效的纵向组织管控体制的问题。从组织与制度变革的角度看，广投集团 21 世纪以来在组织架构和管控体制方面至少进行了两次以"分级管控"为特征、以"板块化管控"为导向的重大变革和调整，作为企业发展战略调整的配套措施，两次组织变革为企业新的发展战略的贯彻落实提供了重要的组织和管理保障。

广投集团的第一次组织变革是在 2002 年。当时，在国有投资和资产管理体制发生重大变革的背景下，以广投集团为代表的国有投资公司开始面临前所未有的生存挑战和发展压力。一方面，企业不再享有政府的经营性投资，需要通过自身积累或其他渠道筹措企业发展所需资金。另一方面，作为接受国有资产授权经营单位，企业需要承担起国有资产保值、增值的职责，并以此作为对经营者绩效考核的基本依据。为了适应新的生存和发展环境，广投集团于 2001 年 8 月提出了"调整优化战略"，在投资结构、产业结构、组织结构和经营模式上进行了一系列战略性的调整和转变。

为了从内部管理上提高企业运行效率，广投集团领导班子在经过近一年的调研论证、广征民意后，在集团组织结构和管控体制上进行了第一次重大变革和调整。集团按照母子公司制，确立了总部—子（分）公司—生产厂（车间）三个层次的组织结构。第一层次为公司总部，主要职能是作为集团的首脑机关，承担发展策划中心、投资决策中心、财务管理中心、产权监控中心、人才资源中心的作用。其目的是要集中调控公司的人、财、物等资源来实施公司的发展战略目标，把过去大体按行业管理的事业型管理转变为按公司总体经营需要的职能管理，强化总部的发展计划，投资决策，财务管理，权益监管维护、人力资源开发职能，淡化总部对下属企业的经营管理职能。第二层次为全资或控股（或相对控股）子公司或分公司，作为公司的利润中心。主要职能是按公司总部的发展战略、年度计划经营管理好公司的资产，最大限度地创造利润。这一个层次最大的变化是把投资决策权，资金借、贷权全部收归总部，以保证总部集中财力实现战略目标。总部通过委派董事、监事、财务总监及加强审计监督等手段来实现对子公司的权益监管和维护。同时，在合法合规的前提下，考虑在总部成立结算中心。第三层次为生产厂或车间。主要职能是生产经营，根本任务是执行第二层次的生产计划，最大限度地发挥生产能力，降低消耗和成本，提高效益。同时明确，为避免企业管理失控，禁止发展第四层次公司。

广投集团的第二次组织变革发生在 2014 年。2014 年 1 月，在经济新常态背景下，广投集团在久经酝酿后正式提出"产融结合、双轮驱动"的发展新战略。为贯彻实施新的发展战略，集团在管控体制方面展开了新一轮大刀阔斧的改革。改革的总体目标是在构建"总部—平台—企业"三级组织架构的基础上，通过"平台管理"和"管控分层"，实现"集团化、专业化、差异化"的内部管控体制。所谓"平台管理"，是指建立平台企业对集团的关联产业进行集中管理，在管理方面进行层级分工，由集团直接管理二级平台企业以及部分重要的子企业，二级平台企业负责管理其他的三级及以下的全资、参控股企业。在二级平台建设上，铝业方面以广西投资集团银海铝业为平台，管理电解铝、铝精深加工以及铝贸易企业；能源方面以方元电力为平台管理水、火电、天然气以及参股的能源企业（2015 年，集团新设立清洁能源公司作为二级平台企业管理集团天然气业务）；金融方面以广投集团金融控股公司为平台，管理证券、贷款、担保以及参、控股的银行等其他金融企业；文化旅游地产方面以广西建设实业以及龙象谷为平台，分别承担房地产开发和文化旅游两个方面的业务（2015 年成立了文化旅游投资公司作为平台）；在国际业务板块方面则成立了广投集团国际公司，负责集团在海外的煤矿、国际贸易业务以及境外业务的联系、开发。此外，根据资本纽带关系以及业务的重要性，对部分比较重要的子公司还采取了集团直接管理的办法，比如生产化肥的鹿寨化肥公司、地处贵州的黔桂发电公司以及生产氧化铝的华银铝业等。

所谓"管控分层"是指集团对二级平台和二级平台对所属企业两个层级采取不同的管控方法。集团公司对二级平台，主要采取战略管控模式，在经营层面逐渐放手，平台公司在集团整体战略框架下，通过自主经营不断扩大板块业务，做强做大板块产业。而二级平台对下属企业，则采取经营管控模式，通过专业化的指导，控制经营风险，提高生产效率，优化企业经营。

从两次集团纵向组织结构调整的主要内容可以看出，虽然都是三级组织架构，但其内涵已发生深刻的变化。在 2002 年的组织结构调整中，虽然公司在前一年刚刚更名为广西投资（集团）有限公司，并已在事实上成为一家涵盖几十家下属企业的企业集团，但彼时的广投集团，其主营业务仍然主要集中在电力板块，刚刚涉足铝业资源开发，尚未形成多元化的产业结构。因此，对应于当时相对单一的产业结构，集团在组织架构的设计上，还没有按照业务板块来划分企业的类型与归属关系，而主要根据母子公司关系进行了职权上的划分，总部负责把握集团的战略发展方向与重大投资决策，以及人、财、物等资源的统一调配与管控；二级企业作为集团的利润中心专注于自身及下属三级企业的经营管理；三级企业作为生产车间或工厂，主要负责执行上级企业下达的生产任务。这一时期的组织结构因而大体上表现为一种直线职能+母子公司制的混合形态。时隔 12 年之后，广投集团的下属企业不仅在数量上有了迅速增长，到 2014 年底，下属成员企业增加到 141 家；其业务版图和资产结构也发生了显著变化。此时的广投集团不仅已经构建起能源、铝业、金融、文旅地产和国际业务五大清晰的业务板块，而且正努力由实业企业向金融控股、产融一体化企业集团迈进。面对如此庞大的企业数量以及多元化的业务和资产结构，原有的单一的、一对多的母子公司制的组织结构显然已经无法满足集团业务多元化发展的需要。广投集团迫切需要在总部和数量众多的下属企业之间构建一个承上启下的中间层级，在分担集团总部的部分管控职责的同时，对分属不同板块的下属企业进行有效的资源整合与专业化管理。正是出于一个业务多元的企业集团的板块化管控的需要，广投集团在 2014 年的组织结构调整中，以"集团化、专业化、差异化"为原则，着力构建一个全新的总部—平台—企业三级管理体制，并在总部与平台，以及平台与三级企业之间实行差异化的管控模式，前者以战略管控为主导，而后者以经营管控为重点。

事实证明，广投集团 2014 年启动的以构建"板块化管控"为特点的三级组织架构不仅满足了集团向金融控股、产融一体化企业集团战略转型的需要，因而具有很强的现实意义；而且此举作为深化企业内部改革的重要举措之一，使自身在自治区国有企业改革中再超前一步，获得了明显的先发优势。2014 年底，自治区政府意向性同意广投集团改组为国有资本投资运营公司的相关研究工作。2016 年 5 月，自治区政府正式批准广投集团成为自治区首家改组试点企业。作为新一轮国有资产管理体制改革的先行军和"领头羊"，广投集团先行部署的以平台公司为重要支撑的三级管理体制，将为面临改组重任的广投集团适应新的改革发展和组织管理需要，打造更高水平的"国有资本投资公司—产业集团—投资企业"三级组织架构以及"小总部、大产业"的管控模式提供十分重要的体制基础。

（二）新三级管控体制的组织特征

1. 做强集团总部

在新的"总部—平台—企业"三级管控体制下，按照"管控分层"原则，集团总部将专注于战略决策和资源部署，重点通过对二级平台公司实施战略管控的方式把握集团整体发展方向。为了确保战略管控的有效实施，集团在总部职能定位上确立了"强战略、精运营、统投资、促协同"四个方向。所谓"强战略"，是指通过健全战略闭环管理，优化集团战略与年度经营计划的对接与制定流程，通过定期对子业务的"战略考核"，强化对战略实施的管控，推进集团战略落地。所谓"精运营"，是指通过绩效考核、业务引导等方式提升企业精益运营水平；通过在集团内部推广最佳实践，提升整体精益运营水平。所谓"统投资"，是指通过健全投资管控体制，统筹投资规划、引导投资方向、强化集团对平台的投资考核、提升投资效率，强化投资风险评估，完善投资退出、投资后评价机制；通过强化全面预算机制，加强各部门和板块在发展规划上的统筹协调。所谓"促协同"，是指通过强化产产、融融、产融三个结合，实现各业务板块内部、板块之间良性互动、协同发展。通过促进部门协调、构建财务共享平台等举措提升集团的管理效率和对下属企业的服务水平。

配合总部职能向"强战略、精运营、统投资、促协同"四个方向的转变，广投集团对总部的组织结构和职能分工进行了优化调整，制定了详尽的调整方案。调整后总部虽仍保持十个职能部门［分别为办公室（董事会办公室）、战略投资部、经营管理部、安全环保部（节能减排办公室）、科技和信息化管理部、财务部、党群工作部（工会办公室）、人力资源部、审计部、风险控制与法律事务部］，但在部门设置以及各职能部门职责分工方面进行了重要调整和补充。例如，撤销了原负责资产监管和资本运作相关工作的资产管理部，将其增资、并购、收购等工作划归战略投资部，减资、转让及退出职责转归经营管理部，将上市推进相关职能转归金融事业部（金控公司）；新设立了科技和信息化管理部，着力提高集团对下属企业在科技研发、创新方面的支撑能力和服务水平，提高集团信息化管理水平；将原法律事务部更名为风险控制与法律事务部，加强集团全面风险防控体系建设，提高集团对各类风险的防范、监控、预警和处理能力；配合集团加强公司治理和流程管理的需要，强化了经营管理部在流程和要素管理，以及对下属企业公司规范和完善治理结构方面的监管和指导职责。与此同时，集团通过三项制度改革，在总部和下属企业推行常态化和市场化导向的用人和薪酬制度；先后通过三轮竞聘上岗，从集团下属的全资和参、控股企业中选聘优秀人才充实到总部的中层管理岗位和专业技术队伍中，促进了集团上下的人才流动，优化了集团的人力资源配置，更为"做强集团总部"，提升其战略管控能力提供了强有力的人才支撑。

2. 做实二级平台

二级平台公司是广投集团为顺应集团业务板块多元化发展趋势，整合板块资源、实现专业化管理而在集团组织管控体系中新设立的中间层级，也是集团 2014 年以来实施新的三级管理体制的亮点和难点所在。为从机构设置上确保三级管理体制落实到位，除将原有的银海铝业、方元电力（广投集团能源）、建设实业（广投文旅）分别改组为集团铝业、能源和文旅板块的二级平台公司之外，广投集团在 2015 年又先后成立了广投集团金融控股和广投集团国际两家公司，作为二级平台公司分别掌控集团的金融和国际业务两大业务板块。2015 年 11 月，作为天然气产业的二级平台公司的广投集团清洁能源公司正式揭牌。至此，集团新的三级管控体制在组织架构上基本搭建完毕。

然而，作为集团的新生事物，二级公司对内需要在自身组织结构和专业能力方面加强规范和建设，对外则需要应对众多下属企业因产权归属关系不同或业务发展迅猛等复杂因素带来的经营管控上的挑战。因此，要使二级公司的职能真正落到实处，担负起承上启下的枢纽功能、发挥专业化管理的平台优势，势必需要通过深化改革进一步理顺各个层级企业之间的关系、优化平台公司的组织结构和人力资源建设，增强平台公司作为专业化管控平台的综合能力。

以银海铝业为例，随着集团铝业发展模式的转变以及由此带来的产业链条的延伸和规模的迅速扩大，原有的板块管控体制已无法适应迅速铺开的产业扩张态势，而下属混合所有制企业在投资决策和经营管理上存在的草率和失范等问题不断暴露，给铝板块的投资和盈利均造成了较大压力。为解决铝产业迅速发展与管控缺位之间的矛盾，理顺银海铝与各投资企业的关系，集团公司以"做实平台"为导向，启动了优化银海铝管控体系和组织架构的新一轮改革。2014年，集团批复了《广西广银铝业有限公司改革重组纲要》和《广投银海铝各主要投资企业改革改制纲要》，改革的重点包括虚化广银铝业，使银海铝与广银铝业实施"一套人马，两块牌子"办公；调整部门设置、压缩管理层级，由原17个部门调整为10部门1中心；人数由调整前的164人精减到140人；在银海铝开展员工竞聘上岗、构建"能者上、平者让、庸者下"的竞争格局和用人机制；在部分所属企业中实施领导班子市场化改革；实施债转股等措施。改革后的银海铝业得以进一步发挥专业化管理平台的优势，实施经营管控、优化资源组合，坚持走"应用型"道路，以品牌联盟为核心，积极研究开发，抓好高端产品与品牌营销，致力于将铝产业打造成为广西铝工业二次创业的主力军和全国铝产业升级技术革新的先行者。

3. 做优三级企业

三级企业不仅是集团发展战略和投资经营计划的具体承接和落实单位，更是集团的成本控制和利润创造中心。三级企业在投资经营上的优劣成败直接关系到集团的沉浮兴衰，因此在强化集团的战略管控能力、提升平台的经营管控水平的同时，还必须通过深化改革优化三级企业的体制机制，帮助其建立与成熟市场经济体制相适应、具有真正市场竞争力的现代企业制度。

为做优三级企业，集团参照和推广国海证券市场化经营管理模式，在集团内选取了广投集团融资担保、广源小额贷款、柳州银海铝业和柳州广投置业四家市场化条件较好的三级企业作为市场化改革试点单位，按照"一企一策"的要求形成了《广西投资集团融资担保有限公司和南宁市广源小额贷款有限责任公司市场化改革试点方案》、《广西柳州银海铝业股份有限公司市场化改革方案》和《柳州广投置业有限公司市场化改革方案》三个市场化改革方案。改革以推进股权结构多元化、健全公司治理结构、创新选人用人机制、强化薪酬激励机制为基本内容，重点推进混合所有制改革、市场化选聘高级管理人员和建立灵活的激励约束机制及适时试点经理层等核心员工持股等方面的改革。

以柳州银海铝业为例，按照集团现有的人事管理规定，柳铝作为集团三级企业，其总经理人选由集团公司任免，副总经理由二级平台公司任免。而市场化改革后，柳铝将按照集团最新制定的《职业经理人管理暂行办法》推行职业化、专业化的职业经理人制度，包括总经理、副总经理、财务部门负责人、总工程师等职位在内的高级经营管理人员将由柳铝董事会根据企业需要，向市场公开选聘，并按照《职业经理人管理暂行办法》对其进行人事和薪酬管理，不再套用集团行政级别。而在广投集团融资担保和广源小额信贷两家金融企业，则早在2014年就开始试行"薪酬+股东超额收益提成"的薪酬激励机制。其中薪酬部分包括基薪和绩效奖金，基薪与绩效奖金的比例各占一半。为了充分体现市场化运作的理念，引入了股东超额收益提成的激励方式，以净资产收益率作为考核指标，2014年门槛收益率定为8%，对于股东实际收益率超过门槛收益率的超额部分，在经营团队和股东间按照20∶80的比例进行分配。市场化薪酬管理办法试行不到一年，两家公司的经营业绩即有出色表现。截至2014年11月末，担保公司和小贷公司均已提前完成全年主要经营指标，经营利润实现预期目标。

二、要素管理

（一）要素管理：一种适用于投资控股公司的集团管控方式

要素管理是一种适用于投资控股公司的集团管控方式。国家开发投资公司（简称"国投公司"）是将要素管理应用到投资控股公司集团管控方面的先行者。2003年，国投公司开始"二次创业"。当时，国投公司共有13家全资子公司和78家控股投资企业，涉及的行业和领域众多，地域分布广，情况千差万别，管理的难度很大。为了加强集团管控，提高管理水平和运营效率，国投公司创造性地将原来由国际著名咨询机构为其设计的内部管理体系应用到母子公司管控上，逐渐探索并发展出了要素管理这一集团管控方式。2006年，国投公司制定了《控股投资企业要素管理纲要》，从控股投资公司的组建到基本建设，再到生产经营的全过程共提取出24项决策要素和10项监管要素，并明确了项目经理、子公司和国投公司总公司职能部门各自的管理权限。

要素管理在国投公司对控股投资企业的管控中取得了显著的成效。随着国资委对国企整合力度的加大，国投公司旗下的全资子公司的数量不断增多。为了加强对这些全资子公司的管控，2010年，国投公司制定了《子公司要素管理暂行办法》，将要素管理继续应用到对全资子公司的管控中来。同时，在对子公司和控股投资企业的要素管理中体现了差异化管理的原则，赋予了子公司更多的专业化管理责任。

该模式的主要内容是，根据企业的经营特点和管理需要，将集团管控体系分解为若干项管理要素，确定不同的管理要素由总部、二级子公司和投资企业进行管理，在总部、二级子公司和投资企业三个层级之间建立起分工合理、职责明确，又相互配合、运行有序的管控系统。决策类管理要素是指应由国投公司决策的重大事项，对决策类管理要素涉及的相关事项，二级子公司需事前履行国投公司内部管理程序报国投公司进行决策。决策前二级子公司应提出建议，并由国投公司相关职能部门提出独立意见。监管类管理要素指由二级子公司自主决策并受国投公司监管的事项。决策权在二级子公司最高权力机构，国投公司各相关职能部门提供专业化职能支持并履行监管、服务职责。二级子公司的决策与管理需符合国投公司管理要求，部分事项须事后报国投公司备案或事中接受国投公司指导。[①]总部和二级子公司对投资企业也按照决策要素和监管要素实施管控。

建立要素管理的集团管控制度的基本流程是：首先，对集团公司不同层级企业的功能和定位进行明确。其次，对企业管理中的要素进行梳理，并按照是否应由董事会（针对全资企业）或股东会（针对控股企业）决策将这些要素划分为决策要素和监管要素两大类。再次，根据企业在整个集团中的不同地位，明确不同管理要素在集团公司、二级子公司及其下属企业之间的管理责任。最后，制定要素管理制度，同时根据要素管理制度实施的需要对各项相关的企业管理制度加以完善。

经过多年的实践，国投公司对两类下属企业的要素管理制度进行了多次修订。根据2012年最近一次修订后的规定，总部职能部门对子公司负责的决

---

① 中国企业管理科学基金会、国家开发投资公司研究中心：《国投之道》，中国民主法制出版社2012年版，第46~52页。

策要素为 15 项，监管要素为 13 项；总部职能部门对控股投资公司负责的决策要素为 7 项，子公司职能部门对控股投资公司负责的决策要素为 20 项，监管要素为 10 项。

要素管理在一定程度上解决了集团企业如何进行分级管理和专业化管理的问题，使得"事事有人管"，又避免了"人人都来管"，形成了具有控股投资公司特色的母子及控股投资企业管控模式。①

要素管理的实施要点包括：第一，要素管理是以资本为纽带，在现代企业制度法人治理框架内实施的。要素管理必须在《公司法》和国有资产管理相关法律、法规所允许的范围内实施。对于下属国有独资公司，决策要素不能超出公司董事会的职权范围；对于下属的国有控股公司，决策要素不能超出股东（大）会的职权范围。第二，决策要素管理的内容应随着公司管理方式的改变而有所不同。应施行差异化管理的原则，对市场化程度比较高、公司治理机制比较健全的企业，应尽量简化监管要素管理的内容，在决策要素管理方面，也应采取较为灵活的工作方式；对市场化程度比较低的企业，应完善要素管理的流程，将要素管理的内容细化，加强对要素管理各个环节的监督。第三，要素管理的实施需要制度和技术以及人员方面的支撑。首先，必须建立、健全各项管理制度，设计好管理的流程，做到有章可循。其次，只有在管理企业和被管理企业的相关部门之间沟通顺畅的条件下，要素管理方能得到有效实施。这就需要搭建一个能够实现管理信息在不同管理主体之间安全、及时、充分地流动的信息系统。最后，要素管理的核心要素是人。加强对企业工作人员的职业道德约束，提高工作人员的业务水平，是对制度和技术水平缺陷的必要补充。

（二）广投集团对要素管理的实践和探索

随着业务跨行业、跨地域不断拓展、管理层级不断增加，原有的适用于企业初创期的集团管控方式已不能适应广投集团快速成长的管理要求。具体表现在：集团公司对子公司及其下属企业的管控过多，导致这些企业的自主

---

① 黄群慧、余菁等：《国家开发投资公司考察》，经济管理出版社 2013 年版，第 146~150 页。

性和积极性不足。除铝业板块外，依然采用类似单体公司的管控方式来管控投资企业，主要集中在业务和内部管理层面对下属企业进行管理。子公司的专业化管理职能没有得到有效发挥，集团公司、子公司及其下属投资企业的责、权、利界定不清，集团公司的管理链条过长，直接影响了控股公司正常的生产经营。没有形成一个行之有效的集团管控体系，也没有实现母公司对子公司的有效监管和控制。经过寻求专业咨询机构的诊断和深入的调研，广投集团决定实施要素管理。

2013 年 12 月，广投集团深化改革工作办公室向领导办公会提交了《关于实行广西投资集团有限公司子公司、控股投资企业要素管理的意见和建议》（以下简称《意见和建议》），包括如下内容：一是将原来由集团公司决策的部分事项改由子公司决策，集团履行监管职责。例如，子公司经营班子以外人员的任免、招聘、薪酬与考核；子公司的节能减排、科技创新、集中采购、基建管理、招投标管理等；以及安全生产、审计监管、法律事务管理等，均由子公司自主决策。二是广投集团公司或子公司对控股投资企业相关内容，按上述相同的权责划分进行管理。集团公司仅对控股投资企业的主要负责人（董事长/党委书记/总经理）进行推荐任免和管理，经营班子其他成员由子公司进行管理。三是控股投资企业的投资决策管理，公司增资、减资、分立、合并、重组、改制管理，项目退出及产权转让管理，融资管理、贷款管理和对外担保管理，章程的制订、修改管理，对外捐赠管理等 6 项内容，则由集团公司、子公司分别履行决策权限，即子公司履行内部程序做出决策后，再报集团公司研究决策。与上述《意见和建议》一同提交的还包括《广西投资集团有限公司子公司要素管理办法》和《广西投资集团有限公司控股投资企业要素管理纲要》。

2014 年 7 月，广投集团颁布了《广西投资集团有限公司对子公司要素管理办法（试行）》和《广西投资集团有限公司子公司对下属企业要素管理办法（试行）》（以下统称《要素管理试行办法》），规定集团公司对二级控股子公司决策类要素共 22 项，监管类要素共 15 项。同时，根据企业的具体定位和使命，对广西华银铝业有限公司、国海证券有限责任公司、广西云桂骏豪文化旅游投资有限公司、金融企业（广西北部湾银行）实行差异化管理。其中，对广西华银铝业有限公司、国海证券有限责任公司和金融企业（广西北部湾银行）

的管理，按照法人治理结构，通过该公司章程、股东会、董事会、监事会以及集团公司外派董事履行出资人职责。对广西云桂骏豪文化旅游投资有限公司实施要素管理，但只包括 5 项决策类要素和 1 项监管类要素，待其组织机构健全、管理制度及流程完善并完全走向市场化后，再通过其章程、股东会、董事会、监事会及集团公司外派董事履行出资人职责的模式管理。集团公司和二级子公司对二级子公司的下属企业的决策类要素共 29 项，其中决策权归属集团公司的要素 10 项，归属二级子公司的要素 19 项；监管类要素共 16 项，由二级子公司负责监管，由集团公司内部相关职能部门进行指导，部分监管事项需报集团公司备案。对三级以下企业，暂时按照原管理模式管理。为严格管理，保证集团公司对子公司、子公司对下属企业的各项管理工作得到有效落实，制定了对遵守《要素管理试行办法》情况的考核方案及考核标准，并将考核结果纳入了子公司年度绩效考核范围。

在建设要素管理体系的过程中，广投集团制定了比较科学的计划。整个要素管理体系的建设被分为五个步骤，每个步骤都制定了具体的目标。第一步的工作内容是建立、健全相关的组织机构，目标是对集团的机构定岗定编；第二步的工作内容是要素管理基本制度的编制，目标是明确集团公司、二级子公司和三级企业"责、权、利"等事权的划分，包括指向部门和指向的委员会；第三步的工作内容是相关配套制度和流程的制定，目标是修订相关的配套制度、考核细则，明确具体如何管理；第四步的工作内容是用信息化手段对流程进行固化，目标是通过信息化管理平台将要素管理制度对应的工作流程标准化、模块化并固定下来，提高执行力；第五步的工作内容是监督与考核，目标是制定要素管理考核制度及汇总表，作为年度业绩考核的重要事项附加项（只减分不加分）。通过监督与考核，发现并反馈要素管理建设中的问题，再对相应步骤中的工作进行优化。最终形成了一个闭环系统（见图 12-1）。该系统的良好运转能够将要素管理建设的不同工作内容全面、有序地联系起来，并及时向有关节点反馈系统存在的问题，最终实现建立健全要素管理体系的目标。

2014 年 12 月、2015 年 6 月和 2015 年 12 月，广投集团分三次对要素管理的实施情况进行了调研和分析，并在此基础上对要素管理的相关制度进行了完善。一方面，为了与《要素管理试行办法》相一致，制定和修改了相关的管

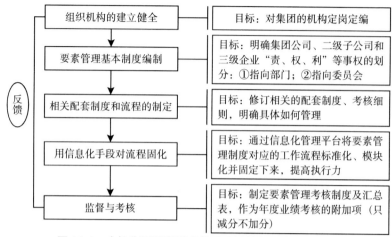

图 12-1　广投集团要素管理体系建设的闭环流程示意图

理制度；另一方面，2015 年 12 月修订并发布了新的《要素管理办法》。主要修订的内容包括针对实施中的问题，进一步明确了若干要素的具体内容；根据管理需要，将集团公司对二级控股子公司的决策类要素增加到了 24 项；针对部门职责和业务流程的变化，对要素管理机构的设置和职责分工进行了相应的调整；根据市场化改革的需要，增加了对批准列为市场化管理的企业原则上按差异化企业模式进行管理的规定（见表 12-1 和表 12-2）。

表 12-1　集团公司对子公司管理要素

类别	序号	管理要素	职能支持部门（排序第一的部门为牵头部门）	备注
		合计：39 项	—	—
	一	决策类要素（24 项）	—	—
战略规划	1.1	战略发展规划管理	战略投资部	—
投资决策	2.1	投资计划管理	战略投资部、财务部、科技和信息化管理部	投资计划审批、下达及调整
	2.2	投资决策管理	战略投资部、科技和信息化管理部、经营管理部、财务部、风险控制与法律事务部、安全环保部、金融事业部、能源事业部	集团公司对所有新建项目、单项投资额 500 万元以上（含 500 万元）的技改项目进行管理
	2.3	基建招投标管理	战略投资部、风险控制与法律事务部、纪检监察部、能源事业部	招标预算金额 500 万元及以上的单项招标项目，招标申请及评标结果审查。集团公司纪委对单项 500 万元以上的项目招标进行现场监督

类别	序号	管理要素	职能支持部门（排序第一的部门为牵头部门）	备注
投资决策	2.4	资本市场财务性投资管理	金融事业部	上市公司股权配售、二级市场股票投资、期货投资、委托理财等以盈利为目的的投资（集团公司资金结算中心对外的理财性投资除外）
	2.5	企业的并购重组及增资管理	战略投资部、金融事业部、能源事业部	集团公司持股的企业，金融类企业由集团公司金融事业部负责管理，能源类的企业由能源事业部进行管理，其余的由集团战略投资部进行直接管理；子公司持股的企业由子公司编制方案后报集团公司审批
	2.6	企业的减资、项目退出与产权转让管理	经营管理部、金融事业部、能源事业部	集团公司持股的企业，金融类企业由集团公司金融事业部负责管理，能源类的企业由能源事业部进行管理，其余的由集团经营管理部进行直接管理；子公司持股的企业由子公司编制方案后报集团公司审批
资源配置	3.1	组织机构及定员定编管理	人力资源部	—
	3.2	领导班子成员任免与考核	党群工作部（工会办公室）	领导班子成员任免与考核由集团公司负责；中层正职任免报集团公司审批后执行，中层正职岗位调整的，报集团公司事前备案（不包含黔桂发电、鹿寨化肥两家公司）；中层正职考核由子公司负责，报集团公司备案
	3.3	子公司董事、监事及集团公司外派人员任免与管理	党群工作部（工会办公室）、经营管理部	子公司董事、监事及集团公司外派人员任免由集团公司党群工作部（工会办公室）负责，管理由集团公司经营管理部负责
	3.4	资金集中、筹融资管理、担保管理	财务部	资金集中管理不含金融板块企业；担保管理不含集团融资担保公司业务
	3.5	利润分配管理	经营管理部	由子公司编制方案后报集团公司经营管理部审批
运营管理	4.1	会计政策、年度财务决算管理	财务部	—
	4.2	全面预算管理	财务部、经营管理部、战略投资部、科技和信息化管理部、办公室	含财务预算、经营性预算和投资预算

类别	序号	管理要素	职能支持部门（排序第一的部门为牵头部门）	备注
运营管理	4.3	薪酬制度、工资总额及重大收入分配事项管理	人力资源部、经营管理部	—
	4.4	考核管理	经营管理部、安全环保部、战略投资部	经营业绩考核由经营管理部牵头，集团公司各相关职能部门参与；安全环保和节能减排责任考核由安全环保部负责；建设项目考核管理由战略投资部负责
	4.5	控/参股上市公司市值管理	金融事业部	—
	4.6	参股企业股东会、董事会、监事会议案审查管理	经营管理部、金融事业部、能源事业部	指集团公司参股的企业。金融类企业由金融事业部牵头组织审查，能源类企业由能源事业部牵头组织审查，集团公司各相关职能部门及子公司共同参与；其他企业由经营管理部牵头组织审查，集团公司各相关职能部门及子公司共同参与
	4.7	金融衍生业务管理	金融事业部	含金融创新产品管理
	4.8	资产证券化管理	金融事业部	金融事业部负责集团公司资产证券化的统筹，指导和支持各板块和二级子公司制定具体方案；各板块和二级子公司结合自身发展提出目标和规划，依照方案推进后续实施。各部门予以配合
	4.9	固定资产处置管理	财务部、经营管理部	固定资产的正常报废，以及单项固定资产原值 20 万元以下的非正常报废，完成企业内部审批流程后，由企业自行处置，并报集团公司备案；单项固定资产原值 20 万元以上（含 20 万元）的非正常报废，须报集团公司复审，并由集团公司报自治区国资委批准
支持服务	5.1	章程制定、修改管理	战略投资部、风险控制与法律事务部	—
	5.2	外事管理	人力资源部	—
	5.3	捐赠及扶贫管理	办公室（董事会办公室）党群工作部（工会办公室）	捐赠管理由办公室（董事会办公室）负责，扶贫管理由党群工作部（工会办公室）负责

类别	序号	管理要素	职能支持部门（排序第一的部门为牵头部门）	备注
	二	监管类要素（15项）	—	—
投资管理	1.1	基建监管	战略投资部、风险控制与法律事务部	子公司年度招标计划，单项500万元以下基建投资项目评标结果的审查工作进行指导、监管、提供支持
资源配置	2.1	人力资源监管	人力资源部	①招聘计划、薪酬方案需事前向人力资源部报备；②人力资源部负责监管中层正职以下人员的考核
运营管理	3.1	运行监管	经营管理部、金融事业部、能源事业部	与生产经营活动有关的单批（项）采购金额在500万元及以上的同类物资或200万元及以上的同批服务（不包含集团系统内的关联交易）的采购，由子公司执行集中采购管理，采购计划按有关规定向集团公司报备；集中采购采取公开招标采购的，集团公司纪检监察部派出监督员进行现场监督
	3.2	安全生产和环境保护监管	安全环保部	体系建立；制度体系的建立、执行；相关工作的落实；信息报送；对节能减排工作进行指导、监管、提供支持；安全环保和事故处置方案报备；安全环保和节能减排目标责任考核情况报备
	3.3	财务监管	财务部	对子公司的会计核算和财务管理等财务相关工作进行监管
	3.4	审计监管（含投资项目后评价监管）	审计部、科技和信息化管理部、战略投资部	子公司各类审计项目，项目立项和实施结果事前报集团公司备案，实施过程及成果运用由集团审计部监督、指导、支持。审计内容包括但不限于：子公司对任免干部的经济责任审计；2亿元以下的建设项目跟踪审计、竣工财务决算审计；2亿元以下投资项目、1亿元以下技改项目的后评价；管理审计；财务审计
	3.5	纪检监察监管	纪检监察部	负责对子公司纪检工作、纪委监督责任履行、党风廉政建设责任状执行等情况进行指导、检查、支持；调查、处理反映子公司领导班子成员问题的群众来信
	3.6	全面风险监管	风险控制与法律事务部、金融事业部	体系建立；识别、监控及分析子公司的风险指标，提出预警及应急预案并进行指导、监管、提供支持

类别	序号	管理要素	职能支持部门（排序第一的部门为牵头部门）	备注
支持服务	4.1	行政监管	办公室（董事会办公室）	含公文、档案、会议、值班、公车配备等
	4.2	保密监管	办公室（董事会办公室）	保密事项确定、密级确定、保密措施
	4.3	宣传监管	办公室（董事会办公室）	
	4.4	科技创新、技改、专利管理及信息化建设监管	科技和信息化管理部	对科技创新、技术改造、专利管理和信息化建设进行指导、监管、提供支持；子公司的信息化建设需事前报集团公司备案
	4.5	企业文化建设监管	办公室	—
	4.6	法律事务监管	风险控制与法律事务部	对子公司诉讼方案、外聘法律顾问事项进行指导、监管、提供支持；商标管理
	4.7	党建工作监管	党群工作部（工会办公室）	集团公司负责对子公司党建工作进行指导、考核、检查、支持

表 12-2 子公司对下属企业管理要素决策权限及监管责任划分

类别	序号	管理要素	集团公司职能支持部门（排序第一的部门为牵头部门）
	一	决策类要素（29 项）	—
战略规划	1.1	战略发展规划管理	战略投资部
投资决策	2.1	投资计划管理	战略投资部、财务部、科技和信息化管理部
	2.2	投资决策管理	战略投资部、科技和信息化管理部、经营管理部、财务部、风险控制与法律事务部、安全环保部、金融事业部、能源事业部
	2.3	基建招投标管理	战略投资部、风险控制与法律事务部、能源事业部
	2.4	资本市场财务性投资管理	金融事业部
资源配置	3.1	组织机构及定员定编管理	人力资源部
	3.2	领导班子主要负责人、党委班子的管理	党群工作部（工会办公室）
	3.3	领导班子主要负责人之外其他高管人员的管理	党群工作部（工会办公室）
	3.4	下属企业董事、监事任免与管理	党群工作部（工会办公室）、经营管理部
	3.5	资金集中管理	财务部
	3.6	筹融资管理、担保管理	财务部
	3.7	利润分配管理	经营管理部

类别	序号	管理要素	集团公司职能支持部门 （排序第一的部门为牵头部门）
运营 管理	4.1	会计政策制定、修改管理	财务部
	4.2	财务决算管理	财务部
	4.3	全面预算管理	财务部、经营管理部、战略投资部
	4.4	薪酬制度、工资总额管理及重大收入分配管理	人力资源部、经营管理部
	4.5	经营班子绩效考核及薪酬管理	经营管理部、人力资源部
	4.6	控/参股上市公司市值管理	金融事业部
	4.7	参股企业股东会、董事会、监事会议案审查管理	经营管理部（非金融类）、金融事业部（金融类）、能源事业部（能源类）
	4.8	金融衍生业务管理	金融控股公司（金融事业部）
	4.9	集中招标采购管理	经营管理部
	4.10	基本管理制度管理	集团公司相关职能部门
	4.11	建设项目管理	战略投资部
	4.12	工程造价跟踪审核及工程竣工决算管理	战略投资部、审计部
	4.13	审计管理（含投资项目后评价管理）	审计部
支持 服务	5.1	章程制定、修改管理	战略投资部、风险控制与法律事务部
	5.2	外事管理	人力资源部
	5.3	捐赠及扶贫管理	办公室（董事会办公室）、党群工作部（工会办公室）
	5.4	信息化建设规划管理	科技和信息化管理部
	二	监管类要素（16项）	
投资 管理	1.1	基建监管	战略投资部、风险控制与法律事务部
	1.2	建设监管	战略投资部
资源 配置	2.1	人力资源监管	人力资源部
运营 管理	3.1	运行监管	经营管理部、金融事业部、能源事业部
	3.2	安全生产、节能减排和环境保护监管	安全环保部
	3.3	财务监管	财务部
	3.4	审计监管	审计部
	3.5	纪检监察监管	纪检监察部
	3.6	全面风险监管	风险控制与法律事务部
支持 服务	4.1	行政监管	办公室（董事会办公室）
	4.2	保密监管	办公室（董事会办公室）
	4.3	宣传监管	办公室（董事会办公室）

类别	序号	管理要素	集团公司职能支持部门 （排序第一的部门为牵头部门）
支持 服务	4.4	科技创新、技改、专利管理及信息化建设监管	科技和信息化管理部
	4.5	企业文化监管	办公室（董事会办公室）
	4.6	法律事务监管	风险控制与法律事务部
	4.7	党建工作监管	党群工作部（工会办公室）

从实际实施情况来看，要素管理明确了母子公司责权利的划分，理顺了管理关系，为广投集团构建"总部—平台—企业"管理模式，实施"集团化、专业化、差异化"管理，加快企业转型升级提供了较好的管理基础。以要素管理办法为基础的一整套管理制度和工作流程的梳理完善，为集团进一步深化改革、推进"产融结合、双轮驱动"新战略和产业结构调整提供了坚实的制度保障。另外，该制度的一些具体的内容还需要在实践中不断检验并进一步完善，对要素管理的理解和认识水平还需进一步提高。

三、风险管理

广投集团早在 2010 年 5 月就成立了以集团公司董事长为组长的全面风险管理领导小组，整体负责集团全面风险管理工作。2014 年 4 月成立风险控制与法律事务部，同年 10 月召开了全面风险管理体系建设启动会。风险控制与法律事务部的成立是广投集团管理变革和发展转型在风控和法务工作上的一个历史性转变。2014 年以后，广投集团风险控制工作理清了思路，加快了在新形势下构建集团公司全面风险管理体系，推动风控工作由辅助服务型向战略支撑型转变，由被动应对型向主动管理型转变，由事后救济型为主向事前防范与事中控制型转变。

（一）立足自身，准确定位

广投集团作为一个业务板块多样、管理层级复杂的集团公司，其风控体系建设要区别于单体公司，要体现出集团公司的多业态、多层级的特点。

从集团层面来看，广投集团作为一个大型投资集团公司，体量大、业态多，跨行业经营，经营的行业经验完全不同，这将导致面对的外部环境更复杂；集团治理结构复杂，集团公司对整个集团的管理必须要通过层层的委托传导，委托关系越长，风险就越被相应地放大。这就要求广投集团风险管理工作在集团层面要有整体的意识，首先要对集团整体战略进行解读，着重分析发展模式风险、资本运作风险、产业组合风险、横向战略风险、集团能力建设风险；其次，要在风控体系建设和运作中融合集团管控思想，才能实现集团层面、总部层面、子单元层面风控体系的融合及联动管理，以集团管控体系为基础，强化集团公司由上至下的风险管理能力。

从行业管理平台层面来看，集团六大业务板块的风险，都可以分为战略风险、市场风险、财务风险、运营风险、法律风险，但各板块的风险都具有不同的特点，这就是矛盾的普遍性和特殊性。因此，各二级平台公司在推进全面风险管理体系建设的过程中，既要遵循风险管理的普遍规律，又要对所处行业的发展前景、商业模式、法律环境等有深刻的认识，才能准确地预测风险，有效地管控风险。

在集团的六大板块中，铝板块对集团的营业收入贡献最大，但铝业受行业环境的影响最为明显。国家调整过剩产能的政策相继出台，使电解铝盈利能力不稳定；铝价低迷、产能过剩，加上广西电价成本高的不利因素还是未来一定时期内的常态。在这样的大环境下，铝板块正在努力实现从传统制作生产商向综合服务供应商的转型。铝板块的风险体系建设就要立足于服务、助推这一转型，去谋划、执行和监督。

金融板块是集团整体战略中优先发展的板块，金融类企业的风险，与制造业、商贸企业的风险比较，有其自身的特殊性，因而监管部门对商业银行、证券公司、融资担保公司的有关业务都出台了专门的风险管理指引。由于混业经营，金融控股公司在风险管理方面也面临着较单一业务金融机构更大的风险，如果控制不当，就会出现风险集中和风险传递。不但会危及金融控股公司本身，还会对整个集团造成严重危机。所以必须加强对金融控股公司的风险管理。加强对金融控股公司的风险管理的体制、管理技术及管理理念的研究并使之落地，建立有效的内控机制和内部风险预警系统。

从单体企业层面来看，截至 2016 年 5 月 12 日，集团公司拥有企业 142

家，其中：控股企业 98 家，参股企业 35 家（其中：集团公司直接参股企业 19 家，子公司参股企业 16 家），分公司 9 家作为单独的成本、利润中心，这些单位行业差异大，各有不同的经营管理模式，面临的风险也各不相同，更多地体现在市场、运营、财务等方面，因而要求这些单位要根据自身的生产经营实际，扎扎实实地开展风险管理体系建设工作。

（二）建立健全风险管控组织体系，搭建全面风险管控平台

通过建立健全风险防控组织体系，广投集团已经牢牢构建起了"职能部门—风险管理归口部门—审计部"全面风险防控"三道防线"。

全面风险管理领导小组，全面负责集团公司风险管理工作。广投集团于 2010 年 5 月，成立以集团公司董事长为组长的全面风险管理领导小组，整体负责集团全面风险管理工作；并结合集团公司机构设置调整和部门职责分工及人员岗位变动的情况，适时调整集团公司全面风险管理工作领导小组人员及相关职责部门。

进一步明确风险防控委员会全面风险管理工作职责。为提高公司风险管理能力，完善风险管理组织结构，优化决策机制，保障公司及下属企业持续、健康发展，公司董事会下设专门的风险防控委员会。风险防控委员会成员由公司领导、相关部门负责人及外部专家组成，负责对公司有关风险管理事项进行决策方案提交前的评估，为公司董事会或领导办公会提供咨询和决策建议。同时，为充分发挥风控委员会的管理职能，2016 年 1 月，集团公司修订印发了《广西投资集团有限公司风险防控委员会工作规则》，对委员会的人员组成、职责权限、议事规则、审议方式等做了进一步明确，并与董事会下设的战略投资委员会、财务预算委员会、薪酬与考核委员会协调联动，有效促进了风险防控委员会风险管控职能的发挥。

成立了风险管理归口部门，建立健全了风险组织机构。成立了风险控制与法律事务部，负责全面风险管理体系建设和风控委员会日常事务等工作；同时配备了专门的风险控制人员，负责公司具体的风险管理工作。自此，集团公司结束了长期以来风控工作由其他业务部门兼顾的局面，实现了集团公司风险管控的专门化和系统化管理。

在集团各部门均设置兼职风险管控专员，将风险管控责任落实到业务流

程一线。集团公司自 2014 年开展全面风险管理试点工作起，就在集团总部各部门均设置了风险专员，各二级平台子公司也参照集团公司模式，成立了专门的风险管理工作机构，如金控公司设置了风控法务部、方元电力公司设置了纪检审计风控部、银海铝业设置了风险管理部等，同时配置了专门的风险管理人员，并在本企业其他部门也设置兼职风险专员，初步形成了集团管控与各二级平台全面风险管理一体化的模式。

（三）建章立制，筑牢企业运营"防火墙"

广投集团通过建立制度、优化流程、设置预警指标监控等多种方式，已经形成了风险管理组织机构主动管控风险和防范风险的常态化机制。

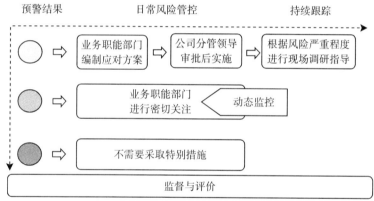

图 12-2　风险监控常态化机制

1. 建章立制，构建集团风险防控制度屏障

为有效促进集团规范化管理，明确业务程序及各部门职责权限，集团于 2014 年全面启动清查梳理公司规章制度的工作。通过收集部门对现行规章制度清查梳理意见，结合规章制度管理现状，制订规章制度体系建设计划。

2015 年，各部门制定（修订）制度共计 102 项，并对公司所有制度进行了整理汇编，分为"财务管理部分"和"非财务管理部分"两册。其中，财务管理分册按照制度所规范的业务进行分类，分别是财务综合、财务预算、会计核算、资金结算、筹融资管理、资金集中管理及其他；非财务管理分册分为十个部分，分别是法人治理、行政事务管理、项目投资管理、生产经营管理、安全生产环保、资产管理运作、人力资源管理、审计监察、法律事务及工会工作。制度体系的建立和完善对加强集团内控，规范和提高经营管理水平起到了有效的促进作用。

在风险管理方面，集团制定并发布了《广西投资集团有限公司全面风险管理办法》（桂投发〔2015〕70号）、《广西投资集团有限公司风险管控目标责任考核办法》。修订了《广西投资集团有限公司风险防控委员会工作规则》、《广西投资集团有限公司合同管理办法》、《广西投资集团有限公司合同管理工作指引（试行）》、《广西投资集团有限公司法律纠纷管理办法》等。其中《广西投资集团有限公司全面风险管理办法》遵循以战略为导向、全面与重点相结合、全员参与、符合实际需求、第一责任人及防范控制的原则，对风险管理组织体系与职责分工、风险评估、风险应对、风险管理的监督与预警以及风险管理专项考核等工作进行了规范，旨在通过严格执行办法中规定的各项要求，实现全面风险管理目标；《广西投资集团有限公司风控委员会工作规则》对委员会的人员构成、议事规则、职责权限等做了进一步的明确；《广西投资集团有限公司风险管控目标责任考核办法》根据风险管控目标责任状的要求，细化考核指标，量化考核标准，保证了风险管控工作的有效落地。

2. 动态监督，推行风险管理报告制度，逐步完善风险预警机制

集团各职能部门及所属企业，按照集团统一要求，每季度提交《重大/重要风险报告》，其中包括"公司上季度风险管控措施落实情况、正在跟踪的重点风险管控情况、重大风险管控措施落实情况台账、报告期内风险事件总结"等内容，并在报告中就重大/重要风险发生原因、可能造成影响、变化趋势和应对措施进行说明，使集团领导对各职能部门及所属企业的风险管理工作开展情况能够及时、准确地掌握。同时，对于提高各部门、各企业领导人员风险意识具有重要促进作用。风险管理归口部门结合《重大/重要风险报告》，对各职能部门和所属企业风险管理工作梳理分析，形成集团层面的《风险分析报告》，同时对重大/重要风险的实施情况和有效性进行检查。

3. 关口前移，搭建风险数据库及风险预警体系

集团公司各职能部门及所属企业根据已发生的损失事件和风险库确定风险监控指标，并结合历史数据信息，设置风险预警指标（包括安全区间、关注区间和危险区间）等，其中对集团公司的重点业务设置详细的监控预警指标，并建立风险信息数据库；针对投资风险设置了续建项目投资计划达成率、新开工项目投资计划达成率、金融类项目投资计划达成率等指标进行监控；针对财务风险，则设置了包括监控资金管理风险、担保风险在内的11项预警指标，有效地实现了对集团重大风险的监控预警，实现了风险管理的"关口前移"，实现了风险管理从"救火队员"到"防火卫士"的角色转变。

4. 畅通渠道，逐步推进风险监控信息化建设

为确保信息及时沟通，促进内部控制有效运行，集团建立了信息与沟通制度，明确内部控制相关信息的收集、处理和传递程序。

目前，集团信息主要通过重大/重要风险信息（如重大/重要风险报告、风险预警指标等）、财务会计资料（如年度财务报告、年度预算报告、季度财务分析报告、月度财务简报、三个月滚动资金计划、税务筹划分析报告等）、经营管理资料（如年度经营计划、季度经营情况分析报告、综合计划报告等）、调研报告（如专项审计报告、风险管理专项督查报告、安全生产监督检查报告等）、内部刊物、办公网络等渠道获取，并在内部各管理层级、责任单位、业务环节之间，以及与外部投资者、债权人、客户、供应商、中介机构和监管部门等有关方面之间进行沟通和反馈。针对重要信息，则及时传递给董事会、监事会和管理层。而针对外部信息，则通过行业协会组织、社会中介机构、业务往来单位、市场调查、来信来访、网络媒体以及有关监管部门等渠道获取。

同时，为保证风险信息收集与传递的及时性、有效性、准确性，集团公司将风险管控信息化建设纳入集团信息化统一规划、统一推进，目前集团公司成立了数据中心一期项目组，并提出了风险数据业务需求，进行了风险数据系统化的整理工作，逐步推进集团公司风险管理信息化工作，以实现对风险的有效监控。

（四）多方联动、有的放矢，有针对性地设置风险处置预案

绘制公司重大风险地图。广投集团每年均进行风险评估，并根据评估结果，从风险发生的可能性和影响程度两个维度，绘制公司重大风险地图。如2015年，集团公司评估出的重大风险为：投资决策风险，政府信用平台风险，安全生产风险，战略目标制定与调整风险，现金流风险，担保及代偿风险；2016年识别出了客户信用风险及并购重组风险将会对集团公司未来发展产生

较大的影响。

共同制定风险管理策略。针对识别出的年度重大风险，与各风险管理责任单位，共同制定风险管理策略，并通过风险管理报告制度，定期对风险管理现状进行诊断跟踪，并根据诊断结果查找缺陷，优化制度和流程，设置合理的监控指标。各职能部门根据指标情况制定风险应急处理预案，当指标达到危险区间时，或有突发事件时，职能部门在采取应急处理措施的同时，还需及时向分管副总裁汇报，由分管副总裁召集风险控制与法律事务部等相关职能部门召开风险应对会议。此外，所属企业也需制定风险应急处理预案，当指标达到危险区间时，或有突发事件时，所属企业在采取应急处理措施的同时，还需将风险信息及时报送集团公司职能部门和风险控制与法律事务部，并由职能部门召集风险应对会议。公司剖析了风险来源、成因、可能造成的

表 12-3　风险类别及应对措施

风险类别	应对措施
战略目标制定与调整风险	通过对标先进、分析形势、剖析问题、融入国家和自治区最新发展理念及自治区对集团公司发展"四个标杆"的新要求，初步完成了集团公司《"十三五"战略总体规划》的编制工作。在编制过程中，集团公司注重对各个环节的风险把控，力求战略规划更好地服务集团转型升级。同时未雨绸缪，对战略规划实施风险提前进行研判，确保规划顺利落地
投资风险	抓好项目立项、评审、审批等关键环节，在决策阶段对项目存在的风险进行分析，制定相应的应对措施，从源头控制投资风险
政府信用平台风险	根据国家相关政策积极与国开行、实际用款人对接，加强对项目单位的监督，掌握项目还款能力，配合国开行及项目实际用款人采取通过政府性债券置换对应政府性平台债务的措施，督促平台项目实际用款人按时偿还到期债务，有效控制政府信用平台风险
安全生产风险	严格按照目标明确、风险可控、突出责任、定位清晰、计划合理、有序推进的要求，坚持"安全第一，环保第一"的理念，及时宣传落实新修订的《安全生产法》和《环境保护法》等法律法规，确保全员学法、知法、守法。建立完善安全生产考核机制和办法，重新修订了集团公司《事故（事件）报告和调查处理规定》，量化了事故处理及责任追究的标准；同时修订完善各级应急预案，注重各级各类预案的衔接与配套，形成完整的应急预案体系，落实切实可行的各类应急方案
现金流风险	通过成立资金结算中心，完善财务制度体系，利用收、支两条线对集团资金进行集中管理，资金互通有无，集团总体的流动性风险得到有效控制
担保代偿风险	严格控制新增担保规模；规范所属企业抵质押日常管理，定期根据偿债情况解除抵质押，确需集团提供对所属企业担保的，做好对被担保企业财务状况、债务情况及其他股东提供担保情况的检查工作，并要求企业提供足值的反担保；同时，督促所属企业合理安排偿债节奏，确保按期偿还债务，有效控制集团总部的代偿风险

损失或影响，制定了风险控制、风险转移和风险规避等管理策略，以制度规范、流程程序、信息传递技术等方式方法，提出具体的应对方案，重大风险得到了有效防控。

（五）强化责任，从严监督，有效运行风险管控追责问责机制

按照治理结构及议事规则，集团监事会对董事会建立与实施内部控制情况进行监督；风险防控委员会对公司管理层内部控制制度的制定和执行情况进行指导和监督检查；审计部按照审计制度，对公司及所属单位经济活动的真实性、合法性和效益性进行审计，强化风险管理主体责任，从严监督问责。

建立健全风险管理追责问责机制，完备内部监督制度体系。为确保内部监督的有效性和规范性，2015~2016 年初，集团公司先后完善了《广西投资集团风险防控委员会工作规则》、《广西投资集团风险管控目标责任考核办法》、《广西投资集团有限公司经济责任审计办法》、《广西投资集团有限公司内部审计工作办法》、《广西投资集团有限公司投资项目后评价管理办法》、《广西投资集团有限公司建设项目审计办法（试行）》、《广西投资集团有限公司内部审计质量控制办法（试行）》、《广西投资集团有限公司审计管理手册》等管理制度及规范性文件，形成较为完备的内部监督制度体系。

签订风险管控目标责任状，落实风险管控"一把手"责任制。为贯彻落实自治区国资委全面风险管理的要求，建立健全集团公司全面风险管理体系，防范和化解各类风险，增强集团抗风险能力，强化责任及措施的落实，集团公司自 2015 年起与各二级平台公司负责人签订《广西投资集团有限公司风险目标责任状》，各所属企业的"一把手"作为第一责任人，对企业的风险管理工作负总责、直接抓，分管领导亲自抓、具体抓，指定专人负责、层层抓，确保各项工作落实到部门、到项目、到人员；同时各企业负责人缴纳全面风险管理抵押金，确保风险管控责任有效落地。

积极开展风控专项监督，督促整改。风险控制与法律事务部、财务部、经营部有关人员专门组成风险管控工作检查组，通过现场测评、个别谈话、听取汇报、综合评议等方式，对所属企业风险防控工作重点落实情况及风险管控目标责任状完成情况开展专项检查，并对检查结果进行了通报，对年度风险管控工作完成较好的企业予以表彰，对存在问题的企业予以督促整改。

实行"风险管控抵押金"制度，即对风险管控优秀企业予以双倍奖励，而对风险管控不合格企业则实行抵押金扣减，通过此种方式，强化了企业内部监督。

强化监督考核，实行责任与绩效挂钩。广投集团制定了《风险管控目标责任考核办法》，自2015年起，每年年底按照考核办法对各企业风险管控目标责任落实情况进行考核，并将考核结果纳入经营绩效评定。各二级子公司对照"重点防控清单"的内容，按照责任状要求，有针对性地采取风险管理措施，对重大风险事件，明确化解风险的时间任务节点，把责任层层分解，责任到人，任务到岗，落实风险管控责任。

（六）多管齐下，培育全面风险管理文化

风险管理文化作为集团企业文化中央组成部分，是在风险管理工作中形成的，被广大员工认同并自觉遵守的管理理念、风险价值观念及风险管理行为规范，也是全面风险管理体系的灵魂。有效的风险管理体系必须以先进的风险管理文化培育为先导，是实现全面风险管理体系有效落实的"软因素"。因此，为确保风险管理制度、机制的有效贯彻执行，广投集团强化各个层级对风险的地方认识，并赋予风险管理工作明确的价值取向。

广投集团从完善制度建设、开展培训讲座、编发宣传刊物等途径进一步加强风险管理文化建设，提高集团各层级的风险意识，提升风险管理水平。一是注重风险管理工作规划、制度的宣贯，促进规划、制度的有效执行；二是重视全面风险防控中的人员培训、素质提升，结合员工需求开展专题讲座、专题培训；三是编发风险月报，普及风险管理的基本知识和基本技能；四是集中各职能部门各所属企业风控岗位人员，开展风险管理专项培训；五是聘请第三方中介机构开展全面风险管理体系建设，注重风险管理知识转移。

第十三章　基础管理

> 28 年来，广投集团实施高绩效的人力资源管理，强化引才和储备力度，夯实集团智力基础。大力引进和培养高层次科技创新人才，以"人才小高地"、"八桂学者"、"特聘专家"的引进为契机，充分发挥他们深厚的学术造诣和科研管理能力，带领集团专业技术人才进行重大科研项目攻关，全面推进集团"产学研一体化"进程。2015 年推出"优培库"计划，加大了集团引入战略性人才力度。

> 广投集团自 2002 年"三项制度"首次改革试点以来，2009 年、2011年和 2014 年又分别实行三次"三项制度"改革，"三项制度"改革形成了集团竞争择优、责任明确、能上能下、能进能出、充满活力的选人用人机制。

> 根据业务多元化特点，集团对所属企业收入分配实行分类管理，主要实行工效挂钩工资总额管理及工资总额计划管理等形式。探索对部分所属企业试行市场化的考核及薪酬管理方式，对所属企业负责人实行绩效年薪制，试行基本薪酬+绩效薪酬+特别奖励薪酬制度。探索推行职业经理人薪酬制度。

> 广投集团整体财务质量不断提高，资金使用更加科学化和精细化，财务管理水平不断迈上新的台阶。截至 2015 年底，广投集团财务管理实现了统一会计核算、统一财务信息平台、统一资金结算、统一预算安排、统一调配资源、统一委派财务经理"六个统一"，圆满完成了集团对财务管

理工作的要求，为集团发展提供了强有力的财务支持。

➤ 广投集团从集团财务管控模式、核算管理规划、财务共享规划、管理会计规划、资金管理规划、融资管理规划、资产管理规划、税务管理规划、财务风险管理规划、财务管理能力评价规划、财务人员管理规划十一个方面着眼，对集团未来的财务工作制定了详细务实的目标，以期更好地支持集团跨越式发展战略。

➤ 广投集团始终坚持"安全第一、环保第一"和"安全生产就是企业最大的经济效益"的工作理念，率先引进"安健环风险管理体系"，并结合广投集团实际形成具有广投特色的安健环管理体系。同时，广投集团尝试多样措施进行节能技术改造，积极开展碳减排研究，为广西碳排放交易市场建设贡献力量。

一、人力资源管理

人力资源是广投集团竞争优势的重要来源，人力资源管理则是集团的一种战略性资产，作为集团总体战略的一部分来发挥作用。人力资源管理不仅为集团承担日常的招聘、选拔、聘任、绩效评估、薪酬制度、培训等作业性活动，而且在提高企业绩效、扩展人力资本和保证有效成本运行等方面做出了重要的贡献。

目前，集团拥有企业 140 家，其中：控股企业 96 家，参股企业 35 家（其中：集团公司直接参股企业 19 家，子公司参股企业 16 家），分公司 9 家，职工 2.1 万人。集团总部 195 人，其中：研究生以上学历 83 人，占比 42.6%；本科学历 83 人，占比 42.6%；本科以下 29 人，占比 14.8%。这些人力资源是集团 28 年辉煌发展的战略贡献者，也是集团持续竞争优势的重要来源。人力资源管理作为企业战略的一个有机组成部分，其价值的发挥主要体现在其对于企业战略实施的参与效果，体现在其对战略实施总体效果的影响。28 年中，广投集团实施高绩效的人力资源管理，从人员储备和人才引进、加强职工培训、优化收入分配、设置薪酬发展通道、实施三项制度改革等多方面提升企业业绩。

（一）人力资源管理实践

1. 强化引才和储备力度，夯实集团智力基础

（1）建立集团"优培库"，多渠道引进人才，为集团发展注入新活力。

2015年，广投集团引入战略性人才储备和培养思维，创新性地推出了集团化长效培优计划——"优培库"。按照建立"优培库"的设想，广投集团计划每年引进国际名校、国内"985"和"211"等重点高校应届优秀毕业生进入集团"优培库"，进行多层次、多企业、多岗位的培养锻炼，为集团长远发展储备人才。同时，制定了集团优培生管理办法，从优培生的引进、培养、考核等方面将优培生的管理制度化、规范化，将优培生培养设想落到实处。

（2）大力引进和培养高层次科技创新人才。

广投集团充分运用广西创建高端人才平台，以"人才小高地"、"八桂学者"、"特聘专家"的引进为契机，充分发挥他们深厚的学术造诣和科研管理能力，带领集团内部的专业技术人才进行重大科研项目攻关，全面推进集团"产学研一体化"进程。

人才小高地：2009年，由中铝广西分公司牵头，广投集团公司百色银海铝业公司联合强强碳素、华银铝业、信发铝业3家企业，联合申报的"广西铝冶炼人才小高地"获批。以人才小高地为载体，引进应用东北大学冯乃祥教授的专利发明成果，对电解槽进行新型阴极结构改造，到2012年已完成141台电解槽改造并使用，在节能方面取得了显著的效果。

特聘专家：2011年，广投集团申报的"铝冶炼节能研究"特聘专家岗位获批，成为广西首批特聘专家设岗单位，并成功引进在国内铝电解威望高、经验丰富、在铝电解节能技术研究方面取得巨大成就的东北大学冯乃祥教授担任集团公司"铝冶炼节能研究"特聘专家。2014年，集团申报的"高性能超宽幅铝板带制备加工技术"特聘专家岗位再次获批，成功引进蒋显全教授担任集团公司"高性能超宽幅铝板带制备加工技术"特聘专家。

八桂学者：2013年，广投集团成功申报"高性能铝及铝合金板带先进制备技术"八桂学者岗位，从区外引进铝工业高端人才中南大学邓运来教授，聘任其为集团公司"高性能铝及铝合金板带先进制备技术"八桂学者。

其他专业技术人才：2012年，广投集团所属鹿化公司的蒙先国同志获得

了广西优秀高技能人才称号。2013 年 6 月，集团财务部冯志耕、张雨红、施仲波、莫雪梅及集团所属银海铝业公司的曾汝冰、陈晞等人被录取为广西"十百千"拔尖会计人才（企业班）第三期培养对象，占第三期"十百千"总人数的 10%，是入选人数最多的企业，是广投集团推动会计人才培养结出的累累硕果。

2. 服务于集团总体战略发展，分层次开展职工培训工作

集团领导班子：根据区组织部、国资委安排及集团领导班子学习计划，每年组织领导班子成员参加自治区管理干部研修班、中心组理论学习以及自治区厅（局）级以上领导干部"时代前沿"讲座等培训。

集团中层管理人员：根据上级主管部门学习要求，结合国内外政治经济形势和集团战略发展需要，每年组织中层及以上管理人员开展 5~7 天的集中脱产培训。

基层员工：根据集团战略发展方向、业务发展及深化改革实际需要，每年组织开展企业年金培训班、人力资源培训班、集团风险管理等业务培训班。

后备干部培训：根据后备干部和业务骨干特点和所从事专业性质，积极推行各专业内部培训机制，由各企业、各部门根据业务及实际工作需要，不定期对后备干部和业务骨干培训开展内部培训，并将培训范围扩大至集团公司对口部门人员。2014 年，联合上海交通大学开展集团首期 MBA 研修班培训，共有 50 位后备干部和业务骨干参加本次集中脱产研修学习。

专业化培训：根据集团"产融一体化"发展战略，结合集团争取清洁能源板块在香港资本市场上市的目标开展相关业务专业培训。2011 年组织电力技术人员到上海电力大学开展电力业务培训；2015 年组织集团方元上市领导小组及其办公室和有关业务部门领导 15 人到香港金融管理学院开展为期 14 天的香港资本市场理论与操作集中脱产培训。

广投集团讲坛：每两月举办一期广投集团讲坛，聘请国内知名专家学者来集团授课，内容涉及战略管理、执行力、金融、国家安全等多领域、多方面。

3. 优化收入分配管理，推动集团提高绩效

广投集团在长期的经营过程中，按照公平性、有效性和合法性等原则，不断优化收入分配管理，为集团的发展注入重要动力。就收入分配管理来讲，受到的限制因素也越来越多，除基本的企业经济承受能力、政府法律法规外，还涉及企业不同时期的战略、内部人才定位、外部人才市场以及行业竞争者的薪酬策略等因素。在综合考虑多方面因素的情况下，集团对收入分配实行分类管理，逐步优化方针。

（1）集团对所属企业主要实行工效挂钩工资总额管理及工资总额计划管理等形式。

工效挂钩工资总额管理：适用于广投集团内部生产经营较为稳定的企业。主要做法是依据企业经济效益核定工资总额。集团核定各企业的工资总额基数、利润总额基数和挂钩浮动比例，年末根据企业实际完成利润情况，按比例计算企业的新增效益工资，实现工资总额与企业经济效益紧密结合，效益升则工资总额升，效益降则工资总额降。

工资总额计划管理：在建企业及处在项目前期阶段的企业的工资总额实行工资总额计划管理。根据同类在建企业情况，结合当地经济发展和企业职工工资水平，由企业拟定工资方案报集团审批后确定。

（2）实行企业负责人薪酬制度改革。

所属企业负责人实行绩效年薪制，薪酬结构分为基本薪酬、绩效薪酬及特别奖励等几个部分。

所属企业负责人薪酬核定：基薪是企业负责人年度的基本收入，广投集团按照"同一行业，同一尺度，同岗同酬，综合平衡"原则，根据企业综合经营规模、企业负责人的分配系数等因素确定。绩效薪金与经营业绩、企业负责人年度考核结果挂钩，以基薪为基数，依照企业负责人年度经营业绩考核结果和企业领导人员年度考核等级，乘以基薪的相应倍数确定。

所属企业负责人薪酬兑现：将企业负责人基薪列入企业当年成本，由企业按月以现金支付，月支付标准为基薪的1/12。将企业负责人绩效薪金列入企业经营业绩考核年度次年成本，根据集团确认的企业负责人经营业绩考核结果与奖惩意见，由企业一次性提取，分期兑现。其中，绩效年薪的80%在年度考核结束后当期兑现，其余20%实行延期兑现。延期兑现的绩效薪金与企业负责人任期经营业绩考核结果挂钩，并根据任期经营业绩考核结果以及企业负责任人任期审计或离任审计结果进行兑现。对于任期（三年）经营业绩考核结果为A级、B级和C级的企业负责人，按期兑现全部延期绩效薪金。

对于任期（三年）经营业绩考核结果为 D 级和 E 级的企业负责人，相应扣减一定额度的延期绩效薪金。

（3）企业负责人履职待遇业务支出管理。

为了进一步加强企业负责人履职待遇业务支出的监督和管理，广投集团制定了《广西投资集团有限公司企业负责人职务消费管理暂行办法》，对企业负责人的公务用车、通信费用、招待费用、差旅费用、出国（境）费用支出做出明确规定。企业监事会、职代会和内部财务、审计、纪检监察等部门对企业负责人职务消费情况进行监督和检查，对于发现的问题，主动提出整改方案并督促及时整改，坚持惩防并举，更加注重预防，强力推进党风廉政建设和反腐败工作。

（4）设立管理职系、专业职系岗位发展双通道，为员工提供多样化发展平台。

——职工薪酬发展通道设置。

1）管理职系岗位薪酬发展通道。

管理职系岗位薪酬发展通道自下而上共分为部门总经理助理（5 档）、部门副总经理（5 档）、部门总经理（5 档）三个等级，共 15 个薪档。

2）专业职系岗位薪酬发展通道。

专业职系岗位薪酬发展通道设置初级专业师（7 档）、中级专业师（5 档）、高级专业师（3 档）、首席专业师（2 档）四个薪酬级别，共 17 个薪档，其中高级专业师薪酬水平与部门副总经理薪酬水平基本持平，首席专业师薪酬水平与部门总经理薪酬水平基本持平，大大提高了专业职系岗位的薪酬水平，丰富了员工的职业生涯发展路径。

——职工薪酬调整通道设置。

1）管理职系职工薪酬调整通道。

对于中层管理人员，公司依据任职年限、工作表现等对职工进行薪酬等级的核定，并随时根据岗位调整、个人能力提升等条件的变化调整职工薪档，使管理职系职工实现薪酬水平的正常调整和合理增长。

2）专业职系职工薪酬调整通道。

对于非管理人员，广投集团依据综合素质和工作表现对每位职工进行专业职务等级评定，确定初始薪档水平，同时鼓励职工通过加强专业学习、改善工作绩效等方式提高个人综合素质，以专业职务等级的提升来实现职工薪酬水平的增长。以新入职的应届毕业生为例，随着工作经验的积累、业务水平的提高，其薪酬基本可以实现逐年略有增长，满足了职工薪酬增长的心理预期，提高了职工对企业的忠诚度。

——双通道的共存互通。

管理职系薪酬发展通道与专业职系薪酬发展通道在集团内部共同存在，互相贯通，职工可以根据自身条件选择职业生涯发展道路，并享受相应的薪酬待遇。专业职系职工在专业技能水平达到一定高度后可以竞聘管理职系岗位，享受管理职系薪酬，同时，专业职系职工也可以选择专业职系的职业生涯发展道路，立足岗位成才，申请评定更高级别的专业职务等级，享受与管理职系岗位基本相当的薪酬待遇。

（二）人力资源制度改革与探索新机制

1. 坚持推行"三项制度"改革，不断优化组织架构与激发人力资源活力

广投集团自 2002 年开始，从"三项制度"改革入手，引入竞争机制，集团中层及以下职工均实行聘任制，"能者上、平者让、庸者下"，增加了职工的竞争意识和企业的活力。集团分别于近期的 2009 年、2011 年和 2014 年三度实行"三项制度"改革，三次改革的侧重各有不同。

（1）2009 年改革：探索全员竞聘，激发企业人力资源活力。

为适应集团发展要求，2009 年，广投集团按照"大资产、大战略、大财务、大人事和大风险"管控模式，在集团总部首次实施全员竞聘上岗，重点在企业管理人员能上能下、职工能进能出方面进行探索，取得了一些突破：一是调整总部机构。对总部组织机构依照流程链进行界定设置，重新整合各部室职能，将原来的七部一室一中心调整为七部二室。二是对总部机构进行"三定"。明确总部各部室管理岗位和一般岗位的编制、职责、薪酬和绩效考核标准。三是全员解聘。集团总部中层及以下职工一律"解聘"，全部"待岗"，实行面向集团系统的全员竞聘，把竞聘选拔范围首次扩大到总部和所属全资、控股企业，本次共有 13 名业务骨干从下属企业竞聘到公司总部。同时，对 20 名落聘人员实施人文关怀，进行妥善安置。7 名原总部中层管理人员全部改任非领导职务，继续发挥余热；13 名普通职工，采取了转岗培训后

推荐到集团下属企业上岗、提前内退、鼓励自谋职业等多种措施进行分流。四是改革薪酬分配制度。建立重实绩、重贡献、向优秀人才和关键岗位倾斜的分配激励机制。

（2）2011年改革：搭建发展平台，拓宽员工职业发展空间。

一是优化组织结构，构建了"集团化"管理架构。面对新的发展形势和集团"十二五"发展目标，对总部现有的部门职能进行了进一步优化和调整，对总部各部门工作职责进行重新梳理和完善，强化了境外投资、安全监察等职能，使总部的组织机构更加合理，部门职责更加明晰。

二是继续推行全员竞聘，促进企业人才合理流动。改革的范围扩大到整个集团所属的控股企业，在这次改革中，总部及12家所属企业、1.4万名员工参与了竞聘上岗，集团系统管理、后勤岗位比改革前减少5%，有13名所属企业骨干竞聘到集团总部工作；集团总部和所属企业共有68名优秀员工获得提拔任用，11名平时工作不尽职的员工待岗或分流。通过实施动态的改革，增强了员工履职意识，优化了企业人力资源配置。

三是搭建发展平台，拓宽员工职业发展空间。在此次改革中，集团总部引入了管理职系岗位与专业职系岗位职业发展"双通道"模式。在薪酬设计上，改变了以往单纯"以岗定薪"的薪酬体系，设立了与"双通道"并行的薪酬分配体系，打破了传统薪酬管理中专业岗位的薪酬低于管理岗位薪酬的薪酬分配格局，搭建员工成长多元化平台，促使员工立足岗位成才。

（3）2014年改革：创新管控模式，完善大型综合投资集团组织体系。

实行要素管理，理顺了管理架构，形成了"总部—平台公司（事业部）—企业"三级管控模式，构建符合大型综合投资集团发展要求的组织体系。这种模式，有力地体现了建设一流投资集团对总部"做强"、二级单位"做实"、三级单位"做优"的要求。集团2014年完成的改革工作，在自治区国企中先行一步，形成了清晰明确的管控战略优势。在全员竞聘上，首次把竞聘范围面向参股企业，本次竞聘上岗工作，选拔调整干部范围之大、职数之多，在集团发展历史上是少有的。据统计，有58名通过资格审查的人员，参加17个正职岗位的竞聘；有96名通过资格审查的人员，参加37个副职及正职助理岗位的竞聘，竞争十分激烈，最终确定了16位同志为正职岗位人选，31位同志为副职及正职助理岗位人选，进一步激发了企业活力。

332

2. 探索推行职业经理人薪酬制度

为深化企业改革，形成竞争择优、责任明确、能上能下、能进能出、充满活力的选人用人机制，广投集团制定了职业经理人制度，明确了职业经理人的考核和薪酬方式。

（1）职业经理人考核。

职业经理人考核涵盖试用期考核、年度考核和聘期考核，广投集团根据考核结果决定其奖惩、去留等相关事项。试用期考核：企业与职业经理人签订的劳动合同明确试用期，试用期满后由董事会组织考核，并根据考核情况决定是否正式聘用或延长试用期；年度考核：董事会根据企业与职业经理人签订的经营管理目标考核责任书中的年度考核指标、考核内容、考核标准等内容，每年进行一次考核评估；聘期考核：聘期考核以职业经理人的聘期（一般为三年）为一个考核周期，以聘期经营管理目标考核责任书为主要考核依据，在职业经理人聘期将满时对考核指标、考核内容、考核标准等内容进行考核。职业经理人的绩效薪酬与考核结果挂钩，企业董事会依据职业经理人年度（聘期）经营业绩考核结果兑现薪酬，实施奖惩，决定任免。

（2）职业经理人薪酬。

职业经理人实行市场化薪酬，按照竞争性、激励性、公平性和经济性原则，由集团董事会根据同行业薪酬水平和企业实际情况、职业经理人市场的供求状况、职业经理人的市场价值等因素确定其薪酬标准，薪酬水平与企业经营业绩挂钩，根据经营业绩计发职业经理人报酬。薪酬包括基本薪酬、绩效薪酬和奖金，其中基本薪酬按月发放，绩效薪酬按年度发放，奖金按年度和聘期发放。绩效薪酬和奖金分期发放，并预留一定金额（原则上不少于绩效薪酬和奖金总额的15%），在聘期结束，经审计无问题后再行发放。

3. 探索对部分所属企业试行市场化的考核及薪酬管理方式

2014年，在深化国企改革的大背景下，广投集团探索性地在广西柳州银海铝业股份有限公司、柳州广投置业有限公司试行市场化考核及薪酬管理方式。

（1）广西柳州银海铝业股份有限公司市场化考核及薪酬方案。

广西柳州银海铝业股份有限公司是广投集团所属的一家铝加工企业。为确保实现任期内总体任务目标，首先将目标进行分解，明确各年度的经营目标，并按照市场化要求对企业领导班子成员薪酬制度进行改革，领导班子成员薪酬由基础薪酬和绩效薪酬两部分组成，基薪根据经营班子成员的工作职责、工作专业性、工作难度、企业的规模等因素确定，绩效薪酬与经营班子成员的经营业绩考核结果相挂钩，由董事会委托股东单位对领导班子成员进行考核，每年考核一次：顺利完成年度经营目标的，经营班子成员可获得全额绩效薪酬，更可获得额外的利润目标奖励；而未完成经营目标的，按照未完成率扣罚经营班子成员的绩效薪酬，最多可扣完全额绩效薪酬。

此外，对领导班子成员实行市场化管理聘任机制，实行一年一聘制。顺利完成年度经营目标的，由公司董事会继续聘任为下年度的经营班子成员；未能完成经营目标且增亏在较大金额以上的，由董事会委托股东对经营班子成员进行警示谈话，督促完成下年度经营目标，甚至解聘相关经营班子成员。

（2）柳州广投置业有限公司市场化考核及薪酬方案。

柳州广投置业有限公司是广投集团所属的一家房地产置业公司。集团董事会对公司经营班子下达年度工作任务目标、评分标准、考核办法等，年终由董事会根据目标机制、考核评分办法进行打分，作为绩效工资的发放依据。设立长期激励机制，当项目销售完成一定比例后，对项目进行整体核算，如实现利润超过预期目标的，将按一定比例计提税后利润作为长期奖励基金，对项目有突出贡献的人员及合作伙伴进行奖励。同时，建立奖惩机制，超额完成任务有加分，而当考核评分在 60 分以下时，董事会对公司高管予以警示谈话处理；考核评分在 50 分及以下的，取消公司高管绩效工资的发放，并对公司高管予以解聘处理；连续两年考核评分在 60 分以下，则视为公司高管无法胜任本岗位工作，公司予以解聘处理。

4. 推进企业年金稳步实施，完善员工福利体系建设

广西国资委以《关于同意广西投资集团有限公司试行企业年金制度的批复》（桂国资复〔2014〕299 号）批准了集团的企业年金方案后，为使企业年金制度在集团真正得到落实，集团主要开展了七大工作：一是成立集团企业年金管理委员会，负责统筹企业年金建立的各项工作；二是多次牵头组织召开企业年金管理委员会会议，讨论企业年金方案需要细化的内容并进行相关数据测算；三是通过招投标方式选定企业年金基金受托人、账户管理人、托管人和投资管理人，明确各角色职责定位；四是在集团职工代表大会前广泛征求职工意见及建议，为企业年金方案顺利在职代会上审议通过奠定基础；五是完成集团总部及符合条件的所属企业年金方案的报批工作；六是收集职工意向，组织集团总部职工填报加入企业年金制度申请表；七是开设集团总部企业年金受托管理账户、投资管理账户并完成本年度的企业年金缴费。集团总部企业年金制度完成了全部的前期基础性工作，步入了正常实施阶段。

企业年金制度的建立，一方面保障了职工退休后的晚年生活水平，增强了职工化解老年经济风险的能力，体现了集团对职工的真切关怀；另一方面为广投集团提供了有竞争力的薪酬福利体系，稳定了高素质的人才队伍，增强了企业凝聚力，为集团实现基业长青奠定了人才基础。

（三）未来展望

1. 制订集团人才培训与发展战略规划

在广投集团"十三五"发展战略确定后，就着手制订2016~2020年"十三五"人力资源发展战略规划。根据集团金融、能源、铝业、医药医疗健康、文化旅游、海外业务六大板块发展战略规划，分析各板块人员现状，了解集团发展对人才的总体需求，在集团"十三五"发展战略指引下，制订集团"十三五"人力资源发展战略子规划。人力资源培训开发，将出现以下导向：一是注重全员培训；二是加强前瞻性培训，紧密跟踪最新的管理理念、体制、技术和方法；三是将职业生涯规划与员工培训开发结合起来，使受训人员有更强的自主精神；四是注重后备骨干队伍的开发，更加重视能够为企业长远发展带来后劲和潜能的后备人才；五是培训外包与内训体系建设的分工与结合。

2. 推进金融、国际板块进行市场化薪酬改革

积极引入行业知名咨询机构，参与集团对金融、国际板块平台公司及所属企业薪酬相关体系的搭建、完善及流程梳理。注重传统薪酬战略向新型薪酬战略的转变，不仅注意薪酬水平的提升，更加注意薪酬结构的调整和优化，薪酬方式的灵活设计和管理，如宽带薪酬的应用，可以解决纵向上升机会少、薪酬增长速度缓慢的问题；技能薪酬和绩效薪酬导向，鼓励员工提高职业技能，改善绩效；经营者年薪制和员工持股计划、管理者收购以及期权期股的推行，使员工更加关注企业长期发展和经营效益。

3. 探索实施补充医疗保险

补充医疗保险是单位和职工在参加统一的基本医疗保险的基础上，自愿参加的补充性保险项目，目的是提高职工的医疗保障水平，是在试行企业年金后集团为提高职工福利保障水平的又一重要举措。

4. 建立集团"优培库"，优质培育优培生

制定广投集团优培生管理办法，考试选拔优秀毕业生进入集团首批"优培库"，定点培育符合集团战略发展需要的专业功底扎实、工作能力突出、综合素质较高的后备人才，定期检查考核选培生的工作态度、工作业绩、工作能力及培养潜力，将集团人才长效培养计划落到实处。

5. 进一步完善和优化集团人力资源管理系统

人力资源管理信息化手段的应用，可以大大减轻人力资源管理的事务性工作负担，提高对于人力资源信息的处理、加工、分析和应用能力，实现企业各类各级管理人员对于人力资源管理的资源共享和合作协调，并且与企业ERP系统进一步整合，使人力资源管理信息系统与其他职能管理信息系统相结合，充分发挥人力资源管理的职能作用。继续推进人力资源管理系统建设，在一期的成果基础上，按"统筹规划，分期建设，扎实推进"的方针在集团系统内进行推广，同时对一期建设存在的问题进行完善和优化。

二、财务管理

财务管理作为企业管控的核心环节，其重要性不言而喻，对企业提高运营质量与效率、控制风险乃至长远发展都有着极其重要的促进作用。随着集团公司发展壮大，面对日趋激烈的竞争格局、集团多元化发展、产业结构调整和转型升级等困难与挑战，集团财务一直致力于管理创新，坚持探索与实践，积极主动适应集团管控模式的变革，如会计核算从最初的单户、手工记账发展到多层合并、网络实时支持；资金管理从分散到集中，融资管理从各自为政到战略统筹；预算管理从手工编制到利用信息技术建立预算系统、从财务为主到全员参与；财务分析从浮于报表到深入现场专项研析；团队建设从单一培训到全方位打造高效、专业团队等；同时，通过制定财务工作规划、

搭建财务专业网站、组建财务专家团队、建立集团行业税务标准化操作体系、试点全面风险管理等，不断强化集团财务管理职能，财务管理的贡献度不断提升，为集团实现跨越式发展和转型升级提供了强有力的支撑。进入"十三五"，集团财务紧紧围绕集团战略发展目标，以价值创造为主导思想，以财务共享为基础，重塑财务组织架构，再造财务管理流程，积极推动财务转型升级，进一步提高财务管理效率，为集团向更高目标迈进，实现发展新跨越积极努力。

（一）财务管理的工作亮点及主要成效

广投集团财务管理坚持科学管理，规划指引，充分利用信息技术提升管理效率，认真做好融资管理、资金管理、预算管理、财务信息系统建设、会计核算、财务分析、税务管理等方面的工作，将财务工作落到实处。

1. 资金集中管理创造价值

从 2009 年底开始，集团开始推行资金集中管理，经过 6 年努力，资金集中管理工作发生了深刻的变革，并取得了丰硕的成果。

一是强化资金集中管理。2009 年以前，集团各经济主体在资金的管理上，均为分散管理，各自为政，经过充分的调研和准备，2009 年 12 月集团实行资金集中管理，先是在总部和方元电力公司实行，取得经验以后，在集团内迅速推广。集中管理企业从 2009 年的 9 家增加至 2015 年的 50 家，其中集团结算中心 38 家，黔桂分中心 12 家，将符合条件的所属企业基本纳入资金集中管理。

二是有效发挥资金聚集效应。结算中心通过资金统筹管理合理调配资金，期末集团合并备用金额度大幅减少，资金总余额从接近 30 亿元减至 15 亿元以下，大大减少了财务费用；当成员单位有经营资金需求时，优先在资金归集企业调配，减少了对金融机构的借款，使集团外部贷款量相应下降，节约了银行利息支出，降低了集团债务水平，2015 年为下属企业提供流动资金支持 28.94 亿元；还增强了对金融机构的议价能力，给予集团结算费用优惠，节省了成本支出；同时在确保资金安全的前提下科学安排理财产品投资，2010~2015 年累计增创效益 2.1 亿元。

三是多措施提升资金管理水平。通过组织强有力的资金管理团队，如从银行引入有金融工作经验的专业人才担任骨干，招聘具备金融相关专业背景的专业人员，并通过轮岗、师带徒、岗位流程标准化制定、内外部培训、业务讨论等多种方式，切实提高资金管理人员水平。同时，资金管理分析也在不断深入和具体，通过编制资金计划，加强对各成员单位的大额资金流动监控，使集团总部对现金的掌控能力得到增强。2012 年以来，在全面充分掌握情况的基础上，对多个资金管理专题进行了深入研究，包括对集团总部的投融资能力进行了分析，摸清了自身筹融资能力的"家底"；包括对资金集中管理的成效和进一步加强的措施进行了分析，坚定了"让资金集中管理创造更多价值"的信心和决心；包括对总部和所属企业的融资渠道选择确定原则进行分析，明确集团内部融资管理的"游戏规则"。这些有高度、有深度的分析材料的完成，体现了集团已经建立了优秀的筹融资和资金管理团队，为进一步做好资金管理工作奠定了基础。

2. 融资管理创新实践

作为投资型企业，集团一直重视资金筹措能力的提升，特别是 2008 年实施"大财务"管控以来，充分发挥了集团总部在融资工作中的统筹协调和主导作用，融资管理在保障集团发展方面取得良好效果。

一是融资渠道不断丰富。2005 年以前，集团融资渠道集中在商业银行，融资品种单一，主要为银行借款、银行承兑汇票等传统业务；集团在 2005 年首次尝试发行企业债，为建设龙滩水电站募集到 10 亿元资金，占当年集团融资余额的 17.28%，为今后开拓融资渠道起到了很好的示范效应；2009 年，集团组织专业的工作团队，深入研究金融形势，努力拓展融资渠道，与超过 20 家银行、租赁公司等金融机构开展合作。无论是总部还是所属企业有资金需求，均通过询价对比、招标竞争等方式寻找合作伙伴；2010 年，集团成为中国银行间市场交易商协会会员并开始发行中期票据，此后集团紧跟中国银行间市场交易商协会发展步伐，将发行的债券品种逐步推广到短期融资券、非公开定向发行债务融资工具、超短期融资券、永续中期票据；2015 年，中国证监会颁布新的公司债券实施政策，允许非上市公司企业发行公司债，集团先后在证券交易所发行了 30 亿元非公开发行公司债券、20 亿元公开发行公司债券以及 10 亿元可续期公司债券，其中：广投集团首期公开发行公司债券为深圳证券交易所首例、广西首例、全国第五例、地方国企首个面向公众投资者公开发行公司债券，集团首期可续期公司债券为全国首例非公开发行可续期公司债券。除了以上融资创新活动外，集团还在融资租赁、跨境直贷、股权基金等方面进行了开拓，极大地丰富了集团的融资渠道。

二是融资成本不断下降。通过发挥集团总部的统筹协调作用，引入比价、邀标、招标机制加强金融机构之间的相互竞争，提高集团整体议价能力，并将金融机构眼中的"好项目"和"差项目"捆绑谈判来突破，综合解决困难企业的融资问题；通过融资渠道不断创新，引入低成本融资渠道资金，降低整体融资成本，同时促使原来高成本融资渠道资金因承受竞争压力自动下调成本，从而再进一步降低整体融资成本，形成良性循环。近几年来，集团融资成本不断刷新最低纪录，目前集团短期资金成本最低为 2.84%，低于中国人民银行公布的同期限基准利率 1.51 个百分点；中长期资金成本最低为 3.21%，低于中国人民银行公布的同期限基准利率 1.69 个百分点。

三是融资规模不断增加。为满足集团高速发展需要，随着融资渠道的不断拓宽，集团融资规模也不断增加。2011~2015 年，集团融资余额从 283 亿元增加至 513 亿元，融资规模从每年 74 亿元增加至 386 亿元，有力支撑了集团发展。

3. 全面预算管理深入开展

集团财务部积极发挥总部职能，不断完善全面预算管理体系，认真组织预算管理工作开展，使预算在优化资源配置、促进集团经营业绩目标落实等方面的作用日益显现。

一是持续不断完善全面预算管理体系。集团出台了预算委员会工作规则、编制集团预算管理流程图，并通过建立健全预算管理办法，落实工作责任，梳理工作流程，完善工作内容，形成预算责任清晰、相互协同、高效配合的工作机制，为全面预算管理工作深入开展提供有效保障；在预算编制过程中，进一步加强组织领导，不断增强预算管理工作的系统性和协同性，通过采取"自上而下、上下结合、分级编制、逐级汇总与审批"的程序，分解下达经营计划、投资计划、资金计划等专项计划，充分发挥集团总部的统领作用，指导企业编制预算，减少反复博弈的内耗，提高了预算编制效率。同时，定期开展预算基础检查工作，规范各企业的预算管理工作。

二是不断提升预算编制水平。2011 年，在现有的财务系统上搭建了集团预算编制系统，结合集团各子公司行业特点以及管理要求，设置了集团统一格式的预算报表表样，形成了由经营预算、投资预算、筹资预算、财务预算等一系列预算组成的相互衔接和勾稽的综合预算体系。并根据管理要求和会计报表项目调整，定期修订预算报表，以有利于提高预算编制工作的规范性、科学性和完整性。

三是强化预算管控，严格预算执行。在财务部门的持续、大力推动下，各企业加强重视全面预算管理，预算管理水平逐年提高。在预算执行过程中，集团选取关键指标改季为月实施动态监控，各企业紧紧围绕年度目标加大预算管控力度，将预算控制在渗透经营过程中；同时建立预算执行报告制度，加强预算执行分析，及时发现并纠正预算执行中存在的问题；集团在公司网站定期公布企业主要指标完成率排名表，引导企业、员工重视预算管控，预算完成情况成为考核经营业绩的主要指标之一，不仅发挥着重要的激励作用，还有效地促进了经营目标的实现。

4. 财务信息化与时俱进

集团财务工作始终站在财务信息化发展的前沿，通过持续应用不断发展的电脑技术，将手工业务逐步转变为信息化业务，会计核算的准确性和工作效率不断提升，工作质量显著提高。

第一，为使财务满足决策层"大财务"集中管控要求，集团借鉴国内先进企业的做法，集中资源采取新措施，推动财务信息化工程。经集团同意，与用友软件公司结成战略合作伙伴，集中人力，投入财力，率先在广西采用NC系统联网进行会计核算处理。

第二，集团财务信息化逐步实现了"三个统一"，即统一财务信息系统、统一会计科目及常用报表应用设置、统一资金集中管理。首先，除国海证券等少数几家企业外，集团内所属企业均统一使用集团 NC 财务信息系统，实现所属各层级母公司对所属每家企业账套和报表的实时、跨地域查询，及时获取所属企业财务信息，掌握财务动态。其次，统一会计科目及常用报表应用设置，对集团内所属企业的会计科目按行业性质进行统一优化设置，在此基础上统一设置国资决算、快报等相关报表应用，实现绝大部分报表数据的一键生成，提高企业报表的填制效率和准确性。最后，在统一财务信息系统的基础上利用"银企互联"技术，统一资金集中管理，将资金管理从成员企业传统的财务管理中分离出来，由集团结算中心直接负责，统筹调配、远程处理、在线管理各成员单位的资金业务，对成员单位资金实行动态化的集中管理，宏观控制资金合理使用，也带来巨额的经济效益。

第三，随着财务信息化的普及与提高，财务工作重心也逐渐前移。财务人员的工作重点从凭证管理、数据核对转向规划预测、数据分析以及政策研究等方面。以总部为例，财务核算人员的比例从原来的70%以上降至当前的40%左右，腾出来的人力，积极投入到财务管理工作上，使财务规划、事前预算、事中分析、事后核算、整体税务筹划等方面工作"全面开花"，以前无法提前做的事情，现在可以做了；以前可以做的，现在质量更高。这为企业管理提供了数量更多、质量更高、程度更深、速度更快的决策依据，大幅度提高了财务工作在企业经营管理中的重要度和影响力，提高了优惠税收政策的争取能力。2012年财务部集全体财务人员的智慧，反复斟酌，数易其稿，编制了财务工作的"十二五"规划，将当前和未来几年财务发展的方向刊印成文，成为贯彻落实的纲领文件；财务分析已成常态化，除常规的每季度末作经济运行财务分析外，平时应企业管理的要求，每年均进行多个财务专题研究，如关于资产负债率控制、关于资金筹措和管理的专题研究成果，得到公司领导的认可，得以在集团范围内推广和实施，充分发挥了财务的决策参考作用。此外，财务部还建立了集团内部的税收法规库和行业税务标准化操作手册，并组织专门团队对税务政策进行深入研究，提出节税筹划方案，规避税务风险，同时积极争取税收优惠政策。2013年创建广投财务网，建立集团财务信息资源共享平台，为实现财务信息资源共享、保证财务数据传递安全等发挥促进作用。没有财务信息化的不断提高，这些工作无法有效开展。

第四，积极推进实施嵌入式XBRL，为降低会计信息获取和传递的成本打下基础。集团公司积极响应自治区财政厅、国资委号召，考察调研XBRL财务报告的编制与应用，并与XBRL软件公司合作，作为广西区内三家实施嵌入式XBRL的试点单位之一，将XBRL财务报告编制功能与集团公司现有财务信息系统结合，于2015年12月顺利完成嵌入式XBRL项目的验收，为提高以后年度XBRL报告编制效率、解决企业报表对外多头报送以及行业对标数据难以获取的问题打下了坚实基础。

（二）未来展望

广投集团财务部将一如既往地坚持管理创新，牢固树立价值管理理念，着力整合财务资源，以制度创新、流程创新和技术创新为动力，以提升财务管理运作效率和服务质量为重点，深化完善财务管理体系建设，推动财务管理转型，全面提升财务管理水平，更好地支持集团跨越式发展战略。其中，集团财务管控模式、财务共享规划将引领财务管理新的变革。

1. 打造财务共享服务平台

为整合企业资源、降低运营成本、提升管理效率，搭建会计核算共享平台，实现业务系统与财务系统的融合，促进不同区域法人企业的会计核算集中化和规范化，广投集团积极探索打造财务共享中心，并希望试点成功后向全集团推广。

第一，广泛开展财务共享调研。集团公司先后赴中兴、国投、中广核等大型企业调研，积极交流学习财务共享经验，并与多家财务共享软件服务商沟通，深入探讨如何借助财务共享等信息化手段降低交易处理成本、适应企业规模扩大、提升财务服务质量。当前，集团公司经过大量的前期调研工作，已聘请专业咨询机构为公司财务共享中心进行规划方案设计。

第二，探索建立集团财务共享整体框架。集团建立财务共享整体框架，加快推进财务和业务管理信息化管理水平，通过财务与业务有机融合，提供全价值链财务管理支持，实现集团财务从传统会计到管理会计的转型。

第三，试点建立分行业财务共享中心。在集团财务共享整体框架搭建完成的基础上，建立分行业财务共享服务中心。选取子公司数量多、分布广的二级平台公司先试先行，打破财务组织界限，结合各企业特点对业务流程、组织结构、人员等进行整合。

第四，适时推进各业务板块财务共享服务中心建设。在总结试点经验的基础上，推广其他业务板块结合自身板块特点和实际情况做好财务共享建设前期准备工作，逐步建设财务共享中心。

2. 形成集团财务管控新模式

为了更好地适应集团"总部—平台—企业"三级管控的要求，逐步实现"标准化、流程化、规范化"财务体系，集团财务转型为三个层次，分别是战略财务、业务财务和共享财务。

第一，战略财务是财务职能中的指导层。积极参与集团战略的制定与推进，支持战略决策的落地。通过预算管理、经营绩效管理、成本管理等为企业战略及实施提供高价值的财务分析支持。制定集团财务政策，发挥导向作用。充分利用信息技术建立全面监管及控制体系，实时动态提供运营分析数据。

第二，业务财务是财务职能中的控制层。深入业务一线，将财务管理融入价值链各个环节，促进公司价值最大化。具体执行集团的预算配置原则、成本管理导向、风险管理要求等，促进公司战略和政策向业务单元的推进、落实。采集和存储有关业务循环的详细数据，提供及时有效的财务数据支持。

第三，共享财务是财务职能的执行层。通过建流程、立标准，设置统一的核算流程、会计政策、会计科目、会计账套、数据仓库、信息系统等，统筹集团资源，实现财务专业化分工，强化集团管控能力。集中进行涵盖核算、报表、资金、税务等交易处理，集成财务和非财务信息是业务财务与战略财务的数据基础，有效提高信息分析的效率与质量，便于内部信息共享。

三、安全健康环保（HSE）管理

广投集团的实业投资项目中，能源、铝业等高危、高污染行业所占比重较大，保证项目运行的"安全、健康、环保"是经营管理的重要内容。广投集团在经营过程中，严格贯彻新《安全生产法》和《环境保护法》，始终坚持"安全第一、环保第一"和"安全生产就是企业最大的经济效益"的工作理念，树立底线思维、红线意识，以风险管控为核心，从切实转变观念入手，通过监督检查和考核，不断强化责任落实和制度执行，通过不断的安全环保工作实践为集团的可持续发展保驾护航。

（一）安全生产：从"向事故要安全"到"关注事前，超前控制风险"

对于电厂、铝厂这样的高危行业，安全生产是企业的生命线。企业通常会制定一系列的规章制度来规范生产过程、保障员工利益及安全事故应急预案等。但是，很多企业的安全管理制度采用的是事后管理，即"向事故要安全"，安全事故发生之后再寻找生产及管理环节存在的纰漏，从事故中寻找经验，从经验中完善管理方式。以事故为中心的安全管理模式最终只能防止事故的重复性发生。随着广投集团的不断发展壮大，传统以事故为中心的安全管理方式的缺陷愈加突出，安全管理的长效机制不能形成。因此，如何促进安全生产管理规范化，建立安全管理的长效机制，提高对安全事故的预防能力，成为广投集团亟须解决的重要问题。为了切实保障企业员工的生命安全和健康，保障社会效益不受损失，广投集团转换思维，从"向事故要安全"转变为"关注事前，超前控制风险"，引进"钻石安健环风险管理体系"，把安全防范的关口前移，将事后完善的被动管理方式转变成动态的、主动的事前风险管理方式。

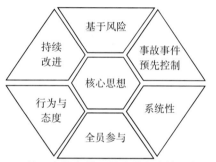

图 13-1 基于事故和基于风险的安全管理方式比较

1. 引入先进管理体系，彰显广投集团特色

"安健环风险管理体系"就是以风险管控为核心的覆盖企业安全生产全过程的制度化、规范化、系统性的安全生产管理模式和方法，是从职业安全、健康、环保等方面构建的一整套持续改进的风险管理体制。安健环风险管理体系更加关注事前风险分析、管理、评估，将风险控制前移，实现动态的、主动和超前的安全生产风险管理，从管理理念、内容和方法上确保了企业安全生产风险的预控、可控、在控。采用安健环风险管理体系可以改变被动、救火式安全管理模式，通过危害辨识与风险评估、从被动的事故处理到风险的预控，实现安全管理的前瞻性；改变单一安全管理模式，实现系统化、结构化管理；改变静态式的安全管理模式，实现安全管理的常态化与动态化；实现数据的积累、沉淀与分析，为安全决策提供依据；培育一批合格的安健

环专业管理人员；创建一种基于风险、规范、价值观的安全文化；减少进行准备、贯彻及审核的时间，节省成本；激发员工能力，增强组织凝聚力；最后，也是最重要的，可以获得国际认可，实现与世界级水平的接轨，钻石体系有助于组织现场依从外部管理系统标准，如 ISO14001：2004，ISO9001：2008，OHSAS18001：2007 及法定需求。

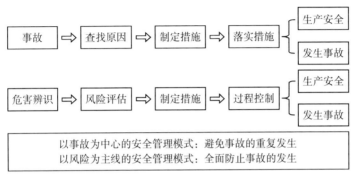

图 13-2　安健环风险管理体系核心思想

广投集团在钻石安健环风险管理六大原则（基于风险、事故事件预先控制、系统性、全员参与、行为与态度、持续改进）的基础上，根据自身特点，形成了具有广投集团特色的安健环体系结构。并对结构体系中的 12 个要素分配不同的分数，再结合分配到 SECP 各环节的不同比重，对企业进行绩效考核。

表 13-1　SECP 环节及分数分配

环节	分数分配（%）
要素的策划/系统建立：资源、标准及支持文件的准备（S）	10
系统包括标准/计划及支持文件执行（E）	20
对建立系统包括标准/计划及支持文件执行的依从程度（C）	30
绩效：系统包括标准及支持文件质量和实际达到目的/目标（P）	40
总分	100

表 13-2　广投集团钻石安健环风险管理体系要素及分数分配

要素	分数分配
1. 组织管理	1720
2. 危害辨识与风险评估	1350
3. 能力要求与培训	640
4. 工作场所	900
5. 生产用具	910

续表

要素	分数分配
6. 生产管理	1870
7. 职业健康系统	350
8. 环境保护	400
9. 风险行为	250
10. 事故事件与应急管理	500
11. 检查	320
12. 监测与纠正预防	600
合计	9810

2. 因地制宜，安健环体系成绩斐然

2011 年，按照广投集团跨越式发展战略的要求，广投集团建设和推广以风险管控为核心的安健环管理体系。广投集团提出了以点带面、稳步推进、确保成效的工作思路，分别选择广西方元电力股份有限公司来宾电厂、桥巩水电站、来宾银海铝业公司作为试点单位，2011 年 9 月 22 日，广投集团安健环风险管理体系试点实施启动。2012 年 12 月 22 日，广投集团安健环风险管理体系均通过外部评审，3 家试点企业全部达到"2 钻"水平，标志着广投集团的企业现场管理水平达到国内先进水平。广投集团率先成为广西国资委监管企业中唯一一家建立此体系的企业，其中来宾银海铝业公司成为第一家在全国冶金行业中建立此体系的企业。随后，广投集团安健环风险管理体系稳步推进，2013 年新增 1 家"2 钻"企业，2014 年新增 2 家"2 钻"企业，2 家"3 钻"企业，截至 2015 年，广投集团安健环风险管理体系建设经过四年多的实践和完善，各企业安全管理水平逐步提高，安健环风险管理体系建设迈上新台阶，通过评审的企业达到 10 家，其中 4 家企业达"3 钻"和 6 家企业达"2 钻"，桥巩水电站获"全国安全文化建设示范企业"命名。"十二五"期间，广投集团先后两次荣获全国"安全生产月"活动先进单位，入围中国企业安全生产文化建设典型案例和企业安全生产新纪录。

专栏　方元桥巩水电站安全生产先进事迹

桥巩水电站是广西投资集团有限公司的三级子公司，是二级平台企业广西方元电力股份有限公司的下属企业，也是广投集团唯一100%控股的水电企业。桥巩水电站位于广西来宾市红水河下游，是红水河十级开发方案中的第九级。2005年3月桥巩水电站破土开工，2007年11月实现大江截流，2008年第一台机组顺利并网发电，2009年12月实现全部八台机组投产发电的目标。桥巩水电站创造了多项"世界一流"和"全国第一"，是广投集团发挥资源优势、调整产业结构、推行"铝电结合"的重要依托。

桥巩水电站以构建安健环风险管理体系建设为抓手，不断提升企业安全生产管理水平，安全生产形势持续向好。2013~2014年连续两年实现机组非计划停运次数为零的安全生产佳绩，厂用电率、耗水率等指标在同类型电站中名列前茅，公司连续三年获得广西投资集团有限公司安全生产先进企业。截至2015年，已实现连续安全生产共计2724天。2015年实现年发电量28.82千瓦时，上网电量28.51千瓦时，营业收入6.55亿元，利润2.32亿元，创建站以来历史新高。

桥巩水电站自建站以来，先后获得广西区优秀企业、国家优质投资项目奖、广西信息化和工业化融合示范企业、自治区直属企业文明单位、全区创争活动优秀组织单位等多项荣誉。2013年，桥巩水电站科研项目"广西桥巩特大型灯泡贯流式水电站建设与管理"荣获"2013年度中国电力发电科学技术二等奖"，累计获得授权的发明专利和实用新型专利4项。2014年，桥巩水电站荣获"广西五一劳动奖状"，通过安健环风险管理体系"3钻"评审，被评为"自治区安全文化示范单位"，公司劳模创新工作室获"自治区劳模创新工作室"称号。2015年，公司通过电力安全生产标准化一级企业达标评审。

取得的成绩并不是重点，而是公司继续前进的动力。桥巩水电站拥有目前国内单机容量最大的灯泡贯流式水轮发电机组，设备技术含量高，管理难度大，对员工的素质要求也高。水电站深知安全责任重于泰山的道理，提出并坚持"风险预控、责任到位、本质安全"的企业安全生产方针，未来将持续保证安全生产工作，推进安全生产工作踏上新的台阶。

资料来源：笔者根据《桥巩水电站分公司简介》归纳整理。

表 13-3 广投集团安全生产荣誉

序号	奖项	获奖单位
1	入围中国企业安全文化建设典型案例和企业安全生产新纪录	广西投资集团有限公司
2	全国和"安康杯"优胜企业	来宾电厂
3	全国和"安康杯"优胜班组	百铝电解二车间六工区
4	自治区"安康杯"优胜企业	鹿化公司
5	自治区"安康杯"优胜班组	柳电运行三值一单元
6	全区青年安全生产示范岗	桥巩水电站自动化班
7		来宾电厂发电五值
8	自治区安全文化建设示范单位	桥巩水电站自动化班
9		来宾电厂
10		来宾银海铝
11		百色银海铝
12	安健环风险管理"3钻"企业	桥巩水电站
13		来宾电厂
14	安健环风险管理"2钻"企业	来宾银海铝
15		百色银海铝
16		百色银海发电
17		柳州发电
18		黔桂金州建材
19		黔桂三合水泥

资料来源：根据《广西投资集团 2014 年度企业社会责任报告》归纳整理。

同时，通过安健环风险管理体系建设，广投集团实现了安全管理的六个转变：一是管理模式由传统"被动反应式"、"救火式"的管理转变为"主动式"、"可知可控"的前瞻性管理；二是管理形式由单一的（检查治理）转变为系统的（各管理要素的有机整合）管理；三是职工态度由被动参与转变为主动参与；四是行为习惯由凭经验转变为按标准、表格、单据做事；五是管理模式由静态的管理转变为动态的监控；六是关注焦点由关注安全结果转变为关注过程，如事故和事件管理，体系实施前关注于事故的管理，在过程中关注于报告与处理，体系实施后，关注于事件的管理，在过程中关注于原因的查找，而不是责任的追究。

3. 坚持"谁主管、谁负责"，严格安全生产责任体制

广投集团坚持"谁主管、谁负责"、"管生产必须管安全"、"管业务必须管安全"及"党政同责、一岗双责、齐抓共管"的原则，通过与各二级公司签

订《安全环保和节能减排目标责任书》的形式来明确安全生产责任目标，并督促二级企业与三级企业以及企业内部层层签订安全生产责任书，形成责任和压力层层有效传递的链条，确立了领导管理责任、主体责任、安全监督责任三条明晰的责任线，实现了三线一体，落实有效。同时，在严格的安全责任制度下，广投集团加大安全生产指标考核权重，实行安全生产和安全生产事故"一票否决"制，对安全生产单位实施考核，并将其作为企业领导人及经营业绩考核的重要内容，逐级推行安全生产风险抵押制度，形成了"全员抓安全、全员有责任"的工作新机制。

4. 多样化教育培训活动，增强员工安全意识

安全教育培训工作是培养员工安全环保意识、增强责任感的重要方式。广投集团重点抓两个层面员工的安全教育培训，一是各级领导干部安全责任意识的培训，使领导树立安全生产的法治意识，增强做好安全生产工作的责任感、使命感；二是做好管理层执行力的培训，使其掌握安全管理的有效手段、方法，使各项安全管理规章制度有效实施。同时，采取多样化的教育培训活动来提升各级员工的能力，例如，2015 年广投集团就重点举办了注册安全工程师考前培训、安健环风险管理体系应用研讨培训、安全管理人员资格证等专业性培训，培训人员包括所有企业主要负责人、安全管理人员等，广投集团已有近百人取得了注册安全工程师执业资格，所有专职安全管理人员均取得安全管理资格证书。二级企业也根据生产经营特点，组织开展了形式多样、内容丰富的安全教育培训。基层单位对员工进行岗位安全操作规程和技能培训、事故案例及预防事故措施的教育。通过不断强化员工安全生产教育培训，努力提高人员安全生产意识，逐步达到人的行为正确、规范、安全，从根本上掌握防范安全事故的主动权。

（二）环境保护：从"贯彻执行"到"主动探索"

广投集团秉承"安全第一，环保第一"的理念始终将环保工作放在工作的重要位置，并凭借超前意识，逐渐从单纯的执行国家、自治区规定转变到主动探索节能减排做法，积极实施节能技改工程，促进绿色低碳循环发展，主动参与广西碳减排研究，为国家生态文明建设添砖加瓦。

1. 坚持不懈，节能减排成效显著

随着广投集团的不断实践，节能减排成效显著。如图 13-3 所示，2013 年节能 46533 吨标准煤，2015 年节能 118300 吨标准煤。其中，由于黔桂公司 60 万机组投入运行与以前 20 万机组相比节能效果明显，2014 年广投集团企业累计节能 206373 吨标准煤。"十二五"期间，广投集团各企业累计实现节能量 54.91 万吨标准煤，完成"十二五"节能任务的 108.74%。减排方面，污染物达标排放，各企业也都基本完成了"十二五"节能减排任务，取得了较好成效。

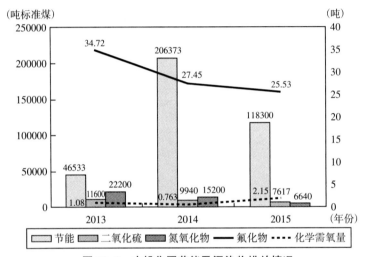

图 13-3 广投集团节能及污染物排放情况

"十二五"以来，广投集团通过深化节能减排工作、调整优化生产经营方式，实施"上大压小"工程，全面开展火电机组的"热电联产"和脱硫、脱硝和除尘改造，延伸铝产业链开发高附加值新产品，化肥企业污水"零排放"改造，大力发展循环经济产业等工作，使企业各项能耗指标得到不同程度的优化。重点火电推进热电联产改造项目、脱硫增容以及脱硝改造，铝行业则通过引进异型阴极电解槽、不停电开停槽开关、阴极硼化钛涂层等多项先进技术，降低吨铝综合能耗；鹿化公司合成氨厂型煤烘干窑尾气节能减排改造项目安装完毕，正式投入使用等。此外，各火电企业坚持以发电、集中供热、资源综合利用为战略转型方向，积极降本增效，环保效益显著。截至 2015 年底，来宾热电厂用户已发展至 22 家，来宾 A、B 厂白泥综合利用技改项目已

经实施完成，据统计，已经资源化利用白泥约 3 万吨用于脱硫，不仅节约了成本，也确保了污染物达标稳定排放，产生了良好的环保效益和社会效益。

2. 实施节能技改工程，促进绿色低碳循环发展

2005 年出台的"十一五"规划中，国家第一次提出了节能减排的目标——2010 年节能 20%、减排 10%。从此，节能减排成为全民关注的话题。广投集团以火电为能源板块主导产业的格局，在节能减排形势日益严峻的情况下，节能减排的压力日益加大。为此，广投集团积极调整能源结构，建设新的能源基地，重点推进"上大压小"、热电联产，有限发展沿海、坑口火电，坚持发展清洁能源，积极参与发展核电、水电。

2009 年，广投集团关停了 65 万千瓦的小容量火电机组，分别为来宾电厂 25 万千瓦、贵州黔桂发电有限责任公司 40 万千瓦。并投入大量资金进行脱硫系统、除尘系统、粉煤灰分选系统、低氮燃烧技术和节能减排技术改造，所有火电企业都建设了脱硫装置系统，有效保证了各项污染物的达标排放和节能减排的效果。

此外，2008 年，为了解决广西煤炭供应的问题，响应国家建设北部湾经济区的战略，广投集团成立了北海实业公司，规划在北海铁山港区建设大型煤电一体化能源基地。北海能源基地项目按照"一厂两站"模式，规划建设 8×100 万千瓦级机组；4 个 10 万吨级码头；年储运配送能力为 3000 万吨的配煤堆场以及煤炭相关配套产业。2015 年 1 月，北海能源基地首期 2×100 万千瓦机组正式开工建设，首期工程建设两台 100 万千瓦超超临界燃煤机组，两个 10 万吨级码头和 1000 万吨储备煤堆场，计划于 2017 年建成投产。与传统火电相比，北海能源基地项目机组采用最为先进的减排技术，可实现"近零排放"，同时，机组采用目前世界火电燃煤机组最为先进的"二次再热"技术，每年可比常规同功率机组节约原煤 30 万吨。

3. 大力推进生态文明建设，深入开展企业碳减排研究

为推动"绿色发展、低碳发展"，有效应对全球气候变化，中国政府采取多项措施控制温室气体排放。中国碳市场的建设，是由 7 个试点开始起步的。2011 年底，国务院印发了《"十二五"控制温室气体排放工作方案》，提出"探索建立碳排放交易市场"的要求。2011 年 10 月，国家发改委为落实"十二五"规划关于逐步建立国内碳排放权交易市场的要求，同意北京市、天津市、

上海市、重庆市、湖北省、广东省及深圳市开展碳排放权交易试点。2014 年，7 个试点已经全部启动上线交易。

虽然广西未被列入碳排放权交易试点省份，但是广西积极探索建立碳排放交易机制，鼓励自治区内有实力的企业按照国家《温室气体自愿减排交易管理暂行办法》参与自愿减排交易活动。广投集团身先士卒，敢为人先，深入探索企业碳减排研究。积极落实国家有关生态文明建设的工作安排和部署，提升企业碳减排管理水平，为更好地推动企业"绿色发展、低碳发展"，积极介入广西碳市场先期建设。2015 年 9 月 21~25 日组织相关人员到北京学习了解目前国内碳减排管理、交易和配额分配情况，并组织开展发电、电解铝和水泥企业的碳排放盘查工作，摸清了高排放企业温室气体的实际情况。其中，来宾电厂、来宾银海铝有限责任公司列入广西碳减排首批三家试点单位，为广西碳排放权交易市场建设贡献力量。与此同时，广投集团还带领下属企业积极开展节能降耗，提高资源能源利用效率，积极推动火电企业开展"近零"排放改造，并对新、改、扩建项目坚持"三同时"原则，采取先进工艺，从源头削减排放，减少生产过程中的碳排放。

第十四章 企业文化

➤ 文化的重要性集中体现在它决定了集团的性格和命运。以广投集团与时俱进的先进文化观念作指导，集团员工形成了先进的思维方式和行为方式，集团内部形成了先进的管理方法以及自觉在各个层次、各个方面进行创新的行为，使得集团在激烈的市场竞争中占据优势，实现持续、快速、健康的发展。

➤ 一代又一代广投人执着探索适应外部市场环境、契合内部发展战略的企业文化，文化探寻之路历经"从孕育到诞生"的文化奠基期、"从朦胧到明晰"的文化发展期、"从分散到整合"的文化融合期、"从规范到创新"的文化升华期四个发展阶段，分别印证了广投集团28年来的每个重要发展时刻。

➤ 广投集团形成了一套完整科学的企业文化理念体系，全面覆盖"文化特色—核心理念—管理理念"三个层次。其中，既包含"本源润泽广、容魂势梦蓝"十个文化品牌的特色文化——"海文化"，企业愿景、企业定位、企业使命、企业精神、企业品牌形象、企业品牌宣传语六位一体的文化核心理念，又涉及发展理念、经营理念、创新理念、绿色理念、人才理念、风控理念、财务理念、党建理念、廉政理念、共享理念、社会责任理念十一个管理理念。

➤ 广投集团积极履行经济、社会、环境责任，关注股东、客户、员工、社区等各利益相关方，致力于建立完善、规范的社会责任管理和沟通体系。

353

集团公开透明公布企业的社会责任履行状况，自 2012 年起，已连续五年向社会公开发布社会责任报告，同时通过官网、报纸、杂志、微信平台等多种方式宣传广投集团的社会责任理念。

➢ 广投集团紧跟国家政策，大胆提出在"十三五"期间全面实现"一百双千"、进入世界 500 强的广投梦。要实现这一宏伟目标，进一步做强做优广投集团，必须依靠强有力的企业文化软实力做支撑。为此，集团立志打造成为广西国企企业文化建设的标杆，打造深入人心的企业文化，更加注重履行社会责任，不断创新企业文化载体，进一步提升企业文化管理水平，夯实发展软实力。

美国著名历史学家戴维·兰德斯在《国富国穷》一书中曾写道："如果说经济发展给了人类什么启示，那便是文化所发挥的举足轻重的作用。"① 社会文化对于经济发展的作用尚且如此，企业文化之于企业发展壮大的重要性自然不必赘言。可以说，企业文化是企业的无形资产，是企业用之不竭的财富源泉。

一、良好企业文化，志在卓越企业

企业文化是企业在生产经营过程中逐步形成而后坚定奉行的独特理念。小到个体，中到企业，大到国家，都有不同的个性特征，因而形成了个人性格、企业文化、民族品格。企业文化外化为企业的硬标识，体现在厂容、厂貌上，展现于产品质量、外观中，表现在文化仪式、文化活动中；内化为企业的文化制度，凝聚共识、集体学习；升华为企业的理念，激发员工使命感、提升员工归属感、加强员工责任感、赋予员工荣誉感、实现员工成就感。

广投集团有着与时俱进的先进文化观念作指导，促使集团员工形成先进的思维方式和行为方式，培育先进的管理方法以及自觉地在各个层次、各个方面进行创新的行为，不断推进集团在激烈的市场竞争中占据优势，实现持续、快速、健康的发展。

---

① ［美］戴维·兰德斯：《国富国穷》，门洪华等译，新华出版社 2010 年版。

（一）良好的企业文化是持续发展的强大牵引力

企业文化建设是企业精神文明建设的重要内容，是促进企业精神文明建设的重要手段，是广大员工的精神食粮，是凝聚全体员工的重要力量。企业文化在企业改革、发展中的重要性，不仅仅限于其在企业经营活动中所起的现实作用，最为重要的是企业文化对企业在充满希望的"知识经济"时代将起到的深远的"未来的意义"。在新形势下，优秀的企业文化对组织结构调整、产品结构调整、发展方向、发展水平、发展速度等产生重大而深远的影响。

从广投集团成功发展的 28 年来看，企业文化随同战略发展不断调整，从而在企业内部建立了一个良好的文化逻辑，形成了良好的企业文化氛围和一种强大的"文化力"。广投集团通过建设优秀的企业文化，正确引导员工的思想价值，使员工树立正确的世界观、人生观、价值观，树立崇高理想，坚定政治信念，提高员工的思想境界和道德水平，为企业发展提供良好环境。

对于广投集团来说，如何适应集团国有投资公司改革步伐，紧密契合集团"十三五"发展战略，促进企业健康发展，进而传承和塑造良好的企业精神，建设适应新形势下的优秀的企业文化理论框架极为重要。

（二）良好的企业文化是打响品牌的重要推动力

一个好的企业或品牌名称，不仅能恰当体现企业与产品的特点，准确地表达企业理念，而且还应最大限度地涵纳企业文化内容，强烈地吸引、感染和冲击广大受众的心灵，从而直接提升企业与产品的文化竞争力。

经过 28 年的开拓发展，广投集团品牌与文化相互渗透、相互包含并以此形成具有鲜明特色的企业文化。目前，广投集团已发展成为广西资产总量最大的地方国有企业，成为区内家喻户晓的知名企业。不仅如此，广投集团积极开拓海外业务，依托广西打造面向东盟的国际大通道、西南中南地区开放发展新的战略支点、"一带一路"有机衔接的重要门户三大使命加快发展，在东盟打响品牌，提升国际影响力。

（三）良好的企业文化是留住人才的关键凝聚力

在企业中，企业文化的建立与企业文化体系的形成，对员工的思想和行为都将产生积极的引导作用和教育作用。企业文化的形成反映在企业的价值观、士气和沟通的方式中，也反映在全体员工的行为习惯中。反之，员工的思想和行为也将会对企业文化的未来产生极其重要的影响。

无论是老一辈广投人以自强不息、开拓进取的拼搏精神为广投集团跨入中国企业500强之路打下江山，还是新一代广投人以抢抓机遇、敢于挑战，以创新拼搏的精神开拓业务，提升业绩，推动集团在中国企业500强排位不断向前。可以说，广投人身体力行地书写着广投文化，良好的广投文化也同时吸引人才、培养人才、留住人才、与人才共同成长。

广投集团的企业文化不仅在集团内部得到员工的肯定并上下宣贯，而且在广西企业中名声大振，并在全国范围内引起强烈反响。如表14-1所示，近六年来，广投集团的企业文化受到社会各界的广泛肯定，获得了众多的文化殊荣。

表14-1　广投集团近六年企业文化荣誉榜

年份	标号	文化荣誉
2011	1	集团在中国企业竞争力年会上获"中国最具竞争力品牌企业"称号
2012	2	集团获中国企业文化研究会授予"2012年度企业文化建设优秀单位"称号
	3	"2007~2010年度广西企业文化建设工作先进单位"
	4	集团在2012年首届广西企业文化节获"企业文化建设成果展一等奖"
2013	5	中国企业文化研究会授予"全国改革开放35周年企业文化竞争力三十强单位"荣誉称号
2014	6	集团获中国财经年会"2013年中国最具影响力创业投资机构"
	7	集团获广西企业文化建设协会颁发"广西企业文化建设示范基地"
	8	集团获中国企业文化研究会颁发"企业文化顶层设计与基层践行十大典范组织"
2015	9	集团获中国内刊协会授予"全国2014年度优秀内部报刊'文化纽带奖'"、"全国内刊品牌100强单位"
	10	冯柳江董事长荣获"十二五"全国企业文化建设十大典范人物
2016	11	集团报刊分别获中国企业文化研究会授予"十二五"全国企业文化优秀传播媒体（报纸类）一等奖、（期刊类）二等奖
	12	集团"海文化"获中国文化管理协会授予"十大企业文化品牌"奖
	13	中国企业文化研究会授予集团"全国企业文化建设示范基地"单位

二、培育企业文化，执着探寻之路

从 1988 年广投集团成立开始，培育企业文化的步伐从未停止，一路高歌、一路前行。企业文化发展历程见证了广投集团每个重要的发展时刻，随企业所处的外部环境变化及时调整，与广投集团的整体发展壮大一脉相承，同时在不同的发展阶段体现出不同的阶段性特征。按照时间进程划分，广投集团的企业文化的培育与发展大致经历了四个重要的阶段，分别为：1988~2004 年的文化奠基期、2005~2008 年的文化发展期、2009~2014 年的文化融合期、2015 年至今的文化升华期。

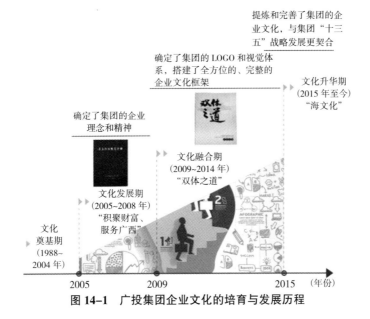

图 14-1　广投集团企业文化的培育与发展历程

（一）"从孕育到诞生"的文化奠基期（1988~2004 年）

广投集团，前身为成立于 1988 年 6 月 24 日的广西建设投资开发公司。创业初期，公司以继承和发扬艰苦朴素优良传统为企业精神，肩负起为地方政府投资积累资金的历史使命。1996 年，公司在经营走上正轨后，成立了董事会并按照《公司法》精神，变更为"广西开发投资有限责任公司"，同时推出了

"制度化、规范化、科学化"以及"高素质的队伍、高科学的管理、高效率的运作、高效益的回收"的思想理念。

1997~2000年，公司步入新的阶段，提出了"调整结构、盘活资产、加强管理、提高效益"、"有进有退、抓大放小、缩短战线、培育优势产业、稳住重要产业"和"深化改革、优化结构、培育优势、分类指导、提高效益"等经营思想和发展理念，开辟出了一条虽然曲折坎坷但却一直向前的发展之路。

2002年，公司发展成集团公司，在整合"三整三改"（整顿组织、整顿管理、整顿产品，改革劳动、改革人事、改革分配制度）、"四调整两转变"（调整经营模式、调整投资结构、调整组织结构、调整人才结构，在实业投资的同时，加大资本营运力度，实业投资与资本营运并重）等思想理念的基础上，提出了新的企业愿景：打造广西经济领域的航空母舰。

到2004年，集团通过划拨、债转股、投资、参股等多种方式不断发展壮大，成为一家横跨多个行业、涵盖产业链上下游的国有大型综合企业。集团由自治区政府直接管理，并开始实施公司制改革，按照"产权清晰、权责明确、政企分开、管理科学"的十六字方针探索建立现代企业制度。广投集团经营理念不断发展，逐步形成电力、有色金属和金融三大支柱产业，由一个资金管理平台转变成实业投资和资本运营双轮驱动的集团主体。

这一时期的企业文化建设尚处于萌芽起步阶段，组织文化并不是真正意义上的企业文化，而是政府机关的行政文化，主要表现在以下三个方面。一是存在官僚化的工作作风，基本依照政府的行政安排做事，企业员工缺乏主人翁意识，机械落实上级指令，缺乏内在的发展动力，主要承担地方政府的战略任务。二是随着企业界定产权归属，明确相应的权利责任，建立科学的法人治理结构，企业的内在发展动力被激发。三是主人翁意识萌芽，2000年广投集团实施"三项制度"改革，转换员工身份，员工开始产生职业化观念。

附录14-1　2002年集团公司文化理念

企业愿景：打造广西经济领域的航空母舰。

（二）"从朦胧到明晰"的文化发展期（2005~2008年）

由于不同的企业存在不同的文化背景、不同的企业职工对集团公司现有

358

理念、精神等文化元素的认同感存在偏差。2004年底，集团聘请文化顾问公司对自身多年的企业文化积淀进行挖掘与整合，导入了企业形象战略，完成了企业理念识别、行为识别和视觉识别系统的设计，并于2005年确立了"积聚财富、服务广西"，"实力、稳健、成功"等具有广投特色的企业理念和精神，下发了《员工行为规范手册》，内容包括广投理念、员工职业道德规范、员工形象规范、办公室场所行为规范、商务活动规范等。

2008年，全球金融风暴波及国内，在部分所属企业一度陷入了停产、限产困局的危急形势下，集团依靠企业文化的力量广聚人心、上下团结，全体员工继承和发展克难攻坚、艰苦奋斗的企业精神，积极组织开展自救行动，取得了国际金融风暴的阶段性胜利。2008年，集团首次入围中国企业500强，成为广西最有实力的投资企业。

这一时期的企业文化建设处于快速发展阶段，逐渐探索与现代企业制度相适应的文化体制，主要表现为企业文化理念的明朗化和规范化。一是"一体多元"的企业文化模式初见雏形，在集团文化的统领下，形成以百色银海铝为代表的新国企文化、以国海证券为代表的股份制企业文化、以电力企业为代表的老国企文化三种不同特征文化共存共融的文化格局。二是集团确定了明确的企业文化体系。

附录14-2 2005年广投理念

企业远景（企业定位）：成为广西最具实力的国内一流的投资控股公司

企业使命：积聚财富 服务广西

企业精神：尊重 诚信 创新 团队

企业形象定位：实力 稳健 成功

核心价值观：

工作观：勇创一流，做就做最好！

服务观：坦诚 热情 周到 入微

管理观：规范管理 尊重人 成就人

用人观：德才兼备 人尽其才

经营观：重效益 谋共赢

发展观：稳步　持续　科学

口　号：励精图治，共创辉煌！

广告语：财智，创造美好！

（三）"从分散到整合"的文化融合期（2009~2014 年）

这个时期的文化伴随着集团的成长而成长。这一阶段集团逐步探索和实施"产融结合、双轮驱动"发展战略，在做实做强能源和铝业两大传统产业的基础上，进一步加大新兴业务板块的投资力度，并取得了重大突破，集团的产业逐步走向多元化，企业文化的内涵和外延也得到了不断发展。

2009 年，集团聘请管理咨询企业为公司管理模式进行把脉会诊，并指导实施了首次面向整个集团系统的总部三项制度改革。改革后，成立了品牌文化室，负责集团的企业文化建设和品牌管理工作。

2011 年，集团在制定"十二五"发展战略目标的同时也同步制定了《"十二五"企业文化建设发展规划》，明确了企业文化建设的指导思想和基本原则，树立了"全面贯彻落实企业文化理念体系，将企业文化理念与落实集团经营管理的各项任务紧密融合，强化集团的整体凝聚力，初步建立起与社会主义市场经济相适应，与现代企业制度相符合，与企业发展战略相符合，反映企业特色，与企业和职工共同发展需求相一致的企业文化体系"的总体目标。

2011 年底，集团聘请管理顾问公司对企业文化进行梳理、整合，在对公司文化底蕴挖掘和提炼的基础上，根据时任国家主席胡锦涛提出的"体面劳动"的指导思想，结合集团的发展思路，提炼出与已有企业文化一脉相承的，以"体面工作、体面生活"的幸福观为特色的广投新文化；重新设计了集团LOGO，制定和完善了集团视觉 VI 体系。2012 年 3 月，《双体之道》企业文化手册正式发布。

这一时期的企业文化建设处于延伸拓展阶段，企业文化建设正在朝着完全的企业化、市场化的道路大步迈进。突出表现在 2011 年，重新设计了集团LOGO，制定和完善了集团视觉 VI 体系，提出新文化体系，提炼出特色的"双体之道"，并按照"四季之法"进行宣传贯彻落地。

附录14-3　2012年广投"双伓之道"文化理念

企业使命：创造价值　服务社会　成就员工

企业愿景：行业领先　基业长青

企业精神：专于心　敏于行　立于信　成于德

核心价值观：

发展观：稳健经营，效益优先，和谐发展

幸福观：体面工作，体面生活

人才观：德才兼备，以德为先，人尽其才

工作观：专心、专业、专注

（四）"从规范到创新"的文化升华期（2015年至今）

2015年，中共十八大、十八届三中全会对国家未来发展做出新的战略部署，"十三五"规划提出创新、协调、绿色、开放、共享五大发展理念，集团立足新常态、实施新战略，打造新业态、构建新格局，全面超额完成年度工作任务目标。"十二五"末，集团实现五年再造三个广投、全面创广投发展历史新高、全面完成"十二五"发展目标、四项主要经营指标全面创广西国企第一、全面树立广投新形象等"四个全面"目标，成功奠定了广西王牌军、主力军的地位。

自治区党委、政府对集团的成绩给予了高度肯定，并提出广投要勇担广西"两个建成"重任，肩负起广西战略发展的重任，打造"国企改革、创新发展、服务广西经济社会发展、党风廉政建设和企业文化建设"的广西国企"四个标杆"。以标杆建设为动力，集团正务力在"十三五"期间，为加快成为广西本土首家世界500强企业努力奋进。

在此形势下，为与集团"十三五"发展战略相适应，集团自2015年底起，历经半年时间对原文化体系进行了整合提升，结合新时期的发展主题，以"责任、担当、进取、包容"的企业精神为核心构建形成广投特色的文化体系——"海文化"。同时，启动了党风廉政体系标准化建设工作，并确立了集团"十大社会责任体系"。集团文化建设由此进入了新的跨越发展阶段。

今天的广投集团产业、资本硬实力由大到强，文化软实力厚积薄发。

附录 14-4　2016 年广投 "海文化" 理念

特色文化——海文化

海之本　立足广西　走向世界

海之源　源远流长　厚积薄发

海之润　上善若水　以文化人

海之泽　春风化雨　深仁厚泽

海之广　产业为本　融通天下

海之容　海纳百川　有容乃大

海之魂　激情梦想　挑战拼搏

海之势　顺势而为　奔腾不息

海之梦　兴桂标杆　世界强企

海之蓝　洁净和谐　志存高远

核心理念

企业愿景　兴桂标杆　世界强企

企业定位　产融资本运营管理专家

企业使命　创造价值　服务社会　成就员工

企业精神　责任、担当、进取、包容

品牌形象　实力、稳健、成功、和谐

品牌宣传语　产业为本，融通天下

管理理念

发展理念　创新、协调、绿色、开放、共享

经营理念　以价值为导向，以诚信为根基，以效益为目标

创新理念　创新是发展之魂

绿色理念　清洁生产　安全高效

人才理念　海纳百川　德才兼备

风控理念　防范风险就是创造效益

财务理念　诚信、规范、精细、高效

党建理念　党性铸造先锋魂　旗帜引领强优路

廉政理念　风清气正　勤廉自律

共享理念　体面工作　体面生活

社会责任理念　责任共担　成果共享　发展共赢

三、坚守文化理念，打造长青基业

广投集团经过 28 年的文化建设与文化发展，积累了深厚的文化底蕴，形成了一套完整的企业文化理念体系，全面覆盖"文化特色—核心理念—管理理念"三个层次，包含着涉及"本源润泽广、容魂势梦蓝"十个主题的"海文化"的品牌特征，企业愿景、企业定位、企业使命、企业精神、品牌形象、品牌宣传语六位一体的文化核心理念，以及发展理念、经营理念、创新理念、绿色理念、人才理念、风控理念、财务理念、党建理念、廉政理念、共享理念、社会责任理念十一个管理理念。

该企业文化理念体系似取之不尽、用之不竭的源源动力，在无形中引领广投集团走过创业初期的艰苦岁月，支撑集团度过不断壮大的探索时期，走向有所作为的跨越发展新时期。

（一）企业文化特色

大海一望无际、容纳百川，正如广投集团的文化发展绵延不断、包罗万象。"海文化"是广投集团的企业文化特色，更是一代又一代广投人的文化品格。它既是对集团近 30 年文化精髓的总结凝练，同时也蕴藏着集团的宏伟蓝图，具有鲜明的时代特征和广投印记。

"海文化"下设十个品牌，分别为"海之本"、"海之源"、"海之润"、"海之泽"、"海之广"、"海之容"、"海之魂"、"海之势"、"海之梦"、"海之蓝"，这十大品牌犹如涓涓细流最终汇成博大精深的广投集团"海文化"。"海文化"集中表达了广投集团一种包容发展的态度，一颗勇于挑战的红心，一份坚定不移的信念，以及一个创新争优的大格局。

（二）企业文化核心理念

企业文化核心理念是企业文化的基础，是集团践行社会主义核心价值观的具体体现和实践载体。广投集团企业文化核心理念由六个方面组成，分别为企业愿景、企业定位、企业使命、企业精神、品牌形象、品牌宣传语。这六大核心理念反映了广投集团的发展诉求，为企业发展注入强劲动力。

1. 企业愿景

"兴桂标杆、世界强企"是广投集团的企业愿景，也是广西人民和政府的殷切期望。

一为兴桂标杆。集团致力于将自身打造成为广西地区行业先锋企业，引领行业发展风向。二为世界强企。优秀的企业都是高瞻远瞩的，都有一个比利润更为高远的愿景。集团作为广西最优秀、最具发展潜力的企业之一，实现做强做优、行业领先，对标世界一流企业的理念思维、发展模式以及技术和管理标准，培育一流的规模实力、质量效益和国际化竞争能力，打造成为广西国企"四个标杆"，在全面实现"十三五"末"一百双千"奋斗目标的基础上，跻身世界 500 强行列。

2. 企业定位

"产融资本运营管理专家"是广投集团的企业定位，也是广投集团的奋斗目标。

纵观广投集团的产融结合之路，可以发现，实体产业自广投集团成立之初就是企业的基础。早在 2000 年，广投集团抓住机会出资 2 亿元控股国海证券进入金融产业，便走上了"由产到融"的道路。2013 年，广投集团确定"产融结合、双轮驱动"发展战略，以实业产业为根基，重点发展金融业。2014 年，广投集团正式实施"产产结合、融融结合、产融结合"的产业协同发展方式，打造金融、能源、铝业、文化旅游和海外资源开发五大核心业务板块。

当前，在全面深化改革的新时期，广投集团将致力于通过实施"产融结合、双轮驱动"发展战略，着力提升集团在产业资本和金融资本领域的管理水平，形成金融资本与实业资本相结合、互融互通的产业发展格局，并借助于长期运营金融资本和实业资本的丰富经验，努力在国企改革发展中探索有效的产融结合发展模式，将集团打造成为优秀的产融资本管理公司。

3. 企业使命

广西投资集团深知责任重大，肩负"创造价值，服务社会，成就员工"

的光荣使命。

一为创造价值。创造价值是企业存在的最本质要求，广投集团作为企业，首先有价值创造的使命。尤其是作为广西政府授权的地方国有企业，更有实现国有资产保值、增值和繁荣地方经济的历史使命。二为服务社会。分享价值是企业存在的重要意义，广投集团作为负责任的大型投资集团，发展并不忘本，牢记为社会生产高质产品、提供优质服务、积极承担社会责任、奉献社会的使命。三为成就员工。企业是人为的组织，由千千万万名员工组成，员工是企业的主人。员工为企业发展贡献力量，与企业同命运、共呼吸，集团也竭尽全力为员工提高能力、实现自我、提升生活质量、快乐工作提供平台和环境。

4. 企业精神

广投集团重视企业精神的培育和贯彻，奉行"责任、担当、进取、包容"的企业精神。

企业精神是一个企业的士气，是一个企业区别于其他企业的"标志"。[①] 一个企业如果有了企业精神，就会上下一心，虎虎有生气，企业也因此有了灵魂。

专栏　广投集团企业精神：责任、担当、进取、包容

广投集团自始至终重视企业精神的培育和坚守，"责任、担当、进取、包容"八个字是广投集团企业精神的集中体现。

（1）责任

责任是企业生存和发展的基础。[②] 广投集团的责任文化构成一个完整的体系，涉及责任意识、责任能力、责任行为、责任制度以及责任成果五个方面的内容。一是责任意识，即"想干事"。作为广西政府的投融资主体和国有资产经营实体，广投集团铭记国企使命，履行国企职责，努力实现国有资产保值、增值，全力打造民族品牌，积极发展地方经济，时刻牢记实现国家繁荣富强和中华民族伟大复兴的光荣使命。二是责任能力，即"能干事"。广

---

① 高春祥：《试论企业精神在企业文化建设中的重要地位》，《求实》2011年第1期，第110~111页。
② 唐渊：《责任决定一切》，清华大学出版社2010年版。

365

投集团始终围绕不同阶段的战略部署，有能力、有担当地完成了缓解广西改革开放初期用电矛盾，充分利用广西铝土矿资源优势，出资控股国海证券推进广西金融产业发展等历史性任务。三是责任行为，即"真干事"。广投集团率先成为构建绿色友好型企业的排头兵，积极融入"美丽广西、清洁乡村"活动，持续开展扶贫、助学活动。四是责任制度，即"可干事"，广投集团深化企业管理体制改革，搭建"总部—平台—企业"三级管控模式，形成适应集团化企业发展的制度保障。五是责任成果，即"干成事"。广投集团作为全国唯一一家连续十二年赞助支持中国—东盟博览会的合作伙伴，累计赞助金额达 3500 万元，为中国—东盟自贸区建设做出贡献；仅 2015 年上半年，上缴税费 14.95 亿元，上缴国有资本收益金 0.77 亿元，均创历史新高，为国家经济和社会发展做出了贡献。

（2）担当

广投集团始终强调诚信经营和依法治企的理念，有责任、有担当，是值得信赖的合作伙伴、值得委以重任的国有企业。诚信经营突出表现在，广投集团作为负责任的地方国有企业，为客户提供优质的产品、合理的价格和称心的服务，与竞争对手展开光明正大的良性竞争，探索、建立和维护可持续且友好的供应商伙伴关系，拥有极高的企业信誉。在当今企业道德越来越成为企业竞争力重要源泉的时代，广投集团始终不忘诚信经营是企业发展之本。依法治企是企业生存和发展的必然方向，广投集团的依法治企理念突出表现在，一是依照国家法律法规来治理企业，将法律作为企业生产经营的第一准绳；二是严格遵守地方行政法规，将法规作为企业发展的第二准绳；三是制定并严格执行企业的规章制度，用法治的力量来化解改革过程中的矛盾、问题，促进企业健康发展。

（3）进取

广投人蓬勃向上、勇于攀登、力图有所作为，进取精神是对广投集团企业精神的最好诠释。广投集团虽然是国有企业，但从未脱离市场发展，而是不断地按照市场的变化来调整集团的战略。在推进集团市场化改革过程中，打造了"国海模式"、"广银模式"、"龙象谷模式"等具有混合所有制特色的发展模式；在国家深化经济体制改革的机遇下，顺利获得广西天然气管网项目的控股权和经营权，推进"铝电结合"政策的落地，积极打造铝业"品牌联盟"，成立广投集团金融控股公司大力发展金融业；在国家"一带一路"倡议以及推进中国企业"走出去"战略的启发下，引进国际知名品牌打造高端文化旅游项目，成立广投集团国际公司打开境外资源开发和融资新平台等；在党的十八届三中全会、四中全会精神的指引下，集团选择"产融结合、双轮驱动"创新战略，充分发挥了实体资本和金融资本的优势，在开发广西资源优势的基础上，大力发展金融业，并顺利向以金融高端服务业为主、产业资本和金融资本高度融合的"产融一体化"金融控股企业集团转型。这些举措一方面得益于国家推进经济体制市场化改革的不断深化，另一方面是依靠广投人不断求索、敢于创新、勇于争先的开拓进取的精神。

（4）包容

包容是用博大的胸襟容纳一切，是至高无上的人格袒露，它既是中华民族传统文化的精髓，也是广投集团企业精神的出发点和落脚点。广投人以一种"海纳百川、有容乃大"的胸怀，在发展中尊重市场规律，在探索中允许容错改进，在培养员工中以人为本，成为一家受人尊重、以德服人的地方性国有企业。一是包容性发展理念。广投集团是一家涵盖金融、能源、铝业、文化旅游、海外资源开发等领域的多元化企业集团，集团在28年的发展过程中，重视各经营领域的独立开发和优势互补，成立了五个二级平台公司，对应集团五大发展模块，努力实现协同发展、均衡发展、融合发展。二是容错试错机制。广投集团重视创新、鼓励创新、支持创新，努力营造宽容和谐的氛围，切实打造容错机制，留有恰当的试错空间。三是包容性人才培养。广投集团容许人才先进的发展思维在企业活跃，让有抱负者在开明包容的大环境中尽展才华。

资料来源：笔者根据《2016年广投集团企业文化理念体系（2016年版）》整理归纳。

5. 品牌形象

广投集团努力营造"实力、稳健、成功、和谐"的企业形象。

首先，广投集团当前资产总额超过2000亿元、年收入超过1000亿元，参、控股企业达上百家，经营范围涉及金融、能源、铝业、医药医疗健康、文化旅游、国际业务六大板块，连续九年入围中国企业500强榜单，向社会各界展现了集团的产业实力和资本实力。其次，广投集团经过28年的艰苦奋斗，从无到有、从小到大、从弱到强，企业扎实发展、步步为营，向社会各界展示了集团稳健的经营态度。再次，广投集团是中国企业500强排位最高的广西企业，是广西资产总量最大的地方性国有企业，同时也是2015年四项经济指标创广西地区国企第一的企业，向社会各界展示了集团追求实力、稳健、成功、和谐的形象。最后，广投集团努力构建资源节约型、环境友好型企业，探索企业与员工和谐发展的有效模式，积极投身公益事业、回馈社会，向社会各界展示了集团积极向上、和谐发展的形象。

6. 品牌宣传语

广投集团坚持"产业为本，融通天下"的品牌特色，向社会传递集团以实业资本为根基，以金融资本为依托的重要承诺。一方面，集团表明壮大实体产业的态度，推动产业转型升级，紧抓供给侧改革，使各产业板块向更高层次发展。另一方面，以金融资本为翅膀，发挥金融资本对实体产业的放大作用，为实体产业提供充沛的资金支持、灌输强劲的金融血液。在国有企业改革新时期，走出了一条产融结合、互促双赢的新路子。

（三）企业文化管理理念

企业文化管理理念是企业文化的内核，渗透到企业经营的全过程。广投集团企业文化管理理念涉及十一个方面的理念，分别为发展理念、经营理念、创新理念、绿色理念、人才理念、风控理念、财务理念、党建理念、廉政理念、共享理念以及社会责任理念。这十一大企业文化管理理念与广投集团的经营管理紧密贴合、相辅相成，引领企业深度发展、支撑企业战略实施。

1. 发展理念——创新、协调、绿色、开放、共享

广投集团的企业文化发展理念浓缩于其倡导的"12345"发展体系中。

其中，"1"指一个目标，就是进军世界500强；"2"指两条主线，即坚持国企的市场化改革方向、全面推进企业改革，以及以"产产结合"、"融融结合"、"产融结合"为抓手，推动产业转型升级；"3"指三大原则，即坚持市场导向、效益为先原则，坚持开放合作、共赢发展原则，坚持稳健经营、科学发展原则；"4"指四大思路，即必须始终坚持"产融结合、双轮驱动"创新发展战略不动摇，必须始终坚持深化改革和产业转型升级同步推进，必须始终坚持加快资本运营和产融结构调整步伐，必须始终坚持全心全意依靠职工办企业的思想理念；"5"指五大方针，即稳增长、调结构、增效益、促改革、防风险。

2. 经营理念——以价值为导向，以诚信为根基，以效益为目标

广投集团逐步形成了"3346"经营策略。其中，两个"3"指集团秉承"三个方针"和坚持"三不动摇"：一为调结构、提质量、增效益、防风险、促改革，二为能快就不要慢、自我加压，营收利润共增长，三为想干事、能干事、会干事、干成事、不出事；坚持"产融结合、双轮驱动"创新发展战略的方向不动摇，坚持发展混合经济的方向不动摇，坚持化解和解决矛盾、风险和问题的信心不动摇。"4"指集团做好"四个充分"：充分挖潜释放实体产业雄厚的基础优势，充分挖潜释放具备产融结合的多元化产业集群优势，充分挖潜释放具备的较为完善的金融产业链优势，充分挖潜释放作为政府投融资平台的优势。"6"指六项到位，即工作计划到位、安排到位、指导到位、检查到位、实施到位、执行到位。

3. 创新理念——创新是发展之魂

广投集团在对市场规律和本行业发展前景正确把握的基础上，提出并奉行三条创新原则。一是稳定是基础，创新是核心和支撑，转型是必然选择；二是创新工作要面向市场、面向未来；三是鼓励创新、规避风险、容忍失败、总结教训。另外，集团重点打造创新三体系：创新者培育体系、创新过程推进体系和培育创新的组织环境。其中，创新者培育体系是为了培育创新型员工，培育员工的创新精神和创新能力；创新过程推进体系指不同类型的创新者在创新过程的不同阶段相互协作，高效推进创新的机制；培育创新的组织环境为创新者的培育和创新活动的进行创造组织内部条件。

4. 绿色理念——清洁生产　安全高效

绿色理念是广投集团贯彻"十三五"时期绿色发展理念而形成的新的企业文化管理理念。绿色理念强调环境保护、安全生产，与企业建设各方面和全过程紧密贴合。一为清洁生产。广投集团重视对环境的保护，确保人与自然的和谐，生态文明、绿色生活。二为安全高效。集团对安全生产高度重视，以安全为本；弘扬安全理念，规范安全行为，创造安全环境，推进安全管理；任何风险都可以控制，任何违章都可以避免，任何事故都可以预防。

5. 人才理念——海纳百川　德才兼备

人才是企业最重要的资本、最宝贵的财富，而人才理念是企业对人才的基本观点和选人用人的指导思想。广投集团深知人才对企业成长的重要作用，人才理念涉及人才观、选人观、用人观、育人观和共享观五个方面。一是人才观，可以浓缩成"识才、引才、聚才、育才、惜才、留才"十二个字；二是选人观、用人观，集团坚持以"德才兼备、以德为先"的人才标准来选人用人，努力实现事得其人、人尽其才、才尽其用；三是育人观，集团信奉多板块锻炼，双通道晋升，培养复合型人才的育人理念。

6. 风控理念——防范风险就是创造效益

广投集团风控理念体现出集团公司多业态、多层级的特点。其中，集团层面要有整体的意识，着重分析发展模式风险、资本运作风险、产业组合风险、横向战略风险、集团能力建设风险，在风控体系建设和运作中融合集团管控思想，实现集团层面、平台层面、子单元层面风控体系的融合及联动管理，以集团管控体系为基础，强化集团公司由上至下的风险管理能力；而行业管理平台层面，在推进全面风险管理体系建设的过程中，既要遵循风险管理的普遍规律，又要对所处行业的发展前景、商业模式、法律环境等有深刻的认识，这样才能准确地预测风险，有效地管控风险。

7. 财务理念——诚信、规范、精细、高效

财务是科学管理企业、提高企业价值的关键环节。自 2008 年以来，广投集团与时俱进，秉承"大财务"战略理念，在筹资管理、投资管理、资金管理、利润分配管理等财务管理全过程实现精细化管理，完成了从量变到质变的飞跃。在投资管理方面，坚持"聚沙成塔，聚智成鑫"的理念，群英荟萃服务广西；在财务服务方面，奉行"强服务，以专业促共赢"的理念，以财务知识服务业务，将财务理念灌输业务，用财务结果反映业务；在资金管理方面，推进资金集中管理、统筹调度，降低资金使用成本，提高资金使用效率，保障资金使用安全；在预算管理方面，树立全面预算管理理念，坚持战略引领与价值导向；在财务团队建设方面，以专业素养为矛，以勤勉诚信为盾；在财务职业道德方面，守住"讲诚信、重操守、严守法、不做假"的底线不动摇。

8. 党建理念——党性铸造先锋魂　旗帜引领强优路

广投集团以抓好基层党建为目标，坚持运用"党建+"的理念，创新党建工作机制，凝聚党心、民心，走出了一条全面提升党建工作科学化水平的新路子。其中，集团努力打造"广投集团先锋"党建品牌，以五项先锋工程（创新先锋、服务先锋、活力先锋、发展先锋、和谐先锋）为载体，用工作的成效和发展的实绩带动广大职工干事创业。集团奉行"党员先行、凝聚人心"的党员队伍建设理念，打造一支"信念坚定、为民服务、勤政务实、敢于担当、清正廉洁"的党员队伍，形成一支爱岗敬业、乐于奉献的职工团队。

9. 廉政理念——风清气正　勤廉自律

为贯彻落实自治区党委书记彭清华对集团"十三五"规划发展目标的要求，广投集团将廉政工作定位为成为国企"为民务实清廉"的标杆。在实际工作中，集团坚持不断学习廉政条规，提高廉洁从业意识的廉政教育方针；坚持守住廉洁自律基本道德要求和廉政自律底线；坚持筑牢廉政防线，推进惩防并举与综合治理的廉政建设原则。

10. 共享理念——体面工作　体面生活

"体面工作、体面生活"，就是要让为广投发展做出贡献的奋斗者和创造者享有尊严、感知关怀、体验幸福，实现体面劳动、舒心工作、全面发展、共享企业发展成果。让员工分享企业的发展成果，体现了企业的社会责任。各级领导干部要切实让企业发展的成果惠及广大员工，进一步增强企业的亲和力与凝聚力，激发员工干好工作、共创美好生活的内在动力；要关心员工生活，改善员工工作环境，以凝聚人、激励人、尊重人为导向，为员工营造良好的工作环境和工作氛围；要尊重人才、重用人才，确保机会平等、规则公平，形成积极向上、奋发有为的成才环境，营造互相尊重、健康和谐的文化氛围，让员工有成长出彩的机会，切实提高员工的成就感、价值感、归属感和满意度。

11. 社会责任理念——责任共担　成果共享　发展共赢

为使集团全员建立正确的社会责任认知，集团按照社会责任不同利益相关方诉求，总结提炼了十个方面的社会责任理念，积极树立统一的社会责任理念。一为区域发展责任理念，即以经济建设为中心、繁荣地方经济；二为深化改革责任理念，即以转变经济发展方式为主线、坚持改革创新；三为诚信经营责任理念，即以"诚信为荣，失信为耻"为原则、推进依法治企；四为环境保护责任理念，即建成环境友好型企业为目标、落实安全环保；五为安全生产责任理念，即以安全生产为准绳、保障职工人身安全和企业财产安全；六为科技创新责任理念，即以科技创新为动力、不断加大创新力度；七为员工发展责任理念，即以发展员工为根本、构建和谐劳动关系；八为社会民生责任理念，即以保民生促和谐为方向、履行国企的担当和责任；九为奉献国家责任理念，即以六大板块为依托、促进国有资产保值增值；十为服务伙伴责任理念，即以为客户提供优质的产品和服务为宗旨、与合作伙伴形成真正的"命运共同体"。

四、落实文化建设，铺就卓越阶梯

企业文化的塑造除了需要企业文化理念的统领外，还需要对优良的企业文化进行精心的呵护和培育。企业文化建设，便是企业文化相关理念的传播和执行过程。卢梭在《社会契约论》中曾写道，"文化是风俗、习惯特别是舆论"。[①] 企业文化建设重点在一个"建"字，即建立企业中的风俗、文化以及舆论。这是一项系统工程，它实际上要求企业从长远角度出发建立起一套可以共享、可以实施、可以传承的行为准则。广投集团是企业文化建设的实践者和创新者，集团不断审视企业文化建设的方式方法，推陈出新、不断改进，

---

① 卢梭：《社会契约论》，何兆武译，商务印书馆2003年版。

采取了多种措施开展企业文化建设，包括制定企业文化建设指导方针、成立企业文化建设组织机构、形成企业文化建设制度机制、创新企业文化建设工作模式等多项举措。

（一）制定企业文化建设指导方针

广投集团在推动企业文化建设工作的过程中，始终遵循"一体多元"的指导方针，即"整体统一，多元共存"。作为多行业、多层级、大型、综合性的集团企业，广投集团企业文化建设的指导方针必然不是通用的、单一的，而是根据集团特点形成以母公司为核心的主文化和以各子公司为特色的亚文化。其中，整体统一是为对外树立集团统一的企业形象，对内保证集团企业文化源于子公司文化，又高于子公司文化。与此同时，多元共存是结合集团各子公司铝产业、能源产业、金融产业、旅游产业等多种不同的行业领域，按照集团企业文化规划的要求，在遵循集团母子公司文化体系构建原则的基础上，形成与集团文化建设相呼应又具有自身特点的公司文化，形成"百家争鸣，百花齐放"的文化局面。

1. 整体统一的主文化

"一体"是企业文化建设的首要指导方针。这是因为文化上的整体统一一方面能够形成向心力，增强凝聚力，确保企业的文化建设朝着一个共同的方向努力；另一方面能够使子公司的企业文化有根可循，在集团文化的指引下形成各自的文化特色。可以说，集团的企业文化是来源于各子公司长期积累后的升华提炼，同时又高于各子公司的企业文化。广投集团在落实整体统一的指导方针时，重点把握了两个要点：一是核心理念的统一，也就是说，集团以及各子公司的核心理念表述一致，尤其是价值观、愿景、使命不能冲突；二是视觉识别系统的统一，也就是说，集团以及各子公司的视觉识别系统对外传播统一。

2. 多元共存的亚文化

"多元"是企业文化建设的重要指导方针。这是因为文化上的多元共存一方面能够展现出集团各子公司的行业特点、发展历程、地域文化以及文化特色；另一方面可以丰富集团文化的深度和广度，拓展集团文化的范畴，为进一步的企业文化建设工作积极探索。广投集团在具体落实多元共存的指导方

373

针时，在确保与主文化不相违背的前提下，鼓励各子公司结合本地区、本行业、本企业的实际情况，组织企业文化活动，规范企业文化行为，总结提炼自己的企业文化，形成各具特色的子文化系统。

（二）成立企业文化建设组织机构

广投集团为保证集团内部企业文化建设思想统一，有效推进集团上下企业文化传播，确保文化建设工作落地实施，特设了三层企业文化建设组织结构。其中，第一层为企业文化建设领导小组，它是企业文化建设的最高决策机构，主要负责构建企业文化核心体系、战略规划、监督和指导等重大决策；第二层为集团办公室，它是企业文化建设的日常管理部门，主要负责督促指导企业文化建设的具体工作、及时总结企业文化建设中的实践经验、组织召开企业文化建设工作会议、制定企业文化建设工作制度等常务性工作；第三层为人力资源部/党委办公室、工会办公室、离退办、各职能及业务部门、下属公司对口企业文化负责部门，它们是企业文化建设的应用负责部门，主要职责是确保集团企业文化建设工作得到全面贯彻落实，在集团企业文化建设领导小组及集团办公室的领导下，组织开展本企业的文化建设工作。

在广投集团三层企业文化建设组织结构框架下，同时确立了党委领导下的党政工团齐抓共管的"四轮驱动"，集团总部明确文化建设工作顶层设计，各集团子公司有效推动广投集团文化落地实施，既有效保证文化建设工作决策力，同时又提升了文化建设工作执行力。

（三）形成企业文化建设制度机制

制度机制是企业的"法文化"，文化制度建设如同一场管理革命，虽然企业文化理念可以引领企业文化建设的整体方向，但是还必须以企业制度体系做保证。国际惯例、国内法律、行业法规、集团内部的规章制度、行为规范作为承上启下的制度文化层面，对上体现着企业的文化理念，对下指导着各层次的文化行动，对内规范着员工的责任行为，对外平衡着企业与各利益相关方的关系。如果没有一定的制度机制约束，企业文化建设工作就很难有序推进、统一规范和高效落实。

广投集团深知制度机制在文化建设中的重要作用，相继出台了广投集团员工行为准则、《广西投资集团有限公司企业文化建设管理办法》、《广西投资集团有限公司企业文化建设考核办法》、《关于进一步做好企业文化宣贯落地工作的意见》、《企业文化宣贯及落地工程实施方案》等文件，用以考评文化活动、规范职工行为。特别是《广西投资集团有限公司企业文化建设考评办法》，将集团企业文化建设由无形的理念变为有形的标准。

（四）创新企业文化建设工作模式

广投集团采用"四季之法"的文化建设工作模式。所谓"四季之法"企业文化建设工作模式，是将一个文化建设周期分为四个阶段，一年内四个阶段以自然界春、夏、秋、冬四个季节来作比喻，农业讲究春耕、夏长、秋收、冬藏，而文化建设讲究内化于心、外化于形、固化于制、实化于行，如此，一个建设周期对应一年，每个阶段制定不同的工作任务和重点，循序渐进，不断深入。集团"四季之法"文化建设工作模式的四个阶段具体阐释如下：

1. 第一阶段——"春耕"（内化于心）

春天万物复苏、万象更新，是播撒种子、辛勤劳作的耕种时节，这犹如企业文化建设工作在企业初步建立、生根发芽、心口相传的过程。在这一阶段中，集团的首要目标是初步建立企业文化，而后通过媒体、会议、上传下达等多种方式在广大员工中大力宣传企业的文化，在这一过程中使员工形成企业文化认知、理解企业文化体系、明确企业文化目标。

为此，集团创造性地提出了五彩春耕计划全面宣贯集团的企业文化，使全体员工深刻理解企业文化的内涵。五彩春耕计划包括红色激情、绿色成长、橙色思考、蓝色畅想、金色辉煌五个部分。其中，红色激情寓意集团培养企业内外部企业文化讲师团，定期开展企业文化系列培训及论坛工作；绿色成长意旨企业文化长廊设计，宣传册、宣传海报、口袋书等系列宣传品设计制作；橙色思考指集团购买企业文化书籍、音像供职工学习；蓝色畅想指集团内部各企业间进行企业文化沙龙，组织企业文化交流会、分享会、讨论会，开展企业文化活动评比等；金色辉煌指集团进行年度企业文化建设经验总结与成果分享。

2. 第二阶段——"夏长"（外化于形）

夏天绿槐高柳、熏风入弦，是作物茁壮成长、繁茂多枝的旺季，这犹如企业文化建设丰富多样的外在形式。在这一阶段中，集团的主要目标是将企业文化核心理念通过多种多样的形式以及丰富多彩的活动，使员工切身感受到企业文化的温度，而不是冷冰冰的文件和口号。

为此，集团主要展开了五大仪式让企业文化转变成可观可触的实物。五大仪式分别指的是履新典礼、迎新仪式、广投集团感恩日、幸福生日会以及广投集团文化体育节。其中，履新典礼每半年一次，举行新晋升干部履新宣誓仪式；迎新仪式每年一次，于新员工入职时宣贯、指定导师；感恩日每年一次，集团对每满5年工龄的职工举行感谢仪式；幸福生日会每月一次，为集团职工举办个性设计的生日会；文化体育节每年设置一个主题，组织包括摄影、唱歌、亲子活动等多种形式的活动。

3. 第三阶段——"秋收"（固化于制）

秋天层林尽染、天高云淡，是硕果累累、金桂飘香的季节，这犹如企业文化建设固化为相关制度和规范的过程。在这一阶段中，集团的主要目标是将实践中的文化行为逐步提升为制度化的文化管理体系，形成规范统一的制度体系，如此以制度激励人心、以制度规范行为。

为此，集团制定了五条制度，逐步完善与企业文化理念一致的制度化管理体系。其中，第一条制度是将企业文化发展纳入部门、企业评估考核体系之中，第二条制度是将企业文化培训纳入企业人才培养体系之中，第三条制度是修改形成与企业文化理念相匹配的职工招聘、晋升评估管理制度，第四条制度是修改形成与企业文化理念相匹配的新职工入职管理流程制度，第五条制度是将企业文化行为规范纳入集团的管理制度中。集团通过梳理各项规章制度，修改与集团新文化理念不相容、不协调的条款，并总结文化建设活动的经验教训，形成相应的文化理论和实践成果。

4. 第四阶段——"冬藏"（实化于行）

冬天白雪皑皑、大地冰封，是储备储藏、养精蓄锐的佳季，这犹如企业文化建设成果在集团全面实现的过程。在这一阶段中，集团的主要目标是总结经验教训，回顾一年来文化建设的得与失，为更好地推动下一年度工作做好准备，切实提高集团的文化软实力。

为此，集团召开年度企业文化总结大会，会议中编辑印发文化建设成果汇编，表彰企业文化建设优秀单位及个人等，树立标杆、奖励先进，使企业文化建设有始有终不断向前发展。

广投集团独特的"四季之法"文化建设工作模式，将全年的企业文化建设工作由抽象模糊的概念具体化为每个季度的分目标，并以年份为单位不断滚动延伸，将企业文化建设工作不断推进。可以说，集团的"四季之法"文化建设工作模式体现出动态性、过程性、创新性的特点，动态性表现在它能够不断适应快速变化的市场环境和社会要求，过程性表现在它可以密切贴合集团整体的发展过程，创新性表现在它以春、夏、秋、冬作比较，将四季更迭、年度更换的现象形象地类比为企业文化建设层层递进的过程。

五、塑造文化标识，鲜活企业形象

随着社会主义市场经济的发展，市场机制在社会经济生活中所起的作用越来越大，市场竞争也会从单纯的产品竞争、价格竞争扩展到信誉竞争、服务竞争，企业的兴衰存亡在很大程度上取决于自身形象的塑造。[①] 企业形象塑造包括企业形式，主要是有关企业的文字、符号、标准色等企业的一切外在标识。显而易见，企业形象是一种企业文化，而企业形象通过现实中实实在在的、看得见摸得着的企业标识表现出来。通过企业标识的确定，不仅有助于消费者选购，而且保护消费者利益；不仅有助于企业促销和占领市场，而且有助于强化企业员工的归属意识。[②] 企业文化标识是企业的"形文化"，处于企业文化同心圆模型的最外层，传达了企业的外在形象。"形文化"的重要意义体现在无论企业的文化理念多么深刻，企业文化建设多么丰富多彩，投资者、客户、消费者等外部人员总是通过"形文化"来评价企业的优劣。"形文化"将精神转变成物质，将制度转变成行为，是直接创造效益的文化层面。

（一）企业视觉识别系统

企业视觉识别系统是企业文化建设的重要组成部分，是企业在生产经营

---

① 王文臣：《论企业形象文化》，《理论与现代化》1999 年第 5 期，第 7~10 页。
② 季敏波：《企业标识的作用和设计原则》，《浙江丝绸工学院学报》1993 年第 2 期，第 40~43 页。

活动中奉行并用于指导实践的价值理念和行为准则。基本设计要素，即建立企业识别系统的基本要素组合，包括企业标识、标准色及辅助色、标准字体、象征图形、经营理念、企业名称及其组合。它是企业识别系统中最为重要的内容，是应用要素的基础，用于向外界传达完整统一的企业形象。目前，广投集团已经确立了自己的基本设计要素，正如图14-2所示，下面简要阐述集团的创作理念。

第一，广投集团的企业标识设计。集团取"广"字的拼音第一个字母"G"，并将其变形为一艘正在扬帆航行的蓝色巨轮。其中，巨轮象征着集团雄厚的资金实力、稳健的经营步伐，扬帆航行的巨轮则象征着集团乘风破浪、勇往直前的企业精神，而整体采用蓝色设计，强调了集团以产业资本立业的定位以及沉着冷静的金融投资理念。

第二，广投集团的企业标准字设计。中英文缩写标准字、中英文全称标准字的设计，均分为横式和竖式两种，根据广投集团的企业定位以及国际化发展方向而定，广投集团的标准字组由英文标准字（GIG）和中文标准字（广西投资集团）组成。其中，英文字体选自字库"Swis721 BT Roman"，是结合企业标志的特点创造而来，中文字体由颜体发展而来，并结合了企业特有的精神与个性。

第三，广投集团的企业标准色设计。广西投资集团的企业标准色为蓝色，以"广投蓝"称之。"广投蓝"是企业的主色，分为深、浅两种辅助蓝色。蓝

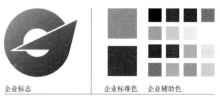

图 14-2　广投集团的基础设计要素

色是三原色之一，乃博大的色彩，是永恒的象征。"广投蓝"象征着广投人朝气蓬勃的追求精神，沉稳安定的做事风格，代表着广投人理智准确的经营智慧，传达了广投人明朗洁净的环保诉求。

另外，由于广投集团为多层母子公司结构的大型综合性集团公司，一级、二级、三级子公司以及分公司众多，集团公司制定下属企业使用集团 LOGO 范例，进一步规范统一各公司的企业标识。

（二）企业文化标识管理

企业标识是通过造型简单、意义明确的统一标准的视觉符号，将经营理念、企业文化、经营内容、企业规模、产品特性等要素，传递给社会公众，使之识别和认同企业的图案和文字。企业标识是视觉形象的核心，它构成企业形象的基本特征，体现企业内在素质。[①] 企业标识不仅是调动所有视觉要素的主导力量，也是整合所有视觉要素的中心，更是社会大众认同企业品牌的代表。

为充分发挥企业文化标识的重要作用，广投集团采取多种方式开展对企业文化标识的管理工作。

第一，宣传橱窗。宣传橱窗是传播文化的重要窗口，集团公司以及各子公司充分发挥宣传橱窗"短、平、快"的宣传效果，在办公楼墙壁、厂区墙壁、车间墙壁、会议室等多处设计实用美观、体现企业特点的宣传栏，同时，根据企业的经营状况以及工作重点及时更换橱窗内容。

第二，报刊和网站。企业的报纸、杂志和网站对内是发动、鼓励员工全身心推动企业发展的工具，对外是宣传企业形象的窗口。广投集团鼓励集团公司以及各子公司办报、办杂志、建网站，充分利用报纸、杂志和网站塑造企业外在形象，同时鼓励员工积极向集团以及各子公司以外的公众媒体、报纸以及期刊投递稿件，宣传广投人的企业文化建设行为。

第三，出版职工文集。职工文集作者来自企业的各个层面，一线工人、营销人员、管理人，每位员工都可能是职工文集的作者。职工文集记录了员

---

① 鲍世庆：《企业标识管理在企业文化工作中的重要作用》，《企业文化》2015 年第 6 期。

工们的心路历程，记录着企业的每一步发展，从不同侧面描绘着企业文化的蓝图。如广投银海铝出版的《银海人》职工文集，从 2011 年 5 月第一次正式出版开始，到今天已有五年的时间。《银海人》文集每年出版一册，讲述银海职工自己的故事，成为集团各子公司文化的标杆。

第四，出版书画、摄影作品集。书画、摄影活动一方面丰富了职工的业余生活，另一方面从各个角度展示出职工对企业文化的观察和理解，如广投集团每季度开展的手机摄影大赛，活动范围覆盖全体广投人员，深受广大职工的喜爱。下属企业柳电公司定期出版的《职工书画·摄影获奖作品集》，大力宣传了广西投资集团柳州发电有限公司建设发展新成果，歌咏柳电百年历程中的风物情貌，提升了企业文化建设内涵。

六、践行社会责任，反哺社会公益

近年来，广投集团的社会责任理念逐渐深化，履行社会责任的范围日益多元化，社会责任工作正由单一履职转向综合管理。广投集团致力于切实履行经济、社会、环境责任，致力于建立完善、规范的社会责任管理和沟通体系。2012 年首份社会责任报告的发布标志着广投集团社会责任管理迈上了一个新的台阶。广投集团时刻牢记作为国有企业的政治使命和社会责任，认真贯彻落实科学发展观，坚持把社会责任融入企业规划发展、生产经营、科技环保等各项工作的全过程，坚持加强与利益相关方的沟通，勤勉履职，加快发展，回报社会，造福大众。多年来，广投集团在树立社会责任理念、构建社会责任管理组织体系、开展社会责任实践等方面取得了显著成效。

（一）社会责任行为

根据英国学者约翰·埃尔金顿"三重底线"理论的观点，企业履行社会责任务必遵守三个底线，即经济底线、社会底线与环境底线。也就是说，企业需要履行经济责任、社会责任以及环境责任。广投集团作为追求可持续发展的先锋，基于本企业特定的情况，发展出了一套包含经济责任、环境责任和社会责任在内的可持续发展战略，并且在公司发展的进程中，严格遵守了制定战略之初对于可持续发展的承诺。其中，经济责任细化为区域发展责任、深化改革责任以及诚信经营责任三个方面的责任；社会责任细化为科技创新责任、员工发展责任以及社会公民责任三个方面的责任；环境责任细化为环境保护责任以及安全生产责任两个方面的责任。

1. 经济责任

（1）区域发展责任。

区域发展责任是每个企业的首要责任，也是企业永续经营的前提条件。广投集团作为一个独立的经济实体，始终坚持以经济建设为中心，积极履行对股东负责、对投资者负责的责任。从各主要的经济指标来看，自 2008 年开始，集团资产总额稳步上升、营业收入大幅攀升、利税总额逐年提高，经营业绩表现势头良好。集团已连续九年进入中国企业 500 强榜单，2016 年，广投集团再创佳绩，位列中国企业 500 强第 166 位。与此同时，广投集团提出了更为远大的奋斗目标，那就是在"十三五"规划末期，全面实现"一百双千"的奋斗目标，即利润突破百亿元，资产总额和营业收入达到千亿元，更好地实践为股东财富最大化、企业利润最大化而奋斗的宏伟目标。

（2）深化改革责任。

广投集团作为地方国有企业，有责任、有义务探索国有企业与市场经济体制相融合的体制。在履责过程中，广投集团主要从以下几个方面践行深化改革责任：

第一，建立健全科学合理的公司治理机制。广投集团按照现代企业制度的要求，设董事会、监事会与管理层三权制衡，逐步建立起科学合理的公司治理机制。其中，董事会是集团的决策机构，下设战略投资委员会、财务预算委员会、薪酬与考核委员会、风险防控委员会四个专业委员会，增强董事会的独立性和专业性；监事会由国资委选派，集团推荐两名职工共同履职，对董事会行为实施严格的监督。集团认真落实"三重一大"决策制度，2014年，召开董事会并签署决议 40 次，召开党委会 25 次，党政联席会 18 次，领导办公会 18 次，经济分析会 4 次，确保重大事项集体讨论的决策原则。

第二，构建集权与分权相结合的管控模式。广投集团经过 28 年由小到大、由弱到强的渐进发展后，逐步改革调整集团的管控模式，形成当前的"总部—平台公司—企业"三级管控模式，满足集团整体发展战略的诉求，符合大型综合投资集团的发展要求。同时，制定《广西投资集团有限公司对子公司要素管理办法》、《子公司对下属企业要素管理办法》，明确集团总部、二级平台、三级公司各自的管理边界，精准落实管理政策。

第三，形成稳健合理的资金管理机制。一是集团创新融资渠道。除了传统的融资方式，多管齐下筹措资金，开展融资工作。二是提高资金利用效率。2014年，资金集中管理实现集团全覆盖，保持资金规模始终在低位平稳运行，提高资金管理的专业化水平、精细化程度。

（3）诚信经营责任。

诚信经营是广投集团近三十年从未更改过的价值观念，集团一直奉行"诚信为荣，失信为耻"的基本原则。不论对内还是对外，广投集团始终是积极推进依法治企的先锋模范。在履责过程中，广投集团主要从以下两个方面践行诚信经营责任：

第一，加强内部守法合规审计监察。集团重点针对企业经营目标完成情况，企业主要负责人任期内经济责任审计，企业财务收支情况以及重大工程建设、重大资产处理、大宗货物采购等招标进行效能监察，从而确保企业稳健经营。

第二，坚持以法律为主要手段，推进依法治企。一是提高法律综合业务知识，为集团各项目、合同提供法律意见；二是积极跟进诉讼业务的处理，保障集团合法权益；三是建立集团及下属企业常用合同范本体系，实现合同文本的规范化、信息化管理，减少企业法律风险；四是积极开展普法工作，对集团员工进行"无纸化普法考试"等模拟考试。

2. 社会责任

（1）科技创新责任。

科技创新不仅是推动企业发展的催化器，也是促进社会进步的发动机。一般来说，科技创新可以分为三类，即知识创新、技术创新和管理创新。广投集团深知科技和创新对企业生产、地方发展的重要意义，对科技创新的追逐从未停止过，尤其是在国家发出"大众创业、万众创新"的号召后，集团积极响应，在技术创新、知识创新方面都有新的突破。

第一，技术创新。技术创新是涉及技术的研发和价值实现。集团重视技术研发，创新能力大幅提升。企业积极开展研发工作，通过与高校、科研院所合作，努力开发新产品和新技术，以谋求立足行业，扩大市场份额和提升盈利水平，真正提升企业技术竞争能力。

课题申报方面：电力板块完成 17 个项目申报，共获得政府补助 553.2 万元人民币；铝板块完成自治区级、市级科技项目申报 16 项，共获得政府补助 848.7 万元人民币。

项目验收方面：柳州银海铝承担的两个国家支撑计划项目，通过国家科技部的验收。

第二，知识创新。随着集团规模和业务范围的增长，知识产权保护及品牌建设越来越受到重视。

专利申请方面，2015 年共有 47 项专利获得授权，比 2014 年专利授权数量多 31 项，其中发明专利 3 项。截至 2015 年底，集团累计申请专利 150 项（其中发明专利 82 项）；累计获得授权专利 86 项（其中发明专利 19 项），集团公司知识产权保护工作日益常态化。

国家标准制定方面，柳州银海铝参与制定的"轨道交通用铝合金板材"标准已通过终审，即将发布；2016 年参与起草的国家标准"汽车用铝合金板材"，已完成讨论稿。

品牌建设方面，目前拥有 3 个广西名牌产品和 43 个注册商标。

（2）员工发展责任。

广投集团充分认识到员工对企业发展的重要意义，因此深知肩负员工发展的重任。集团深入了解员工的诉求，加强沟通、科学管理，促进员工成长，为员工营造良好的工作氛围。在履责过程中，广投集团主要从以下几个方面践行员工发展责任：

第一，维护员工合法权益。在制度建设方面，广投集团摸索并完善包括招聘录用职工管理办法、职工培训管理制度、总部绩效考核管理制度、总部职工考勤管理办法、所属企业负责人薪酬管理办法、人事档案管理暂行办法、职工退休规定、职工出国（境）管理办法八项人力资源管理制度，确保员工合法权益的实现。在日常管理方面，广投集团加强人事档案、劳动合同管理工作，妥善保管员工的人事档案，更好地为人事工作提供便捷服务。在民主监督方面，广投集团通过职代、司务（厂务）公开栏、企业报刊等多种方式保障员工的知情权，民主监督力度不断提高。

第二，促进员工职业发展。在人才引进方面，广投集团重视引进人才工作，2014年招聘各类有工作经验人才300多名。在人才培养方面，集团强调各层级人才培养，建立良性的职业发展通道。同时，结合集团发展需要，开展各类培训、讲座以及学习小组，提高员工的业务知识和道德素养。另外，在人才发展方面，集团逐步建立了广纳群贤、人尽其才、才尽其用的用人机制，形成了平等竞争、择优聘用的用人环境，树立了凭知识、凭能力、凭公认的用人导向。

第三，关心员工身体健康和心理健康。集团重视职工的身体健康，定期组织员工参加健康体检，参加重大疾病互助保障计划保险，逐步改善员工用餐环境和卫生条件，开展"迎五一、健身行"健步登山活动、职工运动会等文体活动，使员工充分感到广投集团大家庭的温暖和关怀。同时，集团更加重视职工的心理健康，通过各级党组织和工会，深入基层调研，慰问困难职工，帮助员工解决实际问题；开展"领导接待日"活动，倾听员工的心声；建设"职工书屋"，丰富员工的精神和业余文化生活。

第四，制度化员工行为。企业文化的无形胜有形在于文化理念得到大部分员工的认可与接受，并通过制度使员工逐步形成共同的行为规范。员工共同的行为规范是企业文化理念的具体行为体现，也是落实企业文化的有效方法。要构建员工行为准则，让员工行为有章可循。为此，广投集团制定了员工行为准则，包括厚德篇、执信篇、专心篇、敏行篇、团队篇、领导篇、和谐篇，对各级员工的行为提出行为规范要求。

（3）社会公民责任。

在履责过程中，广投集团主要从以下几个方面践行社会公民责任：

第一，持续合作东盟自贸区，积极响应"一带一路"倡议。集团作为自治区最具有实力和影响力的国企，是中国—东盟博览会的唯一一家连续十三年的战略合作伙伴，累计赞助金额达4800万元人民币。另外，在"一带一路"倡议中，广西是"国际大通道、战略支点、重要门户"，集团作为广西大型国有企业集团，将为"一带一路"倡议、建设中国西南中南地区开放发展新战略做出新的贡献。

第二，积极开展公益事业。集团充分发挥党政工团以及企业的作用，鼓励和号召有关部门企业积极参与公益事业，投身"美丽广西"乡村建设和扶贫助困工作，将集团获得的经济效益惠及于民，共享发展成果。集团认真开展扶贫助困、捐资助学、抗震救灾等公益活动，累计捐资人民币1400多万元。先后开展"第一书记"驻村精准扶贫工作、"六一爱心书柜"、"三下乡"等志愿者帮扶活动，履行了国企的担当和职责，多次荣获自治区"'美丽乡村'建设工作先进后盾单位"的荣誉称号。

第三，努力创造就业岗位。在经济发展新常态下，集团克服困难，发展经济，扩大就业，建立"选培库"计划，引进国际名校、国内"211"等重点高校应届优秀毕业生，进行多企业、多岗位培养锻炼，为集团长远发展储备人才。公司成立至今，累计为社会提供了10000多个就业岗位。

3. 环境责任

（1）环境保护责任。

广投集团努力构建资源节约型、环境友好型企业，大力推行节能减排，不断实施技术改造，深入推进对标管理，积极发展循环经济。在履责过程中，广投集团主要从以下几个方面践行环境保护责任：

第一，抓节能减排。广投集团坚持将节能减排的理念深入金融、能源、电力、文化旅游、海外资源开发五大板块，融入研发、生产、运营、贸易以及管理的全过程。仅2014年一年，集团投入环境保护及污染控制等项目资金就达到3.9亿元人民币；各企业累计排放氮氧化物同比下降34.97%；各企业累计时间节能量206273吨标准煤；完成各级工信委下达年度节能任务的105.54%。"十二五"期间，集团火电企业烟气脱硫装置同步投运率达96%以上，烟气脱硫率在95%以上，处于行业领先水平。

第二，抓技术改造。广投集团不断推进技术改造，在提升设备安全性的同时，降低生产成本，提高生产效率。2014年，集团技术改造项目累计核准立项183项，累计已开工项目150项，计划总投资30162.25万元人民币，实际完成投资15176.39万元人民币，各项生产指标进一步优化。

第三，抓对标管理。利用风险对标、财务对标、信息对标，对比标杆找差距，缩小与行业先进企业之间的差距，不断追求优秀业绩，形成良性循环。2014年各企业通过对标管理产生直接和间接的经济效益达2.5亿元左右。

第四，抓循环经济。广西投资集团重视发展循环经济，按照资源减量化、再使用以及再循环三大原则，努力实现绿色生态型企业发展模式。各级公司积极探索多样化的循环经济模式，下属企业来宾电厂启动热电联产经济生态工业园项目，减少对环境的破坏；贵州黔桂发电公司努力打造盘县区域循环经济产业基地；柳州电厂与周边企业协作发展循环经济，合作发展分布式能源系统；银海发电公司推行循环流化机床组。

第五，抓环境保护。集团高度重视保护生态环境，结合各投资项目的实际特点，采用多种方式实践环境保护的理念。其中，柳州发电公司利用喷淋装置最大限度地减少燃煤运输给周边环境带来的扬尘问题；桥巩水电站成立鱼类增殖放流站，每年举行放流活动，保护鱼类资源、保护生态多样性、维护生态平衡；华银铝业对采空区进行复垦，并还地于民，竭尽全力减少对土地的破坏。

（2）安全生产责任。

工业生产不仅涉及员工个人的人身安全、牵动整个家庭的幸福安乐，更与企业的生存发展密切相关。广投集团坚持"安全第一"的原则，认真贯彻安全理念，建立健全安全保障体系，开展安全应急演练，多形式、多渠道地强调安全生产工作。在履责过程中，广投集团主要从以下几个方面践行安全生产责任：

第一，认真贯彻安全理念。广投集团领导高度重视安全生产问题，集团董事长、党委书记冯柳江提出"安全第一、环保第一"的安全理念，并于每季度组织召开一次安委会扩大会议，发现安全问题、讨论安全措施、解决安全隐患。不仅如此，广投集团认真学习、贯彻、执行国家有关安全生产的法律和制度，如新《安全生产法》、新《环境保护法》、安全生产领域"六打六治"，强化各级管理人员、员工的安全生产意识。

第二，采取多种安全举措。在制度建设方面，广投集团结合集团三级管控模式，建立健全安全保障体系；修订《安全环保和节能减排目标考核办法》，严格目标责任考核制度。在安全活动方面，因地制宜地开展"重大危险源、外包工程、违章"管理的三项整治活动；修订《突发事件综合应急预案》，形成集团总部、二级平台、三级企业三级联动，举行应急演练活动。在安全教育方面，集团出台《关于加强集团公司安全环保专业化队伍建设的通知》，定期组织安全培训，并鼓励员工考取注册安全工程师等安全职业资格证书。

（二）社会责任信息披露

企业社会责任报告，也称作企业可持续发展报告，主要用于披露企业财务信息以外其他领域的非财务信息。企业社会责任报告是对包括股东在内的、有直接或间接影响的、更广泛的利益相关方披露企业行为的重要载体。广投集团依照国务院国有资产监督管理委员会《关于中央企业履行社会责任的指导意见》和中国社会科学院《中国企业社会责任报告编写指南》规定标准，定期编制与发布广投集团的企业社会责任报告。同时，为了更好地完成社会责任报告编制与发布工作，广西投资集团有限公司办公室全面负责集团企业社会责任报告的策划、编制和发布工作。集团于 2012 年发布首份广投集团企业社会责任报告，标志着广投集团的社会责任开展工作步入了新的发展阶段。当前，广投集团已经连续五年公开发布《企业社会责任报告》。并逐步扩大社会责任信息的披露范围。全面披露集团在经济发展、改革、诚信经营、环境保护、安全生产、创新、员工发展、社区等各个领域的理念、行为和成果，受到了第三方的高度评价以及利益相关方的积极反馈。这是广投集团培育社会责任意识、主动履行社会责任、重视利益相关方关系的集中体现，也是企业走可持续发展道路的郑重承诺。

七、逐梦先进文化，迈入新的征程

企业文化建设是企业发展的基础和强大动力。虽然广投集团在企业文化建设方面取得了诸多成效，但作为一个发展历史不足 30 年的企业，未来企业文化建设要做的事请还有很多，要走的路还很长。十八届三中全会开启国家未来经济发展的新篇章，"十三五"规划提出创新、协调、绿色、开放、共享五大发展理念。广投集团作为广西最大的地方国有企业，紧跟国家政策，大胆提出在"十三五"期间，进入"财富世界 500 强"，全面实现"一百双千"的广投集团梦。要实现这一宏伟目标，进一步做大做强做优广投集团，必须依靠强有力的企业文化软实力做支撑。为此，广投集团按照广西党委彭清华书记指示，立志要做广西企业文化建设的标杆，打造深入人心的企业文化，夯实发展软实力。针对集团未来企业文化建设目标，提出如下发展思路：

（一）努力建设深入人心的企业文化

一是打造全员参与的企业文化。企业文化建设的核心是要把人的积极性和创造性激发出来，让企业的每一个员工都尽可能地将自己的最大潜能释放出来，以便使整个企业充满朝气与活力。中共十八大首次使用了"人民福祉"这一概念，意味着我国人民对幸福理念的把握和认识开始从务虚向务实转变。过去强调幸福观，重视的是主观的个人感受，是务虚，而福祉则是实实在在的客观的制度性社会福利，是实现社会公正的实践。因此，广投集团应确立和谐的劳动关系，建设先进的制度文化，切实承担造福地区的社会责任，并且要接受全社会的监督。在集团未来的长期发展过程中，企业全体职工的各种力量统一于企业的整体文化观念、价值标准、行为方式、道德规范，增强企业职工的内聚力、向心力和支持力的综合。但是，却不能忽视其中的个人价值。避免着力强调集体统一性，企业文化的趋向一致性，而对员工个人价值的认识和充分发挥却不足，缺乏必要的激励机制和有效保持，使员工潜力不能得以最大限度的发挥，在某种程度上还会挫伤员工积极性。

二是发挥企业领导对文化的引领作用。千千万万的广投人建设成今日欣欣向荣的广投集团。集团文化作为一种"无形规则"存在于员工的意识中，企业文化离开员工根本无法独立存在。卓越的企业总是把人的价值放在首位，物是第二位的。成功的企业无不重视人在企业文化建设中的重要作用。集团领导应在新的高度上认识企业文化的内涵和作用，更新观念、变革旧文化、引入新文化，身体力行、带头实践，凝聚员工，形成向心力和创造力。"说起来重要，行动起来次要，忙起来就不要"，显然是要不得的。懂得文化管理的企业家才是真正的企业家，才能发挥企业家精神的巨大动力，引领企业文化形成良性循环发展。

三是营造尊重包容的文化氛围。尊重是人文精神存在与发展的前提，先进的企业文化应该是一种尊重的文化。先进的企业文化还应是开放的、多元的，体现在企业文化的内容上要更具包容性，体现在各子公司文化是各具特色、百花争鸣，体现在企业文化的形式上是丰富多样。尤其是当代中国，改革开放后出生的一代独生子女进入企业工作，他们主张个人权利，学历高、个性强，若企业没有包容的管理，沿用过去的管理方法，就很难发挥他们的价值。因此，广投集团在日常的文化建设中，应该重视营造尊重包容的文化氛围，让员工切身感受到在集体生活中的美好，发自内心地热爱广投人的身份，加深对集团文化的宣传和维护。

2. 不断创新企业文化载体

通过载体建设，形成视觉听觉冲击，有效传播价值观，最终提升文化认同感。广投集团需要围绕企业价值观体系来构建相应的载体，搭建基层单位载体创新的机制与平台，才能让理念体系真正生根开花。特别需要指出的是以网络为代表的新媒体，可以有力推进企业文化工作的现代化。新媒体作为继报纸、电视、广播之后的新兴媒体，不仅已经发展成为一个新兴的产业，而且成为思想文化交流的一个新领域。相对于新媒体而言，广投集团在企业文化建设中历来非常重视传统媒体的建设，企业自办报纸、杂志、电视、广播等。然而，随着时代的发展，企业文化的传播渠道也在与时俱进。以网络为载体的新媒体的出现，不仅已经发展成为一个新兴的产业，而且成为企业文化交流的一个新领域。广投集团也应充分利用新媒体，打造企业文化理念传播的渠道、企业文化建设的桥梁、企业形象宣传的窗口。因此，无论从形式，还是从量与质的规定性来说，新媒体都将成为广投集团文化工作的新领域、新阵地。

表 14-2　企业文化载体及具体形式

文化载体	具体形式
组织机构载体	包括以整体组织存在的企业、企业内部各种正式的和非正式的团体以及企业全体员工
内部环境载体	包括厂容、厂貌、生活福利条件和人际气氛等
文化设施载体	包括教育设施、文化场地、体育与娱乐设施等
文化活动载体	包括文娱、体育、竞赛、知识性和趣味性活动等
文化媒介载体	包括产品、商标、广告、厂报、厂徽、厂歌、厂训、厂服、广播、电视等

3. 进一步提升企业文化管理水平

中共十八大将文化建设纳入"五位一体"总布局。我们必须反思企业文化建设，把文化管理提升到企业管理的最重要位置上来。企业文化不是可有可无，不是锦上添花，而是企业发展的引领。因此，必须从长远的角度、品牌的高度，重视文化建设。未来广投集团企业文化的建设中，必须克服"两张皮"，以企业家的自觉来开展文化建设，将企业使命、愿景与价值观落实在战略、流程、经营制度与管理政策中。在内容建设上，要完成从"本本"到价值管理的跨越；在路径与方法上，要从静态构建到动态管理。在已经制定的各项规章制度基础上，根据实际情况不断修订完善。集团公司要完善各项文化制度。同时，集团有关部门要督促基层生产单位、子公司、控股公司制定和完善各项文化制度，尤其是对新建立的单位，更要把文化建设作为重要工作来抓。当然，我们抓文化建设的同时，还要抓执行力，有了文化制度，不去执行，等于是一纸空文。有了文化制度，严格执行，集团的文化管理水平就一定能够得到提升。

4. 更加重视履行企业社会责任

广投集团作为企业固然需要注重盈利，但是除了实现其经济利益以外，更需要重视企业的社会责任。企业在社会中担当着一个类似道德机构的角色，其行为最终体现为对某种社会认同价值的遵循或者强化。重视社会责任、积极履行社会责任根植于广投集团的成长发展之中。2012年首份企业社会责任报告的发布，标志着广投集团的社会责任理念和管理迈上了一个新的台阶。集团的社会责任现已涉及区域发展责任、深化改革责任、诚信经营责任、环境保护责任、安全生产责任、科技创新责任、员工发展责任、社会公民责任八个方面，并考虑应在原有的基础上再增加两个方面，一是"奉献国家责任"，包括对国家就"一带一路"建设战略、澜沧江—湄公河区域战略，包括国有资产保值增值等；二是"服务伙伴责任"，包括对客户的责任、对其他合作伙伴的责任。可以说，广投集团正致力于建立完善、规范的社会责任管理和沟通体系，真正实现集团长久的可持续发展。

第十五章　党建工作

➤ 广投集团在党建工作中勇于探索，不断创新，开创了一系列行之有效的工作方法。具体包括开展党建品牌建设和"亮牌上岗"活动；实施"五学机制"和"订单培训"；开展"百名干部讲履职，百名书记谈责任"系列活动（简称"双百"活动）；实施竞争性干部选拔和痕迹化管理；实施"五大工程"力推党风廉政建设；建立"大监督"体系和专项巡查制度等。

➤ 党建工作的扎实开展不仅保证了企业发展的正确政治方向以及企业的健康运营，而且促进了企业的和谐与廉洁发展。

一、基础扎实稳健，树立国企标杆

1996 年，广投集团正式成立第一届党委。2002 年成立了第一届纪委。20 年来，广投集团党建工作取得了令人瞩目的成绩。主要表现在，党员队伍不断壮大，党员结构不断优化，基层党组织基础不断得到夯实，各项工作制度不断健全，党建工作的科学化、制度化、规范化水平不断提高。

（一）适应企业管理体制，转换党建领导体制

1988 年 6 月 12 日，自治区人民政府任命孔宪基同志（时任自治区计委副主任）兼任广西建设投资开发公司总经理，王法振、邓恕存任副总经理，组

成了广建投第一届领导班子，肩负起了组建广建投，回收"拨改贷"资金的重任，为广建投的发展奠定了资本基础。当时广建投归属计委管辖，没有设立党委。

1994年7月1日，我国经济体制改革史上具有重要意义的《公司法》在全国实施。《公司法》要求明晰企业产权，建立有效的法人治理结构。同年自治区党委、政府决定，把自治区计委主管的广建投改组为广西开发投资有限责任公司，由自治区政府直接管理（相当于正厅级单位）。1995年9月20日，自治区人民政府印发《关于我区电力投资和管理体制的暂行规定》，明确规定：自治区投资电力项目拥有的产权一律由自治区人民政府授权广开投为产权代表。1995年12月14日，自治区人民政府任命刘军同志为广西开发投资有限责任公司总经理；1996年2月6日，自治区人民政府任命刘军同志为董事长；1996年9月10日，中国共产党广西开发投资有限责任公司委员会成立，直属自治区党委领导。选举产生了以刘军为书记、王均誉为副书记等7人组成的广开投党委第一届委员会。

2000年7月24日，自治区人民政府任命黄名汉同志为广西开发投资有限公司责任公司董事长、总经理（正厅长级）。

2001年2月28日，自治区党委决定黄名汉同志任广开投党委委员、书记。2002年5月31日，自治区党委决定王水其同志任广西开发投资有限公司党委委员、副书记。2002年4月22日，根据集团化发展的设想，广西开发投资有限责任公司更名为广西投资（集团）有限公司，2004年广西国有资产监督管理委员会成立，2004年3月15日广西投资（集团）有限公司正式更名为广西投资集团有限公司。同年，广投集团成为首批自治区国资委履行出资人职责的19家企业之一。按照《国有资产监督管理条例》，广投集团经营班子、党建等工作，经营业绩考核等移交自治区国资委管理。

2006年1月20日，自治区党委决定，吴集成同志担任广投集团党委委员、书记职务。2006年1月24日，自治区人民政府任命吴集成同志为广投集团董事长。同日，提名吴集成同志为广投集团总经理，按照《中华人民共和国公司法》和公司章程有关程序办理。

2008年5月6日，自治区党委任命管跃庆同志为广投集团党委委员、党委书记；2008年5月29日，自治区人民政府任命管跃庆同志为广投集团董事长。2008 年 5 月 29 日，自治区人民政府研究同意，提名冯柳江同志任广投集团总经理；2008 年 6 月 13 日，自治区国资委党委任命冯柳江同志为广投集团党委副书记。2011 年 1 月，自治区国资委党委任命容贤标为公司党委副书记、纪委书记。

2013 年 5 月 15 日，自治区党委决定，冯柳江同志任广投集团党委书记。同年 5 月 25 日，自治区人民政府研究决定，冯柳江同志任广投集团董事长。5 月 27 日，自治区国资委党委决定，林冠同志任广投集团党委副书记、副董事长。2013 年 6 月 2 日，自治区人民政府研究同意，提名林冠同志任广投集团总经理；2014 年 9 月 1 日，自治区国资委党委任命何春梅同志为公司党委副书记；2015 年 6 月 5 日，自治区人民政府研究同意，提名容贤标同志任广投集团总经理；2015 年 6 月 8 日，自治区国资委决定，容贤标同志任广投集团副董事长。2016 年 5 月 9 日，自治区国资委党委任命廖应灿同志为公司党委副书记。

表 15–1　广投集团历届党委成员列表

时间和任期	党委成员
第一届 （1996~2002 年）	黄名汉（书记）、刘军（书记）、王均誉（副书记）、周业华、冯柳江、黄鉴波、王水其、廖日裕
第二届 （2002~2011 年）	吴集成（书记）、管跃庆（书记）、黄名汉（书记）、冯柳江（副书记）、王水其（副书记）、陆艳燕、李少民、廖日裕、黄鉴波
第三届 （2011~2013 年）	管跃庆（书记）、冯柳江（副书记）、林冠（副书记）、容贤标（副书记）、何春梅（副书记）、李少民、廖日裕、张雅锋、郭敏、刘旭、顾黎
第四届 （2013 年至今）	冯柳江（书记）、容贤标（副书记）、何春梅（副书记）、廖应灿（副书记）、吴法、郭敏、刘旭

注：刘军同志 1995 年开始任职，2001 年退休；黄名汉同志 2001 年开始任职，2006 年退休；吴集成同志 2006 年开始任职，2008 年退休；管跃庆同志 2008 年开始任职，2013 年调任自治区国资委主任、党委书记；冯柳江同志 2013 年开始任书记。

表 15–2　广投集团历届纪委成员列表

时间和任期	纪委成员
第一届 （2004~2011 年）	王水其（书记）、张锋（副书记）、雷民军、吕春蓉、冼宁、何春梅
第二届 （2011~2015 年）	容贤标（书记）、吕春蓉（副书记）、邓敏、陶祖灵、梅以军
第三届 （2015 年至今）	吴法（书记）、吕春蓉（副书记）、邓敏、陶祖灵、梅以军

2004 年，广投集团成立了第一届纪委，王水其同志被任命为第一届纪委书记。2011 年第二届纪委成立，由容贤标同志担任纪委书记；2016 年 1 月 11 日，自治区国资委党委任命吴法同志为纪委书记。

（二）稳扎稳打，屡创佳绩

广投集团在自治区直属的企业中是第一家设立党委的企业。1996 年，自治区党委将广投集团作为试点单位。成立初期，公司党委的工作主要是发展党员，选举、组建各支部，开展党员教育，建立广投集团党委工作制度，实施干部管理、评优选优、组织学习党的会议精神，同时也负责广投集团经营中的一些重大问题，如子公司组建和治理整顿问题以及职工福利问题等进行审批。人事问题，包括本公司员工的退休申请、职务任免、人员招聘，下属企业和广投集团各部门副职以上人员的聘任和考核。对广投集团和下属企业领导干部出现的违规、违纪行为进行调查和处理。2009 年广投集团实行组织结构优化以后，实行"大人事"管控模式。审议并批准各子公司和控股企业的人事制度、人员聘用以及对广投集团所属企业领导班子和领导班子成员进行年度考核等成为广投集团党委的一项重要工作。广投集团党委还加强了对中层干部和下属企业领导班子的培训。随着企业的发展，逐步形成了以思想政治建设、领导班子和干部队伍建设为核心，以组织建设、作风建设、制度建设为着力点，与企业经营管理工作相结合的"大党建"格局。

20 年来，广投集团党委紧扣"控制总量、优化结构、提高质量、发挥作用"的十六字方针抓好党员发展工作，党员队伍不断壮大，党员发展质量不断提高，党员队伍结构不断改善和优化，有效提升了企业党员队伍活力。集团党委所属平均每年发展党员 25 名，合格率达到了 100%。在新吸收的党员中，35 岁以下的党员占到了全部入党人数的 80%以上；大学本科文化以上党员占到了全部入党人数的 70%以上；生产经营一线干部职工党员占到了全部入党人数的 50%以上。与此同时，基层党组织基础不断得到夯实。截至 2016 年 8 月底，基层党组织已经发展到了 234 个（见表 15-3）。在下属企业中实现了党组织组建率 100%。同时，集团党委和二级子公司加强了对下属企业党建工作的指导。党组织在企业发展和项目建设中的战斗堡垒作用得到了进一步增强。

表 15–3　广投集团基层党组织和党员发展情况（截至 2016 年 8 月 31 日）

基层党组织数				党员数			
合计	党委	总支	支部	合计	在岗	离退	其他
234	17	6	211	4339	3384	772	183

　　扎实的党建工作为广投集团赢得了一系列相关的荣誉（见表 15–4）。截至 2016 年，广投集团已经几乎囊括了国有企业党建领域除全国先进基层党组织奖以外的全部奖项。自治区党委组织部对广投集团领导班子及成员的考核也屡创佳绩，尤其是"选人用人工作总体评价"和干部选拔任用工作满意度排名获得了大幅提升。

表 15–4　2011~2016 年广投集团党建工作获得的相关荣誉

年份	荣誉名称
2011	广投集团党委荣获"全区国有企业创先争优和党组织建设年活动示范单位"；广投集团党委等 4 个党组织荣获自治区国资委党委颁发的"2011 年自治区直属企业先进基层党组织"称号；4 名党员荣获"2011 年自治区直属企业优秀共产党员"称号，两名党员荣获"2011 年自治区直属企业优秀党务工作者"称号；广投集团团委荣获区直机关"一团一品"十佳党建品牌项目称号
2012	全国"五一"劳动奖状、"自治区文明单位"、"自治区和谐企业"、2010~2012 年全区国有企业创先争优活动先进基层党组织、广西职工思想政治和企业文化建设工作先进单位等荣誉称号
2013	全国"五一"劳动奖状、自治区先进基层党组织、全区国有企业创先争优和党组织建设年活动示范单位、全区国有企业创先争优先进基层党组织、第十四批自治区文明单位、全国模范职工之家以及中国企业文化竞争力 30 强等荣誉称号
2014	获得广西壮族自治区企业文化建设工作协调小组授予的"广西企业文化建设示范基地"，中国企业文化研究会授予的"中国企业文化顶层设计与基层践行十大典范组织"以及自治区 2014~2015 年度"美丽广西"乡村建设（扶贫）工作先进后盾单位等荣誉称号
2015	获得广西壮族自治区国资委党委授予的"自治区直属企业先进基层党组织"、"组织工作先进单位"，广西区企业文化建设工作协调小组授予的"2011~2014 年度广西企业文化建设先进单位"，中国企业家联合会授予的"中国企业 500 强第 199 位"以及 2011~2014 年度广西职工思想政治工作和广西企业文化建设先进单位及 2015 年度自治区直属企事业工会目标管理考核一等奖等荣誉
2016	获得自治区党委授予的"自治区先进基层党组织"称号、集团公司团委被评为"广西五四红旗团委"

二、创新工作方法，激发组织活力

　　在广西所有的国有企业中，广投集团的党建工作以扎实和稳健著称。不仅能够做到规定动作到位，而且每年都会推出若干自选动作，作为当年党建工作的亮点。党风廉政工作的稳步开展更是保证了集团及下属企业历届领导班子能够始终保持廉洁自律，为企业的持续健康发展提供了切实的保障。

（一）党建品牌建设和"亮牌上岗"

广投集团党委注重创新活动载体，指导各下属企业塑造"一企一品"党建品牌。如来宾电厂的"四级学习模式"、柳电公司的"二次创业"等，其党建品牌创建经验获全国国企党建专刊刊登。此外，还开展了"党员亮牌上岗"活动。通过开展"一个党员一个责任岗，一个支部一个责任区"活动，在每个党员办公桌上都设置了"共产党员岗"台卡，各下属企业在车间、班组设置"党员责任岗"、"党员先锋岗"，让党员亮身份、支部出实招，接受职工群众监督，把党员岗位打造成先锋岗，争创"技术技能一流，遵纪守法一流，效益效率一流"。

（二）"五学机制"和"订单培训"

广投集团党委以"五学机制"和"订单培训"方式抓好理论武装工程，不断夯实思想政治工作的思想基础。集团党委坚持"领导干部带头学、创新载体全面学、制度为辅保障学、深入调研请教学、问题导向实际学"的"五学机制"，领导干部带头落实中心组学习制度、带头上主题党课，并结合生产经营实际，每年确定调研课题深入基层调研、撰写调研报告解决实际问题，做到"党的方针政策经常学、理想信念经常讲、经济形势经常看、廉洁法规经常念"的同时，不断提升领导班子驾驭大局、分析和解决问题能力。在此基础上，通过"订单培训"的方式，开设了"广投集团讲坛"、"道德讲堂"、创办电子学习刊物《广学》等培训平台，把专家报告与内部培训有机结合起来；通过持续开展以"开辟一个专栏、上好一堂宣传课、开展一次集中培训、举办一次主题征文、策划一次支部活动"等为内容的"五个一"活动，扎实推进学习宣传工作落实；坚持通过集中培训、收看教育片、上主题党课、召开读书会和研讨会以及务虚会、表彰先进、出版板报等多种方式，丰富了学习的载体、提高了学习的质量。

(三)"双百"活动

在开展"三严三实"专题教育过程中,广投集团党委以开展"百名干部讲履职·百名书记谈责任"系列活动(简称"双百"活动)为自选动作,主动聚焦"三严三实"和"履职尽责"的主题,设计了"明责、履责、验责、问责"四个关键动作:通过集中开展"党章知识学习和测试"、"履职尽责大讨论"、公开承诺和民主评议等方式,促进各级领导干部"明责、履责",精益求精地做好本职工作;通过下重拳对检查中发现的各类"不严不实"问题进行专项整治,对履职不力的有关企业领导干部近 20 人进行了岗位调整;进一步修订和制定涉及干部管理和作风建设的有关制度 15 项,形成了对"不严不实"作风问题的高压态势,强化了"验责"和"问责"的警示作用。与此同时,各级领导干部通过"双百"活动踊跃参加到履职大讨论等活动当中,进一步解放了思想、开阔了思路,形成了主动作为、真抓实干、抢抓机遇的良好风气,提出了项目发展的新思路。

(四) 竞争性干部选拔和痕迹化管理

广投集团党委坚持党管干部原则,以竞争性选拔干部为常态,每 3~5 年实施一次全员公开竞聘,坚持用改革的方式促进干部合理流动,形成了"鲶鱼效应",有效激励了各级干部职工履职尽责。实行"痕迹化"管理,按照选拔任用工作程序,加强对选人用人各环节的文书、签字、数据、档案等关键痕迹的管理,实现了全程文字记录,促进了选人用人工作决策有痕、管理有序、工作规范。制定了《广西投资集团有限公司干部选拔任用全程纪实办法(试行)》,对动议、民主推荐、党委研究确定考察对象、考察(包括人事档案和个人事项报告核查)、讨论决定、任职等各个环节的主要工作和重要情况如实记载,提高了选人用人的公信度。

(五)"五大工程"力推党风廉政建设

近年来,广投集团党委以深化党的群众路线教育实践活动、"三严三实"专题教育、"两学一做"学习教育为契机,以中心组示范工程、决策阳光工程、作风务实工程、党员干部中坚工程、源头预防工程、"五大工程"为抓手,结合集团公司战略结构调整的新部署，深化"三转"提主业，党风廉政建设和反腐败工作有序开展，为集团公司转型发展各项任务的顺利推进提供了有力保障。注重班子自身建设，抓好中心组"示范工程"：党委将中心组理论学习作为提升领导班子定方向、掌大局、谋大事能力的重要措施，坚持"五学"机制，把深入企业作为"实践课堂"，通过"访企业班子成员，谈作风建设；访职工代表，谈意见建议；访生产现场，谈具体措施"的"三访三谈"形式，深入下属企业调研，广泛听取意见，找准存在的问题，为科学决策提供依据。注重民主科学决策，打造决策的"阳光工程"：建立了"三重一大"决策制度，凡"三重一大"事项决策前，党委都广泛听取各部门、各专业委员会意见，并经过董事会、领导办公会、党政联席会、党委会等会议集体决策，特别是涉及企业领导班子成员任免职的议题，全部经党委会集体决策后，再按《公司法》有关规定由企业董事会聘用。以正风肃纪为抓手，抓好作风建设"务实工程"：每年召开党风廉政建设和反腐败工作会议部署年度工作，并与各级党委、纪委及部门层层签订党风廉政建设责任状，进一步分解落实党风廉政责任，充分利用集体会议，逢会必谈作风建设；每年组织检查组到所属企业开展党建纪检工作情况专项检查，推进作风建设常态化；深入贯彻落实八项规定，不断细化规章制度，提高了依法办事水平。注重人才队伍建设，抓好干部队伍建设"中坚工程"：党委始终坚持党管干部原则和正确的用人导向，妥善处理党管干部原则与董事会、经营管理者依法行使用人权关系，逐步探索建立了市场化选聘职业经理人制度，营造了平等、竞争、择优、风清气正的选人用人环境，2014年1月至2016年9月新选拔任用中层管理人员及职业经理人共121名。坚持治本防风险，深入推进"源头预防工程"：积极构建全面风险防控体系，制定《全面风险管理体系建设规划》、《全面风险管理办法》，开展了全面风险管理试点工作；制定了《加强廉洁风险防控工作实施方案》和《建立健全惩治和预防腐败体系2013~2017年实施办法》，重点针对公司总部和企业的九大关键岗位开展廉洁风险防控工作；将巡查作为加强党的建设、从严治党、维护党纪的重要手段，主动借鉴上级巡视工作经验，率先在自治区直属企业成立了党委专项巡查组，进驻企业进行地毯式、定点式和全方位的巡查。

（六）"大监督"体系和专项巡查

按照自治区国资委鼓励企业探索"7+1"个监督闭环的要求，广投集团设立了由纪检、审计、法制和监事会成员共同组成的联席会，并出台了相关的指导意见。2016年，在下属企业开展了"四位一体"闭环监督试点并逐步向集团其他企业推广，最终将实现对整个集团监督的全覆盖。构建"大监督"体系，通过整合监督力量，形成了监督合力，缓解了以往纪检监督力量不足的问题。

在强化对所属的二级、三级企业开展关联交易、利益输送专项检查方面，广投集团主动借鉴中央、自治区和区国资委巡视工作经验，制定了党委专项巡查工作制度。2015年，成立了党委专项巡查组，对下属企业落实党风廉政建设和反腐败工作的主体责任和监督责任情况，领导班子成员的廉洁从业情况以及贯彻执行中央八项规定情况，严明党的政治纪律、执行民主集中制和干部选拔任用等方面的情况开展了专项巡查。针对巡查中发现的问题，集团公司党委及时调整了有关企业领导班子，并对有关责任人进行了处理，充分发挥了巡查工作的警示和震慑作用。通过实行党委专项巡查，有效加强了纪检部门的监督力度。

三、发挥党建优势，助推企业发展

广投集团党建工作的扎实开展不仅保证了企业发展的正确政治方向以及企业的健康运营，而且促进了企业的和谐与廉洁发展。

（一）保证正确的政治方向

国有企业的发展必须保持正确的政治方向。广投集团是广西资产总量最大的地方国有独资企业，是广西重要的投融资主体和国有资产经营实体，承担着贯彻党和国家方针政策的重要政治责任。多年来，广投集团党委通过丰富多彩的宣传教育活动不断加强精神文明建设和党员先进性教育，践行科学发展观，深化党的群众路线教育实践以及从严治党、加强服务型党组织建设，将党的思想政治工作与企业的文化建设相结合，将党对企业的政治领导与公司治理相结合，保证了党和国家的方针政策在企业内部的贯彻与执行。

一是不断强化党委的领导核心作用和政治核心作用，把准企业改革发展的政治方向。广投集团党委通过加强领导班子建设，建立了科学有效的运行机制，促进领导班子既积极作为又角色不乱，既决策科学又执行有力。集团党委坚持把党委会作为重要的决策形式，与董事会、领导办公会共同构成了集团"三重一大"事项的顶层决策体制，同时建立了《党委工作制度》、《党委班子议事规则》、《贯彻落实"三重一大"事项决策制度实施办法》等制度，议事工作制度健全；在决策过程中，凡属"三重一大"事项都坚持集体讨论和表决，参与决策程序规范，确保了党委在企业改革发展中切实发挥领导核心作用；广投集团每年新项目投资50亿元左右，项目投资决策正确，运行效益良好，投资业务多项"亮点"得到自治区党委、政府通报表彰。2016年，党委还根据从严治党新形势的需要，修订了公司《章程》，新增了有关"加强和改进党对企业的领导"的重要内容，明确了党组织在企业重大决策的参与、党组织在企业领导人选拔任用以及加强党风廉政建设等方面的地位。日常工作中，党委及班子成员都能严格遵守政治纪律，在思想上、政治上、行动上同中央保持高度一致，自觉做到"四个服从"，确保了党委"两个作用"的有效发挥。中心组成员都落实了双重组织生活制度，同时积极参加自治区党委举办的"时代前沿"讲座和自选专题培训，并注重将国内外形势、中央和自治区政策与广投集团实际情况结合分析，把学习成果运用于实践，进一步理清发展思路，把握改革方向，落实管理措施，使自治区党委政府的各项战略决策在广投集团得到了全面贯彻落实。

二是不断强化党管干部、党管人才职责，全面从严管理干部。广投集团党委坚持以"痕迹化管理"和"提拔人选干部档案必查、个人有关事项报告必核、纪检监察部门意见必听、有问题疑点必清"为常态，加强对选人用人各环节关键痕迹的管理，促进选人用人工作决策有痕、管理有序、严格规范；妥善处理党管干部原则与董事会、经营管理者依法行使用人权关系，以竞争性选拔干部为常态，每3~5年实施一次全员公开竞聘，畅通人才合理流动渠道；在全区国企中率先制定了《职业经理人管理办法》，以市场化选聘职业经理人，选取所属企业试点推广，2014年1月至2016年9月新选拔任用中层管理人员及职业经理人共 121 名，为集团改革发展提供坚强的人才支撑。

三是强化巡查监督和问责力度，促进遵章守纪成为常态。广投集团党委主动借鉴上级巡视工作经验，率先在区直企业成立党委专项巡查组，定点进驻企业针对"三重一大"决策、贸易和采购业务、合同和财务管理等开展专项巡查；综合运用巡视、审计、专项检查、明察暗访、信访举报等途径，结合平时考核、年度考核、干部考察等方式，强化日常监督；切实加大对存在苗头性、倾向性问题干部的提醒、函询、诫勉力度和不作为、不会为、不善为干部调整免职力度，2015 年对 7 名工作不力的中层干部实施了诫勉谈话；2016 年 8 月对 6 名不如实报告个人事项的中层干部给予诫勉谈话、罚薪处理和党内警告处分，并在全系统通报；贯彻落实中央关于干部能上能下的精神，对未能认真履行职责的中层干部坚决进行调整，近三年降职（免职）9 人；坚持"一报告两评议"，对民主测评分数低于 80 分的企业进行通报并责令整改。

（二）强堡垒，促生产，利转型

多年来，广投集团党委始终坚持党对经济工作的领导，以深化企业改革为抓手，围绕中心工作，把党建工作融入具体的业务工作中去，保障经济运行健康平稳，助推生产经营迈上新台阶、转型升级获得新突破、各项工作取得新业绩。近年来，党建工作对广投集团的顺利转型起到了积极的作用。

一是强化规矩意识，增强坚守"六大纪律"的底线自觉。集团党委紧扣党的政治、组织、廉洁、群众、工作和生活"六大纪律"，切实把党章党规贯穿于党员干部教育培训、选拔任用、监督管理始终。通过长期坚持"领导干部带头学、创新载体全面学、深入调研请教学、问题导向实际学、制度为辅保障学"的"五学机制"，用好"五个一"（一网、一报、一展板、一微信、一讲坛）等党员教育平台，深化学习效果，确保党员职工统一思想行动；逢会必谈党建、作风和廉政建设，结合"任职前善意谈、重要岗位重点谈、发现苗头及时谈、集体会议经常谈"的廉洁预警"四谈"方式，以及警示教育、廉洁党课、征文考试等多种形式给各级干部"敲警钟"。通过不断强化政治理论和党性教育，真正做到了在党言党，在党忧党，不违反政治纪律和政治规矩，始终同党中央保持高度一致。

二是强化"两个责任"落实，把纪律挺在前。集团党委每年严格按照中央和自治区各项重大决策部署研究制定《落实党风廉政建设党委主体责任、纪委监督责任清单》，层层签订《党风廉政建设责任书》，确保"两个责任"的责任主体明确化、责任内容清晰化、工作内容标准化；集团党委主要负责人亲自主持制订年度党委和纪委工作计划，对重要工作亲自部署；每年定期听取所属企业党风廉政建设和反腐败工作情况汇报、对重大问题亲自过问；认真协调班子成员按照职责分工抓好工作，重点环节亲自协调。

三是不断加强班子自身建设。党委班子严格坚持民主集中制，坚持做到集体领导和个人分工相结合，自觉维护班子团结，自觉做到"四个服从"，能够严格按照程序、按照规矩办事，不存在违反政治纪律、政治规矩和组织纪律的现象；每年召开一次典型事例剖析专题会议，深刻总结剖析全年违规事件根源、认领责任，制定措施，对照整改；发扬批评和自我批评的优良传统，每年都将"政治纪律、政治规矩"和"组织纪律"的自查剖析列入党员领导干部民主生活会自我剖析的重要内容，逐项对照检查，明确整改措施，细化对照整改。通过以上措施深学、细照、严管、实干，党委切实让"六大纪律"成为党员干部的底线自觉。

四是不断强化基层党组织的战斗堡垒和党员的先锋模范作用。集团党委在控股企业当中全部建立了党组织，实现基层党组织的全覆盖；制定了《党支部目标考核办法》，对"三会一课"、民主生活会和组织生活会、党员活动等内容，进行目标管理和考核，增强了党内生活的严肃性；打造了"党员先锋岗"、"党员责任区"、"比学赶帮超"、"亮牌上岗、岗上三亮"、"百名干部讲履职·百名书记谈责任"、"第一书记"临时党支部、"广投讲坛"、"订单培训"、"雨润志愿者协会"等特色活动载体和党建品牌，有效发挥了基层党组织的战斗堡垒和党员的先锋模范作用。

五是从严落实八项规定，狠抓党风廉政建设。党委制定下发《领导定点联系企业制度》，领导班子成员带头开短会、讲短话，明确调研标准，改进调研作风，深入一线解决实际问题；加强预算管理，按需开支，带头抵制高规格接待，坚持在标准内安排食宿、严格按规定使用公务用车，坚决反对任何形式的铺张浪费；下发《公务接待工作管理办法》，强化对会议、培训、资产配备、企业文化宣传等经费的计划管理，集团公司"三公"经费逐年下降。

六是完善制度建设、规范权力运行。根据《公司法》，按照现代企业规范的法人治理模式，对公司章程进行梳理，进一步完善相互制约、相互促进的决策机制；制定完善《项目后评价管理办法》、《经济责任审计办法》、《建设项目审计管理办法》等一批制度，结合修订《所属企业领导班子和领导人员综合考核评价办法》、《中层管理人员管理规定》、《案件检查工作制度》、《党委专项巡查工作制度》等制度，打造全覆盖的内部监督管理制度体系，健全事前事中事后监督评价制度，完善内部监督约束机制，有力确保中央和自治区各项重大决策部署落实到位。

（三）兴廉洁之风，建廉洁企业

近三年来，广投集团纪委在自治区纪委、自治区国资委纪委以及集团公司党委的正确领导下，积极协助集团公司党委认真履行党风廉政建设主体责任，认真履行监督执纪问责责任。

一是协助集团党委落实党风廉政建设主体责任，确保责任落到实处。集团公司党委始终把严明政治纪律放在首位，及时学习传达和贯彻落实上级有关党风廉政建设精神和要求，与中央和自治区保持高度一致。每年制订纪委和党风廉政建设年度工作计划，配合党委制定"两个责任"清单，明确党委主体责任和纪委监督责任。每年召开工作会议研究部署党风廉政建设工作，协助党委对各级党组织落实廉政责任状情况进行检查考核，督促落实"两个责任"。2015 年成立党委专项巡查组，截至 2016 年 9 月已完成对 3 家企业的专项巡查。不断加强制度建设，集团公司共制定和修订有关党风廉政建设工作的制度 15 项，形成了较为健全的预防和处置腐败的制度体系。

二是强化责任担当，切实履行监督执纪问责职责。坚持从严治党，加大对违纪违规行为的查办力度。如开展违纪违规设立和使用"小金库"等问题的立案调查核实，并根据相关规定对相关责任人进行处理。指导所属企业党委配合检察机关核实处理有关案件。对有关保密违法行为进行处理。对未如实申报个人有关事项的中层领导干部给予党内警告处分、通报批评、责令限期补报和整改、做出书面说明、罚薪、诫勉谈话。开展查处发生在群众身边的"四风"和腐败问题专项工作、开展"四个方面共性问题"自查自纠工作。探索建设纪检监察、审计、监事会、法制"四位一体"闭环监督体系，整合监督力量。

三是注重廉洁教育，加强廉洁文化建设。持续在全体职工中开展"学廉洁从业条规和警句及警示案例、听廉政党课、看警示教育片、观廉政教育展览、考廉洁从业条规"教育活动，结合中心组、专题会等形式及时学习上级反腐倡廉会议精神，每年组织党员参观党风廉政警示教育展等方式加强警示案例学习。将廉洁文化融入企业文化建设中，利用企业局域网、报刊、板报橱窗等载体宣传廉洁从业法律法规、正反典型案例，让廉政文化入脑入心，营造了风清气正的企业环境。重要节日重申纪律。坚持每年中秋、国庆、春节等重要节日发文重申纪律，对执行八项规定做出具体要求和部署。开展"任职前善意谈、重要岗位重点谈、发现苗头及时谈、集体会议经常谈"的"四谈"活动，及时给干部"敲警钟"。

四、迎接新的挑战，开创新的篇章

（一）党建工作面临的挑战

近年来，广投集团党委坚持以科学发展观统领全局，以创新为发展动力，带领广大员工艰苦奋斗，全力以赴推进改革发展，着力解决历史遗留问题，并通过整合优势资源，调整产业结构，培育新的经济增长点，努力促进企业增效，实现了具有历史性的跨越。但在广投集团进一步改革、转型和发展的过程中，党建工作还面临以下一些挑战：

1. 党建基础工作还需要进一步巩固

随着国有企业改革的进一步发展，党中央对企业党建工作的要求越来越细化，这些要求如何在具体的企业党建工作中得到有效的落实，还需要在实践中不断探索。

2. 思想政治工作的难度进一步加大

一方面，年轻人在企业发展中扮演着越来越重要的角色，在党员队伍中的比重也越来越高。另一方面，随着信息技术的高速发展以及经济全球化的影响，年轻党员的思想观念以及行为方式与以往相比已经发生了很大变化。他们的思想往往比较活跃，在一定程度上缺乏奉献精神。多年来，广投集团仍习惯于传统的思想政治工作模式，在工作方法上缺乏时效性和针对性，还不能完全适应人们思想观念日益活跃、信息渠道日益丰富的现实。如何满足年轻人的心理需求，提高年轻人的队伍凝聚力，是未来思想政治工作需要重点解决的问题。

3. 党务人员的队伍还不够壮大，与党建工作的发展需要还不相适应

随着企业体量的不断增大，企业经营管理工作的复杂度不断上升，党建工作与企业经营相融合的难度也在不断加大。而党务人员的队伍还不够壮大，与当前广投集团党建工作的新形势和新需要还不相适应。部分党组织缺乏专职党务纪检人员，少数企业党支部因业务规模小、人员少或业务刚起步，未能及时配备专职党务纪检人员。党务人员不足对党务工作的质量造成了一定的影响。

4. 在混合所有制企业中如何实现从严治党还需要进一步探索

广投集团经营的都是国有资产，广投集团每个企业都投资管理着一批重大项目，每年都进行巨额的资金运作，有大量的招投标、有大批的物资采购、有大量的业务往来，如果没有过硬的作风，没有强有力的制度约束，没有有效的监督，这些领域就容易出现问题。从严治党，不仅是保证广投集团的安全、保证企业的长治久安，也是保证集团每一个经营者、每一位职工的职业生涯安全。特别是混合所有制企业中，广投集团绝对控股的混合所有制企业，党建抓得比较到位，但是市场化程度高的混合所有制企业，还没有真正抓好从严治党，在这方面还需要深入思考。

（二）进一步加强党建工作的思考

党建工作是广投集团发展的生命线。实践证明，只有将党的政治核心作用发挥好，才能实现广投集团的科学发展。当前，面对全面从严治党的新常态和深化国企改革的新任务，广投集团党的建设只能加强、不能削弱，必须坚持问题导向、规范与创新并重，更好地发挥各级党组织和广大党员的作用，凝聚全体职工的智慧和力量，为大力实施"十三五"规划、把广投集团做强做优做大、推动广投集团改革发展提供坚强的保证。总体来说，应实现"一个科学"和"三力"，包括以下内容：

1. 切实增强党建工作的科学性

中共十八大以来，习近平总书记就加强党的基层组织建设提出了一系列重要论述，明确提出"要以改革创新精神加强和改进国有企业的党建工作"。围绕习总书记的重要论述，做好集团新形势下的党建工作，就是要加强顶层设计，通过体系化方式提升集团系统党建工作的科学性，发挥"堡垒"作用；重点突出人才的价值引领作用，发挥"先锋"作用，为实现集团"十三五"目标提供坚强保证。近几年来，集团公司党建纪检工作一直保持着规范、稳健的优良传统，走在全区国企前列，但与新形势集团所肩负的新使命相比仍然存在一些不适应的地方，主要是：各基层党建工作整体推进不平衡，个别党组织工作的规范性、主动性和创新性不够等。这就需要我们一方面要把党建纪检工作的好传统、好经验进一步上升为规律认识，以制度化、体系化的形式固化成果，另一方面要紧跟新形势新变化，从问题出发，对症下药。因此，有必要建立一套自上而下、规范运行、以工作项目可量化、体系执行流程化、兼具规范性和服务性特点、以有效性为考核标准的新型党建纪检工作体系，进一步开创与集团改革发展新局面相适应的"全方位、立体式"党建纪检工作总体脉络和大格局。

2. 找准党建经营工作的"结合力"

党建载体创新工作要围绕企业中心工作，强化服务广投集团科学发展的大局意识，把党建工作融入"转方式、调结构、上水平、增效益"中心工作中，融入创"千亿元企业"的目标任务中，融入学习党的十八大精神的各项活动中，要通过抓党建载体创新工作促进广投集团的科学发展，以广投集团的科学发展体现党建载体创新工作的成效。通过党建载体创新工作来解决经营管理中存在的问题，切实达到党建载体创新工作与广投集团的中心工作目标同向、部署同步、工作同力、考核同行，形成抓党建工作与经营管理中心工作的强大"结合力"。

3. 切实增强党建工作的"吸引力"

进一步转变观念，强化创新党建载体工作的意识，切实提高党建工作的吸引力。一是更新观念、拓宽思路、以全新的视角，确保广投集团党建载体创新有点子。二是建强队伍，确保广投集团党建载体创新有能手。按照把党员培养成业务骨干、把业务骨干培养成党员的"双培"方针，深入开展创建学习型党组织，开展岗位练兵、开展网络教学模式等，全方位、多角度地加强党员队伍建设，全面提高党员干部攻坚破难、创新突破、争创一流的能力。三是开源渠道，确保企业党建载体创新有经费。在党建经费上落实基本保障，鼓励党员职工共同参与创新活动，进一步增强党组织的吸引力。

4. 激发党员干部职工的"原动力"

深化党建载体创新工作要加大对党员干部个人的考核力度，按照"细化、量化、科学化、具体化"的要求，把企业党建工作纳入岗位、党员个人目标管理考核，参照广投集团职工个人绩效考核办法，将评定结果与福利待遇、推荐后备干部、评先评优相挂钩，以此激发党组织和党员干部职工对党建工作的创造力和"原动力"。

专栏 15-1　以社会主义核心价值观为引领构筑思想政治工作大格局　为企业提质增效提供保证

——广西投资集团有限公司思想政治教育工作经验

近年来，广西投资集团有限公司党委认真贯彻中央要求和自治区国资委部署，把培育践行社会主义核心价值观和强化思想政治工作作为推动集团科学发展的精神动力，主动将社会主义核心价值观融入集团改革发展和治理实践、引领公司文化繁荣发展、丰富思想政治工作载体，有效保障了经济运行健康平稳，助推生产经营迈上新台阶、转型升级获得新突破、各项工作取得新业绩。

一、将核心价值观融入集团文化繁荣发展中，促进企业跨越式发展

一是以"四季之法"深入宣贯传播以社会主义核心价值观为统领的广投集团核心价值体系。集团坚持以社会主义核心价值观为引领，培育集团文化理念，提出了"创造价值、服务社会、成就员工"的核心理念和"体面工作、体面生活"的幸福观，倡导"专于心、敏于行、立于信、成于德"的企业精神，与社会主义核心价值观进行呼应，着力筑牢广投人的共同思想基础。

为促进文化理念落地，集团采用"四季之法"的文化建设模式、搭建了党政工团齐抓共管的"四轮驱动"领导体制，将文化建设宣贯周期分为四个阶段，对应春、夏、秋、冬四个季节，每阶段制定不同的工作任务和重点，循序渐进，不断深入。"春耕"阶段，开辟了集团内外网站企业文化专栏，在集团报纸和内刊上进行文化故事宣传，利用板报、宣传长廊、网络等平台大力宣扬集团文化；"夏长"阶段，形成摄影书画大赛、职工书屋、健步走、广投讲坛、文化故事演讲活动、"广投杯"金融知识竞赛、志愿者协会、读书协会、运动协会、理财协会等固定的文化形式和组织，丰富生活，凝聚人心；"秋收"阶段，把学习成果转化为指导工作的科学思维和工作方法，转化为切合集团发展实际的具有前瞻性、创造性的工作思路，转化为破解制约企业发展"瓶颈"问题的良策，同时按照考评制度，以量化的形式推动企业文化建设工作；"冬藏"阶段，编辑发布《集团企业文化建设制度汇编》、《集团新闻宣传工作制度汇编》等文化建设成果汇编，总结经验，不断提升。集团各基层企业也分别以集团核心价值观为主导，立足实际创新发展富有特色、具有个性的企业文化，分别构筑了以创新、法治、感恩、安全等为特色的子文化。通过"四季之法"和"四轮驱动"推进企业文化建设措施，传播了社会主义核心价值观和集团的价值主张。

与此同时，集团公司积极培育先进典型，定期选取树立在重点项目发展、深化管理创新、经营业绩提效、创先争优等经营管理方面取得重大突破或成效显著的典型企业、先进个人，充分发挥评先创优、文明单位评选、优秀党组织、党务工作者和优秀党务、青年文明号等创建活动在培育和践行社会主义核心价值观中的载体作用。近年来，树立了"全国劳动模范"、"广西道德模范吴昆"、"广投最美青工"等一批典型，推出"亮牌上岗、岗上三亮"、"雨润志愿者服务"等一批特色党建和服务品牌，打造"服务改革、服务发展、服务员工、服务社会"为内容的"四服务"传播价值观的平台，营造了团结创新、创先争优的文化氛围。

二是将社会主义核心价值观融入集团深化改革和发展的具体实践。集团紧密结合十八届三中全会关于国资国企改革要求，以及十八届四中全会关于"依法治国"的要求，紧紧围绕涉及企业改革发展、做强做大主业、创新发展、转型升级、结构调整等重点难点问题，以核心价值观指导实践，推动工作。例如，面对国家经济下行压力较大的严峻形势，集团在充分调研的基础上，提出了"产融结合、双轮驱动"的创新战略，按照"金融为引擎、能源为基础、铝业为支撑、文化旅游为新的增长极、海外资源为重要补充"的产业新定位，稳步推进"产融结合、产产融合、融融结合"的产业协同发展方式，逐步形成以天然气管网、稀缺金融牌照、水电、核电为主的效益"四大稳定器"，形成极具竞争力的产业新业态，使集团在全国普遍面临经济下行压力的严峻形势下，异军突起，在经济运行中跑出了"加速度"。

三是将核心价值观落实到守法经营、公平竞争、诚信守约的经营行为当中。集团坚持依法依规开展各项生产经营活动，坚持加强制度建设，2015 年以来共修订各项企业管理制度 75 项，目前正在积极推进全面风险管理体系、安健环风险管理体系等体系化建设，努力构建系统完备、科学规范、运行有效、与社会主义核心价值观高度契合的制度体系，保证有法可依，有规可循；坚持运用法制思维推进企业改革发展，注重在法治框架下实施各项改革措施，成立集团全面深化企业改革领导小组，确定了职工持股、职业经理人、混合所有制经济、企业法人治理结构 4 个改革研究方向，选取了试点企业推进市场化改革，同时，搭建了"总部—平台—企业"三级管控模式，实现"集团化、专业化、差异化"管控，在各级企业专门设立了法律和风控管理部门与合规性工作流程，强化在国有资本运作、股权多元化改革、企业转型升级和"走出去"发展等重点项目、关键环节的法律参与，既探索了具有广投特色、适应广西国资国企改革的路子，又进一步推动了企业法制工作与各项工作的深度融合，树立了讲社会责任、讲社会效益、讲守法经营、讲公平竞争、讲诚信守约的良好形象。2015 年 6 月，集团获国际主体信用评级的最高等级 AAA 级，是目前广西区内唯一一家拥有 AAA 主体信用评级的公司。

二、协同推进三大工程，构建思想政治工作大格局

一是以"五学机制"和"订单培训"方式抓好理论武装工程，不断夯实思想政治工作的思想基础。集团党委坚持"领导干部带头学、创新载体全面学、制度为辅保障学、深入调研请教学、问题导向实际学"的"五学机制"，领导干部带头落实中心组学习制度、带头上主题党课，并结合生产经营实际，每年确定调研课题深入基层调研、撰写调研报告解决实际问题，做到"党的方针政策经常学、理想信念经常讲、经济形势经常看、廉洁法规经常念"的同时，不断提升领导班子驾驭大局、分析和解决问题的能力。

同时，通过"订单培训"的方式，开设了"广投讲坛"、"道德讲堂"等培训平台，把专家报告与内部培训有机结合起来；通过持续开展以"开辟一个专栏、上好一堂宣传课、开展一次集中培训、举办一次主题征文、策划一次团日活动"等为内容的"五个一"活动，扎实推进学习宣传工作落实；坚持通过集中培训、收看教育片、上主题党课、召开读书会和研讨会以及务虚会、表彰先进、出版板报等多种方式，丰富学习载体、提高学习质量和效果。

二是以"五个一"教育活动和"四谈机制"抓好法制和廉洁从业教育工程，促进思想政治教育效果的深化。党委坚持将法制教育作为思想政治教育的重要组成部分，以各级领导干部作为重点人员，以涉及工程、财务、销售等岗位职工为重点对象，以传授法律知识、训练法律思维为重点内容，通过举办法律讲堂、开展普法考试和知识竞赛，结合开展"学廉政条规、阅红色书籍、听廉政党课、看警示教育片、考廉洁从业知识"等"五个一"教育活动和"任职前善意谈、重要岗位重点谈、发现苗头及时谈、集体会议经常谈"的廉洁预警"四谈"机制等措施，开展内容丰富、形式多样的普法宣传和廉洁从业教育活动，各级管理人员和职工的法律意识不断增强，依法经营管理水平得到很大提高，法律风险防范机制日益健全。

三是以"三结合"方式抓好服务中心工程，提升思想政治教

育工作对经济工作的贡献度。集团坚持将思想政治工作与企业生产经营、产业结构调整与深化改革等工作有机结合，通过"三结合、三促进"的方式，把思想政治工作的导向性要求体现在管理制度之中，促进了各项工作的有序开展：结合"互联网+"抓好形势教育，通过在内网开设"党建纪检专栏"、设置企业党建纪检工作交流QQ群、企业微信平台、电子杂志、电子报刊、董事长和总裁电子信箱等方式，紧密结合企业生产经营各阶段的具体情况，面对面跟各级干部职工分析阶段性经济运行形势、剖析问题和不足、提出解决思路和措施，引导职工用发展的眼光看问题，明辨大是大非，增强工作责任感和紧迫感；结合深化改革抓好队伍建设，以竞争性选拔干部为常态，每3~5年实施一次全员解聘、重新竞聘的改革活动，并大力将五湖四海的优秀人才吸引到集团，促进形成"鲶鱼效应"；以业务培训和思想素质培训为重点内容，每年组织全体中层以上管理人员到专业培训基地分期开展脱产培训，促进管理队伍素质提升；结合解决实际问题促进工作深入人心，以长期开展服务型党组织建设为契机，搭建了"服务改革、服务发展、服务员工、服务社会"的"四服务"平台；以"领导接待日"为平台，建立了领导与职工面对面交流的机制，拓宽了职工建言献策渠道、保障职工合法权益；以"领导定点联系服务企业"和"干部下基层制度"为保障，领导班子成员每年确定1~2个调研课题深入基层调研不少于60天，并撰写心得体会，解决基层实际问题，领导促进了思想政治工作深入人心。

专栏 15-2 充分发挥党委在混合所有制企业中的政治核心作用

——"国海证券公司"的经验

国海证券股份有限公司（以下简称"国海证券公司"）的前身为广西证券公司。2001年，广西证券公司增资扩股并更名为国海证券有限责任公司，广投集团成为国海证券公司的第一大股东。2011年8月，国海证券有限责任公司借壳登陆A股市场，更名为国海证券股份有限公司（股票代码：000750）。国海证券公司党委在实践中摸索出一套适用于混合所有制企业党建工作的成功经验。

一、"双向进入，交叉任职"

为了更好地发挥党组织在混合所有制公司经营管理中的政治核心作用，国海证券公司党委委员全都是通过召开党员大会或党员代表大会从公司的高、中级管理人员中差额选举产生。国海证券公司党委书记由董事长担任，副书记和纪委书记由监事长担任。纪委委员主要由监察稽核和法律合规部门的主要负责人担任。各党支部书记均由营业部总经理或总部部门总经理担任，支部委员均由业务骨干担任，支部班子坚强有力，为支部工作的开展，增强支部的活力和凝聚力，发挥支部的战斗堡垒作用打下坚实的基础。

二、认真落实党的组织生活制度，加强基层组织建设

组织党员、员工参加"国海大讲堂"、在线学习、后续教育培训。每年"七一"各党支部都组织党员和入党积极分子到百色、龙州、公司扶贫点、福利院、社区等开展主题教育活动，接受革命传统和爱国主义教育，看望慰问孤寡老人和儿童，资助贫困女童上学，参加社区党员义工活动等，使党的组织生活内容丰富、形式多样。

三、抓好党员培养和党组织的思想建设

国海证券公司党委每两年组织进行一次先进党支部和优秀共产党员的评选，以"树典型、树形象"为载体，调动各党支部和全体党员创先争优的积极性。

抓好党组织的思想建设，不断提高党员队伍的整体素质，认真开展中心组学习和民主生活会。围绕经营管理开展思想政治工作，2003年4月，根据自治区党委的部署，在全区开展思想解放再讨论活动，以思想大解放促进经济大发展。国海证券公司党委及时下发了《关于开展思想解放再讨论的通知》，要求国海证券公司全体党员、员工结合公司工作和个人工作及思想实际，积极开展思想解放再讨论活动。通过大讨论，大家进一步提高了对国海证券公司原来与市场经济不适应的劳动人事分配制度进行大胆改

革必要性的认识，从思想和行动上支持国海证券公司实行人员能进能出、工资能多能少和能者上、平者让、庸者下的用人机制以及实行员工收入与业绩紧密挂钩的分配机制。

四、加强对工会和共青团的领导

国海证券公司党委积极支持工会、共青团组织的各项活动，充分发挥了工会和共青团联系群众的桥梁和纽带作用。国海证券公司工会在党委的大力支持下，组织全体员工进行爱心捐款，帮助生活中遇到困难的员工渡过难关；派人看望慰问住院的员工，使员工切身感受到国海大家庭的温暖。国海证券公司团委和各团支部积极组织广西区内营业机构开展了创建"青年文明号"活动，提升了公司青年员工的业务能力和服务水平，树立了国海证券公司的良好社会形象。2006年11月，在国海证券公司党委的倡议下，由国海证券公司全体员工捐款并发起成立了广西国海扶贫助学基金会。基金会注册资本金210万元，作为国内证券行业第一家慈善基金会首开证券行业扶贫助学慈善活动的先河。

五、加强制度建设

国海证券公司建立健全各项规章制度，从源头上杜绝腐败现象。截至2014年8月，国海证券公司共制定了各项规章制度、流程近400项，涵盖了国海证券公司所有管理及业务系统。已形成了从制度体系设计、需求收集分析、制度建设、培训考试、制度执行与考核挂钩、检查与责任追究、定期评估等整套制度管理机制，实现了"用制度管企业，用制度管人"的经营管理模式。

自成立以来，国海证券公司党委在党的思想、组织、作风、制度和党风廉政建设等方面都取得了一定的成绩。国海证券公司全体共产党员，在国海的改革、创新、发展中发挥了中流砥柱和先锋模范作用，做出了积极的贡献。

专栏15-3　以标准化、特色化促党建

——"柳电公司"的经验

2015年是柳电公司打造党建工作品牌的落地年。柳电公司党委着力加强党建标准化、特色化"两化"建设，促进柳电公司党建科学化水平不断提升。在"党建工作标准化"建设中，柳电公司党委不断探索创新工作方式方法，开启了基层党支部标准化管理的新模式，切实解决了"基层党建工作抓什么、怎么抓、如何抓好、如何科学考核"等实际问题。

一、定项目框架内容，明确"干什么"和"怎么干"

为适应新常态下的党建工作要求，柳电公司适时提出了党支部标准化建设的思路。柳电公司党委大胆借鉴项目管理的做法，积极探索党建标准化、项目化管理模式，将党建各项重点工作作为一个整体、动态的项目，以目标为导向，以方案化操作为要求，以进程控制为重点，以效果为归宿，实行有效管理。在深入调研、广泛听取和征集各支部意见的基础上，柳电公司党委编制下发了《党支部标准化建设工作手册》。该手册按照实事求是、促进工作和强化责任的原则，从"完善支部工作的内容、责任、创新和考核"四个维度入手，针对基层党建工作内容、程序进行优化设计，以形成最佳的工作流程，体现出项目管理中"量化、细化、对标对表、数据透明"等特点：

一是实现阵地建设标识标准。把有条件的党支部活动室建成标准化活动室。达到各党组织所有的活动上下一致、标准统一。

二是实现党建资料规范。对党支部状况、党员名册、规章制度、组织发展、计划总结、会议记录等资料规范化管理。使党支部工作条例明确，思路清晰。

三是实现党建制度统一。指导党支部健全"三会一课"制度、民主生活会制度、党员考核制度、党风廉政建设制度、党员责任考核制度、定期汇报制度等各项规章制度。促进党内生活制度化、规范化。

四是最终实现党建特色鲜明。柳电公司党委鼓励各党支部在坚持党委统一管理标准的基础上建设形成"一支部，一品牌"的特色鲜明的党建工作子品牌。

二、提高创建要求，明确"如何干好"

基层党建工作要上台阶、上水平，必须不断创新。柳电公司党委鼓励各支部搞调研，树典型，建机制。积极开展党建实践和课题研究，形成"一个党支部一个品牌"。在支部标准化建设中，柳电公司党委要求支部在做好日常工作的同时，注重提升创新能力，注重对特色亮点工作进行挖掘与展示，引导各党支部把围绕解决柳电公司安全生产和经营管理、转型升级过程中的重点难点作为党建工作创新的落脚点。引导基层党组织、党员同志在柳电公司发展战略推进实施中，真正扮演好"引领、支撑、服务"的角色；在生产经营过程中，真正推动工作进度，提高效率，促进目标如期实现；在急难险重任务和攻关行动中，真正发挥政治核心作用，战斗堡垒作用，引领表率作用和先锋模范作用；在团队建设工作中，通过文化引领，树立和增强员工对柳电公司的认同感、归属感、荣誉感，并转化为支持柳电公司生产经营、转型升级的自觉行动。柳电公司党委要求在基层党组织和党员中，以党员挂牌上岗，党员模范工作面创建等活动突出党员岗位职责要求、工作质量要求。要求党员干部积极参与设备治理、"安康杯"劳动竞赛、合理化建议、QC研讨、党员身边无事故等活动。用各种方法调动党员群众对每一个工作环节都"用脑尽心"，确保安全生产，推动转型升级。如检修部二党支部侧重于创建党员精品工程；运行、燃灰党支部侧重于参与小指标竞赛；部室一党支部侧重于职务廉洁教育等。在柳电公司每月的政工例会上，各党支部均就重点工作的推进情况，基层党建的特点经验、工作思考和建议充分地作交流总结。明确党建标准化工作的重点、难点及亮点。既宣传"支部特色"，又使党支部之间实现相互学习、共同提升的目的。为确保各党支部工作干有方向、追有目标，政工例会上，各党支部不仅要在抓总结、找差距上下功夫，更要在党群工作的延续性与创新性上下功夫，注重分析总结，提出新的工作思路，明确下一步工作方向，最大限度地挖掘出公司内部的资源潜力。注重创新，提升党建标准化工作水平。

三、定考核机制，评价"干得如何"

"党支部工作很大程度上做的是'无形'的活，不能用直观的数据统计，考核结果缺乏准确性和说服力。"针对之前基层党建工作缺乏考核指标和方式针对性不强的薄弱环节，柳电公司党委制定《党建工作标准化建设考核细则》，采取数据量化对标的模式，把总体考核内容细化、量化为 41 个具体项目，对每一项的评分因素进行规定，以不达标扣分的刚性规定，减少考核的不确定性。指标考核体系由公司党委依据中心工作"量身定制"，包含"基础类、创新类、评价类"三大类。由各支部逐项自评，柳电公司采取跟踪问效与督促检查相结合的方式，对支部党建标准化建设进行一年两评和年度综合评定，从而实现"过程可控，结果可知"的目标。

柳电公司党建标准化建设的实施，为支部围绕中心，做细做实组织工作提供了方法。在目标体系指导下，各支部积极探索把党建与解决部门具体问题相结合，进一步拓展党支部工作范围的方式、方法。党组织抓党建的积极性和主动性明显提高，责任感和使命感明显增强。各党支部紧紧围绕柳电公司发展战略和党建工作新思路要求，把党建工作和公司经营发展工作同研究、同部署、同检查、同考核，将其贯穿于柳电公司改革发展稳定的全过程，实现了工作的全覆盖。

第十六章　顺势而为，制度变革

➢ 广投集团的制度变革不仅是地方国有经济体制改革的重要一环，也是应
　对外部经济运行环境不断变化的谋生之道，更是应对自身因企业规模、
　业务板块扩张和发展战略调整带来的经营、组织、管理挑战的必然选择。

➢ 广投集团以建立和完善现代企业制度为导向，在产权制度、治理结构和
　组织管控方面进行了一系列变革，使自身在地方乃至全国国有企业中率
　先建立起符合市场经济运行规律的现代企业制度。

➢ 制度变革不仅助力广投集团借制度优势实现跨越式发展，而且积累了国
　有企业改革的"广投经验"：①产权结构多元化是市场经济条件下现代企
　业实现经营模式创新和跨越式发展的一个重要途径。②加强董事会能力
　建设，是确保国有企业在重大经营决策中较好实现国家意志与企业法人
　意志的有机结合，以市场化方式完成国有企业特殊功能使命的关键所在。
　③科学有效的集团组织与管控体制为确保大型企业集团稳健发展、战略
　部署有效实施提供了必要的组织与管理保障。中共十八届三中全会以来，
　全面深化国有经济体制改革给广投集团提供了进一步变革发展的新机遇。

　　作为广西成立最早、发展最好的国有投资公司之一，广投集团的改革发
展历程是西部地区地方性国有投资公司通过改革成功实现跨越式发展的一个
缩影。28年来，改革作为主旋律贯穿了广投集团发展的全过程。广投集团的
改革不仅是地方国有经济体制改革的重要一环，也是应对外部经济运行环境

不断变化的谋生之道，更是应对自身因企业规模、业务板块扩张和发展战略调整带来的经营、组织、管理挑战的必然选择。广投集团在产权制度、治理结构和组织管控方面的一系列变革使自身在地方乃至全国国有企业中率先建立起符合市场经济运行规律的现代企业制度。正是凭借制度上的优势，广投集团不仅能够应对外部经济运行环境变化给企业生存发展带来的挑战，抓住深化国有经济改革的历史性机遇，及时做出战略上的调整，而且能够通过内部治理和管理机制的同步变革，将战略调整切实转化为有效的行动，使广投集团终于度过"三期叠加"效应下的三年困难时期，并成功实现从实业型国有投资公司向金融控股、产融一体化国有资本投资公司的跨越。广投集团的成功不仅验证了以现代企业制度为方向的国有企业改革路径的正确性，更为相对落后地区的国有企业通过改革突破地域、资金、人才等资源限制实现跨越式发展提供了重要的实践经验和实现路径。

一、抢占先机，勇做制度变革开拓者

（一）广投集团的企业性质与使命

　　广投集团，与所有成立于20世纪80年代末的国有投资公司一样，是国有经济体制特别是投融资体制改革的产物。1988年，国务院在前期试行"拨改贷"实践的基础上，印发《关于投资管理体制的近期改革方案》。方案决定：实行建设投资分层管理、加大地方重点建设责任；建立基本建设基金，确保重点建设项目资金来源；成立专业投资公司，用经济办法管理投资项目。在此背景下，国家在中央层面设立了六大专业投资公司，而包括广西政府在内的地方政府也相继成立了自己的国有投资公司以履行地方重点建设项目的投资职责。1988年6月，广投集团的前身广西建设投资开发公司经自治区政府批准正式成立。作为广西最早一批成立的四家投资公司之一，当时的广西建投主要负责管理自治区"拨改贷"项目，以及包括电力建设在内的经营性基本建设基金。为当时尚处于改革开放初期的广西地区经济发展提供电力保障，广西建投依靠1500万元的启动资金，开始投身于广西的电力建设事业。

作为我国投融资体制改革和各级政府职能转变的产物，国投公司是政府以市场主体身份引导和参与投资建设活动的一种重要的组织形式。与一般国有企业相比，国投公司具有国有出资人代表的特殊身份，并在国有经济改革发展中承担着特殊的使命，具体表现为，第一，国投公司介于政府和一般国有企业之间，以被授权的国有出资人代表身份履行国有资本的投资与运营任务。第二，国投公司作为国有资本投资和经营责任主体，在行使国有投资权利的同时，承担国有资产保值、增值的职责。第三，国投公司作为国有经济的中坚力量，承担着我国作为发展中国家为实现经济转轨和赶超战略而赋予国有经济的特殊使命。这些使命一方面表现为通过引领深化国有企业体制机制改革，使国有企业成为社会主义市场经济体系中富有经济活力、影响力和竞争力的市场主体；另一方面则表现为通过在关系国计民生、国家经济安全以及国际竞争力的基础性、支柱性以及战略性行业进行战略性的投资和布局，实现世界一流经济强国的赶超战略。第四，与中央层面的国投公司相比，地方性国投公司的特殊使命还体现在不同发展时期对地方经济建设和优势产业发展发挥重要的基础设施投资建设和战略引导作用。以广投集团为例，它在成立之初所承担的一项特殊任务，就是发挥地方投融资主体的作用，通过"多渠道办电"为广西刚刚起步的地方经济建设提供重要的电力支撑。到了21世纪初，为配合自治区打造电力、铝业等优势产业的战略部署，广投集团又凭借自身电力优势，投身铝土资源开发和加工行业。

（二）广投集团制度变革的背景

作为自治区政府成立最早、发展最好的国有投资公司之一，广投集团的改革发展历程是西部地区地方性国有投资公司通过改革成功实现跨越式发展的一个缩影。28年来，改革作为主旋律贯穿了广投集团发展的全过程。广投集团的改革不仅是地方国有经济体制改革的重要一环，也是应对外部经济运行环境不断变化的谋生之道，更是应对自身因企业规模、业务板块扩张和发展战略调整带来的经营、组织、管理挑战的必然选择。中共十八届三中全会以来，全面深化国有经济体制改革给广投集团提供了进一步变革发展的新机遇。

1. 广投集团的变革是国有经济体制改革链条中不可或缺的一环

作为以市场化方式承担国家不同时期经济使命的企业组织，国投公司不仅是国有经济体制改革的产物，更是国有经济体制进一步改革的重要载体。作为连接国家与一般国有企业的枢纽和中间环节，国投公司的改革是整个国有经济体制改革链条中不可或缺的一环，它自身的改革对于推进国有经济整体改革进程来说是不可或缺的，而其他环节的改革也不可避免地对这个中间环节形成刺激和推动作用。因此，从整个国有经济体制改革的角度看，国投公司的改革首先是自身为实现不同时期国家和地方所赋予自己的特殊使命的需要，其次，其他环节改革造成的连锁效应，不可避免地推动国投公司做出新的反应。

从国家投融资体制改革历程看，从最初将投资和筹资功能集一身于国投公司，到以成立国家开发银行和国有开发投资公司为标志，实现产业、金融功能相分离，再到从法律上确立国有控股（投资）公司的行业地位，鼓励其通过资产经营和资本经营双向结合，走专业化经营和多元化发展的道路，国投公司在功能定位上实现了由单一的政府投资主体向政府投资主体、资本运营主体和市场竞争主体"三个主体"定位的转变。而从国有资本管理体制改革进程看，从1988年探索成立国家国有资产管理局，到2003年正式成立国有资产监督管理委员会，国家为真正确立国投公司的投资主体地位，积极探索政企、政资和资企分开的有效路径，在对国投公司的监管上实现了从"五龙治水"、多头管理到归口管理的转变，从行政隶属关系向资本纽带关系的转变。因此，无论是从国家对国投公司功能定位的变化，还是政（资）企关系的变化角度看，国投公司都需要通过不断转变自身的组织管理和经营发展方式以适应新的政企关系、完成不同阶段的企业使命。

作为地方政府的战略性投资平台，广投集团在自治区经济建设和支柱性产业布局发展方面发挥着重要作用。随着国家经济体制改革的深入推进和地方经济建设步伐的不断加快，自治区政府顺应形势的变化在不同时期赋予了广投集团这个自治区国企的"长子"以新的投融资功能和发展使命。从广西建投成立之初，作为政府的投资和筹资主体承担起"多渠道办电"的使命，到21世纪承担起开发广西铝土矿资源、打造广西铝业优势产业的重担，再到以资本运营主体的角色控股国海证券，打造专业化经营和多元化发展的地方投融资平台，再到投身文化旅游板块服务于打造南宁为区域性国际大都市的战略布局，28 年来广投集团所面对的不仅是产业结构的跨越和扩张，还有经营理念和发展模式上的改变和创新，而要应对这些新的挑战，不仅需要广投集团在发展思路和战略上做出调整，更需要在人才技术力量和组织管理方式上进行变革。

而从国企和国资管理体制变革角度看，广投集团从组织属性上经历了从政府经济职能部门向企业法人和市场主体身份的转变以及被授权国有资产投资运营主体身份的确立过程。伴随着市场主体地位的确立，广投集团在资金来源上也从主要依靠国家财政投入和经营性建设基金征缴向完全依靠自身积累和市场化融资渠道的转变。而从与地方政府和国资管理部门的关系看，广投集团也经历了从传统行政隶属关系向资本纽带关系的转变，政府不再对企业承担无限责任，企业需要对授权范围内的国有资产承担保值、增值义务。这一系列身份地位的变化，以及权力关系的重大转变，也必然要求广投集团从产权制度、治理结构以及内部的人事、财务等各项管理制度上做出变革，从传统的行政手段转向运用法律与契约来界定和调节与各权利主体之间的权利与义务。

2. 广投集团的变革是应对外部经济运行环境变化的需要

改革开放 30 多年来，随着社会主义市场经济建设和对外开放程度的日益深化，国有企业所面临的外部经济运行环境发生了巨大的变化。从市场环境看，为发挥市场在资源配置中的基础性和决定性作用，构建公平竞争的市场环境，政府在推动国有企业市场化改革、减少对其干预和保护的同时，还要大力鼓励支持包括民企和外企在内的非公经济的发展和进入，迅速成长起来的民营企业和外资企业对国有企业的生存和发展构成了强有力的挑战。市场竞争带来的外部冲击迫使国有企业必须转变思路、调整战略、厉行改革才能在竞争中处于不败之地。

另外，以 2008 年全球金融危机为诱因，我国长期以来以资源消耗和环境破坏为代价、主要依靠资本和要素投入驱动经济增长的粗放式发展模式，以及由此造成的经济结构的不合理性和危害性日益暴露出来，对经济社会的可持续发展构成了严重障碍。国家为应对金融危机的冲击而采取的经济刺激计划又在短期内引发了巨大的投资冲动，国家经济在得到短期提振后进而陷入产能过程的窘迫境地，中国经济进入"经济增速换挡期、结构调整阵痛期、前期刺激消化期"三期叠加的困难时期。中共十八大以来，党和国家做出了经济发展进入"新常态"的战略性判断，"新常态"下的中国经济在经济增速、产业结构和增长动力方面都将呈现出与前一发展阶段显著不同的发展态势，对企业的投资、经营和发展带来巨大挑战的同时也孕育着新的机会。从产业结构调整角度看，一些产能过剩的传统产业不得不面临兼并重组的命运，唯有通过产业集中和转型升级方式才能走出困境。与此同时，基础设施互联互通和一些新技术、新产品、新业态、新商业模式的投资机会大量涌现，对企业的创新能力，特别是投融资方式方面的创新提出了新要求。从增长动力和市场竞争角度看，在全球需求不振、国内消费需求升级的背景下，随着劳动力价格优势的削弱，以及资源环境约束的加强，传统的依靠要素驱动的增长模式和依靠规模和价格取胜的竞争模式不得不让位于创新驱动的增长模式和质量效益取胜的竞争模式。作为承担国有经济战略性投资、布局和调整使命的投资主体，国投公司只有比一般市场主体更快地适应宏观经济运行机制的深刻变化，从自身投资、经营、发展模式上及时做出变革和调整，才有可能应对挑战、抓住机遇，对整个经济体系的结构调整和方式转变发挥引领作用。

作为一家以传统电力和铝土资源开发为主业的实业企业，新的经济运行环境对广投集团生存和发展带来的考验是十分严峻的。一方面，传统的火电行业受到越来越严格的资源环境政策约束，经济过热时期煤炭价格的飞涨以及煤电价格的倒挂致使企业面临严重亏损；另一方面，日益严苛的污染排放标准又给企业背上了沉重的技改和成本负担。"屋漏偏逢连夜雨"，在资源环境约束和产能过剩的双重压力下，广投集团的传统铝加工业又遭遇严重亏损，成为集团经营利润的沉重负担。显而易见，在经济发展"新常态"下，广投集团要摆脱生存和发展的困境，继续发挥战略性投资主体的作用，只有一条出路，那就是通过换思路、调结构、转方式，为企业变局找到突破口，为企业发展找到新途径。

3. 广投集团的变革是适应企业自身发展的需要

28 年来，伴随着企业功能与使命的不断扩大升级，广投集团在经营规模、业务范围、产权结构、资产类型、企业数量、地域范围乃至员工数量上都经历了量的扩张和质的飞跃。员工人数从创业之初的十几个人增长到目前的 2 万人，资产规模从 1988 年的 3600 万元增长到 2015 年超过 2000 亿元，业务范围从单一的电力行业发展到金融、能源、铝业、文旅和海外资源开发五大板块，并向医疗医药健康等新兴产业进军，产权结构从国有独资发展到与境内外各种非公资本高度融合、混合所有，资产类型从单一的实业资本为主，发展到各种高度证券化和流动性的金融资产占据主导地位，形成产业与金融良性互动的资产格局，企业数量从起初管理十数家企业发展到 2015 年末参、控股企业 150 余家，下属企业和分支机构从广西本土发展到全国 13 个省份（不包含国海证券下属企业和分支机构），业务范围更是遍布全国，触角延伸至东南亚和世界各地。作为一个资产规模过亿、员工数量过万、业务板块多元、产权结构复杂、资产类型丰富、地域范围广泛且继续处于快速发展中的超大型企业集团，如果不能从产权制度、企业治理、组织管控等多方面对企业的运行提供有力的制度规范与保障，这艘地方国企的航母将无法稳健前行；而如果不以企业集团内部各项制度的深入变革作为战略调整的有力支撑，则新战略的贯彻实施将举步维艰、寸步难行。

4. 新时期国企国资体制改革给广投集团带来变革发展的新机遇

中共十八届三中全会后，我国进入全面深化改革的新时期。为实现新时期市场在资源配置中起决定性作用条件下国有经济与成熟市场经济体制全面融合的国有经济改革目标，十八届三中全会提出了分类推进国有企业改革、完善现代企业制度、完善国有资产管理体制、发展混合所有制经济四项重大任务。从上述四大任务的部署可以看出，国有企业在整个深化国有经济改革的系统工程中居于核心地位，改革的最终结果将形成一个以"新型国有企业"为主体的、与成熟市场经济体制高度融合的国有经济体系。而国有投资公司，作为专门从事国有资本市场化运作的特殊国有企业，也在新一轮国有资产管理体制改革中迎来了向国有资本投资或运营公司转变的新使命和新机遇。这些新改组或组建的国有资本投资运营公司将充分发挥其在资本投资和运营方面的专业优势和规模优势，以服务国家战略、提升产业竞争力为主要目标，在关系国家安全、国民经济命脉的主要行业和关键领域，通过开展投资融资、产业培育和资本整合等，推动产业集聚和转型升级，优化国有资本布局结构；以提升国有资本运营效率、提高国有资本回报为目标，通过股权运作、价值管理、有序进退等，促进国有资本合理流动、保值增值。新时期全面深化国有经济改革的目标不仅对国投公司提出了新的企业使命与发展机遇，而且从对国有企业的宏观管理和微观治理方面做出了新的部署和要求，作为整个深化改革系统工程的有机组成部分，国投公司的改革已经如箭在弦、不得不发。

作为广西地方国有企业的"长子"，广投集团再次勇抓机遇，担当起深化国企改革开路先锋的角色。2014 年 6 月，广投集团成立全面深化改革领导小组、改革办公室和四个改革专项小组，分别负责"股权激励及员工持股"、"职业经理人制度"、"混合所有制改革"及"国有资本投资运营公司试点"四个研究课题。为了获取改革先行地区成功经验，集团领导还带领改革班子马不停蹄奔赴上海、广东各地开展实地调研。在广泛深入调研的基础上，广投集团于 2014 年 12 月初正式向自治区国资委上报了《关于开展国有资本投资运营公司改革方案研究工作的报告》。12 月 24 日，自治区国资委向集团公司复函，同意广投集团"按照改组为国有资本投资公司的思路进一步深化国有资本投资公司试点的研究"。2015 年，集团决定选择四家市场化程度较高的下属企业开展市场化改革试点工作，并按照"一企一策"的要求形成了《广西投资集团融资担保有限公司和南宁市广源小额贷款有限责任公司市场化改革试点方案》、《广西柳州银海铝业股份有限公司市场化改革方案》和《柳州广投置业有限公司市场化改革方案》三个市场化改革方案。2016 年 5 月 5 日，自治区国资委发布《关于印发〈广西投资集团有限公司改组国有资本投资公司试点工作方案〉的通知》(桂国资发〔2016〕19 号)，决定将"广西投资集团有限公司列为改组为国有资本投资公司试点企业"，并提出了"明确战略定位、优化业务组合、重塑组织架构、调整管控模式、深化国企国资改革和发挥党组织政治核心作用"的六项重大改革任务。历史的机遇让广投集团再一次站在了改革的新起点上。

2016 年初，正逢"十三五"开局之年，自治区党委和政府在充分肯定广投集团在"十二五"期间取得的辉煌成绩，以及积极探索国有企业改革新路子的大胆实践基础上，对广投集团下一阶段的发展提出了新的要求，即希望广投集团在积极成为自治区首家国有资本投资运营公司和广西首家世界 500 强企业之外，要勇担自治区"两个建成"重任，做广西国企改革的标杆、创新发展的标杆、服务广西经济社会发展的标杆和党风廉政建设与企业文化建设的标杆。"四个标杆"的要求不仅确立了广投集团在自治区新一轮国有企业改革创新进程中的"领头羊"地位以及地方经济社会文化建设中的引领作用，而且要求广投集团站在广西经济社会发展全局的高度，来谋划集团今后的改革和发展。

二、三管齐下，创建现代企业新体制

从十四届三中全会提出建立现代企业制度的国有企业改革的方向，到十八届三中全会提出完善现代企业制度的深化国有企业改革要求，现代企业制度始终是国有企业实现国家使命，提高经济活力、竞争力和影响力的制度保障。现代企业制度的有效运作，需要四个条件：合理的融资结构、科学的法人治理结构、有效的组织结构与成熟的市场竞争环境。就企业的内部治理而言，融资结构、法人治理结构、组织结构之间有着紧密的逻辑关系。融资结构不仅影响着企业融资成本和市场价值，而且是决定法人治理结构模式的前提条件；法人治理结构既对企业融资结构产生反作用，又是现代企业组织结构形成的前提和基础；组织结构是从属于法人治理结构的，但它又是法人治理结构在企业层级组织中的具体表现与深化。其中，法人治理结构处在承上启下的关键地位。三者密切联系，环环相扣，是现代企业运作的基础和效率之源（见图 16-1）。

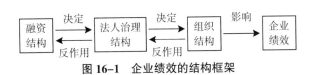

图 16-1　企业绩效的结构框架

（一）产权制度改革

1. 国有企业实施产权结构多元化的重要意义

现代企业制度有三大最基本的特征，即产权结构的多元化、责权的有限性和公司治理的法人性。从企业微观层面看，多元化的产（股）权结构，是实现企业的公司化治理，从而建立现代企业制度的前提。与任何性质的独资企业相比，投资主体多元化的股份制公司必然要求所有权与经营权的分离，使包括政府在内的所有出资人只能通过公司的决策机制而非传统的行政或家族干预手段发挥作用和产生影响，从而有效推动政企和资企分开，让那些真正富有企业家才能的人成为企业的经营决策者。而股权激励，作为一种对企业经营者和员工的长期激励机制，也已经成为越来越多的股份制企业完善公司治理、提高企业竞争力的重要手段。另外，随着市场开放程度逐渐提高、竞争日趋激烈以及市场在资源配置中日益发挥决定性作用，公有与非公有、境内与海外、实业与金融等不同性质资本之间的融合已经成为促进企业规模扩张、分散投资、规避风险、提高效益的必然途径。对于那些身处竞争性行业的国有企业而言，只有通过引进非公资本、战略投资者等在市场资源、战略投资方面更具比较优势的投资者，走强强联手、优势互补的道路，才能在市场竞争中立于不败之地。

从国企国资管理体制改革进程看，自中共十四届三中全会将建立现代企业制度作为我国国有企业改革方向以来，通过股份制改造实现产权结构多元化、发展混合所有制经济便始终成为国有企业特别是大中型国有企业改革的重要内容。中共十五届四中全会《关于国有企业改革和发展若干重大问题的决定》提出，要"积极探索公有制的多种有效实现形式。国有资本通过股份制可以吸引和组织更多的社会资本，放大国有资本的功能，提高国有经济的控制力、影响力和带动力。国有大中型企业尤其是优势企业，宜于实行股份制的，要通过规范上市、中外合资和企业互相参股等形式，改为股份制企业，发展混合所有制经济"。中共十六届三中全会《关于完善社会主义市场经济体制若干问题的决定》提出，"（为）进一步增强公有制经济的活力，大力发展国有资本、集体资本和非公有资本等参股的混合所有制经济，实现投资主体多元化，使股份制成为公有制的主要实现形式"。中共十八届三中全会《关于全面深化改革若干重大问题的决定》进一步提出积极推动国有企业发展混合所有制经济的要求，认为"国有资本、集体资本、非公有资本等交叉持股、相互融合的混合所有制经济，是基本经济制度的重要实现形式，有利于国有资本放大功能、保值增值、提高竞争力，有利于各种所有制资本取长补短、相互促进、共同发展"。从历次党的关于经济体制和国有企业改革的重要文件精神可以看出，不同性质资本相互融合的混合所有制经济不仅被看作是我国公有制为主体，多种所有制共同发展的基本经济制度的重要实现形式，而且被认为在放大国有资本功能，实现国有资本保值、增值和提高国有企业竞争力方面具有积极作用。

2. 广投集团的实践

自 1996 年完成公司制改造，确立自己的企业法人地位之后，广投集团便启动产权制度多元化探索和改革的步伐，在产权结构上经历了从单一投资主体到控股与参股主体，从与国资联手到与民资、外资等非公有资本联手，从产业资本的结合到产融资本的结合的转变过程。经过 20 多年的探索实践，广投集团的混合所有制企业已经遍布金融、能源、铝业、文旅、医疗健康各大板块，在混合所有制的实现形式上尊重市场规律、依据产业特点形成了绝对控股、相对控股、参股等不同的股权比例结构，并成功开创了国内首家以 BOT 方式引入外资参与国家电源建设的先河。在股权结构多元化和混合所有制经济的探索实践过程中，广投集团及时总结经验，发现规律，提出了"相对控股型均衡股权架构的企业形态应该为我国混合所有制经济的主要实现形式"的基本论断。广投集团董事长冯柳江认为，在相对控股型均衡股权架构下，国有资本和民营资本占比相对均衡，能更有效发挥两种所有制资本的优势。这种相对均衡的股权结构既确保了国资的话语权，又能确保民资的话语权；既能发挥国企的资金、人才、政府资源、管理优势，又能充分利用民企的技术、资源、市场、营销网络等优势；既有市场自发调节又有政府积极干预，是"看得见的手"与"看不见的手"并用的经济形态。与此同时，均衡的股权结构不仅有利于相互制衡，促进企业科学民主决策，形成有效的现代企业法人治理结构和市场化的机制，还能更好地维护中小股东的权益，吸引更多非公有资本参与"混合"，使数量众多的中小型企业进入我国更多行业和领域，更好地参与我国社会主义市场经济社会建设，充分激活中国经济的活力和创造力。

从以下几个富有特色的经典案例可以看出，产权结构多元化在帮助广投集团实现经营和发展模式创新和转变过程中发挥了决定性作用。

（1）利用 BOT 模式引进外资"多渠道办电"。

20 世纪 90 年代以来，随着市场经济建设步伐的加快，基础设施落后问题成为制约经济建设步伐的重要"瓶颈"，而资金短缺问题又成为大型基础设施建设的关键障碍。来宾电厂二期工程早在 1988 年就获得了国家批准立项，但就是因为在筹集建设资金问题上遇到困难，导致项目迟迟无法开工。在这种情况下，自治区政府利用国家鼓励以 BOT 方式吸引外资参与我国基础设施建设的政策机遇，不失时机地推出了来宾电厂 B 厂 BOT 项目，并很快得到当时国家计委的支持。1995 年，广投集团受自治区政府委托，全权接手 BOT 项目的筹备运营工作。1997 年 9 月，自治区政府与项目中标人法国电力国际—通用电气·阿尔斯通联合体组建的项目公司——广西来宾法资发电有限公司共同签署项目《特许权协议》，总投资 6.16 亿美元、总装机容量 72 万千瓦时的来宾电厂 B 厂燃煤发电项目于同期正式开工。三年后，项目正式投入商业运营。2015 年 9 月 3 日，完成十五年特许经营期的项目公司如期将来宾电厂 B 厂的全部资产和权益无偿移交给广投集团。根据相关测算，项目总体总投资 51.3 亿元，法方获净利润约 45 亿元，而广西从上缴各类税费及 BOT 专项资金等方面获益达 91.2 亿元。项目成功交接后，自治区政府还收获了净值约 12 亿元的 72 万千瓦机组火电厂，至少还能运营 15 年。从社会贡献看，按照电量每千瓦时拉动 GDP 增长 10 元计，项目累计 566.99 亿千瓦时的上网电量拉动了广西 GDP 增长共计 5669.9 亿元。

作为新中国成立以来广西最大的外资利用项目，来宾电厂 B 厂 BOT 项目对于突破广西经济建设特别是基础设施建设的资金"瓶颈"，促进广西电力发展，拉动地区经济发展，发挥了积极作用；项目投资方不仅给中方带来了先进的技术和管理经验，还为当地电力行业培养了一批高素质的技术和管理人才。作为第一个列入国家计划并克服重重困难顺利收官的 BOT 项目，合约双方在众多困难面前恪守契约精神，携手在运营管理、项目融资、合同体系、风险控制、制度安排、冲突解决等方面进行了许多可贵的探索和创新，为我国 BOT、PPT 等项目的开展提供了成功的案例，积累了丰富的经验，更为我国以混合所有制方式推动公共基础设施建设开了先河。

（2）与民企联手打造铝业发展新模式。

自 2000 年进入铝业以来，广投集团依托广西本土的铝土矿资源以及自身的电力优势，在氧化铝和电解铝等铝业链条的中上游形成了显著的产能优势。然而，随着国内经济结构的调整以及发展方式的转变，铝土资源开发和初加工部门"高投入、低效益"的劣势日益突出，进而在产能严重过剩的冲击下面临着大规模亏损的压力。为了改变这一被动局面，广投集团积极探索向附加值更高的产业链下游延伸，然而囿于自身在技术力量和市场资源等方面的不足，广投集团在这条自我摸索的道路上几经周折却仍然收效甚微。

这个时候，受广东民企广亚铝业承包百铝华胜一年利润便达到 3000 万元的启发，广投集团意识到铝棒替代铝锭已成趋势，到铝水资源富集地寻找合作方，投资棒厂承接铝水资源，在行业中有利可图且前景看好。就在很多国企对与民企合作还放不开手脚的阶段，广投集团以敢为天下先的勇气，主动打破国企与民企合作的藩篱，于 2010 年 7 月，与广亚铝业、佛山和喜金属公司强强联合，按 4∶3∶3 的股比成立了广西广银铝业有限公司。作为一家混合所有制企业，广银铝业集合了广投集团作为国有企业在资金、政策等方面的优势，以及广亚作为民营企业的市场和技术优势，双方在优势互补的情况下，成功实现了发展思路的转换和商业模式上的创新，开创了"小投入、大产出、高效益"的铝业发展新模式——"广银模式"。

所谓"广银模式"，是指依托广银铝业这一平台，以相对较低的投入把铝加工厂建到铝水资源密集的地区，控制低成本铝水资源，强力切入铝产业链的关键环节——铝棒生产；同时在全国范围内布局高度集群化的铝加工工业园，为上游生产的铝棒构建稳定的市场需求，并通过工业园企业生产的铝加工产品辐射并影响整个区域消费市场。这既可大幅减少铝加工环节中的运输、重熔、包装等成本费用，显著提高铝产业链的盈利能力，又可通过大力吸引下游企业进驻各工业园，形成具有大宗商品贸易、仓储物流、工业地产、商业地产以及相关铝加工配套产业（化工辅料等）等一系列衍生关联业务的长效发展模式（见图 16-2）。

在新思路的引领下，广银铝业迅速实现了从区内发展向全国布局、从分散布点向产业集聚的转变，短短几年内在全国 9 个省份建立了十多个铝棒生产基地和铝工业园区，铝棒产能由零起步到四年后超过 130 万吨；2011~2014 年，广银铝业分别实现营业收入 52 亿元、103 亿元、128 亿元和 117 亿元，分别占到广西投资集团同期总收入的 17.03%、24.41%、24.29% 和 18.03%。广银铝业以不到广西投资集团 7% 的总资产，为广西投资集团实现了近 1/5 的营业收入。

后来，由于经济形势的变化，"广银模式"的快速扩张也遭遇到困难，通

以创新铝加工工业园为轴心，打通产业链上相关环节，达到资源整合、战略协同

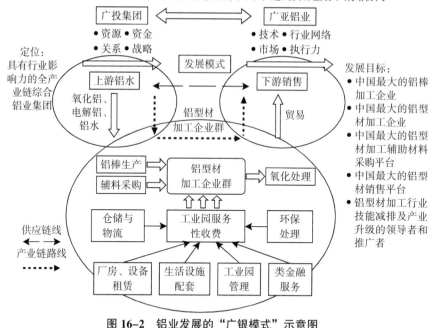

图16-2　铝业发展的"广银模式"示意图

资料来源：《长风破浪会有时　直挂云帆济沧海》，广西人民出版社2013年版，第104页。

过规范广银铝业的内部运行，使其及时"刹住了车"，没有出现失控局面。广投集团仍然在积极地探索，"广银模式"则为广投集团铝板块在今后与民营企业合作搭建新的混合所有制运营平台方面，奠定了丰富而有效的实践基础。2015年以来，通过引进战略投资者的方式推进股权结构调整，优化企业管控的同时，还进一步寻求经营模式上的新突破。通过与肇庆亚洲铝业合作，建设全系列、全领域、全球领先的国内铝材、铝制品及高端产品平台；与河北欣意电缆联合，打造稀土铝合金国际产能合作基地，推进我国以铝代铜电缆产业转型升级；与深圳同力德金属制品公司合作，拓展建筑领域铝模板市场；引进美亚宝品牌，采取"品牌销售公司＋生产加工基地"的运营模式拓展铝型材的销售等，实现"国企实力＋民企活力＝铝企业市场竞争力"，实现了广西铝资源优势向产业优势的转化。

（3）控股国海证券走产融协同发展之路。

产业与金融资本的结合是市场经济发展的一般规律，也是大型企业集团

改革和发展的重要途径和趋势。从管理学的角度看，企业集团实施产融结合战略将在经营和财务两方面形成协同效应，产生"2+2=5"的效果。从企业发展的角度看，产融结合有助于充分利用企业集团的存量资金、信用等资源，进一步挖掘经营潜力；有利于企业多元化发展，建立新的增长点；还有利于打造企业资本经营的核心竞争力，参与国际竞争。随着我国社会主义市场经济体制的日臻完善，我国不仅出现了大批经营规模庞大且具备较强核心竞争力的大型国有企业与企业集团，而且在经营模式上也正在发生深刻的变化，即从传统的产品经营向资本经营进而向产融结合的经营模式迈进。广投集团的发展历程正是这一深刻变化的真实写照。

作为一家以实业起家的西部企业，广投集团较早意识到了资本运营与产融结合之于企业发展的重要性，因此早在1998年就提出了走"实业投资与资本运作相结合"的发展思路：通过集团系统内部下属企业股权资产重组，优化资源配置，提升资产效率；通过资本运作加大对金融产业的投资，促进金融产业对集团实业发展的资金支持；通过下属企业上市，增强集团整体资本实力，更好地抵御市场风险。机遇总是留给有准备的人。2000年，广西证券有限责任公司实施增资扩股，扩大资本规模。在自治区的大力推动和支持下，2001年7月，广投集团出资2亿元参股广西证券有限责任公司，并成为第一大股东，促成了广西区内注册的唯一一家全国性综合类证券公司——国海证券有限责任公司正式成立。在增资扩股的过程中，广投集团还引进了民营企业索芙特、桂东电力、梧州中恒等企业，使得重组后的国海证券在产权结构上成为一家混合所有制企业。

然而，由于证券市场低迷，国海证券自2001年开始，连续5年微利甚至出现亏损。作为国海的第一大股东，广投集团顶住压力，坚持"产融结合"的发展之路，通过选择国海证券承销广投集团的企业债券业务，购买国海次级债等多种方式支持国海证券开拓市场，扩大业务。国海也不负众望，借助多元化的股权结构不断完善股东会、董事会、监事会等治理结构，规范企业管理机制，提高风险防范，积极拓展业务，开展业务创新等方式，使自身综合实力不断增强，除拥有证券经纪、自营、投资银行、资产管理、期货IB等牌照外，还控股了国海富兰克林基金管理有限公司（51%）、国海良时期货有限公司（83.84%），从一家只有单一经纪业务的券商，发展成为拥有全业务牌照、经营机构遍布全国 14 个主要城市，融证券、基金、期货等多元业务为一体的综合金融服务企业。从 2006 年开始，国海证券效益陆续实现新突破，成为广投集团新的效益增长点。2006 年 11 月，国海证券把握我国证券市场发展和政策支持证券公司借壳上市的良好机遇，以桂林集琦股权分置改革为契机，正式启动借壳上市工作。经过 5 年多坚持不懈的努力，在政府和股东等各方的支持下，尤其是广投集团的大力支持下，国海证券于 2011 年 8 月 9 日借壳桂林集琦上市成功，并迅速成长为广西市值最大的上市公司和广西唯一的沪深 300 指数成份股。

从控股国海证券到培育企业成长再到推动国海成功上市，广投集团付出了整整十年的努力。然而，这艰辛的十年在广投集团发展过程中发挥着承前启后的关键作用。控股国海是广投集团涉足金融业务的开端，是广投集团发展道路上的转折点；而国海的健康成长乃至最终成功上市则不仅有效改善了集团整体的资产结构，提升了资产价值，降低了资本流动性不足的风险，拓宽了投融资渠道；更为重要的是，广投集团在金融领域资产规模、业务范围的增长以及资本运营水平的提升，为其在金融服务领域的进一步扩张，进而向金融控股型企业的跨越发挥了不可或缺的基础性作用。

无论是通过国有资本与民间资本联手实现铝业创新发展的"广银模式"，还是通过产业资本与金融资本联手实现产融协同发展的"国海模式"，都揭示了广投集团成功转型的一个重要经验，这个经验也是企业发展的一个共同规律，即产权结构多元化是市场经济条件下现代企业实现经营模式创新和跨越式发展的一个重要途径。在竞争日益激烈的市场环境下，任何故步自封的企业靠单打独斗都不可能在竞争中存活或获胜，与不同性质的资本联手、走合作共赢之路才是开放市场条件下企业发展的制胜之道。在社会主义市场经济条件下，国有资本与集体资本、非公有资本等交叉持股、相互融合的混合所有制经济，不仅是我国公有制为主体、多种所有制经济共同发展的基本经济制度的重要实现形式，而且对于深化国有企业改革、放大国有资本在战略布局和产业引导方面的功能、实现国有资本的保值增值、提高自身竞争力都有十分积极的促进作用。

（二）治理体制完善

1. 建立与完善公司治理体制的重要意义

规范的公司治理结构不仅是股权结构多元化之后的必然要求，也是现代企业制度的核心。公司治理要解决的是在公司所有权和控制权相分离的情况下，资本供给者如何确保自己可以得到投资回报的方法问题。由于公司所有者与经营者之间存在潜在利益的不一致性，导致经营者存在背离投资者利益的行为动机，从而产生代理人问题。因此，公司治理的目的在于，如何通过公司各利益主体的权力配置以及内外部各项制度的设计，最大限度地降低代理成本，使公司的经营决策最大限度地保障投资者利益。

与市场经济发达国家相比，我国企业，特别是国有企业在公司治理方面面临的问题更为复杂。一方面，随着经营权的下放，以经营者为首的企业内部人控制问题日益突出；另一方面，政府部门以"婆婆加老板"的身份对国有企业进行过多干预的问题也仍然相当严重。中国国有企业改革进程中出现的这种状况，反映了如下复杂的两难选择：给企业经营者以充分的经营自主权是必要的，它可以带来企业效率的提高，但同时也可能导致"内部人控制"失控，导致股东利益的损失；国家作为大股东对企业进行监督和控制是必要的，但国家及其代理人所具有的特殊地位又使这种监督和控制难免带有行政色彩，导致对企业过多的干预。因此，要解决这样的两难选择问题，是我国国有企业建立有效的公司治理体制的根本目标所在。

经过20多年的改革，虽然我国大部分国有企业完成了股份制、公司制改造，初步建立起现代企业制度，公司治理结构逐步规范。但总体来看，现代企业制度还不健全，治理结构还不完善。企业还保持行政级别，国有企业经理人的市场选聘、监督约束机制改革还有待形成和完善。一些企业董事会形同虚设，存在"一把手"说了算的问题；而另一些企业管理混乱，内部人控制、利益输送、国有资产流失等问题都还比较突出。中共十八届三中全会后，中央和国务院联合发布了《关于深化国有企业改革的指导意见》，要求健全公司法人治理结构，重点是推进董事会建设，建立健全权责对等、运转协调、有效制衡的决策执行监督机制，规范董事长、总经理行权行为，充分发挥董事会的决策作用、监事会的监督作用、经理层的经营管理作用、党组织的政治核心作用。要求切实落实和维护董事会依法行使重大决策、选人用人、薪酬分配等权利，保障经理层经营自主权，法无授权任何政府部门和机构不得干预。加强董事会内部的制衡约束，国有独资、全资公司的董事会和监事会均应有职工代表，董事会外部董事应占多数，落实一人一票表决制度，董事对董事会决议承担责任。改进董事会和董事评价办法，强化对董事的考核评价和管理，对重大决策失误负有直接责任的要及时调整或解聘，并依法追究责任。进一步加强外部董事队伍建设，拓宽来源渠道。

2. 广投集团的实践

（1）加强董事会能力建设实现国家意志与法人意志有机结合。

广投集团在建立和完善公司治理结构方面始终走在广西国有企业的前列。1996年，广投集团在完成公司制改造后，即成立了董事会、监事会、经营班子以及工会委员会等经营决策、监督和利益代表机构，制定并不断完善公司章程，董事会、经营班子、各专业委员会议事规则与工作制度，通过制度建设规范与加强公司治理。2011年，作为完善公司治理的重要举措，集团首次增设两名具有先进发展理念和管理经验的外部董事，充实集团的经营决策队伍。2014年以来，配合全面深化国有企业改革进程，特别是作为自治区首家国有资本投资运营公司改制试点企业，集团就进一步完善公司治理，充分发挥董事会的决策作用、监事会的监督作用、经理层的经营管理作用和党组织的政治核心作用等方面制定了详尽的实施方案。试点方案通过进一步明确董事会职责、优化董事会构成（外部董事比例不低于1/2）、落实董事会决策制度等举措，来进一步健全董事会运行机制、推进董事会能力建设。

作为一家以市场化方式承担国有资本投资增值和国有经济战略布局等使命的国有控股企业，广投集团需要在经营决策上既反映政府作为最大投资主体的战略意图，又要兼顾企业自身作为市场主体的生存发展需要和盈利目的，以保障其他投资者和企业员工的利益。要确保企业实现上述双重任务，保障所有投资者和利益相关者权益，仅仅在形式上完成"一层三会"这样的机构设置是远远不够的，关键在于相关权责的落实，特别是必须切实发挥董事会作为公司决策机构在重大决策、选择经营者、利益分配等方面的决定性作用。从广投集团的实践经验看，集团在发展战略的制定以及重大经营事项的决策方面既尊重政府意志，又充分考虑集团自身的利益诉求以及在决策中的信息、人才优势，较好地实现了政府意志与法人意志的有机结合。

2013 年集团公司新一届班子成立后，经过周密的调研，在 2013 年年中工作会议上首次提出了"在未来几年应进一步加大金融板块的投资发展力度，把金融板块作为集团公司今后利润新的增长点"的设想。同年 9 月，广投集团在国海证券召开金融战略研讨会，借助国海强大的研究团队，深刻剖析广投集团产业发展的"瓶颈"问题。经过深入的研讨，大家认识到，广投集团虽然拥有多元化的产业格局，但总体仍以实体产业为主，其中又以重资产为甚，即使是能源产业，也缺乏控股水电和沿海火电等优质的资产，这直接造成了集团负债率不断攀升、产品竞争力和盈利能力持续下降；而深层次的原因则在于实体产业比例过大，作为盈利大户的金融企业比重过低，导致抵御市场风险能力偏弱，各产业之间各自为政，不能实现优势互补，多元化产业的优势没有得到充分发挥。在此基础上，会议确立了将金融产业作为下一步改革发展的重点的发展思路。在 2014 年 1 月的年度工作会议上，集团正式提出全面实施"产融结合、双轮驱动"战略以及具体的实施方案。这一集团发展的新战略从提出设想，到研讨论证，再到确立实施方案，经历了半年以上的时间，集合了众多部门的集体智慧，充分体现了集团公司董事会在重大经营决策中的深思熟虑、集思广益、科学谋划、民主决策的精神。

（2）推动下属企业上市完善公司治理机制。

在下属企业层面，广投集团不仅早在 1997 年就成立了广西第一家实现所有权与经营权分离的有限责任的发电公司——柳州发电有限责任公司，而且通过积极推动企业上市的方式，推进下属企业公司治理的法人化和规范化。

随着我国资本市场的建立与日渐成熟，资产证券化不仅成为企业提高资产经营效率、拓展投融资空间的重要手段，更成为倒逼企业规范和改善公司治理的有效途径。广投集团很早就意识到资本运营对于推动企业改革与发展的积极作用，进而意志坚定地致力于推动下属企业上市，以此作为有效完善其公司治理结构、提高企业经营效率的重要途径。虽历经方元电力上市的失败，但广投集团却并不气馁。2006 年，广投集团抓住国家支持证券市场发展以及借壳上市的政策机遇，再次支持下属企业国海证券借壳上市。上市后的国海证券凭借多元化的股权结构、规范化的公司治理、市场化的用人机制和激励约束机制等核心竞争优势，迅速成为集团下属企业中走市场化经营道路的开路先锋。

多元化的股权结构使国海证券的经营兼具国企的稳健与民营的灵活，而相对分散的股权则为规范的法人治理提供了有利的条件。截至 2015 年 9 月末，国海证券前五大股东分别为广西投资集团有限公司（持股 22.34%）、广西荣桂贸易公司（持股 6.54%）、广西桂东电力股份有限公司（持股 5.90%）、株洲市国有资产投资控股集团有限公司（持股 4.36%）和湖南湘晖资产经营股份有限公司（持股 3.86%）。依托多元化的股东背景，以尊重市场、坚持市场化、规范运作为核心理念，国海证券建立了完善的法人治理结构，股东大会、董事会、监事会、经营层严格按照《公司法》和《公司章程》赋予的职责履职，"三会一层"权责分明，相互制衡，使公司的市场化理念、机制得以坚持和贯彻。公司董事会成员 9 名，除董事长以外全部为外部董事，有 6 名为股东单位派出，有 3 名为独立董事，独立董事比例占 1/3，其中 1 名为法律专业人士，两名为会计专业人士。董事会下设 4 个专门委员会，充分发挥专业职能，为董事会决策提供专业意见。

作为智力密集型企业，稳定的人才队伍和经营管理团队是券商发展的必要条件。国海证券坚持以人为本的人才理念，建立了市场化的用人机制和分配激励机制，着力打造国海证券的比较优势和核心竞争优势。国海在集团最早实行全员聘任制，从总裁到普通员工，全部面向社会公开招聘，并坚持"能者上、平者让、庸者下"的用人机制，经营班子聘期三年，一年一考核，中层以下干部实行一年一考核，一年一聘任。年度考核结果与当年绩效奖金紧密挂钩，市场化的用人机制和薪酬制度为公司打造了一支专业、稳定、高效的人才队伍。2006 年，公司还在业内率先对所有的业务部门实行准事业部制，施行全成本核算，即在合规的前提下，将一定的人、财、物、考核、绩效分配等权力下放给业务部门，使他们拥有较高的自主权，吸引了业内许多优秀人才，大大激发了团队的活力和执行力。

多元化的股权结构还帮助国海证券形成了既尊重股东权利也尊重股东权益、回报股东的优秀股权文化。自 2011 年上市以来，国海证券每年均向股东进行利润分配，累计分配利润 12.3 亿元（含现金及股票股利），使其能够及时分享公司的发展成果。国海证券 2014 年业绩快报显示，公司 2014 年实现营业收入 25.45 亿元，同比增长 39.93%，净利润 6.90 亿元，同比增长高达

123.50%。如今的国海证券，已经成为一家拥有 77 家营业部、11 家分公司、4 家控股子公司，营业网点覆盖全国 15 个省级区域，涵盖证券、基金、期货、直投、区域股权市场等多元业务体系的全国性上市金融服务企业。作为广西地区流通市值最大且唯一入选"深圳 100 指数"的上市公司，国海证券已成为名副其实的桂股巨舰。

（三）管控体制优化

1. 优化集团管控体制的重要意义

与一般企业相比，大型企业集团往往资产规模庞大，业务结构复杂，如何将这些多元的资产和业务组织化，形成高效率的组织结构，同时如何在集团与众多下属企业之间构建一个科学的管控体系，在保持下属企业经营活力的同时，确保其在发展战略、投资决策、利润分配等方面不出现偏差，是大型企业或企业集团在组织管理与控制方面所面临的独特而极其重要的任务。

一个企业采取什么样的组织结构受企业规模、业务结构、业务特点、技术进步、市场环境以及企业家偏好等多重因素的影响。尽管出于研究需要，理论界将企业组织类型区分为直线职能制、事业部制、矩阵制、母子公司制等基本组织类型，但随着集团规模的不断扩大、资产结构日益多元以及业务范围日趋复杂，企业越来越趋向于采取事业部+母子公司或直线职能+母子公司等混合的组织形态。与组织架构相比，对下属企业的管理控制在大型企业和企业集团管理体制中扮演着更为重要的角色，并占据核心地位。它通过一套科学的管理制度和方法处理集团的纵向关系，即集团总部与下一层级单元之间的集权与分权关系，以确保集团的战略目标与使命得以顺利实现。与组织结构的调整变迁相适应，企业集团的管控模式也表现出从传统的官僚式向市场式和团队式转变以更好地适应大型现代化企业集团的管理需求。现代企业集团的管控模式依据管控重点的不同，又可以区分为财务管控、战略管控和经营管控等类型。在实践中，一个企业集团的管控模式往往是某种管控模式主导下多种模式的综合，而且将随着企业总体战略的调整做出动态的调整和转变。就集团总部的管控职责而言，无论集团采用什么类型的管控模式，财务管控是管控的底线，管理控制会计和管理审计是业绩衡量的基础，在业绩考核基础上的奖惩制度则是集团管控的主要手段。

作为国家投融资体制和国有企业改革的主要载体，国有投资公司在功能定位上经历了从单纯的国有资产的管理者向肩负国有资产保值、增值以及国有经济战略布局调整等重要使命的投资和运营主体转变的过程。顺应企业功能定位的变化，国有投资公司在实施产权、投资结构多元化的同时，也实现了资产规模和产业领域的迅速扩张，原有的适用于规模较小、业务单一企业的直线制的组织模式和官僚制的管控模式显然无法适应在多业务领域开展实业投资和资本运营的集团化企业。随着国有资本控股公司的产业面越来越宽，产业链越来越长，产业规模越来越大，专业化要求越来越高，越来越多的公司开始实施控股公司制下的"板块化"管控模式，实行专业化分类管理，通过搭建产业专业化发展平台，推进板块内资源整合和业务协同，同时通过集团总部功能定位的战略转型，使总部摆脱产业运营管理相关的日常性事务，更多聚焦于涉及企业发展的重大问题，实现集团组织结构和权责配置更加合理化。

2. 广投集团的实践

（1）打造"板块化"集团管控新模式。

随着企业规模不断扩大、经营范围日益多元，特别是下属企业数量的不断增加（截至2014年底，广投集团下属的参、控股企业已达141家），广投集团和所有大型企业集团一样面临着如何建立一个科学有效的纵向组织管控体制的问题。从组织与制度变革的角度看，广投集团自21世纪以来在组织架构和管控体制方面至少进行了两次以分级管控为导向的重大变革和调整，作为企业发展战略调整的配套措施，两次组织变革为企业新的发展战略的贯彻落实提供了重要的组织和管理保障。

广投集团的第一次组织变革是在2002年。当时，在国有投资和资产管理体制发生重大变革的背景下，以广投集团为代表的国有投资公司开始面临前所未有的生存挑战和发展压力。一方面企业不再享有政府的经营性投资，需要通过自身积累或其他渠道筹措企业发展所需资金。另一方面，作为接受国有资产授权经营单位，企业需要承担起国有资产保值、增值的职责，并以此作为对经营者绩效考核的基本依据。为了适应新的生存和发展环境，广投集团于2001年8月提出了"调整优化战略"，在投资结构、产业结构、组织结构和经营模式上进行了一系列战略性的调整和转变。

为从内部管理上提高企业运行效率，广投集团领导班子在经过近一年的调研论证、广征民意后，在集团组织结构和管控体制上进行了第一次重大变革和调整。集团按照母子公司制，确立了三个层次的组织结构。第一层次为公司总部，主要职能是作为集团的首脑机关，承担发展策划中心、投资决策中心、财务管理中心、产权监控中心、人才资源中心的作用。其目的是要集中调控公司的人、财、物资源来实施公司的发展战略目标，把过去大体按行业管理的事业型管理转变为按公司总体经营需要的职能管理，强化总部的发展计划、投资决策、财务管理、权益监管维护、人力资源开发职能，淡化总部对下属企业的经营管理职能。第二层次为全资或控股（或相对控股）子公司或分公司，作为公司的利润中心。主要职能是按公司总部的发展战略、年度计划经营管理好公司的资产，最大限度地创造利润。这一个层次最大的变化是把投资决策权，资金借、贷权全部收归总部，以保证总部集中财力实现战略目标。总部通过委派董事、监事、财务总监及加强审计监督等手段来实现对子公司的权益监管和维护。同时，在合法合规的前提下，考虑在总部成立结算中心。第三层次为生产厂或车间。主要职能是生产经营，根本任务是执行第二层次的生产计划，最大限度发挥生产能力，降低消耗和成本，提高效益。同时明确，为避免企业管理失控，禁止发展第四层次公司。

广投集团的第二次组织变革发生在 2014 年。2014 年 1 月，在经济新常态背景下，广投集团在久经酝酿后正式提出"产融结合、双轮驱动"的发展新战略。为贯彻实施新的发展战略，集团在管控体制方面展开了新一轮大刀阔斧的改革。改革的总体目标是在构建"总部—平台—企业"三级组织架构基础上，通过"平台管理"和"管控分层"，实现"集团化、专业化、差异化"的内部管控体制。所谓"平台管理"，是指建立平台企业对集团的关联产业进行集中管理，在管理方面进行层级分工，由集团直接管理二级平台企业以及部分重要的子企业，二级平台企业负责管理其他的三级及以下的全资、参控股企业。在二级平台建设上，铝业方面以广西投资集团银海铝业为平台，管理电解铝、铝精深加工以及铝贸易企业；能源方面以方元电力为平台，管理水、火电、天然气以及参股的能源企业；金融方面以广投集团金融控股公司为平台，管理证券、贷款、担保以及参控股的银行等其他金融企业；文化旅游地产方面以广西建设实业以及龙象谷为平台，分别承担房地产开发和文化旅游两个方面的业务；在海外资源开发方面则成立了广投集团国际公司，负责集团在海外的煤矿及国际贸易业务。此外，根据资本纽带关系以及业务的重要性，对部分比较重要的子公司采取了集团直接管理的办法，如生产化肥的鹿寨化肥公司，地处贵州的黔桂发电公司以及生产氧化铝的华银铝业等。

所谓"管控分层"是指集团对二级平台和二级平台对所属企业两个层级采取不同的管控方法。集团公司对二级平台，主要采取战略管控模式，在经营层面逐渐放手，平台公司在集团整体战略框架下，通过自主经营不断扩大板块业务，做强做大板块产业。而二级平台对下属企业，则采取经营管控模式，通过专业化的指导，控制经营风险，提高生产效率，优化企业经营。

从两次集团纵向组织结构调整的主要内容可以看出，虽然都是三级组织架构，但其内涵已发生深刻的变化。在2002年的组织结构调整中，虽然公司在前一年刚刚更名为广西投资（集团）有限公司，并已在事实上成为一家涵盖几十家下属企业的企业集团，但彼时的广投集团，其主营业务仍然主要集中在电力板块，刚刚涉足铝业资源开发，尚未形成多元化的产业结构。因此，对应于当时相对单一的产业结构，集团在组织架构的设计上，还没有按照业务板块来划分企业的类型与归属关系，而主要根据母子公司关系进行了职权上的划分，总部负责把握集团的战略发展方向与重大投资决策，以及人、财、物等资源的统一调配与管控；二级企业作为集团的利润中心专注于自身及下属三级企业的经营管理；三级企业作为生产车间或工厂，主要负责执行上级企业下达的生产任务。这一时期的组织结构因而大体上表现为一种直线职能+母子公司制的混合形态。时隔12年之后，广投集团的下属企业不仅在数量上有了迅速增长，下属企业到2014年底增加到141家；其业务版图和资产结构也发生了显著变化。此时的广投集团不仅已经构建起能源、铝业、金融、文旅地产和海外资源五大清晰的业务板块，而且正努力由实业企业向金融控股、产融一体化企业集团迈进。面对如此庞大的企业数量以及多元化的业务和资产结构，原有的单一的、一对多的母子公司制的组织结构显然已经无法满足集团业务多元化发展的需要。广投集团迫切需要在总部和数量众多的下属企业之间构建一个承上启下的中间层级，在分担集团总部的部分管控职责的同时，还对分属不同板块的下属企业进行有效的资源整合与专业化管理。正是出于一个业务多元的企业集团的板块化管控的需要，广投集团在2014年的组织结构调整中，以"集团化、专业化、差异化"为原则，着力构建一个全新的"总部—平台—企业"三级管理体制，并在总部与平台，以及平台与三级企业之间实行差异化的管控模式，前者以战略管控为主导，而后者以经营管控为重点。

事实证明，广投集团 2014 年启动的以构建"板块化管控"为特点的三级组织架构不仅满足了集团向金融控股、产融一体化企业集团战略转型的需要，因而具有很强的现实意义；而且此举作为深化企业内部改革的重要举措之一，使自身在自治区国有企业改革中再超前一步，获得了明显的先发优势。2014年底，自治区政府意向性同意广投集团改组为国有资本投资运营公司的相关研究工作。2016 年 5 月，自治区政府正式批准广投集团成为自治区首家改组试点企业。作为新一轮国有资产管理体制改革的先行军和"领头羊"，广投集团先行部署的以平台公司为重要支撑的三级管理体制，将为面临改组重任的广投集团适应新的改革发展和组织管理需要，打造更高水平的"国有资本投资公司—产业集团—投资企业"三级组织架构以及"小总部、大产业"的管控模式奠定十分重要的体制基础。

（2）构建"集团化、专业化、差异化"的内部管控新体制。

为推行"板块化"的集团管控新模式，广投集团搭建了以二级平台公司为枢纽的"总部—平台—企业"三级组织架构。在此基础上，广投集团按照"集团化、专业化、差异化"的管控原则，着力构建一个以"平台管理"为抓手、"管控分层"的集团管控新体制。为使集团对平台的战略管控以及平台对企业的经营管控落到实处，真正实现集团化、专业化的内部管控，集团引进"要素管理"，从"管什么"、"谁来管"、"怎么管"上进一步明确和规范分层管控的具体办法和管理流程。集团于 2014 年 7 月颁发《广西投资集团有限公司对子公司要素管理办法》和《广西投资集团有限公司子公司对下属企业要素管理办法》（2015 年重新修订），明确规定了三级组织之间的业务分工与权责关系。在集团对二级平台企业关系中，按业务内容划分出 22 项决策类要素以及15 项监管类要素。决策类要素是指需要经集团公司审核批准的管理要素，包括战略发展规划、投资决策、领导班子任免与考核、利润分配、全面预算管理等；监管类要素是指由平台企业自行决策，报集团备案，由集团履行监管职责的管理要素，包括基建、人力资源、安全生产和环境保护监管、财务、风险等领域的监管等。二级平台对所属企业，也根据业务内容的重要程度划分为 29 项决策类要素以及 16 项监管类要素。对于决策类要素，进一步把根据重要程度进行分级审批，其中有 10 项决策权在集团，另外 19 项决策权在二级平台企业。此外，该管理办法还对集团管控职责和股东依法享有的决策监管权利进行了区分，并根据集团下属子公司的股权结构，对华银铝业、国海证券、北部湾银行、云桂俊豪等非绝对控股子公司实行差异化管理，以出资人身份通过公司治理机制履行决策监管等职责。

除通过要素管理规范各层级组织之间的职责分工和管理流程，切实发挥集团总部与平台公司在战略规划、资源统筹和专业化经营方面的优势外，集团还通过优化经营业绩考核与激励机制以期实现对各层级和板块企业更为有效的业绩激励与行为约束。其一，通过权力下放、考核分层，使总部与平台公司各自履行对下属企业的业绩考核职责，充分发挥平台公司在对下属企业业绩考核与激励中的信息优势与专业经验。其二，通过充分考虑不同企业所属行业的差异、经营难度以及企业在集团中所处地位等多重因素，实行差异化的业绩考核体系。如二级对三级企业的考核按照"参考＋个性化"原则展开。其三，通过优化考核指标体系设计，例如，调整收入和利润指标的权重、引入经济增加值（EVA）等新的考核指标等方式，引导企业在经营理念上从做规模向要效益转变，更加注重经营质量和经济效益的增长。

经过两次大的组织和管控体制的变革和调整，广投集团在地方国有企业中率先构建起了一个与自身企业规模、业务范围和资本结构相适应的现代化的企业集团管控体系。这个管控体系根据"集团化、专业化、差异化"的管理原则，在横向上注重强化集团总部在战略、资产、财务、人事和风险控制等核心领域的决策、统筹与监管职能，在纵向上着重发挥平台公司在相应业务板块的专业化经营优势，在激励机制上根据产权关系和业务板块的不同实施差别化的绩效考核和业绩激励机制，在流程控制上通过要素管理厘清各层级责任主体的业务边界和权责关系，形成了一个统分结合、张弛有度，各司其职、各尽所能的科学有效的集团内部分工合作体系（见图 16-3）。作为深化国有企业改革的一项重要举措，这个现代化的集团管控体系为集团贯彻新战略、形成新业态和运行新格局提供了有力的组织与管理保障，集团自 2014 年以来各项经营指标均不断向好，创下企业成立以来的最好成绩。2015 年"十二五"规划收官之年，集团顺利实现"四个全面"目标，即全面完成"十二五"规划目标，各项经营指标全面创集团发展历史新高，资产、营收、利润、税收全面创广西国企第一，全面树立广投集团新形象。凭借着骄人的经营业绩，以及在长期改革发展过程中获得的制度优势以及经验优势，广投集团不仅成为自治区首家改组为国有资本投资运营公司试点企业，而且将在国企改革、创新发展、服务广西经济社会发展、党风廉政与企业文化建设四个方面打造广西国企的标杆地位，肩负起广西战略发展的重担。

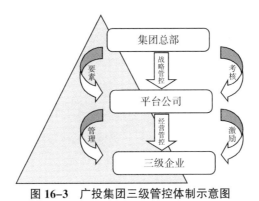

图 16-3　广投集团三级管控体制示意图

三、"广投经验"，树立国企改革新标杆

（一）制度变革助力广投集团实现跨越式发展

　　广投集团在产权制度、治理结构和集团管控方面的一系列变革使自身在地方乃至全国国有企业中率先建立起符合市场经济运行规律的现代企业制度。正是凭借其制度上的优势，使广投集团具备了现代企业适应市场竞争所需具备的市场应变能力、战略调整能力、行动转化能力和持续变革能力，使其不仅能够迅速适应外部制度和宏观经济运行环境变化给企业经营带来的挑战，化危机为机遇，适时做出发展战略和经营模式的调整；而且能够将战略调整通过持续的内部制度变革切实转化为企业的行动力和战斗力，有力推动战略目标的顺利实现。

　　2014 年初，广投集团新一届领导班子顺应经济发展新常态和全面深化改革新机遇，在经营战略上做出了重大调整，提出了"产融结合、双轮驱动"的战略发展新思路和"十三五"末实现"一百双千"（利润达百亿元、营业收入和资产规模达千亿元），进入世界 500 强的战略目标。自新战略提出以来，广投集团一手抓深化改革，一手抓结构调整，以深化改革为引领，以结构调整为突破口，在加快推动产业结构和发展方式转型的同时实现了跨越式的发展。跨越不是简单的量的变化和增加，而是意味着质的提升和飞跃。广投集团的跨越具体表现在以下两个方面。

从企业自身发展角度看，广投集团在产业结构、发展模式和增长机制上实现了质的飞跃。在产业结构上，广投集团实现了以实业为主，向以金融高端服务业为主、产业资本和金融资本高度融合的"产融一体化"企业集团的跨越。2014 年，广投集团顺利控股广西北部湾银行后，金融资产占比达到 66%，首次超过实业资产。2015 年，广投集团成立金融控股公司，并以此为集团金融管理平台，全力打造以证券、银行、保险为核心，拥有小额贷款、融资担保、互联网小微金融服务、产权交易所、股权交易所、融资租赁、基金管理等"全牌照"服务能力的金融服务平台和循环互动金融生态圈。广投集团金融全产业链的形成不仅使金融资产在集团总资产中占比进一步提升（70%以上），而且使金融板块成为集团最具增长潜力的利润来源。2015 年，金融板块利润总额 30.82 亿元，创造了集团总利润（50.63 亿元）的近 2/3。伴随着产业结构由单一向多元，由实业为主向产融协同发展的转变，集团经济发展模式，特别是增长机制也由原先单一的靠资本和要素投入拉动增长向靠产产、融融、产融间的"三个结合"产生的乘数效应实现协同发展转变。产业结构和增长机制的质变带动集团资产和经营规模不断迈上新台阶。凭借 2014 年的优良业绩，广投集团在中国企业 500 强排名中首次跃居前 200 名之列。截至 2015 年底，广投集团资产总额突破两亿元大关，达到 2422.82 亿元，营业收入 851.61 亿元，利润总额 50.63 亿元，不仅创下集团历史新高，而且稳居广西国企第一。与 2010 年相比，广投集团资产总额增长 3.66 倍，营业收入增长 2.83 倍，净资产增长约 2.28 倍，利润增长 2.24 倍，不仅超额完成"十二五"规划目标，而且相当于再造了三个广投集团。

从作为国有企业，特别是国有投资公司所承担的功能使命看，广投集团在全面深化改革的新时期被赋予了国企国资改革的"领头羊"和"四个标杆"

的重大使命，功能使命获得前所未有的提升。正是凭借其常态化的制度变革和创新能力，广投集团不仅在企业发展中实现了壮大国有资本、培育发展优势产业的基本使命；而且在众多国有投资公司中脱颖而出，形成了自治区体量最大的国有资产规模、战略性支柱性功能强大的产业结构，以及多领域资本投资运营的成功经验。而凭借其在国有资本投资运营方面的卓越表现，广投集团成功抓住了新时期全面深化国有经济改革的机遇，成为自治区首家改组为国有资本投资公司试点企业。不仅如此，2016 年初，自治区政府又将广投集团确定为在广西国企改革、创新发展、服务广西经济社会发展、党风廉政建设和企业文化建设四个方面承担示范和带动作用的标杆企业。广投集团将按照自治区关于建设"四个标杆"的指示精神，全力推动改革创新，加快成为广西首家世界 500 强企业的步伐，争取到"十三五"末实现具有中国影响力，未来具有世界影响力的品牌效应，形成引领经济新常态下广西国企改革发展的新机制、新模式，带动广西国企全面转型升级、提质增效，为广西如期实现"两个建成"目标做出积极贡献。

（二）制度变革形成国企改革的"广投经验"

决定一个企业成功的因素有很多。竞争性的市场环境是激发企业内部改革、提高企业活力和竞争力的关键因素。然而在同样的市场环境下，有的企业成功了，有的企业失败了。这说明市场环境对于企业成功是重要的但未必是决定性的。也有人认为，企业家才能是决定企业成败的关键要素，但同样一个企业家在不同的组织环境下的经营表现可能有天壤之别。一个企业如果缺乏有效的激励机制，再有才能的企业家可能也无法施展自己的才华。因此，在市场环境（包含企业可获取的各种资源）、企业家才能等要素之外，反映企业内部权力结构和运行机制的企业制度对于企业的成长发挥着不可或缺甚至是至关重要的作用。一个企业要实现可持续发展，依靠某一个企业家的天赋与才能是远远不够的，必须要有一个能持续发现、起用和激励企业家才能的内部机制。而一个能够对企业家才能提供持续有效激励的企业，可以突破市场环境的制约逆流而上，甚至成为推动市场变革的重要力量。

正是意识到企业制度对企业成长的重要性，我国才始终将国有企业改革置于十分重要乃至核心的地位，并将建立"产权清晰、权责明确、政企分开、管理科学"的现代企业制度作为国有企业改革的方向。从中共十四届三中全会以来国有企业改革 20 多年的实践经验可以看出,凡是在现代企业制度建设上取得实质性进展的国有企业,大多是成功的企业。广西投资集团作为一家通过自身制度变革实现跨越式发展的西部地区的大型国有企业,它的成功不仅验证了以现代企业制度为方向的国有企业改革路径的正确性,更为相对落后地区国有企业通过改革突破地域、资金、人才等资源限制实现跨越式发展提供了重要的改革经验和实现路径。

如前所述,现代企业制度有三个基本特征:产权结构的多元化、公司治理的法人化以及权责的有限性。就三者的关系而言,产权或资本结构的多元化不仅是实现公司治理的前提条件,也是成熟市场经济体制下企业谋求生存和发展的必然途径。而公司治理结构作为现代企业制度的核心,通过对企业经营者的有效激励和约束,以及对企业科层体系的有效组织与科学管理(确立权责边界),在保障所有者、经营者、员工以及各利益相关者权益的基础上提升企业经营绩效和市场竞争力。对于大型企业集团而言,企业在组织管控上还面临从纵向上确立企业各层级经营单位之间的权力结构和权责关系。这三方面缺一不可,互为联动,共同构成一个现代大型企业的内部权力运行机制。总结前文的剖析可以看出,广投集团企业制度的变革恰恰集中在产权结构、治理结构以及组织管控体制三个方面,正是这三方面的变革,使广投集团在地方乃至全国国有企业中率先建立起了符合市场经济运行规律的现代企业制度。而正是凭借制度上的优势,广投集团不仅能够克服制度环境、经济运行环境以及自身规模结构等诸多变化带来的挑战,实现发展模式上的跨越,而且成为引领地方国有企业持续改革、创新、更好地服务经济社会发展大局的中坚力量。总的来说,广投集团以建立和完善现代企业制度为方向,以产权结构、治理结构和集团管控三个方面为主要内容的制度变革,为企业的跨越式发展提供了必要的制度保障和重要的实现途径;具体而言,以制度变革促跨越发展的"广投经验"主要包含以下三方面的内容。

首先,产权结构多元化不仅是实现企业公司化治理的必要条件,更为企业实现经营模式和发展战略调整提供了重要途径。从广投集团的实践经验看,无论是早期寻求多渠道筹措资金发展电力、中期寻求突破铝业发展"瓶颈"的突破口,还是近期贯彻产融结合的发展新战略,通过与不同性质资本之间的融合，实现优势互补、合作共赢，都是其中的关键举措。广投集团开创性地通过 BOT 方式引进外资，在资金匮乏条件下实现了"多渠道办电"、保障地方经济社会发展的企业使命。广投集团破除所有制偏见，借力民营资本实现了铝业商业模式的重大转变，使企业的发展突破地域和资源限制，在全国范围进行资源配置，使自身从一个偏隅一方的西部企业发展成为一个产业布局及影响力遍布大江南北的全国性企业。广投集团还通过实业资产与金融资本间的融合，成功实现了集团发展战略的调整，在经营模式上从以实业为主向以金融为主、产融一体化发展模式的转变。经过 20 多年的探索实践，广投集团的混合所有制企业已经遍布金融、能源、铝业和文旅各大板块，而且在混合所有制的实现形式上尊重市场规律、依据产业特点形成了绝对控股、相对控股、参股等多元化的股权比例结构。在股权结构多元化特别是混合所有制经济的探索实践过程中，广投集团及时总结经验，发现规律，提出了"相对控股型均衡股权架构的企业形态应该为我国混合所有制经济的主要实现形式"的重要论断，为丰富和深化混合所有制经济理论，指导相关实践做出了积极贡献。

其次，完善法人治理结构，特别是加强董事会能力建设，是确保国有企业在重大经营决策中较好实现国家意志与企业法人意志的有机结合，以市场化方式完成国有企业特殊功能使命的关键所在。作为以市场化方式承担国有资本投资增值和国有经济战略布局等特殊使命的国有控股企业，广投集团需要在经营决策上既反映政府作为最大投资主体的战略意图，又要兼顾企业自身作为市场主体的生存发展需要和盈利目的，以保障其他投资者、企业员工的利益。要确保企业实现上述双重任务，保障所有投资者和利益相关者权益，必须切实发挥董事会作为公司决策机构在重大决策、选择经营者、利益分配等方面的决定性作用。从广投集团的实践经验看，集团董事会在发展战略的制定以及重大经营事项的决策方面既尊重政府意志，又充分考虑集团自身的利益诉求以及在决策中的信息、人才优势，较好地实现了政府意志与法人意志的有机结合。广投集团在电力、铝业、金融乃至文旅板块的布局很大程度上反映了地方政府作为最大投资主体的战略布局和产业引导意图，而广投集团在既定产业方向上，通过转变经营模式，优化产业结构，走产融结合、创新驱动的发展道路，则反映了企业自身作为市场主体的生存发展需要以及为保障所有者权益和员工利益的盈利需求。

　　最后，科学有效的集团组织与管控体制为确保大型企业集团稳健发展、战略部署有效实施提供了组织与管理保障。经过两次大的组织和管控体制的变革和调整，广投集团在地方国有企业中率先构建起了一个与自身企业规模、业务范围和资本结构相适应的现代化的企业集团管控体系。这个管控体系根据"集团化、专业化、差异化"的管理原则，在横向上注重强化集团总部在战略、资产、财务、人事和风险控制等核心领域的决策、统筹与监管职能，在纵向上着重发挥平台公司在相应业务板块的专业化经营优势，在激励机制上根据产权关系和业务板块的不同实施差别化的绩效考核和业绩激励机制，在流程控制上通过要素管理厘清各层级责任主体的业务边界和权责关系，形成了一个统分结合、张弛有度，各司其职、各尽所能的科学有效的集团内部分工合作体系。作为深化国有企业改革的一项重要举措，这个现代化的集团管控体系为集团贯彻新战略、形成新业态和运行新格局提供了有力的组织与管理保障。

第十七章　打造"四个标杆"企业，进军世界500强

➤ "十三五"时期，广投集团提出"12345"的发展战略，立足六大支柱产业，力图形成新突破，踏上新途径、实施新举措，推动广投集团"一百双千"，进入世界500强的转型跨越发展。

➤ 广投集团以打造广西国企改革标杆为目标，加大改革工作力度，推动向国有资本投资公司转型，探索发展混合所有制，完善现代企业制度，实现人事薪酬制度改革，提升管理效率、投资效率和企业效益，不断增强企业核心竞争力。

➤ 广投集团以打造广西创新发展标杆为责任，在发展模式、商业模式、技术和管理等方面实施创新，形成引领广西产业发展的技术研发能力、核心品牌影响力，努力成为创新驱动支撑、技术研发领先、产融深度融合的创新发展标杆企业。

➤ 广投集团以服务广西经济社会发展标杆为己任，始终坚持贯彻党委政府的意图，始终坚持履行国企担当责任，维持广西经济健康发展及金融稳定，进一步优化广西国有经济布局，为广西社会和谐稳定做出积极贡献。

➤ 广投集团以成为广西国企党风廉政建设、企业文化建设标杆为宗旨，建立健全惩防腐败工作与企业合法合规工作相结合的履职监督体系，营造风清气正的良好政治生态，塑造浓厚统一的集团文化氛围，展示企业文化建设优秀成果，积极参与公益、慈善、捐赠、扶贫等社会事业方面。

截至 2015 年底，广投集团在"十二五"期间已经顺利实现了"四个全面"目标，突破性地完成了 5 年再造 3 个广投集团的宏伟目标，无论是资产总额、营业收入、利润总额、净利润、上缴税费等主要指标，还是经济增加值（EVA）、总资产报酬、筹融资、资金综合成本等管理指标都居于广西地区第一，完成了从普通地方国企跨越发展成为广西地区国有企业第一名的历史转变，成为广西地区经济发展的中流砥柱。面对经济新常态，广投集团开始了新的发展征程，提出"12345"的发展思路，全面建成"实力、成功、稳健、和谐、有中国影响力的"大型金融控股型企业集团。广西党委和政府也高度肯定广投集团的成绩，2016 年 2 月广西党委书记彭清华同志提出，广投集团要勇担广西"两个建成"重任，成为广西"四个标杆"：做广西国企改革的标杆；做广西创新发展的标杆；做服务广西经济社会发展的标杆；做广西国企党风廉政建设、企业文化建设的标杆。广投集团也以"四个标杆"为未来发展目标，立足于现有的发展基础，明确发展思路，实施战略引领，推动改革创新，努力向世界一流企业集团迈进。

一、明确发展思路，继续砥砺前行

"十三五"期间，广投集团围绕广西地区"十三五"时期的"三大定位"、"四大战略"、"三大攻坚战"，以及"两个建成"目标，充分利用广西地区优势资源，抓住市场机会，寻找创新产业，推动国际化等为新增长点来加快跨越发展，并提出"12345"的发展思路，即坚持"一个核心"、沿着"两条主线"、瞄准"三大定位"、遵循"四个坚持"、践行"五大发展理念"，力争到"十三五"末实现"一百双千"，进入世界 500 强的战略目标。

（一）"一个核心"——坚持"产融结合、双轮驱动"

"产融结合、双轮驱动"是今后一个阶段广投集团的核心战略，也是推动广投集团实现跨越发展的重要助力。广投集团从财务融合、业务融合、资本融合三个层次推动产融结合，布局产融结合点，提高资源配置效率，打造实业和金融双轮驱动。在广投集团内部加大"产融结合、融融结合、产产结合"

协调发展力度，加快资产资本化、证券化、国际化进程，完成由传统单一的实体产业向现代化综合金融控股型服务产业转型，由非上市公司向公众上市公司转型，由以国内业务为主逐步向国内、国际业务并重的国际化转型，将广投集团打造成为具备核心竞争力的领先的国有资本投资公司。

（二）"两条主线"——"内生式"增长与"外延式"增长相结合

为了实现未来可持续发展，广投集团推出两条腿走路，既注重提升现有业务的"内生式"增长，也加快布局未来业务的"外延式"增长。在处理两种发展模式上，以"内生式"为主、"外延式"为辅，实现做大、做强、做优。以市场需求为导向，着手整合存量资产，通过兼并收购产业相关领域项目资产和技术创新来改造和提升传统产业，稳步推进重点项目建设，促进产业结构调整和转型升级。同时，结合国家供给侧结构性改革，大力发展新兴产业和先进制造业，前瞻性布局一批重大科技专项和重大科技工程，积极培育和发展机器人、石墨烯、环保、中医药大健康等战略性新兴产业，形成新的经济增长点。

（三）"三大定位"——广西地区首家世界 500 强企业，广西地区乃至全国国企改革的标杆，广西地区战略发展的航母

作为广西国有企业中的龙头企业，广投集团必须承担起促进广西发展的重要责任。广投集团必须做到"规模、质量、效益"均衡发展，实现"一百双千"的战略目标，力争成为广西地区首家进入世界 500 强的企业集团。同时，加快自身改革，进行体制、机制的市场化创新，打造核心竞争力，成为国企转型升级和创新的标杆，引领和带动广西地区国有企业改革进一步深入推进。此外，还要跟随"一带一路"国家发展战略，依托地处北部湾经济区和珠江西江经济带以及邻近东盟的区位优势，助推广西地区实现经济转型发展。

（四）"四个坚持"——坚持党的领导、坚持战略引领、坚持深化改革、坚持以人为本

贯彻自治区党委和政府的战略意图，充分发挥党组领导的核心作用，把

党建工作纳入企业章程，明确党组织在法人治理结构中的地位，细化党组在企业治理中的权责和工作方式。依据"有进有退，有所为有所不为"的原则，实施发展模式创新，形成创新发展新动力，突出主导产业，积极发展战略性新兴产业，收缩投资业务范围，推动传统产业转型升级。以改革为突破口，激发改革潜力，释放改革红利，发挥国有企业要在促进经济发展和打造经济升级版中的主力军和生力军作用，促进国有资产保值、增值。坚持"能者上、平者让、庸者下"的用人理念，建立科学合理、行业领先的人才培养体系，尊重人才、相信人才，激发员工积极性和主观能动性，为真正想干事、能干事的人提供机会和发展平台。

（五）"五大发展理念"——创新、协调、绿色、开放、共享

落实国家创新驱动发展战略，实施供给侧结构性改革，突出战略创新、模式创新、业态创新、产品创新、管控模式创新、制度创新，培育新业态、新模式、新技术和新机制。围绕产业链部署创新链，选准关系全局和长远发展的优先领域，发挥关联带动作用，提高相关产业协同，推进"产融结合、融融结合、产产结合"协调发展。以落实节能减排、发展循环经济、推进节能环保应用为抓手，构建科技含量高、资源消耗低、环境污染少的产业生态体系，重点布局金融服务、清洁能源、生态旅游、战略性新兴产业和现代服务业。借力"一带一路"等国家政策的支持，充分利用政策红利，开拓"一带一路"沿线国家市场，尤其是东盟市场，统筹利用国际、国内两种资源、两个市场，加快向国际化企业转型。搭建由广西各级地方型投资平台公司共同参与的国有投资服务平台，依据产业发展规律、探索国有企业合作模式、打造资本投资平台，拓展战略性新兴产业孵化器，提升服务广西社会经济发展的能力和水平。

二、做广西国企改革的标杆

2016年4月21日，广投集团经过广西党委和政府批准，正式成为广西地区首家国有资本投资公司试点单位。随后广投集团开始了新一轮的改革发展

历程，重点加快向国有资本投资公司转变的进程，积极进行体制机制试点探索，形成有利于广西地区国有企业加快发展、转型升级、提质增效的体制机制，聚集国有企业发展新动能，催生发展新动力，努力成为广西地区的标杆，将国企改革探索的经验有序在广西地区进行推广。

（一）打造国有资本投资公司

中共十八届三中全会提出，国有企业改革的未来方向是国有资本投资公司和运营公司转型，工作的重点是做好管资本。广投集团经过快速发展后，已经具备了成为国有资本投资公司的基本能力。今后一段时间内，广投集团的工作重点是发挥国有资本的引导作用，加大投资力度，通过资本运营，增强资本流动性；以"清理退出一批、重组整合一批、创新发展一批"为指导，建立更加灵活的资本进入和退出机制，加快推进资源整合和产业集聚，优化广西地区的国有资本布局，实现资产资源的优化配置；按照"国有资本投资公司为母体，下设资本运营平台"的改革改组思路，形成"规模、质量、效益"协调均衡的创新发展模式，实现"优化资产、合理布局、加强管控"的目标；保障投资与运营的相互协同与相互促进，提升国有资本的增值和变现能力。到 2020 年，将广投集团发展成为拥有积极的组合管理能力、有效的战略管控体系和善用资本市场资源为核心竞争力的国内领先、国际一流的国有资本投资运营公司。

（二）继续探索推进混合所有制改革

中共十八届三中全会提出，推动国有企业改革的重要任务之一是探索发展混合所有制，提升国有企业的影响力。广投集团作为广西国有企业改革的试点单位，灵活运用国有企业管理体制和市场化管理机制，充分发挥两个机制的优势，积极加快推进发展混合所有制为核心的市场化改革力度。结合前期在"广银模式"混合所有制改革中取得的经验，充分发挥国有企业的实力和资源优势，结合民营企业灵活的体制和管理优势，通过市场化手段来优化资源配置，大力推进股权架构改革。加快开放性市场化联合重组，聚焦产业链、价值链来引入战略投资者，与非国有企业进行股权融合、战略合作、资源整合，以资产证券化的方式，利用国内外多层次资本市场推动优质资产优先上市，带动广西多种所有制企业竞相发展，形成充满生机的经济发展局面。

（三）完善现代企业制度建设

建立和完善现代企业制度是推动国有企业进一步深化改革的重要保障。广投集团紧紧围绕国有资本投资公司的定位和特点，规范公司法人治理结构，健全市场化经营机制，促进国有资本做强做大做优。通过先行先试，以点带面推进改革，当好广西国企改革的"排头兵"，形成示范带动效应。按照现代企业制度要求，完善董事会、监事会、经营管理层治理结构，建立健全权责明确、协调运转、有效制衡的法人治理结构，搭建科学完备的决策体系。以董事会建设为重点，将董事会建成企业治理核心、决策中枢和责任主体，形成具有示范效应的广西地方国有企业治理体系，提升广西地区国有企业的发展实力和市场竞争力。根据市场化发展要求，优化现有管控体系和相关配套能力建设，按照"集团化、专业化、差异化"的原则，打造"小总部、大产业"的管控模式，构建起"国有资本投资运营公司—产业集团—投资企业"三级管控体系。

（四）推行市场化用人制度和薪酬改革

卓越的人才供给是促进国有企业改革的重要支撑。为了提升人力资源发展质量和活力，广投集团提出建立国企领导人员分类分层管理制度，重点推行职业经理人制度，完善企业薪酬分配制度。实行选任制、委任制、聘任制等不同选人、用人方式，建立与业绩、风险和责任紧密挂钩的中长期激励机制，最大限度地调动管理者和员工的工作积极性。构建现有经营管理者与职业经理人的身份转换通道，按照市场化方式选聘和管理职业经理人，实行任期制和契约化管理，明确责任、权利、义务，严格任期管理和目标考核。积极探索推进员工持股试点，在企业类型、出资入股方式、定价机制、动态调整机制、股权管理方式、持股方式等方面探索员工持股的有效模式，形成积极有效、公开透明的可推广、可复制的制度体系。

三、做广西创新发展的标杆

在广投集团发展路程中先后经历了两个关键战略：资源优势战略和"产融结合、双轮驱动"战略。在改革开放时期的资源短缺经济下，广投集团依托广西地区的资源优势，实现了做大的发展目标。随着国家经济发生结构性变化，面对经济体制改变和战略调整，广投集团开始推进"产融结合、双轮驱动"的战略性变革。可以说，每一次广投集团都踩准了节奏，跟上了时代发展变化。面对未来，广投集团立足于产业融合创新、商业模式创新、管理体系创新和核心技术创新，寻求企业活力和控制力之间平衡，构筑能够促进未来发展的新业态、新动力、新制度和新要素。

（一）推进产业结构创新，培育新业态

针对现有产业结构不够合理，实业板块重资产，企业战略掉头难的问题，广投集团开始注重产业结构创新，采用"优做加法、善做减法、巧做乘法、常做除法"：加就是内生式发展各平台业务；减就是适当削减部分落后业务；乘就是通过资本运作、兼并重组快速扩张；除就是通过精益运营提高效率。充分发挥能源和铝业、文化旅游地产、大健康等产业的互补优势，推动关联带动作用，提高相关产业协同。通过与国内一流科研院所合作，推进产业链创新研发中心及相关科技孵化项目建设，通过科技成果孵化形成产业核心技术领先优势，推进科技成果产业化。推进工业与服务业融合创新，积极介入新材料、新能源、生物医药等战略性新兴产业，通过"以医带药"拓展医药服务体系，推进医药产业与寿险业务、文化旅游产业结合，打造医疗、健康养生养老相结合的广西特色大健康产业链，推动产业协同发展。

（二）加快商业模式创新，形成新动力

商业模式是维持企业运营的根本保证，也是广投集团未来持续发展的核心动力。针对现有运营中存在的不足，广投集团加快与国内外著名品牌开展多层次、多领域的合作创新，将广西地区的资源优势转化为产业优势，拓展

产业发展的新空间，全面提升广西国有企业品牌影响力和产品竞争力。立足自身产业优势，积极参与国家"互联网+"行动计划，搭建以交易为龙头、金融为服务、物流为支撑的具有区域性国际影响力的电子商务平台。以发展供应链金融、产业链金融为重点，通过产融互动为广西实体产业体系上下游提供金融和资本运营服务，搭建金融产业"线上+线下"的集成销售渠道，将广投集团金融产业打造成为广西面向东盟的金融综合服务平台和资本运营平台，提升广投集团的市场竞争力。

（三）深化管理体系创新，塑造新制度

作为广西地区国有资本投资公司改革的试点单位，广投集团也开始通过改制工作来深化管理制度创新，以支撑未来发展。广投集团重点推进各级企业的董事会建设，构建"责、权、利"协调统一的企业管理层，逐步建立职业化、专业化的职业经理人和产权代表制度。从"强战略、精运营、统投资、促协同"四个方向调整集团总部职能，提升科学决策管理水平，形成"集团发展多元化，利润中心专业化"的战略管控新格局。实施现代化管理手段，提升管理精细化水平，开展全面预算管理、现场6S管理、对标管理，构建新型安健环管理体系，落实生产型企业安全生产标准化，完善安健环风险管理体系建设，破解制度创新难题。

（四）强化核心技术创新，创造新要素

科学技术是第一生产力，广投集团也特别重视技术创新，力争创造新要素来为核心技术创新提供供给。在现阶段的发展中，广投集团已经开始构建"产学研用"合作创新体系，采用战略合作、入股、外包、产业联盟等方式与外部科研机构、咨询机构、高校、企业加强合作，探索建立"以产权为纽带，以项目为依托"的协同创新机制。围绕产业链部署创新链，紧跟前沿技术的潮流，加大向新能源、新材料、医药健康、智慧产业、机器人、下一代信息技术等战略性新兴产业的投入。积极开展基础性、前瞻性技术研发，增强自主研发能力，抢占高精尖技术制高点，形成一批具有自主知识产权的重大创新成果。例如，推动绿色建筑、智慧城市等领域技术的应用，在服务广西新型城镇化的同时，拓宽企业发展空间。

四、做服务广西经济社会发展的标杆

广投集团在过去 28 年的发展历程中，最重要的经验之一就是"跟着政府走"。作为地方国有企业中的龙头企业，广投集团一直秉持"立足广西、依靠广西、服务广西"的发展理念，执行广西党委和政府提出的"创新驱动、开放带动、双核驱动、绿色发展"战略目标，促进广西经济社会发展"两个建成"目标的早日实现。广投集团在实践运营中，充分发挥投资公司"调结构、调节奏"的功能，从广西经济社会发展需要出发，履行投融资平台的职能，重点投资关系国计民生的基础产业，助力广西基础设施建设的重点项目，包括电力资源、铝资源、港口资源、金融、天然气、文化旅游等，进一步奠定了广投集团处于行业前列、经济规模和市场影响领先的坚实基础。

（一）服务广西经济发展

服务广西经济发展是广投集团必须担当的政治使命。广投集团"想地方政府所想，急地方政府所急"，将自身经营战略与广西经济发展、转型升级需求和集团改革发展相结合，在支持广西经济发展中觅得商机，为社会提供更多的就业岗位。广投集团通过"引进来"与"走出去"相结合，与各有关央企的合作，谋求与世界 500 强、大型央企、强优民企的合作共赢，充分发挥各方优势共同推动广西经济发展。充分利用证券、银行、寿险、融资租赁、基金等全牌照优势，积极引入金融资本、创投资本、风投资本，加快建立海外融资平台，以海外股权融资、离岸债权融资、信用证融资、发行海外人民币债券等方式，努力成为广西面向东盟、有中国影响力的金融综合服务平台和资本运营平台，为广西地区发展提供多样化、低成本的融资渠道。

（二）服务广西产业转型升级

在推动广西产业转型升级上，广投集团积极发展六大支柱产业，除维持在主业领域的重点投资外，逐步加大向战略性新兴产业、现代服务业等新经济领域的投资力度，扩大产业发展规模，努力成为引领广西经济社会发展的引擎。采取以技术革新推动传统优势产业升级，实现资源换产业、资源占市场、资源谋发展，在服务广西经济社会发展中寻求产业新突破。围绕智能制造、增材制造、机器人、生物制药、节能环保、新材料等战略性新兴产业，不断形成未来发展的新动力、新动能，打造具有核心竞争力、世界影响力的品牌，为广西地区经济社会发展增添新活力。例如，在继续优化提升火电的同时，还要加快构建现代能源体系，积极发展以天然气、水电、核电为主的清洁能源，服务广西能源需求。

（三）服务广西生态经济发展

良好的生态环境是实现可持续发展的重要前提。广投集团也积极履行绿色发展责任，加快培育能耗低、污染小、造福社会的新型生态工业，支持主要的耗能、污染企业建设成资源节约型、环境友好型企业，使能源资源开发利用效率大幅提高，构建科技含量高、资源消耗低、环境污染少的生态经济体系。通过利用节能低碳环保技术实施产业绿色化改造，加强节能减排降碳指标管理，推动传统高耗能产业节约和高效利用资源，有效降低污染物排放，全面完成国家和广西的"十三五"节能减排和环境保护的各项任务指标，努力形成覆盖全社会的资源循环利用体系，努力走出一条具有广投集团特色的产业强、效益佳、生态好的绿色转型、绿色崛起之路，服务广西生态经济建设。

（四）服务广西社会事业发展

积极履行社会责任是国有企业的应有担当。广投集团一直在努力探索国有企业在支持广西公益事业、慈善事业等社会事业方面的发展方式，力图形成国有企业和全民共享机制，提升国有企业服务社会事业发展的能力。广投集团充分发挥产业资源优势，重点加快建设影响国计民生的广西能源、文化旅游、大健康等方面的基础设施，通过项目扶贫、旅游扶贫、定点扶贫、发展普惠金融等方式参与乡村旅游富民工程和金融扶贫工程，帮助贫困地区推进生态乡村、宜居乡村、幸福乡村建设。通过以项目促进地方基础设施建设和脱贫，增加在区内经济落后地区投资新建项目，积极推进扶贫帮困，开展多种形式的公益慈善项目推动广西公益事业发展。

五、做广西国企党风廉政建设、企业文化建设的标杆

党建工作是指导国有企业改革与发展的核心主线，"听党的话"也是广投集团取得跨越发展的宝贵经验之一。近年来，广投集团坚持"融入中心抓党建、抓好党建促发展"的思路，将党的建设、班子建设、廉政建设摆在突出位置，塑造了"责任、担当、进取、包容"的企业精神和"实力、稳健、成功、和谐"的新形象，为广西地区国有企业起到了很好的带头示范作用。面对未来发展，广投集团提出以完善党的领导体制、工作机制和作用发挥机制为着力点，以进一步发挥"四个作用"为抓手，牢牢把握加强党的先进性和纯洁性建设这条主线，实现打造"广西国企党风廉政建设和企业文化建设标杆"的战略目标。

（一）完善企业内部党的领导体制

当前，国有企业改革正处于攻坚期和深水区，党的领导只能加强，不能削弱。在广西党委的指导下，广投集团强化国有企业内部党的领导作用，建立健全党管干部、党管人才与企业法人治理结构，依法行使用人权相结合的选人用人机制，重点厘清党委成员与公司治理结构成员的关系，完善"双向进入、交叉任职"的领导机制。继续完善党委成员与董事会成员、经营班子成员高度重合的党组织参与重大问题决策组织保障，明确党组织参与决策的规范工作程序和机制，保证和落实企业党组织对企业改革发展的引导权、重大决策的参与权。发挥党委在干部和人才工作中的核心领导作用，按照党委统一领导、分类管理的原则，组织部门牵头抓总，牵头不包办，抓总不包揽，统筹不代替，积极支持配合其他部门在职责范围内开展工作，在干部选拔和人才引进工作中重点发挥好确定标准、规范程序、组织考察、推荐人选等作用，确立人才优先发展战略布局，确保人才资源优先开发、人才结构优先调整、人才投资优先保证、人才制度优先创新。

（二）加强党组织内部的纪律监督工作

　　广投集团已经开始推进构建"党建纪检体系化运行机制"，全面强化对广投集团党建、纪检和企业文化建设的系统化顶层设计和落地执行。广西党委和政府以广投集团为试点单位，把党的建设、班子建设摆在突出的位置，突出发挥体系对企业各项行为规范约束的"刹车"作用，以体系化和标准化的方式推进党建、纪检工作，全力打造一套具有鲜明广投集团特色、系统完备的广西国有企业首个党建纪检体系化工作机制并严格落地运行，作为广西国企党建纪检工作的"省级样板"，对全区国有企业起到示范作用。在党的纪检监督工作中，广投集团坚持"促三转、聚主业、强问责"，重点要以建立行政、党员、审计、法制、执纪、监事会、年度考核、监督八个闭环组成的"1+7"综合监督体系为契机，切实发挥整合监督力量；同时，突出责任追究，对违法违纪案件，做到发现一起，查处一起，通报一起，使有错必究、有责必问不流于形式。2016年，建立和完善党对国有企业党建纪检工作各项管理基础，"十三五"末建成具有全国影响力的国有企业党建监督工作品牌。

（三）构建"内塑素质、外树品牌"的企业文化建设新格局

　　随着"十三五"战略规划的启动，广投集团也提出"要树立广西第一国有企业的品牌形象，就必须打造与战略、产业和实力相匹配的一流企业文化"。在此目标指引下，广投集团充分发挥企业文化推动企业战略目标实现的积极作用，对内统一思想、凝聚共识，打造全体广投人的基本思想遵循和行为遵循，激励士气，提升团队的整体战斗力；对外展现品牌形象，通过品牌承载广投集团文化特质、反映广投人的精气神，提升广投集团知名度、声誉和社会影响力。通过对标全国企业文化建设示范基地，不断创新载体，重点强化行为文化建设，推行量化管理，使企业文化建设各项工作有章可循，让体系化理念落地生根，使得各项工作的细节都体现出标准的严格执行和高效运作。实施"品牌引领"战略，提升"广投集团品牌"影响力，提升"责任、担当、进取、包容"的广投集团品牌，塑造企业社会形象和良好声誉，促进集团全面管理水平提升到一个新的高度，真正使管理提升、企业受益，并始终处于不断创新、螺旋上升的动态管理之中。

结束语

蓝图已绘就，跨越正当时

　　1988 年，广投集团的前身——广西建设投资开发公司最初组建时，正值我国社会主义市场经济在实践中探索之时，作为国有投资公司，如何发展、如何转向市场化运作模式在当时并无可借鉴的成功经验。在这样的背景下，一代代广投人在摸索中前行、在实践中创新，历经风雨，做强做大国有投资公司的初心始终未变。通过 28 年的努力，取得了一定的成绩，集团已发展成为广西资产总量最大、综合实力最强的地方国有企业，集团 28 年发展的成功经验在《大跨越：广投集团发展之路研究》这本书中得到了很好的总结、提炼，同时这些经验也是广投集团非常宝贵的精神财富，值得全体广投人好好去总结、体会、消化和吸收。

　　2016 年是集团成立 28 周年，也是"十三五"开局之年。"十三五"期间，集团将面临国企改革加速推进、自治区加速发展等良好的机遇，同时也将面对经济增速下行、经济发展方式转变、人才竞争加剧等挑战。面对错综复杂的外部环境，"十三五"期间集团将围绕广西地区"十三五"时期的"三大定位"、"四大战略"、"三大攻坚战"，以及"两个建成"目标，充分利用广西地区优势资源，抓住市场机遇，寻找新兴产业机会、积极推动国际化等为新增长点来加快集团的跨越发展。2016 年初，集团的"十三五"战略发展规划已经编制完成并获自治区国资委批复同意，集团的"十三五"战略发展规划明确提出了广投集团的战略目标是：深耕广西，辐射全国，面向全球，到"十三五"末实现"成为广西地区首家世界 500 强企业"的"广投梦"；广投集团的战略定位是"两个打造、一个担当",即打造成为广西地区首家世界 500 强企业;打造广西国企四个标杆;担当广西战略发展的航母。结合《大跨越:广投集团发展之路研究》一书的出版对集团 28 年发展历程中在战略管理、生产经营、企业管理和企业文化等方面成功经验的总结提炼,以及集团目前的实际情况,对下一步如何实现集团"十三五"的宏伟蓝图,提出个人的一些想法,希望与全体广投人一道,为集团实现新的跨越做出积极贡献。

一、集团"十三五"战略目标定位的重大现实意义和未来历史意义

(一) 自治区"十三五"经济社会发展的新要求

"十三五"时期是广西贯彻落实"四个全面"战略布局,与全国同步全面建成小康社会的决胜阶段,在广西全面履行中央赋予的"三大定位"新使命,基本建成国际通道、战略支点、重要门户的关键阶段,集团作为自治区第一国企,必须全面提升核心竞争力和区域地位,更好地服务和推动广西经济社会发展。自治区党委书记彭清华在 2016 年初听取集团专题汇报时曾指出:广西经济社会发展到这个阶段,自治区党委有信心、有能力培育一家广西本土世界 500 强企业。因此,作为广西国企的王牌军、主力军,我们必须勇担重任、抢抓机遇,按照国家对广西的新定位新要求,深化改革,不断把集团做强做优做大,把实现自治区"两个建成"目标作为自治区第一国企的担当,并内化为企业"十三五"的战略目标定位。

(二) 更好地迎接经济新常态下的新挑战

近年来,在国内外多重压力的共同作用下,企业面对的市场压力进一步加大,生态环境压力也日趋严峻,更多的传统企业将逐步被淘汰。如电解铝、火电企业都面临产能过剩的严峻形势。与此同时,在新常态下企业面临的竞争将更加广泛,一是传统的来自同业的竞争,如传统火电企业面临沿海大型火电机组的竞争;二是来自其他同类行业企业的竞争,如火电企业面临核电

机组的竞争；三是来自新商业模式的竞争，如近年来异军突起的"互联网+"，充分发挥了互联网在社会资源配置中的优化和集成作用。在这样的背景下，我们必须树立新常态下的新思维新理念，深刻认识经济运行变化的新趋势，高定位、高标准规划我们的战略，超前进行产业布局，才能使我们始终掌握发展的主动权，始终占据一定的竞争优势。

（三）顺应国企深化改革的新趋势

中共中央、国务院关于深化国有企业改革的指导意见中指出，国有企业仍然存在一些亟待解决的突出矛盾和问题，一些企业市场主体地位尚未真正确立，现代企业制度还不健全，国有资产监管体制有待完善，国有资本运行效率需进一步提高。国企改革的目标是"形成更加符合我国基本经济制度和社会主义市场经济发展要求的国有资产管理体制、现代企业制度、市场化经营机制，国有资本布局结构更趋合理，造就一大批德才兼备、善于经营、充满活力的优秀企业家，培育一大批具有创新能力和国际竞争力的国有骨干企业，国有经济活力、控制力、影响力、抗风险能力明显增强"。集团战略定位中明确打造广西国企的"四个标杆"，就是要在投资发展、企业治理、企业文化、社会责任等方面加强改革创新力度，成为自治区改革、创新、发展的领军企业。只有我们顺应形势加大改革力度，并在改革中加大创新力度，才能更好地解决国有企业目前存在的一些问题，达到国家对国企改革的目标，从而更好地提高企业的核心竞争力，进而更好地促进企业的健康发展。如果广投集团"十三五"的目标能顺利实现的话，集团的核心竞争力将得到大幅提升，集团将形成更加科学合理的体制机制，并走上持续健康发展的良性轨道，从而为广投将来的大发展打下很好的基础，集团的发展也将会越来越好。

（四）深度参与国际市场活动

国际化是大型企业集团发展的必然要求，特别是在全球化的今天，通过实施国际化战略可以充分利用国内、国外两种资源和两个市场，使企业获得更低的成本、更先进的技术、更大的市场，从而提高其竞争力和抗风险能力。如新加坡淡马锡控股公司，其国内资产只占28%，海外资产占72%，其中中国占27%，新兴市场经济体是其主要投资的国家。就集团来说，随着国家

"一带一路"战略的深入推进，以及国家给予广西的新定位，就要求我们要全方位深度参与国际市场活动，一是要更加积极主动地"走出去"，践行"一带一路"战略主动承担国企使命，积极开展产能合作；二是通过"走出去"打造国际交流平台，提升集团的国际影响力和竞争力；三是引入国际国内知名品牌、先进技术、先进模式、先进的管理和充足的资金，加快集团的发展。这些都对集团"十三五"战略目标的实现及集团的长远发展具有积极意义。

二、实现"十三五"战略目标的主要思路

（一）深入贯彻五大发展理念，提高集团科学发展能力

作为自治区重要的投融资主体，集团"十三五"的战略规划与国家和自治区"十三五"规划具有较强的内在联系，因此，要提高集团的科学发展能力，必须深入贯彻五大发展理念。

1. 创新发展理念

当今的世界，一个国家走在世界发展前列，根本靠创新；目前世界大国都在积极部署创新战略，如美国实施"再工业化"战略、德国提出"工业4.0"战略，我国提出"中国制造2025"。可以说：创新兴则国家兴，创新强则国家强，企业也一样。对于集团来说，下一步要在发展模式、商业模式、技术和管理等方面加大创新力度。

关于发展模式创新，要继续深入推进金融混业经营、品牌扎堆方式发展文化旅游项目、品牌联盟方式发展铝产业，争取尽快取得突破。关于商业模式创新，要继续打造大工业局域电网，推进铝电结合，要推进医养结合创新发展养老养生产业，要将"互联网+"与铝产业的产业链、供应链、金融链业务融合，打造具有全国影响力的电商平台，还要积极发展互联网金融。关于技术创新，要重点加大对铝产业、医药医疗健康产业的高新技术研发和投入，要加大与重点高校、科研院所以及高新技术企业的产学研合作，要加大智能制造技术的研发应用，提高智能化应用水平，如打造来宾大工业区域智能电网、推进GIG智慧大厦建设等。关于管理创新，要从"强战略、精运营、统

投资、促协同"四个方向调整集团总部职能，形成"集团发展多元化，利润中心专业化"的战略管控新格局，要推进大数据、云计算等现代信息技术与企业管理融合，要优化财务管理模式，逐步建立适应大集团发展要求的财务管理体系。

2. 协调发展理念

要以协调发展理念服务集团的发展。一要突出抓好"产融结合"。金融产业要为实体产业服务，助力实体产业规模做大、资本增值；实体产业要丰富金融产业内涵，支撑金融产业市场做大。比如产业引导基金要在孵化自治区和集团战略新兴产业方面提供更多金融支持等。二要稳步推进"产产结合"。要研究集团实体产业融合的着力点、突破口，推进产业之间的资源共享、信息互通。如推进产业整合，建设来宾国家级热电联产循环经济生态工业示范园区；推进铝电结合。利用电力体制改革契机，尽快建成来宾大工业专用区域电网。三要创新发展"融融结合"。要利用金融全牌照优势，加快推进金融混业经营，实现客户、市场、资金、渠道等资源共享，推动合作、发展、创新等方面共赢。比如：建立北部湾银行、国海证券、国富人寿、产业基金等重要企业的资金、信息、项目等资源的共享机制，寻找融合点和突破口，推进金融业态的跨界联动发展。四要全面促进"软实力和硬实力结合"。要加强我们软实力的建设，形成一股干事创业、改革创新、励精图治的工作合力，强化员工对企业的忠诚度、认同感、归属感以及由此所表现出的团队精神、敬业精神等。

3. 绿色发展理念

以绿色发展理念提升集团的发展。一是建立绿色低碳循环发展的产业体系，努力形成覆盖全社会的资源循环利用体系；积极实施"十三五"节能行动计划，对重点行业、重点企业、重点项目以及重点工艺流程进行技术改造，提高资源生产效率，全面完成自治区下达的"十三五"节能减排和环境保护的各项任务指标。二是构建清洁低碳、安全高效的现代能源体系。如将能源产业发展的重点放到天然气、核电、可再生能源等清洁能源上，积极打造全区一张网的天然气供应网络及下游产业体系。三是构建绿色产业链促进社会大节能。

4. 开放发展理念

以开放发展理念带动集团的发展。一是全面推进开放合作。我们要以进取包容、合作共赢的心态推进开放合作，拓展战略视野，实现强强合作。二是做好"引进来"文章。要积极引入国际管理、品牌、技术等优势资源实现合作共赢，加快集团的发展。三是加快"走出去"步伐。要践行"一带一路"战略，打造国际交流平台，推动集团真正转型为国际化企业，要让金融服务创新"走出去"，服务人民币的国际化；另外，通过海外项目投资、项目合作等方式打造国际投资平台，加快重要战略资源的布局和掌控等。我们还要加大国际交流力度，培育全球化的视野和国际化的发展理念，争取通过"十三五"期间的努力进步使集团成为国际化的世界500强企业。

5. 共享发展理念

以共享发展理念保障集团的发展。一是大力发展共享经济。在当前这个资源稀缺、产能过剩的世界里，共享经济通过互联网实现提高效率、优化配置，为我们践行共享发展理念提供了新思路、新途径。把握好"共享"的发展理念，首先要大力发展共享经济。二是搭建共享平台。通过搭建产业平台、科研平台、交流平台，可以将集团与社会各方的资源综合利用，优化资源配置，实现共同发展、共赢发展。三是共享发展成果。我们"十三五"的发展成果，要服务地方经济社会发展，服务国有资产保值、增值，服务员工幸福生活追求，实现社会、股东、员工三者利益的共享和共赢。让职工分享集团发展的成果和红利，增强员工的幸福感、成就感。

（二）全面融入市场化思维，提升集团市场竞争能力

坚持市场化发展理念，就是让企业成为独立的市场主体，始终坚持按市场规律办事，真正发挥市场在配置资源中的决定性作用。改革开放30多年来，我国的国有企业取得的巨大成就，也是经过放权让利、股份制改造、董事会试点、海内外上市、薪酬制度改革、大规模管理提升等一系列市场化改革进程，焕发了生机和活力，才取得今天的成就。

"十二五"期间集团之所以发展得很好，很重要的一点是我们始终遵循市场规律，坚持市场化发展道路，以市场为导向推进改革创新，在市场中保持竞争活力并不断发展壮大。"十三五"期间，我们要以国有资本投资公司改革为契机，全面深化集团的改革，特别是市场化方面的改革。

1. 加快推进国有资本投资公司改革试点工作

2016 年 4 月 21 日自治区国资委印发了《广西投资集团改组国有资本投资公司试点工作方案》，经过近段时间的工作，整个改革方案已完成编制并正式上报自治区国资委，接下来将由国资委走完内部审批流程后报自治区审批。随着国有资本投资公司改革试点工作的全面铺开，接下来国资委将在项目投资、人事薪酬、资本进退留转、投融资等方面给予我们更多的自主权，与此相对应的是，我们的治理结构将进行大刀阔斧的改革，包括做实董事会、实施外部董事制度并在董事会占比过半数、经理层按市场化方式选聘并实施契约化管理等；我们的管控模式也将进行调整，集团将会把更多的职能下放到二级企业，集团对二级企业的管理将更多地以管资本为主，集团总部以战略管控为主，而二级企业定位为专业化的运营管理平台，集团将主要采取委派董事的方式，将公司总部的战略导向、经营理念通过董事会落实到投资企业。

2. 加快推进管控模式调整，打造小总部、大产业管控模式

按照多元化发展战略和国有资本投资公司改革要求，参照一些对标企业的管控模式，尽快构建符合发展需要、适应市场化要求的战略型管控模式。主要通过董事管理、监事管理、薪酬管理、投资管理、财务管理、预算管理、审计监督等手段，构建起以资本为纽带的"国有资本投资公司—产业集团—投资企业"三级管控体系，打造小总部大产业管控模式，建立与资本投资运营相匹配的管控体系，进一步确立企业市场主体的地位，提高控股子公司独立性和运营效率。集团将以业绩为导向，对二级企业建立与资本投资运营相适应的考核、薪酬体系和激励约束机制。

3. 加快建立更加市场化的选人用人机制，推进人事、薪酬领域的市场化改革

根据《公司法》完善各级企业董事会职能，真正做实董事会，董事会依法行使相关职权，有效发挥董事会的作用。要完善监事的任职资格制度和监事任免机制，保证监事会独立于董事会，有效地行使对董事会、高级管理人员的监督。推行职业经理人制度，实现经理层由董事会选聘，实施任期制。坚持市场化招聘人才及优选制度，建立健全企业各类管理人员公开招聘、竞争上岗等制度，真正在各级企业建立起"管理人员能上能下、员工能进能出、薪酬能升能降"的机制。进一步完善竞聘上岗、绩效考核等市场化的管理、激励机制，逐步建立与业绩、风险和责任紧密挂钩的中长期激励机制，积极探索实施关键岗位员工持股的试点。

4. 加快在市场化程度高的产业领域发展混合所有制

混合所有制是改革的大方向，也是集团改革的重点。要利用现有上市平台和优质资产资源，通过引入战投、增发配股、资产置换、兼并收购等方式大力推进混合所有制改革，同时要在"十三五"期间利用 IPO、借壳、资产注入等方式控股 3~5 家公众上市公司。混合所有制改革重点领域包括金融产业、铝产业链下游领域、区域电网和天然气下游领域、重点旅游项目领域，我们的目标是二级及以下企业均积极引入有实力的各类社会资本共同参与，实施股权多元化，包括集团，在保持绝对控股的前提下也可以考虑实施股权多元化改革。

（三）打造"四个标杆"，提升集团卓越发展能力

1. 为什么要做

对打造"四个标杆"，很多同志的认识还不充分、不全面。我们打造"四个标杆"，是时代的要求、国企的担当，更是企业追求卓越、谋求跨越、实现超越的需要，与我们"十三五"战略发展目标是一致的，同时与我们国有资本投资公司改革工作的目标也是一致的。因此，大家要把打造"四个标杆"工作与其他工作有机地结合起来，必将能更好地提升我们的发展能力。

2. 怎样做

国企改革标杆：要通过广投的国有资本投资公司改革，形成对广西国企改革可借鉴、可示范、可复制、可推广的成功经验，形成有利于广西国企加快发展、转型升级、提质增效的体制机制，聚集国企发展新动能，催生发展新动力，实现国企新发展。

创新发展标杆：要以创新驱动发展为主线，实现发展模式、商业模式，以及技术、管理的协同创新发展，形成引领广西产业发展的技术研发能力、核心品牌影响力，成为创新驱动支撑、技术研发领先、产融深度融合的创新标杆国企。

服务广西经济社会发展标杆：要在服务广西经济社会发展中起到示范带头作用，在规模、贡献、支撑力、辐射力上成为服务和推动广西经济社会发展的中坚力量，在产业布局、投资建设、扩大就业、扶贫攻坚、开放合作等

方面为广西国企探索出更好的服务广西经济社会发展的规律和模式。

党风廉政建设和企业文化建设标杆：要以党风廉政建设、企业文化建设两大体系建设为阵地，围绕高标准、严要求，建立完善广西国企党建纪检体系化运行机制。要全面构建以"党建纪检体系化运行机制"和"企业文化建设和品牌建设大格局"为核心的两套机制，共同营造全体干部职工"想干事、能干事、干成事、不出事"的浓厚文化氛围，全面提升广投品牌影响力。

三、面向未来：采取切实有效措施实现"广投梦"

（一）人才优先发展、人才资源优先开发

当今世界所有的竞争，归根结底都是人才竞争。谁拥有了人才，谁就拥有了先进的技术和先进的管理，谁就能在激烈的竞争中占据制高点，谁就能够立于不败之地。美国经济学家萨缪尔森说过，"经济增长的四个轮子是：人力资源、自然资源、资本构成和技术，其中最重要的是人力资源"。人力资源是第一资源，人力资源工作的核心是人才。因此，"十三五"期间集团的人力资源战略还需要我们重点从以下方面努力：

一是建立与集团"十三五"规划相适应的人力资源规划体系。确立人才优先发展战略，确保人才发展"四个优先"：人才资源优先开发、人才结构优先调整、人才投资优先保证、人才制度优先创新。根据集团发展总战略确定集团人才发展目标，人力资源规划要体现长远性、前瞻性及可持续性，要完善人才评价考核、人才发展、人才培养、人才激励机制等，要为集团发展积蓄人才力量和人才支撑。

二是完善科学合理的人才引进使用考核评价机制。加快引进和培养与集团快速发展相匹配的金融管理人才、国际化管理人才、投资管理人才、资本运作人才、高层次设计研发人才。要建立起一支规模宏大的素质高、能力强、懂经营、善管理的优秀企业经营管理人员队伍。要广开进贤之路、广纳天下英才，实行更加开放的人才政策，五湖四海引进人才，不拘一格用好人才。

三是完善企业人才培养机制。针对不同行业、层级的人才制定全方位、

多渠道培养计划。加强对拔尖创新人才、急需紧缺人才、战略性后备人才培养的支持力度，充分运用自治区创建高端人才平台、"人才小高地"、"八桂学者"、"特聘专家"等载体，大力引进"高精尖缺"技术人才。加强与海内外专业机构合作，探索共建引才联络站、产业人才智库、高端引才活动等"三位一体"的综合引才模式。有计划地进行如"优培生"计划、后备人才培养、高级管理人才培训等不同层次人才培养，帮助员工明确职业发展路径，实现人才培养专业化、标准化、规范化。

四是完善科学的激励和约束机制。以市场化为导向，结合集团的实际建立和完善激励和约束机制，设置科学的业绩考核指标体系，对各级管理人员和全体员工进行考核与评价，切实做到薪酬安排与员工贡献相协调，体现效率优先，兼顾公平。加大市场化薪酬改革，按市场化方式选聘和管理职业经理人，不断增加市场化选聘比例，实行市场化薪酬分配机制。

五是完善福利待遇保障，关心和爱护人才。不仅给人才足够的发展"舞台"，还给他们足够的支撑"后台"。比如在高端人才政策上，可以考虑股权激励、安家补助等福利待遇，不仅要"引得进"，还要"留得住"。健全人才福利保障制度，积极营造尊重人才、鼓励创新、开放包容的良好氛围，促进待遇留人、事业留人、制度留人、文化留人，提升员工对集团的归属感和认同感，共享发展红利。

（二）全力推进科技创新与学习力开发

英国技术预测专家詹姆斯·马丁有过一个测算：人类的知识在19世纪是每50年增加1倍，20世纪初是每10年增加1倍。到2020年，知识的总量是21世纪初的3~4倍。到2050年，目前的知识只占届时知识总量的1%。这说明人类已经进入了知识爆炸的时代，要适应知识经济时代的要求，不管是企业还是个人，就必须不断进行知识更新，坚持终身学习、不断创新。

培育"广投工匠"。要深入实施职工素质建设工程，通过广泛开展岗位培训、师带徒、技能竞赛以及培养选拔首席技师等活动，建立和完善技术工人培养、评价、使用、激励机制。要通过分配制度改革等不断提高"工匠"这些技能人才的待遇，充分调动他们的积极性，特别是一些关键技能岗位人才。把培育"工匠精神"融入职工培训教育、技能提升和素质建设的各个方面，为涌现出更多"广投工匠"创造有利条件。

强化学习能力建设。创新源于学习和探索。习近平总书记说要"依靠学习走向未来"。我们要不断完善学习机制,进一步引导职工树立人人学习、处处学习、时时学习的观念,努力建设知识型、技术型、创新型的职工队伍。

(三) 加强集团战略管控能力建设

随着集团发展规模不断扩大、跨地区程度不断提高、投资控股关系日趋复杂,集团产业多元化、发展高速度、业务跨地域的特点越发明显,加强集团战略管控建设,对集团"十三五"规划落地具有十分重要的意义。

一是强化集团化战略意识。要站在全局的高度、服从并服务于集团战略发展的大局,强化集团意识,识大体,顾大局,讲纪律,不能单纯强调局部利益,只强调自己企业的情况。对集团制订的规划和计划、制定的制度、安排的任务要不折不扣地执行。二是强化总部和平台公司战略执行。要以平台公司为主体,充实优秀管理人才,强化专业运营管理,明确各板块平台公司的定位与职责,建立富有效率的工作流程,同时强化平台公司责任意识、能力水平,完善组织架构,切实提高管理水平。总部的协调管理能力要突出4S职能,即引领、服务、监管、能力,向"强战略、精运营、统投资、促协同"四个方向调整。要下放运营管控,加强能力建设及审计等其他职能管理。三是建立高效战略决策体系。加强战略管控重点是要提高战略决策的能力和水平。无论是二级平台还是总部职能部门,在研究对外合作、重大产品开发、先进技术、自主研发等带有全局性、战略性、长期性、综合性重大问题的主动性方面都还应加强,要真正提高政策研究、情报收集、信息分析的能力,改进和提高科学决策能力。四是完善考核激励机制。要对目前的考核体系进行调整优化,明确考核指标设定的导向性,比如华润集团的考核指标中除了财务指标外,还包括运营指标,比如电厂煤耗、铝产品库存率等,这对指导企业降本增效、提升精益运营能力有很大的促进意义。

在考核频率和激励机制方面,完善定期和不定期的考核监督机制,增强集团总部层面的战略考核职能。在激励机制方面,要结合国有资本投资公司改革试点工作和国资委对集团新的考核办法,及时修订所属企业负责人薪酬管理办法、实施"发展贡献奖"等系列激励措施,最大限度地激发广大员工的积极性。

（四）培育以执行为先的优秀企业文化

集团经过长期发展，尤其是近年来在转型发展的关键时期，已经培育和形成了"责任、担当、进取、包容"的企业文化，这是集团独具特色的企业文化，但与此同时还部分存在老企业"温水煮青蛙"的文化氛围。下一步，我们要：

一是培育"不找借口，只看结果；多讲功劳，少讲苦劳"的执行文化。执行力有三个原则，即行动第一，速度第一，结果第一。这三个"第一"缺一不可。把"执行"作为所有行为的最高准则和终极目标的文化。要积极主动，"在其位、谋其事、干成事"。

二是以"钉钉子"精神抓工作落实。抓好落实，最根本的是要落实好重点指标、重点任务，这是硬任务。针对"十三五"时期的重点任务，我们要远近结合，统筹做出安排，以"钉钉子"精神抓工作落实。

三是建立执行力奖惩机制。执行力的背后，是上下一致的价值观和文化。要崇尚荣誉，采取有效的激励措施发挥员工的积极性与创造性，要下决心加大对慵懒散奢的整治力度，完善责任追究机制，将"跟踪问效"落实到"跟踪问责"上来，对那些作风漂浮、推诿扯皮、缺乏担当、执行力差，不能为企业创效益，甚至拖垮企业的干部，该问责的严格问责，该处理的严肃处理。

（五）加强和巩固党的领导

加强和巩固党的领导，是国有企业改革中的一项重要工作，在下一步推进的国有资本投资公司改革工作中，我们要：

一是坚持民主集中制，严肃党内政治生活。加强党对经济工作领导的信念绝不动摇，完善领导班子运行决策机制，把加强党的领导和完善公司治理统一起来，严格落实民主集中制、"三重一大"决策制度等党的根本组织制度和领导制度，确保党的路线方针政策在集团不折不扣地贯彻执行。

二是服务改革发展，营造干事创业氛围。围绕集团"十三五"目标，发挥党组织战斗堡垒作用和党员先锋模范作用，带领全体职工支持改革发展、投身改革发展，始终保持干事创业、开拓进取的"精气神"，真正体现"责任、担当、进取、包容"的企业文化，把履行岗位职责与引领改革发展结合起来，在加快集团"十三五"规划落地中建功立业。

三是加强党风廉政建设和反腐败建设。在落实新常态下从严治党，履行党风廉政建设"两个责任"，完善反腐败运行工作机制，加强干部廉洁教育，要零容忍惩治腐败，坚持对腐败分子、腐败现象保持高压的态势，凡是违纪违规的，发现一起，查处一起，绝不手软，绝不姑息。

四是构建"以人为本"的管理机制。广大职工不仅是关系企业兴衰成败的关键因素、企业发展动力主体，也应当是发展成果的主要受益者。因此我们要实现好、维护好、发展好广大干部职工的合法权益，实实在在地为广大干部职工解难事、办实事、做好事，使职工真正共享改革发展成果。

"雄关漫道真如铁，而今迈步从头越。"国有资本投资公司改革的大幕已经开启，集团未来五年的发展路径和宏伟蓝图已经绘就。展望未来，广投集团将以彭清华书记"四个标杆"重大战略思想为引领，勇担广西战略发展重任，将集团打造成为"实力、稳健、成功、和谐，有中国影响力的"大型国有资本投资运营型企业集团，为集团尽早实现世界 500 强企业的"广投梦"而努力奋斗。

在打造广西国企"四个标杆"的征程中，广投集团作为自治区国企的领军企业，理应有所作为，也必将大有作为。

广西投资集团总裁　容贤标
二〇一六年十月八日于南宁

参考文献

[1] [美] 戴维·兰德斯：《国富国穷》，门洪华等译，新华出版社 2010 年版。

[2] 鲍世庆：《企业标识管理在企业文化工作中的重要作用》，《企业文化》 2015 年第 6 期。

[3] 冯学钢、于秋阳：《论旅游创意产业的发展前景与对策》，《旅游学刊》 2006 年第 12 期。

[4] 高春祥：《试论企业精神在企业文化建设中的重要地位》，《求实》2011 年第 1 期。

[5] 关涛、薛求知：《中国本土跨国企业组织结构优化设计框架》，《科学学研究》2012 年第 6 期。

[6]《广西深化国资国企改革　打造具有核心竞争力的优势企业》，北部湾在线网，http://www.bbrtv.com/2016/0410/258122.html，2016 年 4 月 10 日。

[7] 广西投资集团有限公司：《跨越之年——产融结合　双轮驱动创新战略》，内部刊物，2014 年。

[8] 广西投资集团有限公司：《广投集团》（内部刊物，双月刊），2014 年、2015 年各期。

[9] 广西投资集团有限公司：《长风破浪会有时　直挂云帆济沧海　献给广西投资集团有限公司成立 25 周年》，广西人民出版社 2013 年版。

[10] 广西投资集团有限公司网站，http://www.gxic.cn/。

[11] 广西壮族自治区国资委网站，http：//www.gxgzw.gov.cn/。

[12] 国务院国资委网站，http：//www.sasac.gov.cn/。

[13] 韩华林、朱瑞博：《融资结构、法人治理结构与组织结构：现代企业绩效的一个视角》，《经济管理》2002 年第 8 期。

[14] 胡成卉：《浅谈中国企业在国际金融危机下的跨国经营》，《经济研究参考》2012 年第 23 期。

[15] 黄群慧、余菁等：《国家开发投资公司考察》，经济管理出版社 2013 年版。

[16] 黄淑和：《国有企业改革在深化》，《现代国企研究》2014 年第 10 期。

[17] 黄速建、余菁：《国有企业的性质、目标与社会责任》，《中国工业经济》2006 年第 2 期。

[18] 季敏波：《企业标识的作用和设计原则》，《浙江丝绸工学院学报》1993 年第 2 期。

[19] 林泉、邓朝晖、朱彩荣：《国有与民营企业使命陈述的对比研究》，《管理世界》2010 年第 9 期。

[20] 林毅夫、蔡昉、李周：《现代企业制度的内涵与国有企业改革方向》，《经济研究》1997 年第 3 期。

[21] 凌文：《大型企业集团的产融结合战略》，《经济理论与经济管理》2004 年第 2 期。

[22] 刘吉发、岳红记、陈怀平：《文化产业学》，经济管理出版社 2005 年版。

[23] 龙云安：《中国企业海外直接投资非市场因素影响实证研究》，《国际经贸探索》2013 年第 7 期。

[24] 卢梭：《社会契约论》，何兆武译，商务印书馆 2003 年版。

[25] 吕学武、范周：《文化创意产业前沿》，中国传媒大学出版社 2007 年版。

[26] 任民：《中央组织部负责人就〈关于在深化国有企业改革中坚持党的领导加强党的建设的若干意见〉答记者问》，《先锋队》2015 年第 10 期。

[27] 邵金萍：《再论文化旅游产业的特征、作用及发展对策》，《福建论坛·人文社会科学版》2011 年第 12 期。

［28］申光龙、袁斌：《企业愿景的效用及其创建流程》，《预测》2004年第3期。

［29］唐渊：《责任决定一切》，清华大学出版社2010年版。

［30］王钦、张云峰：《大型企业集团管控模式比较与总部权力配置》，《甘肃社会科学》2005年第3期。

［31］王文臣：《论企业形象文化》，《理论与现代化》1999年第5期。

［32］魏杰、侯孝国：《论产权结构多元化是国有企业产权改革的方向》，《管理世界》1998年第5期。

［33］张文魁：《大型企业集团管理体制研究：组织结构、管理控制与公司治理》，《改革》2003年第1期。

［34］郑斌等：《基于一站式体验的文化旅游创意产业园区研究》，《旅游学刊》2008年第9期。

［35］郑红亮：《公司治理理论与中国国有企业改革》，《经济研究》1998年第10期。

［36］中国企业管理科学基金会、国家开发投资公司研究中心：《国投之道》，中国民主法制出版社2012年版。

［37］中国社会科学院工业经济研究所、中国投资协会国有投资公司专业委员会联合课题组：《国有资本投资与运营——国有投资公司的实践探索》，经济管理出版社2015年版。

［38］中国社会科学院工业经济研究所课题组：《论新时期全面深化国有经济改革重大任务》，《中国工业经济》2014年第9期。

后　记

本书是广西投资集团有限公司与中国社会科学院工业经济研究所合作课题"广投集团转型发展研究"的最终成果。

国有投资公司是我国国有企业中的一个重要分支。在 20 世纪 80 年代末开始的国家投资体制改革中，国有投资公司作为政府投资的替代机制应运而生。除了中央层面的几家国有投资公司以外，几乎所有省、市、区都成立了若干家地方性的国有投资公司。此后经过数次并购重组，多数省、市、区都形成了一家规模最大的，在地区经济发展中起主导作用的国有投资公司。这些国有投资公司处于能源、交通和金融等关键经济部门，控制着地区经济和社会发展的命脉。在 20 多年的发展过程中，国有投资公司在加强经营管理、把握业务发展方向等方面积累了丰富的经验，但也存在一些难以忽视的问题。中共十八届三中全会提出"以管资本为主加强国有资产监管"，"改革国有资本授权经营体制"，改组组建国有资本投资公司和国有资本运营公司，对国有企业实行分类。国有投资公司将面临新的分化转型。如何适应国有资产管理体制和国有企业改革的需要，并根据自身发展的实际选择适当的发展道路，成为摆在所有国有投资公司面前的一道重要课题。

作为一家有着 28 年历史的、具有广阔发展前景的地方性国有投资公司，广投集团的发展历程和成功转型经验值得研究。在研究中我们发现，广投集团的每一次历史性跨越都是围绕着服务于国家和广西经济社会发展大局展开的。也正是这种有责任、有担当的"广投精神"成就了广投集团的辉煌。我们坚信，只要始终坚持将企业发展与国家社会发展需要相结合，未来广投的跨越之路仍将继续下去。虽然我们已经尽力发动所有的研究资源，在调研准备和实施、资料挖掘与分析等方面尽量做到细致入微，但仍不能将一个完整的广投集团仅仅在一本书中展现出来。我们希望通过本书，广投集团以及其他的国有投资公司可以看到自己的影子并引发一些思考。我们也希望通过本书，能够为当前国有资本投资运营公司的改革和发展提供参考，为国有企业尤其是地方国有企业创新发展、转型发展提供借鉴。

本课题自 2015 年 12 月正式启动。2016 年 1 月课题组成员对广投集团进行了第一次实地调研并收集了第一批资料。随后，课题组组织了几次讨论会，拟定了初步的研究提纲。在各部分的初稿完成之后，又进行了几次讨论和修改，并于 4 月底完成了第一阶段的研究工作，提交了研究报告的第一稿。5 月中旬，课题组对广投集团进行了第二次实地调研。在这次调研中，课题组成员分别有针对性地对广投集团的相关部门和企业负责人进行了深度访谈，并收集了第二批资料。此次调研后，经过认真的研讨，对研究提纲、研究思路和研究内容进行了适当的调整；经过与企业部门联系人的不断沟通，对企业资料进行了进一步的挖掘。7 月中旬，课题组完成了第二阶段的研究工作，提交了研究报告的第二稿。在此基础上，广投集团相关部门的负责人对各章的书稿提出了具体的修改意见。此后，课题组参考该修改意见对书稿进行了修改，并最终于 9 月底定稿。整个调研过程历时 10 个月。在此期间，我们得到了广投集团各级领导和相关部门的大力协助。广投集团董事长冯柳江先生对本课题非常重视，对集团各部门的配合工作做出了统一部署，并撰写《我的广投人生——写在前面的话》，用"点睛之笔"阐述广投集团发展历程、肩负使命、描绘未来发展蓝图。广投集团办公室莫小明副主任和李娟女士承担繁重且缜密的组织联系与沟通协调的工作任务，为课题研究工作的顺利推进提供了坚实的组织保障。王坤、冯旭波、何卫红、周保林、陈晞等作为课题组的重要成员，参与了课题的研究过程，为研究成果的最终形成贡献了智慧。

本书的研究框架和写作提纲是在课题组反复讨论的基础上形成的。其中，以企业家精神作为第一章，突出本书写作的主旨；第二章至第五章，分阶段阐述企业发展历程；第六章至第十一章，分业务板块对企业转型发展情况进行介绍；第十二章至第十五章从管理职能和管理要素角度对企业管理创新情况进行了介绍；第十六章从企业制度变革的角度对企业发展进行了概括和总结；第十七章指明了今后一段时间广投集团的发展导向和目标；最后是结束语，对企业未来发展进行了展望。各章节初稿提供情况是：第一章，王涛；第二章和第三章，李芳芳；第四章和第五章，王涛；第六章，杨晓琰；第七章，郭朝先；第八章，张航燕；第九章和第十章，孙承平；第十一章，张航燕；第十二章，刘艳红、常蕊和张航燕；第十三章，孙承平、石颖和杨晓琰；第十四章，石颖；第十五章，常蕊；第十六章，刘艳红；第十七章，王涛；结束语，容贤标。广投集团梁建生、李晓升、宁园园、吴东波、王丹、黎晓、于德昕、杨立华、郭春燕、宋仕银、计鹏飞、覃肖瑜、黄菲菲等提出了宝贵的修改意见。全书最后由黄群慧、余菁和郭朝先审阅、定稿。

国家开发投资公司董事长、党组书记、中国投资协会国有投资公司专业委员会会长王会生先生，在百忙之中为本书作序，充分肯定了广投集团28年来的发展成就，并寄言广投集团打造百年老店、基业长青，在此表示特别感谢！

值本书付梓之际，我们衷心感谢中国投资协会国有投资公司专业委员会办公室的全体同志尤其是黄新民处长，他们为中国社会科学院工业经济研究所和广西投资集团有限公司开展合作提供了机缘！广投集团各个部门和业务板块的负责人、部分下属企业负责人和工作人员在繁忙的工作中，不辞劳苦为我们研究提供了各种资料、数据，在此致以衷心的感谢！最后，感谢经济管理出版社的陈力先生为本书的顺利出版所付出的辛勤劳动！

由于成书时间仓促和我们的研究水平有限，书中的疏漏和不当之处在所难免，恳请读者批评指正。

课题组

二〇一六年十月八日